VISIONÄRE & VERTRIEBENE

VISIONÄRE & VERTRIEBENE
Österreichische Spuren in der modernen amerikanischen Architektur

Herausgegeben von Matthias Boeckl

Ernst & Sohn

Dieses Buch erscheint anläßlich der Ausstellung
»Visionäre & Vertriebene. Österreichische Spuren in der modernen amerikanischen Architektur«
in der Kunsthalle Wien (Direktor Toni Stooss, Kuratoren: Matthias Boeckl, Otto Kapfinger und Adolph Stiller),
24. Februar bis 16. April 1995
Die Ausstellungsarchitektur und die Betreuung der Rekonstruktionsmodelle wurden von Adolph Stiller besorgt.

Der Inhalt des Buches basiert auf den Ergebnissen eines Forschungsauftrages
des Bundesministeriums für Wissenschaft und Forschung, Wien

Die Ausstellung wurde unterstützt
von der Geschäftsgruppe Kultur der Stadt Wien (amtsführende Stadträtin Dr. Ursula Pasterk),
der Geschäftsgruppe Planung der Stadt Wien (amtsführender Stadtrat Dr. Hannes Swoboda),
dem Bundesministerium für auswärtige Angelegenheiten,
dem Bundesministerium für Wissenschaft und Forschung
sowie dem Bundesministerium für Unterricht und Kunst

Dr. Peter und Paul Hochegger, Wien

Die Deutsche Bibliothek - CIP-Einheitsaufnahme
Visionäre & Vertriebene: Österreichische Spuren in der modernen amerikanischen Architektur;
[anlässlich der Ausstellung "Visionäre & Vertriebene, Österreichische Spuren in der Modernen Amerikanischen Architektur"
in der Kunsthalle Wien, 24. Februar bis 16. April 1995]/hrsg. von Matthias Boeckl. - Berlin: Ernst, 1995
ISBN 3-433-02445-6
NE: Boeckl, Matthias [Hrsg.]; Ausstellung Visionäre & Vertriebene,
Österreichische Spuren in der Modernen Amerikanischen Architektur <1995, Wien>;
Kunsthalle <Wien>; Visionäre und Vertriebene

Umschlagabbildung: Friedrich Kiesler 1926 bei der Ankunft im New Yorker Hafen, Archiv Friedrich Kiesler, New York

© 1995 Ernst & Sohn
Verlag für Architektur und technische Wissenschaften GmbH, Berlin
Ein Unternehmen der VCH Verlagsgruppe
und
Gesellschaft zur Förderung moderner Kunst Wien

Lektorat
Claudia Mazanek

Übersetzung der Beiträge von
J.-F. Lejeune und Andrea Bocco-Guarneri von Erika Lanz und Martina Bauer

Gestaltung
A+H Haller, Wien

Reproduktion
Reprowerkstatt Rink, Berlin

Druck
H. Heenemann GmbH & Co., Berlin

Bindung
Lüderitz & Bauer, Berlin

ISBN 3-433-02445-6

Inhalt

	7	*Adolf Placzek* Vorrede
	11	*Matthias Boeckl* Zur Projektgenese
	19	*Matthias Boeckl*, *Otto Kapfinger* Visionäre & Vertriebene. Österreichische Spuren in der modernen amerikanischen Architektur
	43	*Oliver Rathkolb* Zeithistorische Rahmenbedingungen
	51	*Markus Kristan* Impressionable und wandlungsfähig. Joseph Urbans Frühwerk 1891 bis 1911
	63	*Jean-François Lejeune* Die Bühne und die Stadt. Joseph Urban in Palm Beach
	73	*Matthias Boeckl* Vom Märchenschloß zum Sowjetpalast. Joseph Urbans andere Moderne
	87	*Matthias Boeckl* Die Reform der Form. New Yorker Art Déco-Design am Beispiel von Paul Theodore Frankl und Wolfgang Hoffmann
	97	*August Sarnitz* Transatlantische Begegnungen. Der Wagnerschüler Rudolph M. Schindler in den Vereinigten Staaten
	113	*Rudolph M. Schindler* Moderne Architektur – Ein Programm
	117	*Otto Kapfinger*, *Adolph Stiller* Neutra und Schindler. Zwei Europäer in Kalifornien
	139	*Dieter Bogner* Architecture as Biotechnique. Friedrich Kiesler und das Space House von 1933
	155	*Adolph Stiller* Rationale Systeme und Visionen. Anton Tedesko als konstruktiver Entwerfer
	171	*Andrea Bocco-Guarneri* Bernard Rudofsky – Zum Wohle der Zivilisation
	189	*Kristina Wängberg-Eriksson* Josef Frank im Exil auf Manhattan 1942-46
	201	*Maria Welzig* Entwurzelt. Sobotka, Wlach und Frank in Pittsburgh und New York
	224	Farbtafeln I-XXXII
	227	*Ruth Hanisch* Die unsichtbare Raumkunst des Felix Augenfeld
	249	*Ruth Hanisch*, *Otto Kapfinger* Der Wettbewerb um eine Synagoge in Wien-Hietzing. Ein zerstörter Bau von Arthur Grünberger – ein verschollenes Projekt von Richard Neutra
	255	*Otto Kapfinger* Victor Gruen und Rudi Baumfeld. Traumkarriere einer Partnerschaft
	281	*Norman Katkov* Erinnerungen an Rudi Baumfeld
	285	*August Sarnitz* Der verlorene Alltag – Ernst Lichtblau
	295	*Sabine Plakolm-Forsthuber* Ein Leben, zwei Karrieren. Die Architektin Liane Zimbler
	311	*Matthias Boeckl* Villen in Los Angeles – Siedlungen in Puerto Rico. Über die Wirkungen des Neuen Wiener Wohnens im Exil
	327	Biographien
	351	Bibliographie
	365	Abbildungsnachweis
	367	Namenregister
	373	Dank

VORREDE

Adolf K. Placzek

New York, 1938-39. Sie kamen, sie sahen, aber es wäre unrichtig, wenn nicht leichtfertig, um des Cäsar-Zitats willen zu behaupten, daß sie siegten. Rilkes »Wer spricht von Siegen? Überstehen ist alles« liegt da näher. Sie kamen und sie überstanden, das heißt, sie bewahrten sich ihre Werk-Treue, ihr Hand-Werk, ihre Vision der neuen Moderne durch die tragischen, von allen das Äußerste heischenden Jahre, blieben also sich selbst und der Vision ihrer Jugend und ihrer wunderbaren Schulung treu und machten unter den gründlichst veränderten Umständen weiter – oder begannen wieder von Anfang, von einem allerdings Echo-erfüllten Anfang. Ich spreche von den Wiener, den österreichischen Vertriebenen von 1938, die meisten von ihnen Juden, deren Hand-Werk, deren Werk, deren Vision eine neue Baukunst, eine neue Raumkunst, eine neue Wohnkunst war.

Ich kannte viele von ihnen, zwei durch Familienbande, andere sogar durch Wiener Eltern-Freundschaften, die meisten aber dadurch, daß mir – einem Wiener Vertriebenen, allerdings einer jüngeren Generation – die ehrenvolle Aufgabe zugefallen war, als Avery Librarian der Columbia Universität Amerikas größte Architektur-Bibliothek, vielleicht die größte der westlichen Welt, durch lange Jahre zu leiten – vor 1960 allerdings erst als Stellvertretender Bibliothekar.

Sie kamen, sie sahen, sie lasen. Das war hauptsächlich in den frühen Jahren – den vierziger und fünfziger Jahren –, als Exil noch nicht zu regelrechter Immigration geführt hatte, als das Vertrieben-Sein noch nicht zu mehr oder weniger erfolgreicher gesellschaftlicher und beruflicher Eingliederung geworden war. Sie lasen – des öfteren – Otto Wagners *Moderne Architektur* (das einige von ihnen auch aus Wien mitgebracht hatten), erkundigten sich nach neuen Ausgaben der Loos-Aufsätze, aber verschlangen die internationalen und besonders die amerikanischen Architektur-Zeitschriften, den ›Architectural Record‹ und ›Progressive Architecture‹ vor allem. Sie kamen, sie lasen und sie redeten, besonders als es sich herausstellte, daß der Prokurist aller dieser Bücher und Zeitschriften auch ein Wiener Vertriebener war. Sie sprachen nur selten in ihrem Wiener Deutsch zu mir, fast immer in ihrem spät, doch exquisit erlernten Englisch, das manchmal fast an ihr humanistisches Latein-Studium erinnerte. Es schien mir damals, als ob sie bisweilen Janus-Gesichter trügen: ein beständiger Blick, ein fast gramvolles Gesicht zurück in das Gestrige, in ein Versunkenes, Zerstörtes, Entstelltes, aber doch – in eben dem Rück-Blick – in ein großes Bewahrtes; und da war ein anderes, ein mutiges, fast freudiges Gesicht zur Zukunft, zu dem großen amerikanischen Abenteuer, dem Abenteuer einer sich ihrem Höhepunkt nähernden Moderne, dem Internationalen Stil, mit seiner amerikanischen Internationalität. Gropius war ja schon eingetroffen (Mies van der Rohe desgleichen) und übte in jenen Jahren einen ungeheuren Einfluß aus, mehr auf die jungen amerikanischen als auf die Janus-gesichtigen Wiener Architekten, von 1938 bis in die späten sechziger Jahre, wo alles – mit Robert Venturi – sich wieder gründlich veränderte. Gropius selber, wie ich bezeugen kann, lag übrigens, zum Unterschied von den Wienern, an historischen Büchern gar nichts. Es kann vielleicht sogar behauptet werden, daß zwischen Weimar (oder Dessau) und Wien eine gewisse Dichotomie bestand: die zwischen dem Bauhaus und der Wiener Werkstätte.

Sie kamen also, sie sahen – sahen eine Menge! – und sie versuchten, Eigenstes fortzusetzen und im großen Anderen mitanzufangen. Anfang lag ja, nach 1945, wieder in der Luft, ebenso wie rücksichtsloser Umbruch und planloses Städtebauen. Es wurde wieder viel gebaut, aber auch viel zerstört. Es waren die Hochtage des »urban renewal«, das später auch oft »urban removal« genannt wurde. Wolkenkratzer schossen wie Pilze hoch. Das klassische Hochhaus, das *Seagram Building* in New York, wurde allerdings von einem Mitteleuropäer, Mies van der Rohe (einem Bauhäusler, wohlvermerkt), entworfen und schuf einen Prototyp, der in jeder amerikanischen Stadt – nicht nur in New York und Chicago – nachgebaut und nachgeahmt wurde. Aber das Hochhaus – der große Bauauftrag jener Jahre – war nicht eine Wiener Sache. Nicht ein einziger Skyscraper wurde von einem Wiener entworfen. Es scheint auffällig, wie sehr »domestic architecture«, Wohnbau, Einzelhäuser, Einfamilienhäuser, ja Villen, die Stärke der Wiener Architekten blieb: wie sie es eigentlich schon in den zwanziger Jahren, mit Neutra und Schindler, war. Viele von den 1938-Ankömmlingen hatten schon in Wien ausgezeichnete Arbeit in Villen-Architektur geleistet, als dort ein Wolkenkratzer noch etwas Undenkbares war. Die großartigen Wiener Gemeindebauten der zwanziger und dreißiger Jahre paßten in kein amerikanisches Format. Wenn im Städteplanen oder Siedlungswesen überhaupt ein europäisches Vorbild da war, war es Le Corbusier mit seiner *Ville Radieuse*, nicht Otto Wagner oder etwa der spät wieder entdeckte Camillo Sitte.

Sie kamen, sie sahen, und sie versuchten sich anzupassen, oder, wie manche von ihnen sagten, sich umzustellen. Aber sie hatten doch zu viel mitgebracht, um sich einfach umzustellen, zu viel, auch wenn einige von ihnen den Hafen der Neuen Welt nur mit zwei oder drei Köfferchen erreichten. Es kann auch vermerkt werden, daß die meisten von ihnen mit Ehefrauen kamen, Frauen oft von hohem Charakter, Mut und Verstand – aber allesamt Wienerinnen, also sprachlich wie stilistisch von der Alten Welt, nicht der Neuen – was die Umstellung nicht leichter machte (»Sich umstellen müssen« war übrigens damals auch die Lieblingsphrase meiner eigenen Wiener Mutter).

Ich spreche von »ihnen«. Wer aber waren »sie«? Die Vertriebenen des Unheilsjahres 1938, wie gesagt, oder wenn sie ein wenig mehr Voraussicht hatten, der Jahre nach 1933. Ich spreche also nicht von der ersten Wiener Welle, den Christoph Kolumbus-Typen der zwanziger Jahre, Richard Neutra, Rudolph Schindler, Friedrich Kiesler, Männer auf der Suche nicht nur nach einer Neuen Welt, sondern auch nach neuen Ideen, Visionäre tatsächlich wie Kiesler, ein Mann von kleiner Statur, aber obsessiver Entschlossenheit, wenn es zu seinem *Endlosen Haus* kam (und damit zum Verlust der meisten konventionellen Bauaufträge), oder der ideenreiche, gedankenreiche – und erfolgreiche – Neutra selber.

Die Vertriebenen von 1938: sie kamen, sie sahen, das heißt, sie versuchten sich anzupassen, umzustellen, einzugliedern, und was geschah dann? »Sie« heißt natürlich: die meisten, nicht alle von ihnen. Einige verschwanden wie vom Erdboden geschluckt; einige verloren sich nach und nach; einige gingen auf Nimmer-Wiederhören in die unermeßlich weiten Räume zwischen New York und Los Angeles; einige leisteten Ausgezeichnetes, Neues, Neuestes; andere blieben hängen oder, schlimmer, gaben die Architektur – ihre Architektur – ganz auf; einige landeten an den Fließbändern von großen Architekturfirmen; andere wagten von Anfang an ein eigenes Büro, bisweilen mit einem einheimischen oder früher eingetroffenen Partner; einige wandten sich der Innen-Architektur zu, dem Möbel-Design (mit der großen Wiener Tradition dahinter), der Graphik, dem Grabstein-Entwurf; und einige fanden an den Universitäten ihre Möglichkeiten und ihre Zukunft. Wenn in *Faust II* Mephisto davon spricht, »wie sich Verdienst und Glück verketten«, ist da wohl teuflischer Hohn oder zumindest mephistophelische Ironie dabei. Verdienst, will sagen Talent oder gar Genie, kamen öfters zu kurz oder gar nicht zum Zug, wenn das Glück, die fortuna loci, nein sagte oder ausblieb. So geht es hier auch um die, bei denen Talent, Verheißung, Vision, Idee, Bemühung sich nicht mit Glück verketteten – nicht nur um die Vertriebenen also, sondern auch um die Vergessenen und Verlorenen.

Die Forschungsleistung von Matthias Boeckl und seinen Kollegen Otto Kapfinger, Adolph Stiller, Ruth Hanisch, Oliver Rathkolb, Markus Kristan, Jean-François Lejeune, August Sarnitz, Andrea Bocco-Guarneri, Dieter Bogner, Kristina Wängberg-Eriksson, Maria Welzig und Sabine Plakolm-Forsthuber kann gar nicht genug gepriesen sein: Was da mit Akribie, Phantasie und Sympathie an Gedenkenswertem, an Außerordentlichem und an Tragischem aufgespürt, wiedergefunden, entdeckt, neu-erinnert wurde, ist von höchstem Interesse – künstlerischem, historischem und in der Tat menschlichem. Es ist die Geschichte einer Metamorphose sowohl wie einer »Zweiten Schule«, eine Geschichte von unterschätzten Einzel-Leistungen und von bewahrten Traditionen; und es sei zu behaupten gestattet, daß in dieser Janus-köpfigen Doppelschau das eigentlich Visionäre der Vertriebenen von 1938 sich kundtat. Selbst Neutra, sozusagen der erste Wiener Visionär in Amerika, war da ein vertriebener Visionär: ein Visionär einer umweltbewußten, lebensbewußten, organismusbewußten, zukunftsbewußten Moderne zwischen den fremden Palmen von Süd-Kalifornien, janusköpfig in seinem dramatischen Wiener Opernstil und seinem realistischen, harten Erfassen von Problemen, die die meisten um ihn noch nicht einmal kommen sahen (so schien er mir gleich bei unserem ersten Treffen; viele folgten). Janus als Visionär? So wie, in der modernen Physik, der Pfeil der Zeit vorwärts und rückwärts fliegt?

Um aber die Vorrede zu diesem bedeutsamen Band nicht bloß als Mitvertriebener und als Zeitzeuge enden zu lassen, sondern um auch als Architekturhistoriker (noch dazu als ein in Wien geschulter) zu sprechen oder zu fragen: kann, statt eines Janus-Kopfes oder Stephen Hawkings doppelzielenden Pfeiles, diese große Migration der österreichischen Architekten nach Amerika als eine Art zweite Wiener Secession verstanden sein? Nicht wie die Secession von 1897 freien Willens, sondern eine gezwungene unter den denkbar schrecklichsten Umständen, aber doch eine Secession, indem der Vorhang, der auf die Wiener Moderne im März 1938 so abrupt fiel, nicht auf den Wiener Modernismus der Vertriebenen fiel. Dieses Vertrieben-Sein enthielt also auch ein Weiter-Machen und vor allem ein Weiter-Geben: sodaß die mitteleuropäische Moderne nicht nur als Bauhaus, sondern auch als Wiener Werkstätte Amerika erreichte – Wiener Werkstätte im weitesten, stilistischen, ja symbolischen Sinn (daß keineswegs alle der Vertriebenen zur Wiener Werkstätte gehört hatten, versteht sich). Was sie – in ihrer Modernität – alle teilten (Wiener Werkstättler wie österreichische Werkbündler) und was sie sich fast ausnahmslos bewahrten – bis in das letzte Möbel, bis in den letzten Balken, Fensterrahmen und Pfosten, bis in den letzten Grabstein –, war eine außerordentliche Werk-Treue, Werkstättentreue und eine unnachahmliche Finesse der Einzelheiten. Daß eine solche Secession nicht bloß eine von Flüchtlingen, sondern auch eine von geistigen, künstlerischen Widerständlern war, wird in den folgenden Seiten ja auf das Eindrucksvollste klar gemacht. Es war also eine Menge Vergangenheit, die da die große Flucht in die Zukunft unternahm; aber auch eine Menge Zukunft, die da ihre Vergangenheit rettete; und eine Menge, das verloren gehen mußte, aber wenigstens dem Gedenken nach in den folgenden Kapiteln wiederaufgerufen ist.

ZUR PROJEKTGENESE

Matthias Boeckl

Unser Projekt blickt auf eine achtjährige Entstehungsgeschichte zurück, die nicht zuletzt eine Weiterentwicklung des heute international etablierten erweiterten Blickwinkels auf die Moderne insgesamt reflektiert. Diese Betrachtungsweise strebt danach, eingefahrene »Normen« der Historiographie der Moderne zu überwinden und ein breiteres als das bisher bekannte Bild dieser Bewegung zu zeichnen. Zu diesen fest etablierten »Normen« zählt unter anderem auch die Annahme, daß der österreichische Hauptbeitrag zur internationalen Moderne im Jugendstil und Expressionismus bestehe und daß beide auf einer »barocken« Tradition der heimischen Kunst aufbauten. So sehr sich diese Annahme mitunter zu bewahrheiten scheint, so ergänzungs- und differenzierungsbedürftig ist sie auch. Ergänzungsbedürftig deshalb, weil neben den expressiven Strömungen seit der Jahrhundertwende sehr wohl auch ein überraschend breites Spektrum an konstruktiven, puristischen und technizistischen Kunstäußerungen existierte und noch existiert. Differenzierungsbedürftig deshalb, weil die vermeintliche »Kunst aus dem Bauch« des österreichischen Expressionismus bei sich näherer Betrachtung als eigenständiger, aber vom Rest der europäischen Szene keineswegs abgenabelter Beitrag zur internationalen Moderne erweist. Darüber hinaus verfügt er über einen Grad an Selbstreflexion und -kritik, der mit einem unkritischen Malen um des Malens willen oder Bauen um des Bauens willen nichts zu tun hat. Das Bild der österreichischen Moderne war und ist also in jede Richtung zu erweitern und zu vertiefen.

Erste Projekte

Mit dem Projekt einer Friedrich Kiesler-Ausstellung eröffnete Dr. Dieter Bogner 1987/88 der kunsthistorischen Forschung Österreichs ein Gebiet, das in mehrfacher Hinsicht »terra incognita« war. Schon vorher galt es, sich mit dem Umstand vertraut zu machen, daß offenbar wesentliche Teile der Geschichte der österreichischen Moderne – oder vielmehr deren Wirkungsgeschichte – sich außerhalb unserer Landesgrenzen ereignet haben. Ein weiteres Novum war nun, daß es offenbar eine Tradition an interdisziplinären Ansätzen gab, die architektonische, malerische, skulpturale und kunsttheoretische Fragen, gespeist aus der reichen Erfahrung eines wienerischen Skeptizismus, aber auch eines seriösen philosophischen Fundaments, als inhaltliche Einheit zu betrachten und darüber hinaus zu reflektieren in der Lage war. Aus den Forschungen im New Yorker Ambiente Kieslers seit 1926 ergab sich dann das Bedürfnis, eben dieses Ambiente zu dokumentieren, das Avantgardisten und Traditionalisten aller Herren Länder im gemeinsamen Projekt zusammengeführt hatte, den Vereinigten Staaten eine eigenständige Moderne zu verschaffen. Sie sollte einerseits aus kontinentaleuropäischen Quellen gespeist sein und andererseits die »unbegrenzten Möglichkeiten« des Landes nutzen. Überraschenderweise waren nicht wenige der Protagonisten dieser Szene aus Österreich gekommen, und es zeigte sich, daß die in New York legendären, in Wien aber fast unbekannten Karrieren eines Joseph Urban oder Paul Theodore Frankl kaum dokumentiert waren.

Als erstes Projekt entwickelte sich daraus die Vorstellung, die New Yorker Art Déco-Szene mit P.Th. Frankl, Wolfgang Hoffmann, Joseph Urban und anderen darzustellen, wozu mich der Sammler John Axelrod besonders ermutigt hat. Zeitgleich mit dieser ersten Idee hatte Peter Noever im Jahre 1988 Bernard Rudofsky eingeladen, für das Wiener Museum für angewandte Kunst eine seiner berühmten kulturkritischen Ausstellungen zusammenzustellen. Frühere Ansätze, die österreichische Architektenemigration in die USA zu dokumentieren, hatte es ja bereits in den sechziger Jahren mit den Kontakten einer Reihe damals junger österreichischer Architekten zu Richard Neutra gegeben, der sich zu dieser Zeit in Wien aufhielt. Auch das Werk von Rudolph Schindler, das Hans Hollein in der Zeitschrift ›Der Bau‹ veröffentlichte, sowie die Kontakte von Friedrich St. Florian, Raimund Abraham und Oswald Oberhuber zu Friedrich Kiesler beziehungsweise dessen Frau Lillian waren bemerkenswerte Initiativen. Johannes Spalt, Hermann Czech und Friedrich Kurrent setzten erste Schritte zur Aufarbeitung der Werke von Josef Frank und Joseph Urban.

Entwicklung des Projektes »Visionäre & Vertriebene«

Der Anstoß zur zusammenfassenden Bearbeitung der österreichischen Architekturemigration in die USA von der Jahrhundertwende bis zur Vertreibung durch die Nationalsozialisten erfolgte 1990, als mich eine Ausstellung über die Skulpturen der Wiener Ringstraße mit deren Organisatoren Dr. Peter und Paul Hochegger zusammenbrachte. Sie griffen meine noch recht skizzenhaften Überlegungen interessiert auf und schlugen vor, daraus ein eigenes Ausstellungsprojekt zu entwickeln. Noch zweifelnd, ob ein solches Unternehmen Aussicht auf Erfolg habe (vor allem war noch unklar, wie sich die Vertreibung der NS-Zeit adäquat »darstellen« ließe), war es zunächst notwendig, weitere Forschungen anzustellen, die mich auf die Existenz der Nachlässe von Felix Augenfeld und Walter Sobotka in der Columbia University brachten. So schien es möglich, die in der bisher nur ansatzweise erfolgten Aufarbeitung entstandene kulturgeschichtliche Isolierung der Vertriebenen von 1938 durch die detailliertere Werkbearbeitung zu überwinden. Die bisherige Betonung ihres Vertriebenseins gegenüber ihrer tatkräftigen künstlerischen Teilnahme am Projekt der Moderne sollte durch den Kontext ebendieser Bewegung ersetzt und erstmals das künstlerische Werk der Vertriebenen in den Mittelpunkt des Interesses gerückt werden. Die bereits bekannten und die später entdeckten, zum Teil vollständig, zum Teil fragmentarisch erhaltenenen Architektennachlässe von Schindler, Neutra, Urban, Tedesko, Zimbler, Gruen, Kiesler, Rudofsky, Wlach, Baumfeld und Schwadron in österreichischen und amerikanischen Archiven und Sammlungen belegen nun auch rückblickend, daß noch erstaunlich viele Quellen nicht ausgeschöpft sind.

Aufbauend auf den ersten Entdeckungen und der Idee, eine Anzahl architektonischer Schlüsselprojekte im Modell zu rekonstruieren, schlugen wir das Ausstellungsprojekt zunächst Kulturstadträtin Dr. Ursula Pasterk vor, die in äußerst großzügiger Weise die Hauptdotation des Vorhabens zur Verfügung stellte. Dazu kam noch das Interesse an unserem Projekt von Vizekanzler Dr. Erhard Busek, der damals das Wissenschaftsressort leitete, und von Außenminister Dr. Alois Mock. Der Forschungsauftrag des Wissenschaftsministeriums hat 1992-94 die Basis für die erstmalige Erfassung und teilweise Aufarbeitung der insgesamt 13 Nachlässe und Nachlaßteile österreichischer Architekten gelegt, die zwischen 1911 und 1941 in die USA emigriert sind oder dorthin vertrieben wurden. Diese und die übrigen Sammlungsbestände zu den restlichen Architekten unserer Liste verteilen sich auf das Gesamtgebiet der Vereinigten Staaten und einige Wiener Sammlungen.

Ein weiterer Schritt der Projektgenese war die Zusammenstellung des wissenschaftlichen Teams, das diese umfangreiche Aufgabe bewältigen sollte. Hier habe ich den ersten Dank an Otto Kapfinger zu richten, der dem Projekt mit seiner Erfahrung und seinem beeindruckenden Wissen um die Zusammenhänge der Moderne insgesamt von Anfang an einen Tiefgang verlieh, den ich allein kaum hätte erzielen können. Seiner schriftstellerischen Kreativität ist auch der endgültige Titel unseres Unternehmens zu verdanken. Doz. DDr. Oliver Rathkolb übernahm die Erarbeitung der zeithistorischen Rahmenbedingungen unserer Emigrantengruppe, Mag. Maria Welzig und Mag. Norbert Mayr nahmen sich einzelner Spezialthemen an. Doz. Dr. August Sarnitz stellte die Erkenntnisse seiner langjährigen Forschungsarbeiten über Schindler und Lichtblau zur Verfügung. Mag. Adolph Stiller, der zunächst als Gestalter der Ausstellungsarchitektur zu unserem Team gestoßen war, übernahm bald auch wesentliche Bereiche der Forschungsarbeit und betreute insbesondere das Werk von Anton Tedesko, den er noch kurz vor dessen Tod in Seattle besucht hat. Ruth Hanisch, die mich bei früheren Projekten tatkräftig unterstützt hat, erarbeitete sich nun in unserem Team durch ihr Engagement ein eigenständiges Profil, das mit dem steten Anwachsen der Aufgabe gewann und zur Übernahme organisatorischer und wissenschaftlicher Schlüsselbereiche führte. Dr. Gabriele Koller, die aufgrund ihrer neuen Aufgabe als Direktorin der Bibliothek der Hochschule für angewandte Kunst in Wien daran gehindert war, sich im geplanten Ausmaß in unserem Projekt zu engagieren, stand stets hilfsbereit mit wertvollen Ratschlägen und Hinweisen zur Verfügung.

Derart ausgestattet, machten wir uns an die Arbeit, die im wesentlichen darin bestand, die vielen hierzulande vergessenen in die USA emigrierten österreichischen Architekten zu finden, deren Nachlässe aufzuspüren und zu bearbeiten sowie aus den bereits bekannten Architektennachlässen jene Projektdokumentationen herauszufiltern, die im gegebenen Kontext nötig waren. Schon die Erstellung der Namensliste der zu bearbeitenden Architekten war ein hartes Stück Arbeit, das aber immer wieder positive Überraschungseffekte erzielte.

Vielfältige Hilfestellungen in Europa und den USA

Ohne die Hilfe der von uns bearbeiteten noch lebenden, 1938 aus Wien vertriebenen Architekten, Professor Gerhard Karplus und Architekt Simon Schmiderer, wären ihre jeweilige Arbeit und zahllose biographische Verflechtungen mit dem Schicksal anderer nicht dokumentierbar gewesen, zumal beide in ihrer Bescheidenheit keine umfangreichen Werkarchive angelegt haben. Auch Professor Anton Tedesko, der bereits 1932 in die USA emigriert ist, hat unsere Recherchen zu seinen Lebzeiten noch kräftig unterstützt.

Eine Schlüsselstellung der Forschungskampagne nahmen natürlich auch die übrigen aus Österreich Vertriebenen, deren Familienmitglieder und jene der schon früher Emigrierten ein. Sie alle haben uns geduldig bei den Recherchen geholfen, insbesondere Anna Augenfeld, Eva Carruthers-Wlach, Maria Fenyö-McVitty, Lisa Frank, Paulette Frankl, Leo Glückselig, Robert Haas, Dr. Peter Heller, Anne Marie Hoffmann, Eva Huebscher, Trudy Jeremias, Lillian Kiesler, Otto Natzler, Anna Neubrunn, Arch. Dion Neutra, Carolyn Reading-Hammer, Eric Reichl, Berta Rudofsky, Liesl Salzer, Arch. Timothy Schmiderer, Grete Schreyer-Löbl und Annelott Swetina.

Im akademischen Bereich ist die Hilfe von Professor Adolf K. Placzek besonders hervorzuheben. Durch seine langjährige Tätigkeit als Direktor der Avery Library an der Columbia University nahm er eine Schlüsselstellung in der Architekturemigrantenszene ein, überblickt sie wie kein anderer und hat uns Wege geebnet, die sonst nicht hätten beschritten werden können. Unter den austroamerikanischen Autoritäten dieses Ranges – wiewohl nicht der Gruppe der Vertriebenen zugehörig – ist auch Professor Dr. Eduard Sekler zu nennen, der unser Unternehmen von Anfang an mit kollegialer Sympathie und tatkräftiger Unterstützung verfolgt hat. Professor Dr. Friedrich Achleitner hat in Wien durch seine persönliche Großzügigkeit, sein Archiv und seine zahlreichen Hinweise das Projekt ebenfalls maßgeblich unterstützt.

Ein solches Vorhaben wäre auch ohne die Hilfe der übrigen Fachkollegen kaum durchführbar, insbesondere, wenn die Lagerstätten des bearbeiteteten Materials und der Wohnort der Forscher einige tausend Kilometer voneinander entfernt liegen. Die zahlreich unternommenen Forschungsreisen machten durch ihre zeitliche Begrenzung nur eine teilweise Bearbeitung der umfangreichen Archivbestände möglich. Die Hilfe jener Kollegen in den USA, die sich für den guten Zweck selbstlos der mühevollen weiteren, aus Wien erbetenen Archivarbeit unterzogen, war daher unentbehrlich. Insbesondere ist hier Janet Parks von der Avery Library der Columbia University und Sean Sawyer zu danken, der für uns einige Archive in Washington, New York und Princeton gesichtet hat. Weiters haben uns Architekt Georg Schrom, Bernhard Crystal, Prof. David Gebhard, Prof. David Zeidberg, Prof. Thomas Hines, Anne Caiger, Kristina Wängberg-Eriksson, Irene Lotspeich-Phillips, Stuart Ng, Prof. David Billington, Thomas Michie, Dr. Alice L. Birney, Mag. Gudrun Hausegger, Prof. Bernhard Leitner, Ing. Armando Vivoni, Dr. Enrique Vivoni Farage, Charles Wilson, Prof. Dr. John Czaplicka, Laura Cat Smith und Steven J. Zietz bei der Erfassung der einzelnen, zum Teil noch völlig unbearbeiteten Sammlungen und bei der Besichtigung der Bauten geholfen.

All diese Bemühungen mündeten schließlich in die Erstellung von Buch und Ausstellung zum Thema. Die Ausstellung zeigt nicht nur erstmals in Österreich Originalzeichnungen von Richard Neutra, Rudolph Schindler, Joseph Urban und Felix Augenfeld – darunter von so legendären Projekten wie den beiden Lovell-Häusern –, sondern präsentiert mit den aufwendigen Modellrekonstruktionen die architektonischen Leistungen auch anschaulich in der dritten Dimension. Ein Multimediaprogramm der Gruppe Science Wonder Productions visualisiert die Forschungsergebnisse in einer komplexen digitalen Form. Das Gesamtprojekt ist nicht zuletzt auch eine organisatorische Leistung, die ohne das Engagement der Brüder Hochegger nicht möglich gewesen wäre, und es zeigt sich damit, daß aufwendig zu erarbeitende neue Sichtweisen auf die Kulturgeschichte unseres Jahrhunderts nur in der fächerübergreifenden Synergie einer Vielzahl qualifizierter Vertreter ihres jeweiligen Faches möglich ist. Allen jenen, die dazu beigetragen haben, auch wenn sie hier nicht erwähnt sind, sei auf diesem Wege herzlichst gedankt.

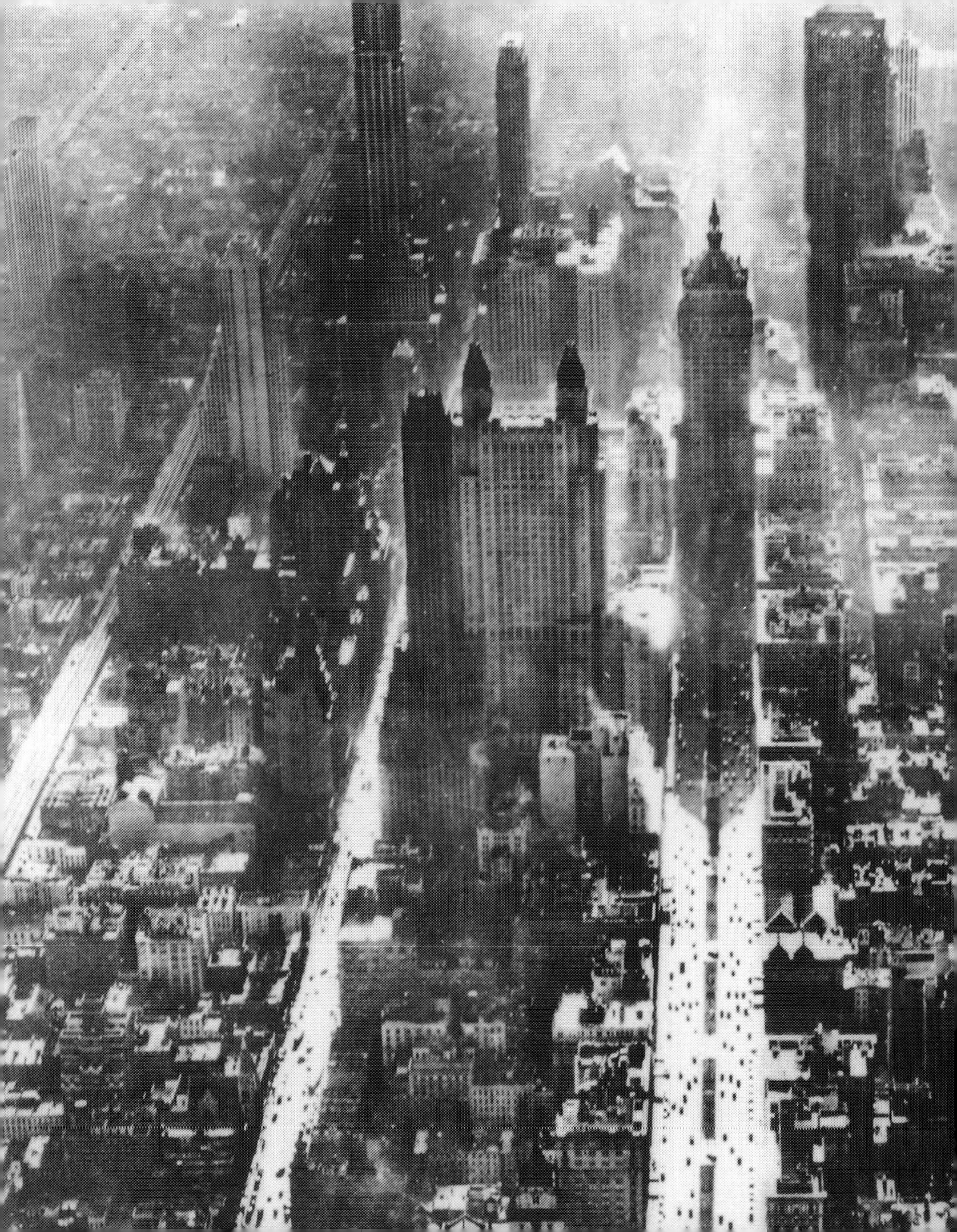

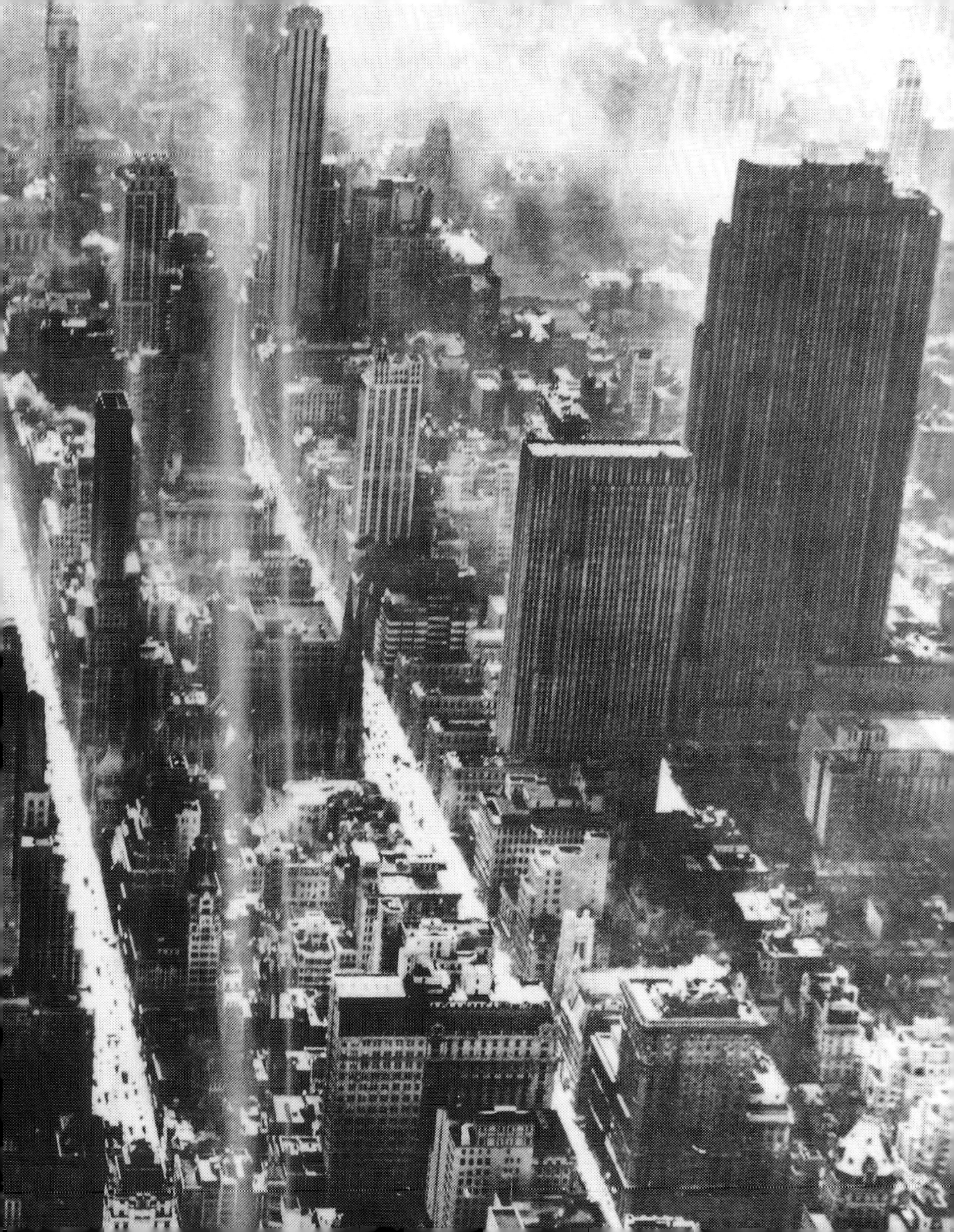

← **Manhattan 1933, Luftansicht**

VISIONÄRE & VERTRIEBENE
Österreichische Spuren in der modernen amerikanischen Architektur

Matthias Boeckl
Otto Kapfinger

Es ist eine historische Tatsache, daß Wien innerhalb von fünf Jahren praktisch sein ganzes intellektuelles und progressives Architekturpotential verloren hat. Was aber mit dieser kulturellen Katastrophe unterbrochen wurde, war nicht so sehr der Fortschritt der Moderne, sondern eben die fortschrittliche Kritik an der Moderne.

Friedrich Achleitner [1]

Für diese Forschungsarbeit und ihre Dokumentation in einer Ausstellung gibt es ein ganzes Bündel von Motiven. Zunächst ist gerade durch die einschlägigen Bemühungen rund um die Gedenkjahre 1985 und 1988 klar geworden, daß die Geschichte der »Vertreibung des Geistigen« aus Österreich noch viele weiße Flecken aufweist und daß sie besonders in diesem Bereich – gemäß dem einleitenden Zitat – einer entschiedenen Vertiefung bedarf.

Damit ursächlich verknüpft zeigt sich ein ähnliches Manko in der Darstellung der modernen Architektur in Österreich selbst, die publizistisch nach wie vor bei Loos und Hoffmann mehr oder minder aufhört und erst mit Rainer, Holzbauer und Peichl wieder fortsetzt – wo also mehr als eine Generation nach wie vor fast zur Gänze ausgeblendet ist. Komplementär zu dieser notwendigen Nachjustierung regionaler Geschichte erweist sich auch die globale Einschätzung der Entwicklung der Moderne revisionsbedürftig. Die bisher auf monolithische Geschlossenheit und lineare Folgerichtigkeit abgestimmte Historiographie wird nämlich im gleichen Maße fragwürdig, als immer mehr die von – zeitbedingt – propagandistischer Geschichtsschreibung unterdrückten oder geringgeschätzten Facetten im Gesamtbild dieser Ära wieder sichtbar werden. Auch in dieser Hinsicht hat Österreich etwa gegenüber dem Forschungs- und Publikationsstand in der Schweiz oder in Deutschland einiges aufzuholen; andererseits sind gerade hier bzw. von hier ausgehend innerhalb der klassischen Moderne sehr pointierte, kritische Positionen bezogen worden, deren Aktualität, Hintergrund und Interdependenz erst in einem solchen weiteren Betrachtungsrahmen voll zur Geltung kommen.

Konkreter Anlaß der vorliegenden Forschungsarbeit war die erste umfassende Ausstellung über Friedrich Kiesler in Wien im Jahre 1988. Im Zuge der Umfeldrecherchen zu Kiesler offenbarte sich ein völlig unbekanntes Netz seiner Verbindungen zu anderen, ex-österreichischen Architekten in und um New York, wodurch sich allein die Anzahl der Protagonisten im Vergleich zu früheren Darstellungen des Themas mehr als verdoppelte.[2]

Davon ausgehend erschien es nun biographisch naheliegend, die Architektur-Migration zwischen Österreich und USA bis zur vorigen Jahrhundertwende zurückreichend aufzuzeigen. Denn die Schicksale von Lichtblau, Hoffmann, Zimbler, Schindler, Neutra, Urban oder Rudofsky erwiesen sich wesentlich dichter verknüpft, als bisher angenommen.

Die Vereinigten Staaten von Amerika waren das bevorzugte Ziel von Auswanderern aus dem Architekturbereich. Man kann hier im 20. Jahrhundert sogar von der Kontinuität einer »Bewegung« sprechen, während andere wichtige Exilperioden – wie jene von Ernst A. Plischke in Neuseeland, von Clemens Holzmeister und anderen in der Türkei oder die Jahre von Walter Loos in Argentinien eher als Einzelepisoden gelten können.[3]

Im Verlauf der Arbeit entstand freilich mehr und mehr eine gewisse Problematik: Dieses Thema vereint unter ähnlichen äußeren Umständen äußerst unterschiedliche Personen und Berufsbilder. Die Heterogenität der fachlichen Profile wird noch vertieft durch die extreme Diversität der Quellenlage. Während die Œuvres von Schindler, Neutra oder Kiesler heute bereits sehr detailliert erfaßt und analysiert sind, mußte in vielen anderen Fällen die Recherche gleichsam bei Null begonnen werden.

Dennoch kristallisierte sich in diesen so unterschiedlichen Œuvres bald ein gemeinsamer Nenner heraus: die kritische Haltung gegenüber den zur Dogmatik neigenden Ansprüchen innerhalb der Avantgarde der zwanziger und dreißiger Jahre. Was die Positionen von Schindler und Frank, Kiesler und Lichtblau, Augenfeld und Rudofsky, Neutra und Gruen miteinander verbindet, ist die konkrete Zurückweisung aller Versuche, die Mo-

---

[1] Friedrich Achleitner, Die geköpfte Architektur. Anmerkungen zu einem ungeschriebenen Kapitel der österreichischen Architekturgeschichte. In: G. Koller (Hg.), Die Vertreibung des Geistigen. Zur Kulturpolitik des Nationalsozialismus. Wien 1985, S. 197.

[2] Vgl. etwa E. Wilder Spaulding, The Quiet Invaders. The Story of the Austrian Impact upon America. Wien 1968, Kapitel XV – ›Architects‹

[3] Plischke hatte 1929 in New York gearbeitet und hat durch seinen Freund und jüngeren Studienkollegen William Muschenheim mit einigen gemeinsamen Projekten eine spezifische, indirekte Wirkung in der New Yorker Szene initiiert.

Friedrich Kiesler und Armand Bartos, *Schrein der Bücher*, **Jerusalem, 1957-65**
(© Hans Nevidal)

derne als einen neuen, formalen, universell verbindlichen Stil zu etablieren. Die individuellen Reaktionen etwa in Zusammenhang mit der Formierung des sogenannten Internationalen Stils sind in den folgenden Textbeiträgen ausführlich behandelt. Vorab kann hier als stellvertretend gelten, was Josef Frank im New Yorker Exil formulierte: »The goal of modern architecture is greater freedom. The more scientific modern approach has made for greater variety and greater individuality among works of architecture, engineering and decoration. We shall therefore never again have a style in the old sense. Attempts to create one today, whether modern or modernized historical, have a reactionary and totalitarian effect.«[4]

Ähnlich verbindend wirkt die weitgespannte kulturgeschichtliche und anthropologische Reflexion der Behausungsfrage, die Kritik am allzu eurozentrischen, einseitigen Rationalismus in Architektur und Städtebau sowie die psycho-physiologische Grundlagensicht des Bauens, die sowohl Rudofsky als auch Frank, Gruen wie Augenfeld und Vetter, Neutra und Kiesler im Kern gemeinsam sind. Ein Arbeitstitel unserer Forschung lautete zwischendurch demgemäß »Ohne Dogma« – als Kurzformel für die undogmatische, liberale und humane Haltung, die diese freiwillig oder gezwungen Ausgewanderten durchwegs einnahmen, indem sie sich der Monumentalisierung, Banalisierung und Kommerzialisierung der Inhalte und der Anliegen der Moderne verwehrten.

Nochmals: Es geht in unserer Darstellung nicht um eine wie auch immer geartete nationalistische Vereinnahmung von Baukünstlern, die ihr Lebenswerk überhaupt erst in der Ferne realisieren oder fortsetzen konnten. Sie alle sind Architekten *aus* Österreich, jedenfalls vorwiegend im Wiener Milieu geprägt und ausgebildet – Individualitäten aus einem Land, die lernten bzw. lernen mußten, in der »Fremde« kosmopolitisch zu denken und zu leben sowie ihre spezifische Identität unter veränderten Rahmenbedingungen einzubringen und (mehr oder weniger) erfolgreich weiterzubilden. Wir sehen diese Forschung aber auch nicht als Versuch einer symbolhaften Wiedergutmachung – etwa für die Tatsache, daß unsere staatlichen Stellen es weitgehend verabsäumten, die Rückgewinnung dieser Visionäre & Vertriebenen nach 1945 zu betreiben oder ihnen in der provinziellen Nachkriegszeit, in einer Situation der geistigen *tabula rasa* ein ernsthaftes Angebot für Impulsaufträge zu machen. Ein solcher Anspruch wäre frivol und lächerlich.

Wir verstehen diese Arbeit als eine Spurensuche von Nachgeborenen zur Bewußtwerdung eines weitgehend gelöschten, ausgeblendeten Kapitels unserer unmittelbaren Vergangenheit, als einen Beitrag zum besseren Verständnis unserer heutigen, regionalen und globalen Sicht der Baukunst im größeren Rahmen unserer Zeit.

4 Josef Frank, *Jahresprogramm der New School for Social Research*. New York 1942

Bernard Rudofsky und Luigi Cosenza, *Haus Dr. Oro*, Posillipo, 1936-37,
Perspektive der Terrasse, Mischtechnik,
The Getty Center for The History of Art and The Humanities

Bernard Rudofsky, *Idealhaus*, Projekt, um 1935, Mischtechnik,
The Getty Center for The History of Art and The Humanities

Nicht nur die Verpflanzung europäischer Ideen der Moderne in die rasante eigene Entwicklung der Vereinigten Staaten ist vorwiegend von »Bildern« geprägt. Auch der Verlauf dieser Übertragung selbst und ihre spätere Rezeption bis zum heutigen Tag machen jene Dogmen spürbar, die sich aus der Vereinfachung von Geschichte durch dominierende Machtstrukturen entwickeln. Es ist inzwischen ein Allgemeinplatz festzustellen, daß die tatsächliche, sich jeden Tag ereignende Geschichte oft nur wenig mit jenen Geschichts-«Bildern« zu tun hat, die wir aus dem »Allgemeinwissen« beziehen. Trotzdem frappiert die schon beim ersten Blick in die Materie entstehende Kluft zwischen diesem »Allgemeinwissen« und dem tatsächlichen Verlauf der einzelnen, persönlichen Geschichten. Was sich weiters zeigt, ist das schmerzliche Fehlen einer Geschichtsschreibung der Ideen, des Bewußtseins, letztlich der Gefühle. Denn diese Faktoren beeinflußen die individuelle Lebensgeschichte in einem viel höheren Ausmaß als die historischen Rahmenbedingungen, denen sich ohnehin jeder unterzuordnen hat.

Das im vorliegenden Band ausgebreitete Spektrum solcher, zum Teil sehr prominenter »Lebensgeschichten« zeigt eines deutlich: daß es im Jahrhundert der Migration praktisch unmöglich ist, von einer allgemeinen Architektur- oder Kunstgeschichte zu sprechen, und daß man bestenfalls eine Anzahl zusammenhängender einzelner Ereignisse, die sich zu einer bestimmten Zeit in einer bestimmten Region zugetragen haben, als einen einigermaßen logischen Verlauf von »Geschichte« bezeichnen kann. Alles andere, das sich in unserer Rahmenhandlung der »österreichischen Spuren in der modernen amerikanischen Architektur« ereignet hat, ist in hohem, wenn nicht in höchstem Maße abhängig von Zufallskonstellationen, die auf die eine oder andere Weise genützt werden und so ihre kulturgeschichtlichen Folgen zeitigen.

Um ein Beispiel zu nennen, das Andrea Bocco in seinem Beitrag zur Diskussion gestellt hat: Als Bernard Rudofsky Mitte der dreißiger Jahre ein *Idealhaus* für sich selbst auf der Insel Procida vor Neapel errichten wollte, scheiterte dieses Unternehmen wegen der dortigen militärischen Bauverbotszone. Trotzdem hatte Rudofsky sein gesamtes, zu diesem Zeitpunkt bereits beträchtliches Wissen um Identität und Ziel der modernen Bewegung nebst seinen eigenen Visionen einer in der Nachfolge von Loos und parallel zu Josef Frank entwickelten, kulturgeschichtlich »beseelten« Moderne in dieses Projekt einfließen lassen und damit ein in sich stimmiges Symbol seiner Weltanschauung geliefert. Nur – es konnte nicht gebaut werden.

Als allerdings Richard Neutra – inspiriert durch ein von Loos, Wright und Ford vermitteltes Set von »Bildern« Amerikas – die Gelegenheit erhielt, für einen auf seine Weise radikalen Bauherrn ein nicht weniger radikales Architekturkonzept zu

Bernard Rudofsky, *Ausstellung »Are Clothes Modern?«*, 1944, **Museum of Modern Art, New York**

Bernard Rudofsky, *Ausstellung »Are Clothes Modern?«*, **ein in der Ausstellung gezeigtes Foto**

verwirklichen, »paßten« die verschiedenen Handlungsstränge plötzlich fugenfrei ineinander und konnten für eine gewisse Zeit in einer gewissen Region ideale Ergebnisse zeitigen.

Was soll mit diesen Beispielen belegt werden? Nichts weniger als die Ungleichzeitigkeit des Gleichzeitigen. Keine zwanzig Jahre später, am Ende des Zweiten Weltkriegs, als Neutra den Zenit seiner Karriere erreicht und überschritten hatte, begann Rudofsky, seine nicht zuletzt aus der Enttäuschung über die »realen Verhältnisse« entstandene kritische Kulturphilosophie äußerst erfolgreich in die Tat umzusetzen: Von *Are Clothes Modern* (1944) bis *Sparta/Sybaris* (1987) spannt sich ein Bogen von Ausstellungen und Publikationen, die in alle großen Sprachen der Welt übersetzt wurden und so ihre »interkontinentale« Wirkung voll entfalten konnten. Neutra geriet, als er in den sechziger Jahren in Österreich weilte, von den Höhen des amerikanischen »Stararchitekten« in die Niederungen eines von den Nöten des Wiederaufbaus geplagten kleinen Landes, dessen Entscheidungsträger oft provinziell gesinnt waren. Trotz aller Mühen, welche jene auf sich nehmen mußten, die Neutra während seiner Wiener Aufenthalte betreut haben, bleibt es bis heute unverständlich, warum es nicht einmal zu einem kleinen Bauauftrag des Bundes oder der Stadt Wien gereicht hat.

Dagegen stieß Rudofsky, als er 1986 von Peter Noever nach Wien »heimgeholt« wurde, bereits auf eine Schicht an Entscheidungsträgern, die just zu jener Zeit in New York und Los Angeles Friedrich Kiesler, Rudolph M. Schindler und andere ehemals österreichische, zu Hause aber vergessene Avantgardisten kennengelernt hatten, als Neutra in Europa dem verblassenden Glanz seines Ruhmes nacheilte. In den achtziger Jahren an die Schalthebel gelangt, hat es diese international orientierte Sechziger-Jahre-Avantgarde immerhin zustandegebracht, ein offeneres, kulturgeschichtlichen Entwicklungen gegenüber interessierteres Klima herzustellen.

Richard Neutra, *Gesundheitshaus für Dr. Philip Lovell*,
Los Angeles, 1927-29
(© Julius Shulman)

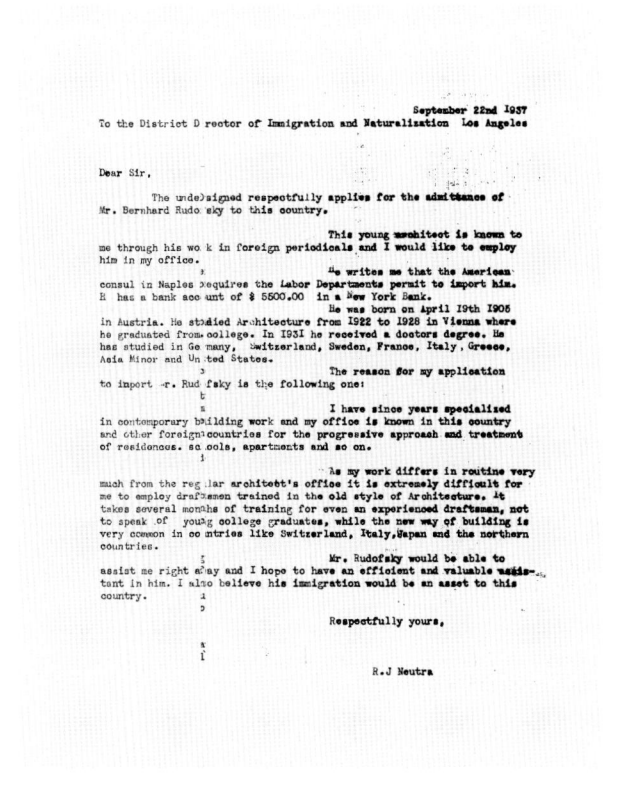

Richard Neutra, *Empfehlungsbrief für Bernard Rudofsky an die Einwanderungsbehörde in Los Angeles*,
22. September 1937

Rudofsky, Kiesler und Schindler galten Hollein, Sekler, Spalt, Pichler und Oberhuber als Symbole des »Widerstandes« gegen den Internationalen Stil, dessen verödete Erscheinungsformen die Genannten entschlossen bekämpften, als »Underground«, den es zu »entdecken« galt. Neutra hingegen – obwohl er aus exakt dem gleichen Umfeld wie Rudofsky, Kiesler und Schindler stammte – geriet zu einer Figur des Establishments, zu einer »offiziellen« Architekturinstitution, die kaum noch tieferes Interesse verdiente.[5]

Diese Beispielkette soll vor allem eines verdeutlichen: es gibt keine logische Abfolge von architekturgeschichtlichen Ereignissen, schon gar nicht in der komplexen Situation von Emigration, von (Selbst)Behauptung in einem »anderen« Ambiente und geglückter oder verhinderter Remigration. Wer immer ein »homogenes« Geschichtsbild der »Moderne« einfordert, wer immer behauptet, daß die inhaltliche und formale Übereinstimmung einer Gruppe von Künstlern und Werken an einem bestimmten Ort zu einer bestimmten Zeit höheres wissenschaftliches Interesse verdiene als die disparaten »Einzelteile« – die sich schlußendlich doch in einer Erkenntnis ganz anderer Art zusammenfügen –, der geht an der historischen Realität vorbei.

Dafür noch ein anders Beispiel: Richard Neutra schlug Victor Gruen in den sechziger Jahren vor, die bewiesenermaßen schlagkräftige Organisationsstruktur der *Victor Gruen Associates* doch seinen – Neutras – architektonischen Ideen dienstbar zu machen. Diese Ideen seien allerdings so hoch anzusetzten, daß der erste Auftrag in dieser Zusammenarbeit von Gruen besorgt werden müsse. Diese – von Gruen berichtete – kleine Geschichte ist ein Symbol der Umkehrung von Werten und gewohnten Sichtweisen, die sich bei genauerer Betrachtung des Themas einstellt. Denn wer die realen Machtverhältnisse in den USA der sechziger Jahre mit ihrem noch immer ungehemmten Wirtschaftswachstum und der schier endlosen Entstehung zahlloser suburbaner Shopping Malls kennt, der würde – ironisch aus-

---

5 Es war übrigens aber Neutra, der 1936/37 als erster versuchte, von der US-Administration eine Aufenthaltsbewilligung für Rudofsky zu erreichen, und ihm dazu die Mitarbeit in seinem Büro anbot ...

Doppelseite aus ›LIFE‹ vom 3. Juni 1957, »Notable Modern Buildings«, *Flughafen St. Louis* von M. Yamasaki & Partner, Konstruktion der Schalendächer von Anton Tedesko (o.); *Northland Shopping Center* in Detroit von Victor Gruen Associates (u.)

gedrückt – den aktuellen »Marktwert« der beiden Architekten anders bewerten.

Das Gesagte beweist, daß die »Bilder« stärker sind als die historischen Fakten. Und zwar sowohl die von der Geschichtsschreibung angefertigten und erbittert verteidigten als auch die von den Architekten selbst generierten. Die Beispielskette ließe sich unendlich fortsetzen, ja es ließe sich sogar eine Geschichte der kulturellen Mißverständnisse schreiben, unter denen nicht wenige Künstler der hier behandelten Migrationsgruppe zu leiden hatten.

Bilder und Fakten

Unter diesen kulturellen »Mißverständnissen« rangiert jenes vom heiteren, verspielten Wien unter den tragischsten. Denn diesem »Bild« fiel die Karriere einer ganzen Reihe von Künstlern zum Opfer, die 1938 aus Wien vertrieben worden sind. Sie hatten sich mit ihrer Arbeit rückhaltlos für die Erste Republik eingesetzt, hatten sich selbstlos für das großartige soziale und politische Experiment der Gemeinde Wien bis 1934 engagiert und waren dafür mit dem Hinauswurf belohnt worden. In New York angekommen, erwartete die dortige Gesellschaft von ihnen, fröhlich zu sein, sich nicht politisch zu engagieren und vor allem nicht das amerikanische Gesellschaftssystem zu hinterfragen. Amerika bot einerseits politisches Asyl, »unbeschränkte Möglichkeiten« der wirtschafltichen Entwicklung und »Freiheit« im Rahmen des Gegebenen; andererseits aber verhinderte gerade die Realverfassung der angloamerikanischen Werteskala – die im Krieg forciert und erbittert verteidigt wurde – jedweden Umbau der Gesellschaft, wie er in Europa 1918 zur notwendigen Voraussetzung für die Entwicklung der künstlerischen Avantgarde geworden war.

Trotzdem – und auch das zählt zu den kreuz und quer verlaufenden Widersprüchlichkeiten – hatte jeder, der gefühlsmäßig etwas mit den wirtschaftlichen Mechanismen der US-Gesellschaft anfangen konnte, tatsächlich nahezu »unbegrenzte Möglichkeiten«, wie es das Beispiel Gruens belegt. Dieses »nahezu« bezieht sich auf die Schattenseite dieser US-Gesellschaft, nämlich auf ihren Rassismus und Antisemitismus. Wieder muß Gruen als Kronzeuge dienen: In seinen unpublizierten Lebenserinnerungen, die einen unterhaltsamen Erzählstil mit einer beeindruckenden Schärfe der Beobachtung und Analyse verbinden, berichtet er von einem verhinderten Großauftrag in Florida. Dieses Projekt war für die *Victor Gruen Associates* am laut ausgesprochenen Antisemitismus und Rassismus des Bauherrn gescheitert. Dieser Bauherr glaubte allerdings nach wie vor an Gruens Fähigkeiten und riet ihm, bei dem Projekt eben nur als Konsulent aufzutreten, der die Sache aus dem Hintergrund steuert.

Diese Episode zeigt die tiefgreifende Gespaltenheit des amerikanischen Bewußtseins, die sich insgesamt in den allgemeinen Moralvorstellungen manifestiert. Ein ebenso naiver wie faszinierender Glaube an die Machbarkeit der Dinge ist gepaart mit überlieferten irrationalen Reflexen aus den Köpfen der Mayflower-Pioniere. Wer damit umgehen kann, der ist ein gemachter Mann. Wem die Kraft, dagegen anzukämpfen oder ein gewisses Maß an Selbstverleugnung fehlt, der ist dazu verurteilt, sich aus dem öffentlichen Leben in die private Sphäre zurückzuziehen.

Die Geschichte der Übertragung der Ideen der modernen europäischen Bewegung auf die USA ist in großen Teilen ident mit dem Schicksal der Bewegung insgesamt. Ihre transatlantische Übertragung bedeutete gleichzeitig inhaltliche Aushöhlung und Reduktion auf wenige, allerdings geschärfte Mittel. Dies kann man als Verlust, aber auch als Zugewinn werten. Den Verlust werden nur Dogmatiker beklagen. Der Zugewinn aber stellt sich in einer eigentümlichen, unerwarteten Verschmelzung der geschilderten amerikanischen »Moral« mit einzelnen Idealen der modernen Bewegung dar. Niemand hat diese Chance deutlicher erkannt als Adolf Loos, obwohl seine Erfahrungen mit den USA im Vergleich mit denen der späteren Emigranten minimal waren. Er konnte auch nicht vorhersehen, welche Auswirkungen es haben würde, wenn die geopolitische Situation jener nach 1945 entspräche, als die USA einige wenige – bei weitem nicht alle! – der von Europaflüchtlingen »importierten« Ideen der Moderne weltweit verbreiteten. Gewiß hätte Loos den dabei entstandenen Verlust an Authentizität beklagt.

Brennpunkte des österreichischen Einflusses

In dem hier ausgebreiteten Material finden sich viele Belege, die den Prozeß der graduellen Annäherung amerikanischer und europäischer Vorstellungen vom modernen Zeitalter dokumentieren. Denn die angesprochenen »Mißverständnisse« sind nur eine Seite der Medaille, die andere sind die »geglückten« Verbindungen. Die Brennpunkte für die aus Österreich gekommenen Künstler liegen nicht, wie bei den deutschen, in Massachusetts und Chicago, sondern in New York und Los Angeles. Wir versuchen, die dichtesten Teilbereiche aus der von uns erzählten Gesamt-«Geschichte« zu nennen: Da wäre zunächst einmal das erste heftige Aufflackern der Dekorationsstile in der Oberschicht von Boston und New York vor dem Ersten Weltkrieg. In diesem bis zur *Armory-Show* von 1913 von der europäischen Moderne noch weitgehend unberührten, unter Beachtung der »Spielregeln« noch völlig offenen Rezeptionskörper konnten Joseph Urban und Paul Theodore Frankl erste spektakuläre Erfolge feiern. Frankl richtete gemeinsam mit dem Bildhauer Ely Nadelman die Schönheitssalons der Helena Rubinstein alias Madame Titus ein, und Joseph Urban wurde zum gefeierten Inszenierungsmagier der Bostoner und New Yorker Opernhäuser.

Nach dem Ersten Weltkrieg war alles anders. Die USA waren aus dem Krieg als Weltmacht hervorgegangen und müssen seither ohne Unterbrechung ihre geopolitische Verantwortung wahrnehmen. Plötzlich war, was in Amerika geschah, von entscheidender Bedeutung für den Rest der Welt geworden. Natürlich blieb diese neue Situation nicht ohne Auswirkung auf die Kunstszene und eröffnete die Phase der Visionen von einem »Land der unbegrenzten Möglichkeiten«, in dem sich die Vorstellungen einer neuen, gerechten Gesellschaft idealerweise verwirklichen könnten. So dachten die jungen europäischen Avantgardisten der zwanziger und dreißiger Jahre über ihre Chancen in den Vereinigten Staaten. Vor diesem Hintergrund entstanden in New York und Los Angeles gleichzeitig zwei neue Brennpunkte des Erfolges der »Österreicher«. Die Jahre 1925 bis 1932 brachten an der Westküste für Rudolph M. Schindler und für Richard Neutra, an der Ostküste für Paul Theodore Frankl, Friedrich Kiesler und wiederum für Joseph Urban entscheidende Erfolge mit durchaus unterschiedlichen Auswirkungen. Während Schindler und Neutra einer von ihnen »erfundenen« genuinen »Westküstenmoderne« zum Durchbruch verhelfen konnten, hatten Frankl, Kiesler und Urban sehr unterschiedlich motivierte Teilerfolge in der Durchsetzung eines »modernen Geschmacks« in der Ausstattungskunst New Yorks. Was Kiesler betrifft, so waren es in der Tat nur »Teilerfolge«, da seine Erwartung trotz allem dieser in Europa dominierenden Vision Amerikas als »Land der unbegrenzten Möglichkeiten« entsprach. Die Details werden in den entsprechenden Beiträgen dieses Bandes besprochen.

Nach Weltwirtschaftskrise und Krieg war der dritte Schub an Erfolgen in den fünfziger und sechziger Jahren zu verzeichnen. Diese Erfolge basierten allerdings auf Fundamenten, die schon während des Zweiten Weltkriegs gelegt worden waren. Victor Gruen eroberte mit seinen städtebaulichen Visionen das einschlägige Terrain in ganz Amerika, Tedesko baute sein *Vehicle Assembly Building*, Schmiderer begann seine *Wohnsiedlungen in Puerto Rico*, Rudofsky erfuhr mit *Architecture without Architects* (1964) weltweite Anerkennung, und Kiesler krönte seine entbehrungsreiche Laufbahn mit der Errichtung des *Shrine of the Books* in Jerusalem.

Die Gegenbewegung der sechziger Jahre

Wieder wird eingewendet werden, daß diese Ereignisse wenig miteinander zu tun hätten. Betrachtet man sie jedoch aus der Perspektive der Kulturgeschichte der Moderne, dann lassen sie sich – gerade im Vergleich mit den Rahmenbedingungen – doch auf gemeinsame Quellen zurückführen. Worin bestanden diese Rahmenbedingungen der amerikanischen Moderne der sechziger Jahre?

Geprägt war diese Periode vom Konsumrausch der Nachkriegszeit, vom Kalten Krieg, von der technologisch-wirtschaftlichen Überlegenheit der USA, von der Etablierung der seit Hitlers »Machtübernahme« ins Land gekommenen Emigranten aus ganz Europa und dem über allem schwebenden Motto der »Freiheit«, deren Hüter die USA trotz Kommunistenhetze und Rassismus im eigenen Land zu sein glaubten. Billy Wilder brach dieses Selbstbewußtsein ironisch in seinen Filmen. Vom Siegeszug des Internationalen Stils waren in den USA Gropius, Mies van der Rohe und Neutra übriggeblieben. Bis auf Mies van der Rohe, der als Doyen der Moderne in Amerika nicht mehr gezwungen war, Kompromisse zu machen, hatte sich das Bauhaus in divergierende Richtungen entwickelt. Marcel Breuers *Whitney Museum* in New York hat mit Walter Gropius' späten Bauten ebensowenig zu tun wie mit den zu Farbträgern degradierten Architekturversuchen Herbert Bayers. Die großen Meister des Bauhauses wie Moholy-Nagy, Feininger, Klee, Kandinsky, Meyer und Schlemmer waren entweder tot oder nicht in den USA. Es bahnte sich ein Wechsel an, der sukzessive das vorher ephemer Geglaubte, als nebensächlich Bezeichnete in den Vordergrund schob. Dieser Prozeß ist heute noch im Gange.

Seine Schauplätze in den sechziger Jahren waren ganz verschiedenartiger Natur. In Los Angeles bemühten sich Esther McCoy und David Gebhard um die Aufarbeitung und angemessene Würdigung des Werkes von Rudolph Schindler. In San Francisco und anderswo baute Erich Mendelsohn, der ehemals erfolgreichste moderne deutsche Architekt, dessen zeitgenössische Bedeutung in den zwanziger Jahren jene Mies van der Rohes bei weitem übertroffen hatte und der durch seine Emigration nach Palästina in Vergessenheit geraten war, eine Anzahl sehr anspruchsvoller *Synagogen*. Im Zuge der allgemeinen kritischen Stimmung – das Vietnam-Debakel begann sich bereits abzuzeichnen – wurden auch »Fossile« wie Buckminster Fuller wiederentdeckt, der schon in den dreißiger Jahren interessante bautechnologische Versuche durchgeführt hatte und nun zu neuem Ruhm kam. In New York war Friedrich Kiesler durch seine jahrzehntelang durchgehaltene Stellung als »Vater der Avantgarde« schließlich auch zum Mentor der Pop Art geworden.

Es begann ein Umschichtungs- und Umbewertungsprozeß, dessen Konstanten – mehr Individualität, Humanität, Demokratie – hier nicht eigens wiederholt werden müssen. Für unser Thema ist diese Phase deshalb von entscheidender Bedeutung, weil sie im Grunde, trotz ihres radikalen Auftretens, gegen jedweden Dogmatismus gerichtet war. Sie forderte zwar die Realisierung der Visionen der Avantgarde der zwanziger Jahre ein und pochte damit auf das konsequente Weiterdenken der modernen Bewegung. El Lissitzkys *Wolkenbügel* war eine der neuen Inkunabeln, nicht mehr Mies van der Rohes *Haus Tugendhat*. Damit war die kritische Bewegung der sechziger Jahre aber auch gegen die Erstarrung des modernen Elans in platten Standardlösungen, in letzter Konsequenz gegen jede Schematisierung, Patentlösung oder gar Dogmatisierung eines bestimmten technischen oder ästhetischen Prinzips. Die »Konsequenz der Inkonsequenz« wurde zu einer Leitline des Denkens und Handelns, die Ausrichtung auf den Menschen, nicht die von ihm generierten abstrakten Mechanismen.

Stimmt man dieser Beschreibung der kritischen Stimmung der sechziger Jahre in groben Zügen zu, dann wird klar, wohin unsere Argumentation zielt. Die Wiener – bezeichnenderweise oft fälschlich als »gemäßigt« bezeichnete – Moderne soll als eine von mehreren Wurzeln dieses kritischen Denkens vorgestellt werden. Es handelt sich dabei um die Fähigkeit, in Widersprüchen und unterschiedlichen Ebenen zu denken. Um das Sowohl-Als-auch statt des strikten Entweder-Oder. Um Wagner, Loos *und* Hoffmann statt Le Corbusier *oder* Gropius. Um – Rudofsky hat es deutlicher als alle anderen gesagt – Sparta *und* Sybaris. Es geht nicht um das Klischee der

Friedrich Kiesler, *Space House*,
Modernage Furniture Company, New York, 1933

Friedrich Kiesler, *Raumeinteilung im Endless House*, Kohlezeichnung,
Museum moderner Kunst Stiftung Ludwig, Wien

weichlichen, süßlichen, kitschigen Alpen- und Heurigenseligkeit, sondern schlicht um ein *modernes* Bewußtsein, welches die Persönlichkeiten als Objekte unseres Forschungsunternehmens kennzeichnet. Jeder von ihnen hat auf seine Weise stimmige Lebensentwürfe geliefert, manche sogar von visionärer Verführungskraft.

Die vorliegende Einleitung kann nur Hinweise liefern, welche die oben dargestellten Grundthesen unterstützen und nachvollziehbar machen. Diese Motivation – spezifische Entwicklungen der allgemeinen und der persönlichen Geschichte im Detail nachvollziehbar zu machen – bestimmte im übrigen die Anlage des gesamten Forschungsprojektes, das von der traditionellen kunsthistorischen Beschreibung von Bewegungen, Personen oder Orten weg und zu einer individuellen Geschichte vor dem Hintergrund dramatischer zeitgeschichtlicher Ereignisse hin kommen wollte. Diese »Hinweise« können wiederum zwangsläufig nur anhand einer chronologischen Achse präsentiert werden.

Wieder die »Bilder«
– als mögliches Emigrationsmotiv

Was wußte um 1900 Wien von Amerika und was wußte Amerika von Wien? Diese Frage kann nicht beantwortet werden, ohne vorher eine genauere Begriffsbestimmung durchzuführen. Denn Amerika war in dieser frühen Zeit nicht ein Gebilde für sich, sondern im Bewußtsein Europas vor allem ein Ableger Großbritanniens. Daher muß in die Überlegungen zur Rezeption angloamerikanischer kultureller Themen in Europa stets »das englische Vorbild« (Stefan Muthesius) miteinbezogen werden. Es ist unbestritten, daß die Wiener Moderne (anders als etwa der belgische Jugendstil oder der Pariser Art Nouveau) ohne England nicht denkbar ist. Vielfältige Beziehungen der Wiener Secessionisten zu den englischen Reformern des Kunsthandwerkes künden davon – als Krönung dieser Entwicklung ist die *Mackintosh-Ausstellung* der Secession und *Wärndorfers Zimmer* dieses Raumkünstlers zu bezeichnen.

Doch existierte neben den intensiven England-Kontakten der Secessionisten auch die Möglich-

City Hall Park, New York, 1910
v.l.n.r.: *Rathaus* von McKim, Mead & White im Bau, *Pulitzer Building* von George P. Post, 1890, und *Tribune Building* von Richard Morris Hunt, 1873-76

keit, sich über amerikanische Entwicklungen am Laufenden zu halten. Die Foren, auf denen sich dieser Informationsaustausch zutrug, waren vielfältiger Natur, vor allem stechen aber die Weltausstellungen (Chicago 1893 und St. Louis 1904) sowie die Architekturzeitschriften hervor, die regelmäßig über die Entwicklung am neuen Kontinent berichteten.

»Die Columbianische Weltausstellung des Jahres 1893 in Chicago«, schreibt die selbstverständlich auch an den Wiener Architekturschulen aufliegende ›Deutsche Bauzeitung‹ schon ein Jahr vor dem Ereignis, »bezeichnet den glanzvollen Schlußpunkt der 400jährigen Entwicklung eines Landes, das in seinem stetig steigenden Fortschritte einst das wirthschaftliche Schicksal Europas herbeizuführen bestimmt ist«. Diese prophetischen Worte werden vertieft von einer Stimmungsmalerei, die voll Euphorie die Vorzüge des neuen Landes preist: »Mit Recht hat man ausgeführt, dass Nordamerika in allen Dingen dazu bestimmt zu sein scheine, Eigenartiges, Urthümliches hervorzubringen. Schon die physischen Eigenschaften des Landes deuten darauf hin. Seine Ströme sind breiter, als in Europa – machtvoll rollen sie ihre Fluthen dahin, auf ihrem Rükken die kostbaren Güter des Gewerbfleisses tragend; die Berge sind gewaltiger und bergen in ihrem Innern unerschöpflichen Reichthum. Der Boden ist noch ergiebig und die Städte wachsen rasch und gewaltig. Keine Stadt zeigt anschaulicher das amerikanische Werden wie Chicago. Seine Geschichte ist ein kurzer Abriss aus der Entwicklung der Vereinigten Staaten. Eine Entwicklungsdauer von nur 60 Jahren schuf aus einer hinterwäldlerischen Ansiedelung von 3 Blockhausfamilien eine Stadt von 1,300.000 Einwohnern mit gewaltigen Bauwerken aus Stein und Eisen, welche die alte Welt in diesem Maasstabe nicht kennt. Diesen Maasstab der Entwicklung Chicago's wie des gesammten nordamerikanischen Kulturlebens zeigt auch die Ausstellung.«

Neben diesen allgemeinen – sehr treffenden – Einschätzungen der Möglichkeiten des neuen Kontinents ging die ›Deutsche Bauzeitung‹ auch auf einzelne Themen und Persönlichkeiten der amerikanischen Szene ein. 1892 etwa erschien ein Artikel über »amerikanische Thurmhäuser«. Mit einer Mischung aus Überheblichkeit und offe-

Amerikanische Industriebauten im ›Jahrbuch des Deutschen Werkbundes‹, Jena 1913, S. 16ff.

Cass Gilbert, *Woolworth Building*, New York, 1910-13

ner Bewunderung für die amerikanische Architektur wird zunächst festgestellt, »dass sie keine geschichtliche Entwickelung, keine Schule hinter sich hat«. Trotzdem dominiere aber der »anglonormännische Einfluss«. Und: »Die amerikanische Architektur ist in erster Linie nicht eine Kunst des Gefühls, sondern der kühlen Berechnung. Die künstlerische Empfindung tritt erst in zweite Linie. All das begreift sich bei dem ausgesprochen geschäftlichen Charakter der ganzen nordamerikanischen Kultur vollkommen. Von einem Volke abstammend, bei welchem das kaufmännische Geschäft alle anderen Regungen in den Hintergrund drängt, hat das amerikanische Volk auch bei der Besitzergreifung des von ihm bewohnten Erdtheils nicht Verhältnisse vorgefunden, welche geeignet gewesen wären, neben einem hartnäckigen Kampfe um's Dasein eine, wenn auch nur die bescheidenste Kunstregung aufkommen zu lassen. Wenn wir nun auch heute schon von einer amerikanischen Kunst in voller Achtung sprechen, so ist es doch immer wieder der geschäftliche Charakter, der dieselbe beherrscht. Ein recht bezeichnendes Beispiel hierfür sind aber die Thurmhäuser, welche durchgehends in erster Linie dem Geschäft dienen.«

Schon lange bevor diese Position zur allgemein anerkannten Tatsache wurde, hatte man in Fachkreisen erkannt, welche Dimensionen die amerikanische Architektur aufgestossen hatte. Zwar war es zunächst »eine unter den Architekten Deutschlands, ja man kann wohl sagen Europas, weit verbreitete Anschauung, dass auf dem Gebiete der bildenden Künste in Amerika nicht viel zu lernen sei. Soweit Malerei und Plastik hierbei infrage kommen, trifft diese Ansicht im allgemeinen auch zu, in bezug auf die Architektur ist dieselbe aber nicht mehr haltbar.« Dies bemerkte 1893 der Berliner Baurath Hinkeldeyn als Autor eines Beitrags über Henry Richardson, einen der Pioniere der amerikanischen Moderne. Parallelen zu den europäischen, gegen die Methoden des Historismus gerichteten frühmodernen Strömungen ergaben sich in der Frage der Materialechtheit: »Der grosse Reichthum des Landes an guten und edlen Baustoffen ist auf die Entwickelung der Baukunst von segensreichstem Einflusse gewesen, da der Gebrauch der Surrogate, wie Stuck, Putz, hölzerne Gesimse u. dergl. mehr sich nicht hat einbürgern können.«

Amerikabilder im Wien der Jahrhundertwende

Erst im Umkreis Otto Wagners bildete sich eine konsequente Rezeption Amerikas in Österreich heraus. Im Gegensatz zu den deutschen berichteten die österreichischen Fachzeitschriften so gut wie überhaupt nichts über Amerika. Außerdem waren die amerikanischen Architekturzeitschriften, in denen man sich informieren hätte können, an Wiener Bibliotheken einfach nicht vorhanden. Beispielsweise wurde die wichtige amerikanische Zeitschrift ›Architectural Record‹ erst ab 1934, und nur von der Technischen Hochschule, abonniert. Bis zum Erscheinen der legendären *Wasmuth-Mappe* der Arbeiten von Frank Lloyd Wright im Jahre 1910 war man also auf ephemere Quellen angewiesen, es sei denn, man besuchte zwischen 1894 und 1912 die »Spezialschule für Architektur« von Otto Wagner an der Wiener Akademie der bildenden Künste. Wagner war einer der wenigen österreichischen Baukünstler vor 1918, die regelmäßige Beziehungen zu Amerika unterhielten, mit den dortigen Hochschulen in Kontakt standen und über die Entwicklungen voll informiert waren. Daher ist es nicht verwunderlich, daß gerade aus seiner Schule später einer der Begründer der modernen kalifornischen Architektur, nämlich Rudolph M. Schindler, kommen sollte. Überliefert ist die in seiner Schule regelmäßig stattfindende Besprechung neuester Architekturzeitschriften, mit Kommentaren des Meisters. Oft soll dabei unverhohlen Bewunderung für die amerikanischen Errungenschaften geäußert worden sein.

Parallel dazu verlief die Agitation von Adolf Loos. Seit seiner Rückkehr aus Amerika im Jahre 1896 hatte er in zahlreichen Zeitungsartikeln – meist in einer Art Feuilletonstil – Themen und Ereignisse der zeitgenössischen Wiener Kunstszene aufgegriffen und in beißender Ironie reflektiert. Hauptangriffsziel war das Wiener »Kunstgewerbe« und darüber hinaus alles, das Loos' Meinung nach unecht, gekünstelt, aufgesetzt war. Diese Kritik bezog sich auf die Architektur ebenso wie auf das Kunstgewerbe, die Bräuche insgesamt und die Lebensweisen. Erstmals begannen sich im Gegensatzpaar Loos-Hoffmann die europäischen klar von den amerikanischen Sichtweisen abzugrenzen: Loos vertrat einen ausschließlich auf den Zweck ausgerichteten Kulturbegriff, der sich vor allem auf die Materialauthentizität als Tragsäule stützte. Bewährte Formen müßten nicht zum Zwecke der modischen Innovation neu erfunden werden. Loos liebte das »Praktische« der Amerikaner, das direkte Zugehen auf den angestrebten Zweck unter Einbeziehung bewährter Methoden, aber stets offen für neue Technologien. Hoffmann dagegen vertrat einen Kulturbegriff, der die Tradition anders interpretierte. Alte Formen standen in dieser Lesart als »Motive« zur Verfügung, die in neuen Stilerfindungen bedenkenlos verwendet werden konnten. Der Typus der Häuser selbst, also die Villa oder der Palast, blieben in ihrer traditionellen Grundstruktur dagegen unverändert, während Loos die Sache von innen her anging und das Äußere nicht als zentrale Aufgabe des Architekten sah.

Durch das Beispiel Loos' war es in Wien erstmals möglich geworden, einen direkten und lebendigen kulturellen Kontakt zu den Vereinigten Staaten herzustellen. Zwar mitunter verfremdet von der Loos eigenen Polemik, repräsentierte seine Arbeit zumindest einen Abglanz dessen, was in Amerika alles möglich war.

Wien-Bilder in Amerika

Umgekehrt waren die Möglichkeiten der Amerikaner, sich über moderne europäische Architektur zu informieren, eher gering. Die Fachzeitschriften berichteten kaum darüber, und noch immer war es die »Grand Tour« durch den alten Kontinent, die einem Absolventen der Harvard University ein einigermaßen stimmiges Bild der europäischen Szene vermittelte. Eine frühe Ausnahme – über deren Rezeption man eigene Forschungen anstellen müßte – war die Weltausstellung von St. Louis von 1904. Der österreichische Pavillon war von einem konservativen, dem Geschmack des Kaiserhauses entprechenden Architekten – Ludwig Baumann – errichtet worden. Allerdings trug er bereits deutliche Züge des Secessionismus. Die Inneneinrichtung stammte von Joseph Urban, dessen künstlerische Position zu dieser Zeit in der Mitte zwischen den immer noch bestehenden historistischen Tendenzen und der Moderne eines Josef Hoffmann lag. Inhaltlich wurde vor allem Wiener Kunsthandwerk präsentiert. Olbrichs *Pavillon* wurde sehr stark, u. a. auch von Frank Lloyd Wright, beachtet.

Betrachtet man diese Präsentation mit dem Wissen der späteren Entwicklung, dann wird deutlich, welch fatales Österreich-Bild in der sensiblen Aufbauphase der Jahrhundertwende hier zementiert wurde: Eben jenes des kulinarischen, dem verspielten Kunstgewerbe und der erbaulichen Wohnungsdekoration ergebenen biederen Architektenschaffens. Keine Rede von den städtbaulichen Visionen eines Otto Wagner – der ja im regierungsoffiziellen Österreich stets unterrepräsentiert war – und keine Aussicht, etwa durch das künstlerische Eingehen auf die amerikanische Situation, auch so etwas wie eine fachliche Diskussion über die Entwicklung in den beiden Ländern in Gang zu setzen. Nach der kurzen Phase der Förderung der Secession durch offizielle Regierungsstellen hatten sich diese nach dem Eklat um Klimts Fakultätsbilder wieder auf konservative Positionen zurückgezogen. Immerhin war aber Wagners epochale Schrift *Moderne Architektur* bereits 1901 in Amerika übersetzt worden und 1902 dort auch als Buch erschienen.

Die bis zum Ersten Weltkrieg bestehende »Germanophilie« der Ostküstenelite war ein zusätzlicher Faktor für die erfolgreiche Vorbereitung des »Einstiegs« Joseph Urbans in den USA. Gerade in Boston und Cambridge war diese Liebe zur deutschen Kultur stark ausgeprägt und wurde nicht als Widerspruch zur angelsächsischen Tradition gesehen. Am Campus der Harvard University zeugt das nunmehr in Minda de Gunzburg umbenannte Gebäude des Center for European Studies noch heute von dieser frühen Germanophilie. Diese Zuneigung bezog sich aber keineswegs auf die Errungenschaften der Moderne, sondern viel eher auf die romantisch-volkstümlichen Kulturäußerungen.

Erst vor diesem Hintergrund wird verständlich, warum man einen derart opulenten Ausstattungskünstler, wie es Joseph Urban war, an die Boston Opera holte. Für Urban selbst war es freilich keine ausgemachte Sache, daß er in Amerika bleiben würde. Trotz des finanziellen Debakels, das er in Wien hinterlassen hatte, dachte er bis zum Kriegsausbruch an eine Rückkehr.

Erste Erfahrungen in der Neuen Welt

Das gleiche gilt für Rudolph M. Schindler und für Paul Theodore Frankl und fügt sich so in das Bild des nur zögernden Aufbruchs in die neue Welt. Schindler war auf Anraten Loos' nach Chicago gegangen, um dort im Atelier von Ottenheimer, Stern und Reichert zu arbeiten. Dieses Atelier stand in der Beaux-Arts-Tradition und beschäftigte sich hauptsächlich mit der Planung größerer Geschäftshäuser. Was in den Artikeln der ›Deutschen Bauzeitung‹ so enthusiastisch gepriesen worden war, nämlich die unendlichen Ressourcen, welche größte Materialechtheit und Authentizität der Konstruktion ermöglichten, erlebte Schindler als Enttäuschung. Es dominierten in der kommerziellen Alltags-Architektur dieser Zeit die Prinzipien der »Verpackung« ebenso wie die möglichst billige Ausführung aller Details. Dagegen waren die historistischen Bauten von McKim, Mead & White von einer in Europa seltenen Präzision und Güte der Material- und Stildurchbildung.

Erst nachdem Schindler 1920 für Frank Lloyd Wright nach Los Angeles gegangen war, um dort als Bauleiter für den *Barnsdall-Komplex* zu arbeiten, war klar, daß er in Amerika bleiben würde. »Es war den politischen und ökonomischen Umständen zuzuschreiben, daß Schindler nicht mehr nach Österreich zurückkehrte. Aus Briefen seiner früheren Freunde erfuhr er von der aussichtslosen Situation nach dem Ersten Weltkrieg, und obwohl Schindler des öfteren in den Briefen an Wondracek, Kaym und Mayer in Wien seinen Wunsch nach einer Rückkehr äußerte, blieb er in Los Angeles.« (August Sarnitz)

Rekapitulieren wir: Trotz des in europäischen Architektenkreisen weitgehend positiven Amerikabildes, trotz eigener positiver Erfahrungen Schindlers, Urbans und Frankls mit ihren wichtigen Auftraggebern Aline Barnsdall, der Boston Opera und »Madame Titus«, trotz der Nachrichten aus dem hungernden Wien und der generellen Krise Mitteleuropas fühlte sich keiner der drei Architekten als Emigrant. Welche Erklärung, wenn nicht jene der Sentimentalität, gibt es dafür? Diese Frage kann mit dem heutigen Forschungsstand noch nicht definitiv beantwortet werden. Ihre Antwort ist wohl in den seelischen Tiefen der Betroffenen zu suchen, und es ist nicht ausgeschlossen, daß es noch viel tiefergehende Beziehungsschichten, als die bisher bekannten, gibt.

Das Phänomen Emigration betrifft eine größere Anzahl an Fachgebieten, als man es bisher annahm. Es ist ein Phänomen der Moderne – die ihr zugrundeliegende technische Revolution ist eine ihrer Hauptbedingungen, da sie erst die physischen Möglichkeiten für die Geschwindigkeit und die Wechselseitigkeit der Wanderungsbewegungen schuf. In der frühen, noch vom Hintergrund der Gründerzeit geprägten Emigrantengruppe Schindler, Frankl und Urban stellten sich diese Konflikte recht sichtbar ein. Urban lernte bei Hasenauer, diesem ans Parvenühafte grenzenden Darsteller einer selbstbewußten k. k. Herrscherkaste. Schindler lernte bei Wagner, der zwar das moderne Zeitalter erkannt und auch dargestellt hatte wie kein anderer Zeitgenosse, es aber unter den Auspizien des bestehenden Systems interpretierte. Auch Paul Theodore Frankls Lehrer an der Wiener Technischen Hochschule waren diesem Zeitalter verpflichtet. Es ist faszinierend, zu beobachten, wie in den drei Emigranten der ersten Generation die Zeitalter der Moderne und der Gründerzeit aufeinanderprallen, verschärft durch die notorische Effizienz Amerikas.

Joseph Urban, ein paradoxes Phänomen

Urbans eigene Parvenühaftigkeit ist ein Phänomen, das einmal in allen seinen Dimension verstanden werden muß, bevor man es indigniert abtut. Er war im Grunde ein Repräsentant der alten Welt mit allen ihren Nachteilen, Belastungen, schlechten Eigenschaften. Und trotzdem hat er die Neue Welt in ihrer Formensprache beeinflußt wie kaum ein anderer seiner Generation. Urban entprach in keiner Hinsicht den traditionellen amerikanischen Tugenden wie der Abstinenz, der Berechnung von Arbeit und Profit, der Konsequenz in der Ausführung, der kühlen Distanziertheit und dem protestantischen Puritanismus. Urban repräsentierte das genaue Gegenteil, er war ein barocker Katholik, ein Prasser und Lebemann, der Frauen und Alkohol und Tabak zugeneigt war, unfähig, mit Geld umzugehen, am Rande der Seriosität, aber mit einem genialen Blick für die geheimen Leidenschaften seines Publikums. Wie sonst ist erklärbar, daß er gerade im Zentrum des Puritanismus, in Boston, mit seinen opulenten Inszenierungen solche Erfolge einfuhr? Wie sonst ist zu erklären, daß seine Formerfindungen auch in der beginnenden Filmindustrie große Erfolge zeitigten? Noch heute stößt man bisweilen auf pikiertes Schulterzucken, wenn man diese Erfolge Urbans anspricht, und erhält den Bescheid, daß sich in William Randolph Hearst, Marjorie Merriweather Post und Joseph Urban eben Charaktere begegnet seien, denen Repräsentationssucht das Hauptanliegen war.

Diese Vorwürfe treffen aber das Phänomen Urban nicht im Kern und damit auch nicht die Gesamtproblematik unseres Unternehmens. Denn Urban hat, gerade weil er diese »gewöhnlichen« Klaviaturen bespielt hat, gerade weil er spontan und unbesorgt war, doch einiges zur Verbreitung des Gedankengutes der ersten Wiener Moderne beigetragen. Er finanzierte aus eigener Tasche ein – natürlich gescheitertes – *New Yorker Tochterunternehmen der Wiener Werkstätte*. Er unterstützte Schindler und Neutra in ihrem Kampf um Anerkennung. Seine alten Schulden beim Bildhauer Franz Barwig beglich er, indem er ihn nach Florida zur Ausstattung des Palastes *Mar-a-Lago* einlud. Er wandte in seinen Filminszenierungen Dekorationsmotive der Wiener Moderne eines Hoffmann an. Kurz: Er verstand intuitiv die Wirkungs- und Verbreitungsmechanismen Amerikas besser als viele andere. Und er nützte sie nicht zu seinem Vorteil aus, sondern eher zum Nutzen anderer, manchmal sogar jener, die ihn vorher heftig kritisiert hatten. Nur einer im alten Wien verstand Charakter und Möglichkeiten Urbans: Josef Hoffmann. Obwohl er mit Urban künstlerisch und persönlich keine gemeinsame Basis finden konnte, obwohl sie beim *Kaiserjubiläumsfestzug* 1908 schwere Konflikte ausgefochten hatten und Hoffmann in Urbanschen Kompositionen nicht selten eigene Formerfindungen wiederfinden hatte können, respektierte er ihn. Sein Sohn Wolfgang Hoffmann arbeitete ab 1925 im Atelier Urbans. Zum Tod Urbans 1933 schrieb Hoffmann einen dessen Leistung seriös würdigenden Nachruf in der ›Stunde‹. Alles zusammen deutet also darauf hin, daß im Phänomen Urban noch weitere und tieferliegende Inhaltsschichten begraben liegen, die erst mit aller Konsequenz herausgearbeitet werden müssen. »Die Möglichkeit des Unmöglichen« könnte als Motto über dieser prospektiven Forschungsarbeit über die amerikanische Seele stehen.

Schindler – die Lust am Spontanen

Stellt man dieser – zugegebenerweise laienhaften – psychologischen Analyse nun den Charakter Schindlers gegenüber, dann wird die ganze Bandbreite der Beurteilungsprobleme einmal mehr deutlich. Schindler war ein Experimentator, den die technischen Fragen der Installationen in einem Gebäude mehr zu interessieren schienen als deren baukünstlerische Perfektionierung. Von Wagners hieratischer Strenge hatte er sich schnell entfernt, auch Wrights programmatischem Horizontalismus schwor er bald ab. Ihm ging es um die individuelle, adäquate Lösung eines überblickbaren Problems im Rahmen der gegebenen Möglichkeiten. Schindler entwickelte keinerlei großtechnologische Visionen, sondern im Gegenteil eher kleine, für jedermann anwendbare Konstruktionstechniken. Alles war auf die Lust am Spontanen, an der von Konventionen befreiten Improvisation zugeschnitten, und die Häuser funktionierten auch so. Wie weit ist diese Haltung von der Großstadtvision eines Wagner oder auch von jener eines Richard Neutra entfernt! Schindler hatte die gleichen Probleme mit der Überheblichkeit des protestantischen Ostküstenestablishments wie Urban. Als Hitchcock und Johnson den *International Style* inaugurierten und damit eine Mode erfanden, die bald große Wirkung entfalten sollte, blieben beide Architekten von ihr ausgeschlossen. So kritisch man der

```
HOLLYWOOD 7617

OCTOBER 25th 1922

MR.
JOSEPH
U R B A N

NEW YORK CITY


THE MAGAZINS ANNOUNCE THAT YOU ARE
STARTING A WIENER WERKSTAETTE MOVEMENT
IN AMERICA,- I WONDER IF YOU WOULD
CONSIDER COOPERATION WITH A BRANCH IN
LOS ANGELES,WHICH I WOULD BE WILLING TO
LAUNCH.
I AM VIENNESE BY BIRTH,RESIDING IN THIS COUNTRY
DURING THE LAST EIGHT YEARS,-ORIGINALLY A
PUPIL OF OTTO WAGNER (1912),I HAD CHARGE
OF THE OFFICE OF FRANK LLOYD WRIGHT DURING
THE LAST THREE YEARS, AND AM NOW ESTABLISHED
AS AN ARCHITECT IN THIS CITY.
I WOULD APPRECIATE MORE INFORMATION
CONCERNING THE NATURE OF YOUR ENTERPRISE
AND HOW IT WOULD BE POSSIBLE TO REPRESENT
IT IN LOS ANGELES.
SINCERELY
```

Brief von R. M. Schindler an Joseph Urban, 25. Oktober 1922; University of California Santa Barbara, Schindler-Archiv

```
JOSEPH URBAN-ARCHITECT

                                January 3 1930

Mr. R. M. Schindler,
836 Kingsroad,
Los Angeles, Cal.

Dear Mr. Schindler:

    I met Mr. Neutra and had a very
nice chat with him and will have on Tues-
day a lunch at the Architectural League
when Neutra will meet the important men
of the Exhibition. We will then talk
everything over and he will inform you.

    With most cordial greetings,

                        Sincerely yours,
JU-SG
                        Joseph Urban
```

Brief von Joseph Urban an R. M. Schindler, 1930

Haltung und Methode Johnsons gegenüberstehen mag, so »logisch« war auch seine Entscheidung, Schindler nicht aufzunehmen: Denn dieser stand ja tatsächlich für etwas anderes als Gropius, Mies und Le Corbusier. Daß Urban nicht aufgenommen wurde, ist fast selbstverständlich, war er doch das »Enfant terrible« aus der Sicht der Dogmatiker. Urban hat sich darüber sicher nicht gekränkt. Johnson hatte sich außerdem bereits – und hier sei der Chronologie vorausgegriffen – im Jahre 1931 anläßlich der Eröffnung der *New School for Social Research* recht kritisch über den »beliebigen« Stil Urbans geäußert.

Einiges Zusammenfassende zu dieser ersten Emigrantengeneration: Aus heutiger Sicht erweist sich ihre Inkompatibilität mit den Standards der bisherigen Geschichtsschreibung als Kapital. Denn gerade durch diese »Unvereinbarkeit« mit den ästhetischen Dogmen der damaligen Kunstwelt waren sie gezwungen, ihren eigenen Bereich, in dem sie erfolgreich waren, maximal auszubauen. Ihre Arbeit lehrt einiges über die Rezeptionsmechanismen der amerikanischen Gesellschaft – und über die späte Erkenntnis, daß Urban und Schindler vielleicht den »Geist« Amerikas (die Amerikaner haben dafür das schönere Wort »spirit«) auf eine genuine Weise »getroffen« haben. Schindlers selbstvergessenes Experimentieren illustriert perfekt jenen unbelasteten Erfindergeist der Westküste, dem wir »Silicon Valley« und dessen Folgen zu verdanken haben und der sich als humaner und zukunftsweisender erwiesen hat als der naive Glaube der Ostküstenpuritaner, einen »Stil« erfinden zu können. Urbans unbekümmerter Schaffensdrang illustriert ebenso perfekt die Politik der Unterhaltungsindustrie, »etwas« zu produzieren und sich auf dessen Marktwirkung zu verlassen, wobei die Bedürfnisse dieses Marktes exakt erhoben bzw. – wie bei Urban – intuitiv erfüllt werden.

Die zweite Welle – Emigration nach 1918

Betrachtet man nun die Zeit nach dem Ersten Weltkrieg und die Emigrantengeneration der Zwischenkriegszeit, dann stellt sich die Frage, auf welchen Informationen diese Generation aufbauen und ihre Übersiedlung in die Vereinigten Staaten planen konnte. Zunächst jedoch stellt sich eine Kategorisierungsfrage für die Fälle Bernard Rudofsky und Josef Frank. Beide hatten Österreich schon vor 1938 verlassen, beide waren jedoch erst 1941 in die USA gekommen. Dazwischen hatten sie sich in Italien und Brasilien bzw. in Schweden aufgehalten. Amerika hatten beide aber schon vor 1941 besucht und kennengelernt. Insofern sind sie zweifellos zur Gruppe jener zu zählen, die in der Zwischenkriegszeit in die USA immigrierten, und nicht zu den 1938 aus Österreich Vertriebenen. Der Umstand, daß beide nicht schon vor 1941 in den USA geblieben waren, muß in die Deutung des gesamten Schicksals dieser Gruppe miteinbezogen werden.

Entscheidend für diese Gruppe ist die Frage nach ihrem Wissensstand über die realen amerikanischen Verhältnisse in der Zwischenkriegszeit. Verfügten sie über die Erfahrungen Schindlers, Frankls und Urbans oder hatten sie gar keine Möglichkeit, diese zu rezipieren? Wir vertreten die Annahme, daß der Informationsstand in den zwanziger Jahren bereits sehr hoch gewesen mußte. Vielfältige Informationskanäle standen den Wienern zur Verfügung. Josef Hoffmann, mit dem fast alle der hier Besprochenen zu tun hatten, wurde immer wieder von reichen Amerikanern besucht, einige amerikanische Studentinnen fanden sich schließlich auch in seiner Klasse an der Kunstgewerbeschule ein. Hoffmann wußte durch seine Kontakte zu Joseph Urban, der Wien im Jahre 1920 besucht hat, zweifellos genau Bescheid über die Situation eines in Österreich ausgebildeten Architekten in Amerika. Schindler stand in reger Korrespondenz mit seinen ehemaligen Mitschülern von der Akademie und vor allem mit Richard Neutra, der aus diesem Briefverkehr die meisten Informationen bezog. Friedrich Kiesler wurde zweifellos von Hoffmann informiert und mußte auch in den Berliner und Pariser Avantgardekreisen, in denen er 1923 bis 1926 verkehrte, ein Vielzahl an Informationen über die USA erhalten haben. Die Zeitschriften publizierten immer mehr über Amerika. Die These, daß Naivität und Unwissen das Scheitern vieler Emigranten bewirkt hätte, ist angesichts dieses verfügbaren Informationsstandes unhaltbar. Eher trifft das Gegenteil zu: die Vielfalt der zur Verfügung stehenden Information hat möglicherweise zu einer Verwirrung beigetragen.

Zum dritten Mal die Bilder – wer wußte was?

Der Kern der Problematik liegt jedoch darin, ob sich die Emigranten der Zwischenkriegszeit über das Ausmaß der Inkompatibilität europäischer, aus dem Trauma des Weltkriegs schöpfender Avantgardeideen mit dem Realismus amerikanischen Denkens klar waren. Die von der Avantgarde hofierten, in Paris lebenden Peggy Guggenheims und Gertrude Steins waren alles andere als repräsentativ für amerikanische Verhältnisse, sie gehörten einer verschwindenden Minderheit an »progressiv« denkenden Nachkommen reicher Unternehmer an. Aus der amerikanischen Sicht gesehen: Die Söhne und Töchter wohlhabender Eltern, die in einer konservativen Umgebung und mit konservativen Bildungsidealen aufgewachsen waren, gingen wegen der Antike und der Renaissance, aber nicht wegen der Moderne nach Europa. Edgar Kaufmann beispielsweise studierte die Florentiner Renaissance und lernte dabei den Wiener Maler Viktor Hammer kennen, der ihn schließlich auch porträtierte. Der legendäre Milliardär Barnes, der sich für die Väter der Moderne – Cézanne, Van Gogh, Gauguin – interessierte, wurde, als er seine einschlägige Sammlung präsentierte, von seiner Gesellschaftsschicht verlacht und als Spinner abgetan. Stahlmagnaten wie die Fricks interessierten sich für französisches Rokokoko, die Morgans für mittelalterliche Handschriften, die Astors, Carnegies und Rockefellers widmeten sich eher sozialen und bildungspolitischen Aufgaben als der Kunst oder Architektur. Mit einem Wort: Das im ersten Jahrhundert konsequenter Industrialisierung gewonnene, schier unermeßliche »alte Geld« der Vereinigten Staaten kam eher der Aneignung der europäischen Tradition als dem Wagnis neuer kultureller Ausdrucksformen zugute. Selbst wenn Einzelpersonen wie Solomon Guggenheim sich für Künstler wie Wassily Kandinsky interessierten, war doch ihre Aufmerksamkeit lediglich auf diese Künstler und nicht auf die sozialreformerischen Ideen österreichischer Visionäre ausgerichtet.

Während Schindler und Urban damit umzugehen gelernt hatten, mußten sich Neutra, Kiesler und Rudofsky dieses Wissen erst erwerben. In Europa sah man zwar Katherine Dreier, Gertrude Stein und die beiden Guggenheims, aber nicht, daß sie Ausnahmen statt der Regel waren. Sinn für das »Moderne« hatten im Grunde nur Neureiche, die entweder bloß etwas Verrücktes wollten oder sich von den radikalen Neuerern aus Europa irgendwelche Gewinne versprachen. Niemand illustriert das besser als William Randolph Hearst mit seinen Aufträgen an Urban oder die Ölerbin Aline Barnsdall als Bauherrin von Wright und Schindler.

Auch wenn man darüber die Nase rümpfen mochte – wenn es Ansprechpartner für die Modernen aus Europa gab, dann waren sie in jenen Kreisen zu suchen, die ihr Geld mit neuen Medien gemacht hatten, also mit Zeitungen, wie Hearst, oder mit Erdöl und Kornflocken, wie Aline Barnsdall und Marjorie Post, nicht jedoch mit Stahlwerken und Eisenbahnen, die eine nur durch den Zweiten Weltkrieg noch aufrechterhaltene Industriellenära begründet hatten.

Doch wäre es verfehlt anzunehmen, daß das bloß fragmentarische Wissen der Emigranten um die gesellschaftliche Realität in den Vereinigten Staaten ihre künstlerische Laufbahn vollkommen verhindert hätte. Richard Neutra, Wolfgang Hoffmann, Friedrich Kiesler, Anton Tedesko, Bernard Rudofsky, Josef Frank und Fritz Malcher fanden – jeder auf seine Weise – ihren Weg. Je mehr ihre Arbeit an den amerikanischen Grundgegebenheiten orientiert war, desto nachhaltiger konnten sie sich etablieren.

Die großen Persönlichkeiten der zweiten Welle

In dieser Werteskala nimmt unter den Emigranten der Zwischenkriegszeit Anton Tedesko zweifellos einen führenden Rang ein. Als er 1932 nach Chicago gesandt wurde, um dort bei der Firma Roberts & Schaefer das Dyckerhoff & Widmann-Patent für leichte Stahlbetonüberdachungen großer Spannweiten zu betreuen, war diese Technologie noch kaum verbreitet. Schlagartig änderte sich das mit dem Eintritt der Vereinigten Staaten in den Weltkrieg. Nun wurden sehr rasch sehr viele und sehr widerstandsfähige Hangars gebraucht, die von Roberts & Schaefer massenweise ausgeführt wurden. Von da an war der Weg zu den großen NASA-Aufträgen der sechziger Jahre vorgezeichnet.

Schwieriger ist Richard Neutras Laufbahn zuzuordnen, da seine künstlerische Methode zunächst nicht von vornherein mit dem an der Westküste Verlangten kompatibel war. Im Atelier von Rudolph Schindler, in das er nach seinen Lehrjahren bei Mendelsohn in Berlin und Frank Lloyd Wright in *Taliesin* eingetreten war, arbeitete er vorerst nur an kleineren Aufträgen und an den sehr europäischen Idealstadtvisionen seines *Rush City Reformed*-Projektes. Erst die massive Publizität des *Lovell Health House* von 1927-29, mit dem Neutra ein perfektes Symbol der innovativen Lebensreformstimmung Kaliforniens gefunden hatte, brachten seine Arbeit und die Nachfrage einer gebildeten oberen Mittelschicht zur Deckung. So konnte Neutra 1932 zum Helden des von Philip Johnson und Henry-Russell Hitchcock ausgerufenen *International Style* aufsteigen.

Wolfgang Hoffmann begann 1925 im Atelier von Joseph Urban zu arbeiten. Daneben engagierte er sich gemeinsam mit seiner Frau Pola in der euphorisch aufbrechenden New Yorker Designbewegung der späteren zwanziger Jahre. In der »American Union of Decorative Artists and Craftsmen« schlossen sich ab 1928 immigrierte und amerikanische moderne Designer zu einer Interessengemeinschaft zusammen. Zu ihren Mitgliedern zählte die »AUDAC« die prominentesten Art Déco- und Streamline-Designer der zwanziger Jahre, darunter Norman Bel Geddes, Eugene Schoen und andere. 1935, als der Designerboom endgültig vorbei war, wurde Hoffmann Designer für Stahlrohrmöbel in der Chicagoer Möbelfabrik Howell.

Friedrich Kiesler dagegen hielt sich in der New Yorker Avantgarde. Nach den enttäuschenden ersten Versuchen, die agitatorischen Ideen des europäischen Avantgardetheaters einzuführen, wandte sich Kiesler der Architektur und dem Design zu. Die *International Theatre Exhibition* 1926, das *Brooklyn Heights-Theaterprojekt* und das *Film Guild Cinema* (1928) hatten zum Ziel, hochfliegende Theaterreformpläne zu propagieren, obwohl es in Amerika die als überkommen und absterbend empfundene Theatertradition, gegen die Kiesler in Europa gekämpft hatte, gar nicht gab. Kiesler erlitt einen finanziellen Zusammenbruch und zog sich auf die Theorie zurück. Sein Verdienst ist es, schon frühzeitig die dogmatischen Tendenzen des International Style aufgezeigt zu haben, als er 1933 sein agitatorisches Alternativprojekt, das *Space House*, vorstellte. Auf eine fast spielerische Weise ging er dabei weit über architektonische Themen hinaus und lieferte mehr oder weniger realistische Vorschläge für eine ganzheitliche Definition der Behausungsfrage. Unermüdlich versuchte er, durch Patente, Copyright-Anträge und Verhandlungen mit großen Produzenten, in der Vorfabrikations-Bauindustrie Fuß zu fassen. Insoferne hatte er »amerikanische Gesetze« begriffen, was aber ein hoffnungsloses Unterfangen bleiben mußte, solange er nicht über eine funktionierende Organisationsstruktur und kapitalstarke Investoren für seine Projekte verfügte. Seinen Anlagen entsprach der Surrealismus, wie er während des Krieges mit tatkräftiger Unterstützung Kieslers in New York Fuß fassen konnte, wesentlich besser.

In die gleiche Kerbe schlugen die Kulturkritiker Bernard Rudofsky und Josef Frank. Sie hatten ihre enttäuschenden Erfahrungen mit der Bauindustrie und den Investoren schon anderswo gemacht und kamen 1941 mit wesentlich anderen Erfahrungen nach Amerika als Kiesler. Zudem herrschte bereits Krieg, und es war klar, daß man sich, wenn man in der amerikanischen Szene etwas bewegen wollte, entweder total anpassen oder ein bis dahin noch unbetretenes Feld eröffnen mußte. Die Laufbahnen Franks und Rudofskys vor ihrer Ankunft in New York sind an anderer Stelle ausführlich beschrieben (siehe auch die Kurzbiographien im Anhang). Im Kern ging es ihnen darum, der modernen Bewegung jene kulturgeschichtliche Tiefe zurückzugeben, die diese in den ersten Jahrzehnten ihrer Existenz so programmatisch abgelehnt hatte. Beiden Architekten und Theoretikern war schon in den zwanziger Jahren klar, daß die Moderne gerade wegen dieser antitraditionalistischen Haltung, wie sie in voller Radikalität in Filipo Tomaso Marinettis *Futuristischem Manifest* aus dem Jahre 1909 zum Ausdruck gekommen war, sich letztlich außerhalb der Geschichte stellte und so ihre Legitimierung verlor.

Die Reaktion auf diese Situation und die Konsequenz aus dem in Europa erworbenen Wissen der beiden ist erstaunlich. Frank widmete sich der Schriftstellerei und dem Entwerfen von Stoffmustern. Architektur entwarf er nur mehr nebenbei und nur für Idealprojekte. Rudofsky ging noch einen Schritt weiter und begann, konsequente kulturgeschichtliche Forschungen anzustellen, die in ihrer undogmatischen Art und unkonventionellen Wissenschaftlichkeit das akademische Establishment kritisierten und herausforderten. Erstaunlich bleibt es jedoch nach wie vor, daß keine Begegnung dieser drei Vertreter der europäischen Avantgarde der zwanziger Jahre dokumentierbar ist. Wie nahe wäre es gelegen, wenn Kiesler, Rudofsky und Frank, die sich ja nicht nur aus Wien, sondern auch von ihren verschiedenen Aktivitäten im Museum of Modern Art und an der New School for Social Research her gut kennen mußten, ein gemeinsames Projekt entwickelt hätten – so konträr ihre Charaktere auch gewesen sein mögen. In einem Punkt hätten aber alle drei übereinstimmen können: nämlich in ihrem gemeinsamen Widerstand gegen die – vom Krieg noch zusätzlich beförderte – Simplifizierung der Ideale der modernen Bewegung, gegen die »blind« fortschreitende Rationalisierung der humanen Lebenswelt und gegen die aufgesetzte, äußerliche »Heilserwartung«, die in neue Stilerfindungen gesetzt wurden.

**Die Vertriebenen von 1938
– allgemeine Beobachtungen**

Aufgrund der besonderen gesellschaftlichen Verhältnisse, wohl aber auch wegen der politischen Rahmenbedingungen und der spezifisch österreichischen Mentalität ist es nach 1945 bisher zu keiner koordinierten und umfassenden »Emigrationsforschung« – im Sinne eines nationalen Anliegens – gekommen. Wobei die bloße Dokumentation der Bedingungen und des Ablaufes der Vertreibung ihrerseits wieder nur ein Baustein der umfassenden gesellschaftsgeschichtlichen Deutung des Migrationsphänomens wäre.

Die grundlegenden Ansätze zur bloßen Erfassung von Zahl und Identität der Vertriebenen, welche in den vergangenen 20 Jahren erarbeitet worden sind, sollen jedoch hier nicht übergangen werden: Mitte der siebziger Jahre begann das Dokumentationsarchiv des österreichischen Widerstandes als erste Institution unter dem Schlagwort »Exilforschung« das Schicksal der ab 1938 aus Österreich Vertriebenen systematisch zu dokumentieren. Mit den programmatisch begangenen Ge- und Bedenkjahren 1985 und 1988 folgte ein weiterer Schub der Forschungstätigkeit auf diesem Gebiet. Darunter sind die großen Dokumentationsunternehmungen *Vertriebene Vernunft* und *Die Vertreibung des Geistigen aus Österreich* besonders hervorzuheben, weil sie erstmals fächerübergreifend begannen, auch Art und Wirkung des Werkes der Vertriebenen zu dokumentieren. Der logisch auf diese Pionierunternehmungen folgenden weiteren Vertiefung und Verbreitung des Wissens standen jedoch die österreichische Einzelkämpfermentalität unter den Wissenschaftern ebenso im Wege wie der Kompetenzwirrwarr und die politischen Rivalitäten der zuständigen Landes- und Bundesinstitutionen unter der seit 1986 bestehenden Großen Koalition. Als Effekt stellt sich ein, daß sich heute eine Vielzahl von Institutionen (Dokumentationsarchiv des österreichischen Widerstandes, Österreichisches Literaturarchiv, Institut für Wissenschaft und Kunst und mehrere Hochschulinstitute) weitgehend unkoordiniert mit Einzelaspekten der Emigrationsforschung beschäftigen. Parallel dazu findet auf politischer Ebene der begrüßenswerte Versuch statt, wenigstens durch Gesten die Folgen der Vertreibung für jene zu lindern, die dies mehr als 50 Jahre danach überhaupt noch erleben können. Im Vordergrund dieser politischen Aktionen stehen Ehrungen, offizielle Einladungen nach Wien und Wiederzuerkennungen der vor 1938 bestehenden österreichischen Staatsbürgerschaften. Auf die historischen Gründe, warum dies nicht bereits unmittelbar

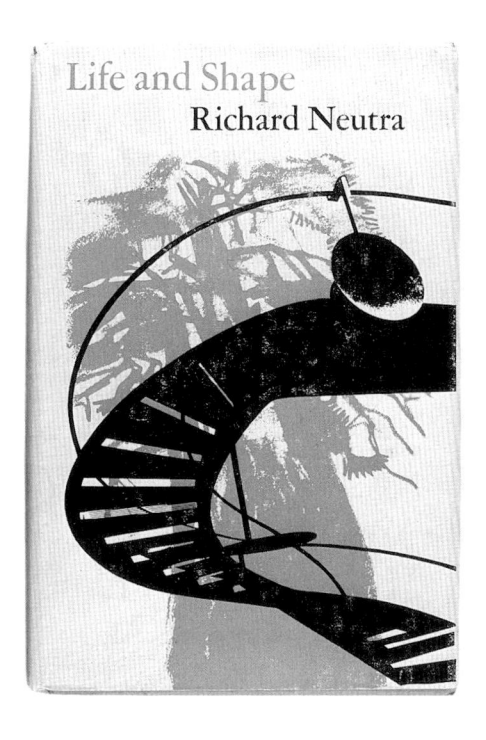

Richard Neutra, *Life and Shape*,
Buchcover.
New York (Appleton-Century-Craft) 1962

Richard Neutra, *Survival through Design*,
Buchcover.
New York (Oxford University Press) 1954

nach 1945 geschehen war, geht im vorliegenden Band Oliver Rathkolb gesondert ein.

Desiderata der Emigrationsforschung

Für unseren Zusammenhang soll der Blick auf die Untersuchungsmethoden der bisherigen historiographischen Arbeiten zur Vertreibung gerichtet werden. Als Quellen standen bislang hauptsächlich die Berichte der wenigen zurückgekehrten Vertriebenen und die Rekonstruktion der Werke aus alten Publikationen zur Verfügung. Diese mehr oder weniger vom Zufall diktierte punktuelle Forschung konnte keinen plastisch nachvollziehbaren Begriff von den Ursachen, dem Verlauf und den tiefen kulturgeschichtlichen Folgen der Vertreibung sowohl für die österreichische wie für die (in unserem Fall) amerikanische Kultur vermitteln. Beklagt man diesen Zustand aus der Sicht der Kunstgeschichte (es liegt noch keine »Wirkungsgeschichte« der künstlerischen Emigration aus Österreich in irgendeinem Exilland vor), dann wird klar, daß bisher einfach die Grundlagen gefehlt haben, die Lücke zwischen der punktuellen zeit- und kulturhistorischen Emigrationsforschung und dem kunsthistorischen Wunsch nach Visualisierungen zu überbrücken. Es fehlte schlicht am Material, das zu lückenhaft war, um ein einigermaßen repräsentatives Bild zu vermitteln. Mit den hier vorgestellten Anstrengungen soll nun erstmals – zumindest für den Bereich der Architektur – eine dünne Decke zwischen lapidaren historischen Fakten und der Nachvollziehbarkeit des Schicksals einer ganzen Bevölkerungsgruppe gespannt werden. Die Ziele können nun weiter gesteckt werden, und es wird möglich, die subjektiv erlebte – aber auch objektiv gegebene – Vernetzung von biographischen, künstlerischen, politischen und allgemeinhistorischen Entscheidungen aus der Sicht der Betroffenen und nicht einer a priori unterstellten abstrakten Entwicklungsgeschichte darzustellen.

Bei der Beschreibung des »Besonderen« der Einzelschicksale – ihr jeweiliger Verlauf ist im biographischen Teil nachzulesen – stößt man wieder auf die Kategorisierungsprobleme, welche die traditionelle kunst- und architekturhistorische Methode mit sich bringen. Denn es handelt sich bei der Gruppe der 1938 aus Österreich in die USA geflüchteten Architekten wiederum nicht um eine homogene Gruppe in gleichem Alter, mit gemeinsamer Ausbildung und mit ähnlichen künstlerischen Zielen. Im Gegenteil, zwischen der ökonomischen Pragmatik eines Victor Gruen und der liebevollen Detailkultur eines Felix Augenfeld liegen Welten – die aber doch auf vergeichbare Ursprünge zurückgehen.

Wolfgang Hoffmann, *Stahlrohrmöbel*, um 1935

Fritz Malcher, *Verkehrskonzept Kärntnerstraße*, 1926

In diesem Einleitungstext soll nun nicht jedes einzelne Schicksal eigens dargestellt, sondern nur in groben Zügen beschrieben werden, in welcher Weise es im Sinne des angestrebten vernetzten kulturhistorischen Diskurses seine wirkungsvollste Symbolkraft entfaltet. Es soll in einer »Feineinstellung« herausgearbeitet werden, worin die geistige Kraft und die innere Botschaft eines jeden der Verfolgten für den heutigen Kontext liegt. In diesem Sinne handelt es sich hier um keine streng historiographische, sondern eher um eine Methode, die akzentuiert einige Einzelaspekte hervorhebt.

Vertreter des »Neuen Wiener Wohnens«

Den zahlenmäßig größten Teil bilden dabei jene Architekten, die aus dem Umkreis der kritischen Moderne von Josef Frank und Oskar Strnad stammen, also jene Baukünstler, die in einer spezifisch wienerischen, psychologisierenden und sozialen Weise auf die Herausforderung des Neuen Bauens der zwanziger Jahre reagierten. Diese Auseinandersetzung mit den baukünstlerischen Fragen jener Zeit ereignete sich im Spannungsfeld zwischen den sozialdemokratischen Politikern und Intellektuellen wie Karl Seitz, Hugo Breitner, Julius Tandler, den kritisch reflektierten Entwicklungen in Deutschland – vor allem den Experimenten der Stadt Frankfurt und des Bauhauses –, den Wiener psychoanalytischen Kreisen um Sigmund Freud und schließlich einer bürgerlichen Auftraggeberschicht, welche die Alternative zu den öffentlichen Wohnbauvorhaben darstellte. Keiner konnte diese »Motive« oder »Institutionen« auf eine so individuelle und kreative Weise verschmelzen wie Josef Frank, der in den zwanziger Jahren (wie zuvor Adolf Loos) die Wiener Architektursituation auch als Schriftsteller laufend mit Ironie und Kritik begleitete.

In diese Gruppe fallen unter den 1938 Vertriebenen Oskar Wlach, Felix Augenfeld, Walter Sobotka und Hans Adolf Vetter. Sie alle blieben im Exil letztlich auf die Kreise der Mitemigranten als Kleinauftraggeber für Wohnungseinrichtungen und auf akademische Positionen in der Lehre angewiesen. Die Vielfalt der Faktoren, deren Mischung günstig sein muß, um in der Übertragung der Ideen der Moderne in die USA einen »Durchbruch« zu erzielen, war in keinem dieser Fälle so ausgefallen, daß eine Wirkungsgeschichte über den engeren Umraum hinweg nachweisbar wäre. Allerdings entwickelten gerade diese »engere Umkreise« eine Intensität an kulturgeschichtlichen Motiven, die mitunter geradezu romanhaften Charakter annimmt.

Man denke nur an Felix Augenfeld. Dieser Architekt hatte Umgang mit der Familie Freud (er entwarf einen *Schreibtischsessel für Sigmund Freud* und ein *Bücherregal für Anna Freud*) und mit ihrem Umkreis an Amerikanern, die sich für die Psychoanalyse interessierten. Außerdem engagierte sich eine dieser amerikanischen Klientinnen Augenfelds in der Ständestaatzeit für die illegale sozialdemokratische Partei. Diese drei »Institutionen« – Psychoanalyse, amerikanische Oberschicht und sozialdemokratische Partei – begleiteten Augenfeld auch in den USA, als er sich in New York vorwiegend mit dem Wohnungsbau für Mitemigranten befaßte. Ihren körperlichen Ausdruck fanden diese Handlungsstränge 1956 in der Errichtung des *Stadthauses und der Bibliothek für Josef Buttinger und Muriel Gardiner*. Trotz des späteren, problematischen Umbaus firmiert dieses Gebäude, das als kontrastierender moderner Block in die elegante und bewußt traditionell gehaltenene Brownstone-Nachbarschaft der oberen Fifth Avenue gesetzt wurde, noch heute als ein wichtiges architektonisches Denkmal seiner Zeit und wird im *AIA-Guide* für New York genannt. Daraus läßt sich ableiten: wo immer dieses Motivebündel, das die Emigranten mit sich trugen, Gelegenheit erhielt, an die sichtbare Oberfläche des New Yorker Stadtbildes zu treten, dort wurde es auch bemerkt und als Denkmal registriert, das eine respektierte architektonische Haltung zeigt.

Das gleiche gilt – in abgewandelter Form – auch für Walter Sobotka. Seine Botschaft war ähnlich gelagert wie die Augenfelds und gleichermaßen auf das Wohnen konzentriert. Sobotka setzte allerdings weniger auf die Psychologisierung des gesamten Ambientes als auf die methodische Dokumentation und die konsequente Entwurfsarbeit an den »Elementen des Wohnens«, also den Möbeln und dem vorfabrizierten Wohnhausbau. Dieser Forschungsarbeit ging Sobotka nicht nur in zahllosen *Möbelentwürfen für Thonet New York* und andere Einrichtungsfirmen nach, sondern auch in zwei umfassenden theoretischen Werken, die allerdings beide nicht publiziert wurden. Trotzdem – Sobotkas Kompetenz auf diesem Gebiet war eindeutig erkennbar und führte auch zur Ernennung zum Professor an der University of Pittsburgh. Auch hier eine Kurzdeutung: Die amerikanische Ostküste war in den vierziger Jahren durchaus daran interessiert, ihre eigene bedeutende Tradition des Interior Design mit den neuen Strömungen der europäischen Moderne zu verschmelzen. Die großen Möbelfabriken produzierten durchaus nach Entwürfen europäischer Architekten und die Universitäten waren bereit, dieses Gedankengut an ihre Studenten zu vermitteln. Vergleicht man das mit der Wiener Situation, aus der Sobotka kam, dann zeigt sich, daß er nun für Industrien, und nicht mehr für Handwerker entwarf, daß er Grundlegendes lehrte, statt es zu bauen. Geht man von der Vorstellung der Möglichkeit einer »Geschmacksbildung« aus, dann fungieren diese Medien als effiziente Verbreitungswege.

Oskar Wlach und Hans Adolf Vetter gehören zu einer Gruppe von Architekten, die sich auf publizistischem und auf dem Gebiete des Möbelbaus betätigten. Oskar Wlach war der Partner von Josef Frank bei der Gründung des Geschäftes *Haus & Garten* in Wien 1925 und hatte es seither als Geschäftsführer geleitet. In New York konnte er als Raumkünstler nicht mehr in Erscheinung treten. Hans Adolf Vetter unterrichtete am Carnegie Institute of Technology, wo er zum beliebten Magier der Kulturgeschichte wurde. Darauf hatte er sich bis 1948 schon in England mit der Abfassung des Werkes *English History at A Glance* vorbereitet.

**Lehre und Geschmacksbildung
– die Einrichtungskünstler und Professoren**

Wilhelm Baumgarten, Ernst Lichtblau, Ernst Schwadron und Leopold Kleiner bilden eine Gruppe, die vor 1938 zwar über das »Neue Wiener Wohnen« genauestens informiert gewesen war, in Österreich aber andere stilistische Positionen vertreten hatte. Baumgarten ist dem Flügel der »gemäßigt« modernen Architekten zuzuordnen. Er hatte in Wien eine Vielzahl an Schulbauten für öffentliche und private Auftraggeber errichtet. Ernst Lichtblau als Wagner-Schüler blieb stets dem Ideal einer neuerlichen Durchdringung aller Kunstbereiche mit einer Formidee verbunden. Ernst Schwadron verfolgte eine recht individualistische Einrichtungskunst, die er auch in New York mit seinem Laden fortsetzen konnte. Leopold Kleiner hatte sich schon in Wien weitgehend auf das publizistische Feld zurückgezogen und setzte diese Aktivitäten der Propagierung der Wiener Moderne in den USA fort.

**Reaktion auf den Markt
– die Laufbahnen der »Erfolgreichen«**

Die Laufbahnen der übrigen im Rahmen unseres Unternehmens bearbeiteten Architekten, die 1938 aus Wien vertrieben wurden und in die USA emigrierten, können hier nicht in jeder Einzelheit wiedergegeben werden. Eines jedoch verbindet diese Gruppe der im Jahre 1938 zumeist noch jungen Baukünstler: sie schafften es, sich konsequent auf die Marktlage in den USA anzupassen und so eine Vielzahl von Aufträgen zu erhalten, die ihnen eine nachhaltige Etablierung in der amerikanischen Architektenszene sicherte.

Am spektakulärsten verlief zweifellos die Karriere von Victor Gruen, der in Wien als erfolgreicher Architekt für Geschäftslokale angefangen hatte. Dies und sein ausgeprägtes, beim »Politischen Kabarett« noch vertieftes Kommunikationstalent gaben ihm gute Karten für den Neustart in Amerika in die Hand. In der Folge wird ausführlich beschrieben werden, welche spezifische »Mischung« es war, die Gruen binnen zehn Jahren zu einem der meistbeschäftigten amerikanischen Architekten für Geschäftslokale und binnen fünfzehn Jahren zum Erfinder des *Shopping Mall* und zum prominentesten Städteplaner der Vereinigten Staaten machte. Einer der Hauptfaktoren dieses Erfolges war auch seine überaus effiziente Büroorganisation. Im Team der *Victor Gruen Associates* werkte Rudolf Baumfeld als Hauptentwerfer und Chefdesigner. Auch Baumfelds Laufbahn ist aufschlußreich und spiegelt sowohl die wienerischen als auch die amerikanischen Architekturideale seiner Generation wider.

An der Westküste war auch Liane Zimbler erfolgreich – die einzige Frau unter den 1938 in den USA gelandeten, aus Wien vertriebenen Architekten. Sie baute sich rasch ein gutgehendes Atelier für Inneneinrichtung auf, in dem ihre Tochter Eva mitarbeitete. Zimblers Architekturverständnis ist von ihrem Engagement für gesellschaftspolitische Anliegen nicht zu trennen. Sie war eine der Mitbegründerinnen des Vereins der »Soroptimisten« im Wien der späten zwanziger Jahre. Diese Vereinigung beschäftigte sich mit der Förderung der beruflichen Karrieren von Frauen – ein Anliegen, daß damals zweifellos revolutionär war. Aufgrund der Verankerung der Mitglieder in den obersten Gesellschaftsschichten gelang es dem Verein nicht nur, bemerkenswerte soziale Aktivitäten zu setzen, sondern auch recht prominente Mitglieder für ihre Sache zu gewinnen. Auch die Aufträge Zimblers stammten aus diesen Kreisen und bestanden meist aus Wohnungseinrichtungen und Geschäftsumbauten, die aus einem tiefgehenden und reflektierten Verständnis der in diesen Bauten Arbeitenden schöpften. Diesen Aspekt verfolgte Zimbler auch in der Emigration.

Gerhard Karplus und Simon Schmiderer sind schließlich die jüngsten unter den erfolgreich an der Ostküste etablierten Architekten. Karplus hatte im Atelier seines Vaters Arnold eine solide Berufserfahrung erworben, bevor er Wien verlassen mußte. Nach 1945 eröffnete er schließlich in New York ein eigenes Atelier, das er bis 1993 betreiben sollte. Neben vielen Umbauten für österreichische Vertretungsbehörden und andere Stellen (*Kulturinstitut*, *Fremdenverkehrswerbung*, *Austrian Airlines*) schuf Karplus vor allem Industriebauten und Büroumbauten. Simon Schmiderer dagegen konzentrierte sich mehr auf den Bereich des Wohnens – allerdings im riesigen Maßstab des vorfabrizierten Bauens. Nach seiner Ausbildung an der Wiener Kunstgewerbeschule ging er zusammen mit seiner jungen Frau Mary Burlingham 1938 nach New York. Auch sie hatte an der Kunstgewerbeschule studiert – jedoch nicht zufällig: Ihre Mutter Dorothy Burlingham, die nach Wien zu Sigmund Freud gegangen war und sich eng mit Anna Freud befreundete, hatte ihre Kinder Robert und Mary an das renommierte Institut Josef Hoffmanns zur Ausbildung geschickt. Den durch seine Heirat hergestellten Kontakt mit den einflußreichsten amerikanischen Gesellschaftsschichten nutzte Schmiderer, um im Atelier des Rockefeller-Hausarchitekten Wallace K. Harrison eine erstaunliche Laufbahn zu beschreiben. Schließlich ging er für den Rockefeller-Konzern »International Basic Economy Corporation« nach Puerto Rico, um dort im großen Stil vorfabrizierte *Wohnsiedlungen* für das von chronischer Wohnungsnot geprägte neue US-Territorium zu entwerfen.

**Schlußfolgerung
– und eine neue historiographische Perspektive**

Ein weiter Bogen spannt sich von den ersten in Europa verbreiteten Amerika-Bildern der Jahrhundertwende bis zur Wiederentdeckung der Emigranten in den sechziger Jahren und der Dokumentation ihres Schicksals seit der Mitte der achtziger Jahre. Es gibt Kontinuitäten und Brüche – um dieses Phänomen im Jargon der Zeitgeschichte auszudrücken. Doch erweist die detaillierte Bearbeitung dieses extrem heterogenen Feldes, daß es doch eine Art von Gedanken- und Gefühlsgeschichte gibt, die nicht weniger einflußreich ist als die allgemeine historische Entwicklung.

Aus diesem Vorsatz und aus der exakten Recherche der Biographien aller in Frage kommenden Personen, die in jahrelanger Arbeit zum Teil überhaupt erst aufgefunden werden mußten, setzt sich das Bild eines verlorenen Teils der österreichischen Moderne, der sich außerhalb der Landesgrenzen zutrug, zusammen. Sein inneres Verständnis setzt allerdings eine Änderung der

Felix Augenfeld und Jan Pokorny,
Stadthaus und Bibliothek Buttinger, Fotomontage,
um 1956, Columbia University, Avery Library

Ernst Schwadron,
Einrichtung der Geschäftsräume der American Crayon Company,
Rockefeller Center, New York, 1945

traditionellen historischen Betrachtungsweisen und Erwartungshaltungen voraus. Es geht nicht um das Nachzeichnen einer stilistischen Entwicklung, auch nicht um die Darstellung irgendwelcher »Nationaleigenschaften« Österreichs, die man in anderen Kulturen aufspüren will, sondern schlicht um die Dokumentation der Parallelen und Divergenzen einer Emigrantengruppe, die in ein und demselben Bereich wurzelt, nämlich im Wien der Moderne.

Darüber hinaus ging es auch darum, das Schicksal der Vertriebenen von 1938 endlich aus der stigmatisierenden Isolierung des »Vertriebenseins« herauszuholen und in den Kontext der modernen Bewegung zu setzen, ohne nationale und zeitgeschichtliche Aspekte in den Vordergrund der Betrachtung zu stellen. So zeigt es sich, daß diese »1938er« die amerikanische Moderne in einem nicht unerheblichen Ausmaß mitgeformt haben.

Die betont »weitwinklige« Objektiveinstellung des Rezeptionsfeldes der vorliegenden Forschungsarbeit führt naturgemäß zu einem heterogenen Resultatmaterial. Seine innere Verflechtung und Systematik ist aber durch die Detailergebnisse der Analyse der Werke und Biographien beeindruckend verdeutlicht. Sie zeigt auch, daß historische Prozesse und kunstgeschichtliche Entwicklungen von einer so großen Vielzahl von Faktoren abhängen, daß die reine Werkgeschichte eines einzelnen kaum jemals die ganze innere Gesetzmäßigkeit einer geschichtlichen Periode wiederzugeben vermag. »Visionäre & Vertriebene« erhebt keinen Anspruch auf vollständige Aussage, sondern eröffnet eine Fülle von weiter zu bearbeitenden Themen und Perspektiven. Wir sehen dies auch als Beitrag dazu, die Geschichte und Theorie der modernen Architektur in Österreich deutlicher als bisher wieder in einem internationalen Panorama zu verankern.

Ein Modell der Migration und Akkulturation

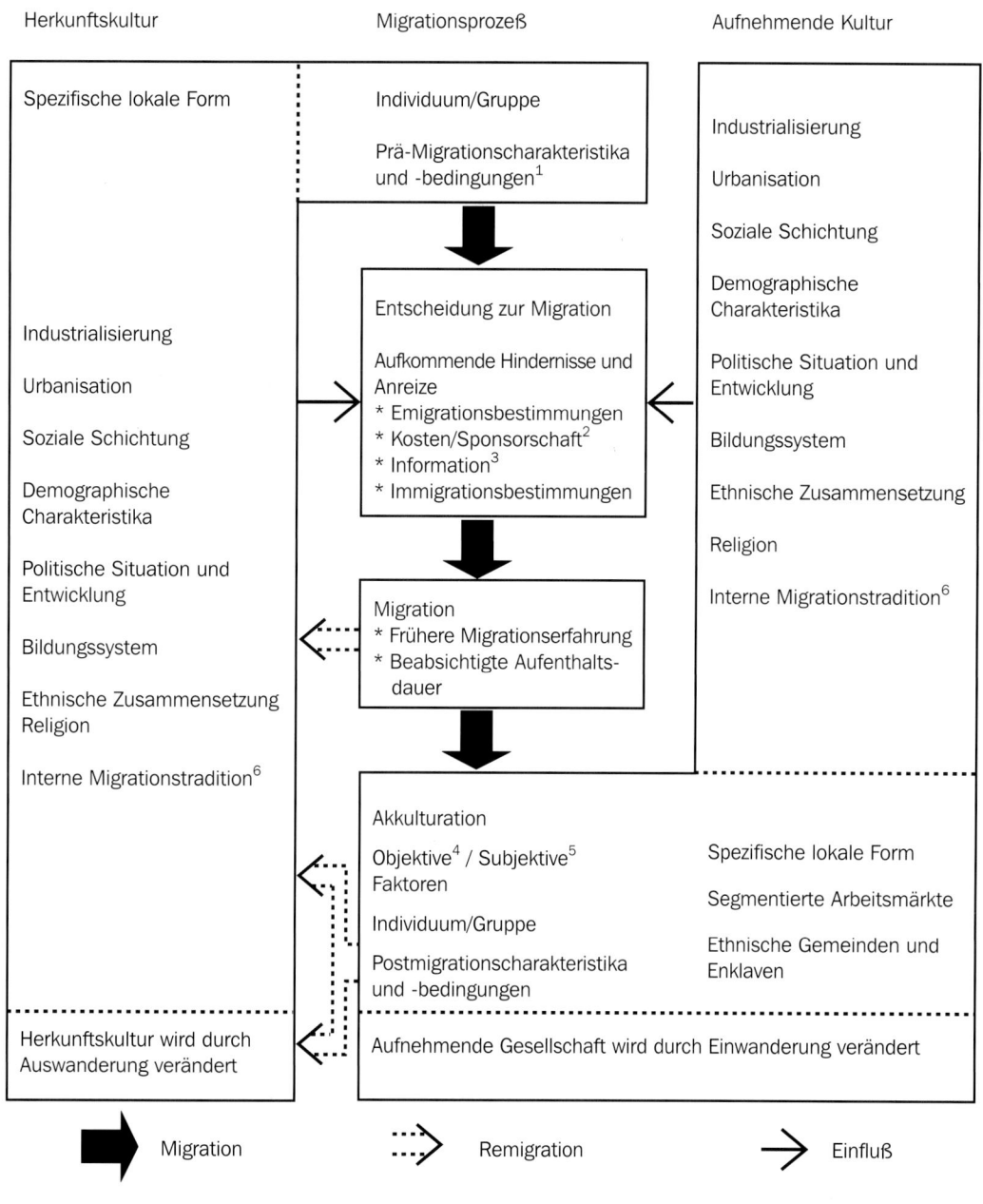

Herkunftskultur	Migrationsprozeß	Aufnehmende Kultur
Spezifische lokale Form	**Individuum/Gruppe** Prä-Migrationscharakteristika und -bedingungen[1]	Industrialisierung
		Urbanisation
		Soziale Schichtung
	Entscheidung zur Migration Aufkommende Hindernisse und Anreize * Emigrationsbestimmungen * Kosten/Sponsorschaft[2] * Information[3] * Immigrationsbestimmungen	Demographische Charakteristika
Industrialisierung		Politische Situation und Entwicklung
Urbanisation		
Soziale Schichtung		Bildungssystem
Demographische Charakteristika		Ethnische Zusammensetzung
Politische Situation und Entwicklung		Religion
Bildungssystem	**Migration** * Frühere Migrationserfahrung * Beabsichtigte Aufenthaltsdauer	Interne Migrationstradition[6]
Ethnische Zusammensetzung Religion		
Interne Migrationstradition[6]		
	Akkuturation Objektive[4] / Subjektive[5] Faktoren Individuum/Gruppe Postmigrationscharakteristika und -bedingungen	Spezifische lokale Form
		Segmentierte Arbeitsmärkte
		Ethnische Gemeinden und Enklaven
Herkunftskultur wird durch Auswanderung verändert	Aufnehmende Gesellschaft wird durch Einwanderung verändert	

➡ Migration ⇢ Remigration → Einfluß

Anmerkungen

1 Insbesondere Bildung und technische Ausbildung, demographische Charakteristika, frühere Migrations- und Akkulturationserfahrung, individuelle soziale Bindungen, Erwartungen.
2 Dies schließt psychische »Kosten«, emotionale Unterstützung durch Verwandte und Freunde sowie vorausbezahlte Fahrkarten oder Fahrtkostenersatz bei der Ankunft mit ein.
3 Informationen können von der Herkunftsgesellschaft kommen (»realistische« Version, wenn sie von früheren Migranten gesandt wurde) oder von Mythen und gedruckten Führern in der Herkunftsgesellschaft (indirekte, »nicht-realistische« Variante).
4 Die spezifischen politischen, sozialen, kulturellen, ökonomischen Bedingungen, in die sich ein Migrant (eine MIgrantengruppe) begibt.
5 Die persönliche und/oder kollektive Befriedigung oder Enttäuschung, daraus resultierende Identifikation oder Zurückweisung sowie die Bereitschaft zur Internalisierung.
6 Diese Kategorien überlappen sich.

Nach: Dirk Hoerder, Labor Migration and Workers' Consciousness in the Atlantic Economies, 1830s to 1930s.
In: L'esilio nella storia del movimento operaio e l'emigrazione economica, Maurizio Degl'Innocenti

ZEITHISTORISCHE RAHMENBEDINGUNGEN

Oliver Rathkolb

Ziel des folgenden Beitrags soll es sein, die wesentlichen zeithistorischen »push and pull factors« für die (E)Migration bzw. Vertreibung seit 1900 zu analysieren. Das nebenstehende Modell des »Papstes« der deutschen Übersee-Migrationsforschung, Dirk Hoerder, läßt sich nicht nur auf die klassische »Labor«-Migration, sondern auch auf die vorliegende »Mikro-Eliten-Migration« von Architekten verschiedenartiger Stilrichtungen und bei einzelnen biographischen Fallstudien anwenden.

Kulturgeschichtliche Faktoren werden im folgenden nur ansatzweise berücksichtigt, da sie in dem Beitrag von Matthias Boeckl und Otto Kapfinger diskutiert und überdies in den nachfolgenden Beiträgen en detail analysiert werden. Hingegen soll, ausgehend von dem Hoerderschen Modell, anhand der drei Längsschnitte »Sozialisationsfaktoren in Österreich«, »Migrations-Prozeß« sowie »Implikationen der Kultur der USA« diese Elitenwanderung in den allgemeinen Migrations-Kontext gestellt werden. In dem Zusammenhang werden als Hintergrund die politischen und sozio-ökonomischen Rahmenbedingungen in Europa und Österreich (bis 1918: Österreich-Ungarn) berücksichtigt.

Immigration vor dem Ersten Weltkrieg

Verglichen mit dem Industrialisierungsschub im Deutschen Reich im 19. Jahrhundert, aber insbesondere mit der industriellen Entwicklung in den Vereinigten Staaten von Amerika war die Habsburger-Monarchie – von einer nüchternen Analyse ihrer Großmacht-Faktoren aus gesehen – ein »declining empire«.[1] Wien hingegen entwickelte sich zusehends zu einem der drei großen urbanen Zentren neben Prag und Budapest und galt in den Augen der tschechischen und galizischen »Einwanderer« als echtes Eldorado.[2] Um 1910 waren rund 95% der Migrationsbewegungen Österreich-Ungarns interne Wanderungen, nur 5% der Migranten gingen in die USA. So wanderten beispielsweise im Jahr 1900 241.377 Personen (so die U.S.-Statistik) in die USA aus, wohingegen im selben Jahr in Wien 900.852 Migranten wohnhaft waren.[3] Der deutschsprachige Anteil an den Übersee-Migranten betrug zwischen 1901 und 1910 11,8%, der tschechische 4,3%. Eine Berufsstatistik für die Jahre 1876 bis 1910 hält folgende Sozialstrukturen fest: 45,4% aus Land- und Forstwirtschaft, 21,7% Arbeiter, 13,9% unbekannt, 8,9% Selbständige aus Gewerbe und Industrie, 2,7% aus Handel und Verkehr, 6,9% aus anderen Berufssektoren und 0,4% aus »Freien Berufen«.[4]

Im konkreten Fall der Architekten-Elite zeigt sich sehr deutlich, daß die eingeschränkten Arbeits- und vor allem künstlerischen Entwicklungsmöglichkeiten in Wien bereits am Vorabend des Ersten Weltkriegs sowie die – trotz mancher Gegenentwicklungen – grundsätzlich Modernefeindliche Umgebung nicht mehr mit den vorhandenen positiven kulturellen Amerika-Perzeptionen konkurrieren konnten. Die hitzige Diskussion über das *Loos-Haus am Michaelerplatz* in Wien ist nur eines unter vielen Beispielen für den massiven Kulturkampf.[5] Es war wohl kein Zufall, daß alle modernen Künste von dieser konservativ-reaktionären Grundstimmung betroffen wurden. Exemplarisch seien hier Schreiduelle und Handgreiflichkeiten während der Aufführung von Werken Arnold Schönbergs, Alban Bergs, Anton von Weberns und Alexander von Zemlinskys am 31. März 1913, über die der junge Architekt Richard Neutra in seinem Tagebuch berichtete.[6] Auch Arthur Schnitzler hatte dieses Konzert besucht, und bald sollte auch er selbst im Zusammenhang mit der Aufführung von *Der Reigen* Zielscheibe wüster polemischer und antisemitischer Attacken werden.

Auch in den USA gab es in der Architektur bereits Ansätze zum »Aufbruch in die Moderne«, aber es dominierten pseudoantike klassizistische Modetrends, die 1893 in der Chicagoer Weltausstellung ihren Höhepunkt fanden. Louis Sullivan und der junge Frank Lloyd Wright wurden rasch ins Abseits bzw. Ausland gedrängt.[7] Dieser inneramerikanische »Mainstream« wurde aber in Europa nicht in dieser Form rezipiert, und Wrights Baukunst, die gegen die »leeren Gesten vor der Vergangenheit« gerichtet war, übte einen überdimensional großen Einfluß auf eine junge Architektengeneration aus – einen wesentlichen größeren Einfluß, verglichen mit seiner inneramerikanischen Stellung. Die Rezeption erfolgte

---

1 Näheres bei Paul Kennedy, Aufstieg und Fall der Großen Mächte. Frankfurt/M 1983

2 vgl. Michael John / Albert Lichtblau, Schmelztiegel Wien – einst und jetzt. Verbesserte Ausgabe Wien 1993

3 Zitiert nach Michael John, The Austrian Labor Movement 1867-1914: Plebeian Protest, Working-Class Struggles and the Nationality Question. In: Roots of the Transplanted, Vol. II: Plebeian Culture, Class and Politics in the Life of Labor Migrants, Dirk Hoerder / Horst Rössler / Inge Blank (Hg.). New York 1994, S. 126

4 ebenda, S. 127

5 vgl. dazu Gertrud Pott, Verkannte Größe. Eine Kulturgeschichte der Ersten Republik 1918-1938. Wien 1990, S. 51, sowie die weiterführenden Literaturhinweise. Zu diesem Überblick empfiehlt sich als grundsätzliches Standardwerk Franz Kadrnoska (Hg.), Aufbruch und Untergang. Österreichische Kultur zwischen 1918 und 1938. Wien 1981.

6 Thomas S. Hines, Richard Neutra and the Search for Modern Architecture. Berkeley, pb-edition 1994 (1982), S. 14

7 Gert Raeithel, Geschichte der nordamerikanischen Kultur. Bd 3: Vom New deal bis zur Gegenwart 1930-1988. Weinheim 1989, S. 130

in Österreich über Adolf Loos' Analysen der Architekturentwicklung in den USA, die er von seinen Aufenthalten in den USA und England 1893-1896 mitgebracht hatte.[8] Rudolph M. Schindler wiederum war von den Publikationen Frank Lloyd Wrights fasziniert, und Otto Wagner begeisterte sich für die Wolkenkratzer Louis Sullivans.[9]

Diese intellektuellen Perzeptionen gingen mit den Amerika-Bildern jener Zeit konform, die auf allen Ebenen den Aufstieg einer modernen Großmacht mit scheinbar allen demokratischen Freiheiten suggerierten – obwohl es eine Fülle sozialer Mißstände und krasse soziale Unterschiede gab. Trotzdem waren in den letzten drei Jahrzehnten des 19. Jahrhunderts 14 Millionen Einwanderer in die Vereinigten Staaten gekommen. 1907 erreichte diese Zahl mit fast 1,3 Millionen den absoluten Höhepunkt.[10]

Interessant für die jeweils subjektive Entwicklung des Images der USA ist auch die Langzeitwirkung von Jugendliteratur wie Karl Mays Klischees über Cowboys und Indianer oder Mark Twains *Onkel Toms Hütte* – beispielsweise bei Richard Neutra, der sich überdies für Jules Vernes Reise-Romane und Utopien begeisterte.[11]

Für Joseph Urban, Paul Theodore Frankl und Rudolph Schindler, die bereits vor dem Ersten Weltkrieg in die USA ausgewandert waren, realisierten sich in ihren Arbeitsbereichen die optimistischen Immigrationserwartungen. Formale Einwanderungsvoraussetzungen waren noch leicht zu erfüllen, da die US-amerikanischen Immigrationsbestimmungen erst 1917 verschärft wurden und rassistische Einwanderungshindernisse wie der »Chinese Exclusion Act of 1882« für Immigranten aus Europa nicht zum Tragen kamen.[12] Der Bauboom der Vorkriegszeit und die Suche nach gut ausgebildeten Fachkräften förderten die Immigrationsentscheidung.

Die Lebensbedingungen für Immigranten sollten sich aber nach Beginn des Ersten Weltkriegs relativ rasch ändern, da zunehmend eine institutionalisierte »Amerikanisierungs-Welle« die Migranten erfaßte. Vor allem durch Sprachkurse und staatsbürgerliche Erziehung sollten Einwanderer zu 100%igen Amerikanern gemacht werden, um etwaige Zweifel an ihrer nationalen Loyalität zu zerstreuen. Henry Ford förderte diese Programme selbst in seinen Fabriken (»be taught American ways, the English language, and the right way to live«).[13] In der »Ford English School« wurden auch Staatsbürgerschaftsrituale – »amerikanische Kleidung und Flagge« zur Steigerung der nationalen Identität – organisiert.

Mit dem Kriegseintritt der USA 1917 verschärfte sich die Lage für deutsch-sprachige Einwanderer. (So kam es zu Plünderungen von »German-American Stores«, deutsch-stämmige Schauspieler wurden am Auftritt gehindert und »Sauerkraut« wurde in »liberty cabbage« umbenannt; rund sechstausend deutsche und österreichische Migranten wurden als mögliche Risikofaktoren hinsichtlich der nationalen Sicherheit zwischen 1917 und 1918 interniert.[14]) Auch die Prohibition, das Verbot von Alkohol, erst 1919 ratifiziert, stammt aus diesem Jahr und hat auch einen immigranten-feindlichen Hintergrund, da der Biergenuß als Bestandteil deutscher Einwandererkultur galt. All diese Maßnahmen waren aber Teil einer größeren Welle nationalistischer Tendenzen, die auch in der restriktiveren Einwanderungsgesetzgebung 1917 durch den US Congress – gegen das Veto Präsident Woodrow Wilsons – resultierten. Mit dem Erfolg der Russischen Revolution steigerte sich überdies eine Massenhysterie gegen vermutete kommunistische bzw. bolschewistische Strömungen in den USA (»red scare«), und der berühmte »Zoll- und Einwanderungshafen« Ellis Island vor New York City war 1920 voll mit Immigranten, die als verdächtige Fremde abgeschoben werden sollten. 1921 wurde die restriktive Einwanderungsgesetzgebung durch den »Johnson Act« erweitert, wodurch via einer Quotenregelung vor allem nord- und westeuropäische Einwanderer gegenüber süd- und osteuropäischen Migranten deutlich und bewußt bevorzugt wurden. 1924 wurde nicht nur diese Quotenregelung (2% pro Jahr auf der Basis der Einwanderung 1890 mit einem Gesamtjahreslimit von 150.000 Personen), sondern auch die Visa-Pflicht festgeschrieben, ohne Unterschiede für politische Flüchtlinge vorzusehen.

Vom »Business-Kult« zur Weltwirtschaftskrise

Die USA gingen gestärkt aus dem Ersten Weltkrieg hervor, die sozialen Unterschiede sowie die zunehmenden Probleme in der Landwirtschaft wurden aber im Nachkriegsboom von einem ökonomischen Individualismus des klassischen »Laisser-faire« verdeckt. Das gesellschaftliche System funktionierte zwar nicht, aber bereits 1929 war aus der Schuldner-Nation USA zwischen 1914 und 1919 eine Gläubigernation geworden, deren Bruttosozialprodukt größer als jene von Deutschland, Frankreich, Großbritannien, Japan und Kanada zusammen war. Die Industrialisierung war – um den Preis großer sozialer und struktureller Probleme – 1932 faktisch abgeschlossen.[15]

---

8 Ludwig Münz / Gustav Künstler, *Der Architekt Adolf Loos*. Wien-München 1964
9 Esther McCoy (Hg.), *Vienna to Los Angeles: Two Journeys*. Santa Monica 1979, S. 23
10 Raeithel (zit. Anm. 7), Bd 2, S. 267
11 vgl. Hines (zit. Anm. 6), S. 11
12 Details in: Edward Hutchinson, *Legislative History of American Immigration Policy, 1790-1965*. Philadelphia 1981
13 zitiert nach: *Who built America? Working People & The Nation's Economy, Politics, Culture & Society. Volume Two: From the Gilded Age to the Present.* New York 1992, S. 253
14 ebenda, S. 250-255
15 Margaret Kentgens-Craig, *Bauhaus-Architektur. Die Rezeption in Amerika 1919-1936*. Frankfurt/M 1993, S. 19

Zum Unterschied von dem Nachkriegsboom in den USA war Österreich nach 1918 in einer schweren ökonomischen, sozialen und politischen Krise. Die Hoffnung, die wirtschaftlichen Probleme durch den »Anschluß« an Deutschland lindern zu können, wurde durch die Alliierten nicht erfüllt. Der strategische Zwang in die Unabhängigkeit war von extrem hohen Inflationsraten bis 1922 begleitet (es gab damals sogar eine 500.000 Kronen-Note), einer massiven Preissteigerung von Mai 1918 bis Mai 1921 um das 85fache z.B. bei Weißzucker. Diese Dauerkrise resultierte in einer selbst in den besten Konjunkturjahren (1927-1929) durchschnittlichen Arbeitslosenrate von 9%. Zwei Jahre »Großer Koalition« (1918-1920) zwischen den beiden großen politischen Säulen, der christlichsozialen und der sozialistischen Partei, hatten zwar das legistische Fundament der Ersten Republik geschaffen, ohne langfristig eine Spaltung der Gesellschaft in zwei Lager – symbolisiert durch zwei paramilitärische Organisationen – zu verhindern. Die Militarisierung durch Privatarmeen und die Prolongierung der brutalen Erfahrungen im Ersten Weltkrieg eskalierten in Gewaltakten und politisch motivierten Morden, die ihren tragischen Höhepunkt in den Ausschreitungen und Polizeiübergriffen anläßlich der Brandschatzung des Justizpalastes am 15. Juli 1927 fanden. 89 Menschen wurden während der exzessiven Polizeiaktion getötet – darunter vier Angehörige der Exekutive.

Die ökonomischen und sozialen Probleme der Ersten Republik tangierten natürlich Architekten auf besondere Weise. In einem Schreiben an Schindler stellte der Wiener Architekt Theodor Mayer resignierend fest, daß »die meisten Wiener Architekten ohne Arbeit sind, um sie zu unterstützen, werden Konkurrenzen ausgeschrieben. Von einer Lehrstelle an einer Architekturschule könnte man heute kaum leben«.[16]

Gleichzeitig haben sich aber für gehobene Positionen auch in den USA die Rahmenbedingungen verschlechtert – zumindest suggeriert dies Schindler in seinen Briefen an Neutra (April 1920) bzw. Wondracek (Jänner 1920). Selbst die Einwanderung von Neutra gestaltete sich schwierig und finanziell überaus aufwendig.[17] Hier wird die bereits angedeutete Verschärfung der Einwanderungsbedingungen seit 1917 deutlich, die im Falle von Neutra noch dadurch verschärft wurden, daß bis August 1923 Österreicher als »enemy aliens« klassifiziert wurden. Versehen mit mehreren »affidavits of support« erhielt Neutra ein Visum und konnte per Schiff in die USA einreisen.

In diesem Zusammenhang sollte zumindest darauf hingewiesen werden, daß die Frage nach der nationalen Identität nach 1918 durchaus vielschichtig war und daß viele Auswanderer sich als »Deutsch-Österreicher« fühlten und exponierten, die den Anschluß an das Deutsche Reich, an die Weimarer Republik, forderten und das Verbot desselben durch die Alliierten kritisierten. Deutlich wird dies wiederum bei Neutra, der ja auch eine Zeit in Deutschland gearbeitet hatte. Interessant in diesem Zusammenhang scheint ein psychologischer Faktor zu sein – daß die zunehmenden »nationalen« und ökonomischen Probleme in der Heimat die Faszination der USA, der Heimat Sullivans, Wrights und Henry Fords, nur noch steigerten.[18] Der Fordismus übte jedoch im speziellen Fall Neutra primär wegen der spezifischen Art der Autoproduktion mittels vor-fabrizierter Fließbandherstellung noch eine besondere Faszination aus, da er diesen Prozeß in seine Architektur transformieren wollte. Neutra ließ sich, wie viele andere Einwanderer der Zwischenkriegszeit nicht von existierenden ethnischen Vorurteilen und Rassismen in den USA stören, über die er Bescheid wußte. Auch die Tatsache, daß Henry Ford als »Jewbaiter«[19] galt, schreckte ihn nicht ab. Das hatte wohl damit zu tun, daß er längst in Österreich, aber auch in der Schweiz mit antisemitischen Vorurteilen bis in seine privatesten Bereiche konfrontiert gewesen war.

Wie rasch die Akkulturation in den USA während des Ersten Weltkriegs vor sich gehen konnte, demonstriert das Beispiel Schindler – einerseits suggeriert er Neutra die Auswanderung – notfalls auch auf Kredit –, gleichzeitig gibt er offen eine Nicht-Garantie für eine berufliche Existenz ab. Hier zeigt sich schon deutlich der Einfluß des amerikanischen Laisser-faire. Überdies lehnt Schindler Versuche, mittels staatlicher Förderung Investitionen in die Kunstproduktion – nicht nur in die Architekturproduktion – zu fordern, ganz im Henry Fordschen Sinne ab: »Die ›Richtlinien für ein Kunstamt‹ – kann das der Loos geschrieben haben – ist diese systematische Anreihung von richtungslosen Einzelheiten alles was die ›Künstler‹ Wiens der neuen Zeit zu bieten haben? … Kann sich ein Wiener Unterthanen Schädel die Welt nicht ohne Herrscher oder Schutzherrn denken?«[20]

Letztlich – und das sollte hier angemerkt werden – hatte Schindler aber versucht, sich dem Diktat des Geldes zu entziehen und nicht entsprechend den dominierenden Marktwünschen und Bauherrenvorstellungen zu arbeiten.

---

16 Mayer an Schindler, 22. September 1919
17 McCoy (zit. Anm.9), S. 135 f.
18 vgl. dazu Hines (zit. Anm. 6), S. 41.
19 ebenda, S. 42
20 McCoy (zit. Anm. 9), S. 122, bzw. deutsches Original, 23. April 1920

In den zwanziger Jahren hatte der Einfluß des »big business« in den USA deutlich zugenommen. Die republikanischen Präsidenten-Administrationen versuchten, rasch die teilweise öffentlich beeinflußte Kriegswirtschaft in eine totale Privatwirtschaft mit minimalem staatlichem Einfluß zu transformieren (Warren G. Harding, Calvin Coolidge, Herbert C. Hoover). Unter dem Slogan »return to normalcy« erlebte die Privatwirtschaft einen Boom wie nie zuvor. Zwischen 1919 und 1929 wuchs das Brutto-National-Produkt um 39%, die Firmen-Gewinne wurden beinahe verdoppelt. Im Lohnbereich hingegen waren die Zuwachsraten deutlich geringer (25%). Die Motorisierung der USA erforderte große Infrastrukturinvestitionen in Straßenbauten, Brückenbauten und Tunnels. Der Wohnbau florierte, wobei mehr als 50% der zwischen 1922 und 1929 neu errichteten Wohnungen auf Einzelwohnhäuser entfielen. Sowohl in diesem Bereich als auch bei Konsumgüterinvestitionen (Autos, Radios) wurden die Ankäufe mittels Krediten finanziert. Bereits Mitte der dreißiger Jahre besaßen 70% aller US-Haushalte ein Radio; fast ebenso hoch war der Anteil an Auto-Besitzern, der ebenso wie die Radio-Kultur wesentlich die Lebensverhältnisse – auch im ländlichen Bereich aufgrund stärkerer Mobilität änderte.[21]

Doch schon bald sollte sich zeigen, daß die exzessive industrielle Produktion nicht mehr von den US-Märkten abgenommen werden konnte. Viele Vorteile der Konsumgesellschaft waren nur mittels Krediten möglich gewesen, die wiederum eine ständige Beschäftigung erforderten. Mit der Weltwirtschaftskrise aufgrund des Zusammenbruchs des New Yorker Aktienmarktes am 24. Oktober 1929 wurde das Postulat des Businesskults zerstört. Bereits 1928 waren die Konsumausgaben zurückgegangen, die Bauwirtschaft registrierte ebensolche Einbußen. Zwischen Oktober und Dezember 1929 wuchs die Arbeitslosenzahl von 500.000 auf über vier Millionen Menschen an.[22] Der Industrieindex ging nach 1929 um 50% zurück, das Brutto-National-Produkt fiel um 29% zwischen 1929 und 1933, die Bautätigkeit um 29%.

Zwar wurde auch Österreich wiederum von dieser Krise betroffen, doch war es bereits seit 1918 nicht mehr zu Produktionssteigerungen – verglichen mit 1913 – gekommen. Umso härter wurde die österreichische Volkswirtschaft neuerlich getroffen.[23] Auswanderung in die USA war nunmehr – nach dem Oktober 1929 – keine echte Option mehr, und wurde überdies seit September 1930 wiederum durch eine striktere Handhabung des »Immigration Act of 1917« schwieriger gemacht, um die Arbeitslosigkeit in den USA zu senken.[24] Binnen fünf Monaten fiel die Immigrationsrate aus Europa um 90%. Trotzdem ging die Krise stetig weiter und beispielsweise sank die Beschäftigung in der Bauwirtschaft zwischen 1929 und 1933 um 80%. Für Architekten gab es in dieser Zeit so gut wie keine Beschäftigungsmöglichkeiten, und Richard Neutra zum Beispiel hielt sich mit Ersparnissen und Lehraufgaben bzw. Vorträgen über Wasser.

Gerade während der Depression stellte sich die Frage nach der »Rückwanderung«. Neutra erkannte jedoch – wie viele andere – während eines Europa-Besuchs 1930, daß zwar die Moderne und Avantgarde hier erfolgreicher war, aber die Zukunftschancen ebenso triste wie in den USA waren.

Ein wichtiger Unterschied lag hingegen in der politischen Atmosphäre, die eine Rückwanderung ausschloß.[25] In Europa verstärkte sich Ende der zwanziger und Anfang der dreißiger Jahre der Trend in Richtung autoritärer Regierungsformen – die Weimarer Republik suchte ebenso mit einem starken Präsidenten wie Hindenburg einen Ausweg aus der permanenten Krise. In Österreich brachte die Verfassungsreform 1929 einen »starken« Bundespräsidenten. Italien war längst voll auf faschistischen Kurs unter Mussolini eingeschwenkt, und in Ost- und Südosteuropa gab es fast nur mehr Diktaturen verschiedenster Ausprägung (Obristen-Regime Pilsudskis in Polen, Königsdiktatur in Jugoslawien etc.).

Bereits 1926 hatte der Ausgang des *Wettbewerbes zur Errichtung des Völkerbundpalastes* dokumentiert, daß der politische Trend der Zeit eher zur Unterstützung konservativer Kultur- und Kunstrichtungen tendierte. Der Völkerbund selbst war zu diesem Zeitpunkt bereits eine höchst unwirksame Institution, wobei sich der Grad der Ablehnung meist mit dem Grad interner autoritärer Strukturen steigerte.

In Wien schufen öffentliche Investitionen seitens der sozialdemokratischen Mehrheitsfraktion und etwas stärker werdende private Bau- und Einrichtungstätigkeit doch Voraussetzungen, um eine Architektengeneration im Land zu halten. 1923 wurde das erste Wohnbauprogramm mit 25.000 Wohnungen beschlossen, 1927 das zweite mit 30.000.[26] Trotz dieser Möglichkeiten boten die sich verschärfenden politischen und sozialen Spannungen kaum jene Atmosphäre, die für eine umfassende Auseinandersetzung mit nicht-traditionellen Kunstrichtungen erforderlich ist. Die Gesellschaft entwickelte sich zusehends

21 vgl. dazu ausführlich Who Built America? (zit. Anm. 13), Vol. II, 272-315
22 ebenda, S. 319
23 Näheres bei Fritz Weber, Wirtschaft und Wirtschaftspolitik in der Ersten und Zweiten Republik. In: Erich Zöllner (Hg.), Österreichs Erste und Zweite Republik. Wien 1985, S. 121-152
24 vgl. dazu Gary David Mitchell, The Impact of U.S. Immigration Policy on the Economic ›Quality‹ of German and Austrian Immigrants in the 1930s. In: International Migration Review, Vol. XXVI (1992), S. 940-967
25 Hines (zit. Anm. 6), S. 97
26 vgl. dazu mit weiterführenden Literaturhinweisen Pott (zit. Anm. 5), S. 22

entlang zweier grundverschiedener »Säulen«, einer katholisch-konservativen und einer sozialdemokratischen, auseinander. Beide großen Gruppierungen, die nur bis 1920 gemeinsam Regierungsverantwortung trugen, forcierten den Anspruch, das gesamte Leben ihrer Parteigänger zu beeinflussen – von der Kindererziehung bis zum Totenkult. In diesem Sinne verstand sich nicht nur die Sozialdemokratie auch als Kulturbewegung, die einen »Neuen Menschen« schaffen wollte. Es wäre aber verfehlt, die Auseinandersetzung zwischen Moderne und Konvention immer strikt entlang dieser politischen Bruchlinien zu positionieren – hier gab es eine Reihe von Grautönen und Zwischenbereichen. In der politischen Auseinandersetzung wurde aber die Moderne meist der Linken zugeschrieben und häufig, versehen mit einem klaren rassistischen Unterton, als »jüdisch« bezeichnet. Die großen Skandale der Zwischenkriegszeit wie beispielsweise die Debatten um Arthur Schnitzlers *Der Reigen* (1921) oder Ernst Křeneks *Jonny spielt auf* (1928) bieten genügend Anschauungsmaterial über diese aggressive Form des »Kulturkampfes«.

Mit der zwangsweisen Auflösung des Parlaments 1933 durch Bundeskanzler Engelbert Dollfuß und der Vernichtung einer inkonsequenten und reaktionsschwachen Sozialdemokratie im Bürgerkrieg 1934 wurden überdies die Emigrationsfaktoren neuerlich verstärkt: Josef Franks Exil in Schweden ist ein typisches Beispiel für die Folgewirkungen der Errichtung einer christlich-sozialen Regierungsdiktatur – die längst gegen eine Bevölkerungsmehrheit von rund 40% sozialdemokratischen und zumindest 20% nationalsozialistischen Wählern agierte. Im Kunst- und Kulturbetrieb regierten nunmehr offiziell die katholisch-barocke »Rückwärtsgewandtheit« und der Versuch, »den kulturellen Einfluß der Arbeiterbewegung unter Einsatz des Staatlichen Gewaltapparates zu liquidieren«.[27] Der »Anschluß« an das nunmehr nationalsozialistische Deutschland 1938 sollte für Österreich insoferne eine politische Zäsur werden, als nun der bis dahin dominierende »Politische Katholizismus« von den Nationalsozialisten ebenso unterdrückt wurde.

Die traditionellen ideologischen Vorbehalte gegen die verschiedenen Facetten von »Moderne und Avantgarde« sollten daher nicht aus dem politischen Diskurs verschwinden. Ganz im Gegenteil wurden derartige Stereotypen im »Kampf gegen den Kulturbolschewismus« verstärkt. Betont wurden nunmehr metaphysische, übersinnliche und vor allem katholisch-religiöse Werke. Immer deutlicher wurde nach 1933/34 die »Stabilisierung nach rückwärts«. Mit verstärkter staatlicher Förderung, institutioneller Reglementierung und breiter Volksbildung im Rahmen der Organisation »Neues Leben« versuchte der Austrofaschismus diese intellektuelle Rückwärtsgewandtheit und die Bewahrung der konventionellen Kunst zu forcieren.

Während die Nationalsozialisten in Deutschland das »Neue Bauen« und den »Werkbund« letztlich zerstörten bzw. für ihre Zwecke mißbrauchten, gab es in Österreich nach dem Bürgerkrieg im Februar 1934 vorerst »nur« eine Spaltung durch die Gründung eines »Neuen Werkbundes« unter der Führung des ständestaatlichen »Staatsrates« Clemens Holzmeister (mit Josef Hoffmann und Peter Behrens). Der »linke, jüdische«, originäre Werkbund wurde »zum Debattierklub entmachtet« (Friedrich Achleitner). Trotzdem muß nochmals betont werden, daß das austrofaschistische Regime durchaus partiell – meist aus reinen Zwecküberlegungen der »Nützlichkeit« – bereit war, die »Moderne« zu akzeptieren oder sogar punktuell zu fördern – wie im Falle der Pariser Weltausstellung 1937.

Zum Unterschied von diesen Entwicklungen reagierte die US-Gesellschaft aber auf andere Weise auf die vielschichtigen sozialen, ökonomischen, aber auch politischen Probleme der Nachkriegszeit. Hier schuf die Krise der Privatwirtschaft und der Republikanischen Präsidenten-Administrationen den Ausgangspunkt für eine umfassende demokratischen Transformation der gesamten Volkswirtschaft.

»The Great Depression, the first and second New Deal«

Zwischen der Wahl Präsident Franklin D. Roosevelts, der sich gegen den amtierenden Präsidenten Herbert Hoover durchgesetzt hatte, im November 1932 und dem Amtsantritt im März 1933 fiel die Wirtschaft auf ihren absoluten Tiefpunkt während der gesamten Depression. Der sogenannte »Erste New Deal« zwischen 1933 und 1934 senkte zwar die Arbeitslosenzahlen um 2 Millionen Beschäftigte, aber immer noch waren 10 Millionen ohne Arbeit, das Volkseinkommen betrug nur etwas mehr als die Hälfte des vergleichbaren aus 1929. Es zeigte sich, daß die vorhandenen politischen und wirtschaftlichen Strukturen das Grundproblem nicht bewältigen konnten. Der »Zweite New Deal« ab Frühjahr 1935 erweiterte die Möglichkeiten staatlicher Investitionsmaßnahmen deutlich. Dies resultierte auch in einer Belebung der Bauwirtschaft und

---

27 Näheres und Grundsätzliches zur austrofaschistischen Kulturpolitik bei Elisabeth Klamper, Die böse Geistlosigkeit. Die Kulturpolitik des Ständestaates. In: Jan Tabor (Hg.), Kunst und Diktatur. Architektur, Bildhauerei und Malerei in Österreich, Deutschland, Italien und der Sowjetunion 1922-1956. Baden (Grasl) 1994, Bd.1, S. 133

damit auch in neuen Betätigungsmöglichkeiten für die Architekten. Die Depression hatte Tausende Menschen um ihre Wohnungen gebracht. Bereits ab 1933 gab es mit dem »National Industrial Recovery Act« in den USA geplanten und geförderten sozialen Wohnbau. Mit einem großen staatlichen Investitionsprogramm, das allen bisherigen Traditionen in den USA widersprach, gelang es der Roosevelt-Administration die Depression zu beenden und die Wirtschaft langsam anzukurbeln. Ab 1932/1933 sollten auch für Architekten neue Arbeitsmöglichkeiten geschaffen werden, die vor allem nach 1938 noch mehr expandierten. Victor Gruen berichtet in seinen *Biographischen Notizen*[28] begeistert über seine frühen Planungsarbeiten in New York, nachdem er 1938 aus Österreich vertrieben worden war: »Es waren Flüchtlinge aus aller Herren Länder, die sich mühsam in Englisch, die einzige gemeinsame Sprache, verständigten. Es gab viele geniale Leute dabei. Unsere Aufgabe war es, das zu entwerfen, was später das ›National Highwaysystem‹ wurde. Gleichzeitig aber entwarfen wir auch die wunderschönen traumhaften Städte der Zukunft .... ich machte mir damals noch keine Gewissensbisse, daß ich Mitschöpfer der amerikanischen Autoverkehrslawine wurde.« Neutra wiederum wurde von einem Konsulenten der »Works Progress Administration« 1938 engagiert, um National Youth Centers zu planen.

Architekten im Exil nach 1938

Die rassistische Kulturpolitik der Nationalsozialisten ließ auch im ehemaligen Österreich ab 1938 für viele Künstler nur den Weg ins Exil offen, um überleben zu können (getrieben von psychischer und in der Folge auch physischer Bedrohung).

Wichtig ist hier festzuhalten, daß es den nationalsozialistischen Machthabern in den ersten Jahren nach 1933 nicht immer primär um Stilfragen ging (wie beispielsweise die Auseinandersetzung innerhalb des Regimes um den Kopf des »Bauhauses«, Ludwig Mies van der Rohe, belegt[29]), sondern daß diese Auseinandersetzung auf einer bewußt rassistischen Ebene geführt wurde. Durch die Einführung des Kulturkammer-Systems wurde jede Arbeitserlaubnis an eine »arische« Ahnenreihe gebunden. Künstler jüdischer Herkunft wurden prinzipiell – mit ganz wenigen Ausnahmen – von jeglicher weiteren Tätigkeit ausgeschlossen und erhielten Berufsverbot. Anpassungen »arischer« moderner Künstler waren in die meisten Fällen möglich, außer sie hatten sich – beispielsweise wie Oskar Kokoschka – offen gegen das NS-Regime betätigt.

Besonders nach dem Einmarsch deutscher Truppen in Österreich 1938 funktionierte dieser rassistische Zwangsmechanismus in Österreich wesentlich effizienter als in Deutschland nach 1933, wo es eine Reihe von »Lücken« und Übergangslösungen und auch mehr Widerstand gegeben hatte. Zwar war es – sozusagen »under cover« – kurzfristig auch für einen »nicht-arischen« Architekten möglich zu arbeiten, langfristige Perspektiven gab es bereits nach wenigen Wochen auch für Architekten nicht mehr.

Rund 30.000 der über 150.000 ins Exil getriebenen Österreicher und Österreicherinnen fanden in den USA Zuflucht, obwohl eine Reihe von Einwanderungshindernissen zu überbrücken gewesen waren. Der NS-Terror hatte nur kurzzeitig und partiell die Restriktionen der US-Einwanderungspolitik aufgehoben.[30] Zwar hatte Präsident Roosevelt im März 1938 die restriktive Auslegung der »likely to become a public charge clause« (LPC) aufgehoben,[31] letztlich gab es aber sowohl seitens der NS-Bürokratie, als auch seitens der US-Konsularbehörden vielfältige Ausreisehindernisse bzw. Einreisesperren. Eine der Grundvoraussetzungen zur Erlangung eines Visas war der Erhalt einer Art finanzieller Bürgschaft durch einen US-Staatsbürger (Affidavit), die nicht für jeden Exilanten leicht zu beschaffen war. Immer wieder gab es Ängste, daß eine Einreise noch am Zollbeamten in den USA scheitern könnte, wenn ein Barvermögensnachweis (z. B. 100 $) nicht geführt werden konnte. Viele Vertriebene waren aber aufgrund diverser NS-Schikanen (»Reichsfluchtsteuer« etc.) nicht in der Lage, dieses Geld aufzutreiben.

Die ersten Anpassungsschwierigkeiten reichten von Sprachproblemen bis hin zu mangelnden Arbeitsstellen. Felix Augenfeld brachte diese existentiellen Anfangsschwierigkeiten in einem Brief aus New York an Ernst Freud auf den Punkt: »Es ist ein Sauleben hier. – Alle Menschen in England sollten sich über alles damit trösten, daß sie wenigstens nicht in New York sind. Das klingt sehr undankbar, aber that's the way I look at it.«[32]

Waren diese Probleme überwunden und die Emigration durchgeführt, so konnte bei Anpassung an die US-amerikanische Lebensweise durchaus eine rasche Integration auch in das neue Berufsleben erfolgen, wobei jedoch eine qualifizierte Ausbildung wie im Falle von Architekten durchaus von Vorteil war. Kurzzeitig bedingte jedoch der Eintritt der USA in den Zweiten Weltkrieg – wie im

---

28 Original in den Victor Gruen Papers, Library of Congress, Washington, D.C. (2. April 1975), S. 84 f.
29 Näheres bei Elaine S. Hochman, Architects of Fortune. Mies van der Rohe and the Third Reich. New York 1989
30 vgl. dazu Peter Eppel, Die Vereinigten Staaten von Amerika. In: Friedrich Stadler (Hg.), Die Vertriebene Vernunft II. Emigration und Exil österreichischer Wissenschaft. Wien 1988, S. 986
31 Mitchell (zit. Anm. 24), S. 941
32 Augenfeld an Ernst Freud, 12. Februar 1940, Freud-Museum, London

Falle Victor Gruens dokumentiert – eine Einschränkung der Berufsausübung durch Immigranten aus Deutschland oder Österreich, die unter Hausarrest gestellt wurden. Letztlich wurden aber zumindest aufgrund einer Verordnung des Department of Justice vom 5. Februar 1942 ehemalige österreichische Staatsbürger nicht als feindliche Ausländer behandelt, obwohl natürlich regional unterschiedliche praktische Umsetzungen dieser Regelung erfolgten. Während die meisten am Anfang ohne Lizenz für einen lizenzierten Arbeitgeber tätig waren, konnten in der Folge die in den einzelnen Bundesstaaten erforderlichen Lizenzen bei entsprechender Vorbereitung erworben werden.[33] Im Unterschied zu europäischen Vorbildern gab es keine so starken kammerstaatlichen Präventivhindernisse bei den Lizenzprüfungen. Der geschäftliche und künstlerische Erfolg bedingte aber seinerseits eine entsprechende Akzeptanz durch das neue kulturelle Umfeld oder zumindest von Meinungsmachern und Förderern der Moderne, die Aufträge erteilten.

Der Prozeß des Kulturtransfers und der Akkulturation im künstlerischen Bereich ist bis heute kaum erforscht. Signifikant für den US-amerikanischen Trend der Vereinnahmung ohne Differenzierung ist die Tatsache, daß bis in die siebziger Jahre hinein im künstlerischen Bereich erfolgreiche Immigranten (d.h. auch inklusive Exilanten) als Teil des »American Heritage« gesehen wurden. Selbst das Wort »Immigrant« wurde von manchen im Zusammenhang mit einer Ausstellung »The Golden Door. Artist-Immigrants of America, 1876-1976« verschämt verdrängt oder gar offensiv weggelassen.[34]

Bisher fehlt eine systematische Forschungsarbeit für den Exodus österreichischer Künstler nach 1938, Schätzungen gehen von zumindest 5.000 »geistig Schaffenden« aus. Rückholaktionen – vergleichbar mit den Aktivitäten des Wiener Kulturstadtrates Viktor Matejkas gab es aber nach Kriegsende und der Befreiung vom Faschismus nicht. Die Positionen blieben auch nach 1945 »besetzt«. Es war wohl kein Zufall, sondern signifikant, daß der künftige Staatskanzler Karl Renner in seinem ersten Exposé über seine Ziele in Politik und Wirtschaft Ende April 1945, klarstellte, daß durch restriktive Maßnahmen bei der »Rückgabe des geraubten Judengutes«, d.h. nicht an den Einzelnen, sondern an einen »Restitutionsfonds«, das »massenhafte, plötzliche Zurückfluten der Vertriebenen zu verhüten«[35] sei. Längst hatten die neuen/alten politischen Entscheidungsträgereliten der Wiederaufbauzeit auch die modernen Gegenströmungen des frühen zwanzigsten Jahrhunderts »ausgegrenzt«.

Barocke »Österreich-Traditionen« aus dem historischen Erbe der Habsburger-Monarchie schienen wichtiger zu sein als gesellschaftliche und kulturelle Innovation. Diese politischen Rahmenbedingungen finden sich nicht nur bei den »Gründungsvätern« der II. Republik, sondern auch bei den Alliierten, die Österreich befreit hatten und nun auch administrierten. Zeiten der wirtschaftlichen und sozialen Unsicherheit benötigen offenbar klassizistische Kulturbilder und verdrängen innovative, non-konformistische Entwicklungen.

Verhärtet wurde dieser Abschottungsprozeß nach 1945 überdies durch die geopolitischen Auseinandersetzungen zwischen den beiden Supermächten USA und UdSSR sowie den jeweiligen Machtblöcken, die dahinterstanden. Nicht nur in Österreich, auch in den USA[36] wurde die Moderne und Avantgarde häufig mit der politischen »Linken« in Zusammenhang gebracht und im Kalten Krieg noch stärker politisch stigmatisiert und für Jahrzehnte ausgegrenzt. Erst der »verlängerte Arm« der zunehmenden kulturellen Amerikanisierung, brachte über diesen Umweg ab den siebziger Jahren langsam bisher verschüttete oder verdrängte Kultur- und Kunsttraditionen aus den letzten Tagen der Monarchie und der Zwischenkriegszeit in den österreichischen Diskurs zurück. Im letzten Jahrzehnt sind wir sogar mit dem Phänomen konfrontiert, daß über diesen Umweg – häufig sogar erst zwei Generationen später – eine kulturelle Kontinuität hergestellt wird, die ihrerseits als »Image« einer nationalen Selbstdarstellung Österreichs zunehmend Verwendung findet.

---

33 Näheres bei Gruen (zit. Anm. 28), S. 108
34 Cynthia Jaffee McCabe, The Golden Door. Artist Immigrants of America, 1876-1976. Washington, D.C. 1976, S. 9
35 Österreichisches Institut für Zeitgeschichte, Archiv, NL-2/Renner, Inv.Nr. 533.
36 siehe dazu Serge Guilbaut, How New York Stole the Idea of Modern Art. Abstract Expressionism, Freedom, and the Cold War. Chicago 1983.

Joseph Urban, Illustration zu »*Rolands Knappen*« von Johann Karl August Musaeus, 1898

IMPRESSIONABLE UND WANDLUNGSFÄHIG
Joseph Urbans Frühwerk 1891 bis 1911

Markus Kristan

»Josef Urban aber, der moderne bauzeichnerische Eklektiker, stellt die architektonischen Schauplätze wie kaum ein zweiter in Wien aus dem Stegreif zusammen...«[1]

Die Worte stammen von Ludwig Hevesi und wurden über den 1905 von Heinrich Lefler und Joseph Urban illustrierten *Märchenkalender* formuliert. Bevor wir die wesentlichen Aussagen dieses Zitats – »modern«, »bauzeichnerisch«, »Eklektiker«, »Stegreif« – in bezug auf ihre zutreffende Anwendung auf Joseph Urban untersuchen, sei noch ein weiteres Zitat wiedergegeben, welches gleichfalls versucht, die künstlerische Eigenart dieses Architekten zu charakterisieren: Einige seiner Bauten »zeigen Urban auf einem architektonischen Weg, der damals durch die künstlerischen Wirren, in denen sich neue Formen bildeten, hindurchging, sich weder zum Radikalismus Olbrichs entschließen, noch den Pakt mit den alten Bauformen erneuern wollte. Urban war sehr impressionable und wandlungsfähig.«[2] Dieses Zitat enthält einige weitere untersuchenswerte Ausdrücke – »Radikalismus Olbrichs«, »Pakt mit den alten Bauformen«, »impressionable«, »wandlungsfähig«.

Das Wort »modern« trifft auf Urban insoferne zu, als er sich schon sehr bald nach der Gründung der Secession der von dieser Künstlergruppe propagierten »Neugeburt eines Stiles« nicht verschloß und die neuesten Stilrichtungen und -tendenzen in seine Werke aufnahm. Gerade diese Offenheit wurde und wird ihm aber immer wieder zum Vorwurf gemacht, sehen doch seine Kritiker zu wenig Eigenständiges darin und oft nur eine reine Kopie von Werken bekannter Künstler der heimischen oder der ausländischen Moderne. Modernität kann ihm aber wohl schwerlich abgesprochen werden, vergleicht man etwa seine frühen mit seinen späten Ausstellungsgestaltungen. Mit einigen Werken – z.B. mit der *Villa Redlich* in Wien – ist er sogar zu den führenden Architektenpersönlichkeiten Österreichs zu zählen.

Eine Eigenständigkeit ist aber auch in vielen anderen Bauten und Ausstellungsgestaltungen zu erkennen, wenn er zwischen dem »Radikalismus Olbrichs« und dem »Pakt mit den alten Bauformen« eine weitere Stilrichtung in Wien kreierte. Auf dieses Phänomen von Joseph Urbans Gestaltungswillen machte Matthias Boeckl aufmerksam, indem er ihm eine »vierte« Alternativposition der Moderne, neben denjenigen von Josef Hoffmann, Oskar Strnad und Adolf Loos, zuwies.[3] Die »Wiener Melange« in Joseph Urbans Arbeiten beruht auf seiner Ausbildung durch den im neobarocken Stil schaffenden Carl von Hasenauer und der bereits erwähnten zeitgenössischen Secession. Urban verarbeitete – entsprechend des ihm verliehenen Prädikats »impressionable« – formale Einflüsse unterschiedlichster Herkunft, ohne ihren ursprünglichen Zusammenhang zu hinterfragen. Diese durch ungetrübte Schaffensfreude erklärbare Arbeitsweise brachte ihm die wenig schmeichelhafte Bezeichnung »Eklektiker« ein. Doch so einfach und vorschnell sollte nicht über ihn geurteilt werden, bewies er doch in zahlreichen Arbeiten auch andere Fähigkeiten.

Das Urban zur Verfügung stehende »unerschöpfliche Motive-Repertoire«[4] erlaubte ihm eine »Wandlungsfähigkeit«, die sich ganz der gestellten Aufgabe und den Wünschen des Bauherrn anzupassen vermochte und die ihn bis nach Amerika begleitete. Zugleich aber war es dieser Fundus, der ihn befähigte, aus dem »Stegreif« jedes Thema einer adäquaten Lösung zuzuführen. Wie sonst wäre es wohl auch möglich gewesen, in den nicht einmal zwanzig Jahren seiner Tätigkeit in Wien rund 130 Arbeiten – Bauten und Projekte, Illustrationen, Bühnenbilder – zustande zu bringen.

Einen anderen Aspekt seines Schaffens behandelnd, scheint für Urban die Benennung »Bauzeichner« besonders treffend zu sein, war er doch während seiner ganzen Berufslaufbahn nie allein ausschließlich als Architekt, sondern stets zugleich auch als Buchillustrator sowie Bühnenbildner und später als Filmkulissenentwerfer tätig. Zwar gab es auch andere Architekten-Maler – wie etwa den gleichfalls für den Hagenbund tätigen Oskar Laske oder Marcel Kammerer –, die beide Berufe ausübten, doch im Unterschied zu unserem Künstler entschieden sie sich früher oder später für die eine oder andere Tätigkeit. Es wäre noch näher zu untersuchen, wie sich bei diesen Künstlern beide Ausbildungen einander

---

1 Ludwig Hevesi, *Neue Bildkalender*. In: Kunst und Kunsthandwerk, 10. Jg., Wien 1907, S. 675
2 o.A., Josef Urban. Zum Tode des österreichischen Malerarchitekten. In: Die Stunde, Wien, 12. Juli 1933
3 Matthias Boeckl, »Die Mode-Moderne mit dem fabricierten Stimmungs-Dusel«. Joseph Urban und die Folgen für die Architektur in und um den Hagenbund. In: Die verlorene Moderne. Der Künstlerbund Hagen 1900-1938 (Ausst.Kat. Österreichische Galerie). Wien 1993, S. 53
4 ebenda

Joseph Urban, *Skizze zum Groß-Modegeschäft »Hertzka«*, 1896

Joseph Urban, *Damensalon* (»Lefler-Zimmer«), Weihnachtsausstellung des Österreichischen Museums, 1897

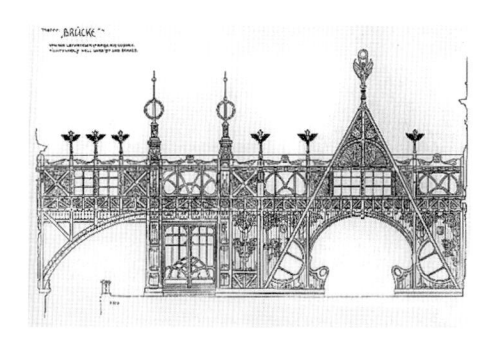

Joseph Urban, *Eingangsportal zwischen Künstler- und Musikvereinshaus in Wien*, Kaiser-Jubiläums-Ausstellung, 1898

gegenseitig beeinflußten. Im Falle Urbans überwog gelegentlich der Graphiker gegenüber dem Architekten, was nicht unbedingt zum Vorteil der jeweiligen künstlerischen Leistung – z.B. beim *Projekt für das Haus des Herrn Stiebitz* – ausfiel.

Elternhaus und Ausbildung[5]

Urban entsproß einer gutbürgerlichen Familie von Rechtsanwälten und Lehrern. Sein Vater, der gleich ihm Joseph hieß, war als Lehrer und Buchautor[6] ein anerkannter Pädagoge und hatte sich vom Handarbeits-Lehrer zum Bürgerschul-Direktor bzw. sogar zum »k.k. Bezirksschulinspektor« hochgearbeitet. Im Unterrichtsfach seines Vaters sowie in dessen fachschriftstellerischen Ambitionen sind vermutlich die Anzeigen für Joseph Urbans bemerkenswertes künstlerisches Talent zu suchen. Obgleich der kaum dreizehnjährige Joseph die Illustrationen für die Bücher des Vaters zeichnete[7], nahm dieser kaum Notiz vom Talent seines Sohnes und plante eine gänzlich andere Berufslaufbahn für ihn.[8]

Urbans Vater entschied, daß er Rechtsanwalt werden sollte. Daß ein Jus-Studium unter diesen Voraussetzungen einen künstlerisch veranlagten jungen Menschen wie ihn nicht lange befriedigen konnte, wäre zu erwarten gewesen. So war es seinem Freund, Architekt Carl Stöger, ein Leichtes, ihn 1890 zu einem Kurs für Bautechnik an der Technischen Universität zu überreden.[9] Wenig später besuchte Joseph Urban, ohne Wissen seiner Eltern, die Architekturklasse von Carl von Hasenauer an der Wiener Akademie der bildenden Künste. Später verschaffte Hasenauer seinem Schüler ein Stipendium, das diesem den Verbleib an der Akademie ermöglichte.

Im Jahre 1891 brannte in Kairo der *Abdin-Palast des Khediven Taufik* nieder. Carl von Hasenauer, der vermutlich bereits seit der Wiener Weltausstellung 1873 Kontakte mit dem Hof des ägyptischen Vizekönigs hatte, wurde beauftragt, den Palast wieder aufzubauen. Hasenauer empfahl seinen neunzehn Jahre alten Studenten Joseph Urban für diese Arbeit. Im Oktober 1891 fuhr Urban für acht Monate nach Ägypten, wo er am Entwurf für diesen Bau arbeitete. Er erweiterte den großzügig um einen Ehrenhof angelegten neoklassizistischen Palast an einer Seite um einen weiteren Flügel.[10] Urban wurde aber zugleich vom luxuriösen und opulenten Leben am Hof des Khediven nachhaltig beeindruckt.

Erste Arbeiten in Wien

Nach seiner Rückkehr nach Wien Mitte 1892 schloß Urban seine Studien bei Hasenauer 1893 ab und begann im Büro des damals prominenten Architekten Ludwig Baumann zu arbeiten. Bald nach seiner Rückkehr aus Ägypten lernte Joseph Urban den Maler und Graphiker Heinrich Lefler kennen. Diese Begegnung wurde für beide von schicksalhafter Bedeutung. Wenige Jahre später sollten sie verschwägert sein und gemeinsam zahlreiche Bücher illustrieren sowie *Schloß St. Abraham* bei Preßburg erbauen und den *Wiener Rathauskeller* ausgestalten. Die Zusammenarbeit beider war derartig eng miteinander verknüpft, daß sie heute kaum mehr zu trennen ist. In den gemeinsamen Buchillustrationen führte

---

5 Im folgenden wurde versucht, in chronologischer Reihenfolge, auf die wichtigsten Lebensabschnitte und Arbeiten Joseph Urbans näher einzugehen. Bezüglich Ausstellungsgestaltungen siehe: Sabine Forsthuber, Moderne Raumkunst. Wiener Ausstellungsbauten von 1898 bis 1914. Wien 1991; bezüglich *Zedlitzhalle* siehe: Forsthuber, ebenda, und Boeckl (zit. Anm. 3); bezüglich *Huldigungs-Festzug* siehe: Forsthuber, ebenda, und Elisabeth Grossegger, Der Kaiser-Huldigungs-Festzug. Akademie der Wissenschaften, philosophisch-historische Sitzungsberichte, Bd. 585. Wien 1992. Noch ausständig ist eine Zusammenstellung der Bühnenausstattungen Joseph Urbans in seiner Wiener Zeit.

6 Er veröffentlichte: *Der Zeichenunterricht in der Volksschule, in Süddeutschland und der Schweiz*. Bericht über eine im Auftrage des hohen niederösterreichischen Landesausschusses im Sommer 1878 unternommene Studienreise. Wien 1879; *Der Handarbeits-Unterricht für männliche Jugend und der Slöjdunterricht in der Schule vom Standpunkte der Pädagogik*. Auf Grundlage der im Sommercurs 1884 von Seminardirector Otto Salomon zu Nääs gehaltenen Vorträge bearbeitet. Wien 1885; *Erziehliche Knaben-Handarbeit*. Methodisch geordnete Vorlagen-Sammlung zur Anfertigung einfacher Arbeiten in Papier, Pappe und Holz im Anschlusse an den Kindergarten. Graz 1892

7 o.A., Joseph Urban. Architect – Theatre Designer – Industrial Designer. In: The Studio, 107. Bd., London, Jänner 1934, S. 34

8 In der amerikanischen Biographie über Joseph Urban von Randolph Carter und Robert Reed Cole wird betont, daß es im Elternhaus Urbans keinerlei Hinweis auf seine künstlerische Begabung gegeben habe. Diese und ähnliche »Fehler« – die sich wohl mit der großen räumlichen Distanz der beiden Autoren vom »Geschehen« erklären lassen – habe ich in diesem Aufsatz richtigzustellen versucht, ohne im folgenden wiederholt darauf hinzuweisen. Siehe: Randolph Carter / Robert Reed Cole, Joseph Urban. Architecture. Theatre. Opera. Film. New York-London-Paris 1992.

Joseph Urban, *Ausgestaltung des Rathauskellers in Wien,* **1898**

Joseph Urban, *Strauß-Lanner-Zimmer, Rathauskeller in Wien,* **1898**

Joseph Urban, *Volkskeller, Restaurant Paul Hopfner in Wien,* **1906**

Lefler meistens die Figuren aus, während Urban die phantasievollen Architekturgebilde und Einrichtungen sowie die kunstvollen Dekorrahmen schuf.

Der erste in einer deutschsprachigen Architekturzeitschrift publizierte architektonische Entwurf Joseph Urbans war der für ein *Großmodegeschäft Hertzka.*[11] Die mit »Oktober 1896« datierten Entwurfszeichnungen wurden ohne Text veröffentlicht. Joseph Urban zählt mit diesem Entwurf zu den ersten Wiener Architekten, die sich mit dem Thema des ausschließlich Geschäftszwecken dienenden Hauses beschäftigten, einem Thema, wie es nur wenige Jahre später Otto Wagner seinen Schülern häufig zur Aufgabe stellte.[12] Der sich vorbiegende Balkon und die das Traufgesims durchstoßenden Pfeiler stehen etwa auch dem zwei Jahre später entstandenen Entwurf Joseph Maria Olbrichs für das *Café Niedermeyer* in Troppau nahe[13] bzw. stellen ein gerne verwendetes Motiv der Wagnerschule dar.

Bei der im Dezember 1897 eröffneten Winterausstellung des Österreichischen Museums am Stubenring in Wien wurde ein *Damensalon* ausgestellt, den Joseph Urban als Architekt gemeinsam mit seinem »Zwilling« Heinrich Lefler, dem Bildhauer Hans Rathausky und der Firma F. Schönthaler und Söhne gestaltet hatte. Ludwig Hevesi, der in der damals soeben neu gegründeten Zeitschrift des Österreichischen Museums ›Kunst und Kunsthandwerk‹ über den Salon berichtete, schwärmte über das »kunstgewerbliche Experiment ..., das trotz seiner Neuartigkeit großen Beifall fand«.[14] In seinem Aufsatz spricht er von »zierlichen und dabei logischen Formen« sowie von »zarten« Farbtönen (in der Hauptsache ganz helles Grün und Rot), »die dem weiblichen Charakter des Gemachs entsprechen.« Während nun Hevesi diesen wohlmeinenden Blick in das Zimmer warf und »füglich« wünschte, »daß es Nacheiferung wecke«, schrieb ein junger Kritiker in ganz anderem Sinn über den Salon. Der damals siebenundzwanzigjährige Adolf Loos veröffentlichte am 18. Dezember 1897 in der ›Neuen Freien Presse‹ einen Aufsatz über die Weihnachtsausstellung unter dem Titel *Bürgerlicher hausrat – das Leflerzimmer.*[15] Der Aufsatz schließt mit dem vernichtenden Urteil, daß das Interieur weder der Vornehmheit der Aristokratin, noch demjenigen der Fabrikantin und schon gar nicht der Vornehmheit der Bürgersfrau entspreche – »Es entspricht der vornehmheit der kokotte.«

Das Jahr 1898, in dem Urban erst 26 Jahre alt wurde, sollte zu einem ersten frühen Höhepunkt in seinem Schaffen werden. In diesem Jahr schuf Urban die *Brücke zwischen dem Künstler- und Musikvereinshaus* während der *Kaiser-Jubiläums-Ausstellung,* deren *Gestaltung der Architekturabteilung* er gleichfalls übernahm, sowie die *Pavillons der bosnischen Landesregierung* bei der Kaiser-Jubiläums-Ausstellung im Prater und begann im Oktober mit der Ausgestaltung des *Wiener Rathauskellers.* Die Jubiläumsausstellung der Genossenschaft bildender Künstler im Künstlerhaus trug das Motto »50 Jahre österreichische Kunst« und sollte eine zusammenfassende Schau des künstlerischen Schaffens der Mitglieder während der Regierungszeit des Monarchen sein. Die sich durch diese weite Zeitspanne ergebende große Zahl an Exponaten zwang zur Tren-

9 Im Archiv der Technischen Universität Wien war kein Hinweis auf eine Teilnahme Joseph Urbans an einer Lehrveranstaltung zu finden.
10 Der Palast diente der königlichen Familie bis zum Sturz König Faruks als Residenz. Heute wird er als Regierungsgebäude benützt.
11 Der Architekt, 4. Jg., Wien 1898, S. 11, T. 23.
12 z.B.: István Benkó Medgyaszay, 1902; Karl Dorfmeister, 1902; Otto Schönthal, um 1907, Johann Chladek, 1912; Karl Reinhart, 1912.
13 Ähnliche Architekturmotive werden auch von Otto Wagner für sein *Eckhaus an der Linken Wienzeile,* 1898/99, verwendet.
14 Hevesi, *Ein modernes Interieur.* In: Kunst und Kunsthandwerk, 1. Jg., Wien 1898, S. 60
15 Wiederabdruck in: Adolf Loos, *Sämtliche Schriften,* 1. Bd., Wien 1962

nung der Ausstellung in zwei Teile sowie zur räumlichen Vergrößerung. Die Künstlergenossenschaft des Künstlerhauses sah sich aus Platzmangel gezwungen, auf das in ihrer unmittelbaren Nachbarschaft liegende Musikvereinsgebäude auszuweichen. Es wurde zur Erlangung von Plänen für eine Verbindung der beiden Gebäude unter ihren Mitgliedern ein Wettbewerb veranstaltet, aus dem Joseph Urban siegreich hervorging. Der hölzerne *Brückenbau* sollte über seine rein zweckmäßige Nutzung hinaus, als Haupteingang sowie als Verbindungsgang, auch »der Moderne ostentativ Rechnung tragen«.[16] Bedingt durch die damals gerade im Bau befindliche Einwölbung des Wienflusses konnte der Haupteingang des Künstlerhauses nicht genutzt werden. Aus dieser Not machte Urban eine Tugend, indem er seinen die beiden Ausstellungsbauten verbindenden Brückenbau gleichzeitig als *Eingangsportal* der Ausstellung gestaltete.

Die künstlerische Ausschmückung sowie die Einrichtung der *Rathauskellerräume* wurde von Heinrich Lefler und Joseph Urban entworfen. Bei der Ausführung unterstützt wurden sie dabei von ihren Künstlerkollegen des bald darauf gegründeten Hagenbundes: den Malern Carl Wilda, Hugo Darnaut, Karl Gsur, Carl Haßmann, Hans Ranzoni, Max Suppantschitsch und Richard Harlfinger sowie dem Bildhauer Max Christian. Bereits im Februar 1899 waren die Arbeiten fertiggestellt. Diese kurze Arbeitszeit – von Oktober bis Februar – brachte aber auch nach Meinung einiger Kritiker Qualitätseinbußen mit sich.[17] Die Wandmalereien hatten die Hauptthemen: Österreichische Weingegenden, figurale Gemälde mit Darstellungen aus dem Wiener Sagenschatz, die Darstellungen verbal unterstützende und ergänzende Sprüche und Verse und überreichen ornamentalen Dekor. Im eigentlichen *Rathskeller*, einem tunnelartigen, siebenjochigem Raum mit gewaltigem Tonnengewölbe, sieht Hevesi die künstlerische Hauptleistung Leflers und Urbans in der »Schmidt'schen Unterwelt«. Wie bei ihren gemeinsamen Buchillustrationen schuf auch hier Lefler gemeinsam mit den genannten Malerkollegen die szenischen Darstellungen, während Urban für die ornamentale Ausschmückung verantwortlich zeichnete. Der *Volkskeller* wurde erst im November 1899 fertiggestellt.[18] An einer Seitenwand des Saales richtete Urban neun tiefe Logen ein, »in deren Decor Urban das Element der gemüthlichen Biedermeierzeit mit ausgesprochenem Glück in die modernen Formen hineinspielen läßt.«[19] Im *Volkskeller* hatten sich Lefler und Urban gegenüber den anderen Räumen eines anderen Stiles bedient. Der schwere gotisierende Dekor war hier einem leichteren gekurvten Stil gewichen, der auch an die frühen Ausstellungsgestaltungen der Secession erinnert.

Das Schloß St. Abraham bei Preßburg

Graf Karl Esterházy und seine Frau[20] waren besonders aufmerksame Besucher der Winterausstellung 1897/98 des Österreichischen Museums gewesen. Besonders dürfte ihnen das *Moderne Interieur* Heinrich Leflers und Joseph Urbans gefallen haben, denn sie beauftragten in den kommenden Jahren Urban mit dem Bau bzw. Umbau von zweien ihrer Schlösser in der heutigen Slowakei und eines Jagdhauses. Ludwig Hevesi erinnerten die *Entwürfe für das Schloß St. Abraham* an den *Budapester Parkklub*, allerdings mit dem Unterschied, daß »dessen neues, freies Rococo jedoch hier einer modernen Detaillirung gewichen ist«.[21] »In der inneren Einrichtung«, so Hevesi, »herrscht ein moderner Luxus, bei dem man wohl nicht an Olbrich denken darf, der aber in den Abbildungen doch den Eindruck eines sorgfältig und minutiös durchgearbeiteten Ganzen macht.« In der ›Deutschen Kunst und Dekoration‹ schrieb Joseph Folnesics im März 1900: »Obwohl Schüler Hasenauers, hat sich Urban vollkommen in die neue Richtung eingearbeitet, und im Außenbau wie in der Innenausstattung dieses Schloßes eine höchst respektable Leistungsfähigkeit bewiesen. Es ist der erste Wohnhausbau dieser Art, der nach außen und innen einheitlich durchgeführt ist, und es gehörte von Seiten des Auftraggebers ein gewisser Wagemuth dazu, sich auf ein derartiges Experiment einzulassen. Indes für das glückliche Gelingen war keine geringe Gewähr geleistet, indem Walter Crane, der in Urban's Projekte Einsicht genommen hatte, sich bedingungslos für die Ausführung aussprach.«[22]

Unter Berücksichtigung dieser Ausführungen gewinnen der Schloßbau und seine Ausstattung auch international gesehen an Bedeutung. Allein schon der Hinweis, daß es sich hier um den ersten außen und innen einheitlich ausgeführten Bau dieser Bauaufgabe handeln soll, ist äußerst bemerkenswert. Beinahe aber noch interessanter und bedeutsamer – auch im speziellen Hinblick auf die Urban-Forschung – ist die Tatsache, daß der große englische Kunstreformer Walter Crane Einblick in die Pläne genommen und diese für sehr gelungen gehalten hat. Dies mag einerseits mit der englischen Abstammung der Gräfin Esterházy in Zusammenhang stehen, aber wohl auch mit Joseph Urban selbst. Dieser ließ sich offensichtlich bei seinen eigenen Buchgestaltungen von Walter Cranes in ganz Europa bekannten

---

16 vgl. Forsthuber (zit. Anm. 5), S. 31
17 Wilhelm Schölermann, *Der Wiener Rathhaus-Keller*. In: Innendekoration, 10. Jg., Mai-Heft, Darmstadt 1899, S. 69 f.
18 Hevesi, *Vom Rathhauskeller*. In: Kunst und Kunsthandwerk, 3. Jg., Wien 1900, S. 473 f.
19 ebenda, S. 474
20 Graf Karl Esterházy wurde am 30.11.1847 in Wien geboren und starb am 1.11.1919 in Cselesz. Am 29.6.1876 heiratete er Paula Stauber, die 1881 verstarb. In zweiter Ehe, geschlossen am 25.11.1882, war er mit der 1859 geborenen Engländerin Mary Evelyn Hamilton Charters verheiratet. Einer ihrer drei Söhne, Karoly Antal Esterházy, wurde am 2.12.1888 in St. Abraham geboren und starb am 3.7.1931 in Wien. Weitere Nachkommen der Familie lebten in Amerika und in der Stadt Salzburg.
21 Eine Abbildung des *Budapester Parkklubs* befindet sich in: G.E. Winterstein (Hg.), *Illustrierter Führer durch Budapest und Die Millenniums-Ausstellung*. Budapest 1896, S. 45
22 Joseph Folnesics, *Das moderne Wiener Kunstgewerbe*. In: Deutsche Kunst und Dekoration, 3. Jg., Heft 6, Darmstadt, März 1900, S. 268 ff.

Joseph Urban, *Damensalon für Schloß Esterházy in St. Abraham* bei Diozegh, 1899

Joseph Urban, *Schloß Esterházy in St. Abraham bei Diozegh*, 1899

Joseph Urban, *Ausstellungshaus des Künstlerbundes Hagen (»Zedlitzhalle«) in Wien*, 1901

Joseph Urban, *Erweiterungsbau, Villa Goltz in Wien*, 1902

Joseph Urban, *Buffet, Villa Goltz in Wien*, 1902

Joseph Urban, *Wohnung Hans Ranzoni in Wien*, 1902

Joseph Urban, *Wohnung Joseph Urban in Wien*, 1906

Büchern inspirieren und akzeptierte so auch dessen Urteil im Falle eines Schloßbaues. Wenn Hevesi in seiner kritischen Charakterisierung den *Damensalon* als den »keineswegs besten Raum« des Schlosses bezeichnet, muß dem erklärend hinzugefügt werden, daß sich die Ausstattung dieses Salons tatsächlich von derjenigen anderer Gemächer unterschied. Die englische Gattin des Grafen hatte sich wohl gerade ihren Salon im »englischen Stil« gewünscht, und bezeichnenderweise zeigte Urban gerade diesen Raum auf der Ausstellung, auf den er vermutlich besonders stolz gewesen war. Ist in dem *Damensalon* und all den übrigen von der Gräfin genützten Räumen nichts mehr von der deutschtümelnden Haltung Urbans zu merken, wie sie in dessen früheren Werken mit schwankender Intensität vertreten ist, so erinnern einige der übrigen Räume des Schlosses – hier sei vor allem auf die große Halle und den Kaminplatz hingewiesen – trotz aller secessionistischen Einflüsse wieder an das »bodenständige« Formenvokabular.

Um 1900: Illustrationen, Bühnenbilder und weitere Bauten

Als Illustrator konnte Urban – natürlich gemeinsam mit Heinrich Lefler – im Jahre 1900 Erfolge feiern: es erschien die 3. Auflage des *Österreichischen Kalenders*[23] und in Berlin wurden *Die Bücher der Chronika der drei Schwestern* von Johann Karl August Musaeus im Verlag J. A. Stargardt veröffentlicht, die die »künstlerischen Zwillinge« illustriert hatten. Zugleich entwarf Urban neben seiner Architekturpraxis ab der Jahrhundertwende *Bühnenbilder*. Für das Wiener Hofburgtheater entstand z.B. eine Ausstattung für *Faust*; für die Wiener Hofoper, für Budapest und für andere deutsche Opernhäuser entwarf Urban bereits in seinen Wiener Jahren zahlreiche Bühnenbilder, wohl zunächst noch nicht ahnend, daß ihn diese Tätigkeit 1911 für immer nach Amerika führen würde.

Gleichfalls im Jahr 1900 ließ sich der Herausgeber der ›Deutschen Zeitung‹, Dr. Theodor Wähner, den Urban von seiner Tätigkeit für den *Wiener Rathauskeller* als Obmann der Rathauskeller-Kommission kannte, für seine Zeitung von Urban ein neues *Bürohaus mit Mietwohnungen* bauen. Urban errichtete auf dem breiten Grundstück in der schmalen Wiener Buchfeldgasse Nr. 6 für seinen Auftraggeber einen erkerlosen flachen sechsgeschoßigen Bau, dessen einziger größerer Vorsprung ein breiter Balkon vor den mittleren Achsen ist.

Im gleichen Haus befand sich die *Wohnung Dr. Wähners*, die ebenfalls von Urban ausgestattet worden war. Die erhaltenen Abbildungen der Wohnung[24] zeigen Einblicke in das Speise-, Wohn- und Schlafzimmer sowie einige einzelne Möbel dieser Räume. Allen in Naturholz belassenen Möbeln ist der schwerfällig-statische Aufbau gemeinsam, wobei versucht wird, deren grundsätzlich altdeutschen Charakter durch jugendstilige Metallapplikationen oberflächig zu verschleiern. Doch die Struktur der Möbel wird dadurch nicht im Sinne der Secession oder des Jugendstils verändert. Ausnahmen dieser Regel stellen nur Details der Wandvertäfelungen im Speise- und im Wohnzimmer dar. Auffallend ist auch die dunkle, üppige Wandmalerei à la van de Velde – ein Baumeister, den Urban für die *Gestaltung der 14. Ausstellung des Aquarellisten-Clubs* gleichfalls imitiert hatte.

Ähnlich der Secession vier Jahre zuvor, befand sich die im Jahre 1900 von Urban und anderen als zweite Abspaltung vom Künstlerhaus gegrün-

23 Österreichische Monatsbilder. XXV Compositionen von H. Lefler und J. Urban Wien 1900. Im Klappentext heißt es: »Gezeichnet von Heinr. Lefler und Jos. Urban im Auftrag des k k. Ministeriums für Cultus und Unterricht für die Monatsschrift des Österreichischen Museums ›Kunst und Kunsthandwerk‹. Druck der k.k. Hof- und Staatsdruckerei in Wien. III. Auflage 1900.«

24 Das Interieur, 3. Jg., Wien 1902, S. 99, 114-121. ›Das Interieur‹ erschien – gleichfalls wie ›Der Architekt‹ – im Schroll-Verlag und ergänzte in vielen seiner Abbildungen und Beiträge über Raumausstattungen und Innenarchitektur die Architekturberichte in ›Der Architekt‹.

dete Künstlervereinigung *Hagenbund* 1901 in der Situation, über keine eigenen Ausstellungsräume zu verfügen. Der Hagenbund richtete daher an die Gemeinde Wien ein Ansuchen um die mietweise Überlassung der Detailmarkthalle in der Zedlitzgasse. In der Gemeinderatssitzung vom 2. April 1901 wurde diesem Ersuchen »vorläufig auf zwei Jahre« stattgegeben und dem Verein ein Teil der Halle gegen die jährliche Miete von 2.000 Kr. zur Verfügung gestellt.[25] Urban, der den *Umbau der Markthalle* für den Hagenbund besorgte, legte am 1. September 1901 die Adaptierungspläne vor, sodaß die Umbauarbeiten bereits im Herbst 1901 begonnen werden konnten und am 28. Jänner 1902, dem Tag der Eröffnung der 1. Ausstellung des Hagenbundes in der *Zedlitzhalle*, beendet waren.

Die Portalzone der von Joseph Urban gestalteten *Zedlitzhalle* mit ihrem geschwungenen Vordach und dem halbrunden färbigen Fries von Wilhelm Hejda[26] könnte von Entwürfen Joseph Maria Olbrichs für den *Mittelsaal der 4. Secessionsausstellung* (18. 3. – 31. 5. 1899) beeinflußt sein. Olbrich hatte die Seite des Eingangs und die hintere Wand mit mächtigen hufeisenförmigen Bögen mit extrem tiefe Nischen bildenden Laibungen gestaltet.[27]

Wohnungseinrichtungen für Künstlerkollegen

Zwischen 1901 und 1902 errichtete Joseph Urban für seinen Hagenbundkollegen, den Maler Alexander Demetrius Goltz, einen *Anbau* an dessen einfachem ebenerdigen Haus in Wien XIX, Grinzinger Straße 87. Der Maler und Hagenbündler Hans Ranzoni, der auch an der Ausmalung des *Rathauskellers* beteiligt gewesen war, wohnte in Wien IV, Alleegasse[28] 69, sein Atelier hatte er im gleichen Haus wie Joseph Urban, gleichfalls in der Alleegasse 66. Seine neue *Wohnung in der Walfischgasse 4* ließ sich Ranzoni von Urban einrichten. Im Vergleich mit der *Einrichtung für Alexander Goltz* ist die *Ausstattung der Wohnung Ranzoni* wesentlich einfacher und von ruhigerer, strengerer Wirkung. Die Wände sind mit einer zartgemusterten Tapete beklebt. Es gibt keine Holzlambris, und die Möbel sind nicht eingebaut, sondern an die Wand geschoben. Bei der Dekoration der Möbel selbst ist noch eher der Horror vacui festzustellen. Diese sind teils mit secessionistischem Schachbrettmuster, teils mit Motiven à la van de Velde verziert. Ihr Aufbau ist geradlinig, wenn sie sich auch nach oben zu verjüngen. Der Schrank im Wohnzimmer ist gegenüber der Sitzecke mit seitlichen kleinen eckigen Säulchen, die das »Gebälk« tragen helfen, etwas aufwendiger gestaltet. Einzig in der Form der Tischbeine finden sich an Olbrich erinnernde geschwungene Formen, die nicht so recht zu den geradlinigen Schränken passen wollen. Im Gegensatz etwa zu Olbrich, Hoffmann und Moser, bei deren Möbeln der Dekor die tektonische Wirkung unterstreicht, bleibt bei Urbans Einrichtungsgegenständen die Verzierung oft bloß aufgesetzt.[29]

St. Louis 1904

Die *Ausstattung des Hagenbundraumes* im Österreichischen Pavillon auf der »Louisiana Purchase Exposition« von St. Louis führte Joseph Urban erstmals nach Amerika. Für die vom 30. April bis 1. Dezember 1904 laufende Ausstellung wurde von Ludwig Baumann für die österreichische Abteilung ein *Pavillon* erbaut, in dem u. a. außer dem Hagenbund die Wiener Künstlergenossenschaft (Ausstattung Rudolf Bernt), die Wiener Kunstgewerbeschule (Ausstattung Josef Hoffmann)[30], die tschechischen Künstler (Ausstattung Jan Kotéra) und die Secession mit einem Interieur von Leopold Bauer ausstellten.[31] Den *Raum des Hagenbundes* gestaltete Urban als behaglichen Wohnraum, im Gegensatz zu dem von Hoffmann arrangierten kühlen *Ausstellungsraum der Kunstgewerbeschule*. Die für die Weltausstellung entworfene Raumausstattung benutzte Urban später noch zweimal: für die *17. Ausstellung des Hagenbundes* und für die Einrichtung der von ihm erbauten *Villa Landau* am Semmering[32]. Zwischen schwarzen Erlenholzbrettern mit kreisrunden Medaillons waren die Wände mit dunkelroter Seide bespannt. In die Flügeltüren, gleichfalls aus Erlenholz, waren Reliefs eingelassen (ähnlich den Türen seiner eigenen späteren *Wohnung in der Nibelungengasse*).[33] Ein geometrisch gemusterter Teppich in der Raummitte diente als Unterlage für eine Sitzgarnitur, deren Stühle von betont kubischer Form waren.[34] Die Intarsien aus Perlmutt und Silber der Arm- und Rückenlehnen zeigen stilisierte Tannenbäumchen, was zu einer naheliegenden, aber wahrscheinlich doch nicht richtigen Interpretation führte.[35]

Arbeiten 1907 bis 1911

In Wien erhielt Urban 1907 noch ein weiteres Mal Gelegenheit, ein Lokal zu gestalten: das *Kabarett »Hölle«* in den Souterrainräumen des »Theaters an der Wien«. Die Bauaufgabe »Kabarett« kam damals in Wien offenbar häufiger vor: Nur wenige Monate später richtete Joseph

---

25 Amtsblatt der k.k. Reichshaupt- und Residenzstadt Wien, Wien, 2. April 1901, S. 699
26 Genaue Beschreibung bei: Hevesi, *Hagenbund*. In: Kunst und Kunsthandwerk, 5. Jg., Wien 1902, S. 98
27 Forsthuber (zit. Anm. 5), S. 38 f.
28 heute Argentinierstraße
29 Franco Borsi / Enzio Godoli, Wiener Bauten der Jahrhundertwende. Die Architektur der habsburgischen Metropole zwischen Historismus und Moderne. Stuttgart 1985, S. 287
30 Der Raum der Wiener Kunstgewerbeschule, den Josef Hoffmann gestaltet hat, wird wiederholt mit der falschen Zuschreibung an Joseph Urban abgebildet. Otto Teegen, *Joseph Urban's Philosophy of Color*. In: Architecture, 69. Jg., Nr. 5, New York, Mai 1934, S. 261; und Carter / Cole (zit. Anm. 8), S. 34
31 Die Weltausstellung in St. Louis 1904, in: Wiener Bauindustrie-Zeitung, 22. Jg., Nr. 9, Wien, 2. Dezember 1904, S. 63
32 1907 erbaute Urban für den Wiener Dr. Max Landau eine *Villa am Semmering*, Südbahnstraße 83.
33 Klara Ruge, *Kunst und Kunstgewerbe auf der Weltausstellung zu St. Louis* (I.). In: Kunst und Kunsthandwerk, 7. Jg., Wien 1904, S. 540
34 Bei diesen Stühlen gelang Joseph Urban die Nachempfindung des Kolo Moserschen Formenvokabulars derartig überzeugend, daß sie 1971 – als sie das Museum für angewandte Kunst in Wien erwarb – für Stühle Mosers gehalten wurden. Vgl. Forsthuber (zit. Anm. 5), S. 112
35 »Der Sessel stammt aus einer Villa am Semmering. Möglicherweise spielen die geometrisierten Tannenbäumchen der Ornamentmotivik auf die Gegend an.« D(esirée) Sch(ellerer). In: Wolfgang Kos (Hg.), Die Eroberung der Landschaft. (Ausst.Kat. Schloß Gloggnitz 1992) Wien (Falter) 1992, S. 340

**Joseph Urban, *Höllensaal, Theater und Cabaret*
»Die Hölle« in Wien, 1906**

**Joseph Urban, *Villa Carl Redlich*
in Wien, 1907 (Aufnahme 1992)**

Urbans Freund Josef Hoffmann das *Kabarettlokal »Die Fledermaus«* Ecke Kärntnerstraße und Johannesgasse ein. Mit der Ausgestaltung des *Kabaretts »Hölle«* erhielt Urban erstmals Gelegenheit, sich einer neuen Problemstellung, Bühne und Zuschauerraum, zuzuwenden, die später in den Vereinigten Staaten für ihn von großer Bedeutung werden und über die er sogar eine eigene Broschüre verfassen sollte. Im Zentralorgan für das österreichische Bauwesen ›Der Bautechniker‹ wurden das Kabarettlokal genauer beschrieben und die beiden Säle, *Theater- und Höllensaal*, abgebildet. Im Text wird auf die Schwierigkeiten – es war dies vor allem die geringe Raumhöhe – beim Einbau des Lokals in die Räume unter dem Theater an der Wien hingewiesen.[36]

Gleichfalls 1907 entstand in Wien-Döbling die *Villa Redlich*.[37] Die an der Kreuzung Gatterburggasse/Kreindlgasse im 19. Wiener Gemeindebezirk situierte kubische Villa mit Walmdach schließt an den Ziegelbau des ausgehenden 19. Jahrhunderts der Firma »Redlich & Berger« an. Die Fassade zur Kreindlgasse ist markant mit über ihre gesamte Höhe reichenden bay-windows gestaltet. Die einspringende Gebäudekante ist durch den Windfang für den Haupteingang bereichernd gestaltet. Der hier das Vordach durchstoßende Pfeiler weist auf den Einfluß Otto Wagners hin. Die Fassade zur Gatterburggasse ist mit schmalen glatten Pilastern versehen, ähnlich wie sie Otto Wagner bei seinen *Miethäusern in der Alserstraße* (»Hosenträger-Haus«) und dem *Gebäude der »Anker-Versicherung«* am Graben verwendet hat. Bei der *Villa Redlich* jedoch sind sie vom dekorativen Stuck jener Wagnerschen Bauten befreit. Die in die Mauerfläche versenkten bay-windows erinnern entfernt an das drei Jahre später entstandene *Loos-Haus am Michaelerplatz*. Die zu den bay-windows hin abgerundeten Wandpfeiler stehen – ähnlich wie die eingestellten Säulen beim *Loos-Haus* – im Kontrast zu den harten Kanten der Erkerfenster. Besondere Beachtung verdienen die beide Geschoße miteinander verbindenden drei bay-windows. Bestechend sind hierbei die Regelmäßigkeit der Nieten, das durch Eisen und Glas gebildete geometrische Ornament und die filigran und sensibel mit runden Ausschnitten durchbrochenen Versteifungsstützen im Inneren. Die Eisenkonstruktion geht vermutlich auf den Einfluß des Bauherrn zurück, der als Techniker die für eine Villa ungewöhnliche Betonung des Technischen wünschte. Eine derartige Hervorhebung der Eisenkonstruktion wird nahezu zum Zunftzeichen des Bewohners, zum Zeichen seines Berufes.[38] Die harmonische Verbindung von Ingenieurbaukunst und Architektur, von technischer Präzision und ausgewogenen Proportionen, das Zusammenspiel von Funktionalität und nobler Eleganz ist dem glücklichen Zusammenwirken von Bauherrn und Architekt zu verdanken.

Die *Gestaltung des Huldigungsraumes für die 25. Hagenbund-Ausstellung* war nicht das einzige Werk Joseph Urbans, das dieser anläßlich des sechzigjährigen Regierungsjubiläums Kaiser Franz Josephs schuf. Weiters entstand aus diesem Anlaß das gemeinsam mit Heinrich Lefler gestaltete und illustrierte Festbuch *An Ehren und an Siegen reich. Bilder aus Österreichs Geschichte*. Der unbestrittene Höhepunkt der Feierlichkeiten war aber der Festzug auf der Ring-

---

36 o.A., Das Cabaret »Hölle« in den Souterrainräumen des »Theater an der Wien«. In: Der Bautechniker, 27. Jg., Nr. 47, Wien, 22. November 1907, S. 937

37 Die folgende Charakterisierung der *Villa Redlich* folgt im wesentlichen meinem Aufsatz: Kristan, Ein »bekanntes« Haus und ein »unbekannter« Architekt. Die Villa Redlich in Wien XIX, Kreindlgasse 11. In: Architekturjournal Wettbewerbe, 16. Jg., Heft 117/118, Wien, November/Dezember 1992, S. 26-29

38 Carl Redlich wurde am 20. Jänner 1860 geboren. Nach dem Studium der Technik an der Technischen Hochschule Wien und ausgedehnten Studienreisen ins Ausland übernahm er 1891 die Bauunternehmung Redlich & Berger. Unter seiner Führung entstanden in der gesamten Monarchie zahlreiche Eisenbahnbauten mit bemerkenswerten technischen Leistungen auf dem Gebiet des Rampen-, Tunnel- und Brückenbaus. Auf dem Gebiet des Wasserbaus ist vor allem die durch die architektonische Gestaltung Otto Wagners berühmt gewordene *Nußdorfer Wehr- und Schleusenanlage* zu nennen. Am 5. Jänner 1918 starb Carl Redlich.

Joseph Urban, *Kaisertribüne am Burgring in Wien*, Kaiser-Jubiläums-Festzug, 1908

straße, für den Urban vor dem Burgtor die *Ehrentribünenanlage* errichtete.[39] Die Ausgestaltung der Ringstraße für den am 12. Juni geplanten Festzug wurde den beiden Architekten Josef Hoffmann und Joseph Urban übertragen. Die Zusammenarbeit der beiden starken, aber unterschiedlichen Persönlichkeiten brachte von Anfang an größte Schwierigkeiten mit sich. Ihre persönliche Beziehung war offenbar durch eine Form der Haßliebe geprägt, die zwischen Streit und Versöhnung pendelte. Die positiven Seiten dieser Beziehung lassen sich durch die Eröffnung der *Wiener Werkstätte in Amerika* durch Joseph Urban in Zusammenarbeit mit Josef Hoffmann, den Nachruf Josef Hoffmanns auf Joseph Urban in ›Die Stunde‹[40] und den im Wiener Rathausarchiv aufbewahrten Briefverkehr zwischen beiden Architekten, in dem es um die Erbauung des *Salzburger Festspielhauses* geht, nachweisen. Es wurde geplant – wie beim *Makartfestzug* von 1879 –, auf der Ringstraße zwischen dem Äußeren Burgtor und den beiden Hofmuseen einen Festplatz mit Tribünenanlagen zu errichten. Zeitungsnotizen ist zu entnehmen, daß ursprünglich Josef Hoffmann den *Kaiser-Pavillon* errichten sollte.[41] Briefen und Pressemitteilungen zufolge legte Hoffmann die Mitarbeit am Festzug nicht nur wegen Streitigkeiten mit Urban zurück, sondern auch, weil es quer durch das gesamte Festzugskomitee zu schweren Auseinandersetzungen gekommen sein dürfte. Schließlich wurde der Kaiser-Festplatz mit den von Joseph Urban entworfenen *Tribünen* dekoriert. Vom Ansatz der überdimensionalen Nachbildung der Krone war ein Velum straff in Richtung Straße gespannt. Dieses Dach sollte einerseits ein Festzelt andeuten und andererseits dem Monarchen Schutz vor der prallen Juni-Sonne bieten. Es war aber zu kurz, und der greise Herrscher stand während der gesamten Dauer des Festzuges (drei Stunden) im grellen, heißen Sonnenlicht.[42]

Joseph Urbans *Festplatz-Dekoration* erntete viel Kritik. Der Urban oft positiv gesinnte Ludwig Hevesi kritisierte vor allem die Einengung des Festplatzes, die es den Zusehern unmöglich machte, den Festzug noch als »Zug« zu erleben.[43] Richard Muther fand in seinem Aufsatz über den Festzug im Anschluß an die gleiche Kritik über die störende Einengung des Festplatzes noch härtere Worte über den *Kaiser-Pavillon*: »Es ist kaum möglich, die Idee eines Festzuges gründlicher mißzuverstehen. Und der Wert der architektonischen Leistung, der zuliebe der Fehlgriff begangen wurde? Nun, sie war das, was man bis vor drei Jahren, solange es noch eine echte Sezession gab, falsche Sezession nannte. Ein schlimmeres Gschnas als dieses Kaiserzelt, diese Pylonen und diese Holzthermometer läßt sich kaum denken. Ist es unbedingt nötig, daß bei offiziellen Gelegenheiten nie die gute moderne Kunst, sondern immer nur ihr Popanz auftritt.«[44]

Der Festzug hatte mehrere gerichtliche Nachspiele und bedeutete für Urban den Anfang vom Ende seiner so erfolgreich und vielversprechend begonnenen Karriere in Wien. Joseph Urban mußte erst wegen Korruptionsvorwürfen sein Amt als Präsident des Hagenbundes zurücklegen und schließlich aus der Künstlervereinigung austreten. Die sich für ihn daraus ergebenden finanziellen Schwierigkeiten waren sicherlich der Hauptgrund für seine Auswanderung nach Amerika drei Jahre später.

---

39 Zum Kaiser-Huldigungs-Festzug in Wien 1908 siehe Anm. 5, vgl. bes. Forsthuber, S. 133-135
40 Josef Hoffmann, *Der Wiener Amerikaner Josef Urban.* In: Die Stunde, Wien, 12. Juli 1933
41 Abgebildet in: Der Architekt, 17. Jg., Wien 1911
42 Hevesi, *Altkunst – Neukunst.* Wien 1909, S. 307
43 ders., *Der Festzug.* In: Kunst und Kunsthandwerk, 11. Jg., Wien 1908, S. 393
44 Richard Muther, *Die Kunst im Festzug.* In: *Aufsätze über bildende Kunst*, 2. Bd., Berlin 1914, S. 291

Joseph Urban, *Villa Dr. Bartl Mair in Scheiblingkirchen*, Niederösterreich, 1910 (Aufnahme 1994)

Im Jahre 1910 erbaute Joseph Urban im niederösterreichischen Scheiblingkirchen *Villa und Praxis* für den aus Tirol stammenden Gemeindearzt Dr. Bartl Mair.[45] Im Urban-Nachlaß in New York werden Photos der Familie Joseph Urbans aufbewahrt, die in Scheiblingkirchen aufgenommen wurden. Vermutlich diente der niederösterreichische Ort Urban und seiner Familie öfters als Sommersitz. Bei diesen Gelegenheiten könnte Urban den Gemeindearzt kennengelernt haben. Das dominierende Motiv des Baues ist ein aus seiner inneren Ecke in Richtung Ort bzw. Blumenbeet vorragendes Rondell von salettelartigem Charakter. Dieser verglaste Vorbau erinnert an die morgenländischen Brunnenanlagen, wie sie Joseph Urban während seines achtmonatigen Aufenthaltes in Kairo 1891/92 gesehen hatte. In dieser selbst von der speziell mit der Architektur der Jahrhundertwende im ländlichen Raum befassten Literatur bisher übersehenen *Villa Mair* gelang es Joseph Urban, unterschiedliche, scheinbar widersprüchliche Forderungen an die Architektur seiner Zeit harmonisch miteinander zu verbinden: Zweckmäßigkeit und Eingliederung in die Landschaft, bodenständige und ausländische Architektureinflüsse sowie Ekletizismus und Secession.

Etwa zur gleichen Zeit wie die *Villa Mair* in Scheiblingkirchen entstand die *Villa für Viktor M. Eisenstein* in Wien XIX, Gregor-Mendel-Straße 6. Viktor Eisenstein war Generalagent der großen »New York Life Insurance Company« in Wien. Vielleicht ist es nur ein Zufall, daß einer der letzten Klienten Urbans in Wien für eine amerikanische Firma arbeitete. Es könnte aber auch ein Hinweis auf bald darauf realisierte Auswanderungspläne

des Künstlers sein. Im Jahr darauf, 1911, fuhr Urban nach Paris, um mit Claude Debussy wegen einer neuen Produktion von *Pelléas et Mélisande* zusammenzutreffen, für die er das Bühnenbild entwerfen sollte. Bei dieser Gelegenheit begegnete er in Paris dem Amerikaner Henry Russel, der ihn auf der Stelle als Chef-Bühnenbildner an das Boston Opera House engagierte. Ein Jahr nach seiner Auswanderung, im Juni 1912, erließ das Wiener Landesgericht wegen schuldbarer Krida einen Steckbrief gegen Joseph Urban.[46] Die Wiener Gläubiger des Künstlers sahen seine Amerikareise als Flucht an. Eine Reihe von Vergehen wurde ihm zur Last gelegt: erstens hatte seine Unmäßigkeit den Hagenbund in eine schwere finanzielle Krise geführt, da auch ein Großindustrieller, der Mitglied des Vereines gewesen war,[47] seine Unterstützung entzogen hatte, und zweitens wurde ihm »sehr übel vermerkt«, daß ihm die Lieferanten des Huldigungsfestzuges einen Brillantring »im Werte von mehreren tausend Kronen« geschenkt hatten. Da Joseph Urban infolge dieser und anderer Affairen als Präsident des Hagenbundes zurücktreten und schließlich sogar aus dem Verein austreten mußte, konnte er »nur mehr vereinzelt Aufträge erhalten und geriet, da er gewohnt war, auf großem Fuße zu leben, in schwere finanzielle Kalamitäten, die in der Folge zur Erstattung der Anzeige wegen betrügerischer Krida führten.«

Rück- und Ausblick

Spricht man von der Architektur im »Wien um 1900« so denkt man an Otto Wagner, Joseph Maria Olbrich und Josef Hoffmann. Es gab aber

---

45 Die Charakterisierung der Villa Dr. Mair folgt im wesentlichen meinem Aufsatz: Die Villa Dr. Mair von Joseph Urban. In: Architekturjournal Wettbewerbe, 18. Jg., Heft 129/130, Wien, Jänner/Februar 1994, S. 149.
46 Architekt Urban wegen strafbarer Krida verfolgt. In: Illustriertes Wiener Extrablatt, Wien, 9. Juni 1912, S. 10
47 Wahrscheinlich ist hier Richard von Drasche gemeint.

noch zahlreiche andere, bedeutende Kräfte, die in der bisherigen Architekturgeschichtsschreibung weitestgehend unterschlagen wurden. Zu diesen bedeutenden Künstlerpersönlichkeiten, die erst das ganze breite Spektrum des künstlerischen Geschehens zur Jahrhundertwende in der Hauptstadt des Vielvölkerstaates verständlich werden lassen, zählt zweifelsohne Joseph Urban.

Liest man zeitgenössische Kritiken über Urbans Werke, so sind es wieder diese drei oben genannten Architekten, die im Zusammenhang mit ihm genannt werden und von deren Schöpfungen er sich stark inspirieren hatte lassen. Im Unterschied zu ihnen jedoch war er offensichtlich – zumindest seine Jugendbiographie läßt dies vermuten – eine leichtlebige Natur, die es ihm erlaubte, sich bedenkenlos auch des damals verpönten Stilvokabulars seines Lehrers, Carl von Hasenauer, zu bedienen. Hinzu kam noch der lebenslang wirksame Einfluß seines frühen mehrmonatigen Ägyptenaufenthaltes, den er den secessionistischen Künstlern voraushatte. Ohne die Überlegungen der von ihm gewählten Vorbilder nachzuvollziehen, für die nur schön sein konnte, was auch zweckmäßig war, verwendete er spielerisch und frei das von ihnen erarbeitete Formen- und Stilvokabular. Daß er aber auch ganz in ihrem Sinn wirken konnte, wenn es die Umstände erlaubten, zeigen einzelne Werke, etwa die *Villa Redlich*.

So gehen auch in den Werken seiner Wiener Zeit floraler und geometrischer Dekor nahtlos und ergänzend ineinander über. Vieles, was von den Künstlern der Secession erstmalig angewandt wurde – an den Ausstellungsgestaltungen ist es besonders deutlich sichtbar –, ist wenig oder auch viel später in seinen Werken wiederzufinden. Eigenständiger scheinen seine Leistungen auf dem Gebiet der Ausstellungsgestaltungen zu werden, nachdem die Klimt-Gruppe die Secession verlassen hatte und diese langsam ihre führende Stellung auf diesem Gebiet verlor.

Eine einheitliche Beurteilung seines Werkes fällt schwer, weil seine Entwicklung nicht konsequent geradlinig wie bei seinen Leitbildern verlief. Er bewegte sich stilistisch in einem ständigen Auf und Ab, zwischen Rück- und Fortschrittlichkeit. In seinem zweiten Lebensabschnitt, in den Jahren in Amerika, setzte er zunächst diese Tendenz fort. Alles, was er in Wien bereits geschaffen hatte, fand seine Weiterführung in den amerikanischen Werken. Wie schon in Wien wechseln bis in die zweite Hälfte der zwanziger Jahre hinein am geometrischen Stil orientierte und verspielt romantische Werke einander ab. Erst in seinen letzten Lebensjahren läßt sich eine etwas einheitlichere, deutlich stärker geometrisch orientierte Stilrichtung erkennen. Hans Adolf Vetter erklärte dieses Phänomen damit, daß »je ausschweifender aber sich seine Phantasie auf der Bühne auslebte, desto verhaltener, ja puritanischer wurden seine Architekturen. Diesen glücklichen Ausgleich im Schaffen des Künstlers, der ihn fast doppelgesichtig erscheinen läßt, bewundern wir an allen Arbeiten seiner Reifezeit.«[48]

Auch was Bauaufgaben betrifft, so hatte er bereits in Wien für die wichtigsten Problemstellungen Lösungen gefunden; seien es nun Villen, Restaurants, Bühnen- und Theaterausstattungen sowie Wohnungseinrichtungen. Im Unterschied zu Europa, wo er für eine aristokratische, gehobene bürgerliche und künstlerische Klientel gearbeitet hatte, waren es in Amerika Millionäre, denen er mondäne Villen, Einrichtungen und Restaurants schuf. Wenn Joseph Urban heute in Wien nahezu vergessen ist, so liegt das auch daran, daß ein Schwerpunkt seines frühen Schaffens ephemerer Architektur (Ausstellungsgestaltungen) gewidmet war und daß seine architektonischen Werke zumeist entweder abgerissen wurden oder bis zur Unkenntlichkeit entstellt sind.

48 Hans Adolf Vetter, Joseph Urban. In: Profil, 2. Jg., Wien 1934, Heft 1, S. 17

Joseph Urban, *Mar-a-Lago*, **Palm Beach, ab 1925, Ansicht von Südwesten**

DIE BÜHNE UND DIE STADT

Joseph Urban in Palm Beach

Jean François Lejeune

Das Fieber erreichte den Big Apple. Im Sommer 1925 hörte das Publikum bei den Ziegfeld Follies atemlos Will Rogers zu, der kaugummikauend Witze darüber machte, daß man in Florida über Nacht zum Millionär werden konnte. In der Fifth Avenue und in der zweiundvierzigsten Straße verherrlichte eine Leuchtreklametafel die tropische Mystik von Gondeln, schönen Frauen und Palmen.[1]

Seit dem sechzehnten Jahrhundert und Ponce de Leons sagenhafter Suche nach dem »Jungbrunnen« wurde Florida als Paradies, als biblischer Garten Eden auf Erden betrachtet. Floridas Ruf in Europa und Amerika entsprang einer widersprüchlichen Mischung aus Faszination und Ablehnung für die exotische und doch unwirtliche Flora, Fauna und Landschaft, die bevölkert war von »edlen Wilden«, welche für die Romantiker das einfache Leben in einer unberührten Natur versinnbildlichten.[2]

Nach dem Amerikanischen Bürgerkrieg hielt Florida am »New South Creed« fest, einer Philosphie des Fortschritts und des Optimismus, die die Schaffung einer produktiveren, stärker industrialisierten und tugendhafteren Gesellschaft anstrebte. Dennoch präsentierte sich der Staat gegen Ende des neunzehnten Jahrhunderts als »Eden of the South«, wo man mit Kapital aus dem Norden Spielvergnügen und »körperliche Auferstehung« finden konnte. Zu dieser Zeit entwickelte die Gesellschaft von Edith Wartons *Age of Innocence*[3] ihre Manie für Gesundheit und körperliches Wohlbefinden. So kam es, daß im Gegensatz zu Kalifornien, dessen Mythos und Attraktion zuerst in der Verkörperung der Idee eines »Landes der unbegrenzten Möglichkeiten« lag, Floridas frühe Anziehungskraft darin bestand, ein »natürliches Sanatorium« für die körperlichen und geistigen Bedürfnisse von Erholungsuchenden aus dem Nordosten und dem mittleren Westen der Vereinigten Staaten zu sein.[4]

Im Jahr 1885 entdeckte Henry Morrison Flagler, ein Mitbegründer von John D. Rockefellers Standard Oil Company, das touristische Potential der ältesten Stadt der Vereinigten Staaten, St. Augustine, und startete von hier aus ein touristisches Imperium, das ihn und seine Eisenbahnen 1893 bis nach Palm Beach, 1896 nach Miami und 1912 nach Key West führte. Bruce Stephenson beschrieb Flaglers Weg mit folgenden Worten: »Flaglers Unternehmungen veränderten die Wirtschaft Floridas, da durch sie ein erwartungsvoller Optimismus entstand. Florida, nicht länger nur tropisches Paradies, verwies stolz auf elegante Hotels, einen profitablen Immobilienmarkt und reiche Wintergäste wie Andrew Carnegie und John D. Rockefeller. Schließlich wurde Florida doch noch vom American Dream eingeholt ... Das Eden des Südens wurde modernisiert, der Profitgeist hielt Einzug in den paradiesischen Garten.«[5]

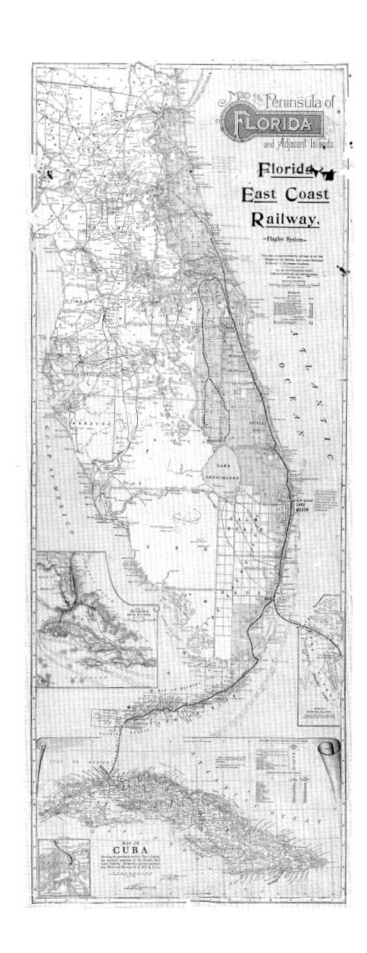

Karte von Florida und den benachbarten Inseln, Florida-Ostküsteneisenbahn, Flagler System, The Mathews-Northrup Works, Buffalo, o. D. (um 1920)
(© Historic Association of Southern Florida)

---

1 Aus: The American Review of Reviews, November 1925
2 Beispielsweise ist die Handlung in Chateaubriands *Atala* (1801) und *René* (1802) in Nordflorida angesiedelt. Für einen ausführlicheren Literaturüberblick siehe: The Florida Dealer; Visions of Paradise from 1530 to the Present. Sarasota, Florida (Pineapple Press) 1991.
3 Edith Warton, *The Age of Innocence*. New York (Appleton) 1920. Die Protagonisten dieses Romans verbrachten die Ferien in St. Augustine.
4 Aus: The Florida Dealer (zit. Anm. 2)
5 Aus: Bruce Stephenson, Planning as ideology; the image of the New South city and John Nolen's St. Petersburg Today, St. Petersburg Tomorrow. Proceedings of the First National Conference on American Planning History. Columbus, Ohio, 13. März 1986

Carrère & Hastings, *Ponce de Leon Hotel*, St. Augustine, 1885
(© Historic Association of Southern Florida)

Addison Mizner, *»Via Mizner«*, Florida

In seinem Werk *Storia dell'Urbanistica* unterstreicht Paolo Sica den Zusammenhang von »company towns« und »vacation cities« des neunzehnten und zwanzigsten Jahrhunderts, der fortschreitenden Polarisierung, dem wachsenden Funktionalismus der Industriestädte und der neuen Produktionsweise: »Die berühmtesten Ferienorte, die vom reichen, städtischen Bürgertum geschaffen wurden …, bildeten eigentlich, als wahre Kolonien der Metropolen, als Stadtteile, die dezentralisiert waren und weit entfernt von den städtischen Agglomerationen lagen, integrierte Teile der Industriestädte.«[6]

Die neuen »cities of leisure« Floridas – Coral Gables, Palm Beach, Venice, Miami Beach – wurden als urbane Hypothese, als »Idealstadt«, die von der Suche der Mittel- und Oberschicht nach einer städtischen Utopie, weit entfernt von der industriellen Welt, erfüllt war, und als sozial homogene Umgebung, die vorgab, frei von Klassenkonflikten zu sein, betrachtet. Die Idealvorstellung von der Gartenstadt begegnete dem Traum der »Stadt als Garten«, der althergebrachten Utopie des Garten Eden, dem alten Traum der Puritaner von einer »perfekten Stadt auf dem Hügel«. Die ursprüngliche Natur wurde zerstört, korrigiert und – oft auf brutale Weise – »gezähmt«, um sie weniger ehrfurchtgebietend und weniger unwirtlich, dafür aber üppiger und den Erwartungen der Urlaubsgäste zugänglicher zu machen, kurz, um sie zu »verfeinern«. Schließlich und endlich wurde Florida durch und für das Automobil modernisiert. Berühmte Bauunternehmer wie Carl Fisher, Gründer der Rennstrecke von Indianapolis und der Stadt Miami Beach, und berühmte Bewohner wie Harvey Firestone in Miami Beach oder die Dodges in Palm Beach waren durch die Autoindustrie reich geworden. Zeitgenössische Photos zeigen, wie in den Jahren des Booms, 1920-26, die »machines in the garden« – jene Millionen von Ford-T-Modellen in den Gärten der Häuser – die wichtigste Werbelokomotive für Floridas Aufschwung wurden.[7]

Palm Beach: Von den »Automobile Girls« zu den »Ziegfeld Follies«

Als im Jahr 1915 Paris Singer, der Erbe der Nähmaschinendynastie, und sein Architekt Addison Cairn Mizner (1872-1933) nach Palm Beach kamen, war das Zentrum des gesellschaftlichen Lebens noch immer das *Royal Poinciana Hotel*, das 1894 als »horizontaler Wolkenkratzer« aus Holz errichtet worden war und von dessen gewaltigen Veranden die »Automobile Girls« die Brise und den Ausblick auf die Vergnügungsboote genießen konnten.[8] Dennoch fühlte sich die Gesellschaft von Palm Beach in ihrer Exklusivität bedroht, und Singer und Mizner schlugen Kapital aus der neuen Stimmung. Dank ihrer modernen

---

[6] Paolo Sica, Storia dell'urbanistica – Il Novecento. Roma-Bari (Laterza) 1981
[7] Für eine detaillierte Darstellung der neuen Städte Floridas siehe: Jean-François Lejeune, Searching for paradise: the grid, the park, and the Model-T. In: Città-Giardino/Garden City. Roma (Gangemi) 1994, S. 220-265. Siehe auch John Hancock / John Nolen: New Towns in Florida (1922-1929). In: The New City Foundations, Nr. 1, Journal of the University of Miami School of Architecture (1991), S. 68-87
[8] Aus der beliebten Serie der Automobile Girls: Laura Dent Crane, *The Automobile Girls in Palm Beach, or Proving Their Mettle Under Southern Skies.* Philadelphia (Henry Altemus) 1913, S. 1

Joseph Urban, *Paramount Theatre*, Palm Beach, 1929 (aus: J. Urban, *Theatres*, 1929)

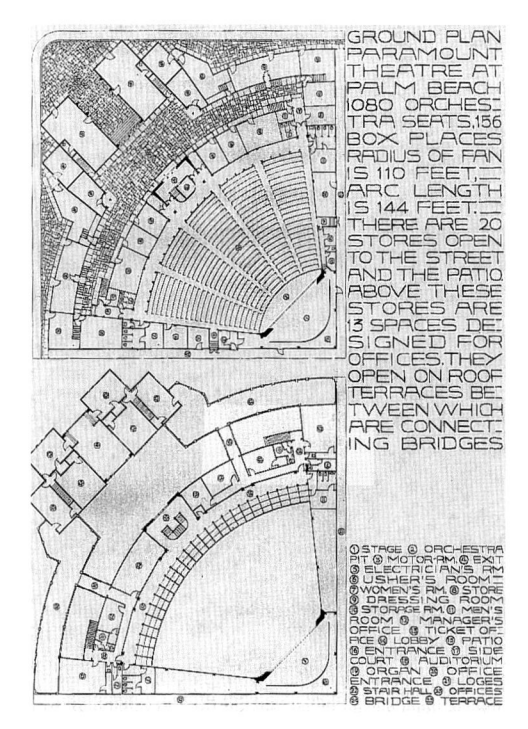

Joseph Urban, *Paramount Theatre*, Palm Beach, 1929, Grundrisse (aus: J. Urban, *Theatres*, 1929)

Vermarktungsmethoden und ihrer Beziehungen in der »Society« gelang es ihnen, die Oberschicht zu überzeugen, in Florida mit Immobilien zu spekulieren und sich dort, in der entsprechenden Jahreszeit, in ihrem eigenen Heim niederzulassen.[9] In weniger als zehn Jahren wurden Singer und Mizner die führenden Köpfe »der Verwandlung von dem, was zuvor kaum mehr war als ein Kurort des neunzehnten Jahrhunderts, der von einem riesigen, biederen Hotel dominiert wurde ..., in eine organische Stadt, in der es Hotels, Clubs, Geschäfte und Wohnhäuser gab«.[10]

Begünstigt durch die romantische Strömung und den anhaltenden Erfolg von Washington Irvings *Legends of the Alhambra* (1832), hatte der »spanische Stil« bei beiden Internationalen Ausstellungen des Jahres 1915, der *Panama-Pacific-Ausstellung* in San Francisco und der *Panama-California-Ausstellung* in San Diego die Öffentlichkeit in den Bann gezogen. In Florida hatten Flagler und seine Architekten Carrère & Hastings den spanischen Stil durch die drei Hotels *Ponce de Leon* (1885), *Cordoba* und *Alcazar* (1889) in St. Augustine den Weg bereitet. Addison Mizner brachte mit dem *Everglades Club* (1918) und seinem ersten Haus, *El Mirasol*, das 1919 gebaut wurde, den Durchbruch für den neuen Stil. Mizners Begeisterung für die spanische Kultur war nicht neu in Florida, aber er war der erste, der das mögliche Werbepotential einer »theme city«, in der Stadtplanung, Architektur, Stadtmöblierung und Landschaft eine Einheit bildeten, erkannt hat. Durch ihren sehr urbanen Charakter schuf die spanisch-mediterrane Architektur eine regionale Identität und eine »Pseudogeschichte«, wodurch sich die neue Elite von den alteingesessenen Einwohnern des Staates, den »Crackers« und ihrer Holzarchitektur, die mit der Architektur der Bahamas und der volkstümlichen Architektur der Karibik verwandt war, unterschied.[11]

Joseph Urban kam 1925 nach Palm Beach, angeblich auf Einladung von Edward J. Hutton, einem Wall Street-Makler, und dessen Frau Marjorie Merriweather Post, um am Entwurf ihres neuen Hauses, *Mar-a-Lago*, mitzuwirken. Mrs. Post (1887-1973), geboren in Illinois, war die einzige Erbin des Getreidekönigs C. W. Post und seines Imperiums, das später als General Foods Corporation bekannt wurde[12].

Urban, der von Paris Singer, A. J. Drexel Biddle und Florenz Ziegfeld, den neuen Eigentümern des populären *Club Montmartre* beauftragt wurde, begann sofort die Planungsarbeiten für die Umgestaltung des Gebäudes, in dem die Produktion der neuen »Ziegfeld Follies« von 1926, die *Palm Beach Nights*, aufgeführt wurde. Seine Wandmalereien und Bühnenbilder waren zwar nur ein temporärer Erfolg, sie bildeten aber den Grundstein von Urbans Karriere in der sich rasch

---

9 Siehe insbesondere über Mizner: Donald W. Curl, Mizner's Florida – American Resort Architecture. Cambridge-New York (MIT Press/The Architectural History Foundation) 1984
10 Robert Stern / Robert Schezen / Shirley Johnston, Palm Beach Houses. New York (Rizzoli) 1991
11 In Chicago wurden der kalifornische Pavillon und der Florida-Pavillon (eine Nachbildung der *Villa Zorayda* in St. Augustine) im spanischen Stil errichtet. Die San Diego Fair und die San Francisco Fair, für die Urban die Ausstellung *The Shoe in History* gestaltet hatte, wurden von Bernard Maybeck bzw. Grosvenor Goodhue geplant. Mitte der zehner Jahre wurde der mediterrane Stil in Carl Fishers Miami Beach und in Miami, wo die Renaissancestil-*Villa Vizcaya* vom Industriellen Charles Deering aus dem mittleren Westen 1914-16 errichtet worden war, populär. Ab 1921 machte George Merrick durch die Entwicklung und den Bau der *Gartenstadt von Coral Gables* den Stil bei der Mittelschicht populär. Für mehr Einzelheiten siehe Lejeune (zit. Anm. 7).
12 Zum Beispiel: Nettie Leitch Major, Mar-a-Lago. Palm Beach (Privat verlegt) März 1969. Oder: James R. Knott, The Mansion Builders – Historical Vignettes of Palm Beach. Palm Beach (James R. Knott) 1990

Joseph Urban, *Beach and Tennis Club,* **Palm Beach, um 1929, Innenhof**

Joseph Urban, *Beach and Tennis Club,* **Palm Beach, um 1929, Wanddetail**

verändernden Stadt.¹³ Urban wurde – im Kontrast zu der förmlichen Atmosphäre des Clubs und der Häuser Mizners – der Architekt der »aktiven, jüngeren Urlauber«, die, in der Mitte der zwanziger Jahre, »den ausschließlichen Anspruch des Everglades Clubs auf das Gesellschaftsleben in Frage stellten.« So schuf er den Rahmen für einen neuen Urlaubsstil, in dem kulturelle, gesellschaftliche und sportliche Aktivitäten gleich wichtig waren und durch den Miami und Miami Beach die wachsende Bedeutung streitig gemacht wurde.

Urbans eigene Vorstellung von Palm Beach als »Bühne« fand ihren deutlich sichtbaren Ausdruck in der Beschreibung seines ersten vollständigen architektonischen Werkes – gleichzeitig seines ersten Theaters – nämlich des *Paramount Theatre*, das von Hutton, Biddle und Ziegfeld 1926 in Auftrag gegeben wurde. In seinem 1929 veröffentlichten Buch *Theatres*, eingeleitet mit einem Wort von Karl Friedrich Schinkel – kein Zufall, da der deutsche Architekt auch ein großartiger Bühnenbildner war –, schrieb Urban: »The Paramount Theatre at Palm Beach is for a life almost the opposite of that in New York City. Life itself, there, is leisured and sunny. Real estate is not such at a premium and the architect who is fortunate enough to build there may still count on some of the beauties of nature – the palms, distances, the deep blue sky – as part of his architectural scheme. Moreover, the theatre there is not an escape from the life around, but a part of it, fitting into its rhythm.«¹⁴

Das *Paramount Theatre* – auch als *Sunrise Building* bekannt –, das an einer Kreuzung der Hauptstraße liegt, ein symmetrischer Entwurf um eine diagonale Achse, bildet das Tor der Stadt nach Norden. Die Außenhülle des Gebäudes umgibt den Komplex in der Art einer Stadtmauer und schafft so die »Plaza«. Urban versuchte, durch die Art der Fassade und die Anordnung einer Ladenzone Urbanität – die Stadt in der von der Natur dominierten Stadt – zu erzeugen. Genau dasselbe Schema verfolgte Mizner mit großem Erfolg bei der Planung und der Errichtung von *Via Mizner* und *Via Parigi*, zwei autarken und vollkommen urbanen Vorläufern der heutigen »Einkaufszentren«. Robert Stern, einer der wenigen Autoren, die Mizners urbanistische Ideen gegenüber seinen stilistischen Neuerungen hervorgehoben hat, schrieb in *Palm Beach Houses*: »Wollte man die Rolle des Automobils richtig würdigen, so müßte man die Worth Avenue als Canal Grande von Palm Beach bezeichnen, in dem die Autos bei den Gothic Arcades ›anlegen‹, während ihre Eigentümer durch die ›Vias‹ in den Seitenstraßen, die bis in die Wohnviertel vordringen, schlendern.«¹⁵

13 Sie wurden 1926 durch einen verheerenden Brand zerstört.
14 Der Autor recherchiert derzeit für ein Buch (The Architecture of the Stage), das die Beziehung zwischen Bühnengestaltung und Architektur untersucht. Von den bekanntesten Architekten, die auch Bühnenbilder entwarfen, seien erwähnt: Andrea Palladio, Vincenzo Scamozzi, Bernini, Bibbiena, Norman Bel Geddes, Friedrich Kiesler, Peter Behrens, Majakowsky und, in jüngerer Vergangenheit, Aldo Rossi. Die meisten dieser Künstler bauten oder entwarfen auch bedeutende Theater.
15 Stern (zit. Anm. 10), S. 11 ff.

Joseph Urban, *Mar-a-Lago*, im Vordergrund links der *Bath & Tennis Club*, ab 1925, Luftaufnahme
(© Historical Society of Palm Beach County, Photo Frank Turgeon)

16 Ähnliches wurde zur selben Zeit auch in Santa Barbara (*El Paseo*) und im *Country Club Plaza*, Kansas City, realisiert. Bei all diesen Projekten wurden Einzelgeschäfte errichtet, die unter einem Gesamtplan zusammengefaßt waren und die als Einheit unter einem Eigentümer geplant, errichtet und organisiert wurden und der Nachfrage entsprechend einen Parkplatz vor Ort hatten. Für mehr Informationen siehe: Early experiments and patterns, Shopping center development Handbook. 1985, 2.A., S. 12 f.

17 Die Geschäfte und das Theater existieren noch, sie wurden renoviert, die Inneneinrichtung und die Wandmalereien wurden jedoch 1987 – nach langjährigen Auseinandersetzungen – zerstört. Siehe: Beth Dunlop, Ill-fated Paramount Theatre Needs a Real-life Hero. Miami Herald, 13. Juni 1982.

18 Wyeth (1889-1982) war ein Absolvent der Princeton University und hatte auch an der École des Beaux-Arts studiert.
Er arbeitete in New York, bevor er 1919 sein Büro in Palm Beach eröffnete. Über das Schicksal der Bauten Urbans siehe insbesondere: Donald W. Curl, Joseph Urban's Palm Beach Architecture. Florida Historical Quarterly (April 1993), S. 436-457.
Mar-a-Lago wurde veröffentlicht in:
Irvin L. Scott, Mar-a-Lago, Estate of Edward F. Hutton, Palm Beach, Florida.
In: The American Architect 133 (20. Juni 1928) S. 795-811

Das Geniale in den Arbeiten von Mizner und Urban – und anderer wie James & Mary Craig und Myron Hunt in Santa Barbara, oder Nicholas und Tanner in Kansas City – war, daß sie innerhalb der Parameter einer rein spekulativen, einförmigen, kommerziellen Entwicklung einen zeitlosen, urbanen Charakter erreichten.[16] Urbans nicht realisiertes *Projekt für ein modernes Vorortekino*, das als Angelpunkt für einen Geschäftskomplex konzipiert war, deutete bereits die Marketingstrategien des Einzelhandels und die vollkommen durchgeplante Umwelt von Victor Gruens ersten Einkaufszentren in Michigan und Minnesota an.

Die Dekoration des *Paramount Theatre* war, obwohl es nur 1080 Sitzplätze hatte, eine starke Konkurrenz für das neue *Olympia Theatre*, das 1925 in Miami fertiggestellt worden war. Unter einer sternenbesetzten Decke hatte der Architekt Eberson, einer der Meister des »atmosphärischen Theaters« den Theatersaal in Miami als spanisch-karibische Plaza, mit vorspringenden Balkonen, holzverkleideten Logen und freskengeschmückten Wänden wie einen tropischen Garten mit luftig hohen Palmen konzipiert. In Palm Beach adaptierte Urban das Konzept des antiken Theaters für das Kino und tauchte den fächerförmigen Theaterraum in eine »Unterwasserwelt«.

Die hängende Decke erinnerte an Schiffskiele und die Wandmalereien stellten ein leuchtendes, smaragdgrünes Meer dar, das von surrealistischen, bunten Fischen seiner Tochter Gretl und der Malerin Pamela Bianca bevölkert war. Die elegante Kolonnade der sechsundzwanzig privaten Logen verstärkte die Tiefe und die Intimität des Saales.[17]

Mar-a-Lago oder die perfekte Bühne

Wer der geistige Vater von *Mar-a-Lago* war, das zwischen 1923 und 1927 geplant und errichtet worden ist, bleibt ein Rätsel, und das Ausmaß der Beteiligung Urbans jenseits der Dekoration und der baulichen Details ist nach wie vor ungewiß. Marion Sims Wyeth, der Architekt von *Hogarcito*, dem ersten Haus Huttons, hat mit Sicherheit die Planungsarbeiten begonnen, in späteren Jahren leugnete er jedoch jede Verantwortung für das fertiggestellte Haus. Urban wurde erst 1925 hinzugezogen, dennoch wird ausschließlich er in der einzigen Publikation der Fachpresse gewürdigt.[18]

Auch über den Grundriß von *Mar-a-Lago*, der es einzigartig machte und es von ähnlichen »hero-

Joseph Urban, *Mar-a-Lago*, ab 1925, Blick über die Gartenanlage nach Westen

Joseph Urban, *Mar-a-Lago*, ab 1925, *Papageienbrunnen* von Franz Barwig

Joseph Urban, *Mar-a-Lago*, ab 1925, Innenhof, mit Skulpturen von Franz Barwig

ischen« Entwürfen wie Richard Morris Hunts *Biltmore* oder Julia Morgans »hadrianeskem« *Komplex für William Randolph Hearst* in San Simeon unterscheidet, gibt es sehr unterschiedliche Ansichten. Historiker, wie zum Beispiel Donald Curl, schreiben ihn Wyeth zu, wobei Ähnlichkeiten mit dem vierstöckigen Turm und der Anordnung der Haupträume um einen Innenhof im *Haus Hogarcito* zum Beweis angeführt werden. Andere, wie Marshall Marian Brown, geben Urban den Vorzug: eines ihrer Hauptargumente ist der Halbkreis – das zentrale Motiv des Entwurfs –, ihn findet man in vielen Entwürfen Urbans, vom mondsichelförmigen Patio des *Bath & Tennis Clubs*, errichtet 1926, vis à vis von *Mar-a-Lago*, der halbkreisförmigen Privatbühne, die in *Biddles Villa* in Sarmiento errichtet wurde, dem Ballsaal für das *William Penn Hotel* in Pittsburgh, bis zu nicht realisierten *Variationen für die Metropolitan Opera* in New York.[19] In diesem Kontext scheinen der halbkreisförmige Innenhof mit doppelter Loggia in Raffaels *Villa Madama* (1517-1527), Vignolas *Villa Giulia* (1551-1555) und der kreisrunde Hof im *Palast Karls V.* (1527-1568) in der *Alhambra* in Granada, ein Werk Pedro Machucas, die wahrscheinlichsten Inspirationsquellen zu sein.[20] Schließlich kann man die Kreisform mit Urbans Bewunderung für die klare Form des griechischen Theaters in Verbindung bringen: auch die Pflasterung des Hofes und die kleine runde Bühne, die von Barwigs Brunnen begrenzt wird, sowie die Stützmauer sind deutliche Anspielungen.

Abgesehen vom Innenhof und der starken Sichtachse zur und von der Wasserfläche des Lake Worth zeigte *Mar-a-Lago* wenige Anspielungen auf die klassische Tradition. In bewußtem Kontrast zu den symmetrischen und massiven Beaux-Arts-Strukturen, wie Flaglers *Whitehall*, hatte Mizner Häuser im mediterranen Stil als unaufdringliche, moderne Anhäufung von Gebäuden, die locker um Patios, Höfe und Gärten gruppiert werden, entworfen. Er betonte die Querbelüftungen, die Leichtigkeit der Volumina und die Transparenz der Räume. Innerhalb dieses Konzepts, das frei von Füllungen war, entsprach die Form fast gänzlich der Funktion. Die schmetterlingsflügelartige Konstruktion zum »Andocken« an *Mar-a-Lago* spiegelte dieselbe Suche nach Modernität, aber auch die Ungewißheit – bedingt durch die Größe des Hauses und die möglicherweise zukünftig nötigen Erweiterungen – wider.[21] Ebenso nahmen der pittoreske und bruchstückhafte Zugang, die Brücke, die die Gästezimmer verbindet, das riesige, beinahe rahmenlose Fenster, durch das man vom Wohnzimmer aufs Meer blickt, und der 23 Meter hohe Turm die späteren Jahre der Moderne vorweg. Von unten besehen flößte der Turm Ehrfurcht ein und wirkte tatsächlich mittelalterlich. Aus der Ferne wirkte er wie ein helles Leuchtfeuer, das den Eintritt in die Stadt von Süden her markierte.

In *Mar-a-Lago* und auch in seinen anderen Werken in Palm Beach verband Urban den populären spanischen Stil mit den Erinnerungen an Österreich und Mitteleuropa, mit orientalisch-islamischen Elementen und modernen Einflüssen und schuf so eine eigenartige Mischung, für den die Kritiker seiner Zeit keine andere Bezeichnung als »urbanesk« fanden.[22] Anders als Mizner, Fatio und Howard, die die großartigen gotischen und Renaissancebauten und -räume Spaniens getreu nachahmten, scheint Urban seine Inspirationen in der weniger perfekten, weniger stilreinen und aristokratischen, aber ebenso schönen Architektur Mittelamerikas und der spanischsprachigen Karibik zu suchen.[23] Beispiele für diesen einmaligen Einfluß – der durch die Proportionen wirkt, ohne sich auf bloße Kraft zu verlassen und eine Verbindung von klassischen Elementen und solchen der volkstümlichen Architektur darstellt, gekennzeichnet durch die Mischung von Materialien, wie Stein und Holz – finden sich in seiner Architektur sehr oft: die zahlreichen hölzernen Fenstergitter oder »rejas« an den Außenseiten der Treppen, Balkone und Fenster von *Mar-a-Lago* und dem *Bath & Tennis Club*, das kreisrunde Fenster, das auch im Club und in der *Villa Sarmiento* mit jenem charakteristischen »S-förmigen« Holzschirm gerahmt ist, die Brücke über dem Eingang zum *Paramount Theatre* oder der kontrastreiche Anbau eines durch eine hölzerne Loggia geschützten Schlafzimmerflügels an den romanisch-klassischen Umbau des Haupttraktes des *Oasis Clubs*. Ebenso wurde auch der Kragstein beziehungsweise die gewundene Giebellinie – wie man sie am Eingangstor zu *Mar-a-Lago*, am ursprünglichen Glockenturm des *Bath & Tennis Club*, über der Bühne des *Paramount Theatre* etc. sehen kann – zu Urbans Markenzeichen. Das Giebelmotiv, das mit Formen des volkstümlichen mitteleuropäischen Barock verwandt ist, findet man in ganz Mexiko, in Texas und in seiner reinsten Form auf Curaçao, wohin es durch holländische Siedler gelangt ist. Bei dem halbkreisförmigen Patio von *Mar-a-Lago* spiegelt das Obergeschoß, das leicht zurückversetzt und teilweise aus Holz über einem massiven Ergeschoß aus Mauerwerk errichtet ist, die Tradition Mittelamerikas und der Karibik wider.[24]

Douglas Fairbanks' *Der Dieb von Bagdad* mit Rudolph Valentino löste 1924 ein Revival des Orients aus, in dessen Verlauf nahe Miami eine

---

19 Curl (zit. Anm. 18) und Marshall Marian Brown, Joseph Urbans's work in Palm Beach. Dissertation, New York, Columbia University, 1986. Der Bau eines Einkaufszentrums wurde unterbrochen und erst wieder aufgenommen, als Hutton und andere Haus- und Grundbesitzer das Land, auf dem der *Bath & Tennis Club* entstand, erwarben (Mrs. Dodge). Der *Bath & Tennis Club* wurde von Urban 1926 in der Nähe von *Mar-a-Lago*, mit dem er durch einen privaten Tunnel unter der Straße verbunden war, errichtet. Da er durch Hurrikans stark beschädigt wurde, wurde er von John Volk renoviert, wobei jedoch die typische Handschrift Urbans erhalten blieb. Auch der Autor ist der Meinung, daß Urban in die Planung des Hauses involviert gewesen sein muß. Photos vom Bau legen diese Vermutung nahe.

20 Im Gegensatz zu den Annahmen von James Knott in seinem Werk *The Mansions Builders* hat der *Bargello* in Florenz keinen runden Hof.

21 Paradoxerweise zeigt der Plan von *Mar-a-Lago* strenge »Beaux-Art«-Züge, die Mizner eliminiert hatte, insbesondere dickere Bauvolumina und die Rückkehr von Füllungen.

22 Siehe: Curl (zit. Anm. 18) und auch Beth Dunlop, Interview of Timothy F. Rub on the Work of Joseph Urban. In: The Journal of Decorative and Propaganda Arts. (März 1988): S. 104-119

23 Diese vergleichende Analyse ist ziemlich paradox. Tatsächlich verbrachte Mizner viel Zeit in Mittelamerika (siehe seine Sammelalben über die Sammlungen der Society of the Four Arts), dennoch sind nur wenige Einflüsse merkbar. Außer nach Mexiko reiste Urban anscheinend nicht viel.

24 Browns Dissertation (zit. Anm. 19) war mir für die Struktur der Analyse von Urbans Werken sehr hilfreich.
Rejas aus Holz findet man heute in Spanien, wo sie vor langer Zeit schon durch schmiedeeiserne Gitter ersetzt wurden, nur noch selten. Man sieht sie jedoch noch überall in Kuba, Mexiko, Guatemala etc. Der Club, der durch seine »barbarischen« Boxkämpfe bekannt wurde, verlor jedoch während der Depression seinen Reiz. Nach 1936 wurde der Club in ein wissenschaftliches Forschungszentrum umgewandelt, danach in ein Haus für Theaterschauspieler. Er wurde 1980 zerstört. Der Turm des *Bath & Tennis Club* wurde vom Hurrikan des Jahres 1928 zerstört und nie wiedergebaut.

Joseph Urban, *Umbau des Oasis Club*, Palm Beach, 1926, Wasserfarben, Privatbesitz, New York

Gartenstadt in arabischem Stil, die mehrere Jahre hindurch Schauplatz von exotischen Historienspielen war, gebaut worden ist. Urban, der in Ägypten gearbeitet hatte und den türkischen Einfluß auf Österreich und den Balkan aus erster Hand kannte, nahm den Trend auf. So erinnert die von pylonenartigen Wänden getragene Eingangskuppel des *Paramount Theatre* nicht nur an Olbrichs *Secessionsgebäude* – sie ist auch entfernt verwandt mit Moscheen in Shiraz und mit den monumentalen Eingangstoren ägyptischer Tempel. Von den Dachterrassen der Büros im zweiten Stock besehen erinnert die Kuppel auch an die traditionellen Flachdächer im antiken Kairo oder Bagdad.[25]

Schließlich machte Urban durch die Verwendung weiterer wunderlicher Elemente seine Architektur »so geheimnisvoll wie Arabien, so phantastisch wie ein Märchen und so modern wie Art deco und wie das Jazz-Zeitalter«: von den Rippengewölben des Eßzimmers im *Bath & Tennis Club* – eine Reminiszenz an den *Rathauskeller* in Wien, den Urban eingerichtet hat – bis zu den schlanken, aufstrebenden Schornsteinen, den flachen ellipsenförmigen Dächern und den »Zick-Zack«-Linien der Dekoration.[26]

Auf dem Weg nach Disneyworld

Die »High Society«-Chronisten und die Öffentlichkeit verbanden Urbans Ruhm in erster Linie mit der vornehmen, neureichen, jedoch eher geschmacklosen Dekoration von *Mar-a-Lagos* »Mussolini Palast« genanntem Speisezimmer, das an die Akademie in Venedig angelehnt ist, mit seinen Gästezimmern in norwegischem, venezianischem und portugiesischem Stil sowie im Adam-Style und den bezaubernden Historienspielen im *Bath & Tennis Club*, in denen Mrs. Post »als Prinzessin von Bagdad regierte«.[27] Viel gerechtfertigter war die Anerkennung für Franz und Walter Barwigs »phantastisches« Dekorationsprogramm, in dem Floridas Fauna und Flora, unter anderem Adler, Papageien, Affen und andere Tiere, im weichen Korallengestein Südfloridas dargestellt wurden: »Wie seine Gebäude, die sich drehten und wendeten, sich wie Gezeiten hoben und senkten, wenn man sie umrundete, tanzten, sprangen, schrien und brüllten seine Figuren in ihren Nischen. Die Figurinen trieben Schabernack mit weit offenen Mäulern, gestikulierten mit den Armen, die Beine in der Luft, und funkelten mit den Augen.«[28] Barwigs Arbeiten, aber auch die Allegorien zu Wasserthemen im *Bath & Tennis Club*, der bienenkorbartige Kamin und die »Cartoon«-Fliesen für Nedenias Schlaf-

25 *Opa-Locka* wurde von Glenn Curtis, einem internationalen »Fliegeras« und Bauunternehmer in Miami, ins Leben gerufen, es wurde vom New Yorker Architekt Bernhardt Emil Muller, der arabisch inspirierte Häuser, Geschäfte und den Verwaltungsbau – die *City Hall*, sein Hauptwerk (1926) – entworfen und gebaut hat, gestaltet.
26 Zitat und Informationen von Brown (zit. Anm 19)
27 Stern (zit. Anm. 18), S. 5.
28 Zitat von Brown (zit. Anm. 19), S. 74. Sie müssen noch Jahrzehnte nach dem Tod von Mrs. Post im Jahr 1973 über die lange Geschichte von *Mar-a-Lago* ihre Grimassen gezogen haben. Das Haus wurde der Bundesregierung gestiftet, dann wurde das Geschenk vom Kongreß formlos an einen Treuhänder übergeben, welcher es später verkaufte. Donald Trump, ein Immobilienmakler und Kasinobesitzer ist jetzt Eigentümer des Hauses und renoviert es. Pläne, den schönen Garten aufzuteilen, wurden schließlich verworfen.

Entwurf für eine Wandmalerei mit Meeresmotiven im *Bath and Tennis Club*, Palm Beach

zimmer in *Mar-a-Lago* erscheinen heute als Vorboten der Disneyrevolution. Der New Yorker Kritiker Michael Sorkin schrieb, daß die frühe amerikanische Gartenstadt das »Gestalt gewordene Musterbeispiel, das das Raumkonzept Disneyworlds vorwegnimmt, ein Park im Themenpark, ist«.[29] Joseph Urbans Architektur als Bühnenbild war die logische Fortsetzung von dem, was Mizner und andere begonnen hatten. Ein wahrhaft modernes Konzept, das seinen Höhepunkt in Disneyworld, in Orlando, im Staat Florida, finden sollte, im »Dornröschenschloß« – das Urban mit seinem *Lebkuchenhaus* in New Jersey, 1928, vorweggenommen hatte – und in Robert Sterns *Casting Center* von 1989 oder Michael Graves' *Hotel Dolphin* von 1987.

Dennoch könnte der wahre Erbe Urbans und seiner »Joy of Living« sehr gut Morris Lapidus heißen, jener New Yorker Architekt, der unter der Entrüstung der Avantgarde Miami Beach umgestaltete. Morris Lapidus, der Autor von *An Architecture of Joy*, hatte das Sakrileg begangen, hinter der modernen Haut der Hotels *Fontainebleau* (1953) und *Eden Roc* (1954) eine Touristenphantasiewelt, mit »einer großen Treppe ins Nichts, der Bronzestatue der ›Normandie‹, Kronleuchtern und klassischen Gärten ... zu errichten«.[30]

Nach der Depression sollte ein anderer in Österreich geborener Architekt, John Volk (1901-1984), das Image von Palm Beach neu erfinden. Er fand es in der georgianisch-klassizistischen Tradition der Bermudas und der englischsprachigen Karibik und verbreitete es mit Hunderten Bauten verschiedenster Größe und Verwendungszwecke in Südflorida und auf den Bahamas.[31]

Im Jahr 1961 verhandelte Frederick Kiesler mit Mary Sisler über den Bau eines *Endless House*. Kiesler reiste mit Leo Castelli nach Florida, aber das Projekt scheiterte erwartungsgemäß. Es war zu modern, zu theatralisch. Urban war lange Zeit vergessen im konservativen, verschlossenen Palm Beach.[32]

---

29 Aus: Michael Sorkin, See you in Disneyland. In: Ders. (Hg.), Variations on a Theme Park. New York (Hill & Wang) 1992

30 Siehe: Otto Teegen, Joseph Urban. In: Architecture 69 (1934), S. 250-256. Morris Lapidus, An Architecture of Joy. Miami (E.J.Seemann) 1979. Die Statue der »Normandie« wurde von Lapidus von einem Schrottplatz gerettet; sie war für das – später gesunkene – Kreuzfahrtsschiff »Normandie« in den dreißiger Jahren gegossen worden.

31 Siehe: Stern (zit. Anm. 18). John Volk, in Graz geboren, übersiedelte im Alter von 9 Jahren mit seinen Eltern in die Vereinigten Staaten. Er diplomierte in Architektur an der Columbia University und arbeitete zuerst in New York; 1925 zog er nach Palm Beach.

32 Aus: Lisa Phillips, Frederick Kiesler. New York (Whitney Museum of American Art) 1989, S. 158

Joseph Urban, *Wiener Werkstätte of America*, **New York, 1921**

VOM MÄRCHENSCHLOSS ZUM SOWJETPALAST
Joseph Urbans *andere* Moderne

Matthias Boeckl

Joseph Urban ist ein Künstler mit zwei Gesichtern. Zeigt er einerseits mit seinen zahllosen Opern- und Revueinszenierungen wenig Engagement für die gesellschaftsreformerischen Anliegen der Moderne, so nähert er sich in seinem architektonischen Hauptwerk, der *New School for Social Research*, und im *Wettbewerbsprojekt für den Palast der Sowjets* einer Auffassung, die Seite an Seite mit den zeitgenössischen Helden der modernen Architektur steht. Das heißt: Urban verzichtet in diesen beiden späten Schlüsselprojekten auf seine gewohnt opulente Formensprache, auf üppige skulpturale und malerische Ausstattung, auf jegliche Bezugnahme auf traditionelle Architekturformen, wie es etwa das *Hearst Newspaper Building* (1922) in Manhattan gezeigt hatte. Auf eine fast magische Weise ist Urban in der Lage, sich perfekt auf die gestellte Aufgabe einzustellen, instinktiv entwickelt er in seinem Spätwerk eine Sensibilität und entwerferische Sicherheit, die wir aus den Wiener Jahren nicht kennen. Erklärbar ist das einerseits aus dem spezifischen Ambiente, in das Urban durch diese beiden Aufgaben gestellt wurde, und andererseits wohl auch aus der reichen Erfahrung, auf die der inzwischen in seinem sechsten Lebensjahrzehnt stehende Inszenierungskünstler zurückgreifen konnte.

In bezug auf Urbans Verwurzelung in der Wiener Moderne ist unter jenen Arbeiten, die zwischen theatermäßiger Inszenierung und Architektur stehen, wohl das von ihm gegründete und finanzierte New Yorker *Geschäftslokal der »Wiener Werkstätte of America«* (1921) am wichtigsten. Nach einer Wienreise im Jahre 1920, bei der Urban mit der katastrophalen wirtschaftlichen Situation insbesondere jener Künstler konfrontiert wurde, die traditionell von Aufträgen gehobener Gesellschaftsschichten abhängig waren, fand sich – wohl in enger Abstimmung mit Josef Hoffmann – als »Soforthilfsprogramm« die Idee eines Verkaufslokals der Wiener Werkstätte in New York. Urban übernahm die Gestaltung der *Einrichtung des Schauraumes* an der Fifth Avenue, wo Bilder von Klimt, kunstgewerbliche Objekte von Peche, Hoffmann und anderen sowie Stoffe, Dekorationsobjekte und andere traditionelle Produkte der Wiener Werkstätte vertrieben werden sollten. Daß die Zeit für diese ambitionierte Einführung modernen Wiener Designs in die New Yorker Ausstattungskultur noch nicht reif war, zeigt sich am Umstand, daß das Geschäft trotz mehrerer auch in anderen Städten Amerikas veranstalteten Präsentationen der Wiener Werkstätte nur ein Jahr später bereits wieder schließen mußte und Urban einen beträchtlichen finanziellen Verlust erlitt. Otto Teegen legte in seiner Darstellung des Werkes Urbans aus dem Jahre 1934[1] die Gründe dar: »Unglücklicherweise waren der Krieg und alle damit verbundenen Vorurteile noch zu nahe. Der öffentliche Geschmack war in bezug auf modernes Design immer noch zu unterentwickelt, um Zweck und Verdienste dieses Unternehmens schätzen zu können. Obwohl die Präsentation im Schauraum an der Fifth Avenue einzigartig war und die Ausstellungen, die in mehreren großen Städten im ganzen Land organisiert wurden, großen Erfolg hatten, war das Unternehmen ein finanzieller Fehlschlag. Da Urban die Produkte der Werkstätte direkt angekauft hatte, um Wien rasch zu helfen, und alle Ausstellungskosten übernommen hatte, fiel der Verlust auf ihn zurück. In der Tat erwies sich aber dieser Rückschlag als Wohltat, da er für Urbans Rückkehr zur Architektur sorgte.« – Damit war gemeint, daß Urban sich nun, um den Verlust zu kompensieren, in der Hollywood-Filmindustrie engagierte. Die dabei entstandenen Ausstattungen erregten das Interesse einiger potentieller Bauherren und führten zu den Großaufträgen in Florida, die Jean-François Lejeune im vorliegenden Band beschreibt. Nach diesem Schub an Bauaufträgen der frühen zwanziger Jahre hatte sich Urban als erfolgreicher Architekt etabliert und konnte sich prestigeträchtigeren internationalen Aufgaben widmen.

Eine der Schlüsselfragen für die Beurteilung des späten Urban ist wohl jene nach dem Verhältnis zum »International Style«, wie ihn damals Philip Johnson und Henry-Russell Hitchcock propagierten, oder, allgemeiner formuliert: nach dem »Eindringen« der kontinentaleuropäischen modernen Architektur in die Kunstszene Amerikas. Dieses »Eindringen« in die traditionelle amerikanische Kultur – unterstützt von der durch die Industrialisierung geschaffenen, aber nicht »kulturell« gemeinten »nüchternen« Formensprache der Getreidesilos, Fabriken und Hochhäuser, die

[1] In: Architecture, May 1934, S. 254

Joseph Urban, *Wiener Werkstätte of America*, New York, 1921

Die Teilnehmer der Ausstellung *The Architect and the Industrial Art*, am Metropolitan Museum of Art, New York, 1929; stehend (v.l.): Raymond M. Hood, Eugene Schoen, Ely Jacques Kahn; sitzend: Ralph T. Walker, Armistead Fitzhugh, Eliel Saarinen, Leon V. Solon und Joseph Urban

schon seit dem ›Jahrbuch des Deutschen Werkbundes 1913‹ die europäische Avantgarde faszinierte – konnte Urban hautnah miterleben. Als einer der prominentesten New Yorker Künstler war ihm die seit 1925 »grassierende« Mode abstrakt-dekorativer und puristischer Formmuster der Ausstattungsbedürfnisse der Oberschicht nicht verborgen geblieben. In diesem Ambiente repräsentierte Urban bereits eine konservative Position, obwohl seine farbenfrohe, von gesellschaftspolitischen Überlegungen weitgehend freie Produktion künstlerischer Formen zum Zeitpunkt seiner Immigration (1911) noch durchaus in der vordersten Reihe »gewagter« Kunstäußerungen gestanden war. 1926 kam Kiesler nach New York, der mit Urban spätestens ab 1928 in der »American Union of Decorative Artists and Craftsmen« Kontakte knüpfte. Schon ein Jahr zuvor war Wolfgang Hoffmann in das erfolgreiche Atelier Urban eingetreten. Und 1929 besuchte Ernst A. Plischke, einer der entschlossensten Vertreter der Architekturavantgarde Wiens, Joseph Urban in seinem Atelier. Plischke arbeitete damals im Büro von Ely Jacques Kahn, der in der Gestaltung seiner Wolkenkratzer – worauf Eduard Sekler erstmals hingewiesen hat – dekorative »moderne« europäische Muster eingeführt hatte. Zu Urban konnte Plischke allerdings keine Beziehung finden – dessen künstlerische Positon war ihm völlig fremd. Alles in allem: Urban war wohl exakt über den Prozeß der graduellen Annäherung der New Yorker Avantgarde zumindest an die formalen Ideen der europäischen Avantgarde informiert. Zudem nahm er eine wichtige Funktion in den lokalen Architektenorganisationen ein, deren Ausstellungen er bisweilen gestaltete. Als nun in den Jahren 1930 bis 1932 Philip Johnson am bislang wichtigsten Ereignis der Übertragung der europäischen Architekturavantgarde nach Amerika – der Ausstellung »Modern Architecture – The International Style« – arbeitete, war Urban mit der Errichtung der *New School for Social Research* beschäftigt.

Die New School for Social Research

Ein in lapidaren Daten gehaltenes Bauprogramm der *New School* aus dem Jahr 1930 vermittelt sowohl die Statuten des Hauses als auch Zweck und Kapazität des neugeplanten Hauses: »Die New School for Social Research ist in erster Linie eine Institution für die höhere Erwachsenenbildung. Sie kennt keine Zugangsbeschränkungen, hält keine Prüfungen ab und steht allen offen, die von ihren Kursen profitieren können. Als Institution für die intellektuell Erwachsenen legt die New School keine willkürlichen Grenzen ihrer Interessen fest. Jedes Thema von intellektuellem oder ästhetischem Interesse kann im Kursangebot Berücksichtigung finden. Die Studenten der New School sind fast alle berufstätig, weshalb die

Joseph Urban, *New School for Social Research*, 66 West 12 Street, New York, 1929-31, Straßenfassade

Joseph Urban, *New School for Social Research*, New York, 1929-31, Hörsaal mit Möbeln von Ferdinand Kramer

meisten Kurse abends stattfinden.«[2] Die kulturgeschichtliche Bedeutung der *New School* für den amerikanischen Liberalismus und die Emigrantenszene ist bereits ausführlich dokumentiert worden.[3] In der Gründungsphase unter Alvin Johnson konzentrierte man sich in erster Linie auf die Sozialwissenschaften (daher der Name der Schule), um später die Interessen schrittweise auszuweiten und auch die Künste einzuschließen. Der Auszug einer Reihe von Professoren von der konservativen Columbia University hatte im Jahre 1919 den Anstoß zur Gründung der Institution gegeben. Die Schule wuchs rasch, und das »Building Program« führt an, daß die Besucherzahl von 800 in den ersten Jahren auf 2.500 im Jahr 1929 gestiegen war. Dieses Wachstum war der eigentliche Grund für die Planung des neuen Gebäudes.

Die Umstände der Auftragsvergabe an Urban sind bisher nicht restlos aufzuklären. Offensichtlich verhandelte Alvin Johnson auch mit Frank Lloyd Wright, der Grund für das Scheitern der Vergabe an den amerikanischen Pionier der Moderne ist heute nicht mehr nachvollziehbar. Fest steht, daß Johnson und Urban bald zu einer positiven Beziehung fanden und daß Urban offenbar in der Lage war, das detailliert formulierte Bauprogramm problemlos in einen rasch ausführbaren Entwurf umzusetzen. Um die Qualitäten des ausgeführten Baues gleich vorwegzunehmen: Er stellt zwar einerseits einen nicht unerheblichen Maßstabsprung gegenüber den umgebenden traditionellen New Yorker Brownstone-Häusern dar, andererseits geht Urban aber mit diesem Dimensionssprung auf eine subtile Weise um. Er gliedert die Volumina so, daß ihr Ausmaß im Straßenraum kaum zur Geltung kommt, indem er vielfältige Abtreppungen und Rücksprünge der Baumassen von der Straßenfassade und den Querseiten her schafft. Die Fassade – das hat unsere Modellrekonstruktion ergeben – ist sogar nach oben hin leicht zurückgeneigt. Die treppenförmigen Gliederungen werden motivisch wirksam und verschaffen dem Gebäude seine charakterisische Erscheinung. Auch im Material reagiert Urban auf die Umgebung. Die Fassade ist mit einer Ziegelschicht verkleidet, welche einerseits die Oberfläche der Umgebung aufgreift, andererseits aber wiederum eine dezidierte Eigenständigkeit durch die andere Färbung schafft.

Columbia und die Bautradition amerikanischer Universitäten

Das Hauptcharakteristikum der *New School* ist aber zweifellos der Umstand, daß das umfangrei-

2 *New School for Social Research*, Building Program, Broschüre o.D. (1930), Urban Collection, Rare Books and Manuscripts Library, Columbia University

3 Peter Rutkoff und William B. Scott, New School, A History Of The New School For Social Research. New York (The Free Press) 1986

Joseph Urban, *New School for Social Research*, New York, 1929-31, Auditorium

che Programm einer Schule mit Klassenräumen, Hörsälen und einem großen Auditorium in einem einzigen Baublock organisiert wurde, der noch dazu städtebaulich auf die gegebene Situation reagieren mußte. Dies wäre für europäische Verhältnisse keineswegs außergewöhnlich, da ja zahlreiche Schulbauten in das Weichbild der alten Städte integriert wurden und auf dieses in irgendeiner Form reagierten. Für Amerika aber war diese Aufgabe durchaus neu, da ja die traditionellen Universitätsbauten auf der »grünen Wiese« als eigene Bildungsstädte, als Campus errichtet wurden.

Auch die *Columbia University* war, weit im Norden Manhattans, auf Basis dieser traditionellen angloamerikanischen Vorstellung einer »Bildungsstadt« errichtet worden. Die 1897 begonnenen Bauten von McKim, Mead and White transportieren diese Tradition auf genuine Weise: »Columbia ist eine der ältesten, größten und reichsten Institutionen des Landes ... Arrangiert nach klassischen Gestaltungsmustern, wird der Campus von der großen, überkuppelten Low Library dominiert. Die Schulgebäude im Stil der italienischen Renaissance aus rotem Ziegel, Kalksteinfassaden und kupfergrünen Dächern sind an der Peripherie des Campus angeordnet und werden durch Grünflächen, geschmackvolle Wegpflasterungen, Skulpturen, Brunnen und eine Vielfalt klassischer Ornamente und Details optisch vergrößert. All das kann aber den Campus nicht zu einer dramatischen oder pittoresken Komposition verhelfen. Die alten Gebäude, außer der Low Library und der St. Paul's-Kapelle, aber auch die neuen, außer dem Fairchild-Gebäude, wirken leblos.«[4]

Vor dem Hintergrund dieser Tradition wird die Radikalität der *New School* erst deutlich. Sie stellt nicht nur in ihrer institutionellen Zielsetzung und ihrer sozialkritischen Programmatik einen Bruch mit den Bildungstraditionen Amerikas dar, sondern versucht auch, diese forcierte »Modernität« in einem Gebäude zum Ausdruck zu bringen, das diese Botschaft plakativ vermittelt. So gesehen war Urban gewiß die beste Wahl. Vertraut sowohl mit den Traditionen der europäischen Avantgarde (denen er sich nie rückhaltlos anschließen wollte) als auch mit den kulturellen Bedürfnissen der Ostküstenbourgeoisie, zudem vom Theater und von eigenwilligen Bauherren wie William Randolph Hearst und Marjorie Merriweather Post geschult im »Ausdrücken« und »Inszenieren« von Inhalten aller Art, konnte er wie kein anderer die Klaviaturen dieser verschiedenen Inhaltsebenen bespielen und letztlich miteinander versöhnen.

[4] Elliot Willensky/Norman White, AIA Guide to New York City. New York Chapter, American Institute of Architects, San Diego-New York-London (Harcourt, Brace, Jovanovich) 1988, 3.A., S. 420

Joseph Urban, *New School for Social Research*, New York, 1929-31, Foyer

Joseph Urban, *New School for Social Research*, New York, 1929-31, Bibliothek

Die Architektur des Gebäudes spiegelt alle diese Eigenschaften und Hintergründe wider. Hinter der an die »Brownstone«-Umgebung angepaßten Ziegelfassade mit Bandfenstern verbirgt sich ein Stahlbetonskelett, das den Klassenräumen, aber auch dem großen Volumen des oft publizierten eiförmigen *Auditoriums* Raum bietet. Auffallend sind die undogmatischen Kombinationen des Stahlbetonskeletts mit einer Ziegelfassade und der »Modernität« signalisierenden Bandfenster mit den fließenden Kurvenformen der Innenräume. Die *Möblierung der New School* wurde aus bei Thonet gefertigten Typenmöbeln des deutschen Designers Ferdinand Kramer bestritten. Urban verzichtete jedoch – trotz aller Modernität – nicht auf eine intensive Farbgebung. Das virtuos komponierte *Auditorium* hielt er in Rot- und Grautönen. Die mit vergipstem Maschendraht lamellen- oder kiemenartig abgehängte Decke bot durch ihre abgetreppte Struktur perfektionierte akustische Verhältnisse. Hier klingt die typische Omega-Form der Secessionsjahre nach, aber auch Assoziationen zu Kieslers organhaften Raumvisionen drängen sich auf. Insgesamt vermittelt dieser Raum eine organhafte, uterusartig-geborgene Atmosphäre, die in einem erstaunlichen Kontrast zur kühlen Erscheinung der Fassade steht. Gerade dieser Konstrast aber war es, der Urban faszinierte: In dem nicht immer gelungenen Ausspielen von kompositorischen Kontrasten lag seine wahre entwerferische Stärke.

Konventionsbruch auf allen Ebenen

Die Reaktionen auf diesen Konventionsbruch auf allen Ebenen blieben nicht aus. Philip Johnson kritisierte in einer 1930 anläßlich der Eröffnung geschriebenen Besprechung das Gebäude als »beliebige« Kombination einzelner Designelemente. Zu diesem Zeitpunkt war er bereits mit der Konzeption der Ausstellung »Modern Architecture« des Museum of Modern Art beschäftigt, und seine Kritik verfehlte – ebenso wie die Ausstellung selbst – ihre direkte Wirkung auf das Gebäude nicht. Bald nach Urbans Tod im Jahre 1933 wurde die gesamte Farbgestaltung der Innenräume weiß übermalt und so an die herrschende Doktrin »wahrer Modernität« angepaßt. Erst die farbliche Wiederherstellung durch Architekt Rolf Ohlhausen im Jahre 1992 brachte das originale Kolorit zurück und vermittelt heute einen weitgehend authentischen Eindruck des Gebäudes. Die originale Freskenausstattung des modernen amerikanischen Malers Thomas Hart Benton ist nicht mehr vorhanden, dafür aber eine später hinzugekommene Wandmalerei des mexikanischen Revolutionsmalers Orozco. Auch heute noch wird die *New School* als pionierhafte Landmarke beschrieben: »Das Gebäude ist für New Yorker Verhältnisse ein Entwurf, der in der zurückhaltenden Verwendung von Bandfenstern und der nach oben hin zurückgetreppten Anordnung der ziegelverkleideten Baukörper seiner Zeit voraus ist. Diese subtilen Eingriffe lassen das Gebäude niedriger erscheinen, weniger dominierend, mehr im Einklang mit den angrenzenden Reihenhäusern in dieser Straße. Das Auditorium im Inneren ist ein dramatisches Beispiel für Urbans Inszenierungstalente.«[5]

Zahlreiche Bücher und andere Forschungsarbeiten geben Auskunft über die Institutionsgeschichte der *New School* in bezug auf ihre Schlüsselrolle für die Emigration. Die »University in Exile« wurde hier für zahlreiche europäische Intellektuelle Wirklichkeit, die von der *New School* seit 1933 aktiv aus ihrer bedrohten Situation im Einflußbereich des Nationalsozialismus nach Amerika geholt wurden. Aber auch für den Zusammmenhang der österreichischen Architekturmigration spielt das Gebäude eine weit über Urbans Bauleistung hinausgehende Rolle: Den Eröffnungsvortrag des Auditoriums im Jänner 1931 hielt kein geringerer als Richard Neutra, und später gehörte das Haus zu den Brennpunk-

5 ebenda, S. 124

Le Corbusier, *Wettbewerbsentwurf für den Palast der Sowjets*, 1931, Gesamtansicht mit Kreml

Joseph Urban, *Wettbewerbsentwurf für den Palast der Sowjets*, 1931,
Baumassenmodell

Joseph Urban, *Wettbewerbsentwurf für den Palast der Sowjets*, 1931,
Luftperspektive

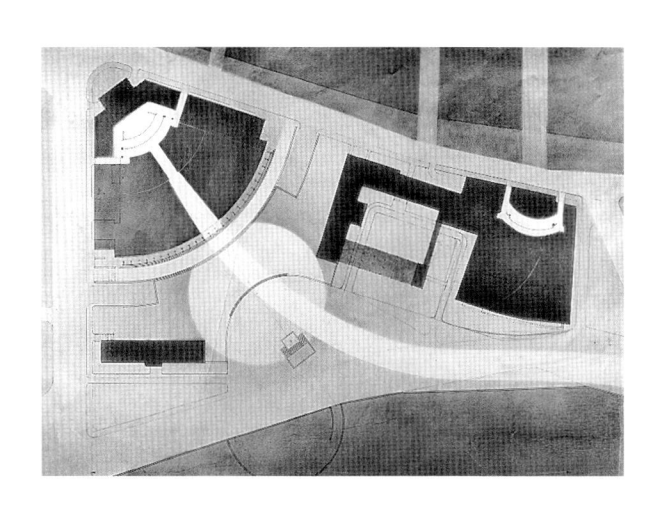

Joseph Urban, *Wettbewerbsentwurf für den Palast der Sowjets*, 1931,
Lageplan

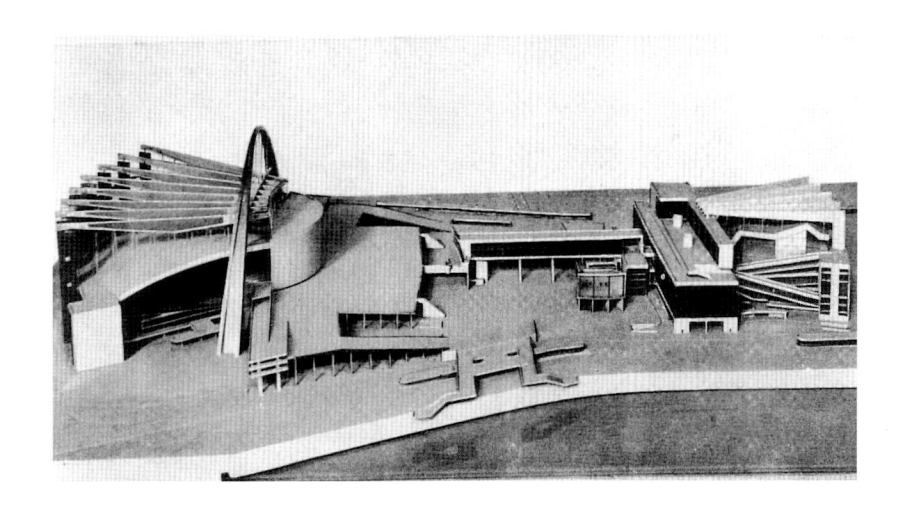

Le Corbusier, *Wettbewerbsentwurf für den Palast der Sowjets*, 1931, Modellansicht

ten und ersten Anlaufadressen emigrierter Künstler. Friedrich Kiesler hielt hier ebenso Vorträge wie Josef Frank während des Krieges, und für ungezählte weitere Emigranten aller Berufsgruppen bildete die *New School* einen verläßlichen Treffpunkt.

Der Palast der Sowjets

Die überraschenden Entwurfsqualitäten, die Urban bei der *New School* bewiesen hatte, setzten sich in seinem *Wettbewerbsbeitrag für das Projekt eines Palastes der Sowjets* im Jahre 1931 fort. Auch dieses Projekt ist in seiner Genese nicht ohne die komplizierten kulturhistorischen Hintergründe verständlich.

Die Regierung der jungen Sowjetunion veranstaltete zwischen 1931 und 1933 ingesamt vier Wettbewerbe für die Errichtung eines »Palastes der Sowjets«. Dieses monumentale Bauwerk sollte ein Symbol der neuen Gesellschaftsordnung sein und riesigen Massenveranstaltungen Raum geben. In der zweiten Stufe des Wettbewerbes wurden zu den russischen zusätzlich neun internationale Architekten eingeladen. Neben Joseph Urban waren das Erich Mendelsohn, Hans Poelzig, Walter Gropius, William F. Lamb, Armando Brasini, Auguste Perret, Ragnar Östberg und Le Corbusier. Letzterer verfügte seit 1929 mit seinem »*Centrosojuz*«-Projekt bereits über Erfahrungen in der Sowjetunion.

Die Ausschreibung des Wettbewerbes vom 17. Juli 1931 forderte von den Teilnehmern die Erfüllung eines gigantischen Raumprogrammes, das in einen großen Veranstaltungskomplex und einen Konferenztrakt unterteilt war. Für den Palast war ein Gelände an der Moskwa in unmittelbarer Nähe des Kreml vorgesehen, das durch Schleifung der 1832 erbauten Erlöser-Kathedrale gewonnen wurde. Die Architektur sollte »den Charakter der Epoche und den Willen der arbeitenden Massen ausdrücken, den Sozialismus aufzubauen«.[6] Der große Veranstaltungssaal (Gruppe A) sollte 15.000 Personen (!) fassen und »für Massenkonferenzen, Massen-Festzüge, Filmvorführungen, Ausstellungen industrieller und technischer Errungenschaften« geeignet sein. Im Konferenztrakt (Gruppe B) waren ein Saal für 5.900 Personen und eine Bibliothek für 500.000 Bände vorgesehen. Zwei weitere Raumgruppen (B und C) sollten kleineren Konferenzsälen und dem Militär dienen.

Urbans Reaktion auf das Programm geht in bemerkenswert stimmiger Weise auf den politischen Hintergrund ein. Um möglichst viel Freiraum für die Wettbewerbsbestimmung zu gewinnen, daß der Palast »den Massendemonstrationen der Arbeiter zugänglich gemacht werden« mußte, schuf er extreme bauliche Verdichtungen für die beiden großen *Auditorien* samt Nebengebäuden an den einander gegenüberliegenden Enden des Grundstücks. Der damit entstehende *Platz* in der Mitte ist arenaförmig in den Boden modelliert und hat seinen Brennpunkt in der großen *Rednertribüne,* die mit dem Rücken zur Moskwa auf diese Plaza hin orientiert ist. Sie grenzt unmittelbar an den großen Veranstaltungssaal mit seiner fächerförmig weit aus-

[6] Ausschreibungsunterlagen des Wettbewerbs (»Announcement Concerning A Contest for Architectural Designs for the Palace of Soviets«), Urban Collection, Rare Books and Manuscripts Library, Columbia University

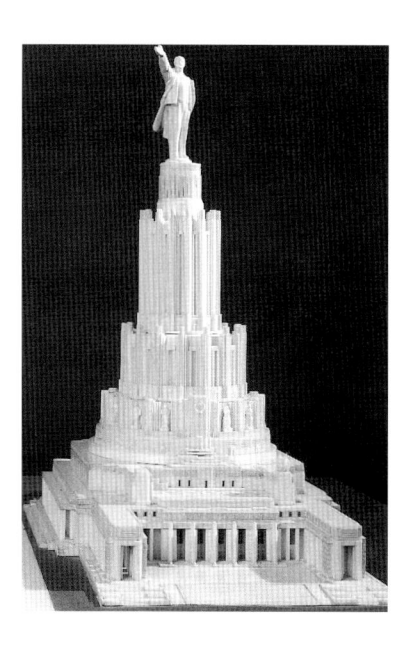

B. M. Iofan und andere, *Palast der Sowjets*, Projekt von 1942-43, Modell, GMA, Staatliches Architekturmuseum, Moskau

schwingenden und durch sechs turmartige Vorlagen gegliederte Fassade, wodurch die Massen weitgehend ungehindert diese Trennung zwischen Innen- und Außenraum durchströmen können. Alles ist gerafft und kompakt angeordnet und verrät die Hand eines erfahrenen Organisators bewegter Massen, wie es in großen Operninszenierungen üblich ist. Einfache Kuben in einer für Urbans Verhältnisse extrem zurückhaltenden Blau-Schwarz-Färbung geben der riesigen Anlage einen angenehmen, visuell noch erfaßbaren Rhythmus. Die Architektur zeigt weder irgendeine Spur akademischer Formprinzipien der Monumentalität und Repräsentation, keinerlei Skulpturenschmuck, Schriftfelder u. dgl., noch irgendein konstruktivistisches Pathos. Die nüchternen, lapidaren Baumassen – städtebaulich sehr geschickt auf der Weite des Platzes zueinander situiert – wirken allein durch ihre außergewöhnliche Größe, durch die rhetorisch weiter nicht mehr kommentierte Plastik der Hülle von präzisen Funktionen. Es herrscht in dem ganzen eine Pragmatik, die eher an die 1. Schule von Chicago erinnert, an die »naive« Monumentalität früher amerikanischer Industriebauten – und keineswegs an jenes angestrengte revolutionäre Ausdruckswollen der russischen oder westeuropäischen Avantgarde der Zeit. Der Raum dieser Urbanschen Massenkomposition – wie beim Roten Platz überwiegt hier die Leere die Masse der isolierten Einzelvolumen –, dieser Raum erfüllt sich erst im ornamentalen Aufmarsch und im bunten Versammlungsritual jener inszenierten politischen Ereignisse, für die diese Architektur einen ruhigen, gelassenen Auftrittsrahmen bietet.

Zwei Wege der Moderne

Im Vergleich zum *Projekt von Le Corbusier* manifestieren sich die grundlegend verschiedenartigen Auffassungen moderner Architektur des austroamerikanischen Theaterkünstlers und des mediterranen Architekturphilosophen. Le Corbusier besetzt das gesamte zur Verfügung stehende Gelände mit einem filigranen, spinnenartigen Gerät, dessen Leib da und dort zu dichteren Materiequadern verdichtet ist. Das Ganze ist symmetrisch entlang einer Mittelachse angeordnet und zeigt extrem vielfältige Raumkonfigurationen, Rampen, Brücken, Blöcke – und nicht zuletzt Le Corbusiers typische Pilotis, auf denen ein großer Teil des Ensembles ruht. Das beherrschende Motiv aber ist der riesige Bogen, der den großen *Versammlungssaal* überragt. Er gibt der Anlage ihr Hauptmotiv vor: die Leichtigkeit der Konstruktion, das Bestreben, die vom Programm geforderten gigantischen Raumvolumen aufzulösen, zu zergliedern, transparent zu machen und in überblickbare, kleinere Raumkompositionen zu zerlegen. Alles ist hier Kunstform, nichts wird aus dem Gestaltungswillen des führenden modernen Architekten entlassen. Am besten zeigt sich dies an Corbusiers Version der *Freiluft-Versammlungsarena*, die er als eine auf Pilotis gestellte Plattform ausbildet. Zur besseren Hörbarkeit des Redners positioniert Le Corbusier einen konkav gekrümmten Reflexionsschirm über seiner *Tribüne*. Diese kapriziös-elegante Anordnung, bei der der Redner auf einer Art Kommandobrücke steht, soll 50.000 Menschen aufnehmen können. Allerdings ordnet Le Corbusier seine »plate-forme pour discours en plein-air« im

Joseph Urban, *Avenue of Flags*, Entwurf für die Ausstellung »A Century of Progress«, Chicago 1933

Verhältnis zum großen Auditorium so an, daß sie nicht vor dem Eingang, sondern hinter der Bühne liegt. Damit ist die direkte »Wanderung« des Massenpublikums von der Innen- zur Außenarena zumindest erschwert, während in Urbans Projekt die Ausgänge des großen Saales direkt in die Außenarena führen.

Völkerbund und Sowjetunion – zwei Niederlagen der Moderne

Angesichts der weiteren Entwicklung des Wettbewerbes – in der Folge wurden bis zum endgültigen Aus des Projektes im Jahre 1941 nur mehr die hypertrophen Entwürfe regimetreuer russischer Architekten verfolgt[7] – scheint die Frage nach der Rezeption der Vorschläge Le Corbusiers und Joseph Urbans müßig. Trotzdem verschafft uns diese flüchtige Begegnung zweier so verschiedener Architekten der Moderne im Ambiente einer Wirklichkeit gewordenen modernen Vision (der Sowjetunion) die Gelegenheit, rückblickend den Weg dorthin zu resümieren und so die weitere Entwicklung ergiebiger darstellen zu können. Welche Motive der Architekturgeschichte der Moderne treffen bei diesem Wettbewerb im allgemeinen und bei Le Corbusier und Urban im besonderen aufeinander? Sowohl Urban als auch Le Corbusier wurden offiziell von der Sowjetregierung beauftragt, ein Projekt für den Palast zu entwerfen. Damit versicherte man sich zweier – sehr verschiedener – potenter weltkultureller Positionen, ein Schachzug, der als bemerkenswert umsichtig, wenn nicht gar »liberal« für die Verhältnisse der Sowjetunion bezeichnet werden muß. Das Programm des Wettbewerbes war von einer nie dagewesenen Größe – die Gesamtansicht des Projektes Le Corbusiers mit dem Kreml daneben zeigt die spektakulären Ausmaße des Vorhabens besonders eindringlich.

Die junge Sowjetunion signalisierte damit einen Machtanspruch, der – gemessen am räumlichen Volumen – deutlich größer war als etwa jener des Völkerbundes, der fünf Jahre zuvor ebenfalls einen internationalen Wettbewerb für seinen neuen Palast veranstaltet hatte. Im Vergleich dieser beiden internationalen *Wettbewerbe*, die zusammen mit dem für die *Chicago Tribune* wohl als die wichtigsten der Moderne zu bezeichnen sind, zeigt sich aber auch, daß die kulturellen Vorstellungen der beiden Machtzentren zunächst sehr verschieden waren. Beim *Völkerbundpalastwettbewerb*, an dem Le Corbusier mit Pierre Jeanneret ebenfalls teilgenommen und ihn auch beinahe gewonnen hatte, standen sich moderne und traditionelle Architekten gegenüber, wobei schließlich die letzteren sich durchsetzten. Die Sowjetregierung dagegen zog zunächst ausschließlich moderne internationale Architekten heran und sandte damit verführerische Signale

[7] Vergleiche dazu: Peter Noever (Hg.), Tyrannei des Schönen. Architektur der Stalin-Zeit. München-New York (Prestel) 1994, S. 151-164

an die westliche Avantgarde aus. Endlich schienen alle Hoffnungen der modernen Bewegung wahr geworden zu sein, daß ein Staat, und noch dazu der revolutionäre der Sowjetunion, sich eindeutig auf die Seite der modernen Architektur stellte. Daß diese Entwicklung nicht wahr sein konnte, zeigte sich bald, als klar wurde, welche Formensprache die stalinistischen Machthaber in Wahrheit erträumten. Gegen diese Entwicklung war man allerdings machtlos.

Ideologische Mißverständnisse

Urbans Sowjetprojekt stand also auch im Brennpunkt einer architektursemantischen und ideologischen Diskussion, innerhalb deren inhaltlicher Koordinaten man es positionieren könnte. Gewiß konnte Urban dem politischen System der Sowjetunion nichts abgewinnen, es stellt sich aber auch die umgekehrte Frage, was die Sowjetregierung dem durch und durch bürgerlich-dekadenten Theaterkünstler Urban abgewinnen hatte können. Im Kern scheint es sich um ein subtiles Mißverständnis zu handeln. Urbans *New School*, die im Rahmen der New Yorker Verhältnisse sämtliche Konventionen eines Bildungsbaues gebrochen und noch dazu einer der ersten Bauten mit einer im europäischen Sinne »modernen« Formensprache war, wurde gerade in Betrieb genommen, als die Einladung an die internationalen Architekten in Moskau geplant wurde. Man wählte aus jedem wichtigen westlichen Industrieland einen repräsentativen Architekten, der entschlossen die Sache der Moderne – sprich auch der politischen Linken – zu vertreten schien. Für Deutschland und Frankreich war das einfach, da Persönlichkeiten wie Le Corbusier und Walter Gropius stets eindeutig auf Seiten der Reformer und der Progressiven gestanden waren. In Amerika einen dieser weltanschaulichen Position nahestehenden, noch dazu erfahrenen und international bekannten Architekten zu finden, war dagegen alles andere als leicht. Nicht zufällig wurde man schließlich im Bereich der »linken« *New School* fündig, die schon durch ihre Gründung 1919 ihre kritische Einstellung gegenüber dem amerikanischen Establishment eindrucksvoll dokumentiert hatte und nun auch noch die Architekturgewohnheiten vergleichbarer Institutionen auf den Kopf stellte. Der Neubau der Schule, der alle diese Inhalte auszudrücken schien, beeindruckte die Sowjets sichtlich und führte sie zu Urban. Daß nun aber ausgerechnet der Hausarchitekt erzkapitalistischer Neureicher wie William R. Hearst und Marjorie M. Post zum Erbauer des *Sowjetpalastes* werden sollte, entbehrt nicht einer gewissen Ironie. Urban bewältigte die Aufgabe aber maßvoll und souverän, er ließ sich auf keine formalen oder semantisch-signalhaften Extravaganzen ein und demonstrierte so, daß es ihm mit seiner durch die *New School* entdeckten »Modernität« durchaus ernst war.

Der späte Urban
– Rezept einer erweiterten Moderne?

Urbans erstaunlichste Werkphase als Architekt waren zweifellos jene späten Jahre, als er den *Atlantic Beach Club*, die *New School* und das *Sowjetprojekt* entwarf. Ein letzter Höhepunkt sollte die *Farbgestaltung* und eine Anzahl eigener *Bauten für die Weltausstellung »A Century of Progress«* in Chicago 1933 werden. Urbans früher Tod – gewiß gefördert durch seine exzessive Lebensweise – beendete eine bemerkenswerte Laufbahn, die einen mondänen Bogen von der Gestaltung des *Wiener Kaiserjubiläumsfestzuges* 1908 bis hin zum *Palast der Sowjets* spannte. Seine bedeutendsten realisierten Bauten aber schuf Urban immer dann, wenn er in überblickbarem Maßstab einem »Lebensgefühl« gebaute Gestalt verleihen konnte. Urbans Arbeitsweise belegt, daß innerhalb der Moderne auch das geschickte »Staging« eines Themas mit zeitgenössischer *oder* historisierender Formensprache möglich ist und daß die Reduktion auf die *ausschließliche* Möglichkeit einer bestimmten Formensprache letztlich eine unzulässige Verkürzung darstellt.

Der weiteren Forschung muß es anheimgestellt bleiben, für diese Position noch weitere »Kronzeugen« vom Kaliber Urbans aufzuspüren und aus deren Aufarbeitung Rückschlüsse auf die wahre Komplexität des modernen Bewußtseins zu ziehen.[8]

---

8 Mit Erich Mendelsohn, der in den zwanziger Jahren ebenfalls mit »modischen« Mitteln den Konsum inszenierte, später in Palästina den Versuch unternahm, eine an dieses Ambiente angepaßte moderne Formensprache zu entwickeln und schließlich in den fünfziger Jahren an der amerikanischen Westküste formal außergewöhnlich komplex strukturierte Synagogen gebaut hat, ist vielleicht schon ein Zweiter genannt. Vgl. dazu die Forschungen von Prof. Kathleen James, University of California, Berkeley.

Paul Theodore Frankl, Abbildung aus *New Dimensions*: »*Looking down on comfort. Designed by P. T. Frankl.*«, New York 1928

DIE REFORM DER FORM
New Yorker Art Déco-Design am Beispiel von Paul Theodore Frankl und Wolfgang Hoffmann

Matthias Boeckl

Die beiden Designer Paul Theodore Frankl und Wolfgang Hoffmann verkörpern mit ihrem Schicksal die Schnellebigkeit der Moden in der amerikanischen Innendekoration. Ihre Arbeit stellt den Historiker vor das nahezu unlösbare Problem des Festhaltens, Dokumentierens und Auswertens ephemerer Ereignisse und Werke, die durch den Geschichtsverlauf fast spurlos verschwunden sind. Darüber hinaus werfen sie mit ihrer Arbeit die Frage nach Stellenwert und Identität der Moderne traditioneller europäischer Prägung im Ambiente der amerikanischen Zwischenkriegszeit auf, inbesondere beim Interior Design. Schließlich wäre die Rolle zu untersuchen, die diese beiden Raumkünstler in der Übertragung der europäischen Moderne auf die Vereinigten Staaten insgesamt gespielt haben.

Innerhalb des Gesamtspektrums des amerikanischen Designs von den zehner Jahren bis in die vierziger Jahre decken Frankl und Hoffmann im Bereich des Art Déco zwei wichtige Positionen ab, die zu ihrer Zeit jeweils den eleganten Geschmack der New Yorker Gesellschaft repräsentierten. Um Frankls und Hoffmanns Arbeit richtig positionieren zu können, müssen zunächst die Hintergründe ihres jeweiligen Schaffens in Europa und Amerika vor und nach dem Ersten Weltkrieg dargelegt werden. Auf gewisse Weise gehen die Wurzeln beider Formkünstler auf die Moderne der Wiener Jahrhundertwende zurück.

Wiener Prägungen?

Paul Theodore Frankl war erst 28 Jahre alt, als er im Jahre 1914 nach New York kam. Aus den zur Verfügung stehenden Quellen ist seine künstlerische »Prägung« nicht in jedem Detail nachvollziehbar, scheint sich aber besonders im Milieu des kunst-, vor allem musiksinnigen Wiener Großbürgertums der Jahrhundertwende und der Berliner Technischen Universität vollzogen zu haben. Frankl studierte nur ein Jahr lang an der Wiener Technischen Hochschule, bevor er nach Berlin ging, um dort seine Studien fortzusetzen. Das Jahr, in dem er in Wien studiert hat – 1904 –, war Frankls 19. Lebensjahr, und es ist nicht anzunehmen, daß die Einflüsse der Wiener Moderne in dieser frühen Lebensperiode maßgeblich wirksam geworden waren. Gerade das künstlerisch prägende Lebensjahrzehnt von 1904 bis zu Frankls Ankunft in New York 1914 wäre im Detail erst nachzuzeichnen, was jedoch bei der heutigen Quellenlage nicht möglich ist. Was Frankl bis 1914 in Wien hatte kennenlernen können, waren vor allem die Ausstattungskunst der Secessionisten um Josef Hoffmann und Kolo Moser und – in wesentlich geringerem Ausmaß – die ersten Arbeiten von Oskar Strnad, Josef Frank und Oskar Wlach (hier kämen etwa das *Haus Wassermann* und die *Wohnung Hofmannsthal* in Frage). Parallel dazu gab es natürlich die große Mehrheit der traditionellen bürgerlichen Ausstattung, die noch an den Prinzipien des Historismus festhielt. Welcher Art das Ambiente im Hause Frankl selbst war, in dem prominente Wiener Musikgrößen aus und ein gingen, läßt sich nicht mehr rekonstruieren. Frankl muß firm im Bereich der Ausstattungsgewohnheiten gehobener gesellschaftlicher Schichten gewesen sein. Anders ist es wohl auch nicht zu erklären, daß er noch während des Ersten Weltkriegs als Festdekorateur der österreichisch-ungarischen Botschaft in Washington beschäftigt worden ist.

In seiner unpublizierten *Autobiographie* berichtet Frankl, daß ihm vor seiner Ankunft in Amerika durch Zeitschriftenpublikationen die »großen, ausschließlich funktionellen Industriegebäude von Detroit bereits bekannt« gewesen seien.[1] Außerdem sei er beeindruckt gewesen »von den Photos der massiven Förderanlagen für Getreide und den Silos von Kansas City ..., die an prähistorische ägyptische Tempel erinnerten«.[2] Eine Begegnung, die bereits einiges von Frankls späterer Ambition vermittelt, die konservative amerikanische Architekturszene mit der Moderne vertraut zu machen, fand in Washington statt, wo ihm das Gebäude der US-Notenpresse vorgestellt wurde: »Mein anfänglicher Enthusiasmus wandte sich aber in Empörung, als der Architekt stolz auf die Fassade des Gebäudes zeigte, die mit korinthischen Säulen versehen war.«[3] Am wichtigsten allerdings ist wohl Frankls Eindruck von Frank Lloyd Wright, dessen Arbeit er schon in Europa durch eine Publikation der holländischen Zeitschrift ›Wendingen‹ kennengelernt hatte. Hartnäckig suchte Frankl den Kontakt zu Wright, und er versuchte diesen in Chicago zu besuchen,

Paul Theodore Frankl, »*Skyscraper*«-Bücherregal, um 1928, The Metropolitan Museum of Art, New York
(Purchase, Theodore R. Gamble, Jr., Gift in honor of his mother, Mrs. Theodore Robert Gamble, 1982)

1 P. Th. Frankl, *Unpublizierte Autobiographie*. Typoskript, S. 35, Wien, Gesellschaft zur Förderung moderner Kunst
2 ebenda
3 ebenda

als er 1914, nach seiner Ankunft in New York, quer durch das Land in Richtung San Francisco reiste, um von der dortigen Weltausstellung für europäische Architekturzeitschriften zu berichten. Allerdings verfehlte er eine Begegnung mit Wright, da dieser zum Zeitpunkt der Ankunft Frankls nicht in Chicago weilte. Von San Francisco aus reiste Frankl nach Japan und hielt sich in Kyoto auf. Dort wurde er vom Kriegsausbruch überrascht und reiste sofort zurück nach New York.

New York 1914

Frankls Beschreibung vom New York des Jahres 1914 zeigt die Stadt in einem heute kaum mehr vorstellbaren Flair: »New York reichte im Norden nur bis zur Grand Central Station und zum Times Square – den Außenposten. Die obere Fifth Avenue war noch stolz auf ihre berühmten Residenzen. Altman's und das Waldorf lagen an der 34. Straße und waren noch das Stadtzentrum. Unaufhörlich kamen Leute aus Europa an, darunter auch weltbekannte Künstler mit internationaler Reputation. Da kam Joseph Urban, der später die Szenenbilder der Oper entwarf und die Bühne baute, auf der Ziegfeld das amerikanische Mädchen verherrlichte. Aber auch Pascin aus Paris, zusammen mit dem Bildhauer Ely Nadelman, dessen empfindsame Marmorköpfe heute im Metropolitan Museum zu sehen sind. Die unvergleichliche Isadora Duncan und ihre Schwester, Elizabeth, mit ihren vielen verwirrten Studentinnen, die froh waren, diesen sicheren Hafen erreicht zu haben. Pablo Casals, der berühmteste aller Cellisten kam aus seiner Heimat Spanien. Fritz Kreisler, der bereits eine Kriegsverletzung erlitten hatte und am Stock ging, kam aus der Kriegs-Stadt Wien.«[4]

Unter dieser Einwandererflut aus Europa befand sich auch Helena Rubinstein alias Madame Titus. Sie stammte – wie Ely Nadelman – aus Polen und eröffnete an der Ecke 49. Straße und Madison Avenue ein »maison de beauté«. Dessen Ausstattung in Zusammenarbeit mit Ely Nadelman wurde zum ersten größeren Auftrag Frankls, verrät jedoch – wie oben erwähnt – noch recht wenig von seinen späteren extravaganten Möbelcapriccios. Nach diesem ersten Erfolg eröffnete Frankl im *Architect's Building* an der Park Avenue einen *Schauraum* für die japanischen Stoffe und Ausstattungsgegenstände, die er auf seiner Japan-Reise erworben hatte. Für die *Klavierfabrik Knabe's* stattete er deren *Schaufenster an der Fifth Avenue* als »modernen Musiksalon« aus – eine Arbeit, die Frankl aus eigener Tasche bezahlte, dafür aber die Erlaubnis erhielt, ein Hinweisschild auf seine Galerie in dem prominent gelegenen Schaufenster anzubringen. Schaufenster waren und sind in New York von einer größeren Bedeutung als in Europa. In einer extrem verdichteten Stadt, wo Raum das teuerste Gut ist, zieht ein großzügig ausgestattetes Fenster die öffentliche Aufmerksamkeit nachhaltig auf sich. Auch Friedrich Kiesler hatte dies erkannt und wie zahlreiche andere Immigranten die Kaufhäuser und die Schaufenster als ideales Forum der Einführung einer modernen Formensprache bespielt. Der Handel bewegt New York, und wer etwas bewegen will, der muß in den Handel gehen – in die Sphäre des raschen Umschlags von Waren und Geld, aber auch von Moden und Formen.

Diese ersten Arbeiten etablierten Frankl rasch als einen bekannten modernen New Yorker Ausstattungskünstler. Zahlreiche Restaurantausstattungen, Bühnenbilder, Wohnungseinrichtungen und ähnliches folgten. Bis zum Jahre 1925 veränderte sich allerdings wenig im allgemeinen Geschmacksempfinden New Yorks. Die modernen Stile waren nach wie vor nur einer elitären Minderheit ein Anliegen, und sie waren weit davon entfernt, zur allgemeinen Mode zu werden.

Durchbruch des modernen Designs

Frankls Durchbruch kam mit dem Jahr 1925, als sich die Vereinigten Staaten an der Pariser Weltausstellung des Kunstgewerbes nicht offiziell beteiligen konnten, da es schlicht kein im europäischen Sinne »modernes« amerikanisches Design gab. Die Aufmerksamkeit der Szene begann sich daher auf die noch weitgehend unbekannten modernen amerikanischen Designer zu richten, die sich in der »American Union of Decorative Artists and Craftsmen« bald nach der Pariser Ausstellung zusammengeschlossen hatten. Neben P.Th. Frankl, Wolfgang Hoffmann und Friedrich Kiesler waren auch bekannte Architekten Mitglied, wie George Howe, William Lescaze, Raymond Hood, Ely Jacques Kahn, Joseph Urban und Frank Lloyd Wright. Unter den prominenten Protektoren der Vereinigung befanden sich Mrs. Harry Payne Whitney und Robert Schey. Die Bühnenbildner waren durch Lee Simonson und Robert Edmund Jones vertreten, und unter den Möbelentwerfern befanden sich prominente Namen wie Kem Weber, Eugene Schoen, Ilonka Karasz, Gilbert Rohde und Dorothy Draper, während Peter Mueller Munk, Russell Wright, Raymond Loewy, Egmond Ahrens, Donald Deskey, Lucian Bernhard, Henry Varnum Poor, Ruth

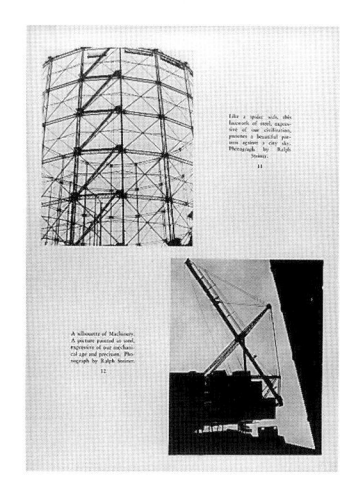

Paul Theodore Frankl, Seiten aus *New Dimensions*, New York 1928

4 ebenda

Paul Theodore Frankl, *New Dimensions*, New York 1928, Cover

Reeves, Winold Reiss, John Sinell und Marianne von Alesch das Industrial Design vertraten.

Diese neue, moderne amerikanische Designerbewegung entfaltete sich in vielfältigen Aktivitäten bis zum Börsenkrach 1929 und der darauf folgenden Weltwirtschaftskrise der dreißiger Jahre. Die AUDAC veranstaltete Ausstellungen und gab Jahrbücher heraus, aber auch die einzelnen Mitglieder, von denen jeder in einem anderen »modernen« Stil arbeitete, schrieben Lehrbücher und Anthologien über modernes Design. Unter diesen zahlreichen Publikationen stechen jene von Paul Theodore Frankl durch ihre enzyklopädisch-didaktische Aufbereitung des Formenrepertoires und der Persönlichkeiten der modernen Bewegung besonders hervor. Genauso wie die Möbelentwürfe Frankls, die sich beileibe nicht in den »Skyscraper«-Typen erschöpften, vermitteln diese Bücher eine klare und einfach nachzuvollziehende Systematik des »modernen« Designs. Im Gegensatz zu den europäischen Vertretern der Bewegung war die präzise motivische Festlegung des Formenrepertoires für Frankl kein Tabu, denn der amerikanische Markt war und ist begierig nach »How to ...«-Büchern, die erklären, woran man einen neuen Stil erkennt und mit Hilfe welcher Kunstgriffe man ihn anwenden kann. Die grundlegende Problematik, die Moderne auf bloß formale Stilfragen zu reduzieren und sie nicht in ihrem ganzen gesellschaftspolitischen Ehrgeiz anzuerkennen, war Frankl wohl bewußt – allerdings wollte oder konnte er diesen Widerspruch nicht ausräumen.

»New Dimensions«

In seinem ersten Buch, *New Dimensions*[5], widmet Frankl der brisanten Schlüsselfrage »What is Modern?« das Einleitungskapitel. »Modern«, sagt er, »ist nur ein relativer Begriff. Neue Dinge können altmodisch oder modern sein. Daher können alte Dinge häufig als sehr frisch bezeichnet werden. Wie das? Die Antwort ist einfach. Verschiedene Zeiten und Länder haben jeweils ihre eigenen Schönheitsideale. Das Empfinden für Schönheit wiederholt sich aber häufig im Laufe der Jahrhunderte. Die Pyramiden – die alten Gräber der Pharaonen – zeigen einen extrem modernen Geist.« Diese etwas angestrengt wirkende Argumentation zeigt deutlich die charakteristische Hinwendung zum Praktisch-Objekthaften, zu den rein ästhetischen Fragen und zu einer bestimmten Art modischen Empfindens in der Motivesuche, für die offenbar die gesamte Geschichte zur Verfügung stehen soll. Klar ist, daß dieser Ansatz mit dem Grundgedanken der europäischen Moderne – nämlich eine gesellschaftliche Veränderung herbeizuführen bzw. zu unterstützen – wenig zu tun hat. Folgerichtig definiert Frankl die Hauptaufgabe des »Modern-Seins« als ästheti-

---

5 Erschienen 1928 bei Payson & Clarke Ltd., New York. Das Buch besteht aus einem 79seitigen Text- und einem 122seitigen Tafelteil, in dem europäische und amerikanische Beipiele moderner Architektur und Formgebung vorgestellt werden. Die darin reproduzierten Künstler in der Reihenfolge des Erscheinens: F.L. Wright, E.J. Kahn, R. Mallet-Stevens, A. Lurçat, J.J.P. Oud, F. Höger, E. Mendelsohn, P.Th. Frankl, I. Karasz, P. Rodier, E. Schoen, L. Bernhard, W. Reiss, E. Kohlmann, L. Sognot, M. Guillemard, Joubert et Petit, Djo-Bourgeois, J. Dunand, G. Lamoussu, Adnet, E. Chassaing, R. Nicholas, G. Bouvier, R. Herbst, E. Fahrenkamp, C.L. Klotz, B. Paul, Becker & Kutzner, P. Griesser, H. Tessenow, K. Bertsch, C. Malmsten, F. Reichl, J. Hillerbrandt, H. Varnum Poor, G. Lachaise, K. Anderson, K. Trumpf, V. Wieselthier, A. Helbig, M. Läuger, M. Pfeifer, M. Sougez, A.M. Cassandre, A. Laroche-Garrus, P. Rodier, R. Lalique, M. Strauss-Likarz, A. Bruehl, R. Steiner, E. Steichen, R.E. Jones und L. Simonson.

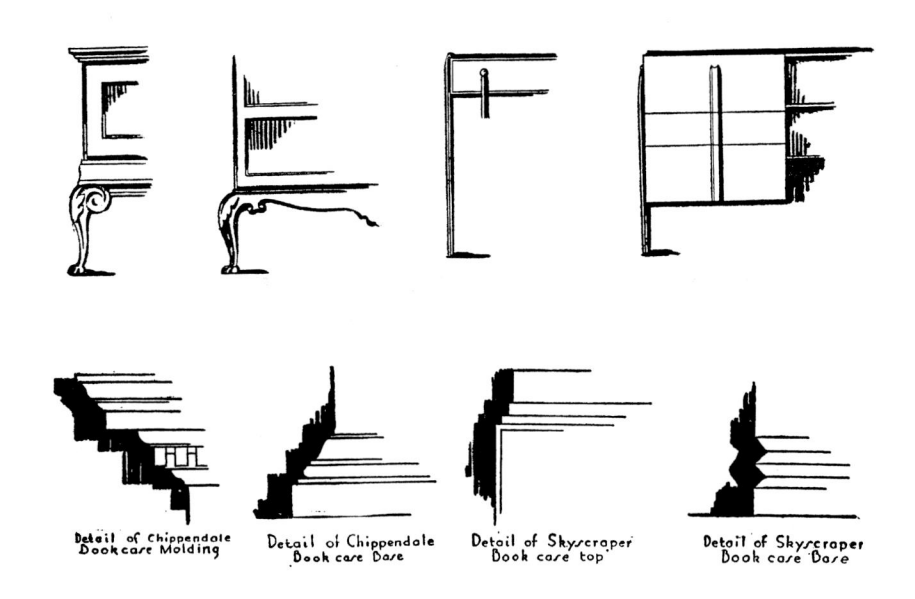

Paul Theodore Frankl, Möbeldetails aus *New Dimensions*, New York 1928

sierende Harmoniesuche: »Was ist modern? Modern sein heißt konsequent sein, eine künstlerische Harmonie in unser Leben und in die notwendige Umweltgestaltung zu bringen, eine Harmonie zwischen unserer Zivilisation und unseren individuellen Kunstregungen. Was ist unsere eigene Kunst? Unsere eigene Kunst ist eine Erfindung, die uns selbst und unsere Zeit ausdrückt.«

Erfindung – das ist das Schlagwort, das den inneren Zugang zur Kunstmöbelwelt Frankls freigibt. Und Erfindungen kann man, wenn man sie nicht gleich patentieren läßt, wenigstens aufzeichnen lassen und solcherart als eigenes geistiges Eigentum dokumentieren. Im Sinne der kommerziellen Auswertbarkeit und handwerklichen Nachvollziehbarkeit gibt Frankl in *New Dimensions* folgerichtig solche Anleitungen. Beispielsweise ist im Gegensatz zu dem in Kurven ausschwingenden traditionellen Möbelbein »das überlängte, gerade und sehr zierliche Bein eines der neuen Charakteristika des heutigen Möbels«. Diese Beschreibung versieht Frankl mit einer Skizze, um die Nachvollziehbarkeit noch zusätzlich zu verstärken. Ebenso verfährt er mit dem oberen und unteren Abschluß des neuen Möbels, dem er – wie dem Bein – eine konkrete Erscheinungsform zumißt, die modern sei. Das Gesims des traditionellen *Chippendale-Möbels* kragt stufenweise nach außen vor, während Frankls »modernes« *Skyscraper-Möbel* die gegenteilige Bewegung vollzieht: sein oberes Ende ist stufenweise nach innen eingetreppt. Dieser Kunstgriff hat zwei Effekte: einerseits erscheint das Möbel aus der Untersicht durch die Verjüngung noch höher als es tatsächlich ist, und andererseits stellen sich durch dieses Motiv die eindeutig erwünschten Assoziationen zu den Symbolen des Aufbruches der Vereinigten Staaten – den Wolkenkratzern – ein. Überflüssig zu sagen, daß in Frankls Kompendium schließlich auch noch die Basis der Möbel eine eindeutig definierte »moderne« Formensprache erhält: Während die Basis des *Chippendale-Möbels* sich nach außen stufenweise verbreitert, so ist jene des *Skyscraper-Möbels* in V-förmig eingekerbten Rillen gegliedert, deren äußere Kontur senkrecht verläuft.

Frankl und Frank Lloyd Wright

Eine wesentliche Fragestellung zur Positionierung dieser modernen »Rezepte« im amerikanischen Spektrum der Moderne ist die Beziehung zu Frank Lloyd Wright. Vergegenwärtigt man sich Wrights individualistische Haltung, die aus Textur, Material und freier Forminspiration ihre Entwürfe generiert, so fällt es schwer, Frankls Modedogma damit in Verbindung zu bringen. Trotzdem spricht Wright im Vorwort zu *New Dimensions* direkt zu Frankl: »Kein Soldat wie Sie selbst, der an der Fifth Avenue in der Kampflinie des ästhetischen Kreuzzuges mit der Erfahrung Ihres umtriebigen Schul-Geschäftes steht, könnte es verfehlen, viel Angemessenes, Wertvolles und Neues in bezug auf diesen Kreuzzug zu sagen. Warum sollte ich also in eitler Absicht versuchen, Ihr Werk zu ›ver-

Paul Theodore Frankl, *New Dimensions*,
Vorwort von F. L. Wright, New York 1928

**Paul Theodore Frankl,
Seiten aus** *New Dimensions*,
New York 1928

6 V. M. Lampugnani (Hg.), Lexikon der
Architektur des 20. Jahrhunderts.
Stuttgart (Hatje) 1983, S. 342

schönern‹? Wie jeder andere bin ich neugierig auf Ihr Bildmaterial und Ihre Texte und bin sicher, daß beide einen wertvollen Beitrag – der aus der Erfahrung schöpft – zu jenem Kreuzzug darstellen, der nach meinem Verständnis in der Sache des Stiles als Gegenbewegung zu den ›Stilen‹ geführt wird.«

Wrights Anspielung auf den Kreuzzug *des* Stiles gegen *die* Stile ist nicht ohne weiteres verständlich. Nur die Vergegenwärtigung der zeitgenössischen künstlerischen Rahmenbedingungen kann die Hintergründe dafür aufzuklären versuchen. Wright arbeitete zum Zeitpunkt der Abfassung der kurzen Einleitungsbemerkung für Frankls Buch in seinem *Haus Taliesin* in Spring Green, Wisconsin, an einer Reihe von *Hausprojekten für Chandler*, Arizona. Seine künstlerische Haltung hatte sich seit den *Barnsdall-Häusern* in Los Angeles (1917-20) immer mehr zu einer gleichsam religiösen Interpretation des Bauens hingewendet. Vittorio Magnago Lampugnani hat eine treffende Kurzbeschreibung dieser Periode des Meisters geliefert: »1925 und 1927 brannte Taliesin ein zweites und ein drittes Mal ab. Wright baute es unerschrocken wieder auf und versammelte eine mystisch angehauchte Sekte um sich, die ein streng ritualisiertes Leben um ihren ›Meister‹ führte. 1928 errichtete er das bizarr geformte Ocatillo Desert Camp bei Chandler, Arizona, als provisorische Niederlassung, um später noch weiter in die Wüste vorzudringen.«[6] – Was also, ist man versucht zu fragen, hat Wright zu diesem Zeitpunkt mit dem nicht zuletzt kommerziell motivierten Ehrgeiz eines aus Österreich stammenden Möbeldesigners zu tun, der seine persönliche Stilauffassung propagieren will? Die Antwort darauf liegt in Wrights eigenen Sätzen: ein »Stil« kämpft gegen »Stile«, das heißt im Klartext, daß eine als richtig erkannte künstlerische Grundhaltung als Richtschnur für die anderen – bloß als formale Experimente abgetanen – Ansätze etabliert werden soll.

Wright kann hier jedoch nicht aus einem ansatzweise vorhandenen Mißverständnis – das er vielleicht wissentlich in Kauf nahm – entlassen werden. Seine eigene künstlerische Haltung war ausgesprochen fundamentalistisch, schöpfte aus mystischen Vorstellungen und deutete die künstlerische Laufbahn als Mission, die über weite Strecken die Züge eines Leidensweges annehme. Darin ist er den europäischen Avantgardebewegungen verwandt, die nicht bloß »modern« sein wollten, sondern eine Lebenshaltung aus ihrer künstlerischen Mission machten: in Wien waren das die Secessionisten um Olbrich, Moser und Hoffmann, in Deutschland die Bauhäusler um Gropius, in Rußland die Konstruktivisten um Malewitsch und Lissitzky und in Paris die Kubisten um Picasso – um nur die Eckpfeiler der europäischen Moderne aufzuzählen. Darauf

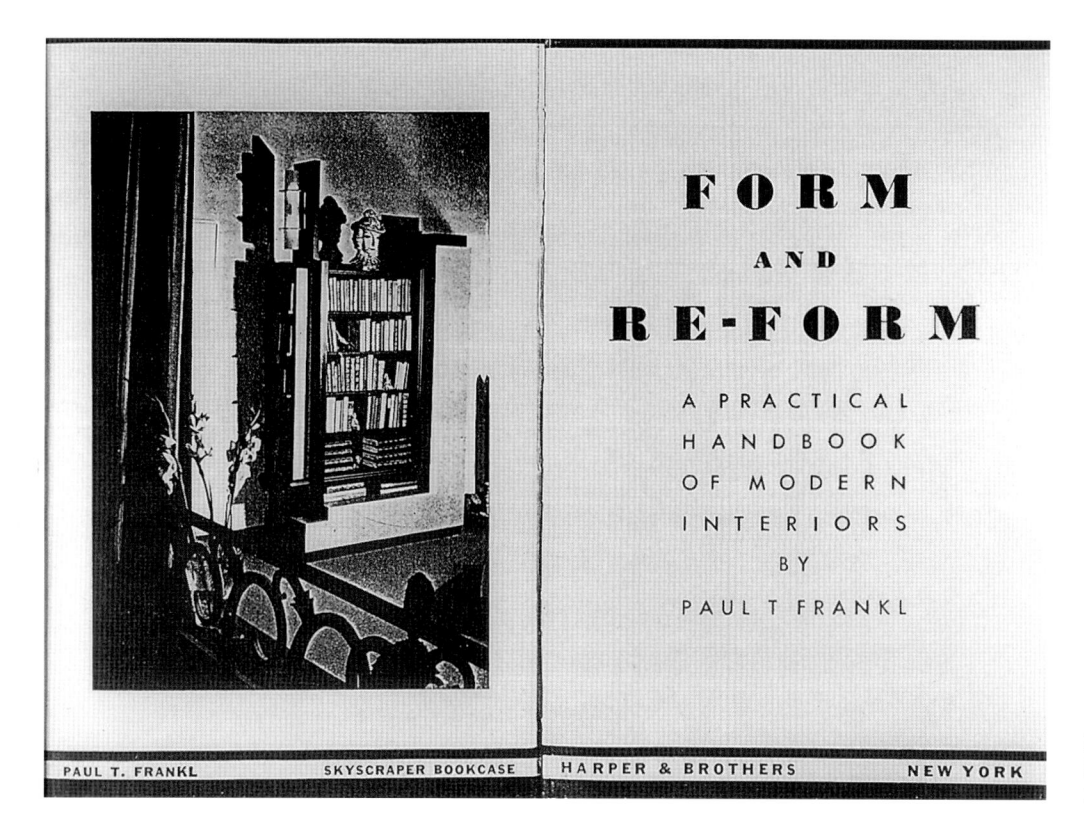

Paul Theodore Frankl, *Form and Re-Form*, New York, 1930

bezog Wright sich zweifellos, wenn er davon sprach, daß ein »Stil« (und damit meinte er: eine Lebenshaltung) den Sieg über die vielen beliebigen und kurzlebigen »Stile« davontragen sollte. Daß er Frankl diesem Lager der »Überzeugungstäter« zuordnete, ist schmeichelhaft. Hinzuzufügen ist allerdings, daß Frankls Ambition wohl tatsächlich weit über die Durchsetzung seiner eigenen kommerziellen Interessen hinausging, da er ja – neben eigenen Arbeiten – die gesamte moderne Designerszene in seine Publikation miteinschließt. Insoferne ist wohl Wrights Vermutung, daß mit dem Engagement für Frankl auch ein Engagement für die gesamte moderne Bewegung – in welcher kompromißhaften Ausformung auch immer – verbunden ist, durchaus korrekt.

»Form and Re-Form«

Einmal auf diesem Weg bestärkt und durch die wirtschaftlichen Erfolge seiner »Lebensgefühl« ausdrückenden Möbel zusätzlich motiviert, schrieb Frankl im Jahre 1930 ein weiteres, in der Aufmachung radikaleres Buch: *Form and Re-Form. A Practical Handbook of Modern Interiors*[7]. Ohne hier im einzelnen auf den Inhalt des Buches einzugehen, sollen seine wichtigsten Charakteristika doch festgehalten werden. Zunächst: Es erschien im gleichen Jahr wie Friedrich Kieslers *Contemporary Art Applied to The Store and Its Display*, in dem in ähnlicher Absicht versucht wird, die Moderne über den Kommunikationskanal des Handels mit Ausstattungsstücken in das amerikanische Bewußtsein, getarnt als harmlose Mode, »einzuschleusen«. Kieslers und Frankls Bücher aus dem Jahr 1930 unterscheiden sich aber grundlegend in Design und Aussage. Während Kiesler betont radikale Thesen zu einer zukünftigen Ästhetik formuliert und illustriert, bezieht Frankl sich realistisch auf das Existierende und die Formensprache der Gegenwart, nicht jene einer visionären Zukunft. Das Layout signalisiert in seinen orthogonalen Balken zeitgeistige Entschlossenheit, und die Bildbeispiele geben wieder einen Querschnitt durch die moderne Designerszene hauptsächlich von Paris und New York. Neu ist, daß jetzt auch die modernen Mitkämpfer aus Österreich, Friedrich Kiesler, Richard Neutra und Wolfgang Hoffmann in das Werk aufgenommen werden. Wie beim ersten Buch fungiert Wright wieder als Pate des Unternehmens, diesmal allerdings nicht mit einem eigens abgefaßten Vorwort, sondern mit Bildbeispielen seiner rezenten Arbeiten.

Die zentrale Botschaft, an der das Werk gemessen werden kann, wird im Kapitel »Style vs. ›Styles‹« vermittelt, das schon im Titel die Kernargumentation des ersten Buches aufgreift. Frankl vertritt wieder eine *umfassende* Aufgabe der modernen Ideologie, und wieder steht dies im

7 New York (Harper & Bros.) 1930

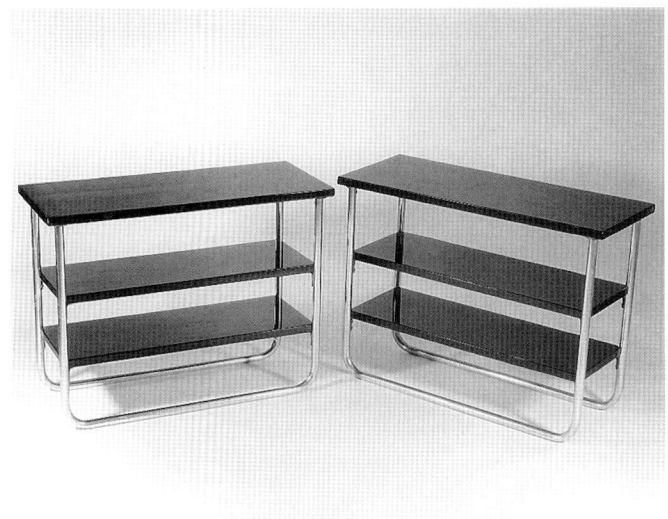

Wolfgang Hoffmann, *Etagère aus Stahlrohr*,
Howell Furniture Company, um 1936, Privatbesitz

Wolfgang Hoffmann, *Tischpaar aus Stahlrohr*,
Howell Furniture Company, um 1936, Privatbesitz

Kontrast zur betonten praktischen Nachvollziehbarkeit der dargebotenen Ästhetik (schon der Untertitel heißt ja schließlich: »Ein praktisches Handbuch«). »Stil«, so Frankl, »ist ein vereinigendes Prinzip, das alle formalen Kreationen einer Periode vereinigt. Stil, möchten wir hinzufügen, ist ein lebendiges, beseelendes Prinzip. Abgeschlossene ›Stile‹ sind tot. Wir können einen ›Stil‹ – Barock, Gotik, Louis Seize – klar definieren, weil er in der Vergangenheitsform auftritt: eine abgeschlossene Handlung. Den zeitgenössischen Stil können wir nur als lebendige, verändernde, pulsierende und transformierende Energie definieren. Sie verändert sich vor unseren Augen und nimmt Formen an, die sich einer Definition zu entziehen scheinen. Trotzdem dringt der Zeitgeist in alle unsere Kreationen und Konstruktionen ein.«

Wolfgang Hoffmann

Mit dieser Agitation wurde Frankl zum Zugpferd des modernen Designs im New York der zwanziger Jahre. In diesem Umkreis und in der von den Stars der Szene – Donald Deskey, Henry Varnum Poor und Norman Bel Geddes – erzeugten Stimmung konnten aber auch weniger bekannte Designer eine, wenn auch bescheidene, Existenzgrundlage finden. Zu diesen Künstlern gehörte Wolfgang Hoffmann, der Sohn des legendären Motors des Wiener Jugendstils, Josef Hoffmann. Er hatte bei Oskar Strnad an der Wiener Kunstgewerbeschule studiert und arbeitete in der ersten Hälfte der zwanziger Jahre im Atelier seines berühmten Vaters. Dieser stand in enger Verbindung mit Joseph Urban, der 1921 in New York auf eigene Kosten eine *Wiener Werkstätte of America* einrichtete. Nach der Pariser »Exposition Internationale des Arts Décoratifs et Industriels Modernes« rechnete man sich in Europa – zusätzlich motiviert von der tristen Wirtschaftslage der Nachkriegszeit – gute Chancen für moderne Designer in Amerika aus, da auf der Pariser Ausstellung starkes Interesse einflußreicher Amerikaner an der »neuen Mode des Kunstgewerbes« sichtbar geworden war.

Unter diesen Auspizien gelangte nicht nur Friedrich Kiesler, sondern auch Wolfgang Hoffmann nach Amerika. Sein »Einstieg« verlief aber in geordneteren Bahnen als jener Kieslers – die Unternehmungen des letzteren endeten bekanntlich in einem finanziellen Kollaps. Offensichtlich hatte Josef Hoffmann seinem Sohn Wolfgang eine Stellung im Atelier Joseph Urbans vermittelt, in dem es sich aufgrund der Vielzahl an Aufträgen an den gesuchten Designer gut auskommen ließ. Gemeinsam mit seiner Frau Pola, die eine Schülerin Josef Hoffmanns war, konnte Wolfgang sich also rege in der New Yorker Designerszene engagieren und stattete bald das

Paul Theodore Frankl,
Frankl Galleries,
Los Angeles, um 1940
(© Julius Shulman)

Little Carnegie Playhouse aus, ein Kino, das nicht mehr erhalten und nur durch eine Publikation in Frankls *Form and Re-Form* überliefert ist: »Der Empfangsraum des Little Carnegie Playhouse in New York City ist ein schlagendes Beispiel für den Horizontalismus in der Innendekoration. Die Wände sind aus lackiertem Tuch, die in zinnoberrote, hellgrüne und goldene Querfelder unterteilt sowie von schwarzen Holzleisten gerahmt sind.« Neben solchen – raren – Ausstattungsaufträgen beschäftigte sich das Ehepaar Hoffmann vor allem mit Metallarbeiten, von denen eine Anzahl überliefert ist.

Das Schicksal der Art Déco-Designer nach der Wirtschaftskrise

Eine entscheidende Wende ergab sich für alle Art Déco-Künstler nach dem Börsenkrach und der Weltwirtschaftskrise. Hoffmann hatte bei der »Century of Progress«-Weltausstellung in Chicago 1933 einige Entwurfsaufgaben übernommen. Durch seine *Einrichtung des Holzpavillons* als Assistent Urbans (der das Farbkonzept der gesamten Ausstellung entworfen hatte) stellte er die Verbindung zur Howell Furniture Company her, die ihn in der Folge als Entwerfer für ihre *Stahlmöbel* engagierte. Durch die Umstellung dieser Firma auf Kriegsproduktion im Jahre 1942 war allerdings auch dieser Lebensabschnitt Hoffmanns bald Geschichte. Fortan wirkte er als Photograph.

Auch den New Yorker Aktivitäten von Paul Theodore Frankl war bald nach dem Börsenkrach die Grundlage entzogen. Im Jahre 1934 übersiedelte er nach Los Angeles, wo er einen zweiten Versuch startete, mit moderner Ausstattungskunst zu reüssieren. Die *Frankl Galleries* konnten aber in der kalifornischen Szene keinen Durchbruch mehr erzielen, der jenem im New York der zwanziger Jahre vergleichbar gewesen wäre.

Die Art Déco-Mode der achtziger Jahre hat für die modernen amerikanischen Designer der zwanziger Jahre eine gewisse Renaissance gebracht. Viele Stücke kamen auf den Markt und wurden zu Höchstpreisen an eine euphorisierte Sammlergemeinde verkauft. Publikationen erschienen zuhauf, unter denen so grundlegend wichtige Kompendien waren wie Alastair Duncans *American Art Deco*.[8] Die Euphorie der »Reaganomics« – übrigens vergleichbar mit dem Nachkriegsauf-

Paul Theodore Frankl,
Frankl Galleries,
Los Angeles, um 1940
(© Julius Shulman)

[8] Alastair Duncan, American Art Deco. New York (Abrams) 1986. Weitere Schlüsselarbeiten sind: Karen Davies, At Home in Manhattan. Modern Decorative Arts 1925 to the Depression. New Haven (Yale) 1983, sowie Richard Guy Wilson/Dianne H. Pilgrim/Dickran Tashjian (Hg.), The Machine Age in America 1918-1941. New York (Abrams) 1986

Paul Theodore Frankl, *Frankl Galleries*, Los Angeles, um 1940
(© Julius Shulman)

Paul Theodore Frankl, *Frankl Galleries*, Los Angeles, um 1940
(© Julius Shulman)

bruch 1925-29 – ist inzwischen abgeflaut und einer vom unmittelbaren Umsatzstreben weniger belasteten Einschätzung dieser Periode gewichen. Dabei zeigt sich, daß die angestrebte Erorberung des amerikanischen Marktes mit modernem Design in den zwanziger Jahren nicht stattgefunden hat, sondern zeitlich und örtlich nur begrenzt wirksam werden konnte. Die Brennpunkte waren die Wohnungen und Salons der Reichen in New York und Miami, das damals eine winterliche Satellitenstadt der nördlichen Metropole war.

Die Kurzlebigkeit des amerikanischen Art Déco in allen Varianten mag als Beleg dafür gewertet werden, daß die durchgehend zu beobachtende Übernahme bloß formaler Details der modernen europäischen Bewegung an Stelle der umfassenden Ideologie, welche diese Formen erst hervorgebracht hat, in Amerika folgerichtig auch in der totalen Abhängigkeit von der wirtschaftlichen Situation der Klientel verbleiben mußte. Eine Ausstellung wie jene des »Einfachen Hausrats« – veranstaltet vom Wiener Museum für Kunst und Industrie als Reaktion auf die vom Ersten Weltkrieg verursachte wirtschaftliche Situation – wäre als Gemeinschaftsaktion der modernen New Yorker Designer der zwanziger Jahre undenkbar gewesen – und war es auch nach dem Börsenkrach, als der Bedarf dafür wohl gegeben war. Darin mag auch der grundlegende Unterschied zwischen modernem amerikanischen und europäischen Design gesehen werden: Während die Protagonisten in Europa trotz Kriegen und Krisen dieselben blieben und sich jeweils mit der wirtschaftlichen Situation in ihrer Arbeit auseinandersetzten, kamen und gingen die amerikanischen modernen Designer völlig synchron mit den Wellenschlägen der Wirtschaftszyklen – entsprechend schwieriger ist es auch, ihre jeweiligen Werke aus der historischen Distanz zu rekonstruieren und damit die amerikanische Kulturgeschichte zu schreiben.

623 *Latrobe Avenue*, Chicago, um 1914
Photo von Fred J. Mimkes

TRANSATLANTISCHE BEGEGNUNGEN
Der Wagnerschüler Rudolph M. Schindler in den Vereinigten Staaten

August Sarnitz

Die wichtigsten Erfindungen der Wagnerschule wurden aber weder in Wien noch in Prag wirklich verstanden und weiterentwickelt. Rudolf Schindler, einer der letzten echten Schüler Wagners, trug die Gedanken der Schule nach Kalifornien. Seine Kunst bildet ein fast perfektes Amalgam der Werke seiner Herkunft und Frank Lloyd Wrights, für den er lange Zeit Assistent und Werkstattleiter war.

Otto A. Graf

Sie fuhren zwei Tage und zwei Nächte. Jetzt erst begriff Karl die Größe Amerikas.

Franz Kafka, Amerika

Die 190 Schüler, welche bei Otto Wagner an der Akademie der bildenden Künste in Wien in der Zeit von 1894 bis 1914 studierten, erlebten die Architekturdiskussion in einer Zeit des großen Umbruches. Wagners ausgeführte Bauten und die Schulprojekte an der Akademie zeugen von einer ungebrochenen Begeisterung für den Fortschritt des 19. Jahrhunderts, welcher auch durch die selbstbewußten und programmatischen Texte von Otto Wagner und seinen Schülern dokumentiert wird. Der geänderte Titel von Otto Wagners Architekturlehrbuch *Moderne Architektur* (1. – 3. Auflage 1896, 1898, 1902) zu *Die Baukunst unserer Zeit* (1913) zeigt diesen Umbruch in einer besonderen Weise.

Konkrete Informationen über das zeitgenössische Bauwesen in den USA waren in deutschsprachigen Zeitschriften reichlich vorhanden, jedoch bezogen sich diese Berichterstattungen mehr auf die städtebaulichen und bautechnischen Leistungen der Vereinigten Staaten als auf die architektonischen Entwicklungen. Die Artikel waren erst nach 1880 größtenteils mit Abbildungen versehen. Für die Vermittlung von Architektur ist diese Tatsache von größter Wichtigkeit. Für einen Architekturstudenten wie Rudolph M. Schindler[1] gab es hauptsächlich zwei deutschsprachige Architekturzeitschriften, die regelmäßig über die USA berichteten: die ›Deutsche Bauzeitung‹ (DBZ) und die ›Schweizerische Bauzeitung‹ (SBZ). In der österreichischen Zeitschrift ›Der Architekt‹ fanden sich selten Artikel über die Vereinigten Staaten. Die ausführlichsten und wichtigsten vor 1914 veröffentlichten Artikel in der DBZ umfassen Berichte über das amerikanische Landhaus im allgemeinen, über Henry Hobson Richardson, über die Weltausstellung in Chicago 1893 (Adolf Loos besuchte diese Ausstellung), einen ausführlichen architektonischen Reisebericht über Nordamerika (1894) sowie einen Bericht über hohe Wohngebäude in Nordamerika und Central Station in New York;[2] in der SBZ erschien ein detaillierter architektonischer *Reisebericht aus den Vereinigten Staaten von Nordamerika* (1901).[3]

Der in Zusammenhang mit der europäischen Amerikareflexion wichtigste Artikel vor dem Ersten Weltkrieg ist von H.P. Berlage, *Neue amerikanische Architektur* (1912), und beschreibt die neuesten Bauwerke von Sullivan und Wright: »Das Meisterwerk Sullivans scheint mir aber ein Bankgebäude zu sein, das er erst neulich in der kleinen amerikanischen Stadt Owatonna (Minnesota) gebaut hat. Wie ein grosser Geist immer wieder neue Ueberraschungen bringt, so auch Sullivan, denn dieses Gebäude sieht dem vorher genannten absolut nicht ähnlich.«[4] Bezüglich der

Rudolph M. Schindler,
Projekt für ein Hotel »Rong«, Wien, 1912

---

1 Dieser Aufsatz reflektiert eine Vielzahl von Gedanken und Ideen, die in meinem Buch über Rudolph Schindler, Wien (Brandstätter) 1986 und New York (Rizzoli) 1988 dargelegt wurde. Besonderer Dank für viele Diskussionen gebührt Prof. Otto A. Graf, Akademie der bildenden Künste in Wien, Prof. Stanford Anderson, Massachusetts Institute of Technology, USA, Prof. David Gebhard sowie Prof. Lionel March, University of California at Los Angeles. Mein herzlicher Dank gilt auch Mark Schindler, Sohn von Rudolph Schindler, Bob Sweeney, Director of the Friends of the Schindler House, sowie Prof. Kathryn Smith, und last not least, den beiden ersten Schindler-Forschern Esther McCoy und Hans Hollein für ihre wertvollen Hinweise.
2 Die ›Deutsche Bauzeitung‹ veröffentlichte in den Jahren 1881 bis 1914 zahlreiche Berichte über die Architektur in den Vereinigten Staaten.
3 F. Bluntschli, *Reiseeindrücke aus den Vereinigten Staaten von Nordamerika*. In: SBZ, 20.7.1901, S. 23
4 H. P. Berlage, *Neuere amerikanische Architektur*, SBZ 14. und 21.9.1912, S. 148

Bauwerke von Wright hebt Berlage deren besondere Bedeutung und Eigenständigkeit hervor und schreibt: »Sein Schüler ist Frank Lloyd Wright, ein Architekt von ganz besonderer Bedeutung. Ich weiss nicht, ob Sullivan in Paris studiert hat, aber Wright ist ein Schüler der École des Beaux-Arts. Doch hat auch er, wie Sullivan, in seiner Formgebung nichts, was an die historischen Stile erinnert, sondern eine ganz selbständige Architektur. Zwar lehnt er sich mehr wie sein Lehrer an die modernen Europäer an, indem er wie diese nach Einfachheit der Massen strebt und das Ornament ganz nebensächlich behandelt, aber seine Massengruppierung ist wiederum so originell, dass man schliesslich von europäischer Tendenz nichts mehr bemerkt.«[5]

Die folgenden, äußerst kritischen Bemerkungen von Rudolph Schindler aus dem Jahr 1920 über amerikanische Architektur erscheinen im ersten Moment als krasser Gegensatz zur allgemeinen Amerika-Euphorie. Bei genauerer Betrachtung erkennt man aber in Schindlers Feststellung den Unterschied zwischen den europäischen Besuchern und den europäischen Emigranten. Letztere konnten besser zwischen amerikanischem Mythos und amerikanischer Realität differenzieren: »Wenn ich von der ›amerikanischen Architektur‹ sprechen soll – muß ich gleich sagen, daß es eigentlich noch keine solche gibt. Ein paar Anfänge sind da – doch niemals hat sich die Baukunst wirklich mit ›Amerika‹ vermählt, und die paar Wolkenkratzer, die die ungeheure Lebenskraft der endlosen fruchtbaren Prärien emportrieb, haben nichts Menschliches an sich. Die einzigen Bauten, die von wirklichem Gefühl für den Boden der sie trägt zeugen, sind die alten Lehmziegelbauten der ersten Einwanderer und ihrer Nachfolger – Spanier und Mexikaner – im südwestlichen Teil des Landes. Das was der gebildete Amerikaner mit sentimentalen Heimatkunst-Gefühlen als sein erklärt, der ›Colonial style‹, ist ein Versuch europäisches Mileu – dutch, englisch – ins neue Land zu verpflanzen, der zusammenbrach sobald der Strom von besseren Einwanderen aus jenen Ländern versiegte. Und alles was übrig ist sind ein paar alte schöne Gebäude im Osten und die unglückliche Tendenz der Nachkommen alles Europäische nachzuahmen – was sie zuletzt hoffnungslos in die Hände der Pariser École des Beaux-Arts trieb.«[6]

Schindler und Frank Lloyd Wright

Wahrscheinlich hatte Schindler die Arbeiten von Frank Lloyd Wright im Jahre 1910 oder 1911 durch die Publikation *Ausgeführte Bauten und Entwürfe* (Berlin 1910) kennengelernt.[7] Schindler merkt in seinem Artikel *Space Architecture* (1934) an, daß ihm die Bibliothekarin in Wien an der Akademie der bildenden Künste im Herbst 1911 ein Portfolio ausgehändigt hat – die Arbeiten von Frank Lloyd Wright.

Schindler akzeptierte im Herbst 1913 ein Angebot für einen Dreijahresvertrag als Zeichner für die Chicagoer Architekturfirma Henry A. Ottenheimer, Stern und Reichert (OSR). Am 7. März 1914 traf er mit dem Schiff in New York ein und arbeitete bis 1917 in Chicago für das Atelier OSR. Schindlers Beschreibungen in Briefen geben ein eindrucksvolles Bild seiner Erwartungen und Enttäuschungen wieder. In New York beeindrucken ihn die Wolkenkratzer durch ihre Höhe und Vielzahl, besonders bewundert er die technischen Innovationen wie Fahrstühle, Versorgungsleitungen und Heizungen, über die handwerklichen Ausführungen derselben ist er jedoch sehr enttäuscht. *Woolworth Building* mit 58 Stockwerken war zur damaligen Zeit das höchste Gebäude, die Anzahl der dort arbeitenden Leute entsprach der Einwohnerzahl einer kleinen Stadt. Besonders hervorgehoben wird von Schindler die Tatsache, daß täglich ca. 50.000 Leute das *Hudson Terminal Building* durchlaufen, was damals der Einwohnerzahl von München entsprach. Seine Ausführungen über die Stahlbauten geben konstruktive Details und Prozentsätze der Kalkulation wieder. Enttäuscht hingegen zeigt er sich über die mit Ölfarbe gestrichenen Wände (Ausnahme bilden die marmorverkleideten Eingangshallen und Korridore) und die weitverbreiteten Stilfassaden, die von jeglicher ornamentalen Form bis zur »bemalenen Blechgothik« (painted tin gothic) reichen. Aus Schindlers Notizen aus dieser Zeit geht hervor, daß sein Enthusiasmus über die neue amerikanische Architektur durch die Realität stark reduziert wurde. Er notierte im Jahre 1914: »Was uns das Gefühl der Modernität in der amerikanischen Architektur vermittelt ist für den amerikanischen Architekt der Ausdruck jener zurückweisenden Kräfte, die er ›Kontraktor und Budget‹ nennt.«[8] Mit seiner Tätigkeit in Chicago begann Schindler auch Artikel und Abbildungen aus Architekturzeitschriften und Zeitungen zu sammeln, wobei für ihn von besonderem Interesse die konstruktiven und technischen Aspekte des Bauens waren. Zu dieser Zeit interessierte ihn weniger die Form als die »Haustechnik« (Heizung, Beleuchtung, Aufzüge etc.), die für urbane Großprojekte wie Bürogebäude und Hotelbauten benötigt wurde.

Schindler hatte Frank Lloyd Wright des öfteren bezüglich einer Mitarbeit angesprochen, das

5 ebenda, S. 150
6 Brief von Schindler an Neutra, Los Angeles, Dezember 1920 oder Januar 1921, University of California at Santa Barbara, Architectural Drawings Collection, Schindler-Nachlaß
7 vgl. auch Montgomery Schuyler, *An Architectural Pioneer*. In: Architectural Record, April 1912, S. 427-435
8 Schindler-Nachlaß (zit. Anm. 6)

Luftaufnahme von Los Angeles, 1922

erste Mal im Jahr 1916. Wright akzeptierte ihn schließlich 1917 als Mitarbeiter wegen seiner Ausbildung als Architekt und Bauingenieur im Hinblick auf die zu erstellenden Ausführungspläne des *Imperial Hotels* in Tokio.

Anfangs arbeitete Schindler ohne Bezahlung bei Wright und lebte durch den Verkauf von Entwürfen und Werkplänen, von Aufträgen an Freunde. Es gibt kaum Aufzeichnungen aus dieser Zeit. Der Briefwechsel mit Richard Neutra und anderen ehemaligen Freunden wie Rudolf Wondracek, den Architekten Franz Kaym und Alfons Hetmanek oder mit seinen früheren Arbeitgebern Hans Mayr und Theodor Mayer gibt keine Auskunft über Schindlers Situation.[9] Schindler arbeitete für Wright bis 1923, wobei er jedoch die letzten zwei Jahre nur zeitweise für ihn tätig war.

Im Februar 1918 übersiedelte Wright mit seinem Büro und seinen Mitarbeitern von Oak-Park – wo er seit 1895 gearbeitet hatte – nach Taliesin, um dort die Ausführungspläne für das *Imperial Hotel* zu beginnen, an dem er von 1916 bis 1922 arbeitete. Es ist das räumlich und formal komplexeste Gebäude, das er je entworfen hat. Man kann das *Imperial Hotel* als das Meisterwerk der ersten Werkperiode Wrights bezeichnen. Gleichzeitig mit diesem Auftrag in Japan entwarf er das *Hollyhock House* für Aline Barnsdall am Olive Hill in Hollywood. Schindler war damit beschäftigt, an den Ausführungsplänen des *Imperial Hotels* zu arbeiten, als Wright ihn bat, an die Westküste zu ziehen, um die Bauarbeiten des *Hollyhock Kulturzentrums* zu beaufsichtigen. Im Dezember 1920 zogen die Schindlers nach Kalifornien.

Erste Arbeiten in Kalifornien

Nach der Fertigstellung des *Barnsdall-Projektes* entschied sich Schindler, in Kalifornien zu bleiben. Er arbeitete noch zeitweise für das Büro von Wright und baute sein eigenes privates Atelier auf. Überraschenderweise zeigen Schindlers Projekte der zwanziger Jahre wenig Einfluß von Wright in bezug auf die formale Ausbildung. Die Gebäude sind kubischer und puristischer als die Gebäude von Wright, die räumliche Organisation, die Haltung gegenüber dem Maßstab, die Fenster und die Materialien deuten aber klar auf die lange Zusammenarbeit der beiden Architekten hin.[10]

Der Einfluß auf Schindlers eigene architektonische Entwürfe kann am besten an seinem *Haus in der Kings Road*, Hollywood, beobachtet werden. Beeinflußt von Ralph Waldo Emerson, Jean-Jacques Rousseau, Henry David Thoreau, Louis Sullivan und Frank Lloyd Wright, wurde »Natur« für Schindler zu einem der wichtigsten Begriffe in seiner Architektur. Natur und Architektur waren

---

9 ebenda, Brief von Theodor Mayer an R.M. Schindler, Wien, 20.9.1919. Mayer erkundigte sich bei Schindler nur über dessen Tätigkeit bei Wright, demzufolge hatte Schindler nichts diesbezügliches geschrieben. Zu den Arbeiten, an denen Schindler bei F.L. Wright weitgehend mitgearbeitet hat, gehören: *J.P. Shampay House*, Chicago; *Projekt für ein »Monolith Home«*, 1919; *Haus für J.G. Irving*, Wilmette, Illinois, 1920, Projekt; *Apartmenthaus für Schauspieler*, Olive Hill, Los Angeles, für Mrs. A. Barnsdall, 1920, Projekt; *Direktorhaus*, Olive Hill, Los Angeles, 1920 (diese Pläne wurden von Schindler angefertigt und von Wright genehmigt); *Terrassengeschäfte*, Olive Hill, Los Angeles, 1920, Projekt; *Haus Oleanders für Mrs. A. Barnsdall*, Olive Hill, 1920 (zerstört); *Eagle Rock House für C.P. Lowes*, 1922, Projekt; *Millard House*, Pasadena, 1922-23, Werkpläne von Schindler, sowie *Samuel Freeman Residence*, Los Angeles, Möbelentwürfe und Einrichtung von Schindler.

10 vgl. hierzu die Publikation von Kathryn Smith, Frank Lloyd Wright. Hollyhock House and Olive Hill. New York (Rizzoli) 1992

nicht bloß zwei verschiedene Aspekte des menschlichen Lebens, vielmehr waren die Bauwerke Teil der Natur.

Wien und Los Angeles – Gegensätze zweier Metropolen

Es war den politischen und ökonomischen Umständen zuzuschreiben, daß Schindler nicht mehr nach Österreich zurückkehrte. Aus Briefen seiner früheren Freunde erfuhr er von der aussichtslosen Situation nach dem Ersten Weltkrieg, und obwohl Schindler des öfteren in den Briefen an Wondracek, Kaym und Mayer in Wien seinen Wunsch nach einer Rückkehr äußerte, blieb er in Los Angeles.

Der Gegensatz zwischen Wien und Los Angeles im Jahr 1920 wird exemplarisch durch den Unterschied zwischen der *Ringstraße* und dem *Wilshire Boulevard* beschrieben. Die Ringstraße mit ihren historischen öffentlichen und kulturellen Bauwerken war nicht nur Ausdruck und Selbstdarstellung einer der ältesten Monarchien Europas, sondern reflektierte auch das Bewußtsein, daß hier in Form eines ästhetisierten und prunkvollen Rahmens das Herz einer Stadt eingerahmt wurde, die über Jahrhunderte Zentrum einer Gesellschaft mit komplexen politischen, wirtschaftlichen und kulturellen Ereignissen war.

Der ungetrübte Optimismus und das unvoreingenommene Laisser-faire galten als Kennzeichen von Südkalifornien, wobei sich der »American Way of Life« immer mehr in einem »Californian Way of Life« widerspiegelte, nicht zuletzt aufgrund der Massenmedien und Hollywood-Filmproduktionen, die trotz aller berechtigter Vorbehalte die Lebensweise Amerikas ideell und real aufs Grundsätzlichste mitbestimmten.

Los Angeles ist nach New York diejenige Stadt in den Vereinigten Staaten, welche den »lifestyle« grundlegend verändert hat.[11] Hierzu gehört nicht nur die Auffassung des Wohnens, sondern auch die Einstellung zur Mobilität, zum Auto und zur Kommunikation. Das traditionelle Kennzeichen der Stadt, die Polarität von öffentlichen und privaten Bereichen, entwickelte zwar auch in Los Angeles eine »City«, aber es fehlt ihr die Permanenz und die Zentralität. Dieser Verlust der Zentralität und die daraus resultierende uniforme Linearität der Stadtlandschaft führten konsequenterweise zu einer ahistorischen Verwendung eines historischen, postromantischen Haustypus: des Einfamilienhauses in der Gartenstadt. Mit der immensen Ausdehnung von Los Angeles und

dem Einfamilienhaus im Grünen wurde diese Stadt das Abbild der »Metropolis Suburbia«. Als Schindler im Jahre 1920 in Los Angeles ankam, erlebte die Stadt einen Prozeß rapider Expansion. Die Bevölkerung von Hollywood stieg in den zwanziger Jahren von 36.000 auf 250.000 Einwohner. Los Angeles war weniger eine Stadt im eigentlichen Sinn als ein loses Arrangement von verschiedenen Städten wie Hollywood, Santa Monica, Pasadena und anderen.

Zur Raumarchitektur von Rudolph M. Schindler

Der wichtigste Beitrag Schindlers zur Architekturdiskussion der Moderne in der ersten Hälfte des zwanzigsten Jahrhunderts ist sein konsequenter Hinweis auf die Architektur als »Raumkunst«. Die Qualität der Architektur ist unabhängig von den verwendeten Materialien, von Glas oder Stahl. Alle Materialien sind nur Hilfsmittel, um den Raum zu gestalten. Somit erhebt die Architektur einen Qualitätsanspruch unabhängig von teuren Materialien und aufwendigen Konstruktionen. Die Räumlichkeit und das »Er-räumen« von Raum werden als das innere Wesen der Baukunst angesehen. Licht und Oberflächen definieren Räumlichkeit. Die Funktion gilt es zu erfüllen, die Konstruktion bedingt die technische Umsetzbarkeit einer Raumidee. Diese radikalen Gedanken hat Schindler bereits in seinem ersten längeren Text zur Architektur im Jahr 1912 dargelegt und wiederholte Male in Publikationen aufgezeigt.[12]

Die Grundgedanken von Wright und Schindler korrespondieren besonders stark hinsichtlich der Rolle von »Maschine« und von »Konstruktion« im neuen Bauen. Von beiden wird die Maschine als die verändernde Kraft der traditionellen Welt und Architekturauffassung, die Konstruktion als zukünftiger variabler (traditionell: konstanter) Faktor beim Bauen gesehen, da durch die technischen Möglichkeiten dem Architekten ein größerer »Freiraum« gegeben wird.

Notizen über Architektur und Kunst

Im Jahr 1914 schrieb Schindler in Chicago fünf kleine und bislang unpublizierte *Notizen über Architektur und Kunst*, die eine sehr augenscheinliche Beziehung zu seinem Manifest *Moderne Architektur* (1912) haben. Diese Notizen führen die Ideen von Architektur als Raumkunst weiter aus und verwerfen gänzlich Ornament wie auch Architektur als traditionelle Kunst. Schindlers Chicagoer Notizen und seine Briefe an

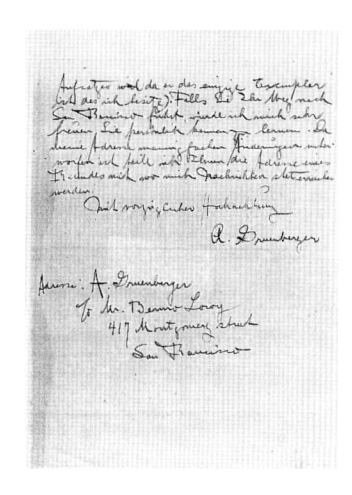

Arthur Grünberger, *Brief an R. M. Schindler*, 23. Juli 1924, University of California, Santa Barbara

11 Zur Geschichte und Architektur von Los Angeles vgl. die Bibliographie im Anhang.
12 1985 wurde im Schindler-Archiv in Santa Barbara von Barbara Giella das Originalmanuskript aufgefunden (siehe den Erst-Abdruck im vorliegenden Band). Bis dahin existierten nur vier Seiten mit einer englischen Übersetzung des Manifestes. Aus diesem Grund hatte 1961 Hans Hollein erstmals eine eigene auszugsweise Übersetzung des Manifestes publiziert (Hans Hollein, Rudolph Schindler. In: Aufbau, Nr. 3, Wien 1961, S. 102-108). In Sarnitz, R.M. Schindler (zit. Anm. 1), wurde eine komplette und adaptierte Übersetzung des Manifestes publiziert.

Rudolph M. Schindler, *Wohnhaus Schindler/Chace*, North Kings Road, Los Angeles, 1921-22, Wohnraum
(© Julius Shulman)

Neutra enthüllen einige kritische und pessimistische Gefühle über die moderne amerikanische Architektur. Rückblickend erscheint es zulässig, Schindlers *Manifest von 1912* als die Summe seiner theoretischen Überlegungen anzusehen, die er seit seiner ersten Begegnung mit Wright (durch die *Wasmuth-Mappe*, 1910) angestellt hatte und die er während seiner Zusammenarbeit mit Wright weiter vervollständigte. Man kann daher das *Manifest* als eine Gedankensammlung der frühen Jahre ansehen.

Aus Schindlers *Chicagoer Notizen* (1914) entwickelt sich sein berühmter Artikel *Space Architecture* (*Raum-Architektur*, 1934). Die wichtigste Notiz: »Architektur ist Raumkunst – beschäftigt sich deshalb nur indirekt mit Objekten – Räume sind begrenzte Oberflächen – Oberflächen sind verschieden in Textur und Farbe – Raumform, Textur und Farbe sind in Wirklichkeit die Angelegenheiten des Architekten. Linien sind immer eine Dekoration der Oberfläche – und aus diesem Grund unwichtig – Masse – Form – Bildhauerei ist der Gegensatz der Architektur.«[13] Schindlers Architekturvorstellung beruht auf der raumschaffenden »Lagebeziehung« von Körpern. Weder Funktion, Konstruktion noch Bautechnologie sind für ihn die determinierenden Faktoren, die Architektur hervorbringen. Schindler beschreibt deshalb die Haltung des modernen Architekten als »not primarily concerned with the body of the structure and its sculptural possibilities. His one concern is the creation of space forms – dealing with a new medium as rich and unlimited in possibilities of expression as any other media of art: color, sound, mass, etc.«[14]

Die Umsetzung von Schindlers Raum-Architektur findet konsequent in seinen Bauten statt. Bereits sein erstes Haus, ein *Doppelhaus* für ihn selbst und seinen Partner Clyde Chace, bricht mit allen Konventionen der Baumaterialien und der Grundrißkonzeption. Heute zählt dieses Haus zu den Ikonen der modernen Architektur in Amerika.

13 Schindler-Nachlaß (zit. Anm. 6)
14 vgl. Anm. 12

Rudolph M. Schindler, *Wohnhaus James E. Howe*, Silver Ridge Avenue, Los Angeles, 1925

Rudolph M. Schindler, *Wohnhaus James E. Howe*, Silver Ridge Avenue, Los Angeles, 1925, Wohnraum

Haus Schindler
– Experimente mit dem Raum

Schindlers eigene Worte charakterisieren seine Konzeption einer »Raum-Architektur« am präzisesten: »The distinction between the indoors and the out-of-doors will disappear. The walls will be few, thin and removeable. All rooms will become part of an organic unit, instead of being small separate boxes with peepholes.« Schindlers Entscheidung, in Los Angeles zu bleiben, wurde durch den Bau seines eigenen Hauses in den Jahren 1921-22 bestärkt. Nach relativ kurzer Planung entstand das *Doppelhaus Schindler-Chace*, ein Idealprojekt in Hinblick auf Entwurf, Bautechnologie und soziales Wohnmuster. Das Haus war ein Experiment und wurde aufgrund einer provisorischen Baugenehmigung gebaut, die jederzeit wieder hätte entzogen werden können.

Entwurflich basiert das Haus auf Schindlers Überzeugung, daß für jeden Bewohner ein getrenntes Studio-Apartment zur Entfaltung seiner eigenen Persönlichkeit existieren sollte, wobei je zwei Studios einen Patio umschließen, dem die Rolle des traditionellen Wohnraums zugedacht war. Konstruktiv verwendete Schindler das »tilt-slab«-System, eine Präfabrikationsmethode für Betonwandeinheiten, die von dem kalifornischen Architekten Irving Gill entwickelt worden war.

Die von Frank Lloyd Wright geforderte Zerstörung des schachtelförmigen Wohnhauses (»destruction of the box«) und die Idee des kontinuierlichen Raumes wurde von Schindler in seinem Haus grundsätzlich realisiert. Er löst die Ecken, indem er sie transparent macht, räumlich auf. Die statische Last wird nicht an den Eckpunkten durch Mauern oder Säulen betont, sondern durch Kragarme an anderer Stelle aufgenommen, die dadurch gewonnene freie Ecke wird verglast. Visuell expandiert dadurch der Raum über seine materielle Begrenzung, die tatsächliche Dimension des Gebäudes wird entmaterialisiert.

Schindler blieb jedoch nicht bei der »Auflösung der Ecke« stehen. Mit dem Loslösen der Wand von ihren äußersten Raumbegrenzungen folgt auch die räumliche Neudefinition der Decke: Sie ist nicht »Abdeckung« der Raumschachtel, sondern bildet durch ihre Höhendifferenzierung Raumbereiche aus. Mit Hilfe der veränderten Raumhöhen konnte Schindler psychologisch die Begrenzung verschiedener Tätigkeitsbereiche definieren, ohne deshalb Wände verwenden zu müssen. Infolgedessen signalisieren geringe Raumhöhen Bereiche für das Sitzen, während Bereiche des Arbeitens und der Bewegung größere Deckenhöhe erfordern. Der Übergang zwischen Innen- und Außenraum wird durch eine besonders niedrige Durchgangshöhe der Schiebetüren angedeutet.

Schindlers *Haus in der Kings Road* kann als »Typus« betrachtet werden: Erstens reflektiert und interpretiert es die theoretischen Schriften, zweitens werden architektonische Elemente, For-

Rudolph M. Schindler,
Sommerhaus C. H. Wolfe,
Catalina Island, 1928-29

men, Materialien und Lichtführungen in einem protoypischen Weg verwendet, sie kehren in späteren Werken wieder. Die *Pueblo Ribera Ferienhaussiedlung* (1923) adaptiert das prinzipielle Studio-Element des *Hauses in der Kings Road* für ein Ferienhaus als Cluster-Siedlung.

Hanghäuser

Besondere Veränderungen in den Entwürfen von Rudolph Schindler treten auf, wenn es sich um die Bebauung von Hanggrundstücken handelt. Bilden die erdgeschossigen Wohnhäuser den ersten »Bautypus«, so entsteht mit den Hanghäusern der zweite »Bautypus«, der sich vom Ende der zwanziger Jahre in unterschiedlicher Interpretation bis in Schindlers Spätwerk fortsetzt. Den ersten Versuch, das Hanghaus neu zu entwickeln, stellte das *Haus für James E. Howe* in Los Angeles (1925) dar, dessen Grundriß sich auf vier Quadraten um einen zentralen Raumkubus aufbaut. Schindler hatte Wrights Diktat übernommen, daß ein Hanghaus Teil des Geländes werden sollte und nicht ein auf einen Hang gesetztes Stadthaus sein dürfe. In beispielhafter Weise illustriert das *Haus für C.H. Wolfe* auf Catalina Island (1928) dieses Prinzip. In mehreren Etagen wiederholt es die Topographie des Geländes, wobei im Innenraum zusätzliche Höhendifferenzierungen zwischen Wohnraum und Schlafräumen auftreten.

Mit dem zunehmenden Wachstum von Los Angeles in den dreißiger Jahren wurden die angrenzenden Berghöhen von Silver Lake, Beverly Hills, Bel Air, Hollywood Hills, Eagle Rock und Glendale besiedelt. Dadurch wuchs auch die Bedeutung des Hanghauses im Werk Schindlers. In dieser Zeit entstanden unter anderem das *Haus Elliot*, Los Angeles (1930), das *Haus Oliver*, Los Angeles (1933-34), die Projekte für die *Hanghäuser für Milton Sheps*, Los Angeles (1934-35), und *William Jacobs*, Beverly Glen (1936), sowie die *Häuser für Elisabeth van Patten*, Silver Lake (1934-35), und das spektakuläre *Haus für Ralph G. Walker*, Los Angeles (1935-36). Obwohl diese Hanghäuser durch unterschiedliche Architekturelemente und Betonung einzelner Aspekte wie Konstruktion, Dachform und Terrassenausbildung visuell ein heterogenes Bild darstellen, wiederholen sich bestimmte funktionelle Raumkonfigurationen. Eine Differenzierung der natürlichen Belichtung entsteht durch Lichteinfall aus mindestens zwei Himmelsrichtungen bei Haupträumen, durch Eckverglasungen, durch Oberlichtfenster und teilweise durch zweigeschossige Wohnräume wie bei den *Häusern Rodakiewicz* (1937), *und Droste* (1940), beide in Los Angeles.

Die besonderen Bauaufgaben

Zu den »besonderen« Bauaufgaben der zwanziger Jahre, welche nicht eindeutig einem bestimmten Typus zuzuordnen sind, gehören unter anderen das *Projekt für das Playmart Gebäude*, ein *Hochhaus aus Glas und Stahl* in Los Angeles (1922),

Rudolph M. Schindler, *Strandhaus Dr. Philip Lovell*, Newport Beach, 1925-26
(© Julius Shulman)

Wohnraum

Rudolph M. Schindler, *Strandhaus Dr. Philip Lovell*, Newport Beach, 1925-26.
Zeitgenössische Aufnahme

Rudolph M. Schindler,
Wohnhaus für Victoria Mc Almon,
Los Angeles, 1935
(© Julius Shulman)

Rudolph M. Schindler,
Wohnhaus für C. C. Fitzpatrick,
Hollywood Hills, 1936
(© Julius Shulman)

Rudolph M. Schindler,
Wohnhaus für C. C. Fitzpatrick,
Hollywood Hills, 1936, Wohnraum
(© Julius Shulman)

ein *Projekt für eine Bank* (The People's Bank, 1924), das berühmte *Strandhaus für Dr. Philip Lovell* in Newport Beach (1922-26), der *Wettbewerbsentwurf für den Völkerbundpalast* in Genf (gemeinsam mit Richard Neutra, 1926) sowie das *Projekt für ein »Translucent House«* aus dem Jahr 1927.

Schindlers *Strandhaus Lovell* (1922-26) gilt als eines der wichtigsten Gebäude der modernen Bewegung. Seine Bedeutung wurde sogar mit dem *Schulgebäude des Dessauer Bauhauses* von Walter Gropius (1925-1926), mit dem *Deutschen Pavillon auf der Ausstellung in Barcelona* von Mies van der Rohe (1929), dem *Lovell Health House* von Richard Neutra (1927-29) und der *Villa Savoye* in Poissy von Le Corbusier (1929-30) verglichen. Es war wohl kein Zufall, daß die zwei berühmtesten Häuser der zwanziger Jahre in Kalifornien vom selben Klienten in Auftrag gegeben wurden, von Dr. Philip Lovell.

Die Situation 1926 bis 1938

In diesen Jahren erhielt Schindler über 50 Bauaufträge. Ein Blick auf das Werkverzeichnis zeigt, daß in diesem Zeitraum die Zahl der unrealisierten Projekte die Zahl der realisierten überstieg. Diese Tatsache reflektiert die ökonomische Situationen in den Vereinigten Staaten während der Depression. Die Zahl der Arbeitslosen betrug 1934 in Los Angeles 300.000. Mit Ausnahme der Filmindustrie, Kaliforniens extensiver Ölindustrie und der Touristikindustrie sah Kalifornien schweren Zeiten entgegen. Im Bereich der Politik gewannen radikale Ansichten an Bedeutung. Im Jahre 1934 verfehlte Upton Sinclair mit seinem sozialistischen politischen Programm nur knapp die Wahl zum Gouverneur von Kalifornien.

Obwohl sich die Depression katastrophal auf die Bauindustrie auswirkte, ließen sich wohlhabende Leute Häuser bauen. Schindlers Klienten sowie deren Aufträge reflektieren die sozialen und politischen Tendenzen der dreißiger Jahre. Im allgemeinen waren es junge selbständige Leute wie Anwälte und Lehrer, deren politische Überzeugung eher liberal war.

Schindlers Auseinandersetzung mit dem »International Style« Philip Johnsons und Henry-Russell Hitchcocks begann mit seinem Artikel *Points of View – Contra*, setzte sich in einer Korrespondenz mit Johnson fort und erreichte ihren Höhepunkt im kritischen Urteil, ausgedrückt in dem Artikel *Space Architecture*[15] (1934). Seine Enttäuschung, nicht in die Ausstellung des Museum of Modern Art des Jahres 1932 aufgenommen zu sein, drückt sich in diesen Dokumenten deutlich aus.[16]

Seine persönliche Sammlung von Zeitschriften aus den Jahren 1931-1935 und 1936-1940 dokumentiert Schindlers immer noch intensive Beziehung zu Europa.[17] Sie enthält eine große Anzahl von Architekturbeispielen der dortigen Avantgarde. Neben den amerikanischen Architektur-Zeitschriften war die informativste Zeitschrift über moderne Architektur das japanische Magazin ›Kokusai-Kentiku-Kyokai‹. Während der frühen dreißiger Jahre publizierte ›Kokusai-Kentiku-Kyokai‹ die wichtigsten Projekte aus Europa von Mendelsohn und Chermayeff, Le Corbusier,

15 vgl.: *Space Architecture*. In: Dune Forum, Februar 1934, S. 44 ff.
16 Schindler-Nachlaß (zit. Anm. 6), Brief von Schindler an Philip Johnson vom 9.3.1932
17 ebenda, Vortrag von Schindler, 1930

Rudolph M. Schindler, *Wohnhaus für Sam Goodwin*, Studio City, 1940-41, Wohnraum
(© Julius Shulman)

Welzenbacher, Salvisberg, Brinkmann, Mies van der Rohe, Scharoun, Haefeli, Lurçat, Margold, Riha und Raymond.

Die moderne Architektur in Los Angeles entwickelte sich fast ausschließlich aus der kleinen Gruppe europäischer Architekten, die als Emigranten maßgeblich die kulturelle Situation in Südkalifornien mitbestimmten. Neben den europäischen Architekten und Designern wie Rudolph M. Schindler, Richard Neutra, Kem Weber, J. R. Davidson (der das *Haus für Thomas Mann* in Los Angeles baute, 1941), William Lescaze, Paul Laszlo, van Keppel und Detlef Peters gab es auch viele europäische »Kunstgewerbler« wie das 1938 aus Wien vertriebene Ehepaar Otto und Gertrude Natzler, Glen Lukens, Beatrice Wood (Keramik) sowie Maria Kipp (Stoffentwürfe für RMS), Tilli Lorch und Paul Theodore Frankl, der nach der Depression aus New York an die Westküste gekommen war. Im Gegensatz zu den bildenden Künstlern, für die Los Angeles zu einer neuen Heimat geworden war, hatten europäische Literaten und Musiker wie Theodor W. Adorno, Bert Brecht, Alfred Döblin, Lion Feuchtwanger, Thomas Mann, Herbert Marcuse und Arnold Schönberg nur zeitweise ihren Wohnsitz in dieser Stadt. Man kann ohne Einschränkung feststellen, daß während der vierziger Jahre Los Angeles neben New York die stärkste Zuwanderung an europäischen Intellektuellen erfahren hat.

Arbeiten nach 1945

Schindlers Nachkriegswerk von 1945 bis zu seinem Tod im Jahr 1953 reflektiert die nunmehr prosperierende ökonomische Situation Kaliforniens nicht mehr. Seine Bauaufträge nahmen während dieser Zeit weder an Zahl noch an Größe zu. Die »Popularität« Schindlers, die anhand von Publikationen in Architekturzeitschriften gemessen werden kann, begann in den vierziger Jahren abzufallen. Im Jahr 1941, als die Jahreskonferenz des American Institute of Architects in Los Angeles stattfand, publizierte eine der beiden größten amerikanischen Architekturzeitschriften, ›Pencil Points‹, eine Liste von signifikanten Gebäuden, welche die Mitglieder und Gäste des American Institute of Architects besu-

Rudolph M. Schindler, *Wohnhaus für George Harris*, **Los Angeles, 1942**
(© Julius Shulman)

Rudolph M. Schindler, *»Schindler-Trailer«*, **Prototyp eines Wohnwagens aus Sperrholz, 1942**
(© Julius Shulman)

Rudolph M. Schindler,
Mietwohnhaus für Herman Sachs, »Manola Court«,
Los Angeles, 1926-28
(© Julius Shulman)

Rudolph M. Schindler,
Wohnhaus für Adolphe Tischler,
Westwood, Los Angeles, 1949-50

chen sollten. Diese Liste enthielt Namen von 40 Architekten, unter anderen Frank Lloyd Wright, John Lautner, Raphael Soriano, Paul Laszlo, Richard Lind, Wallace Neff und Paul Williams. Rudolph Schindler war in dieser Liste nicht vertreten.

Zwischen 1938 und 1953 führte Schindler 58 Bauwerke aus, unter anderen das *Wohnhaus Droste* (1940), das *Geschäftshaus für Lingenbrink* (1947), das *Haus van Dekker* (1939-40), das *Wohnhaus Presburger* (1945), das *Hanghaus Kallis* (1946) und das *Haus Lechner* (1946-48). In diesen Jahren verlagerte sich in Los Angeles zunehmend die Bedeutung vom Einfamilienhaus zum Mehrfamilienhaus in Form sogenannter »Garden-Apartments«. Schindlers Interpretation des Mehrfamilienhauses war das Terrassenhaus. Bedingt durch die hügelige Landschaft der Stadt bietet sich eine Baustruktur mit horizontaler Schichtung der einzelnen Geschosse in Terrassenform an und erlaubt bei geringsten Erdbewegungsmaßnahmen die bestmögliche Ausnutzung eines Hanggrundstücks. Schindlers Terrassenhäuser wie das *Manola Court Apartmentgebäude* (1926), das *Terrassenhaus Bubeshko* (1938) oder die *Terrassenapartments Falk* (1939-40) sind dafür repräsentative Beispiele.

In den wenigen ausgeführten Arbeiten nach 1945 blieb Schindler der Tradition der Moderne verbunden, obwohl sich seine architektonische Sprache veränderte. Er verfolgte weiterhin sein Konzept einer »Raum-Architektur«, seine architektonische Sprache jedoch wandelte sich. Die Kritik Schindlers am Internationalen Stil führte zu einer Zurückweisung der Glas- und Stahlarchitektur – so kann etwa das *Haus Tischler* als Antipode zum *Haus Farnsworth* von Mies van der Rohe gesehen werden. In diesem Werk betonte Schindler zwei architektonische Elemente, die zu

Rudolph M. Schindler, *Wohnhaus für J. J. Buck*, **Los Angeles, 1934**
(© Julius Shulman)

jener Zeit größtenteils vernachlässigt worden waren: die Verwendung von farbigem Glas und die akzentuiert gestaltete Dachform. Kennzeichnend für den Internationalen Stil war hingegen das Flachdach. Im Werk von Schindler zeigt sich jedoch eine kontinuierliche Auseinandersetzung mit verschiedensten Dachformen. So kann das *Haus Tischler* als eine weiterführende Interpretation des »*Translucent House*« für Aline Barnsdall (geplant für Palos Verdes, Los Angeles, 1927) angesehen werden.

Rezeption Schindlers

Während der späten zwanziger Jahre entwickelte sich Rudolph Michael Schindler von einem begabten Wagnerschüler zu einem der hervorragendsten und interessantesten Architekten der modernen Architektur in den Vereinigten Staaten. Die Architektur Schindlers reflektiert nicht nur den Einfluß seiner Lehrer Otto Wagner, Adolf Loos und Frank Llyod Wright, sondern hatte auch einen anhaltenden Einfluß auf die moderne Architektur in den Vereinigten Staaten. Während seines ganzen Lebens war Schindler von den Auswirkungen des »Internationalen Stils« isoliert worden. Als eines der Ergebnisse erhielt sein architektonisches Werk dadurch eine sehr persönliche Ausformung. Es umfaßt so unterschiedliche Gebäude wie das *Haus an der Kings Road* (1921), das *Lovell Beach House* (1926), das *Buck House* (1934), das *Manola Court Apartment House* (1926-40) und das *Tischler House* (1949). Die Verschiedenheit dieser Bauwerke gab auch Anlaß zu verschiedensten und widersprüchlichen Aussagen von Architekten und Architekturhistorikern, die das Werk Schindlers seit dessen Tod im Jahr 1953 diskutierten.

Schindlers kontroversielle und individuelle Position in der modernen Bewegung regte stets zu

Rudolph M. Schindler, *»Bethlehem«-Baptistenkirche*, Los Angeles, 1944
(© Julius Shulman)

besonderen Interpretationen an. Die wahrscheinlich beste Erklärung zu seinem Werk stammt von ihm selbst, als er in einem Vortrag im Jahr 1930 über die Architektur und den Architekten reflektiert: »Ein Architekt ist ein Künstler. Architekten müssen eine andere Sache realisieren, sodaß ihre Gebäude den Hintergrund derjenigen Personen verlieren, von denen sie gebaut wurden; versuchen und schauen, was hinter der Form des Gebäudes liegt. Das klingt abstrakt, ist aber wirklich sehr einfach.«

H.-R. Hitchcock beschreibt Schindler in seinem Buch *Modern Architecture* (1929) als einen Architekten, der eng der neuen Tradition (New Tradition) verpflichtet sei (»New Tradition« ist Hitchcocks Bezeichnung für die Periode vor der eigentlichen Moderne). Er stellt fest, daß Schindler eine extremere Haltung als Le Corbusier und die Mitglieder von De Stijl einnehme.

David Gebhard beschreibt in seiner Monographie über Schindler die möglichen Verbindungen zu De Stijl folgendermaßen: »Die besten Entwürfe Schindlers in den zwanziger Jahren sind jene, die man vage mit ›De Stijl‹ bezeichnen könnte. Mit der einzigen Ausnahme, daß er niemals Primärfarben verwendete, um Formen zu erzeugen oder zu betonen (er schien nahezu Angst vor Farben gehabt zu haben). Diese Arbeiten Schindlers gleichen den Entwürfen der holländischen De-Stijl-Architekten der zwanziger Jahre, besonders denen eines Theo van Doesburg und in einem geringeren Ausmaß eines Gerrit Rietveld und eines Mart Stam ... Die konstruktivistischen Elemente in Rietvelds Entwürfen wiederholen sich in einigen Entwürfen Schindlers, speziell im Strandhaus Lovell ...«.[18] – Gebhards These, die Architektur Schindlers könne als verwandt mit De Stijl bezeichnet werden, erscheint jedoch eben deshalb fraglich, weil Schindler ja die Verwendung von Primärfarben stets abgelehnt hat. Die Verwendung der Farbe war auf weißen Putz für die Wände und blaue Farbe für die äußeren Holzteile reduziert.

Eine fundierte Kritik zu Schindlers *Strandhaus Lovell* bietet Reyner Banham in *Los Angeles – The Architecture of the Four Ecologies*,[19] wo es mit den gleichzeitigen Arbeiten von Le Corbusier verglichen wird: »1923 bis 1926 entworfen und gebaut, stellt es ein Gebäude der Weltklasse dar. Es fordert nicht nur wegen seiner Qualität als Entwurf, sondern ebenso wegen seines Stils und der Behandlung des Raumes Vergleiche mit den besten gleichzeitigen europäischen Arbeiten heraus und schneidet bei diesem Vergleich besser und nicht schlechter ab. Man stelle zum Beispiel Le Corbusiers Villa Cook daneben und erkennt, daß das Haus Lovell alle Merkmale von Le Corbusiers theoretischen Forderungen besitzt. Corbusiers Version ist ein schüchterner, gezwungener Entwurf ..., während Schindlers räumliche Extravaganzen ausbrechen und über dem Boden hinwegschweben, wobei die Treppen sichtbar durch die Rahmen gewoben sind.«

Für Schindler ist Technologie nicht eine Beschränkung der Mittel, sondern eine Bereicherung für den modernen Architekten, um Raum zu entwerfen. In einem *unveröffentlichten Manuskript* (1944) hat Schindler seine Ansichten darüber folgendermaßen zusammengefaßt: »Standardisierung ist nur möglich für Produkte unserer Zivilisation ... Der Reichtum einer Kultur liegt in der Variation ihres Themas.«[20]

---

18 David Gebhard, Schindler. New York (Viking) 1971; Reprint: Santa Barbara (Peregrine Smith) 1980, S. 7
19 Reyner Banham, Los Angeles – The Architecture of the Four Ecologies. London (Penguin) 1971
20 Schindler-Nachlaß (zit. Anm. 6)

Monumentalität - ist der Ausdruck des Denkmals einer Macht.

Der erste Macht - haber war der göttliche Tyrann.

~~Seiner Gewalt gab der Mensch~~ ab ihrer Ehrfurcht vor seiner Gewalt fand ihrer Ausdruck, ~~in~~ durch Gebilde deren Wert in dem Aufwand von ~~in der~~ physischen Überwindung ~~der~~ statischer Kräfte lag einer Arbeit zur

Der primitiven Kultur und Empfindungsstufe entspricht die Beschränkung des Gewalt - Symbols auf die Überwindung zweier einfachster Kräfte: Schwere und Kohäsion.

Die monumentale Wirkung wuchs proportional mit der zum Ausdruck gebrachten "Materialumlagerungsarbeit".

Der Mensch beugt sich der Wucht der Erde.

Eine andere Macht fordert ein anderes ~~heute ihr~~ Denkmal.

Die geistige Schöpferkraft hat die Gewalt des Tyrannen zerbrochen.

Der Mensch hat ein reifstes Symbol für die Überwindung der ~~physischen Kräfte gefunden - die Maschine.~~

Die mathematische Überwindung der Statik macht dieselbe formal - künstlerisch ausdruckslos.

Die neue Monumentalität des Raumes wird die Freiheit ~~unendlichen Grenzen~~ des Geistes ahnen lassen.

Der Mensch erschauert in der Weite des Weltalls.

DIE MENSCHENMASSE GAB IHRER EHR-FURCHT VOR SEINER GEWALT AUSDRUCK DURCH GEBILDE DEREN WERT IN DEM AVERWANDTEN AUFWAND VON PHYSISCHER ARBEIT LAG

TO OVERCOME

**Faksimile des Typoskripts, 1912, University Art Museum, University of California, Santa Barbara.
Erstpublikation der deutschen Urfassung.**

MODERNE ARCHITEKTUR – EIN PROGRAMM

Rudolph M. Schindler

Der erste Wohnraum war die Höhle.

Das erste Haus war der hohle Erdhaufe.

<u>Bauen hiess – sammeln und aufschichten von Baumaterial unter Aussparung von Luft-Wohn-Räumen.</u>

Dieser Gesichtspunkt gibt das Verstehen für die Schöpfungen der Baukunst vom Urbeginn bis in das 20te Jahrhundert n. Chr.

<u>Das Ziel des baukünstlerischen Strebens war – formale Unterjochung der Baumaterial-Masse.</u>

Die Idee gab nur die plastisch-bildsame Material-Masse.

Das Gewölbe ist kein Raumgedanke – sondern eine Lagerungsform des Materials um die Masse schwebend zu erhalten.

Den Ausklang der Masse gegen den Luftraum zu bilden war die Aufgabe der Wandgliederung.

Das Problem wurde gelöst und ist gestorben.

<u>Wir haben keine plastisch-bildfähige Baumaterial-Masse mehr.</u>

Der moderne Architekt denkt den Raum – und bildet ihn mit Wand- und Decken-P l a t t e n .

<u>Die Idee gibt nur der Raum und seine Forderung.</u>

Ohne Baumaterial-Masse erscheint das Negativ des Raumes an der Innenwand ungeschwächt als Positiv an der Aussenseite des Hauses.

Daher entstand als primitive Form der neuen Entwicklungsreihe das – »kistenförmige Haus«.

Ein neues Problem ist entstanden – und die Geburt hütet wie immer der Zweckgedanke.

Der Mensch erbaute sein erstes Haus um sich zu schützen.

Das Gefühl der Sicherheit wurde durch jeden Hinweis auf die Haltbarkeit des Hauses erhöht.

Dem bauenden Künstler musste daher die Konstruktion des Hauses als das wirksamste Ausdrucksmittel erscheinen.

Alle Baustile bis in das 20te Jahrhundert n. Chr. sind »konstruktiv«.

Die Idee für die Form gab das Streben die kosntruktive Funktion der Baumaterial-Masse zu symbolisieren.

Die letzte Stufe dieser Entwicklung gibt der künstlerisch gelöste Eisenhochbau.

Im Fachwerk ist die Form nicht mehr Symbol des konstruktiven
Kräftespiels – die Konstruktion ist Form geworden.
Das 20te Jahrhundert macht mit Hilfe des Betonbaues die ersten
Schritte, die Konstruktion als Ausdrucksmittel zu vernachlässigen.
Das konstruktive Problem ist zur mathematischen Gleichung
geworden. Die im Stadtbauamte hinterlegte »Statische
Berechnung« macht die formale Garantie der Sicherheit
überflüssig – die Konstruktion ist interesselos geworden.
Der moderne Mensch sieht die Konstruktion – den Betonpfeiler,
den Träger, die Masse der Wand – überhaupt nicht mehr, denn
es gibt weder – eine Säulenform, noch Architrav, noch
Wandsockel und Krönungsgesimse – aber er sieht – die Freiheit
der Kragkonstruktion, die Offenheit der Spannweite, die
raumbegrenzende Fläche der 7 cm starken Wand.
Das Streben des bauenden Künstlers mit der Form ein konstruktives
Symbol oder der Konstruktion die ausdrucksvolle Form zu geben
ist tot –
Es gibt keinen »konstruktiven Styl« mehr.
Das selbstverständliche Empfinden des Bauenden »konstruktiv zu
bauen« ist zum falschen Schlagwort geworden – in einer Zeit
die damit ihren Künstlern die sonderbarerweise nötige Mahnung
geben will: Bauet mit allen Hilfsmitteln die eure Kultur euch bietet.
Monumentalität – ist der Ausdruck des Denkmals einer Macht.
Der erste Macht-haber war der göttliche Tyrann.
Einer primitiven Kultur und Empfindungsstufe entspricht die
Beschränkung des Gewalt-Symbols auf die Überwindung
zweier einfachster Kräfte: Schwere und Kohäsion.
Die monumentale Wirkung wuchs proportional mit der zum
Ausdruck gebrachten »Materialumlagerungsarbeit«.
Der Mensch beugt sich der Wucht der Erde.
Eine andere Macht fordert ein anderes Denkmal.
Die geistige Schöpferkraft hat die Gewalt des Tyrannen zerbrochen.
Der Mensch hat ein reifstes Symbol für die Überwindung der
physischen Kräfte gefunden – die Maschine.
Die mathematische Überwindung der Statik macht dieselbe
formal-künstlerisch ausdruckslos.

Die neue Monumentalität des Raumes wird die Freiheit
    des Geistes ahnen lassen.
Der Mensch erschauert in der Weite des Weltalls.

    Die Menschenmasse gab ihrer Ehr-Furcht vor
        seiner Gewalt Ausdruck durch Gebilde
        deren Wert in dem verwandten Aufwand
        von physischer Arbeit lag.

Die Höhle gab dem Urmenschen das Gefühl der Sicherheit durch
    ihre Verborgenheit und Enge.
Das gleiche Sicherheitsgefühl gab die mittelalterliche Stadt (Burg)
    durch das Bauprincip möglichst viele Verteidiger in den kleinsten
    Umfang des Festungsgürtels zu drängen.
Der Bauer fühlt sich nur behaglich in einer Behausung, welche durch
    kräftigste Kontraste mit der Aussenwelt das Gefühl des Geborgen-
    sein's auslöst.
Räume die durch formale Anklänge Errinnerungen an diese Sicherheits-
    gefühle erwecken, nennt die Menge »behaglich«, »gemütlich«.
Der moderne Mensch flieht die Elemente nicht – er beherrscht sie.
Für ihn ist das Haus kein furchtsamer Unterschlupf mehr – die Erde
    ist sein Haus geworden.
Die Worte »behaglich«, »gemütlich« ändern ihren Klang –
Die Behaglichkeit der Wohnung liegt mehr in jenen Formen die atavistische
    Sicherheitsgefühle erwecken –
Die Behaglichkeit der Wohnung liegt in der Eigenschaft uns innerhalb
    ihrer Grenzen freiere Verfügung über Zeit und Raum, Licht und Luft
    und Temperatur zu geben.
Die moderne Wohnung wird keinen laut persönlichen Ausdruck haben wollen,
    kein ewiges Gramophon für jede kurze Laune des Künstlers oder
    Bewohners sein – sie wird schweigend ein ruhiger Rahmen für die
    Harmonie des Besitzers mit dem Leben sein.

Wien. 1912.

Richard Neutra, *Kaufmann Desert House*, Palm Springs, Kalifornien, 1946
(© Julius Shulman)

NEUTRA UND SCHINDLER

Zwei Europäer in Kalifornien

Otto Kapfinger
Adolph Stiller

Behauptungen, Hypothesen

»Hätte R. J. Neutra nicht frühzeitig – 1918 – Österreich verlassen, so wäre es ihm wie anderen Architekten seiner Generation ergangen; er hätte sich wahrscheinlich nie selbst gefunden.«[1] So generalisierend dieser Satz Sigfried Giedions ausschweift, für Richard Neutras Karriere trifft er den Nagel auf den Kopf – für Rudolph Schindlers Schicksal gilt er vielleicht noch kategorischer. Weder Neutra noch Schindler hätten im Wien der Zwischenkriegszeit oder gar danach realisieren können, was sie in Kalifornien vor und nach 1930 ins Zentrum eines architektonischen Umbruchs stellte. Weder der elegante, eloquente Bau-Techniker und Bau-Physiologe Neutra noch der genialische, bohemienhafte Raum-Poet und Improvisationskünstler Schindler hätte in Wien jene Freiheit und jene konkreten Möglichkeiten gehabt, ein so radikales – zueinander konträres Œuvre – zu schaffen.

Zugleich steht aber auch die Hypothese zur Debatte, daß gerade die frühe wienerische Prägung sie prädestinierte, um das europäische Erbe durch die Filter ihrer amerikanischen Primärerlebnisse hindurch zu so prägnanten Synthesen zu verwandeln: In Neutras Stilisierung der technologischen Standards und in Schindlers Individualismus und kreativer Spontaneität berühren einander die Widersprüche des modernen Zivilisationsprozesses: die Dichotomien von Natur und Technik, von Masse und Individuum. Doch weder Schindler noch Neutra – und das vereint sie über alles Trennende hinweg – verfiel in eine Dogmatik der jeweiligen Topoi. Schindler vermochte sich auf seine Art vom amerikanischen Naturmythos (nicht zuletzt Frank L. Wright'scher Prägung) ebenso zu lösen, wie auch Neutra zum Technologie- und Maschinenmythos der europäischen Zeitgenossen auf Distanz ging.

Das Erbe Wiens: Wagner, der Gottvater. Loos, der Prophet. Wright, der Messias

Die Vereinigten Staaten von Amerika als Pionierland par excellence für neue Architektur zu sehen, wurde Schindler wie Neutra in Wien in einer einzigartigen historischen Situation vermittelt. Schindler hatte 1910/11, in seinem letzten Jahr an der Technischen Hochschule, ein Parallelstudium bei Otto Wagner an der Akademie der bildenden Künste begonnen. 1910-12 waren Wagners letzte Lehrjahre vor der Pensionierung. In dieser Zeit tobte in Wien gerade der Kampf um die »Nacktheit« der Fassaden von Adolf Loos' *Haus am Michaelerplatz* –, und es waren mit Schindler die jüngeren Wagnerschüler Hans Fritz, Franz Kaym, Rudolf Weiss und Rudolf Wondracek, die ihrem Lehrer den heißumfehdeten Loos als Nachfolger vorschlugen.[2] Doch Loos gründete im Herbst 1912 seine eigene, private Bauschule, wo Schindler dem fünf Jahre jüngeren Richard Neutra begegnete und wo ihre Freundschaft begann.

Loos hatte 1893-96 in Amerika gelebt – zunächst in Philadelphia und sehr kurz in Chicago, wo er die Weltausstellung besuchte, die meiste Zeit jedoch in New York. Dieser Aufenthalt hatte für Loos' kulturkritische Haltung im allgemeinen und für seinen Kampf gegen den Kunstgewerbe- und Stilreformismus im speziellen eine singuläre Bedeutung. »Die Erleuchtung kam ihm in Amerika«, schrieb Robert Scheu 1909 in der ›Fackel‹.[3] Es war eine Begegnung – nicht so sehr mit einzelnen Bauten[4] –, es war die Begegnung mit den vielfältigen alltäglichen Phänomenen in einem Land, wo »höchste technische Ökonomie mit der grünen, wilden Erde«[5] unvermittelt zusammenprallten. Diese Erfahrung und der anschließende Aufenthalt in London schufen Loos den Hintergrund für seine berühmte Artikelserie zur Kaiser-Jubiläums-Gewerbeausstellung 1898, als er in der ›Neuen Freien Presse‹ dem Verzierungszwang der heimischen Edelproduktion die schnörkellose Nützlichkeit und Schönheit amerikanischer Massenware entgegenhielt. Wenn Neutra später berichtete, »nie habe ich in diesem oder in einem anderen Land einen Menschen getroffen, der von den ›Staaten‹ so begeistert war«,[6] dann bedeutete dies zugleich, daß Loos in diesen Jahren wie kein anderer in Europa über das ferne Pionierland aus eigener Anschauung berichten konnte.

1910/11 waren aber auch im Berliner Wasmuth-Verlag die ersten umfassenden Publikationen über Frank Lloyd Wrights *Bauten und Entwürfe* erschienen.[7] Otto Wagner soll sie seinen Schü-

---

1 Sigfried Giedion, R. J. Neutra. Europäer und Amerikaner. In: W. Boesiger (Hg.), Richard Neutra. Bauten und Projekte. Zürich 1951, S. 11
2 Esther McCoy, Vienna to Los Angeles. Two Journeys. Santa Monica 1978, S. 144, und: Adolf Loos, *Meine Bauschule*. In: Der Architekt, 29. Jg., Heft 10, Wien 1913
3 Robert Scheu, *Adolf Loos*. In: Die Fackel, 11. Jg., Nr. 283/284, Wien 1909
4 siehe dazu: Eduard F. Sekler, Adolf Loos, Josef Hoffmann und die Vereinigten Staaten. In: Adolf Loos. (Ausst.Kat. Graphische Sammlung Albertina). Wien 1989, S. 251-267. Eine erste ausführliche Analyse dazu gab Benedetto Gravagnuolo, Adolf Loos. Theory and Works. Mailand-Wien (Idea-Löcker) 1982, S. 42-51.
5 Scheu (zit. Anm. 3)
6 Richard Neutra: *Auftrag für Morgen*. Hamburg 1962, S. 179
7 Frank Lloyd Wright, *Ausgeführte Bauten und Entwürfe*. Berlin (Wasmuth) 1910; und ders., *Ausgeführte Bauten. Mit einem Vorwort von C.R. Ashbee*. Berlin (Wasmuth) 1911

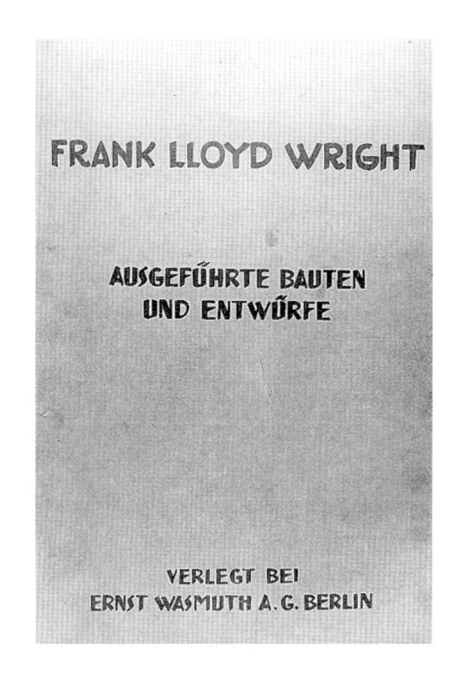

Frank Lloyd Wright,
Ausgeführte Bauten und Entwürfe,
Verlag Ernst Wasmuth, Berlin, 1910,
Titelseite

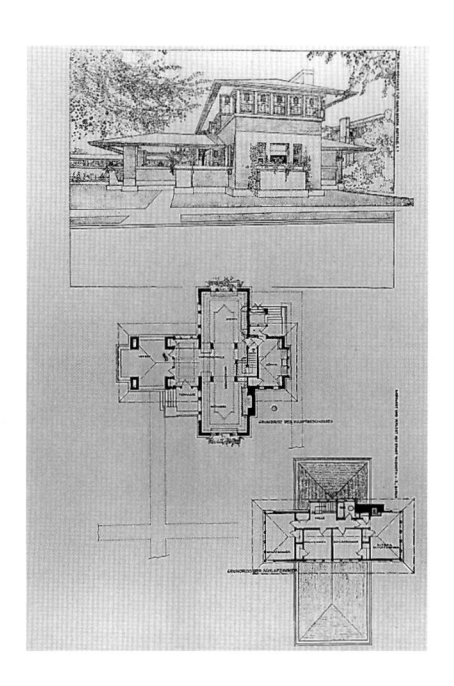

Frank Lloyd Wright,
Ausgeführte Bauten und Entwürfe,
Tafel XXVI, Wohnhaus Martin, Buffalo, New York

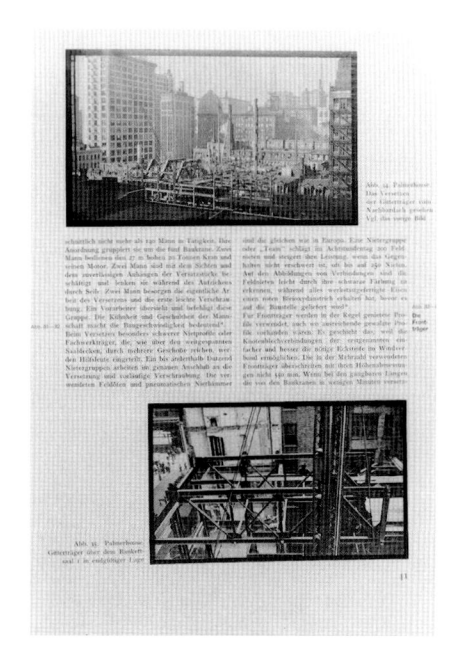

Richard Neutra,
Seite aus *Wie baut Amerika?*,
Stuttgart 1927

lern mit den Worten vorgelegt haben: »Meine Herren, heute habe ich etwas ganz Besonderes: der kann mehr als ich.«[8] Wright, der mit diesen Veröffentlichungen die Entwicklung der Moderne in Europa entscheidend stimulierte, wurde für Schindler und Neutra nun zur künstlerischen, personifizierten Offenbarung jener allgemeinen, anonymen Tugenden aus Loos' gelobtem Land. Daß sie die konzeptionellen Neuerungen Wrights sofort erfassen und später zu eigenständigen Entfaltungen verarbeiten konnten, war freilich auch einem Problembewußtsein zuzuschreiben, das in der Wagnerschule schon vor der Kenntnis Wright'scher Bauten formuliert worden war. Denn das »Aufbrechen der Box«, die allseitige Auflockerung des Grundrisses, das Zerreissen und Abstrahieren des alten architektonischen Formaufbaus, die konstruktive und formale Trennung des Traggerüstes von den Hüllflächen, das Aufbrechen der axial-symmetrischen Baustruktur zu einem asymmetrischen Gefüge autonomer Flächen und Stelen, Platten und Balken, die progressive Interaktion von Innen- und Außenräumen – all das, was eben auch Wrights »Prärie-Stil« auszeichnete, war parallel dazu in den frühen Projekten eines Emil Hoppe, Wunibald Deininger, Karl Maria Kerndle oder Karl Reinhart bereits mehr oder weniger ausgereift statuiert worden.[9]

Schindler sah die *Wright-Mappe* von Wasmuth 1911, Neutra drei Jahre später. Neutra absolvierte sein Studium an der Technischen Hochschule. Doch Wagner war auch für ihn der eigentliche Lehrer, war für ihn »Herkules, Achilles, Buffalo Bill in einem«[10], und wie aus Neutras Tagebüchern zu entnehmen ist, muß der äußerst belesene Student auch über die Veröffentlichungen der Wagnerschule gut informiert gewesen sein.

Loos' ureigenste Entwurfsmethode wiederum, welche die übliche, rein flächige Differenzierung von Raumgrößen und -zuschnitten vom Grundriß in die dritte Dimension, in den Raum transponierte, war in den Geschäftsbereichen von Goldman & Salatsch am *Michaelerplatz* 1912 be-reits in voller Blüte erlebbar. Schindlers spätere Propagierung der Raum-Architektur konnte hier fortsetzen, konnte über Loos' Maxime der wirtschaftlichen und psychologischen Ökonomie hinauswachsen in eine künstlerische Freiheit und Autonomie der Raumbildung.

Neutra dagegen wurde eher von der psychologischen Dimension angesprochen, mit der Loos seine Maßanfertigungen in den gesellschaftlichen und baulichen Kontext der Auftraggeber einfühlte. Neutra war ab 1912 eng mit Ernst

8 Otto A. Graf, nach einer mündlichen Mitteilung des Wagnerschülers Karl Reinhart (1890-1968). In: Frank Lloyd Wright, Architectural Drawings and Decorative Art (Ausst.Kat. Fischer Fine Art Ltd.). London 1985, S.22
9 siehe dazu: Graf, Die vergessene Wagnerschule. Wien 1969
10 Neutra (zit. Anm. 6), S. 66

Freud befreundet und konnte im Umkreis Sigmund Freuds sein ausgeprägtes Jugendinteresse für Psychologie und Physiologie vertiefen – was ihm später im Umgang mit seinen Klienten in Hollywood zustatten kam und ihn zu seiner Theorie vom Gebäude als »Psycho-Biotop« bzw. als »Angewandte Biologie« inspirierte.

So faszinierend das kulturelle Treibhausklima dieser Ära in Wien gewesen sein muß, nach dem Verebben des »Ver Sacrum« wurde die Stimmung in den Jahren vor dem Ersten Weltkrieg zusehends restriktiver. Schindler nützte ein Angebot der Chicagoer Architekten Ottenheimer, Stern & Reichert, um sich im Frühjahr 1914 nach Amerika einzuschiffen; Frank Lloyd Wright war sein weiteres Ziel, und eine Rückkehr nach Wien war binnen vier Jahren geplant. Neutra sollte ihm in die USA folgen, was der Ausbruch des Krieges jedoch vorerst verhinderte.

**Amerikanische Erfahrungen:
Chicago, die Pragmatik. Taliesin, die
Romantik. Kalifornien, der Fluchtpunkt**

In der legendären »Schule von Chicago« vermengten sich kulturell widersprüchliche Leitbilder. Auf der einen Seite standen Architekten und Bauten, welche die Forderung nach äußerster Effizienz und Kapitalisierung von Zeit und Raum in avancierte Strukturen gossen, in den nüchternen Vorschein der künftigen technologischen Anonymität einer von großen Unternehmen beherrschten, unpersönlichen Welt. Nichts anderes repräsentierte die lakonische Modernität der frühen Bauten von William Le Baron Jenney, von Burnham & Root oder Holabird & Roche. Demgegenüber versuchte die romantische Linie – Richardson-Sullivan-Wright –, die anonymen Kräfte der industriellen Massenkultur in eine subjektive, heroische Dimension zu heben. Als Antwort auf das »unnatürliche Chaos«, auf den spekulativen Hochhaus-Boom im Zentrum Chicagos, beschworen sie »die Natur, die Grundlage der Jefferson'schen Demokratie«.[11] Sullivans Ornamentik war der symbolische Versuch, der rohen Vitalität der Bautechnik Chicagos einen neuen stilistischen Mantel überzuwerfen, und damit gleichsam Technologie mit Natur, Rationalität mit Emotion, »männliches« mit »weiblichem« Prinzip zu versöhnen. Und Wrights »Prärie-Architektur« setzte der Entfremdung im urbanen Loop die naturverbundene, häuslich stilisierte Vorstadt-Community von Oak Park entgegen. Als Schindler 1917 zu Wright kam, war der Traum der ländlich-patriarchalischen Idylle am Stadtrand bereits entzaubert. Wright hatte seinen Sitz von Oak Park ins Farmland von Wisconsin verlegt und Taliesin I gegründet. Seine künstlerische Forschung wandte sich mit dem Imperial Hotel für Tokyo noch stärker dem ostasiatischen Raum zu und griff mit den Projekten für Los Angeles nun auf den Urgrund präkolumbianischer Ornamentik und Formtradition zurück.

Schindler seinerseits hatte 1915 auf einer Reise nach New Mexico für sich die Pueblos als die einzig wahre, autochthone Baukunst Amerikas entdeckt. In Wrights Büro arbeitete er zunächst am Imperial Hotel, 1920 schickte ihn der Meister nach Los Angeles, um die Bauleitung für das große Olive Hill-Projekt zu übernehmen. In der Suche nach naturverbundener Lebensform, nach der jeweils einzigartigen Symbiose von Bau und Umraum, von Haus und Mobiliar, in seiner Distanz zum maschinellen Standardprodukt und mit dem behaupteten Vorrang des Künstlerischen vor allen technischen oder funktionellen Erwägungen – in all dem ist Schindler auch als echter Schüler Wrights zu sehen.

Neutra dagegen, der erst neun Jahre nach Schindler Amerika erreichte, begegnete Wright mit einem anderen Blickwinkel. Er hatte die frustrierende Zeit des Kriegsdienstes, die Orientierungslosigkeit und Not der Nachkriegszeit hinter sich; er hatte bei Erich Mendelsohn in Berlin eine Büroatmosphäre »am Puls der Großstadt« erlebt; und er hatte neben Wright in Henry Ford ein neues amerikanisches Idol gefunden. Fords Autobiographie, Anfang 1923 in Leipzig in deutscher Ausgabe erschienen, stieß auf enormes Interesse und erzielte noch im Erscheinungsjahr dreizehn weitere Auflagen. Ford verkörperte nicht wie Wright das idealistische, sondern das realistische Gesicht Amerikas: freies Unternehmertum, industrielle Standardisierung, preiswerte Massenproduktion, scharf kalkulierte Konkurrenz. Während die Avantgarde in Europa die (z.T. zurechtretuschierten) Bilder von amerikanischen Fabriksbauten und Getreidespeichern bewunderte und – wie Walter Gropius und Le Corbusier – als formale Autorität neuer Baukunst stilisierte, ohne sie jemals real gesehen zu haben,[12] konnte Neutra 1924 als Mitarbeiter von Holabird & Roche die Probleme und Möglichkeiten hochentwickelter industrieller Bautechniken in allen Details einer routinierten Praxis studieren. Drei Jahre später bildete die Darstellung des von ihm mitbetreuten Neubaus des Palmer House von Holabird & Roche das Rückgrat seines in Stuttgart verlegten Buches Wie baut Amerika?. In Europa, wo 1927 die Avantgarde industrielles Bauen noch vorwiegend rhetorisch oder erst im Stadium des Experiments benutzte, muß Neutras tiefenscharfer,

11 Manfredo Tafuri / Francesco Dal Co, Klassische Moderne. Stuttgart 1988, S. 64
12 siehe dazu: Reyner Banham, Das gebaute Atlantis. Amerikanische Industriebauten und die Frühe Moderne in Europa. Basel-Berlin-Boston 1990

Richard Neutra, *Rush City Reformed*, 1924-29, Bahnhof, University of California, Los Angeles

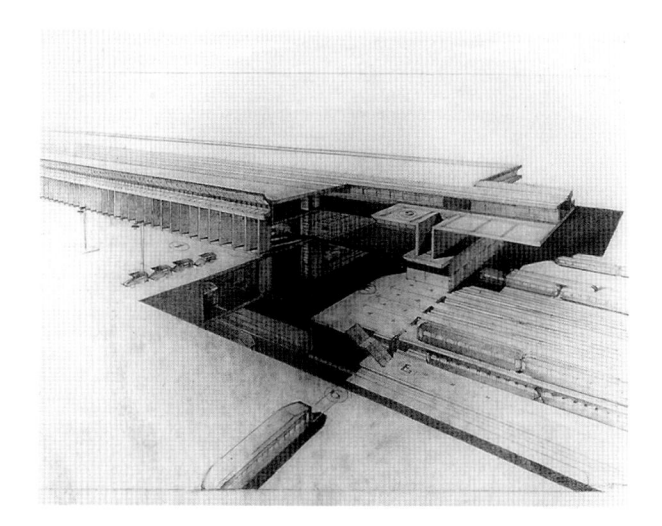

Richard Neutra, *Rush City Reformed*, 1924-29, Bahnhof, perspektivischer Schnitt, UCLA

Richard Neutra, *Rush City Reformed*, 1924-29, Wohnblöcke, UCLA

Richard Neutra, *Rush City Reformed*, 1924-29, Kraftwerk, UCLA

umfassender Bericht wie eine Offenbarung gewirkt haben, und brachte ihm zu Recht schlagartig ein internationales Prestige.

Neutras kurze Zeit bei Wright im Sommer 1924 war persönlich und biographisch von großer Bedeutung. Seine architektonischen Interessen hatten aber schon andere Perspektiven als die eher dem Prinzip der Bauhütten verpflichtete, künstlerische Handschrift des damals isolierten, nach neuen Aufträgen suchenden Meisters. Während Schindler im Verlauf seines Œuvres immer weniger ausgefeilte Pläne zeichnete und zuletzt vorwiegend mit einem Notizblock und einer Wagenladung voll Werkzeugen ausgestattet auf täglichen Baustellenbesuchen ad hoc den Fortgang der Entscheidungen improvisierte, verfügte Neutras Büro schon in den dreißiger Jahren über standardisierte Plantypen für Fenster, Türen, Installationen und alle Konstruktionsdetails, die bis in kleinste Einzelheiten vorgedacht und für die Monteure mit Bedienungsanleitungen systematisch aufbereitet waren.

Los Angeles' Prosperität und Exzentrik in den zwanziger Jahren bot einen idealen Nährboden

Rudolph M. Schindler, *Wohnhaus Schindler/Chace*,
North Kings Road, Los Angeles, 1921-22, Straßenansicht
(© Julius Shulman)

Rudolph M. Schindler, *Wohnhaus Schindler/Chace*,
Gartenansicht
(© Julius Shulman)

für unkonventionelle Lebens- und Bauformen. In der Ära bis zur Wirtschaftskrise ereignete sich Hollywoods Aufstieg zur schillernden Filmmetropole. Reiche Ölfunde, die Entwicklung der Autoindustrie zur zweitgrößten im Lande nach Detroit, die aufstrebende Flugzeugindustrie, das außerordentliche Klima, die besonderen Reize der Landschaft und die weitgehende Freiheit von eingesessenen Traditionen schufen die Bedingungen, um den Lebensstil der Westküste – »the Californian dream« – als gültiges amerikanisches Leitbild zu etablieren. Los Angeles hatte Wright in einer persönlichen Krisensituation durch Aufträge und experimentierfreudige Bauherren neues Territorium eröffnet. Auf diesem Weg kam Schindler nach Hollywood. War er wenige Monate zuvor in Chicago noch depressiv und voller Heimweh nach Wien, so entschieden sich er und seine Frau, Pauline S. Gibling, im Herbst 1921, in Los Angeles zu bleiben und dort ihr eigenes Haus zu bauen.[13] In den Kreisen der »Hollywood Art Association« fanden die Schindlers ein adäquates, freizügiges Umfeld, vor allem Pauline, die sich für neue Pädagogik und Erziehungsmodelle engagierte. Pauline traf hier Leah Lovell, mit der sie einen Kindergarten samt Grundschule eröffnete, und durch Paulines Verbindung mit Leah kam Rudolph dann zu etlichen Bauaufträgen für die Lovells. In diesen Kreisen begegneten sie auch Clyde und Marian Chace, mit denen gemeinsam sie das *Haus in der Kings Road* realisierten. Clyde hatte als Ingenieur an den originären Betonbauten von Irving Gill mitgewirkt, und versuchte sich – unter dem Einfluß Schindlers – als Maler; Marian arbeitete als Keramikerin. Das *Haus in der Kings Road* wurde sofort zu einem informellen Zentrum, einem Treffpunkt für Avantgardisten aus den verschiedensten Sparten. Für Richard Neutra, der im Frühjahr 1926 mit seiner Frau Dione und ihrem zweijährigen Sohn Frank hier eintraf, wurde es vier Jahre lang gemeinsamer Lebens- und Arbeitsraum mit Schindler – und die primäre Absprungbasis für seine eigene, kometenhafte Laufbahn.

Pionierbauten in Los Angeles
Kings Road House 1921/22

Mit dem *Studio-Haus*, das Schindler für sich, seine Frau und das befreundete Künstlerpaar Chace 1921/22 errichtete, hat er ein Bauwerk geschaffen, in dem die Zusammenhänge von Lebensart, Bauform und Umwelt neu durchdacht waren. Schindler löste sich damit von der Prägung durch Wright und fokussierte den Pioniergeist Südkaliforniens in einen epochalen Typus. Das Haus wurde sehr billig und mit einfachsten, zum Teil von Irving Gill geborgten Geräten unter tätiger Mithilfe der Bauherren gebaut. Jeder Raum zeigt eine Variation derselben, auf archaische Themen reduzierten Struktur: gedeckter *Rücken* – offene *Front*; massive, dreiseitige *Schirmwand* – flexible, transparente *Membran* zum Gartenraum; offene, niveaugleiche *Feuerstelle* innen und außen; raumhältige, strukturierte und taktile *Decke*; Schlafen im offenen *Nest* der Koje am *Dach*; Gestaltung des Gartens als Fortsetzung des Hauses mit natürlichen Mitteln; Ineinanderfließen von Gehäuse und Umraum.[14]

[13] siehe dazu: McCoy (zit. Anm. 2), S. 39-42
[14] siehe dazu: Kathryn Smith / Robert L. Sweeney, R.M. Schindler House 1921-22, Los Angeles 1987

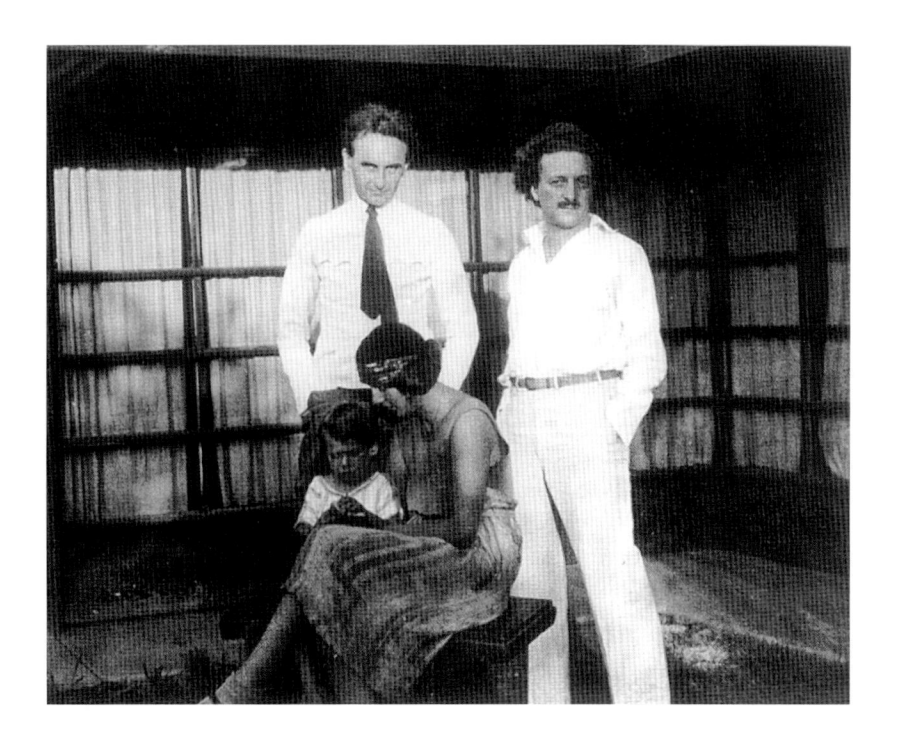

Richard Neutra, R. M. Schindler, Dione und Dion Neutra
im Hof des Schindler Hauses, 1928,
University of Southern California, Los Angeles, Dione Neutra Collection

Die Archetypen von Höhle, Zelt und Baumhaus gehen hier auf in einer neuen Synthese, gefügt aus armiertem Gußbeton, standardisiertem Sägeholz, Glas, Leinwand, Isolierplatten. Im Gegensatz zu vielen anderen, gebauten Manifesten der Moderne wurde das »Programm« von *Kings Road* zumindest im ersten Jahrzehnt seiner Nutzung auch intensiv gelebt: ein Lebensraum für freie, kreative Individuen in freier, produktiver Gemeinschaft – nur mit dem (raffiniert ausgeklügelten) Minimum an materiellem Aufwand belastet; Schindler nannte es ein »cooperative dwelling« in einem »real Californian scheme«.

Im selben Jahr schuf Loos für die Wiener Siedlerbewegung mit seinem Patent *Haus mit einer Mauer* ein ähnlich einfaches, revolutionäres Bausystem als Synergie von Haus und Garten, von präziser Ingenieurleistung und improvisierter Bastelei. Schindler konnte sein Programm ins Werk setzen und bis zu seinem Tod mit Leben erfüllen. Loos' Patent wurde nie im Sinne seines Erfinders realisiert.

Lovell Beach House 1922/1925-26

Schindler setzte fort, was Loos vertikal in den Grenzen des Kubus und Wright mit der horizontalen Entfaltung der Gebäude begonnen hatten: das Haus sollte die akademische Zweidimensionalität und Schachtelhaftigkeit abschütteln und eine »Symphonie räumlicher Formen« werden. Nicht eine bloß skulptural formalisierte Bau-Masse, sondern eine dreidimensional orchestrierte Partitur war gemeint, eine zwanglose Bühne für Licht und Schatten, Enge und Weite, Offenheit und Geborgenheit; ein atmendes Gewebe aus einfachen, unpathetischen Elementen. Die alte Trennung von Innen und Außen sollte überwunden werden und an ihrer Stelle eine freie Symbiose von Mensch und Natur, von Bau und Gelände erscheinen.

Es waren Schindler und Neutra, die den kalifornischen Traum einer progressiven Sonnen- und Freiluftkultur in die Ästhetik moderner Architektur faßten, und es waren Philip und Leah Lovell, die als Auftraggeber dieses Lebensgefühl idealtypisch verkörperten. Philip redigierte in der ›Los Angeles Times‹ unter dem Titel *Care of the Body*

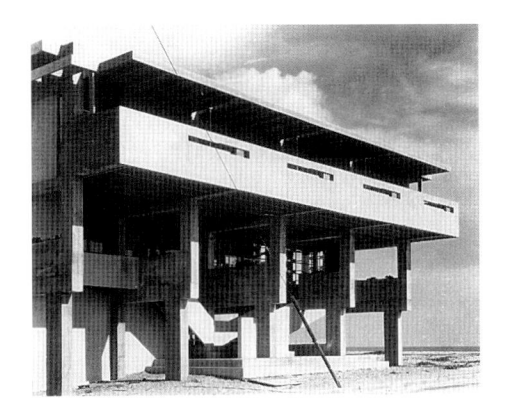

Rudolph M. Schindler, *Strandhaus Dr. Philip Lovell*, Newport Beach, 1926, zeitgenössische Aufnahmen

Rudolph M. Schindler, *Strandhaus Dr. Philip Lovell*, Newport Beach, 1926, Seitenansicht nach Schließung des offenen Balkons
(© Julius Shulman)

eine sehr populäre Kolumne, schrieb Berichte über Körperpflege, Sonnenbaden, Rohkostdiät, Naturheilmittel, Wasserkuren, Erziehungsmethoden usw., und er betrieb eine erfolgreiche Heilpraxis, das »Physical Culture Center«. Ausgehend von Leah und Pauline entstand eine enge Freundschaft zwischen den Schindlers und den Lovells, und Rudolph kam so zu einer Reihe von Aufträgen, unter denen das *Strandhaus* der Lovells am bekanntesten wurde.

Retrospektiv hat man diesen Bau unter die Inkunabeln der modernen Architektur eingereiht und mit den programmatischen Villen von Le Corbusier, Mies van der Rohe oder Gerrit Rietveld verglichen. Obwohl Schindler über das zeitgleiche Architekturgeschehen in Europa sporadisch informiert war, ist das *Lovell Beach House* eine absolut eigenständige, originäre Leistung.[15] Es trifft wohl zu, daß Schindler hier die berühmten *Fünf Punkte* von Le Corbusier erfüllte: Das Haus ist auf Stützen über den Boden hochgehoben, es hat einen freien Grundriß, eine freie Fassade, bandartige Fenster, nutzbare Terrassen auf dem Flachdach und einen zweigeschossigen Wohnraum. Schindler ist aber gewiß nicht als »Erfüller« von Maximen anzusprechen, die er 1924/25 nicht gekannt hat. Und wo Corbusier versuchte, verschiedenartige technische und ästhetische Aspekte in einen Satz allgemeiner, abstrakter Prinzipien zu fassen, wo er ein Schema aufstellte, das – nicht ihn selbst – aber andere, spätere »Erfüller« zu einem neuen Akademismus verführte, da entwickelte sich Schindlers Analogie aus dem Reagieren auf eine spezifische, unwiederholbare Situation. So wie das *Lovell Beach House* keine lineare Fortschreibung der Elemente aus dem *Kings Road House* darstellte, so hat Schindler auch die Syntax des Strandhauses nie als kanonisches Programm oder als Modell an sich verstanden.

Wie Dr. Lovell berichtete, wurde das Haus vor allem deshalb hochgehoben, weil hier ein öffentlicher Weg zum Strand vorbeiführte und die Lovells ihr freizügiges, dem Meeresblick möglichst offen zugewandtes Wohnmilieu unbeeinträchtigt entfalten wollten. Die abgeschirmten Dachterrassen zum nackten Sonnenbaden gehörten ebenso zur eigenen Ideologie und zum Alltag der Lovells wie die offenen Schlaf-Balkone für das Nachtlager »in open air«.

15 siehe dazu: Banham, Los Angeles. The Architecture of Four Ecologies. Harmondsworth 1971, S. 179-198

Die fünf Stahlbetonrahmen, die das Haus emporheben, sind nicht ein minimalistisches Ordnungssystem wie die Pilotis von Le Corbusier oder Mies van der Rohes elegante Kreuzstützen. Sie formen vielmehr über ihre bauplastische Anmutung hinaus ein vitales, raumgreifendes Gerüst, das von verschiedenen Treppen durchquert und von Wegen durchflochten wird, und in dem sich das Aufsteigen und Eindringen ins Haus von unten als ein dramatisches Erlebnis darbietet. Alle massiven oder transparenten Hüllflächen sind von dem Skelett der fünf Rahmen und der sie verbindenden Holzbalkendecken abgehängt, sind also leichte Gewebe, die je nach Regie der Licht-, Blick- und Luftführung durchsichtig oder undurchsichtig ausgefüllt wurden.

Das horizontale Bandfenster – für Corbusier ein Glaubenssatz – war für Schindler höchstens Teilaspekt in einem umfassenderen Konzept des »transluzenten Raumes«. Lange vor Corbusiers *Modulor* pflegte Schindler eine an Frank Lloyd Wright geschulte räumliche Modularität des Entwerfens. Er benützte als Grundmaß senkrecht und waagrecht einen 4-Fuß-Raster, den er senkrecht meist in 16 Zoll-Schichten ($^1/_3$ des Grundmaßes) teilte, und dessen weitere Unterteilungen sogar die Dimensionen der Balken- und Sprossenquerschnitte regelte, zum Teil auch die Maße des Mobiliars bestimmte.

Wie Lionel March kürzlich nachwies, komponierte Schindler mit diesem, dem menschlichen Grundmaß kommensurablen Raumgitter im *Haus für James E. Howe* (1925) oder in seinem nicht ausgeführten *Translucent House für Aline Barnsdall* (1927) räumlich hochkomplexe, harmonikale »Fugen«, in denen klassische Kompositionstechniken und Proportionsschemata in nichtklassische, »atonale« Formsequenzen transponiert sind.[16]

Beim *Lovell Beach House* ist der Rhythmus dieses Raumgitters am deutlichsten in den Sprossenteilungen der Fenster und in den Staffelungen der Wandregale spürbar, er regelt – auf eine weniger offensichtliche Weise – aber auch hier alle senkrechten und waagrechten Maßbeziehungen im Raum.

Schindler experimentierte mit neuen Technologien – mit verschiedensten Betonverfahren – und kombinierte dies ungeniert mit offenen Holzbalkendecken und extrem dünnen, hölzernen Fenstersprossen. Weder die Technologie an sich noch der simple Goldene Schnitt war ihm ein Credo. Die »unsaubere Modernität«[17] seiner Baukunst entpuppt sich in heutigen Analysen als virtuos kontrollierte, ins Räumliche kristallisierte Harmonie. Sempers Universalismus und Wagners Rationalität klingen als fernes Echo nach. Aus Wrights Wunderbaum der integralen Ornamentik des Raumes wuchs hier ein Trieb, der seine Selbständigkeit locker behauptete. Parallel zur Fertigstellung des Strandhauses veröffentlichte Schindler in der ›Los Angeles Times‹ eine Serie von Aufsätzen betreffend: *Lüftung*; *Installation und Gesundheit*; *Über das Heizen*; *Über die Beleuchtung*; *Möbel*; *Obdach oder Spielplatz*. Die Schärfe der Kritik am Überkommenen und am Modischen, der grundlegende Ansatz seiner Reformvorschläge stellt diese Texte neben Loos' berühmte, ältere Polemiken, zeigt aber auch die erreichte Unabhängigkeit vom Wiener Sprachritual.

Völkerbundpalast in Genf, Wettbewerbsprojekt 1926/27

Im Herbst 1926 beschließen Neutra und Schindler, gemeinsam am *Wettbewerb für den Völkerbundpalast* teilzunehmen. Die Neutras wohnten seit 1$^1/_2$ Jahren in der Kings Road, Richard partizipierte zum Teil an Rudolphs Aufträgen, arbeitete aber auch für andere Architekten. Kurz vorher gründeten sie mit Carol Arnovici die »Architectural Group for Industry and Commerce«, um zu größeren Aufträgen zu gelangen.

Das symbolträchtige Weltparlament in Genf sollte in einem bewaldeten Gelände direkt am See entstehen. Es sollte ein Auditorium für die Vollversammlung – rund 2.600 Delegierte, Honoratioren und Journalisten – enthalten, weiters ein Sekretariat mit 550 Büros, verschiedene Ausschußräume sowie Restaurants und Bibliothek. Ein besonderes Wegesystem sollte Delegierte, Funktionäre, Besucher und Presseleute zu ihren Plätzen führen. Geeignete Auto-Zufahrten und Parkplätze spielten eine wichtige Rolle. Abgabetermin war Ende Jänner 1927. In der prominenten Jury stellten die »Modernen« mit Hendrik P. Berlage, Victor Horta, Josef Hoffmann und Karl Moser immerhin vier von neun Stimmen, wobei Ivar Tengbom gegebenenfalls noch hinzugerechnet werden konnte.

Aus aller Welt kamen insgesamt 377 Einsendungen, darunter aus Österreich Projekte von Clemens Holzmeister, Oskar Strnad, Felix Augenfeld, Josef Frank und Oskar Wlach. Die Juroren vergaben nach langem Ringen keinen ersten Preis, sondern reihten jeweils neun Preisträger in drei Gruppen. Zum Leitprojekt wurde nachträglich die historisierende Gemeinschaftsarbeit von Paul

16 Lionel March / Judith Sheine, RM Schindler. Composition and Construction. London-Berlin 1993
17 siehe dazu: Henry-Russell Hitchcock Jr., *Modern Architecture. Romanticism and Reintegration*. New York 1929. Reprint New York 1993, S. 213

Richard Neutra und Rudolph M. Schindler,
Wettbewerbsprojekt für den Völkerbundpalast in Genf, 1926, Modellrekonstruktion, 1994,
Adolph Stiller und Michael Karassowitsch

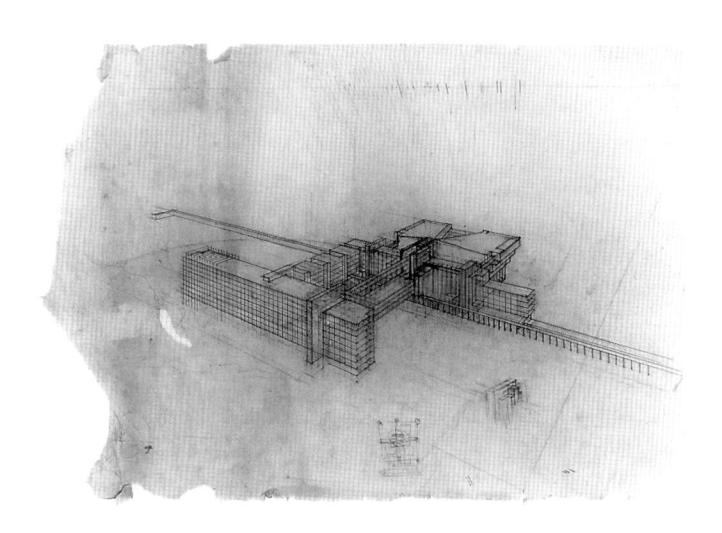

Richard Neutra und Rudolph M. Schindler,
Wettbewerbsprojekt für den Völkerbundpalast in Genf, 1926,
Perspektivansicht von der Landseite,
University of California, Los Angeles

Richard Neutra und Rudolph M. Schindler,
Wettbewerbsprojekt für den Völkerbundpalast in Genf, 1926,
Perspektivansicht von der Seeseite,
University of California, Los Angeles

Nenot und Julien Flegenheimer gemacht, an deren Realisierung noch andere Architekten beteiligt wurden. Die internationale Fachwelt wertete dieses Ergebnis damals als Fiasko. Es widersprach allen Erwartungen, die man mit dieser einmaligen Prestige-Konkurrenz verbunden hatte. Es bedeutete eine Niederlage für die moderne Architektur, insbesondere für den grandiosen Entwurf von Le Corbusier/Pierre Jeanneret, den die »Modernen« in der Jury vergeblich forciert hatten.[18]

Der Entwurf von Schindler/Neutra erhielt keinen Preis. Er wurde aber gemeinsam mit den Projekten von Corbusier/Jeanneret und Hannes Meyer/Hans Wittwer vom Deutschen Werkbund in

18 siehe dazu: Werner Oechslin (Hg.), Le Corbusier & Pierre Jeanneret. Das Wettbewerbsprojekt für den Völkerbundpalast in Genf 1927. Zürich 1988

die »Internationale Plan- und Modellausstellung Neuer Baukunst« aufgenommen. Sie wurde zugleich mit der *Weißenhofsiedlung* in Stuttgart im Juli 1927 eröffnet, wanderte anschließend durch die Hauptstädte Europas und war 1929 auch in der Wiener Hofburg zu sehen. Die Tatsache, daß im Verlauf dieser Tournee die Arbeit von Schindler/Neutra auf Veranlassung von Neutras Schwiegereltern nur unter seinem Namen gezeigt wurde, führte in dem bereits gespannten Verhältnis der beiden zu einer ersten, tiefgreifenden Verstimmung.[19] Dieser Konflikt hatte vermutlich auch zur Folge, daß dieses *Gemeinschaftsprojekt* später praktisch von der Bildfläche verschwand, obwohl es nicht allein in ihrer beider Œuvre, sondern auch in der gesamten Geschichte der Moderne ein außergewöhnliches Dokument darstellt.[20]

Neutra könnte in der Anfangsphase den Hauptteil der Entwursarbeit getragen haben, wie auch die Initiative zur Teilnahme – Esther McCoy zufolge – von ihm ausging.[21] Die erhaltenen Vorstudien zeigen Neutras typischen Strich und eine noch stark an Mendelsohn erinnernde Dynamik der Linien.[22] Dies schließt freilich nicht aus, daß Schindler an der in diesem Stadium festgelegten Konzeption nicht ebenso beteiligt war. Der definitive Entwurf bringt jedenfalls im Vergleich zu Neutras Skizzen eine signifikante Überarbeitung des großen *Auditoriums* samt seiner Erschließung, sowie eine Entflechtung der Sekretariatstrakte, sodaß die gesamte Figur – der Sekretariatsblock als Grundlinie, der asymmetrische Hof, die weitgespannten Gebäudebrücken zum Auditorium – erst jetzt die komplexe Balance all ihrer Elemente erhält.

Die zentrale Idee des Entwurfs bildet der zwischen Himmel, Erde und Wasser schwebende *Plenarsaal*. Er ist direkt am Ufer zwei Stockwerke hoch aufgeständert. Unter ihm entsteht ein weiter Raum für das Hauptvestibül – rundum transparent, an drei Seiten vom Wasser umgeben, die Untersicht der Decke, dem ansteigenden Boden des Auditoriums entsprechend, zum See hin hochgewölbt.

Das schwebende Auditorium – vom Land in den Raum übers Wasser hinausragend – sollte dem Weltparlament einen »extraterritorialen Aspekt« geben;[23] der große Saal, obwohl auf Schweizer Boden fundiert, sollte zu keinem Land, zu keiner Regierung gehören. Vom Erdboden gelöst bildet er eine universelle Struktur, welche die Grundelemente des Topos in einer baulichen Inszenierung überhöht und neu verbindet. Kein anderer Entwurf hatte die Idee dieser neuen Institution so elementar, von allen historischen Motiven frei ins Bild gesetzt. Le Corbusier hob wohl die Bürogebäude auf Stelzen und ließ darunter die Autos parken. Sein Plenarsaal aber steht fest auf der Erde, die Stirnseite zum See ist völlig geschlossen und dient als Fond für den monumentalen Eingangspavillon des Präsidenten und eine riesige Skulpturengruppe.

Der Schindler/Neutra-Entwurf greift nicht nur in den Luftraum hinaus, er dringt auch in den Erdboden ein. Die Zufahrten der Gesandtschaftswagen, der Besucher und Journalisten sowie die Anlieferung des Sekretariatskomplexes sind in verschiedene Niveaus getrennt, münden über Rampen in eine zweigeschossige Tiefgarage unter dem Hof bzw. dem Sekretariatstrakt.[24]

Das Angebot von 200 tiefliegenden Stellplätzen mußte für europäische Verhältnisse futuristisch anmuten (der geforderte Parkplatzbedarf ist weit überschritten), er resultierte eben aus der Erfahrung der damals schon motorisierten Stadtstruktur von Los Angeles. An der Nordseite führt eine pfeilartig ausstrahlende Mole zur Landestelle für größere Schiffe: Die im Viertelkreis umfaßte Bucht vor dem Auditorium war für die direkte Zufahrt von Motorbooten und Wasserflugzeugen gedacht. Neutra maß der Flugverbindung große Bedeutung zu – die Reise von Paris würde so nur 30 Minuten, von London nur 1½ Stunden dauern.[25] Die Anlage erhielt so eine Bucht zu Land – den achsenlosen Hofraum – und zu Wasser, um den Zustrom der verschiedenen Transportmittel aufzufangen und zu koordinieren.

Das Hochheben und Freistellen des Auditoriums bringt natürlich Probleme für die Zugänglichkeit. Dreitausend Leute müssen erst einmal mindestens das dritte, entsprechend weniger das 4. bis 6. Obergeschoß erreichen, und kurze Fluchtwege wollen auch gesichert sein. Schindler/Neutra lassen von den Rändern des Vestibüls mehrere Gruppen von Treppen und Liften hochsteigen zu den verglasten, auskragenden Galerien, die den Saal dreiseitig und dreifach gestaffelt umgreifen. Besucher und Journalisten erhalten an der Hofseite eigene Foyers und Vertikalerschließungen. Vor der Hoffront (Westseite) des Auditoriums entsteht damit ein völlig durchsichtiger, sechsstöckiger Foyertrakt, der am Südende in die Restaurants übergeht, der mit mehrgeschossigen Lufträumen die zu den Besuchergalerien hochsteigenden Treppen umhüllt und mit demonstrativ freigespielten Brücken und Stegen den Saal bedient.

Der Präsident ist nicht hierarchisch vom Plenum

---

19 siehe dazu ausführlich: Thomas S. Hines, Richard Neutra and the Search for Modern Architecture. A Biography and History. New York 1982, S. 70 f.
20 Das Projekt wurde auch im Juni 1930 in der Ausstellung »Contemporary Creative Architecture of California« im California Art Club, Barnsdall Park, Los Angeles, gezeigt, hier mit der Kennzeichnung »Schindler/Neutra«. Diese Schau umfaßte weiters ausgewählte Arbeiten von J. R. Davidson, R. Neutra, Jock D. Peters, R. M. Schindler, John Weber und Kem Weber, und über Vermittlung von Joseph Urban wurde sie in modifizierter Form (Gestaltung R. M. Schindler) auch im März 1931 innerhalb der jährlichen Ausstellung der Architectural League in New York präsentiert. Briefwechsel und Dokumente dazu im Schindler Archive, Universtity of California, Santa Barbara.
21 McCoy (zit. Anm. 2), S. 52f.
22 Richard J. Neutra Archive, Department of Special Collections, University Research Library, University of California, Los Angeles
23 Kay Small, *Hollywood Architects In International Contest. Design Of Local Men For League Of Nations Palace At Geneva May Be Winning Plan; Now On Display In Europe*. In: Hollywood Magazine, Dezember 1928, Rudolph M. Schindler Archive (siehe Anm. 20)
24 Richard Neutra, *Amerika. Die Stilbildung des Neuen Bauens in den Vereinigten Staaten*. Wien 1930, S. 65
25 siehe Anm. 20

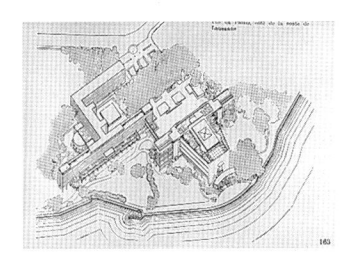

Le Corbusier und Pierre Jeanneret,
Wettbewerbsprojekt für den
Völkerbundpalast in Genf, **1926,**
Luftperspektive

Le Corbusier und Pierre Jeanneret,
Wettbewerbsprojekt für den Völkerbundpalast in Genf, **1926,**
Ansicht vom See

Hannes Meyer und Hans Wittwer,
Wettbewerbsprojekt für den
Völkerbundpalast in Genf, **1926**

26 Corbusiers Saal ist längsgerichtet. Am Fluchtpunkt kann der Präsident vom See her als »deus ex machina« auftauchen. Der Saal von Schindler/Neutra liegt quer. Das Präsidentenpodium ist weniger ein Auftrittsrahmen, es sitzt mehr inmitten des Flusses der Arbeit und der Bewegung.
27 Ein analoges Konzept, etwas einfacher, bildete fünfzig Jahre später die Platzfront des Centre Pompidou.
28 Karl Mosers Kommentar: »Constructivist. mit weitvorkragenden Etagen! Die Situation ist nicht schlecht. Im ganzen ist das Projekt nicht klar dargestellt und der Verfasser macht es einem schwer, ihm zu folgen. – Die Delegierten treten vorne an der Front ein. Treppen für die Delegierten ungenügend. Auf dieses Projekt ist nochmals zurückzukommen.« zit. Anm. 18, S. 129
29 Hitchcock (zit. Anm. 17) zeigt Neutras Projekt als Cover-Illustration.

separiert wie etwa bei Corbusier/Jeanneret. Seine Büros liegen in einem Brückenbau, der über Hof und Vorfahrt hinweg das Prisma der Foyers mit jenem des Sekretariats verbindet. Residiert der Präsident bei Corbusier/Jeanneret entrückt an der Seeseite der Anlage, so befindet er sich bei Schindler/Neutra im Zentrum, am zirkulären, statischen und bauplastischen Knotenpunkt des ganzen Gebäudes. Sein Weg vom Büro in den Saal durchquert – von allen Seiten eingesehen – die große Erschließungshalle im dritten Geschoß.[26]

Da auch die hofseitigen Wände des Saales von Schindler/Neutra in voller Höhe verglast gedacht sind (ob durchsichtig oder opak ist unklar), präsentiert sich der Plenarsaal an der Landseite als ein leuchtendes, inneres Volumen, das von weitläufigen, transparenten Bewegungsschichten umfaßt wird. Es gibt keine »Fassaden«. Die Foyers, die Couloirs, die Treppen und Lifte als solche bilden den äußeren Mantel des Auditoriums: Bewegung und informelle Begegnung der Weltparlamentarier im transparenten Raum formen hier die äußere Erscheinung ihres Hauses.[27]

Das Erschließungssystem von Schindler/Neutra – einer Idee untergeordnet – hat funktionell und wirtschaftlich sicherlich Schwachstellen, was die Jury auch anmerkte.[28] Corbusier ist da mit dem ebenerdig aufgesetzten Saal viel ökonomischer und übersichtlicher.

Wenn man die intensive Einbeziehung der natürlichen Umgebung in das Baukonzept als Kriterium heranzieht, waren sowohl Schindler durch seine Arbeit bei Wright als auch Neutra durch die Lehrjahre als Landschaftsgestalter in Zürich für eine solche Auffassung disponiert. Eine ihrer ersten kleinen Gemeinschaftsarbeiten betraf die Einfassung von Wrights *Hollyhock House* am Olive Hill mit Pergolen und seichten Wasserbecken. Die Durchdringung von Gebäuden mit spiegelnden Wasserflächen hat Neutra später im kleinen Maßstab immer wieder befaßt. Das Thema des hochgehobenen Raumes, unter dem der Erdboden zum Wasser hin durchläuft, war immerhin das Prinzip für Schindlers *Lovell Beach House* gewesen, das auch ein anderes Hauptmerkmal des *Völkerbundprojektes* vorgab: die additive Reihung großer Stahlbetonrahmen, in die die Geschoße »eingehängt« sind, bzw. das Thema der Auskragung an sich. Neutra wiederum hat das System der außenliegenden Rahmen 1927 bei seinem von Hitchcock hochgeschätzen *Bürohausprojekt* eingesetzt – einem Entwurf, der in engem Kontext mit dem Sekretariatsblock beim Völkerbund zu sehen ist.[29]

Die Durchbildung der Details, speziell am Auditorium, weist eher in Richtung Schindler, wobei noch zu ergänzen ist, daß dem gesamten Plan ein Raster mit Schindlers 4-Fuß-Modul (ca. 1,20 m) zugrunde liegt. Die großen, repräsentativen Perspektivzeichnungen stammen wieder eindeutig von Neutra.

Wie auch immer die Anteile sich verteilen mögen – es ist letztlich sekundär, wenn überhaupt jemals nachvollziehbar. Der *Völkerbundpalast* der beiden Austro-Kalifornier weist jedenfalls kein einziges historisierendes oder krypto-klassizistisches Motiv auf, was man sonst nur noch vom Projekt Hannes Meyer/Hans Wittwer sagen konnte. Der zweifellos progressivste Juror, Karl Moser, hat ihn als »konstruktivistisch« bezeichnet, was nicht ganz haltbar ist. Denn die Konstruktion – bei etlichen Zeitgenossen sicher »kon-

Richard Neutra, *Gesundheitshaus für Dr. Philip Lovell*, Los Angeles, 1927-29, Stahlkonstruktion

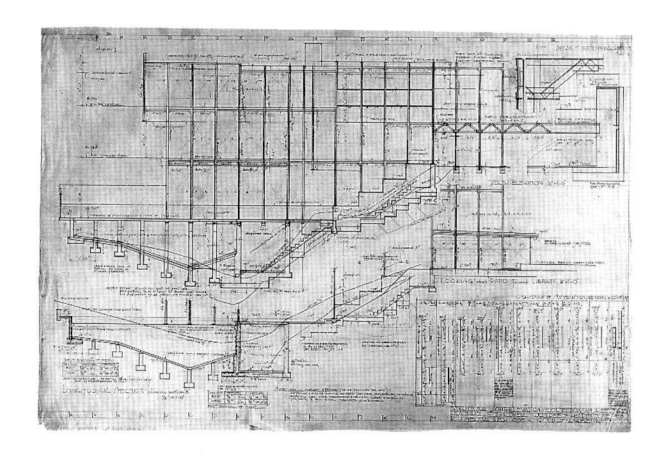

Richard Neutra, *Gesundheitshaus für Dr. Philip Lovell*, Längsschnitt, University of California, Los Angeles

Richard Neutra, *Gesundheitshaus für Dr. Philip Lovell*, Anblasen des Betons

Richard Neutra, *Gesundheitshaus für Dr. Philip Lovell*, Ansicht vom Canyon

struktivistisch« aufgefaßt, d.h. zum selbstbezüglichen Motiv eines neuen Formalismus übersteigert – dient bei Schindler/Neutra einem räumlichen, gedanklichen Konzept: der Vision eines transparenten Raumes, der die Elemente Erde, Wasser, Licht und Luft an diesem Ort zu einer neuen, energetischen, universellen Konstellation verknüpft. Das Projekt hat – so wie das viel bekanntere von Meyer/Wittwer – einen sehr strikten, funktionellen Werkzeugcharakter im einzelnen. Was es aber vom Rationalismus der beiden Schweizer generell unterscheidet, ist seine Poesie, seine romantische räumliche Vision, die alle konventionelle Symbolik hinter sich läßt.

Lovell Health House, 1927-29

Für das große *Stadthaus* der Lovells hatte Schindler bereits Vorentwürfe gezeichnet, doch dann erhielt Neutra den Auftrag. Die Lovells waren mit Schindler nicht mehr zufrieden (Bauschäden an ihrer Berghütte, Probleme bei den Schlafkojen am Strandhaus), vermutlich waren noch andere Faktoren im Spiel. So griffen sie zur Alternative.[30] Für Schindler bedeutete diese Bevorzugung des Jüngeren, der ihm viel verdankte, einen schweren persönlichen Schlag. Neutra jedenfalls nützte die Chance und schuf sein Meisterwerk, den Grundstein seiner Karriere.

30 siehe dazu McCoy (zit. Anm. 2), S. 67-70, sowie: Hines (zit. Anm. 19)

Richard Neutra, *Gesundheitshaus für Dr. Philip Lovell*, Los Angeles, 1927-29, Ansicht von der Hügelböschung
(© Julius Shulman)

Richard Neutra, *Gesundheitshaus für Dr. Philip Lovell*, Pool
(© Julius Shulman)

Richard Neutra, *Gesundheitshaus für Dr. Philip Lovell*, Treppenhaus
(© Julius Shulman)

Das Areal liegt an einem der steilen Abhänge des Griffith Park, am oberen Ende eines nach Süden, zur Stadt hin gewendeten Tales. Neutras Bauführung war mindestens so spektakulär wie das Ergebnis selbst: »Ein Minimum an zurückgesetzten, schlanken Walzstahlstützen trug stählerne Dachbalken, an denen die oberen Stockwerke hingen. Hier wurden zum ersten Mal bei einem Wohnhaus offene Stabgitterträger verwendet. Aus der Düse eines rund 80 Meter langen Schlauches, der über den Abgrund hinweg ausgelegt war, wurde eine dünne Schicht härtesten Betons angeblasen. Nach zwei Tagen umschloß der Beton den Stahlrahmen, der in vierzig Stunden am Bauplatz aus vorgefertigten Teilen errichtet worden war. Alles war fast auf den Bruchteil von Millimetern genau errechnet.«[31]

Das zarte Stahlgerüst, bekleidet mit weißen Brüstungsstreifen und durchlaufenden Fensterbändern, formt eine Folge von Räumen, die in schwereloser Eleganz aus dem Hang herauszufließen scheinen. Man betritt das Haus von der Straße auf der obersten Etage, gelangt in einen niedrigen Vorraum, ist dort an drei Seiten mit schwarz schimmernden Vertäfelungen und Türpaneelen umgeben. An der vierten Seite kippt der Raum über die Stiege abrupt in die Tiefe. Eine zweigeschossige Glaswand neben der Stiege saugt den Blick ins Tal hinaus. Im Hinunter-

31 Neutra (zit. Anm. 6)

Richard Neutra, *Haus in der Werkbundsiedlung*, Wien-Lainz, 1930-32

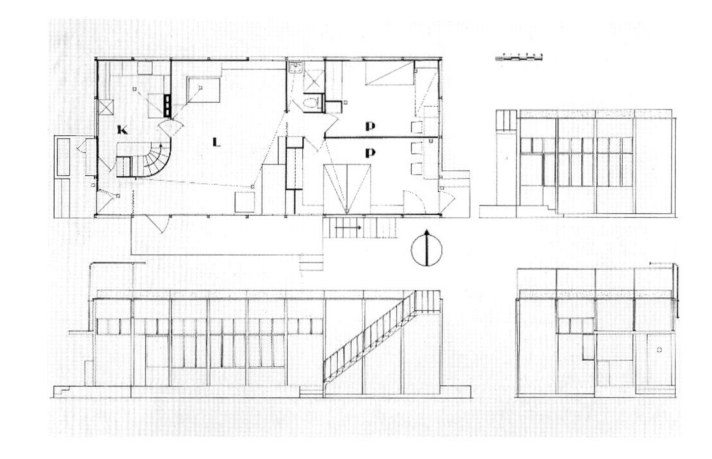

Richard Neutra, *Haus in der Werkbundsiedlung*, Wien-Lainz, 1930-32, Grundriß und Ansichten, Variante in Stahlrahmenkonstruktion, University of California, Los Angeles

steigen, vor der Wendung des Podestes, folgt ein erster Einblick schräg ins Wohngeschoß. Eine hohe Stiegenwange macht den Raum nach dem Podest aber wieder eng, bevor man, unten angelangt, die Wohnetage in voller Breite vor sich hat.

Diese Wohnebene, über die ganze Gebäudelänge ausgestreckt, verschließt sich zum Hang in den Bibliotheksbereich, öffnet zum Tal sich als rundum verglaste Veranda mit ganz niedrigen Parapeten, ragt dort über eine untere, offene Plattform heraus, die den Swimmingpool samt Terrasse enthält. Aus der Bibliothek tritt man bergseitig auf eine weitere Terrasse heraus. Ihr Raum ist gegen die abschüssige Talseite durch hohe Balken und Pergolen gerahmt, d.h. die Parapetstreifen des 2. und 3. Geschosses sind hier einfach weitergezogen und ›verankern‹ das Haus zum Hang hin. Mit außerordentlich wenig massiven Eingriffen schafft der Bau an der Steilkante verschiedene künstliche Ebenen: Licht-, Luft- und Sonnendecks, die um die senkrechte Schwerlinie der Stiegen-Kamin-Gruppe herum in Balance gehalten sind. Wie in Schindlers Häusern gibt es vor den Schlafräumen offene Veranden für das Übernachten im Freien.

Lovell schrieb während der Bauzeit in der ›Los Angeles Times‹ fast täglich über die einzelnen Details und die grundsätzlichen Aspekte seines »Gesundheitshauses«. Ein Kapitel für sich war die Küche, technisch extravagant ausgestattet und speziell für die Diätkost der Lovells ausgerüstet. Nach der Fertigstellung organisierte man eine allgemein zugängliche Eröffnung. Neutra führte an drei Tagen über 15.000 Besucher durchs Anwesen. Der Zustrom der Autos verursachte eine lokale Verkehrsstauung. Bauherr und Architekt hatten ihren gemeinsamen Hang zu Publizität und Dramatik in ein Finale gesteigert, das weit über das Stadtgespräch hinauswirken sollte.

Neutras *Lovell House* wurde das amerikanische Paradebeispiel des Internationalen Stils. »Beweglichkeit, Leichtigkeit und Einfachheit, Perfektion der industriellen Oberflächen, statt Ornamentik und Masse asymmetrische Komposition von Volumen und Oberflächen...« – die von Philip Johnson und Henry-Russell Hitchcock später definierten Stilmerkmale sind vollkommen erfüllt.[32] Neutra hatte den Traum vom industriellen, präzisen, leichten Bauen in einem exquisiten Wohnhaus wahrgemacht, auch wenn die Oberflächen der Spritzbetonteile – aus der Nähe gesehen – völlig unpräzise und so unregelmäßig wie getünchter Verputz ausgeführt waren. Neutras »Stil«, mit dem *Lovell House* begründet, ist oft als architektonische Vision des Maschinenzeitalters bezeichnet worden. Das stimmt nur beschränkt. Bei ihm gibt es weder Anklänge an die »Stromlinienform«, noch bringt er in diesem oder in späteren Bauten eine raumdynamische Maschinen-Analogie ins Spiel wie etwa Corbusier oder andere. Die im *Lovell House* eingebauten Scheinwerfer *Modell Ford T* wirken – zumindest aus heutiger Sicht – als eher unauffällige Reverenz an ein erfolgreiches Produktionsprinzip, nicht an ein Formvorbild. Neutra war fasziniert von der Rationalität und Präzision industrieller Technik, von der maschinellen Brillanz neuer Werkstoffe. Er experimentierte mit Stahl- und Aluminiumwänden und ging manchmal sogar soweit, auch Holzverschalungen und Verputz silbergrau zu streichen.

---

32 siehe dazu: Terence Riley, The International Style: Exhibition 15 and the Museum of Modern Art. New York 1992, S. 45

Die maschinelle Attitüde ist bei Neutra jedoch einem Raumbegriff untergeordnet, der auf psycho-physische Wirkungen zielt, wo die Effekte von Licht und Schatten, das Verhältnis von Innen und Außen, Nähe und Ferne, Natur und Artefakt und auch illusionistische Kunstgriffe (Spiegel und spiegelnde Oberflächen) ein vielschichtiges, pulsierendes Stimmungsbild erzeugen sollen. Nicht das Bild der autonomen »Wohn-Maschine«, sondern vor allem die Prinzipien der altjapanischen Architektur – der Dialog von leichten, strukturellen Pavillons mit dem gärtnerisch intensiv gestalteten Umraum – prägten Neutras nicht-naturalistische Auffassung vom naturnahen Bauen.

Allein eine genauere Analyse zum *Lovell House* zeigt exemplarisch, wie sehr auch bei Neutra die baukünstlerische Intuition die rein technische, mechanische Funktionalität überformte. Schon Johnson/Hitchcock und Arthur Drexler haben darauf hingewiesen, daß der Bau auf den zweiten Blick nicht so rational ist, wie er auf den ersten aussieht.[33] Denn der Raster aus vertikalen Linien und horizontalen Bändern enthält einige Inkongruenzen. Die Unklarheiten beginnen bei der Stahlkonstruktion selbst, an der manche Abschnitte als Auskragung, also auf Biegung beansprucht, erscheinen, die eigentlich von den Dachträgern abgehängt, also auf Zug beansprucht sind. Garvierender als solche Feinheiten verhält es sich bei den Parapeten. Diese weißen Horizontalen, so homogen sie aussehen, sind materiell, strukturell und formal durchaus verschieden. Der überwiegende Teil besteht aus Stahlrahmen und Maschendraht, übersprritzt mit Beton. Etliche Brüstungen sind aber auch aus massivem Gußbeton, und es gibt mindestens eine Stelle, wo ein struktureller Teil – das Fensterparapet – fugenlos als dekorativer Teil – als Pergola-Rahmen – in den Raum hinaus verlängert wird. Von einem form-inhaltlichen Purismus keine Spur! Die Kontinuität der Parapetstreifen ist zudem im Bereich der Stiege und über dem Swimmingpool deutlich durchbrochen. Unter dem Anschein der Homogenität steckt also eine subtile Balance von Kontrasten. Es gibt hier keine zwingende Eindeutigkeit. Kein Prinzip kann dominieren. »Jedes Element wird einer inkonsistenten Variation unterzogen«, bringt Drexler die Sache auf den Punkt.[34] Er geht aber in dieser Einsicht nicht weit genug, wenn er meint, der Wechsel der Parapete über dem Swimmingpool vom sonstigen weißen Putz auf blaugraue Stahlplatten sei nun nicht mehr bloß ambivalent, sondern ein richtiger »Fehler«. Die gestalterische Logik hinter diesem »Fehler« ist wohl die: In diesem Teil der Fassade reichen die Fenster fast bis zum Fußboden. Hier liegt der wichtigste Bereich des großen Wohnraumes, wo Neutra maximale Wandöffnung haben wollte. Als Parapet verbleibt deshalb an der Fassade ein Streifen, der viel niedriger ist als alle anderen Brüstungen. Weiß verputzt hätte diese dünne Leiste einfach im Kontext des Ganzen zu mickrig ausgesehen – das wäre wirklich ein Fehler gewesen. Neutra durchbrach deshalb an dieser Stelle das System und integrierte die schmale Horizontale farblich und technisch in den Zug der Vertikalen. Zugleich entstand damit ein Gegengewicht zur vertikalen Textur der Stiegenhausverglasung. Auch die vorwiegend formalen Entscheidungen für die Pergolen und den großen Horizontalbalken an der bergseitigen Terrasse sind für die Balance der Gesamtkomposition wichtig und unverzichtbar. Das strenge System erhält Leben – erst durch die punktweise Inkonsistenz. Man könnte sogar sagen, Neutras *Lovell House* zählt nicht trotz, sondern gerade wegen solcher »Fehler« bzw. Ambivalenzen zu den bedeutenden Werken der Moderne.

Stil als Problem

»Ich bin weder ein Stilist, noch ein Funktionalist, noch irgend ein anderer Sloganist. Meine Bauten verkörpern die Auseinandersetzung mit verschiedenen *architektonischen* Problemen, auf deren Existenz man in dieser Ära der Rationellen Mechanisierung vergessen hat. Für mich ist die Frage, ob ein Haus wirklich ein Haus ist, wichtiger als die Tatsache, daß es aus Stahl, Glas, Kitt oder Heißluft besteht.«[35] Rudolph Schindler schrieb diese Sätze 1932 an Philip Johnson, als dieser mit Henry-Russell Hitchcock für das Museum of Modern Art in New York die Ausstellung »Modern Architecture–International Exhibition« vorbereitete. Schindlers polemische Vorhaltungen und sein definitives Fehlen bei dieser wichtigen Veranstaltung bezeichnen einerseits seine persönliche Problematik. Denn fortan wurde sein Œuvre als regionales Phänomen, als »unsaubere« Moderne abgetan. Sie markieren andererseits objektiv einen Wendepunkt in der Geschichte der Moderne. Denn nicht zuletzt mit dieser Ausstellung wurde die moderne Bewegung auf einen ikonographischen Kanon verengt, auf die äußerlichen Attribute eines Stils festgeschrieben und damit ihren Zielen entfremdet. Schindlers Biographie verdeutlicht wie kaum eine andere die idealistischen Ansprüche der Moderne, die durch simplifizierende Propaganda und blutleeren Rationalismus überlagert, verschüttet wurden und in jene Sackgasse gerieten, aus der dann die Postmoderne im Rückwärtsgang zu entkommen versuchte.

---

33 Henry-Russell Hitchcock / Philip Johnson, *The International Style*. New York 1932, hier zitiert nach Reprint New York 1966, S. 193: Bildunterschrift zum *Lovell House*: »The design, though complicated by the various projections and the confusing use of metal and stucco spandrels, is based on a visible regularity of structure.« Weiters: Arthur Dexler / Thomas S. Hines, The Architecture of Richard Neutra. From International Style to California Modern. New York (MoMA) 1982, S. 48
34 Drexler, ebenda
35 Rudolph M. Schindler, Brief (Original engl.) vom 9. März 1932 an Philip Johnson. Schindler Archive, University of California, Santa Barbara

Richard Neutra, *Landfair Apartments*, Los Angeles, 1937, Baustellenphoto
(© Julius Shulman)

Richard Neutra, *Landfair Apartments*, Los Angeles, 1937, Straßenansicht
(© Julius Shulman)

Das Eindringen der europäischen Avantgarde in Amerika geschah auf sehr heterogene Weise. Mitte der zwanziger Jahre vollzog sich unter dem Schlagwort »Moderne« ein hektischer Formenimport all jener neuen Strömungen, die 1925 in Paris die große Kunstgewerbe- und Bauausstellung erstmals in ein internationales Panorama zusammengefaßt hatte. Ein Subtrend dieser »Moderne« lief dann unter dem Sujet »Streamline« und bezeichnete die Motivik der dynamischen Linien, der glatten Oberflächen aus der Welt der Schiffe, der Automobile und des Großstadtverkehrs. Das Epitheton »modern« betraf in Amerika nur den programmatischen, innersten Kern der Avantgarde. All das wurde viel später nochmals unter dem Sammelbegriff »Art Déco« subsumiert, womit man das Spektrum der Epoche von kubistisch-expressionistischen Verschnitten über den puristischen Funktionalismus bis zu den ganz individuellen Repertoires in ein plakatives Gesamtimage fusionierte.

Man könnte diese ganze Frage von Stilen und Definitionen auf ein rein akademisches Problem der Kunst- und Architekturhistoriker oder auf den permanenten Begriffsnotstand der Zeitgeistvermittler reduzieren, wenn nicht mit dem Kategorisierungszwang auch eine jedem Kulturwandel immanente Mechanik der selektiven Akzeptanz verbunden wäre. So wichtig beispielsweise die berühmte Schau des International Style für die persönlich Beteiligten oder die Ausgeschlossenen war, die Frage bleibt wohl offen, ob diese Aktion tatsächlich jene Wende der Bewegung zum Stil bewirkt hat oder ob sie lediglich ein besonders signifikanter Ausdruck eines Geschehens war, das auf viel allgemeineren und tieferen Schichten der kulturellen Entwicklung längst und unaufhaltsam in Gang war.

Hatten die Schau des Museum of Modern Art 1932 rund 30.000 Besucher gesehen, so war schon zwei Jahre vorher ein -zigfach größeres Publikum mit einer exzellenten US-Adaption des neuen Stils vertraut gemacht worden. Paul Nelson hatte für die Hollywoodproduktion *What a Widow!* mit Gloria Swanson, einem der beliebtesten Filmstars der Zeit, eine lupenreine moderne Architektur- und Raumausstattung opulent inszeniert. Dieser Film steht stellvertretend für viele andere Streifen der Depressionszeit, in denen Erfolg und Luxus zunehmend mit den ursprünglich für die breite Masse gedachten Form-Sujets der Moderne konnotiert wurden. Es war »eine Ironie der modernen Bewegung, daß gerade das Kino, als die Kulturform des zwanzigsten Jahrhunderts, die das Gleichheitsprinzip am ausgeprägtesten verkörperte, das kollektivistische Programm der modernen Architektur in eine phantastische Welt der Privilegien umarbeitete«.[36]

In der Architekturgeschichtsschreibung galt bislang jedenfalls Neutra als der einzige in diesen Jahren, der »die moderne Methode zum ersten Mal wahrhaft in die amerikanische Wirklichkeit eingehen« hat lassen,[37] der eben nicht bloß das formale Repertoire des Stils zur Schau stellte, sondern die »Gegensätze von Taliesin und Bauhaus überbrücken konnte«.[38] Wright hingegen – von Johnson/Hitchcock wohl strategisch in ihre Schau aufgenommen – galt als entschiedenster Gegner eines dünnen Internationalismus und als

36 Donald Albrecht, Architektur im Film. Die Moderne als große Illusion. Basel-Boston-Berlin 1986, S. 12
37 Leonardo Benevolo, Geschichte der Architektur des 19. und 20. Jahrhunderts. München 1982, Bd. 2, S. 304
38 Hines, The Drawings of Richard Neutra: A Centennial Exhibition. Los Angeles 1992

Richard Neutra, *Haus J. v. Sternberg*, San Fernando Valley, 1935, Badezimmer
(© Julius Shulman)

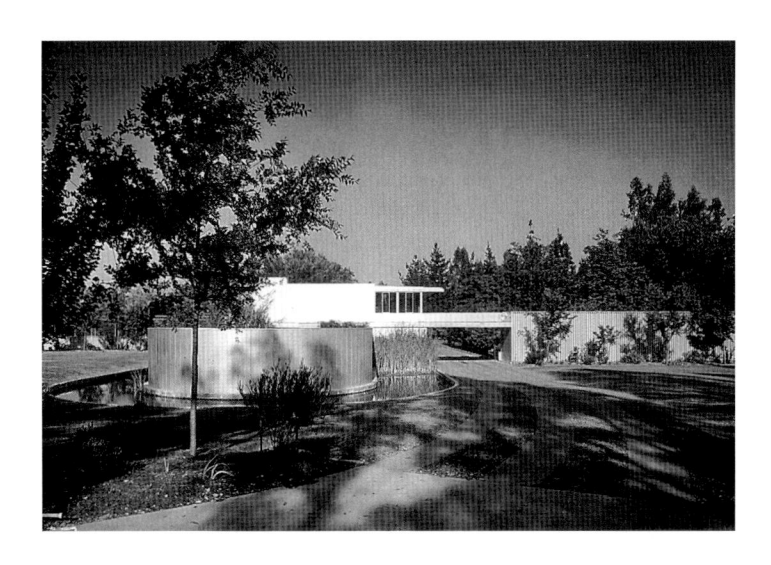

Richard Neutra, *Haus J. v. Sternberg*, San Fernando Valley, 1935
(© Julius Shulman)

Verfechter einer genuin amerikanischen Baukunst.

Im Vergleich mit Schindler könnte man vielleicht zu einer weiter differenzierten Einschätzung von Neutra gelangen. Die Maschine an sich war für beide gleichermaßen kein Mythos, dem es auch in der Baukunst formal zu huldigen galt. In dieser Hinsicht zumindest standen beide im Lager Wrights. Neutras Obsession galt dem industriellen Bauprozeß. Das *Lovell House* war dazu sein Manifest. Trotz des Engagements einer großen Stahlbaufirma wurde das Haus freilich unverhältnismäßig teuer, die Lovells fühlten sich auch nie besonders wohl darin, bevorzugten jedenfalls Schindlers *Strandhaus*. Neutra hat stets versucht, industriell avanciert und technisch sauber zu bauen. Viele seiner Bauten sind gleichsam Prototypen, die sofort in größere Fertigbauserien hätten münden können. Neutra schätzte besonders die Präzision und Standardisierung von Stahltragwerken. Dies implizierte freilich eine gewisse Starrheit des Bauprozesses, d. h. es verlangte eine Präzision der Vorausplanung, von der an der Baustelle kaum mehr abgewichen werden konnte.

Schindler hingegen baute in den dreißiger Jahren fast nur mehr mit dem billigen, hölzernen Balloonframe-System, einer in Amerika entstandenen, längst konventionalisierten Bauweise, die er für seine Zwecke noch verbesserte. Im Vergleich zu Stahl erforderte dies viel weniger Planungsaufwand und erlaubte an der Baustelle eine größere Freiheit zur Improvisation.[39] Schindler ließ die Deckenuntersichten vorwiegend offen, die Struktur der Konstruktion gab sozusagen der schützenden Schale inneres Profil, Maß, räumlichen Rhythmus, ortsbezogene Körperhaftigkeit. Neutra pflegte – wie auch Mies – die glatte Deckenuntersicht. Die Rationalität der modularen Konstruktion wurde so von der abstrakten Idee des homogenen, horizontalen Raumflusses überdeckt. Schindler konnte virtuos mit den verschiedensten, auch hybriden Dachquerschnitten agieren, Neutra blieb fast immer beim Flachdach. Schindler komponierte mit einem komplexen modularen Raumgitter in Grundriß, Aufriß und Schnitt, dem sich sogar die Möbel einfügten. Neutra verwendete modulare Rhythmen vor allem für die Strukturierung der Wände und Fenster, kaum für die Grundrisse. Seine Häuser entwickelten mehr und mehr die Idee eines offenen, subtilen und neutralen Rahmenwerks, einer Choreographie der Natur durch luftige Pavillons. Schindler formulierte stets eine starke, individuelle räumliche Physiognomie, während Neutra die Substanz seiner Bauten mehr und mehr auflöste zu reduziertester Konstruktion und minimalen Details, sodaß Innen- und Außenraum schwellenlos ineinanderfließen konnten.

Neutras Perfektionismus bewegte sich – bei aller grundsätzlichen Resistenz gegen eine bloß aufgesetzte Stilistik – doch durchwegs im formalen Bereich von »high style«. Schindlers besonderes Vermögen – wie schon David Gebhard gezeigt hat – bestand darin, kompositorische Anliegen des »high style« in »low-tech« – Verfahren umzusetzen und komplementär dazu die banale amerikanische Billigbauweise in den höchst anspruchsvollen Bereich seiner Raum-Poesie zu heben.

---

39 siehe dazu: Edward R. Ford, Das Detail in der Architektur der Moderne. Basel-Berlin-Boston 1994, S. 169-189

Richard Neutra, *Haus Singleton*,
Los Angeles, 1959,
Verbindung von Innen und Außen
(© Julius Shulman)

Richard Neutra, *Haus Singleton*,
Los Angeles, 1959,
Gesamtansicht
(© Julius Shulman)

Richard Neutra, *Haus Tremaine*,
Santa Barbara, 1947,
geöffnete Ecke mit Blick zum Hang
(© Julius Shulman)

Richard Neutra,
Kaufmann Desert House,
Palm Springs, Kalifornien, 1946
(© Julius Shulman)

Rudolph M. Schindler,
Haus E. van Patten,
Los Angeles, 1934-35
(© Julius Shulman)

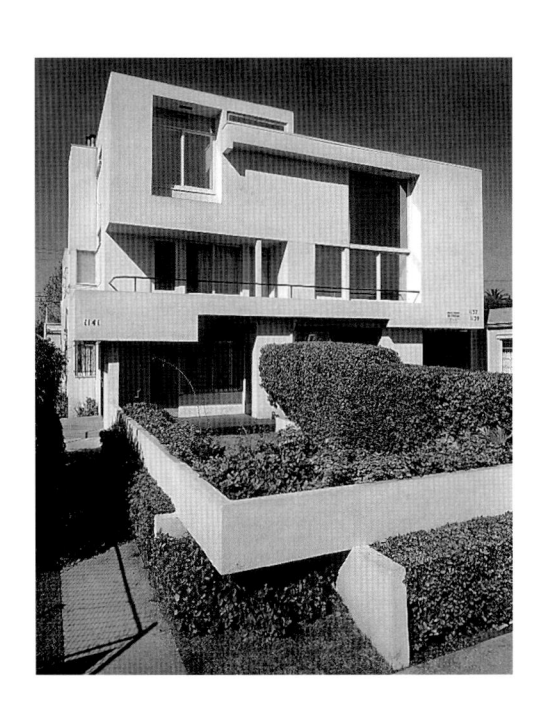

Rudolph M. Schindler, *Apartmenthaus Mackey*,
Los Angeles, 1939
(© Julius Shulman)

Rudolph M. Schindler, *Haus Walker*, Los Angeles, 1935-36
(© Julius Shulman)

Rudolph M. Schindler,
Griffith Park Apartmenthaus,
Los Angeles, 1941
(© Julius Shulman)

Rudolph M. Schindler,
Haus Buck, **Los Angeles, 1934**
(© Julius Shulman)

Schindler blieb sehr lange eine erratische Erscheinung, konnte keine »Schule« bilden. Neutra formte sehr rasch eine kleinen Kreis von Mitarbeitern bzw. Schülern, die bald auch mit eigenen Aufträgen Erfolg hatten: Gregory Ain, Harwell Hamilton Harris, Raphael Soriano.[40] Schindler und Neutra agierten auch nach 1930 – nach dem Bruch ihrer Freundschaft, nachdem Neutra aus der Kings Road ausgezogen war – gemeinsam bei Vorträgen und Ausstellungen. Neutra zeigte bei solchen Anlässen Schindlers Bauten als Beispiel für »impure modern«, Schindler seinerseits apostrophierte Neutras Arbeit als »mechanistisch«.[41]

Ausstrahlung, Aktualität

Schindlers Architektur wurde in den vierziger Jahren immer freier und spontaner. In einer Phase, da der Internationale Stil mit der Arbeit von Mies van der Rohe und Johnson seinen Höhe- und Wendepunkt erreichte, war Schindlers Architektur in Kalifornien isolierter denn je, während Neutra 1949 vom ›Time-Magazine‹ mit einer Titel-Story gewürdigt wurde. Neutra, für den abstrakte Form und kubistische Geometrie an sich nie Maximen waren, hatte sein Konzept der geöffneten, grazilen Bungalows, die so selbstverständlich in die Landschaft fließen, ohne natura-

40 siehe dazu: David Gebhard, Schindler. Santa Barbara-Salt Lake City 1980, sowie David Gebhard / Harriette von Breton, L.A. in the thirties, 1931-1941, Peregrine Smith, Inc. 1975
41 McCoy (zit. Anm. 2), S. 63

Richard Neutra am Cover von ›TIME-Magazine‹, Juli 1949

listische Zugeständnisse einzugehen, in vielen Beispielen und Varianten perfektioniert und hatte einen unspektakulären, doch weitreichenden Einfluß auf die amerikanische Wohnarchitektur ausgeübt. Neutra und Soriano waren auch wesentlich an dem von John Entenza propagierten *Case Study Program* beteiligt, das für die preiswerte, anspruchsvolle Wohnhauskultur der vierziger und fünfziger Jahre an der Westküste Maßstäbe setzen sollte.[42]

Schindlers Qualität wurde erst nach seinem Tod über den engeren Kreis seiner Bauherren und Anhänger hinaus bekannt, parallel mit der zunehmenden Erkenntnis, daß die Moderne als Stil vielfach bloße Verpackung war. Esther McCoy in den fünfziger Jahren und David Gebhard in den sechziger Jahren haben Schindler erstmals publizistisch repräsentativ ins Blickfeld gerückt.[43] Von Wien aus hatte vor allem Hans Hollein bei seinem Aufenthalt in Amerika 1958-60 Schindler »entdeckt« und mit zwei größeren Publikationen die heimische Szene mit dem Werk des Wagnerschülers konfrontiert.[44]

In den achtziger Jahren beginnt mit Publikationen und Ausstellungen eine regelrechte Schindler-Renaissance. Sein *Haus in der Kings Road* wird von einer Stiftung renoviert und öffentlich zugänglich gemacht. Auf Initiative von Peter Noever erwirbt das österreichische Wissenschaftsministerium 1994 das *Apartmenthaus Mackey*, von Schindler 1939 entworfen, als Stipendiaten-Haus und beteiligt sich an der Erhaltung und Nutzung des *Hauses in der Kings Road*. Die Achse Wien-Los Angeles tritt in eine neue Phase.

Neutra wurde 1954 Ehrenmitglied der Wiener Secession, die damals in Wien geplante Ausstellung kam aber nicht zustande. Die Kontakte zu Österreich wurden wieder intensiver. 1958 erhielt er den Preis der Stadt Wien, 1962 hielt er sich wieder kurz in Wien auf. Er war nun siebzig Jahre alt, eine internationale Berühmtheit und Autorität, und sein Vortrag an der Universität wurde von der Wiener Szene teils enthusiastisch, teils auch skeptisch aufgenommen.[45] 1963 war er Gast und Eröffnungsredner beim 6. Europagespräch im Wiener Rathaus.[46] In der Wiener Architektenschaft startete eine Initiative, die eben in Los Angeles gegründete *R. J. Neutra Foundation* auch in Wien zu verankern.[47] In Kierling bei Klosterneuburg sollte er ein *Kulturdorf* bauen. Als er mit Dione 1967-69 seinen Wohnsitz temporär nach Wien verlegte, war dieses Projekt aber nicht mehr aktuell. Dafür erhielt er zum 75. Geburtstag den Ehrenring der Stadt Wien, und das Wiener Bauzentrum zeigte eine vielbeachtete Ausstellung seines Œuvres. Der ORF produzierte mit dem Bayerischen Rundfunk ein umfassendes Filmdokument von und mit Neutra. In dieser Zeit bestand auch die Aussicht auf den Planungsauftrag für das *ORF-Funkhaus* in Salzburg, und Neutra beschäftigte sich mit Vorentwürfen. Dieses Projekt zerschlug sich ebenso wie der an die damalige Bundesregierung herangetragene Plan zur Einrichtung internationaler Architekturkongresse in Österreich. Auch die Neutra-Stiftung konnte in Wien letztlich nicht realisiert werden. Das kleine *Haus in der Wiener Werkbundsiedlung* – 1930 während Neutras Gastspiel am Bauhaus in Dessau entworfen – und das *Wettbewerbsprojekt für die Synagoge in Hietzing* – 1924 in Chicago gezeichnet – blieben Neutras einzige konkrete Entwürfe für seine Heimatstadt.

Neutras reduzierte Ästhetik, schon in den sechziger Jahren und erst recht in der anschließenden Postmoderne »aus der Mode«, wird man heute, in Zeiten einer kühlen Neo-Moderne, wieder mit frischeren Augen würdigen können. Neutras allgemeine Botschaft, seine subtile, nicht-mechanistische Vision von humaner, naturverbundener Architektur und Bautechnik, hat darüber hinaus eine ungebrochene Gültigkeit. Sie trifft sich darin mit Schindlers Vision einer Raum-Kunst, deren Ausdruck nicht die komponierte Optik der Dinge sein sollte, sondern das Leben selbst.

---

42 Siehe dazu: Banham (zit. Anm. 15), S. 223-233, sowie: Blueprints for Modern Living: History and Legacy of the Case Study Houses. Los Angeles 1989
43 McCoy, Five California Architects. New York 1960. Gebhard, R. M. Schindler – Architect. Santa Barbara 1967
44 Hans Hollein, R. M. Schindler – ein Wiener Architekt in Kalifornien. In: Der Aufbau 3, Wien 1961, S. 102 ff., sowie: ders., Rudolf M. Schindler. Ein weiterer Beitrag zur Berichtigung der Architekturgeschichte. In: Bau 4, Wien 1966, S. 67-82
45 Friedrich Achleitner, Neutra: Komplimente für Wien. Vortrag im Auditorium maximum. In: Die Presse, 27. Oktober 1962
46 Weitere Referenten und Diskussionsteilnehmer: Victor Gruen, Theodor Adorno, Werner Hofmann, Arnold Gehlen, Robert Jungk, Roland Rainer, Lucius Burckhardt, J.B. Bakema, Eduard Sekler, Eugen Wörle und Golo Mann
47 Umfangreiche Korrespondenz dazu im Archiv von Arch. Prof. Karl Mang, Wien

Friedrich Kiesler, *Space House*, Modernage Furniture Company, New York, 162 East 33rd Street, 1933

ARCHITECTURE AS BIOTECHNIQUE
Friedrich Kiesler und das Space House von 1933

Dieter Bogner

Mit dem in den Schauräumen des New Yorker Möbelhauses Modernage Furniture Company 1933 als temporäres 1:1-Modell errichteten *Space House* entstand ein Schlüsselwerk in Friedrich Kieslers lebenslanger theoretischer und praktischer Auseinandersetzung mit dem architektonischen Raum. Einige der wichtigsten Stationen dieser Beschäftigung, die von konstruktivistischen Raumvisionen bis hin zu einem alle Sinne, aber auch mythische und rituelle Dimensionen des Menschen ansprechenden Raumkonzept führte, sind: die Wiener *Raumbühne* von 1924, die 1925 in Paris konstruierte *Raumstadt*, die 1947 für eine Surrealistenausstellung in der Pariser Galerie Maeght konzipierte *Salle de Superstition* und schließlich das in den fünfziger Jahren durch Modelle, zahllose Zeichnungen und theoretische Texte dokumentierte *Endless House*.[1]

Das Modellhaus konnte aufgrund der räumlichen und technischen Einschränkungen des zur Verfügung stehenden Raumes bei weitem nicht Kieslers theoretisch formulierten Forderungen entsprechen; das konkrete Ergebnis sollte jedoch in der Lage sein, wie er in begleitenden Texten betonte, die wesentlichen Prinzipien seiner architektonischen Konzeption erkennen zu lassen.[2] Diese Einschränkung gilt sowohl für die Außenansicht, die nicht die gewünschte abgeflachte (sphäroidale) Kugelform aufweist, als auch für die Gestaltung des Inneren, wo das vorhandene statische Gerüst des Geschäftsgebäudes nicht zu eliminieren war, weshalb die angestrebte differenzierte Raumgestaltung nur angedeutet werden konnte; ebensowenig war es möglich, die als zentrales Element des *Space House-Konzepts* propagierte totale Flexibilität der Raumteilung zu verwirklichen. Das bei Modernage errichtete Modellhaus bestand de facto aus zwei miteinander räumlich verbundenen, doch strukturell voneinander unabhängigen Teilen: Die Fassade mit ihrem auf einem Sockel aufgesetzten dominant hervortretenden Wohngeschoß und die dahinter als unabhängige Einheit gestaltete Musterwohnung. Der Besucher mußte, darauf wies Kiesler ausdrücklich hin, den Fassaden- und den Wohnungsprototyp in der Vorstellung zu einer architektonischen Einheit, dem *Space House*, zusammenfügen. Eine analytische Annäherung an Kieslers *Space House* erfordert daher einerseits eine klare Trennung zwischen dem theoretischen Anspruch und der unter den gegebenen Umständen erzielten Ausführung; andererseits ist es nur durch die Kombination beider Aspekte – der Theorie wie der Praxis – möglich, der Vision Kieslers gerecht zu werden, bei der es sich – das ist für die Persönlichkeit dieses konzeptorientierten Allround-Künstlers entscheidend – letztlich um das eigentliche »Werk« handelt.

Eine eingehende Beschäftigung mit dem *Space House* ist – abgesehen von seiner Bedeutung für die amerikanische Architekturgeschichte der frühen dreißiger Jahre – auch in bezug auf die Entwicklung des *Endless House* der späten vierziger und fünfziger Jahre wichtig; denn wesent-

---

1 Siehe dazu die ausführliche Bild-Text-Chronologie in: Dieter Bogner (Hg.), Friedrich Kiesler. Architekt, Maler, Bildhauer, 1890 – 1965. Wien (Löcker) 1988. Die Seiten 9-191 bieten einen detaillierten visuellen und biographischen Hintergrund für die in diesem Beitrag behandelten Themen.

2 Kiesler, *Notes on Architecture. The Space House*. In: Hound and Horn, Jänner-März 1934, S. 292. In einem Typoskript für diesen Text heißt es: »The actualization of my plan for a Space House at the Modernage Company represents an approximation of my conception, within given limitations. Adaptation to such limitations permits only a demonstration of the principle, not its full manifestation. Principle: Time-Space-Architecture. Medium: a house. Category: shelter.« (Kiesler-Archiv)

Friedrich Kiesler, *Space House*, Frontalansicht

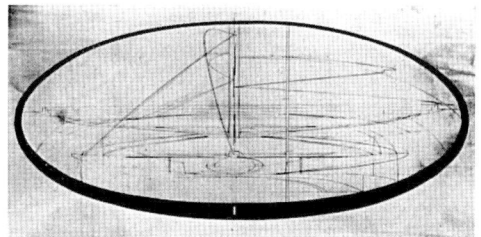

Friedrich Kiesler, *Endless Theatre*, Modell, 1926,
abgebildet in: Friedrich Kiesler, *Contemporary Art Applied to the Store and Its Display*. New York 1930
Rechts: Ausschnitt aus: Architectural Record, September 1939

liche Elemente dieses wohl bekanntesten und berühmtesten Architekturkonzepts des österreichisch-amerikanischen Architekten sind in dessen erstem Modellhaus bereits angelegt. Das *Endless House* sollte um 1960 ebenfalls als Prototyp errichtet werden – und zwar im Hof des New Yorker Museum of Modern Art. Doch wie so viele andere Utopien Kieslers scheiterte auch dieses Projekt kurz vor seiner Verwirklichung.

Zwei architektonisch konzeptionelle Ideen, an deren Umsetzung Kiesler seit Mitte der zwanziger Jahre kontinuierlich gearbeitet hatte, werden am Beispiel des *Space House* konkret faßbar: das flachgedrückte Sphäroid als revolutionäre Architekturform und der »elastische« Raum als neue Raumkategorie. Hatten Mies van der Rohe, Le Corbusier und andere Architekten der zwanziger Jahre die tragenden Elemente des Gebäudes auf wenige dünne Stützen reduziert, so will Kiesler auch diese letzten konstruktiv bedingten Unterteilungen eliminieren und das uralte Prinzip des Tragens und Lastens durch einen auf Basis kontinuierlicher Spannungen (continuous tension) errichteten selbsttragenden Schalenbau ersetzen: »Eine solche Konstruktion«, schreibt er in einem *Text über das Space House*, »nenne ich Schalen-Monolith. Leicht errichtet. Gewicht minimiert. Mobil. Trennung in Boden, Wände, Dach, Säulen aufgehoben. Der Boden setzt sich in die Wand fort (nur ein Verbindungsglied), die Wand setzt sich in das Dach fort, das Dach in die Wand, die Wand in den Boden. Man könnte dies die Verwandlung von Druckkräften in kontinuierliche Spannung nennen.«[3] Zu der in Zeitungsartikeln formulierten Assoziation des *Space House* mit der Form des Eies meint Kiesler, daß es sich bei diesem zwar um das »vorzüglichste Beispiel

für den höchsten Widerstand gegen äußeren und inneren Druck unter geringstem Aufwand von Kraft« handeln würde. »Wir können von dieser Einfachheit lernen«, fährt er fort, »das heißt aber nicht, daß ein Haus wie ein Ei aussehen sollte. Die idealste Hausform mit dem geringsten Widerstandsaufwand gegen äußeren und inneren Druck ist nicht das Ovoid, sondern das Sphäroid: die abgeflachte Kugel.«[4]

Die Idee des selbsttragenden sphäroidalen Schalenbaus geht auf das Konzept der Wiener *Raumbühne* von 1924 zurück, deren spiralenförmig gestaltete, raumgreifende Aktionsebene von einer als abgeflachte Kugel ausgebildeten stützenlosen Stahl-Glas-Hülle umschlossen werden sollte. Ein dreidimensionales Modell dieser konstruktivistischen Architekturvision stellte Kiesler 1926 gemeinsam mit großformatigen Plänen erstmals in der *New Yorker Theatertechnik-Ausstellung* aus; 1939 publizierte er den Querschnitt des *Endless Theatre* neben der Frontalansicht des *Space House*, wodurch er die Anwendbarkeit des sphäroidalen Konstruktionsprinzips für Großbauten ebenso wie für Einfamilienhäuser unter Beweis stellen wollte.[5] Diese Gegenüberstellung ist auch deshalb zu beachten, weil sie auf die enge Beziehung zwischen Kieslers früher Theaterarbeit und seiner Architekturtheorie verweist. So besteht beispielsweise eine konzeptionelle Verbindung zwischen dem 1924 im Einflußkreis des russischen Konstruktivismus und wohl auch des *Bauhaustheaters* entwickelten Vorschlags, durch Automatisierung und präzise Steuerung der Bühnenelemente eine sich im Zeitverlauf fließend verändernde *Mechanische Raumszenerie* zu schaffen, und dem Konzept, den Einheitsraum des *Space House* durch den Einbau

3 »Such construction I call shell-monolith. Easily erected. Weight minimized. Mobile. Separation into floor, walls, roof, columns, is eliminated. The floor continues into the wall ..., the wall continues into the roof, the roof into the wall, the wall into the floor. It might be called: conversion of compression into continuous tension.« Ebenda, S. 296
4 »... the most exquisite example ... of utmost resistance to outer and inner stress with a minimum of strength. We can learn from such simplicity. That does not mean that a house should look like an egg. The ideal house configuration with least resistance to outer and inner stress is not the ovoid but the spheroid matrix; a flattened sphere.« Ebenda
5 Kiesler, *Architecture as Biotechnique*. In: Architectural Record, September 1939, S. 67

Friedrich Kiesler, Ausschnitt aus dem Manifest du Corréalisme,
L'Architecture d'Aujourd'hui, Paris 1949

mechanisch bewegter, schallschluckender Vorhänge und Schiebeelemente – entsprechend den jeweiligen Nutzungsanforderungen – vielfältig unterteilbar zu machen.[6]

Typologisch folgt das *Space House* den kurz vorher entstandenen Entwürfen Kieslers für kostengünstige *Einfamilienhäuser*, die eine in den zwanziger Jahren durchaus gängige architektonische Lösung repräsentieren; auf einem als Versorgungsgeschoß ausgebildeten Sockelbauwerk »schwebt« das eigentliche Wohngeschoß. Die Idee einer vom Boden abgehobenen »schwebenden« Architektur gehört zu den zentralen Motiven in Kieslers Schaffen. Er hat diese von russischen Konstruktivisten in den zwanziger Jahren propagierte urbanistische Utopie (z.B. Rodtschenko, El Lissitzky, Chidekel u.a.) immer wieder aufgegriffen und intensiver verfolgt als andere Architekten seiner Generation.[7] Und dies nicht nur beschränkt auf Architekturvisionen, sondern quer durch alle Kunstgattungen. Im Laufe des vierzigjährigen künstlerischen Schaffens entstehen Projekte für »schwebende« Ausstellungsinstallationen (*Träger-Legersystem*, 1924), für »schwebende« Städte (*Raumstadt*, 1924) ebenso wie für »schwebende« Wolkenkratzer und »schwebende« Einfamilienhäuser (*Space House* und *Endless House*); am Beginn der dreißiger Jahre entwickelt Kiesler einen »schwebenden« Schreibtisch und entwirft in den späten fünfziger Jahren »schwebende« Skulpturen; selbst Bilder hängen in Ausstellungen frei von der Decke oder schweben schräg im Raum (*Blood Flames*, Hugo Gallery, 1947). An diesem Beispiel wird exemplarisch Kieslers interdisziplinäre Kunstauffassung deutlich, ein zentraler Faktor in seinem Schaffen. Weil er durchaus programmatisch alle Grenzen und

---

6 siehe zur Entstehung dieses Konzepts: Barbara Lesák, Die Kulisse explodiert. Friedrich Kieslers Theaterexperimente und Architekturprojekte 1923-1925. Wien (Löcker) 1988, S. 88
7 In Kieslers *Manifest zur Raumstadt* heißt es: »Uns vom Erdboden loslösen, Aufgabe der statischen Achse. Keine Mauern, keine Fundamente. Ein Bausystem von Spannungen (tension) im freien Raum.« Kiesler, *Die Stadt in der Luft*. In: G 5, 1926, S. 10

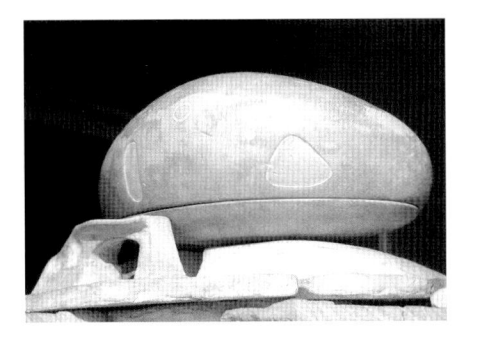

Friedrich Kiesler, *Endless House*, Modell, 1949,
Museum of Modern Art, New York

Friedrich Kiesler, *Endless House*, Modell, 1959,
Privatbesitz, Wien

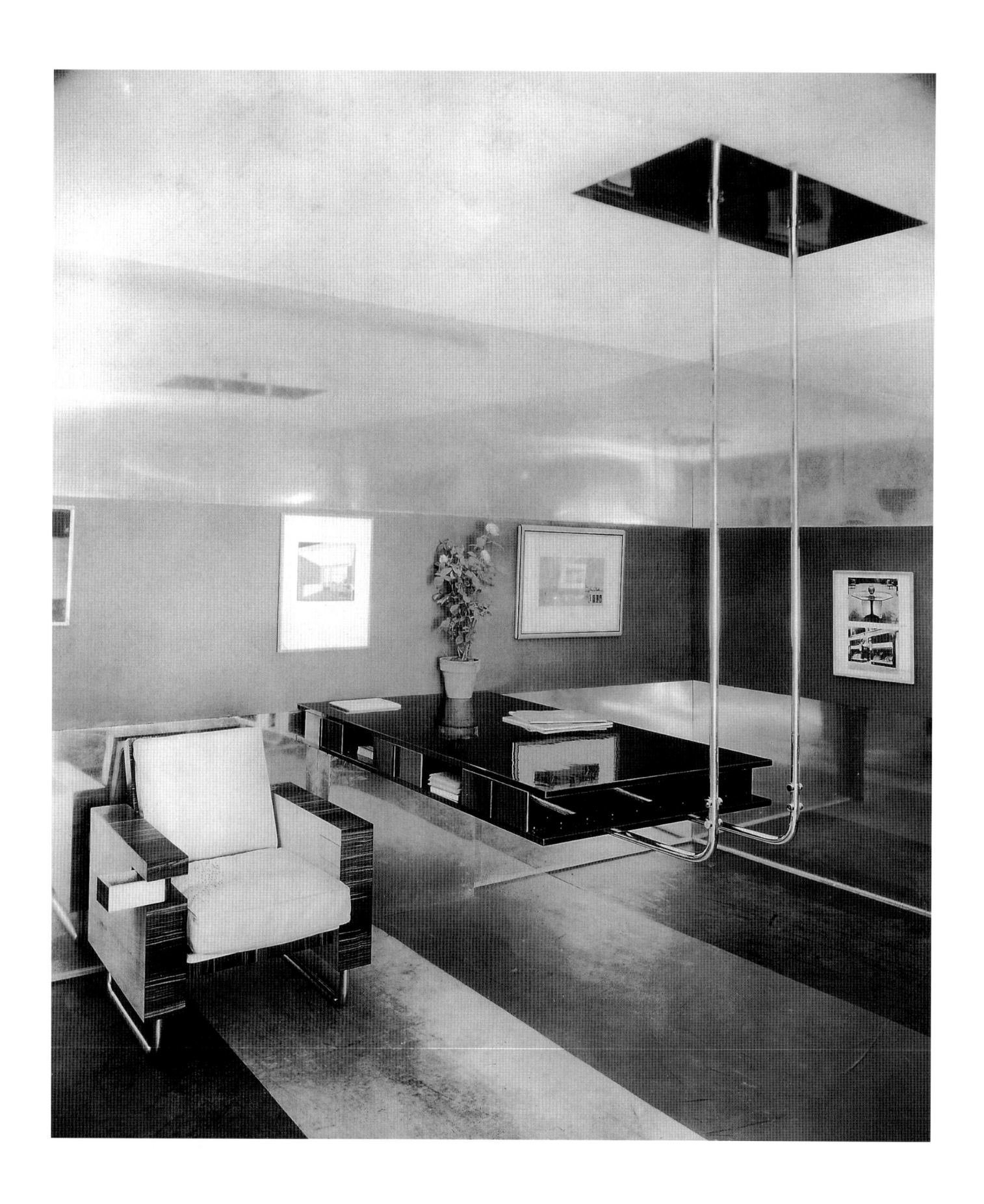

Friedrich Kiesler, *»Schwebender« Schreibtisch*, in der Ausstellung der AUDAC, New York 1930

Friedrich Kiesler, *Ausstellung Blood Flames*, Hugo Gallery, New York 1947

Barrieren zwischen den verschiedenen Kunstgattungen ignoriert, kann er – zumindest im Bereich des Konzeptionellen – künstlerische Grundprinzipien oder Motive quer durch alle Medien zur Anwendung bringen.

Das Neue, das das *Space House-Modell* markant von gleichzeitigen Werken funktionalistischer Architektur unterscheidet, manifestiert sich vor allem an der Fassade; Kiesler bricht mit diesem Entwurf für ein Einfamilienhaus radikal mit dem durch die Vertreter des Internationalen Stils (zu denen er selbst gehörte) dogmatisch angewandten Horizontal-Vertikal-Prinzip und setzt erstmals ein durch weich fließende Kurven bestimmtes Formenvokabular ein. In der zeitgenössischen Rezeption wird die Formgebung des *Space House* mit der sich damals im amerikanischen Industriedesign rasch verbreitenden stromlinienförmigen Gestaltung verglichen. In der Ankündigung eines Lichtbildervortrags über »The difference between good and bad modern design«, den Kiesler im Rahmen der Clinic of Modern Design in Chicago im Merchandise Mart hielt, wird er als »internationally known architect, and the most outstanding figure in the American Modern Movement« gerühmt, der das bekannte »streamlined« *Space House* geschaffen hat.[8] Beispielhaft für die Verwandtschaft der Fassade des *Space House* mit Entwicklungen im gleichzeitigen Industriedesign ist die formale Ähnlichkeit mit Norman Bel Geddes *Modell für Motor Car Number 9*, das 1933 patentiert wurde.

Kiesler wendet sich jedoch gegen eine rein technisch-industrielle Begründung der Stromlinienform des *Space House*: er betrachtet die gerundete Form vielmehr als ideale architektonische Antwort auf die Bewegung des Nutzers im Raum: »Die Stromlinienform«, schreibt er, »wird zur organischen Kraft durch ihren Bezug zum dynamischen Gleichgewicht der Körperbewegung in einem geschlossenen Raum. Sie ist eher eine integrale Komponente des ganzen Komplexes als die einfache Adaption wasser- oder luftdynamischer Prinzipien.«[9] In einer Presseaussendung heißt es dementsprechend: »Der Begriff Stromlinienform, so wie er von Kiesler verwendet wird, darf nicht mit seiner üblichen Bedeutung verwechselt werden, nämlich mit Formen, die jene von Schiffen und Flugzeugen nachahmen, sondern bezeichnet gleichzeitig die wissenschaftliche Methode des geringsten Widerstands gegen die idealen Lebensbedingungen. Dieser wird nicht bloß auf das Äußere der die Kräfte von Wind und Wetter reduzierenden stromlinienförmigen Struktur angewandt, sondern hauptsächlich auf das Innere, um einen organischen ›Raumfluß‹ für den geschützten Wohnbereich zu schaffen.«[10]

Bei der erstmaligen konsequenten Verwendung von Rundungen an der Fassade des *Space House* handelt es sich nicht um eine durch die Anforderungen einer spezifischen Bauaufgabe (»Einfamilienhaus«) bedingte Ausnahme, sondern um den Beginn einer schrittweisen Abwendung vom rechtwinkeligen Stilprinzip der zwanziger

8 The Merchandiser, Chicago, Dezember 1933, S. 3

9 »Stream-lining becomes here an organic force as it relates to the dynamic equilibrium of body-motion within encompassed space. It is rather an integral component of the complex than a mere adaptation of hydro- or aerodynamics.« Kiesler (zit. Anm. 2)

10 »The word streamline as used by Mr. Kiesler is not to be confused with its ordinary meaning of forms imitative of the ship or airplane, but connotes the scientific approach to least resistance to ideal living conditions. This applies not merely to the outside of the structure which is streamlined to reduce the weather forces, but chiefly inside to create an organic ›space in space flow‹ for shelters living.« Typoskript, Kiesler-Archiv, Modernage Furniture Co., 10.3.33

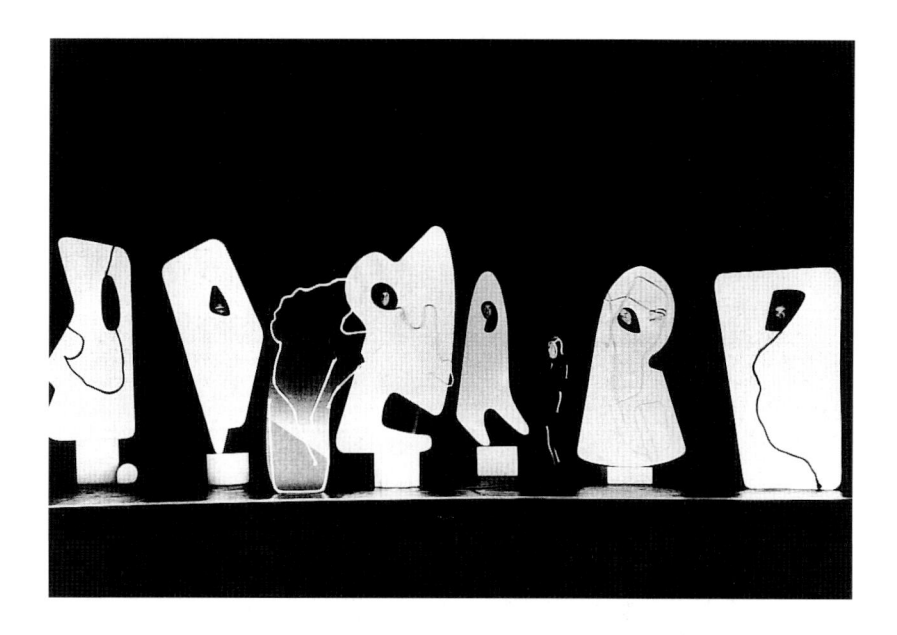

Friedrich Kiesler, *Bühnenbild zu Helen Retires*, 2. Akt, Juilliard School of Music, New York, 1934

Jahre. Die Hinwendung zu organoiden Formen wird besonders an den Anfang 1934 für *Helen Retires* (Erskine/Antheil) entworfenen Figurinen im ersten von Kiesler in New York inszenierten Theaterstück deutlich. Die dort verwendeten Formen sind dem biomorphen Vokabular verwandt, das sich in den zwanziger Jahren im Schaffen von Hans Arp oder Alexander Calder sowie im engeren und weiteren Umkreis des Surrealismus herausgebildet hatte. Eine Beziehung zum Werk von Arp und Calder liegt nicht nur aus formalen Gründen nahe, sondern wird auch durch Kieslers Freundschaft mit beiden Künstlern unterstützt.[11] Zu berücksichtigen sind aber auch seine Kontakte zur New Yorker surrealistischen Kunstszene, die sich spätestens ab 1932 nachweisen lassen. So zählen zu Kieslers engerem Bekanntenkreis unter anderem Arshile Gorky und Yves Tanguy, aber auch Julien Levy, dessen New Yorker Galerie sich am Anfang der dreißiger Jahre zu einer wichtigen Drehscheibe für die Vermittlung surrealistischer Kunst entwickelt.

Ausschlaggebend für den Unterschied zwischen der als Bauform der Zukunft propagierten geometrischen Form des abgeflachten Sphäroids und dem die Fassade des *Space House* prägenden stromlinienförmigen (bzw. organoiden) Vokabular ist nicht – wie Kiesler es darzustellen versucht – in erster Linie das Resultat der ihm zur Verfügung stehenden, beschränkten technischen Möglichkeiten, sondern es handelt sich vor allem auch um einen markanten Stilwandel. Kiesler bricht jedoch nicht radikal mit der geometrisch-funktionalistischen Formensprache der zwanziger Jahre, sondern setzt bis weit in die dreißiger Jahre hinein für *Architektur- und Möbelentwürfe* sowohl rektanguläre als auch biomorphe Formen ein: 1935/36 werden die Geschäftsfassade eines Schuhgeschäfts in Buffalo, die Inneneinrichtung von *Westerman's Bookstore* in New York im funktionalistischen Modus gestaltet, während die Möbelentwürfe in zunehmendem Maße ein organoides Design aufweisen. Mit dem 1942 für Peggy Guggenheims Galerie *Art of this Century* entwickelten multifunktionalen Möbel erreicht die Anwendung biomorpher Formen einen Höhepunkt und ist spätestens ab diesem Zeitpunkt der dominante formale Modus im Schaffen Kieslers.[12]

Trotz der Nähe zum Formenvokabular surrealistischer Künstler wäre es falsch, Kieslers organoide Haus- und Möbelentwürfe der dreißiger Jahre als »surrealistisches« Design zu bezeichnen. Dies würde – ebenso wie die Assoziation mit der technisch-industriellen Stromlinienform – vom inhaltlichen Kern seiner Forderung einer wissenschaftlich begründeten Architekturtheorie, ablenken. Denn Kieslers Anliegen ist es, architektonische Formen auf der Basis einer wissenschaftlichen Analyse der physischen und psychischen Bedürfnisse des Menschen als innige Wechselbeziehung sozialer, tektonischer und struktureller Faktoren zu entwickeln. Bereits 1934 taucht für diese »wissenschaftliche An-

11 Im August 1930 kehrt Kiesler zum ersten Mal nach Paris zurück, wo er neben Doesburg, Mondrian, Seuphor, Vantongerloo, Varèse, Tzara, Le Corbusier und Léger auch häufig mit Arp und Calder zusammentrifft; so findet am 21.9. gemeinsam mit Arp ein Besuch bei Calder statt, am 9.10. erfolgt gemeinsam mit Calder ein Besuch bei Fernand Léger; die Daten stammen aus dem Kalender von Stefi Kiesler, wo sich am 14.10. der Hinweis findet, daß Kiesler Calders Circus besichtigt hat (Archiv Kiesler).
Mit Alexander Calder stand Kiesler aber auch in den folgenden Jahren in New York in regelmäßigem Kontakt.

12 siehe dazu Bogner (zit. Anm. 1), Abb. S. 75-133

13 »...the scientific approach of least resistance to ideal living conditions ...« Typoskript (zit. Anm.10), S. 1, Kiesler-Archiv

14 »The interrelation of a body to its environment: spiritual, physical, social, mechanical ...« Kiesler (zit. Anm. 2), S. 292

15 Kiesler, *The Mobile Home Library*. In: (zit. Anm. 5), S. 71

16 Kiesler, *Contemporary Art Applied to the Store and Its Display*. New York 1930, S. 48. Der neue Titel lautet: *Manifesto of Tensionism. Organic Building. The City in Space. Functional Architecture.*

17 »It is adjustable to each type of dramatic expression required by its individual organic function ...« Kiesler, *The Universal. A Multi-Purpose Community Center Theater Designed for Woodstock, N.Y*. In: Architectural Forum, Dezember 1932, S. 537

18 zit. Anm. 10. In einem frühen handschriftlichen Entwurf für den Artikel in ›Hound and Horn‹ heißt es: »The organic Space House could therefore not yet be built.« Kiesler, Manuskript zum *Space House*, S.1, Kiesler-Archiv

Friedrich Kiesler, *Beistelltisch, zweiteilig*, 1935/36,
Privatsammlung, New York

Friedrich Kiesler, *Multifunktionales Möbel*,
Ausstellung *Art of this Century*, New York, 1942

Friedrich Kiesler, *Correlations-Tabelle für ein Bücherregal*.
Aus: Architectural Record, September 1939

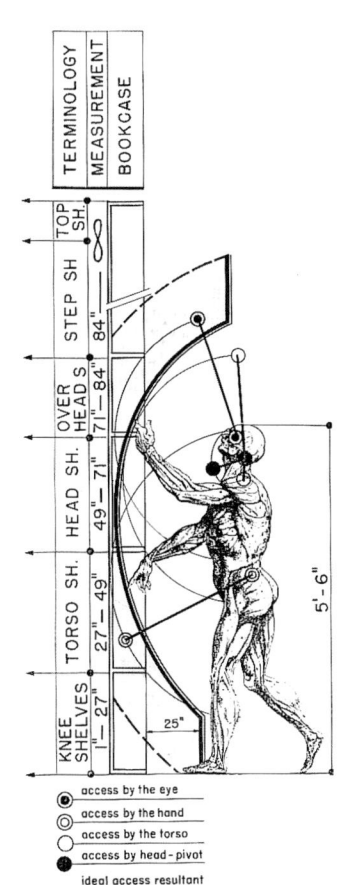

näherung an Bedingungen des geringsten Widerstands gegen ideale Lebensbedingungen«[13] im Zusammenhang mit dem *Space House* der Ausdruck *Architecture as Biotechnique* auf, ein Begriff, der in den späten dreißiger Jahren eine zentrale Funktion in Kieslers Architekturtheorie erhalten sollte. Er versteht darunter »die Wechselbeziehungen eines Körpers mit seiner Umgebung: spirituell, körperlich, sozial, mechanisch.«[14] Anhand einer 1939 in Zusammenhang mit der Entwicklung des Prototyps einer mobilen Heim-Bibliothek (*Mobile Home Library*) erarbeiteten schematischen Darstellung der funktionellen Wechselbeziehung zwischen Nutzer und Bücherregal (Correlation-chart of book-storing) will Kiesler den Weg zu einer künftigen »architecture as biotechnique« aufzeigen.[15]

Die im Laufe der dreißiger Jahre in zunehmendem Maße auf das physische und psychische Verhalten des Menschen Bezug nehmende theoretische Position Kieslers bestärkt die Annahme, daß die Übernahme des biomorphen Formenvokabulars eng mit einer Auseinandersetzung mit biologieorientierten Theorien gekoppelt war, die in den zwanziger und dreißiger Jahren sowohl in Europa als auch in den Vereinigten Staaten nicht nur in wissenschaftlichen Kreisen, sondern auch in der Kunstdiskussion präsent waren. Bereits ab den späten zwanziger Jahren taucht in Texten Kieslers in zunehmendem Maße der Begriff »organic« auf. So übersetzt er im Wiederabdruck des 1925 in De Stijl erschienenen *Manifests zur Raumstadt* den Begriff »Vitalbau« mit »organic building«.[16] In einer Kurzbeschreibung des 1931 für Woodstock entworfenen *multifunktionalen Theaters* heißt es: »Es kann an jeglichen dramatischen Ausdruck angepaßt werden, den dessen individuelle organische Funktion erfordert.«[17] Das Innere des *Space House* will Kiesler als »organic space in space flow« gestalten, womit er ausdrücken will, daß die Form des Hauses den physischen, spirituellen und mentalen Wünschen des Menschen den geringstmöglichen Widerstand entgegensetzen sollte.[18] Die fließenden (»endlosen«) Rundungen des gedrückten Sphäroids erschienen Kiesler als ideale funktionelle (wohl aber auch symbolische) Form für diesen konzeptionellen Inhalt.

Es handelt sich bei diesen das *Space House* begleitenden Texten um den Typus pseudowissenschaftlicher Künstlertheorien, deren Funktion es vor allem ist, ein bestimmtes künstlerisches

Konzept mit den Mitteln wissenschaftlich-theoretischer Überlegungen zu definieren, zu untermauern und – das ist für die Rezeptions- und Wirkungsgeschichte ganz entscheidend – das Neue daran »sprachfähig« zu machen. Das »Werk« wird bei Kiesler – wie schon oben angedeutet – weder durch das materielle Produkt noch durch die auf dem Papier formulierte Theorie repräsentiert; es handelt sich vielmehr um ein abstraktes Denkgebilde, das aus der produktiven Aufnahme, Uminterpretation und Kombination heterogener, aus den verschiedensten Quellen stammender formaler und inhaltlicher Elemente resultiert und dessen Propagierung – das ist ein ganz entscheidender und untrennbar mit dem Produkt verbundener Faktor – im jeweiligen kulturellen und sozialen Kontext (Wien, Paris, New York) von Kiesler mit allergrößter Intensität betrieben wird. Provisorisch Gebautes, Skizzen, Entwürfe, Manifeste, theoretische Abhandlungen etc. sind materielle Relikte eines lebenslangen Umkreisens einiger zentraler Gedanken; es sind Hilfsmittel zur Rekonstruktion eines konzeptionellen »Werkes«, von dem Kiesler träumte und das er mit der ihm eigenen Zähigkeit und Intensität seinem Umraum zu vermitteln versuchte. Nur indem man die Wechselbeziehung zwischen dem Realisierten, Gezeichneten, Geschriebenen und ganz besonders auch dem Gesprochenen als unauflösliche Einheit auffaßt und die Wirkungsgeschichte dieses komplexen Gebildes rekonstruiert, kann man sich Kieslers kunsthistorischer Bedeutung annähern und seinem Schaffen gerecht werden; doch dieses Kapitel der wissenschaftlichen Bearbeitung seines Œuvres ist noch nicht geschrieben. So ist beispielsweise der Frage noch nicht nachgegangen worden, welchen Einfluß er durch die Vermittlung seiner umfassenden Kenntnisse der europäischen Sozialbaukonzepte der zwanziger Jahre im Rahmen seiner Tätigkeit in verschiedensten Gremien der New Yorker Wohnbauprogramme auf die dort beschäftigten Architekten ausgeübt hat. Gleiches gilt für die Rezeptionsgeschichte des *Space House* oder – eine besonders interessante Fragestellung – für Kieslers Einfluß auf Marcel Duchamp, der Anfang der vierziger Jahre als Untermieter bei ihm wohnte (1942).

Die mit dem *Space House* erstmals markant hervortretende formale Richtungsänderung von der rektangulären zur organoiden Form vollzieht Kiesler nur ein Jahr nach der folgenreichen Ausstellung »Moderne Architecture – International Exhibition«, die Philip Johnson und Henry-Russell Hitchcock im Februar 1932 im Museum of Modern Art organisiert hatten. Mit dieser Präsentation der wichtigsten internationalen Vertreter moderner Architektur leisteten sie nicht nur einen entscheidenden Beitrag zum endgültigen Durchbruch des europäischen Funktionalismus in den Vereinigten Staaten, sondern prägten auch den Begriff *International Style*.

Kiesler, der seit seiner Ankunft in New York (1926) zu den wichtigsten Vermittlern der neuen europäischen Kunst- und Architekturkonzepte gehörte, scheint in den Hauptsektionen der Ausstellung nicht auf, die u.a. Le Corbusier, Walter Gropius, Richard Neutra und J. J. P. Oud gewidmet waren. Vertreten war er nur mit Photos des 1928/29 umgebauten *Film Guild Cinema* und zwar in der Abteilung der internationalen Verbreitung des neuen Stils. Über die Frage, inwieweit Kiesler dies als Zurückstellung aufgefaßt hat und ob dieser Umstand ausschlaggebend für seine ab Ende 1933 nachweisbare kritische Haltung gegenüber dieser Kerngruppe moderner europäischer Architektur war, lassen sich nur Vermutungen anstellen.[19] Persönliche Gründe können zwar durchaus eine Rolle gespielt haben, doch wäre schon der Wunsch, das *Space House* gegenüber den funktionalistischen Architekturkonzepten als formale und konzeptionelle Neuerung bzw. als wesentliche Weiterentwicklung darzustellen, ein ausreichender Grund für einen solchen Differenzierungsversuch.

In seiner Kritik stellt Kiesler seine Architekturauffassung als »unified theory of architecture«, worunter er – wie schon oben in anderem Zusammenhang erwähnt – die architektonische Synthese sozialer, tektonischer und struktureller Elemente versteht, und als »architecture as biotechnique«, die er als spirituelle, soziale und mechanische Wechselbeziehung des Körpers mit seiner Umgebung definiert, den als ästhetische oder technisch-funktionelle Halblösungen kritisierten Konzepten von Le Corbusier, Mies van der Rohe und J.J.P. Oud als entscheidenden Fortschritt gegenüber: »Le Corbusier ist zum Beispiel im Tektonischen hochentwickelt, strukturell und sozial aber zurückgeblieben. Mies: im Tektonischen und Strukturellen fortschrittlich, doch fast im Gegensatz dazu nicht im Sozialen. Oud: im Sozialen überaus entwickelt, stark im Tektonischen, im Strukturellen zurückgeblieben.«[20]

Mit seiner Kritik will Kiesler keineswegs die Leistungen dieser Architekten für die moderne Architektur schmälern. Er nimmt für sich jedoch in Anspruch, mit seinen theoretischen Überlegungen zum *Space House* einen entscheidenden Fortschritt in der zeitgenössischen Architektur geleistet und dies mit dem Modellhaus bei Modernage zumindest ansatzweise unter Beweis

---

19 Im Kiesler-Archiv befindet sich ein Konvolut an Manuskripten und Typoskripten, die den Entstehungsprozeß des in ›Hound and Horn‹ 1934 abgedruckten Artikels *Notes on Architecture. The Space House* (zit. Anm. 2) nachvollziehen lassen.
20 »Corbusier for example is most advanced in the tectonic, retarded in the structural and social. Mies: advanced in the tectonic and structural, almost in reverse also to the social. Oud: most advanced in the social, strong in the tectonic, retarded in the structural.« Kiesler, Typoskript (zit. Anm.19), S. 4

gestellt zu haben, betont jedoch – und das ist charakteristisch für seine Haltung – einschränkend, daß für eine adäquate Umsetzung dieser Konzepte die Zeit noch nicht reif wäre.[21]

Kiesler hätte bei einem radikalen Bruch mit den zwanziger Jahren letztlich auch seine eigenen Architektur- und Möbelentwürfe verwerfen müssen, die sich direkt von europäischen Vorbildern aus dem Umfeld des russischen Konstruktivismus, von De Stijl und Bauhaus herleiten lassen. Dies war jedoch keineswegs der Fall, sondern es lag ihm ganz im Gegenteil sogar sehr viel daran, seinen künstlerischen Weg von Wien, über Paris nach New York als einen auf Basis einiger zentraler Grundsätze kontinuierlichen und logisch ablaufenden Prozeß darzustellen. Die Fähigkeit, mit dem Widerspruch zwischen einem permanenten Streben nach radikalen Neuerungen und der Konstruktion einer von den ersten Werken bis in die jeweilige Gegenwart reichenden, in sich schlüssigen Entwicklung zu leben, ist ein signifikanter und in konzeptioneller Hinsicht durchaus produktiver Faktor im Schaffen Friedrich Kieslers. Ausschlaggebend ist dabei nicht die wissenschaftliche Richtigkeit und Haltbarkeit der einzelnen Bausteine (viele Daten und Behauptungen in Kieslers Texten sind falsch oder unpräzise), sondern sein Anliegen, mit allen zur Verfügung stehenden Mitteln und Medien seinen visionären Ideen und Konzepten zum Durchbruch zu verhelfen.

Daß Kiesler seit seiner Ankunft in New York auch zu den wichtigsten Vermittlern der europäischen Moderne zählte, manifestiert sich beispielsweise in der Funktion seiner langjährigen intensiven Beratertätigkeit für Katherine Dreier, vor allem aber auch durch das 1930 erschienene Buch *Contemporary Art Applied to the Store and Its Display* – eine der ersten umfangreichen Publikationen zu diesem Thema in den Vereinigten Staaten.[22] Es enthält nicht nur eine Fülle von Abbildungen aus der zeitgenössischen bildenden Kunst, der Architektur und des Designs sowie einen Überblick eigener Architektur- und Möbelentwürfe, sondern auch ein Plädoyer für die Internationalität des modernen europäischen Architekturstils. Im Kapitel über neue Architektur heißt es: »Und so ist sie am besten Weg eine INTERNATIONALE Architektur zu werden. EIN STIL FÜR ALLE. Ob es sich um ein Werk von Le Corbusier in Frankreich, von Frank Lloyd Wright in Amerika, Perret in Tunis, Oud in Holland, Vesnin in Moskau handelt, der moderne Geist hat und kann nur den gleichen Ausdruck haben.« Damit formuliert Kiesler – dieser Umstand ist noch kaum beachtet worden – bereits zwei Jahre vor dem Erscheinen des die Ausstellung im Museum of Modern Art begleitenden, von Henry-Russell Hitchcock und Philip Johnson publizierten einflußreichen Buches, *The International Style. Architecture since 1922*, den wichtigsten dort vorgetragenen Grundgedanken; er begründet die These von der Internationalität des neuen Stils mit einer Auswahl von Abbildungen, die sich von jener der späteren Publikation nur in quantitativer, nicht aber in inhaltlicher Hinsicht wesentlich unterscheidet. Das Buch Kieslers gewährt somit zumindest punktuell einen Blick auf Wege der Vermittlung der neuen europäischen Architekturideen, die der folgenreichen Ausstellung des Jahres 1932 vorangegangen sind, und läßt ihn überdies als einen nicht zu unterschätzenden Faktor in diesem Prozeß erkennen.

Die Publikation ist aber auch ein prägnantes Beispiel für eine weitere charakteristische Eigenschaft Kieslers, die sein gesamtes Schaffen entscheidend geprägt hat: Für die Lösung einer – oftmals sekundären – Problemstellung, schöpft er Anregungen aus dem ihm bestens bekannten Fundus zeitgenössischer formaler und theoretischer Phänomene der Bildenden Kunst und der Architektur, des Designs und des Theaters, aber auch verschiedenster Wissenschaften und neuester technischer Errungenschaften; durch zielgerichtete Auswahl, Modifikation und Kombination heterogener Teile unterschiedlichster Herkunft entwirft er ungemein komplexe Konzeptionen. So geriet ihm die Aufgabe, ein Buch über neue Prinzipien der Schaufenstergestaltung zu verfassen, zu einer kommentierten Gesamtschau des zeitgenössischen künstlerischen Gestaltungspotentials der europäischen Moderne; in diese Betrachtungen bezog er vom traditionellen Leinwandbild bis zum damals neuesten Medium, dem Fernsehen, von der Architektur bis zum Möbelentwurf einen repräsentativen Querschnitt aktueller Gestaltungsmöglichkeiten ein und entwarf auf dieser umfassenden Basis wahrnehmungs- und rezeptionstheoretisch untermauerte Vorschläge für eine moderne Warenpräsentation. Überdies schuf er ein durch die graphische Gestaltung herausragendes Beispiel für modernes Buchdesign.

Hinter diesem Phänomen steckt eine von der *Raumstadt* der zwanziger über das *Space House* der dreißiger bis zum *Endless House* der fünfziger Jahre durchgehend erkennbare Tendenz, künstlerische Konzepte mit ganzheitlichem Anspruch zu formulieren: Kieslers Streben gilt der Vereinigung aller Künste im totalen Kunstwerk, ein Konzept, das er bereits 1925 in Zusammenhang mit der Pariser *Raumstadt*, deren Realisierung ihm Josef

---

21 ebenda, S. 9: »... In a period of rapid social change, organic achievements rarely emerge. But when the new social standard has evolved, time-space is ready to realize its potentialities. Until such occasions arise for the builder we must satisfy ourselves and the public with approximations.«
22 Kiesler (zit. Anm. 16)

Hoffmann ermöglicht hat, formulierte. Die Wurzeln für diesen Hang zum Gesamtkunstwerk reichen in das künstlerische Umfeld Wiens zurück, in dem er seine Ausbildung erfahren und sich bis zu seinem fünfunddreißigsten Lebensjahr bewegt hat. Über erste Erfolge im Bereich des Theaters (Berlin 1923) war Kiesler in engen Kontakt mit der internationalen konstruktivistischen Avantgarde gekommen, in deren Kreis das Aufbrechen der traditionellen Barrieren zwischen den Kunstgattungen – verbunden mit der Forderung nach einer Synthese von Malerei, Design und Architektur – ebenfalls als zentrales Anliegen programmatisch vertreten wurde. Diese künstlerische Herkunft hat Kieslers Schaffen nachhaltig geprägt, und in ihr liegt letztlich auch der Kern seiner Kritik an dem aus diesem Blickwinkel einseitigen Konzept funktionalistischer Architektur mit ihrem technisch-industriellen Schwerpunkt.

In Zusammenhang mit dieser Haltung ist ein undatiertes, aber mit größter Wahrscheinlichkeit in der ersten Hälfte der dreißiger Jahre in Verbindung mit der Diskussion über das *Space House* entstandenes Typoskript mit dem Titel *The Space House and the Future of Painting* interessant.[23] Kiesler fordert dort, den architektonischen Raum als eine durch die unauflösliche Wechselbeziehung aller gestalteten Elemente bestimmte Ganzheit aufzufassen. Ziel dieses Gestaltungskonzepts wäre es, der physischen und psychischen Gesundheit des Menschen zu dienen, ein Denken, das zwar an soziale Aspekte in den konstruktivistischen Theorien der zwanziger Jahre erinnert, doch in der Bedeutung, die diesem Faktor in Kieslers biotechnischer Theorie beigemessen wird, über diese hinausführt. Über die Stellung des Bildes in diesem Raumkonzept heißt es: »... das Bild übt dann eine natürliche Funktion aus, wenn das Heim ohne es nicht existieren kann. Wenn es eine Notwendigkeit geworden ist. Eine Notwendigkeit wie das Fenster, das Licht und Luft und Aussicht durchläßt, wie das Dach über dem Kopf, wie das Bett.«[24]

Gelegenheit zur Umsetzung dieser Vorstellungen von einer in das architektonische Gesamtkonzept konsequent integrierten künstlerischen Gestaltung bot sich Kiesler ausschließlich im Rahmen der Einrichtung temporärer Ausstellungen; dazu gehören die *Galerieausstattung für Peggy Guggenheim* (Art of this Century, 1942), die Pariser *Salle de Superstition* (1947), aber auch die weniger bekannte Ausstellung *Blood Flames* in der New Yorker Hugo Gallery (1947). Als einen wesentlichen Kern des *Space House*-Konzepts läßt sich somit die Vision eines als Gesamtkunstwerk konzipierten Einfamilienhauses her-

ausschälen, das nicht einseitig auf die Lösung ästhetischer oder technisch-funktioneller Probleme ausgerichtet sein sollte, sondern dessen Bestimmungsfaktoren im Sinne Kieslers aus einer umfassenden Sicht des Menschen als psycho-physisches und soziales Wesen ganzheitlich zu entwickeln wäre.

Das Interesse Kieslers am Einfamilienhaus als sozialem Problem läßt sich, folgt man den von ihm selbst stammenden biographischen Angaben, auf seinen Wiener Lebensabschnitt zurückführen. Bereits in einer Biographie der frühen dreißiger Jahre findet sich die unbestätigte Aussage, daß er unter Adolf Loos an der Entwicklung von Arbeiterwohnhäusern beteiligt gewesen wäre.[25] Anregungen für diese Thematik stammen aber nicht nur aus Wien, vielmehr hat sich Kiesler zweifellos auch eingehend mit den europäischen Serienhaus-Entwürfen der zwanziger Jahre beschäftigt (Gropius, Le Corbusier u.a.).

Eine intensive Auseinandersetzung mit dem Problem preiswerter Einfamilienhäuser erfolgt jedoch erst in den Vereinigten Staaten ab 1930, als die amerikanische Regierung zur Linderung der durch die Weltwirtschaftskrise bedingten Wohnungsnot die Planung von Low-cost-Häusern forcierte. Kiesler wurde damals unter anderem vom Verlag Brewer, Warren & Putnam, New York, beauftragt, ein Buch zu schreiben, das sich mit den Problemen neuer Wohnkonzeptionen beschäftigen sollte. Der geplante Titel lautete *From Architecture to Life*, doch ist dieses Publikationsprojekt nicht verwirklicht worden.[26] Gleichzeitig stellte er Pläne für ein *Nucleus House* fertig, das er als Schema für die Planung individueller und kollektiver Unterkünfte propagierte und urheberrechtlich schützen ließ.[27] Ein Jahr später wurde Kiesler Mitglied des Executive Committee der Housing Section of the Welfare Council of New York City, entwickelte *Pläne für eine National Housing Exhibition* und arbeitete als konsultierender Architekt für die New Yorker Public Housing Conference, an deren Treffen er regelmäßig teilnahm. Im folgenden Jahr hielt Kiesler – laut seiner Biographie – einen Vortrag an der Universität Chicago über das Konzept des *Nucleus House*,[28] und er bemühte sich, die Serienfertigung dieses Haustyps zu erreichen; Verhandlungen darüber führte er mit dem in Chicago ansässigen großen Versandhauskonzern Sears & Roebuck.[29] Diese biographischen Daten machen deutlich, daß das *Space House* im Rahmen einer intensiven Beschäftigung mit dem Problem des billigen Einfamilienhauses entstanden ist.

23 Kiesler, *The Space House and the Future of Painting*, Kiesler-Archiv
24 »...the picture will perform a natural function when the home without it – cannot exist. When it has become a necessity. A necessity like the window for the transmission of light and air and vista, like the roof above you, like the bed ...« Ebenda
25 In einer Biographie, die aus der Mitte der dreißiger Jahre stammen dürfte, heißt es: »worked under Adolf Loos on worker's housing development am Heuberg, for the City of Vienna ... « Typoskript, Canadian Center for Architecture. Tatsächlich beschäftigte Loos eine Gruppe junger engagierter Studenten seiner Bauschule auch im Rahmen seiner Arbeit im Siedlungsamt. Die *Heubergsiedlung* plante Loos 1921, gebaut wurde sie jedoch erst ab 1924.
26 Dieses Manuskript bezeichnet Kieser als Grundlage für den 1939 in ›Architectural Record‹ publizierten Text *On Correalism and Biotechnique*, der zu den wichtigsten publizierten Schriften des Architekten gehört. In: Architectural Record, September 1939, S. 60, Anmerkung
27 Copyright Nr. 4744
28 Typoskript aus dem Archiv der Zeitschrift ›Shelter‹, Canadian Center for Architecture, Montreal, Archiv. Die Verwendung biographischer Angaben Kieslers muß kritisch erfolgen, da sie vor allem in den vierziger und fünfziger Jahren fehlerhaft sind.
29 Brief von Sears & Roebuck an Friedrich Kiesler vom 10.1.1933, Archiv Kiesler

Hält man sich die hier nur punktuell skizzierten Bestimmungsfaktoren des *Space House-Konzepts* vor Augen, dann wird deutlich, daß Kiesler keinen radikal neuen architektonischen Typus des Einfamilienhauses entworfen hat; er unternahm vielmehr den Versuch, eine im Laufe der zwanziger Jahre entwickelte utopische Konzeption vom gestalteten Raum als offenem und wandelbarem psycho-physischen Kräftefeld auf die sich ihm anbietende Bauaufgabe »Einfamilienhaus« anzuwenden. Wesentliche der damit verbundenen Forderungen hatte Kiesler bereits in Zusammenhang mit dem siegreichen *Entwurf für ein Festival-Theater in Woodstock* formuliert. Dazu gehören das Konzept der Zeit-Raum-Kontinuität, die totale Flexibilität des Raumes oder die leichte Auf- und Abbaubarkeit des Gebäudes.[30] Diese Interpretation wird durch eine Textpassage bestätigt, in der es heißt: »... durch die Möbelausstellung bei Modernage bot sich mir die Möglichkeit, eine Präsentation der Time-Space-Architecture über einen längeren Zeitraum zu erreichen; diesmal in Form eines Hauses.«[31] Aus dieser Perspektive wird ersichtlich, welcher hohe Stellenwert der konzeptionellen (utopischen) Phantasie in Kieslers Denken und Handeln beigemessen werden muß; deren Komplexität hat sich letztlich immer wieder als hinderlich für die Umsetzung der Theorie in gebaute Form erwiesen und konnte – wenn überhaupt – nur im temporären Ausstellungsbau eine zumindest provisorische Verwirklichungsmöglichkeit finden.

Unter dem bereits oben erwähnten Begriff *Time-Space-Architecture* versteht Kiesler im Zusammenhang mit dem *Space House* die Möglichkeit, einen gegebenen Einheitsraum durch bewegliche Teilungselemente in individuell gestaltbare Segmente aufzuteilen, die zu einem bestimmten Zeitpunkt für einen bestimmten Zeitraum dem konkreten Bedarf der Bewohner angepaßt wären: »Das Element ›Zeit‹«, schreibt er zu diesem Thema, »verwandelt sich selbst in ›Raum‹, wenn man die Nutzung eines bestimmten Bereiches für genau jene Zeitspanne, die durch diese Funktion benötigt wird, in Betracht zieht. Alle Segmente des gesamten Sphäroids, außer Küche, Garage und Abstellraum, können so viele Funktionen übernehmen, wie der Bewohner des Hauses benötigt. Zum Beispiel: Freizeit, Arbeit, Schlaf, etc.«[32] Mit der durch den selbsttragenden Schalenbau erzielten Eliminierung aller vertikalen statischen Elemente will Kiesler innerhalb des umbauten Volumens des Einfamilienhauses einen bis dahin in der zeitgenössischen Architektur seiner Ansicht nach nicht erzielten Grad räumlicher Flexibilität (»Elastizität«) und dadurch eine wesentlich höhere Nutzungsintensität erreichen. Das *Space House* bietet in diesem Sinn »mehr Wohnraum auf gleicher Fläche als in jedem anderen Wohnhaus«, denn es behandelt« das ein-, zwei- oder dreistöckige Einfamilienhaus als EINRAUM-EINHEIT. Die Teilungselemente der kubischen Innenräume bestehen aus leichten Materialien und bilden mit ihrer leichten Schale ein mühelos zu errichtendes, mühelos zu veränderndes und mühelos zu demontierendes Haus.«[33]

Die abstrakte Idee des »elastischen« Raumes beschäftigte Kiesler von den zwanziger Jahren bis zu seinem Tod; er fordert bereits im Manifest zur utopischen Pariser *Raumstadt* einen Bau, »der der Elastizität der Lebensfunktion adäquat ist«.[34] Ein Jahr zuvor schreibt er zum Konzept einer *Mechanischen Raumszenerie*, die die fließende Veränderung des Theaterraumes exemplarisch verwirklichen soll: »Die Bühne ist keine Kiste mit einem Vorhang als Deckel. Sie ist ein elastischer Raum.«[35] Und zum *Endless Theatre* heißt es 1930: »Das Gebäude besteht aus einem elastischen Bausystem aus Kabeln und Plattformen, das aus dem Brückenbau entwickelt wurde. Das Drama kann sich frei im Raum ausdehnen und entfalten.«[36] Eng mit dieser Idee eines »elastischen« Raumes ist die Forderung verbunden, räumliche Gestaltung aus der »polydimensonalen« Bewegung der Nutzer zu entwickeln. In dem Artikel *Pseudo-Functionalism in Modern Architecture*, der knapp zwanzig Jahre nach dem *Space House* entstanden ist, heißt es zu diesem Thema programmatisch: »Ein Haus ist ein Volumen, in dem Menschen polydimensional leben. Es ist die Summe jeder möglichen Bewegung, die seine Bewohner in ihm ausführen können; und diese Bewegungen sind durchtränkt mit dem Ausfluß des Instinkts.«[37] Doch schon 1924 betont Kiesler die Bedeutung der räumlichen Bewegung als gestaltbestimmenden Faktor und verbindet diesen bereits damals mit der Kugel als der dafür idealen Form. In einem Manifest zum *Railway-Theater*, das in Zusammenhang mit der Wiener *Raumbühne* entstanden ist, heißt es: »seine konstruktive Form und das Spiel der Bewegung [ist] poly-dimensional, das heißt: sphärisch.«[38] Einmal mehr läßt sich ein zentraler Gedanke in Kieslers Schaffen bis in die frühen zwanziger Jahre zurückverfolgen und in dieser für ihn entscheidenden Entwicklungsphase in Zusammenhang mit dem Theater bringen.

Die Vorstellung des Hauses als Resultat der polydimensionalen Bewegungen seiner Bewohner mag höchst abstrakt erscheinen; als Denkmodell ist sie jedoch nicht unattraktiv, da diese Überlegung dazu beitragen kann, die traditionelle räum-

---

30 Kiesler, *The Universal*. In: The Architectural Forum, Dezember 1932
31 »... the furniture exposition at Modernage gave me chance to enforce continued presentation of Time-Space-Architecture; this time through a house.« Typoskript (zit. Anm. 19), S.3. In *Notes* ... (zit. Anm. 2), S. 292, heißt es: »I always advocated the principle of a new unified theory first, from which new houses, factories or whatever structure it might be – result; not vice versa.«
32 »The time element converts itself into space if one considers the use of a certain area for the exact amount of time required by that function. Except for the kitchen, garage, and storage area, all segments of the whole sphere are convertible into as many different functions as might be required living in a house. Such as: Recreation, work, sleep, etcetera.« Kiesler (zit. Anm. 2), S. 294
33 »More livable space on the same area than any other dwelling ...«, » ... one-, two- or three-story-one-family-house as ONE SPACE UNIT. The inner division of the cubic content are of light weight material and make together with their light shell, an easily mounted, operated, and demountable house.« Kiesler (zit. Anm. 2), S. 294
34 Kiesler, *Manifest. Vitalbau-Raumstadt-Funktionelle Architektur*. In: De Stijl, 10/11, 1924-1925, S. 146
35 Kiesler, *Débâcle des Theaters*. In: *Katalog der Internationalen Ausstellung neuer Theatertechnik*, Wien 1924, S. 58; siehe auch Kiesler, *Improving Theatre Design*. In: Theatre Art Monthly, 1934, S. 728
36 »The structure is an elastic building system of cables and platforms developed from bridge building. The drama can expand and develop freely in space.« Kiesler, *Project for a ›Space Theatre‹ Seating 100 000 people*. In: Shelter, May 1932, S. 44
37 Kiesler, *Pseudo-Functionalism in Modern Architecture*. In: Partisan Review, Juli 1949, S. 740
38 Kiesler, *Das Railway-Theater*. In: *Katalog* ... (zit. Anm. 35), Umschlag. Siehe auch: Zitat Anm. 9

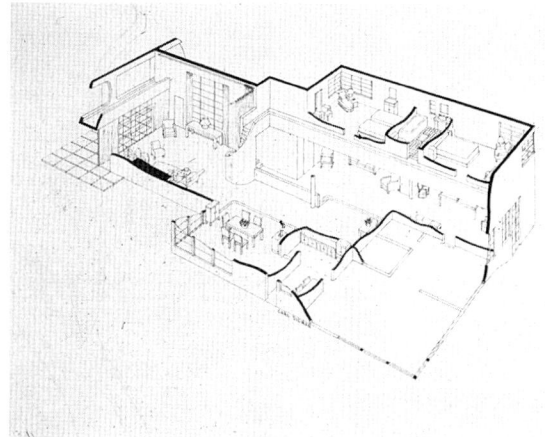

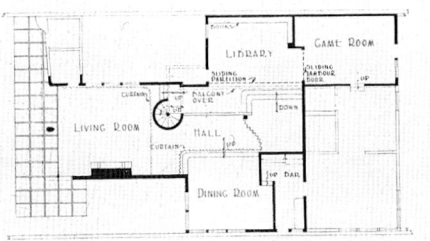

**Friedrich Kiesler, *Space House*,
Schnitt und Grundriß, 1933.
Aus: Home Beautiful, Jänner 1934**

liche Unflexibilität geschoßweise geschichteter Raumvolumina zu durchbrechen. Kiesler baut mit diesem Konzept offensichtlich auf Ideen von Loos und Le Corbusier auf; doch in Verbindung mit dem allseits gerundeten stützenlosen Einheitsraum des Sphäroids entwickelt er zumindest im konzeptionellen Bereich ein prägnante neue – wenn auch utopische – Position; die architekturhistorische Wirkung dieses Traums setzte erst wesentlich später ein und zwar in den sechziger Jahren, ausgelöst vor allem durch die international unzählige Male publizierten Modelle für das *Endless House*.

Als konkret faßbares und funktionelles, in seiner Verwendung letztlich aber auch symbolgeladenes Element, das die Idee einer polydimensionalen Raumbewegung veranschaulicht, zieht sich das Motiv der Spirale als roter Faden durch das Schaffen Kieslers. Eine Spirale bildet das Zentrum der Wiener *Raumbühne* sowie der aus ihr entwickelten Theaterkonzepte, sie tritt im Projekt für die *Umgestaltung der Pariser Place de la Concorde* ebenso in Erscheinung wie im *Entwurf für ein Warenhaus*; sie erscheint als freistehende Verbindungstreppe in der zweigeschoßigen Halle im *Space House* und in *Westerman's Bookstore* (in beiden Fällen erinnert sie an Vorbilder im Werk von Le Corbusier), aber auch als zentrales Element des *Bühnenbildes für die Oper In the Pasha's Garden* an der New Yorker Metropolitan Opera. In einem Artikel der späten vierziger Jahre, *Art and Architecture: Notes on the Spiral Theme in Recent Architecture*, bemüht sich Kiesler – veranlaßt durch Frank Lloyd Wrights *Entwurf für das Guggenheim Museum* – die Position seiner Spiralentwürfe in der Architektur des 20. Jahrhunderts zu fixieren.[39] Noch im kleinen Modell für das *Endless House* vom Ende der fünfziger Jahre tritt ein raumgreifender geschwungener Steg als Verbindung der frei in das Gesamtvolumen des Sphäroids eingesetzten Raumsegmente als markantes Gliederungselement in Erscheinung. Auch an der Spirale als einem wichtigen Architekturmotiv im Werk Kieslers, wird die eklatante Differenz zwischen Vision – Architektur abgeleitet aus der polydimensionale Bewegung der Nutzer im Raum – und baulicher Realität faßbar, die sein Leben durchwegs geprägt hat.

Zur Raumstruktur der anschließend an die Fassade des *Space House* tatsächlich errichteten *Modellwohnung*, heißt es in einem zeitgenössischen Text: Sie »weist verschiedene Niveaus auf, bestimmte Räume verlangen je nach ihrer Funktion niedrigere, andere höhere Decken. Der Wohn- oder Gemeinschaftsraum hat eine hohe Decke, die Bibliothek eine sehr niedrige, und, um die Bedeutung eines Ortes noch stärker zu betonen, in den man sich mit seinen Gedanken zurückzieht, hat Mr. Kiesler die Bibliothek um einige Stufen unterhalb des Niveaus des Wohnraums angeordnet. Das Eßzimmer ist hingegen

39 In: Partisan Review, Winter 1946, S. 98-104

Friedrich Kiesler, *Space House*, Einblick in den Wohnungsteil

Friedrich Kiesler, *Space House*, schallschluckende Raumteilungen (Detail)

zwei Stufen über dem Wohnzimmer gelegen, um einen leichten Eindruck der Förmlichkeit zu erzielen. Bei den Schlafzimmern handelt es sich um intime, private Räume; sie verlangen wiederum eine niedrige, freundliche Decke.«[40] Die gerundete Form des Sphäroids, argumentiert Kiesler mehr als zwanzig Jahre später in Zusammenhang mit dem *Endless House*, bietet die besten Voraussetzungen für die Gestaltung nutzungsbedingt unterschiedlich geformter Volumina: »Die sphäroidale Form leitet sich von der sozialen Dynamik von zwei oder drei unter einem Dach lebenden Generationen ab. Die großzügigen Gemeinschaftsräume verlangen doppelte bis dreifache Höhe im Bereich des Wohnzimmers, während Minimal-Höhen von acht Fuß für Schlafzimmer und andere private Bereiche günstig sind.«[41] Die Nähe dieser Aussagen zum Konzept des Raumplans von Adolf Loos ist nicht zu übersehen; deutlicher als Kieslers biographische Hinweise auf eine konkrete Zusammenarbeit mit dem Wiener Architekten wird aus diesen Kommentaren der Einfluß auf Kieslers Raumkonzept erkennbar: dies aber – und das sollte stets im Auge behalten werden – in Verbindung mit jener Idee des totalen künstlerischen Gestaltungsanspruchs der Wiener Jahrhundertwende, der in Wien durch den zweiten Förderer Kieslers, Josef Hoffmann, repräsentiert wurde. Natürlich müssen – wie schon oben erwähnt – auch Le Corbusier für die eine und die De Stijl-Bewegung für die andere Haltung als Anreger herangezogen werden, doch ist es naheliegend, die primären Wurzeln in jenem Lebensbereich zu suchen, in welchem Kiesler seine Ausbildung erfahren hat.

Das hinter der »stromlinienförmigen« Fassade ausgeführte Raumkonzept ist zwar weit von den theoretisch formulierten Ansprüchen entfernt; die Visualisierung einer durch verschiedene Niveaus differenziert gestalteten offenen Wohnlandschaft, deren Raumstruktur durch bewegliche Teilungselemente verändert werden konnte, stellt jedoch ein für die New Yorker Architekturdiskussion der frühen dreißiger Jahre bedeutendes Faktum dar. Denn Beispiele moderner Architektur waren damals in der amerikanischen Metropole zumeist nur durch Photographien und Publikationen bekannt; öffentlich zugängliche Räume, die den neuen Stil vorführten, gab es hingegen kaum. Wie schon in Wien mit dem *Träger-Legersystem* und in Paris mit der *Raumstadt*, hat Kiesler eine Architekturvision nicht nur auf dem Papier skizziert, sondern es ist ihm einmal mehr gelungen, sein Konzept – mit allen Einschränkungen – zumindest als temporäres 1:1-Modell zu verwirklichen. Architekturhistorisch betrachtet stellen die Fassade des *Space House* und die dahinter gelegene Wohnung zwei formal unterschiedliche Positionen dar, die nur konzeptionell eine Einheit bildeten – und zwar vermittelt durch die sie begleitenden Texte; es handelt sich um zwei klar zu differenzierende Entwicklungsstadien und um zwei Entwicklungsstränge, die erst viel später in den Modellen zum *Endless House* zu einem Ganzen zusammengeführt werden. Aus diesem Blickwinkel müßte auch die Wirkungsgeschichte des *Space House* untersucht werden.

In die auf Basis der Wiener Architekturtradition durch die Aufnahme der Formensprache des Konstruktivismus und von De Stijl entscheidend geprägte architektonische Konzeption Kieslers fließt in den frühen dreißiger Jahren eine Reihe neuer formaler, inhaltlicher und technologischer Anregungen ein. Er bricht aber nicht radikal mit der Vergangenheit, sondern verbindet vielmehr die neuen biomorphen Stilmittel, biologistische Theorien sowie neue industrielle Materialien und Technologien mit den bereits wesentlich früher entwickelten Ideen (Sphäroid, Elastizität, Vereinigung der Künste) zu einer erweiterten Architekturtheorie, die er – eine Gelegenheit nutzend, die sich ihm gerade anbot – am Beispiel des Einfamilienhauses exemplarisch darstellen wollte. Ebenso hatte er knapp zehn Jahre vorher die Aufgabe, eine Ausstellung österreichischen Theaterdesigns zu gestalten, zur Konstruktion des monumentalen Modells der *Raumstadt* zu nutzen gewußt. Aus dieser Kombination heterogener Elemente entstand 1933 in ersten Ansätzen jene höchst komplexe Synthese, die das weitere Werk Kieslers entscheidend prägen und die – um weitere Elemente ergänzt – nicht nur die Ausstellungsbauten der vierziger Jahre bestimmen sollte, sondern vor allem am Ende der fünfziger Jahre im Konzept für das *Endless House* kulminierte.

---

40 »... is built on different levels, certain rooms calling for lower or loftier ceilings according to their function. The living or main congregating space has a high ceiling, the library a very low one, and to embody still further significance of a place to which one may retreat with one's thoughts, Mr. Kiesler has placed the library several steps below the level of the living room. The dining room on the other hand, is raised two steps above the living room level to create an air of slight formality. Bedroom spaces are intimate private places, and again imply low friendly ceilings.« In: *One Living Space Convertible into Many Rooms*. In: Home Beautiful, Jänner 1934, S. 32 f.

41 »The spheroid shape derives from the social dynamics of two or three generations living under one roof. The generous space preferable for group living demands double or even triple heights in such areas as the living room, while minimal 8-foot heights are best in bedrooms and other private areas.« Kiesler, *The Endless House and its Psychological Lightning*. In: Interiors, Anniversary Number, November 1950, S. 125

Anton Tedesko und andere, *Hangarelemente zu Versuchszwecken,* **1944**

RATIONALE SYSTEME UND VISIONEN
Anton Tedesko als konstruktiver Entwerfer

Adolph Stiller

Es gibt nur ein Gestalten. Genau dieselben Gestaltungstendenzen kehren wieder beim ... Architekten, beim Ingenieur ... Es handelt sich immer um die gleichen Dinge: gute Proportionierung, Abstimmung der Farben, wirkungsvollen Aufbau, Rhythmus, ausdrucksvolle Form...[1]

In der Geschichte der Baukonstruktion wird der Name Anton Tedesko unauflöslich mit der Erinnerung an seinen Beitrag zur Schalenbauweise in Verbindung bleiben. Vertiefende monographische Studien und einige Beispiele werden allerdings zeigen, wie einschränkend diese Sicht wäre.

Um den historischen Rahmen für Tedeskos Leistungen auf dem Gebiete des Schalenbaues abzustecken, soll in den folgenden Ausführungen versucht werden, einige frühe Stationen des Eisenbetons in Österreich und Deutschland vom Zeitpunkt der Übernahme aus Frankreich bis in die dreißiger Jahre genauer zu beleuchten.

Die Etappen in der Genese dieses Baustoffes – Erfindung bzw. erste Erprobung – seien hier als bekannt vorausgesetzt bzw. sei auf die Literatur verwiesen.[2] Wie er aufgenommen wurde und in der Form des »Eisenbetons« Verbreitung fand, insbesondere aber die Weiterentwicklungen dieses Verbundbaustoffes in wissenschaftlicher und praktischer Hinsicht in beiden Ländern, soll ausgehend davon aufgezeigt werden.

An einer der letzten großen Errungenschaften, der Schalenbauweise[3], die auf die Entwicklung des Bauens in Stahlbeton insgesamt, insbesondere aber auf dessen äußeres Erscheinungsbild, nachhaltigen Einfluß ausübte, hatte Anton Tedesko direkten Anteil.

Die Darstellung des Einflusses, den diese Entwicklung in der Folge, nach ihrem »Export«, auf die Betonbauweise in den Vereinigten Staaten ausübte, wird uns dann ins Netzwerk der vielschichtigen Beziehungen einbinden, die im Rahmen dieser Ausstellung freigelegt werden.

Erforschung eines Baustoffes und Entwicklung einer Theorie

Schon 1879 war das Monierpatent[4], welches seit seiner Anmeldung 1867 in Frankreich zur Bedeutungslosigkeit verkommen war, von der Monier-Schuster Gesellschaft[5] in Österreich, fünf Jahre darauf von der Firma Wayß & Freytag in Deutschland angekauft worden. G. A. Wayß veröffentlichte kurz darauf, 1886, seine zusammen mit M. Koenen entwickelte Theorie des Eisenbetonbaues, die unter dem Namen »Monier-Broschüre«[6] in der Literatur bekannt ist und Grundstein sowie Anstoß für die raschen und intensiven Forschungen bzw. Versuche im Bereich des Stahlbetons bildet.

Die Gründung von Beton-Vereinen und die Beschäftigung der Ingenieur- und Architektenver-

---

1 Hermann Muthesius, Das Formproblem im Industriebau. In: Jahrbuch des Deutschen Werkbundes 1913. Jena (Eugen Diederichs) 1913, S. 30
2 Zur frühen Geschichte des Stahlbetons siehe u.a.: *Handbuch für Eisenbetonbau*, Hg. F. Emperger, 12 Bde. u. 2 Ergänzungsbde., 3. Aufl., Berlin 1921, I. Band, 1. Kapitel: Geschichtliche Entwicklung. F. Baravalle, Entstehung und Entwicklung der Stahlbetonbauweise. In: Zement u. Beton, Wien, August 1967, Heft 40, sowie die Ausführungen von Ch. Hackelsberger in: Beton: Stein der Weisen. Braunschweig 1988, S. 58 f.
3 Als Schale bezeichnet man »Gebilde, die nach einfach oder doppelt gekrümmten Flächen geformt sind und deren Wanddicke im Verhältnis zur Flächenausdehnung gering ist.« F. Dischinger, Schalen- und Rippenkuppeln. In: *Handbuch ...* (zit. Anm. 2), 4. Aufl. Berlin 1928
4 Hier handelt es sich um das Zusatzpatent vom 14.8.1878, welches als das eigentliche Monierpatent gelten kann.
5 Ing. Rudolf Schuster publizierte 1887 auch eine *Kleine Schrift zur Monierbauweise*, die vor allem die Wayß-Koenenschen Berliner Versuche von 1886 wiedergibt. Ein Jahr zuvor hatte er das Patent an G.A. Wayß verkauft, der daraufhin die Bauunternehmung gleichen Namens in Wien gründete.
6 G.A. Wayß: *Das System Monier in seiner Anwendung auf das gesamte Bauwesen*. In: Zentralblatt der Bauverwaltung. Berlin 1886

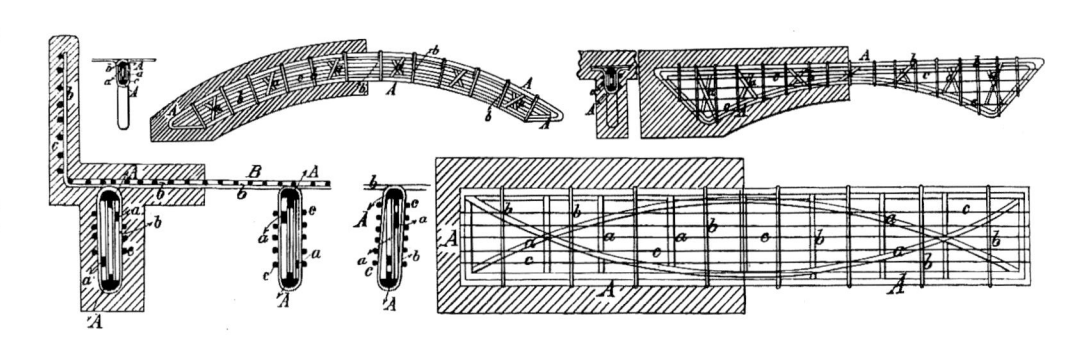

Joseph Monier, *aus der Patentschrift von 1878*

eine mit dem Thema gipfelte 1904 in der Broschüre *Vorläufige Leitsätze für die Vorbereitung, Ausführung und Prüfung von Eisenbetonbauten*, 1907 als Bestimmungen übernommen vom preußischen Ministerium für öffentliche Arbeiten in Berlin und Grundlage der »österreichischen ministeriellen Vorschriften vom 15. Juni 1911«.

Von entscheidender Bedeutung ist die Aufnahme von Moniers Gedanken für unsere weiteren Betrachtungen vor allem deshalb, weil die gesamte auf ihr basierende Entwicklung von den Grundüberlegungen, d. h. von der Anordnung und Form der einzelnen Konstruktionselemente, zwar geprägt blieb, die weitere Forschung und Umsetzung allerdings, im Gegensatz zu der auf den Patenten Hennebiques basierenden Anwendung, einen viel freieren Lauf nehmen konnte. (U.a. erklärt sich daraus, daß in Österreich und Deutschland Begriffe wie Monier-Bauweise bzw. »monieren« im allgemeinen Sprachgebrauch noch lange Zeit Synonyme für Stahlbetonbau waren.)

In Frankreich und den Konzessionärsländern der Hennebique-Patente betätigte sich die Forschung mehr entwurfs- und technologiebezogen und suchte nach einfach Anwendbarem; sie blieb mehr oder weniger auf den Wettbewerb der »agents« des »multinationalen« Hennebiques untereinander beschränkt und soll uns für die weiteren Überlegungen weniger interessieren.

Als eine »Wiener Schule« des konstruktiven Ingenieurbaus können in der ersten Hälfte unseres Jahrhunderts die Persönlichkeiten Fritz von Emperger, Rudolf Saliger, Ernst Melan und Friedrich Hartmann (letztere Tedeskos Professoren für Stahlbeton-, Stahlbau und Brückenbau an der TH Wien) gesehen werden.

Als Tedesko 1921 als Student an die TH Wien kommt, übt Saliger bereits 11 Jahre seine Lehrtätigkeit aus.[7] Berechnungsmethoden zu Schubspannungen, praktische Versuche zu Materialeigenschaften und – nach dem Ringtheaterbrand quasi zur Wiener Spezialität geworden – Untersuchungen zum Brandverhalten von Bauteilen stellen ihn in die Reihe der wichtigsten Pioniere der »zweiten Generation« in der Einführung des Kompositbaustoffes. In seinem (heute noch aktuellen) Standardwerk *Der Eisenbeton*[8], dem er ab der 3. Auflage den Untertitel *...seine Berechnung und Gestaltung* hinzufügt, übrigens fast gleichzeitig zu einer im Deutschen Werkbund laufenden Debatte zur Ästhetik der Ingenieurbauten, sieht er »den größten Vorteil des Eisenbetons gegen alle anderen Baustoffe in seiner uneingeschränkten Gestaltungsfähigkeit und in der Möglichkeit, ihn für fast alle Bauzwecke mit mehr oder weniger Nutzen anwenden zu können.«

Besonders die Feststellung den Nutzen betreffend wird für den Erfolg des Materials in den Vereinigten Staaten, wie u.a. das Werk Tedeskos zeigt, von ausschlaggebender Bedeutung sein.

Neben dem Fach Stahlbau für Bauingenieure unterrichtete Prof. Dr. Ernst Melan[9] auch die Architekten in der Baukonstruktion; so auch Bernard Rudofsky. Es mag Zufall sein, paßt aber als Mosaikstein in unser facettenreiches Bild, daß er seine Dissertation über ein Thema der Baukonstruktion, eine frühe Betonbauweise auf den Kykladen, verfaßte.[10] Rudofsky hatte als junger Absolvent im Büro Theiß & Jaksch auch am Projekt des *Hochhauses in der Herrengasse* mitgearbeitet – einem der wenigen in Wien ausgeführten Stahlskelett-Bauten.[11] Daß sein Interesse an der Konstruktion lebendig blieb, zeigt sich noch 1964 in *Architecture Without Architects*, wo er das Buch quasi zwischen ein Bilderpaar aus jener Zeit spannt.[12]

»Eisenbeton wird aber als selbständiges Fach«, so merkwürdig das nach den Ausführungen auch klingen mag, »bei den Bauingenieuren an der Technischen Hochschule in Wien erst nach der Neuorganisation der Fakultät 1927/28 eingeführt; (Tedesko diplomierte schon 1926), bis dahin war es bestenfalls als Freifach belegbar.«[13]

Stahl versus Beton

Stahl, so führt z. B. Neutra in seinen berühmten Publikationen[14] dem europäischen Fachpublikum vor, ist d a s Baumaterial in den Vereinigten Staaten. Seine – besonders an der Ostküste – hochentwickelte, großindustrielle Herstellung[15], die zu einem sehr hohen Grad fortgeschrittene Vorfertigung und die dadurch möglichst ökonomische Abwicklung der Baustelle lassen dem Beton vorerst nur begrenzte Einsatzmöglichkeiten; dazu fehlt auch eine leistungsfähige Zementindustrie. Neben der kombinierten Bauweise zur Erreichung eines effizienteren Feuerschutzes und den mehr auf self-made beruhenden Anwendungen des Betons an der Westküste[16] blieb das auch so.

Erst die nach dem Börsenkrach von 1929 allgegenwärtige Forderung nach Wirtschaftlichkeit in jeder Hinsicht, so auch bei den Herstellungs- und Instandhaltungskosten von Gebäuden, ließ den Eisenbeton Terrain gewinnen.

Rudolf Saliger, *Der Eisenbeton*, 4. Aufl., Stuttgart 1920

7 Rudolf Saliger (1873-1958) hatte an der Technischen Hochschule Wien die Lehrkanzel für reine und angewandte Mechanik von 1910 bis 1940 inne.
8 In der 1. Auflage A. Kröner Verlag, Leipzig 1905: *Der Eisenbeton in Theorie und Konstruktion*, mit dem Untertitel: *Ein Leitfaden durch die neuen Bauweisen in Stein und Metall*; ab der 3. Auflage in: *Der Eisenbeton, seine Berechnung und Gestaltung* umbenannt.
9 Ernst Melan (1890-1963), Sohn von Joseph M.(vgl. Anm. 19), ab 1924 Lehrkanzel für Baustatik, 1939 bis 1963 Baustatik und Baukonstruktion des Stahl- u. Holzbaues an der TH Wien.
10 B. Rudofsky, *Eine frühe Betonbauweise auf den Kykladen*, Dissertationsschrift, TH Wien 1931 (Gutachter: Theiß und Krauß)
11 vgl. F. Baravalle, *Die Wiener Hochhäuser in Entwurf und Ausführung*. In: Beton und Eisen, Heft 7/8 u. 9, Wien 1933
12 Gemeint sind die Bildlegenden zur Abb. 1 und jene zu den Abb. 146 u. 147, wo er schreibt:«... the origin of indigenous building forms and construction methods is lost in the past...«, resp.: »The primeval vault«.
13 vgl. R. Saliger, Leben und Wirken. Wien (Eigenverlag) 1952 (hektographierte Broschüre). Ein Tedesko gewidmetes Exemplar findet sich bei dessen Nachlaß. (vgl. Anm. 42). In der Tat befaßte sich aber die Vorlesung »Mechanik III«, eingerichtet ab 1916, ausschließlich mit der Thematik Eisenbetonbau. Vgl. Ernennungsdekret bzw. Vorlesungsverzeichnisse TH Wien, Archiv der TU Wien.
14 R. Neutra, *Wie baut Amerika?*, Stuttgart 1927, und *Amerika*, Wien 1930. Neutra präsentiert aber auch ausführlich die Betonbauten von Schindler und Wright.
15 Das 1856 patentierte Bessemerverfahren ermöglichte die Massenherstellung von Stahl.
16 vgl. Concrete in California, Carpenters and Contractors Corporation, Los Angeles 1990, und den Artikel von Jeffrey M. Chusid, La scoperta americana del cemento armato. In: Rassegna, 14. Jg., Nr. 49, S. 66 f., Mailand 1992

Rudolph M. Schindler,
Betonwandkonstruktion der Häuser in La Jolla bei San Diego,
publiziert von Richard Neutra

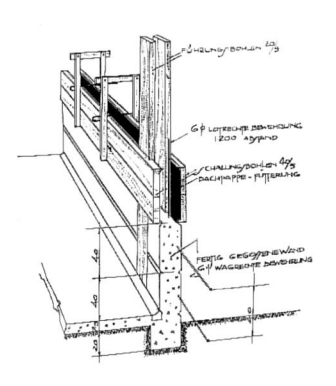

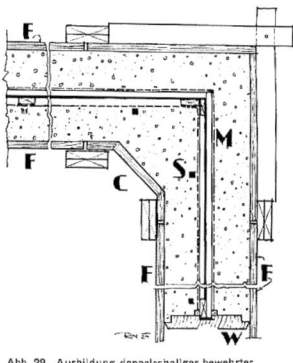

Richard Neutra,
Ausbildung doppelschaliger Betonwände nach Irving Gill

17 Der etwas lange Titel: »An account of some experiments with Portland-Cement-Concrete combined with iron, as a building material with reference to economy of metal in construction and for security against fire in the making of roofs, floors and walking surfaces«. Das amerikanische Patent Nr. 206.112 vom 16.7.1878

18 Dr. Fritz von Emperger (1862-1942), Herausgeber der Zeitschrift ›Beton und Eisen‹ und des Handbuches für Eisenbetonbau (zit. Anm. 2)

19 vgl. Anm. 1. Nach seinem Vortrag 1894, The development and recent improvement of concrete-steel-highway-bridges, gründete er, der starken Nachfrage wegen, in den USA die Melan Arch. Constr. Company und realisierte mehrere hundert Brückenbauten. Vgl. *Handbuch ...*, 4. neubearb. Aufl. Berlin 1930, S. 13 u. 20 f.
Benannt ist das System (patentiert 1892) nach Joseph Melan (Wien 1853 – Prag 1941), ab 1903 Professor für Brückenbau an der Deutschen Technischen Hochschule in Prag.
Das »System Melan« findet sich ausführlich beschrieben in: E. Mörsch, *Der Eisenbetonbau*, 4. Aufl. Stuttgart 1912, S. 565 f. bzw. in seinem theoretischen Werk: *Der Brückenbau*, II. Bd., 3. Aufl. Leipzig und Wien 1924, S. 288 ff.

20 Vor allem die Kosten der Lehrgerüste machten die Eisenbetonbrücken so teuer; Maillart z.B. kalkulierte sie des öfteren zu billig und verlor dadurch seine Existenz.

21 Bekannt ist auch das nach ihm benannte »Thachereisen«, welches durch einen Walzprozeß mit Erhöhungen und Verbreiterungen versehen wird. Ransomeisen, Johnsoneisen u. Kahneisen, weitere Varianten von profilierten Armierungseisen, Streckmetall von Golding, (allerdings nur für Plattenbewehrung): Versuche, die einmal mehr die führende Stellung der USA in der Stahlproduktion zeigen.
Mit einer gewissen Überheblichkeit stellt Mörsch fest: »daß bei uns in Deutschland, dank der frühzeitigen wissenschaftlichen Behandlung, die Armierungsweise der kontinuierlichen Träger auf eine höhere Stufe gelangt ist, so daß wir der amerikanischen Eisenformen nicht bedürfen.«
In: Mörsch, Eisenbetonbau (zit. Anm. 19), S. 27

Zur frühen amerikanischen Entwicklung im Stahlbetonbau

Bemerkenswert frühe amerikanische Versuche im neuen Verbundbaustoff stellen die Arbeiten von Thaddaeus Hayatt dar. In den Jahren 1876 bis 1887 trat er durch biege- und feuerfeste Konstruktionen hervor, die auf Versuche in den fünfziger Jahren des letzten Jahrhunderts zurückgehen. Seine Erfahrungen publiziert er aber erst 1877, sie bleiben allein einem beschränkten Freundeskreis zugänglich. Sein Patent nimmt er ein Jahr später.[17]

Ein »Exportartikel« aus der k.u.k. Monarchie bewirkt eine erste »Hochblüte« des Eisenbetons in den Vereinigten Staaten, allerdings auf den Brückenbau und vorerst geographisch auf die Ostküste beschränkt: die durch F. Emperger[18] ab 1894 eingeführte sogenannte »Melanbauweise«.[19]

Ihr Erfolg lag vermutlich in der Art der Bewehrung begründet: anstelle der damals üblichen Rundeisenarmierung bildet Melan die Armierung mit Gitterbögen aus Walzprofilen, den gängigen Eisenkonstruktionen nicht unähnlich. Wurden diese Gitterbögen tragend ausgeführt, entfiel auch das aufwendige Lehrgerüst zum Betonieren; die Schalung konnte auf den Bögen festgemacht werden.[20]

An die Westküste wurde dieses Bausystem von Edwin Thacher, Vertreter von Empergers Company, gebracht.[21]

Seine Knoteneisen führen uns direkt zu einem der wichtigsten amerikanischen Pioniere der Eisenbetonbauweise: Ernest Leslie Ransome. Schon 1884 erfand er ein später sehr erfolgreiches System und patentierte es unter dem »twisted bar reinforced concrete system«. 1902 patentierte er auch ein »unit system«, welches auf der *Louisiana Purchase Exposition* 1904 einem breiten Publikum vorgestellt wurde und so größere Aktivitäten in Richtung bewehrtem Beton in Gang brachte.

Diesem System technologisch unterlegen, aber in Zusammenhang und Kontext mit unserer Ausstellung stehen die Erfindungen Robert H. Aikens. Er ließ sich 1908 in Chicago ein Konstruktionsschema patentieren, bei welchem jede Wand eines zu errichtenden Gebäudes, bereits mit allen Fenster- und Türöffnungen versehen, in einer erhöhten, horizontalen Position gegossen wurde, um dann, um eine transversale Achse gedreht, in die vertikale Position gestellt zu werden.

Nachdem die »Aiken Concrete House Company of Chicago, Illinois« gegründet worden war und mit Erfolg betrieben wurde, suchte Aiken auch in Süd-Kalifornien Fuß zu fassen: Ein Jahr darauf wurde die »Aiken Reinforced Concrete Company«

gegründet. Trotz unerwartet großem geschäftlichen Erfolg ging die Firma kurz darauf an einem Großauftrag bankrott.

An der Westküste experimentierten in den ersten Dezennien unseres Jahrhunderts, durch die klimatischen Verhältnisse begünstigt, gleichzeitig mehrere Pioniere mit dem »neuen« Material: Irving Gill, Frank Lloyd Wright, R.M. Schindler und Lloyd Wright.[22]

Wie eng das Beziehungsnetz in diesen Belangen war, sei am Beispiel von Schindlers eigenem, zum Teil als Versuchsbaustelle fungierendem *Haus in der Kings Road* gezeigt. Sein damaliger Partner und Co-Bauherr war zuvor bei Irving Gill angestellt gewesen.

Bei allen genannten Protagonisten stand zudem die Verwendung des Eisenbetons mit dem Grundthema ihrer Arbeit, der Suche nach einem neuen architektonischen Ausdruck in der Region Los Angeles, in engster Verbindung.

Material *und Konstruktion* an der Wiege der Moderne

Im Jahre 1902 erschien, herausgegeben von der Firma Wayß & Freytag, *Der Betoneisenbau, seine Anwendung und Theorie*. Der theoretische Teil, vom technischen Direktor der Firma, E. Mörsch, bearbeitet, kann als das erste wissenschaftliche Buch auf dem Gebiet des Eisenbetonbaues gesehen werden.[23]

Die Grundlage für das Studium zum Thema Eisenbeton bildete und bildet das *Handbuch für Eisenbeton*, welches ab 1907 in Berlin erschien.[24] Trotz der Fülle des Materials scheint es für die 4. Auflage, 1927-1930 erschienen, noch möglich, die Themenkreise enzyklopädisch, alle Gebiete die Verwendung betreffend, abzudecken. Sie umfaßte allerdings 14 Bände!

Der Herausgeber dieses Handbuches sah sich schon 1911 veranlaßt, einen Ergänzungsband über *Die künstlerische Gestaltung der Eisenbetonbauten* zu veröffentlichen.[25]

Zur selben Zeit beschäftigten den Deutschen Werkbund Fragen der Materialgerechtheit. Anläßlich seiner Jahrestagung 1911, (bei der unter anderen auch Le Corbusier anwesend war), meldeten sich Karl Ernst Osthaus und Theodor Fischer zu Wort: Osthaus entwickelt seine Gedanken über »die Bedeutung des Materials für die Stilentwicklung« um den Semper'schen Satz »Stil ist, was dem Material entspricht«. Er sieht »Stilbildung jedenfalls nur möglich, wenn alle Möglichkeiten eines Materials so konsequent wie möglich ausgebeutet werden« und zieht aus der Anwendung der neuen Materialien die Folgerung für den architektonischen Ausdruck: »Profillosigkeit und Abrundung«. Er anerkennt an dieser Stelle zwar die historische Trennung zwischen Architekt und Ingenieur, schließt aber mit der Vorausschau, daß, »wenn wir wirklich zu einem unsere ganze Zeit umfassenden Baustil kommen sollen, es nötig ist, daß der Künstler aus der intimsten Kenntnis seiner Materialien heraus die Formen zunächst logisch entwickelt, bevor er sie als Faktoren in seine künstlerische Rechnung einstellt. Sie bilden für ihn die Worte der Sprache, in der er dichtet.«[26]

Zwei Jahre später äußert sich H. Muthesius in dem in verschiedener Hinsicht berühmten ›Jahrbuch des Deutschen Werkbundes 1913‹ (dem auch das diesem Beitrag vorangestellte Zitat entnommen ist) mit einem Beitrag zum Formproblem im Industriebau.

Als 1928 Band 5 der Baubücher, *Beton als Gestalter*, erschien, einer vom Verlag als Supplement verstandenen Reihe[27] zur Zeitschrift ›Moderne Bauformen‹, die ihrerseits eine besondere Bedeutung für die Verbreitung der Gedanken der Moderne hatte, war das Baumaterial, dem der Architekt Hilberseimer und der Ingenieur Julius Vischer programmatisch quasi, gestaltende Eigenschaften zuwiesen, genau genommen schon an die 50 Jahre alt. Die dem Architektenpublikum mit propagandistischem Eifer als mustergültige *Gestaltungs*-Leistungen vorgeführten, vorwiegend der Ingenieurkunst zuzurechnenden Bauten, werden zusammen mit dem Beton zu jener Zauberformel hochstilisiert, die aus der Krise der Architektursituation helfen sollte, die Le Corbusier umreißt mit: »Ingenieur-Ästhetik, Baukunst: beide im tiefsten Grunde eins und in Wechselfolge, die eine heute in voller Entfaltung, die andere in peinlicher Rückentwicklung.«[28] Der Bezug selbst und der innere Zusammenhang von Architektur und »Ingenieur-Ästhetik« können geradezu als Leitmotiv der Architekturdebatte der Moderne gesehen werden.

Der Blick der Architekten auf die Tätigkeit der Ingenieure ist dabei nichts Neues. Seit der Mitte des 19. Jahrhunderts wird er ständig auf die Ingenieurleistungen hingelenkt: Diese schienen einfach in ihrer sachlichen Anspruchslosigkeit um so viel besser zum modernen Leben zu passen. Das auffallende Fehlen von Architekturbeispielen in Hilberseimers Buch spiegelt nicht zuletzt die

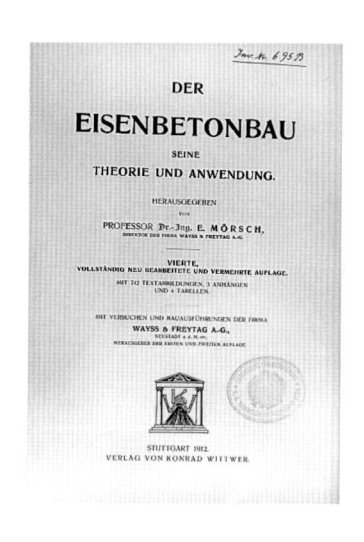

Emil Mörsch, *Der Eisenbetonbau*, 4. Aufl., Stuttgart 1912

---

22 vgl. Kathryn Smith, Chicago-Los Angeles: the concrete connection. In: Concrete ... (zit. Anm. 16)
23 Das Werk erfuhr 1905 und 1908 neue Auflagen und wurde dann von Mörsch, als 4. Aufl. bezeichnet, in sein klassisches und im Verbundbau führendes Werk *Der Eisenbetonbau*, Stuttgart (Konrad Wittwer) 1908, umgewandelt.
24 vgl. Anm. 1
25 Emil v. Mecenseffy, *Die künstlerische Gestaltung der Eisenbetonbauten*, Erster Ergänzungsbd. des Handbuches für Eisenbetonbau. Berlin (Wilhelm Ernst & Sohn) 1911 (ab der 3. Aufl. Band XIV)
26 Die Durchgeistigung der Deutschen Arbeit, Jena (Eugen Diederichs) 1911, S. 21 ff. ; der Bericht des Gastes (Le Corbusier), der noch seinen richtigen Namen trug: Ch.-E. Jeanneret: *Etude sur le mouvement d'Art décoratif en Allemagne*. La Chaux-de-Fonds (Haefeli & Cie.) 1912
Pikant die Forderung Th. Fischers, den Beton mit Metalloxyden einzufärben. Der »Techniker« Mörsch berichtet einige Jahre zuvor in seinem Eisenbetonbau über gravierende Bauschäden und sogar vom Einsturz eines eingefärbten Bauwerkes.
27 Im Hoffmann-Verlag war als Band 1 ein Jahr zuvor Neutras *Wie baut Amerika?* erschienen.
28 Le Corbusier, *Vers une architecture*. Paris 1923; deutsch von H. Hildebrandt, *Kommende Baukunst*, Berlin und Leipzig (DVA) 1926

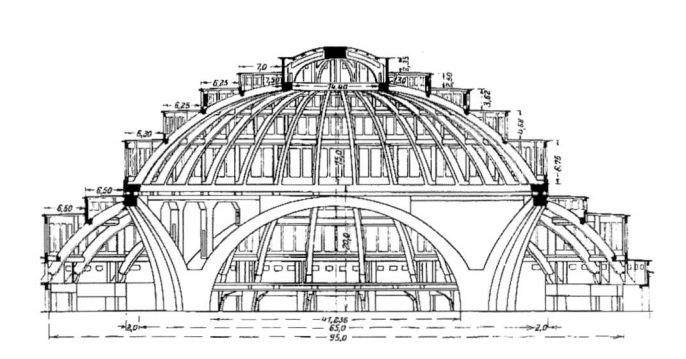

Max Berg, *Jahrhunderthalle*, Breslau, 1913, Schnittzeichnung

Max Berg, *Jahrhunderthalle*, Breslau, 1913, Innenansicht

29 F. Baravalle (Studienkollege und Freund Tedeskos, Assistent Saligers, später, von 1933-1977, Professor für Statik, Festigkeitslehre und Stahlbetonbau an der Akademie der bildenden Künste, Wien). Vorlesungsmitschrift des Autors aus dem Jahre 1976

30 Bei den (heute oft noch unter gleichem Namen existierenden) Baufirmen zählen zu diesen Persönlichkeiten u. a.
Dr. Ing. Conrad Freytag (1846-1921),
Dipl. Ing. Gustav Adolf Wayß (1851-1917),
Mathias Koenen (1849-1924)
bei der Monier-Gesellschaft in Berlin;
Dr.Ing. Emil Mörsch (1872-1950)
und Mathias Koenen, Direktoren bei Wayß & Freytag A.G. bzw. bei der Monier-Bau A.G.), Dr.Ing. Eugen Dyckerhoff (1866-?), Eduard Züblin (gest. 1917); in Österreich z.B. Viktor u. Benno Brausewetter oder Eduard Ast, vergleichbar mit bekannten Firmengründern in anderen Bereichen wie z. B. Carl Zeiss, Schott (Schott & Gen.), Robert Bosch oder Walther Rathenau und die AEG.

31 Daß diese Experimente aber auch schief gehen konnten, hat z.B. F. Candela in einem Vortrag, gehalten in Wien 1988, ausgeführt. Zu riskante (weil sparsame) Berechnungen führten nicht selten zu Bauschäden und auch zum Einsturz! (F.C.)

32 Des öfteren kam es vor, daß man bei einer Ausschreibung zu günstig angeboten hatte und nach dem Zuschlag eben erfinderisch sein mußte, um wirtschaftlich über die Runden zu kommen. Das wird z.B. auch von Freysinnet und seinen Hangars berichtet.

Situation der »Baukunst« wieder: Architekten sahen noch lange in der Stilimitation und Verkleidung die Hauptmöglichkeit des Ausdrucks ihrer »Kunst«.

Einen Blick in umgekehrter Richtung, Ingenieure schauen auf Architektur, provoziert das vielleicht radikalste Beispiel der Ausdrucksmöglichkeiten des neuen Materials in Wien, Plečniks *Heilig-Geist-Kirche* (erbaut 1911): zur Studienzeit Tedeskos ist sie, wohl deshalb, eine der »Wallfahrtstätten« der Bauingenieurstudenten.[29]

Unternehmenskultur und Autonomie des Ingenieurs

Aus naheliegenden Gründen konzentrierten wir unsere Ausführungen über die Frühzeit des Eisenbeton (neben einem Ausblick auf die USA) besonders auf Österreich und Deutschland. Unser Interesse ist dabei ein mehrfaches: zum einen Wien als Studien- und Ausbildungsort sowie das erste Aufgabengebiet Tedeskos und in dessen Umfeld gerade stattfindende Innovationen auf dem Sektor Eisenbetonbau.

Zum anderen sollte gezeigt werden, daß die Entwicklung genau in jenem Typus deutscher Großunternehmen stattfand, in dem fachliche Kompetenz der Firmeninhaber (bzw. Direktoren) und klassisches Unternehmertum eine unerreichte Symbiose eingegangen sind.[30]

Die Vermutung, daß hervorragende Leistungen und Innovationen in der Ingenieurbaukunst – zumindest in der für uns hier interessanten Periode – unter anderem in der Symbiose Entwurf – Ausführung (autonome Verantwortung) bedingt zu sein scheinen, findet sich durch die Aufzählung einiger der wichtigsten Ingenieure unseres Jahrhunderts bestätigt: Eiffel, Šuchov, Maillart, Freysinnet, Torroja, Nervi, Candela; sie alle hatten im Rahmen ihrer Unternehmen die Möglichkeit (und auch den Mut) für gewisse Experimente, die in ihrer geglückten Realisierung heute zu den beachtetsten Leistungen zählen.[31]

In Deutschland haben in diesem Sinne Firmen wie Wayß & Freytag oder Dyckerhoff & Widmann auf eigenes Risiko die Weiterentwicklungen des Monier-Patentes betrieben (im Rahmen von Versuchs-, aber auch Großbauten, die als Ganzes selbst zu Versuchen wurden), und direkt darauf fußend, fallweise auch die entsprechenden Patente eingebracht. Das sicherte den oft teuer erkauften Wettbewerbsvorteil wenigstens für eine gewisse Zeit.[32] Diese Firmen hatten demzufolge

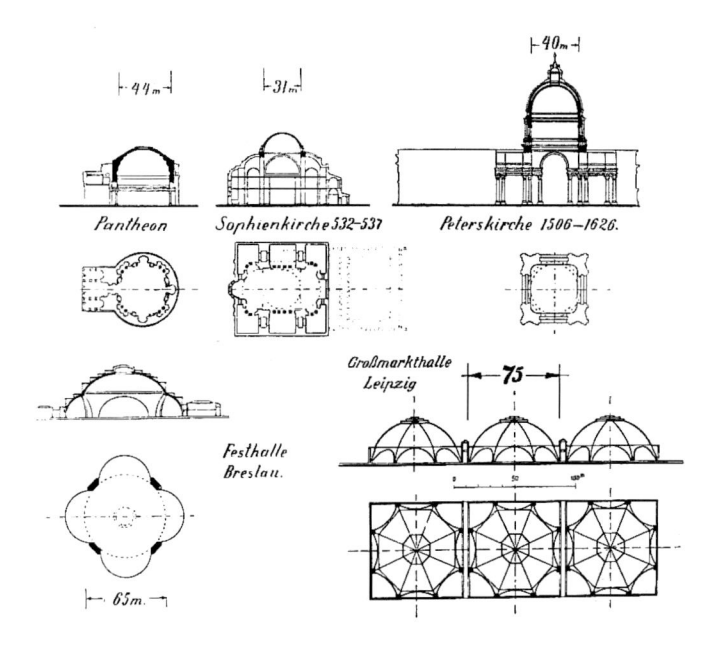

Franz Dischinger, *Großmarkthalle*, Leipzig, 1927-29, mit Maßvergleich

auch den entsprechenden Ruf und die Anziehungskraft auf einen einen jungen Absolventen des Bauingenieurstudiums aus Wien: Anton Tedesko geht 1930 nach Wiesbaden zu Dyckerhoff & Widmann; Franz Dischinger ist zu dieser Zeit deren technischer Direktor.

Technik, Industrie und Bauprozeß

Wir blenden einige Jahre zurück, um die ersten Schritte in Richtung Schalenbauweise mitzuverfolgen.

Neue Anforderungen aus Gesellschaft und Produktion verlangten Bauten ungeahnter Dimensionen. Im Bereich der Hallenbauten strebte man nach immer größeren stützenfreien Räumen. Mit 65 m Spannweite stellt die *Jahrhunderthalle* in Breslau (1913 Arch. Max Berg), eine Stahlbeton-Rippenkonstruktion, noch heute die Spitzenleistung aus dieser Zeit dar, auch wenn Hilberseimer im Hinblick auf die Spannweite kritisch anmerkte, »daß der größte Teil der Tragfähigkeit, sehr im Mißverhältnis zu den tragenden Lasten, zur Aufnahme des Eigengewichtes verwendet wird.«[33]

Der Erste Weltkrieg und die Notzeit danach unterbrachen eine Entwicklung, an die erst in den frühen zwanziger Jahren angeschlossen werden konnte.

Als man 1922 in der optischen Industrie Carl Zeiss zum Testen neuer Teleskope einen halbkugelförmigen Innenraum benötigte, versuchte Walter Bauersfeld[34], vermutlich aufbauend auf die Theorie der Schwedler'schen Kuppeln[35] ein in sich steifes Gitterstabwerk herzustellen, dieses mit Rabitzgitter zu überziehen und zu verputzen. Um eine für die Projektion glatte Untersicht herstellen zu können (der vorgesehene Verputz schien ihm zu unregelmäßig zu werden), wandte er sich an die Firma Dyckerhoff & Widmann um Rat und fand in Franz Dischinger den geeigneten Gesprächspartner. Dieser schlug vor, auf dem Stabgerüst ein feinmaschiges Netz zu befestigen, innen eine Gleitschalung anzubringen und von außen die Kuppel zu torkretieren (d. h. aus Schleuderbeton herzustellen).

Diese Art der Ausführung wurde als Zeiss-Dywidag-Kuppel (die Firma nannte sich inzwischen so) patentiert und später kurz Z-D-System genannt.

33 L. Hilberseimer, *Beton als Gestalter*. Stuttgart (Hoffmann) 1928, S. 11
34 Walter Bauersfeld (1879-1959), eigentlich im Bereich der Feinmechanik arbeitender Ingenieur und Erfinder vieler optischer Instrumente; vgl. ders., Die Entwicklung des Zeiss-Dywidag-Verfahrens. In: Jürgen Joedicke, Schalenbau, Konstruktion und Gestaltung. Dokumente der Modernen Architektur, Bd. 2. Stuttgart (Karl Krämer) 1962, S. 281 ff.
35 vgl.: M. Foerster, *Die Eisenkonstruktionen der Ingenieur-Hochbauten*. In: Ergänzungsband zum Handbuche der Ingenieurwissenschaften. Leipzig (W. Engelmann) 1902, S. 265 ff. bzw. 320 f.

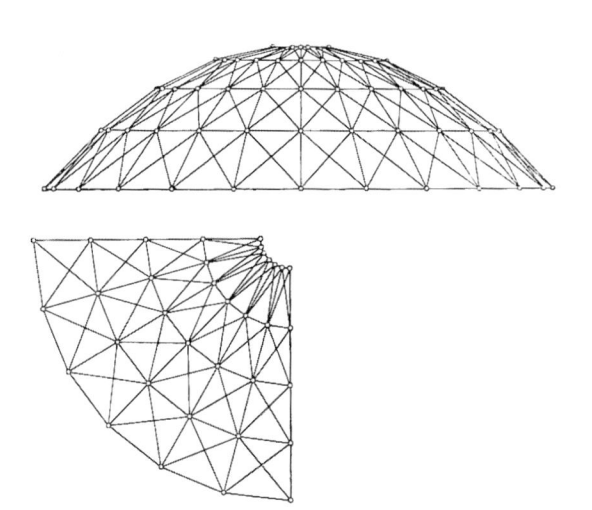

Kuppeldachkonstruktion nach Schwedler, Aufriß und Grundriß

Franz Dischinger und Walter Bauersfeld,
Planetarium Zoo, Berlin, 1926,
Montage des Gitterwerkes

Dischinger kam auf den Gedanken, daß die Theorie, die im Grunde auf die Föppl'schen Tonnenflechtwerke zurückgeht, auch auf Zylinderschalen anwendbar wäre, sofern diese eine gewisse Länge nicht überschreiten und durch versteifende Querrippen abgeschlossen sind. Dies konnte er in Analyse und Versuch nachweisen; ein zweites Patent wurde für die Tonnenschalen eingebracht.

Hier zeigt sich wieder, daß die beteiligten Wegbereiter der neuen Bauweise unmittelbar mit Unternehmen verbunden – oder dort zumindest als technische Leiter tätig – sind, in welchen Experimentieren quasi schon zur Gewohnheit geworden war.

Maßgeblich waren an der weiteren Entwicklung dieser Bautechnik in den Jahren bis zu Tedeskos Ankunft und während seiner Mitarbeit in Wiesbaden auch die Ingenieure Ulrich Finsterwalder, Wilhelm Flügge und Hubert Rüsch. Aus der Zusammenarbeit mit Dischinger bei D & W hat jeder in eigenständiger Weiterentwicklung Beiträge geschaffen, die in der Literatur heute noch zu den Grundlagen in der Berechnung von Schalenbauten zählen.[36] Daß das Meistern der Probleme in dieser »heroischen Zeit« der Schalenkonstruktion auch die Persönlichkeiten sehr eng miteinander verbunden hat, zeigen die zahlreichen Kontakte, die Tedesko Zeit seines Lebens mit ihnen allen in fachlichen (aber auch persönlich-freundschaftlichen) Belangen pflegte.[37]

Theoretiker mit praktischen Erfahrungen

Die fundierten Kenntnisse aus Wien (die Theorie des Eisenbetons und die Ergebnisse der Materialforschung vom Lehrkanzel Saliger sowie die Assistententätigkeit am Lehrkanzel Melan) und deren Umsetzung bei Realisierungen in Deutschland machen binnen Kürze aus ihm jenen Spezialisten, der am »Ersten Internationalen Kongreß für Beton und Eisenbeton«, 1930 in Lüttich mit seinem Beitrag: *Eisenbetonschalendächer Zeiss-Dywidag zur Überdachung weit gespannter Räume* teilnehmen kann.

Das theoretische Wissen im Rahmen konkreter Anwendung erproben gelernt hatte er u.a. schon 1923, als Ferialpraktikant auf der Baustelle der *Villa Dr. Herzberg* in Ortmann, wo er auch Josef Frank persönlich kennengelernt hatte, später als Assistent der Bauleitung bei der Karl Korn Baugesellschaft in Wien[38], und, gleich nach seinem

---

[36] Ein ausführliches Literaturverzeichnis findet sich in: Joedicke (zit. Anm. 34), S. 291 ff.
Wilhelm Flügges Publikationen sind noch nicht erwähnt: Statik und Dynamik der Schalen sowie Spannungen in Schalen. Beide: Berlin (Springer) 1962

[37] Der Briefwechsel in Tedeskos Nachlaß (so z.B. an seinen »sehr geehrten Herrn Professor« Dischinger, dem er nach dem Krieg wiederholt Care-Pakete schickt und mit dem er Ende der vierziger Jahre wieder zusammenarbeitet), aber auch die den ehemaligen Kollegen gewidmeten wissenschaftlichen Beiträge zu diversen Anlässen (z.B. in der Festschrift zu H. Rüschs 65. Geburtstag. In: Stahlbetonbau. Berlin, 1969) zeugen davon.

[38] Mitgeteilt in einem Gespräch mit A. Tedesko am 24.1.1994 in Seattle. Vermutlich hat ihn Saliger, ab 1923 Chefkonstrukteur bei dieser Firma, dorthin vermittelt.

Trauung von Anton Tedesko (rechts), mit Wolfgang Hoffmann (links) als Trauzeuge, Chicago, 1938

Roberts and Schaefer, *Umschlag, Bulletin No. 138*, Chicago 1932

Studium von 1927-1929, bei verschiedenen Firmen im Bereich Stahl- und Stahlbetonbau in den Vereinigten Staaten.[39]

Dieser Umstand und seine Englischkenntnisse kommen ihm zu Gute, als D & W einen (vertraglich zugesagten) »Spezialisten« für die Umsetzung des an Roberts & Schaefer, Chicago, verkauften »Zeiss-Dywidag«-Patentes benötigt. Die Firma schickt ihn zwei Jahre später »aufgrund seiner weitgehenden Kenntnisse in der Schalenbauweise«[40] nach Amerika.

Berater eines Ingenieur-Unternehmens: der *Koordinator*

Bei Roberts and Schaefer, Engineers & Architects Company Inc., einer jener großen amerikanischen Firmen, bekannt in den USA als R & S, die – mitunter zwar selbst als Entwerfer agierend – sich im »normalen Geschäftsfall« mit dem »consulting engineering« beschäftigen, beginnt Tedesko seine Tätigkeit als Berater und »Verbindungsmann zwischen beiden Firmen«.[41] 1903 gegründet, beschäftigt R & S in Chicago über 100 Mitarbeiter in den Bereichen Bauingenieurwesen, Maschinenbau und Elektrotechnik und »ist deshalb in der Lage, alle Phasen eines Projektes vom ersten Planungsstadium bis zur Ausführungsüberwachung abzuwickeln«.[42]

Ein Österreicher-Club nach seiner Ankunft in Chicago (mit Wolfgang Hoffmann, ihm selbst, Vally Wieselthier u. anderen), die kulturelle Stimmung nach *Century of Progress* (1933), aber auch weitere österreichische Kollegen[43] in den USA ließen Tedesko vorerst nie so richtig weit weg von Wien zu sein scheinen.[44] Als er 1938 die Amerikanerin Sally Murray heiratet, fungiert Wolfgang Hoffmann als Trauzeuge.

Für die kommerzielle Anwendung der Schalenbauweise in Stahlbeton wurde ein »Systemanwender« gebraucht; das »Wie« auf der Baustelle ist bei den oft nur einige Zentimeter dicken Schalen von entscheidender Bedeutung. Von der Berücksichtigung aller konstruktiven und ausführungstechnischen Anforderungen hängt nicht zuletzt auch der wirtschaftliche Erfolg dieser Technik ab. Vom Ingenieur ist das berühmte Fingerspitzengefühl gefagt, unter Berücksichtigung der Wirtschaftlichkeit nach Übereinstimmung von Konstruktion, Tragverhalten und Gestalt zu suchen. Die Zahl der mustergültigen baulichen Umsetzungen – und in deren Folge (von 1932 bis 1967) der Aufstieg in der Hierarchie eines amerikanischen Großunternehmens – können dieses Gefühl nur belegen.

Parallel zur praktischen Ingenieurstätigkeit für Baustellen entstehen (insgesamt fast 60!) Publikationen zu angewandten Berechnungsmetho-

---

39 Tedesko erinnerte sich im erwähnten Gespräch daran, als ich ihm die »Liste« mit den Namen unserer Ausstellung zeigte. Auch war ihm Franks Aufmerksamkeit in Dingen der Materialverwendung noch ganz gegenwärtig. Vor diesem ersten Aufenthalt in Übersee besuchte er Emperger in Wien zu einem »frank and enthusiastic pep talk on America...«, A. T. und D. Billington: *The Engineer's Personality and the Influence it has on His Work*. In: Concrete International, Dec. 1982, Vol. 4 No. 12. Das Visum (als Farmarbeiter) besorgte eine Studienkollegin aus Amerika.

40 Brief vom 29.1.1932 D & W an Roberts & Schaefer. Maillart Archive, Princeton University

41 vgl. Anm. 38

42 Selbstbeschreibung in einem der regelmäßig erscheinenden ›Bulletins‹ von R & S, o. A., Maillart Archive (s. Anm. 40), wo sich auch der Nachlaß Anton Tedesko befindet. Die Unterlagen wurden uns freundlicherweise zur Verfügung gestellt von Prof. D. Billington, selbst langjähriger Mitarbeiter von R & S unter Tedesko.

43 vgl. Anm. 44: konkret läßt sich von ihnen im Moment nur sagen, daß sie an der TH Wien absolvierten und in verschiedenster Weise mit Tedesko in Beziehung standen. Wie so oft bei unserem Forschungsprojekte mußten wir auch im Zuge dieser Arbeit erkennen, daß es noch einige weiße Flecken aufzuarbeiten gilt. (vgl. Anm. 52)

44 Tedesko behielt bis 1939 seinen österreichischen Paß; so war es ihm möglich, in diesem Zeitraum insgesamt 9 mal nach Deutschland und Österreich zu reisen. Die amerikanische Staatsbürgerschaft nahm er nach der Heirat 1938 an. Ein gewisser Shepard Vogelsang, von europäischer Kultur begeisterter Sohn eines Generals der US Army, soll maßgeblich für den Aufenthalt der Europäer in Chicago verantwortlich gewesen sein. Bei regelmäßigen, meist von V. Wieselthier veranstalteten Partys traf man sich. Johann E. Kalinka, Erich Molke, Otto Gruenwald (1894-1981), von den späten vierziger Jahren bis 1955 als Angestellter, später als Konsulent bei R & S, dessen jüngerer Bruder Ernst (1897-1979) und Herbert Fleischer (Fleischer and Associates) sind weitere österreichische Bauingenieure, die in den USA wesentliches in ihrem Beruf und für die Entwicklung der Stahlbetonbauweise geleistet haben; vgl. A.T. und D. Billington (zit. Anm. 39) sowie Gespräch mit Tedesko (vgl. Anm. 38)

Anton Tedesko und andere,
Hayden-Planetarium,
New York, 1934, Lehrgerüst

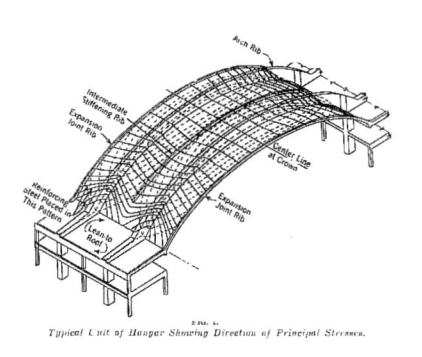

Anton Tedesko,
Hangarelement mit Hauptspannungsverlauf, 1944

Anton Tedesko und andere, *Hangar*, 1944,
Innenansicht

Anton Tedesko und andere, *Ice Arena*, Hershey, Pennsylvania, 1937,
Verlegung der Bewehrung in der Dachschale

den bzw. werkmonographisch, meist als Erfahrungsberichte abgefaßte Memoranden zu den fertiggestellten Bauten.

Um den Rahmen nicht zu sprengen, wollen wir von den zahllosen realisierten Arbeiten unter der Federführung Tedeskos nur einige der wichtigsten beispielhaft vorstellen.

Hervorragende Ingenieurleistungen im Rahmen amerikanischer Großbauten, der *Kommunikator*

Mit einem Durchmesser von ca. 27 m und einer Schalendicke von 8 cm stellt das *Hayden-Planetarium* in New York (1934) das erste in den USA nach dem Z-D-System als rotationssymmetrische Betonschale errichtete Bauwerk dar.

Es wurde wie die frühen Kuppelbauten in Jena in Spritzbetonbauweise ausgeführt. Die verhältnismäßig große Schalendicke rührt von den gegenüber Deutschland unterschiedlichen Baubedingungen: »... in jenen Tagen wählten die Architekten nur dann Schalen, wenn diese billiger als die herkömmlichen Stahlbauten waren, und besonders dann, wenn man den Bauherrn davon überzeugen konnte, daß eine Schale einen besseren Brandschutz bot. In New York gab es die billigen Arbeitskräfte einfach nicht, die den Bau dünner Schalen ermöglicht hätten«, erklärt Tedesko die Situation. Und weiter: »Amerikanische Schalen unterscheiden sich deshalb von ihren ausländischen Pendants, indem im Entwurf die Betonung auf der Einsparung von Arbeitskräften liegt, selbst wenn der Materialaufwand dafür höher ist.«[45]

Das erste größere Schalenbauwerk in den USA repräsentiert das *Hershey Eishockey-Stadion* (1936), eine mit Rippen versteifte Tonnenschale.[46]

In zahlreichen Hangars und Depots für die US Army entstanden immer weiter verbesserte Lösungen von Schalen. Wenn Loos in seinem bekannten Artikel *Von der Sparsamkeit* »etwas Neues nur dort erfinden [kann], wo ich eine neue Aufgabe habe, somit in der Architektur: ein Gebäude für Turbinen, Hangars für Luftschiffe ...«,[47] so hat Tedesko wohl eine nicht uninteressante Antwort darauf gegeben: In Hangars für Bomber der Air Force entwickelte er einen Hallentypus mit über 100 m Spannweite.

1941 führte er diese mit einem elliptischen Hallenquerschnitt aus; das erwies sich als günstig für die Schale, allerdings weniger für die versteifenden Rippen, die stark auf Biegung beansprucht waren und entsprechend verstärkt ausgeführt werden mußten. Ab 1947 wurde der Querschnitt mehr und mehr dem Stützlinienverlauf angepaßt, sodaß die Rippen günstiger wurden, allerdings auf Kosten der Schale; für die erforderlichen Zugbänder fanden Seilreste von der Golden Gate Bridge Verwendung. Auf diese Art hatte Tedesko bei gleichbleibendem Materialaufwand eine Form der Rippen geschaffen, die mehr dem natürlichen Kräfteverlauf entsprach.

Fast mutet es an wie Musils *Nachlaß zu Lebzeiten*, wenn Tedesko 1953, gleichzeitig voraus- und zurückblickend, gewissermaßen seinen Beitrag als »Schalenbauer« abschließend, schreibt: »the difficult pioneering is behind; the idea has become reality, and a new phase in the field of shell construction is ahead. The future should see many more installations, based on wider knowledge and the growing appreciations of shell structures.«[48]

1955 wird das Flughafengebäude in St. Louis aus Kreuzrippen-Schalen nach dem konstruktiven Entwurf von Tedesko gebaut. Allerdings hatten sich die Architekten (Hellmuth, Yamasaki & Leinweber) eine rippenlose Schale vorgestellt, die Tedesko aber nicht verantworten konnte. Die ausgeführte Konstruktion mit den Rippen, die in der Nähe des Auflagers in ihrem Verlauf von außen nach innen zu liegen kommen, hat dann Joedicke zu Kritik veranlaßt. Die durch den Baufortschritt vorgegebenen Stützpunkte in den Ecken ließen allerdings keine andere Lösung zu.[49]

Mit noch größerer Distanz rückblickend, nennt er für das Gelingen von Schalenbauten bei der Zusammenarbeit mit Architekten drei Punkte: »Erstens, der Architekt muß über Erfahrungen mit der gesamten Konstruktion verfügen. Zweitens, der Ingenieur sollte die zugrunde liegende Konstruktion in der äußeren Form zeigen. Die Effizienz der Schalen beruht auf der engen Zusammenarbeit von Architekt und Konstrukteur. Und drittens, bei dieser Zusammenarbeit muß der Ingenieur dem Architekten sehr deutlich machen, was getan werden kann, und was man lieber nicht tun sollte.«[50]

Eine so generelle Frage wie die nach der Bewertung von Ingenieurleistungen im Rahmen einer Kooperation Ingenieur–Architekt wollen wir mit F. Achleitner beantworten, der in diesem Zusammenhang festgestellt hat, »daß es nicht sosehr das vordergründige Problem ist, wie die Ingenieure mit den Architekten reden können, sondern wie beide sich mit den kulturellen Fragen der

---

45 Tedesko in: *Shells 1970 – History and Outlook*. Concrete Thin Shells, the Proceedings of a Symposium of the American Concrete Institute. New York City, 1970. Zitiert aus einem Artikel über Tedesko von J. Schlaich in: Beton- und Stahlbetonbau, Jg. 88, 1993, Heft 5, S. 139

46 Benannt nach dem Schokoladehersteller Hershey, der das Bauwerk auch mit eigenen Angestellten errichten ließ. Die Erfahrungen im Verlaufe der Bauausführung, die Tedesko zu überwachen hatte, schildert er in: *Boston Talk*, Vortragschrift des American Concrete Institute, März 1991

47 A. Loos: *Von der Sparsamkeit*. In: Wohnungskultur. Monatsschrift für industrielle Kunst. Brünn 1924, S. 17 ff.

48 Tedesko in: Journal of the American Concrete Institute, vol 24, Nr. 6, Feb. 1953, S. 520

49 Joedicke (zit. Anm. 34), S. 78, und mündliche Mitteilung Tedeskos an den Autor

50 Tedesko, *How have Concrete Shell Structures Performed? An Engineer looks back at years of Experience with Shells*. In: Bulletin, No. 73, IASS, 1980

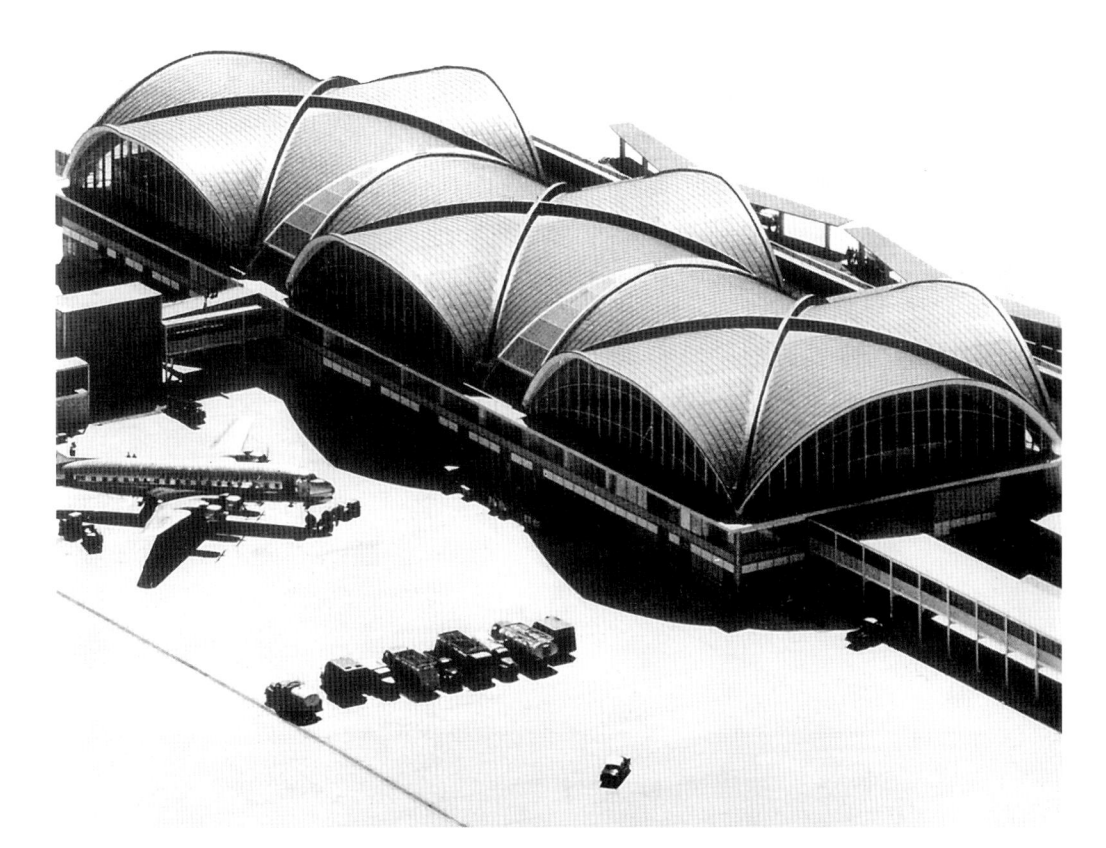

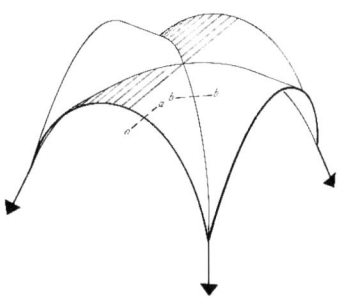

Schema einer Schale in Form eines Kreuzgewölbes

Anton Tedesko mit Architekten Yamasaki & Partner, *Flughafengebäude*, St. Louis, 1954, Modell

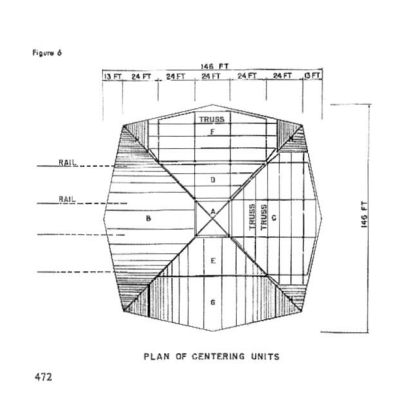

Anton Tedesko mit Architekten Yamasaki & Partner, *Flughafengebäude*, St. Louis, 1954, Grundriß der Schalenteile

Anton Tedesko mit Architekten Yamasaki & Partner, *Flughafengebäude*, St. Louis, 1954, Baustelle

Anton Tedesko und andere, *Vehicle Assembly Building*, Complex 39,
Cape Canaveral, 1966, Luftbild

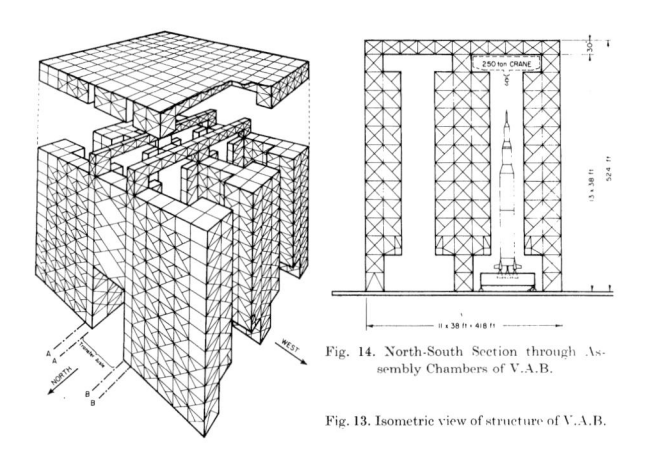

Anton Tedesko und andere, *Vehicle Assembly Building*, Schnitte

Anton Tedesko und andere, *Vehicle Assembly Building*,
»Crawler« für den senkrechten Transport der Saturn
V-Rakete

Anton Tedesko und andere, *Vehicle Assembly Building*, Cape Canaveral, 1966

Gegenwart auseinandersetzen« bzw. wie sie »... aus dieser Auseinandersetzung mit kulturellen Problemen der Gegenwart heraus arbeiten und ihre Entscheidungen im Lichte dieser Probleme prüfen.«[51]

Konstruktive Visionen

In einem nicht ausgeführten *Entwurf für ein Bürogebäude*, 427 m hoch (zusammen mit Architekt Pei, 1956), wendet Tedesko die Form eines einmanteligen hyperbolische Paraboloids an. Durch sich kreuzende Diagonalen entlang einer geraden Erzeugenden entsteht eine tragende Außenhaut. Das Wegfallen der Stützen läßt eine wesentlich größere Nutzfläche im Gebäude zu; außerdem soll die Materialeinsparung gegenüber herkömmlichen Stahlbauten laut Tedesko bei 33% liegen.

Ebenfalls nur Entwurf geblieben sind ein Hangar mit Kragträgern aus Spannbeton für den internationalen Flughafen in New York (1960), eine Arena für die New York Metropolitan Area, eine Bogenkonstruktion mit mitwirkenden hängenden Schalenteilen und einer Spannweite von über 300 Metern und einer Länge von fast 500

51 F. Achleitner, Architektur und Schwerkraft. In: Wolfdietrich Ziesel, BauIngenieurKunst. (Ausst.Kat.) Wiener Akademiereihe, Bd. 26. Wien 1989. S. 29

Beobachtungsbunker (li.) und Montage- und Abschußtürme für die Atlas-Centaur-Raketen,
Cape Canaveral, 1958-59

Walter Pichler,
Umschlaggestaltung, »Bau«,
Heft 2, Wien 1965

Anton Tedesko mit Architekt I. M. Pei & Ass.,
Bürohaus an der Grand Central Station,
New York, 1956/57, Projekt

Tedesko hat hier seine Fähigkeiten als Kommunikator, wie er selbst sich bezeichnete, als »Teamleader« von ca. 200 tätigen Ingenieuren voll entfalten können, besonders wenn man bedenkt, daß unter schwierigen Bedingungen mit Unternehmen ohne viel Erfahrung, noch dazu rasch, gebaut werden mußte.[52]

Schon ab 1953 hatte er an diversen Projekten auf Cape Canaveral für *Abschußrampen der Atlas-Centaur-Raketen* und für die *C 5 Launch Facilities* (später erst Saturn V genannt) als Vertreter von R & S mitgearbeitet. Seine Kontakte zur Air Force, die noch auf die kriegsbedingte Bautätigkeit in den vierziger Jahren zurückging und sich neben Brücken, Industriehallen und Hangars in vorgespanntem Beton und Stahl auch in (geheimen) Projekten für die Silos der Interkontinentalraketen fortsetzte, kamen einmal mehr zum Tragen.

Die Rezeption dieser Bauten in Österreich hat ihrerseits Geschichte, Architekturgeschichte, geschrieben. Am deutlichsten liegt sie vermutlich in einer Nummer der Zeitschrift ›Bau‹ vor. In der Abbildung und mit einem Zitat huldigen Pichler/Hollein einer Technik, die ihre 1963 in der legendären Ausstellung in der Galerie nächst St. Stephan formulierten Thesen zur Realität gemacht hat, nämlich, daß »der Mensch Herr über den unendlichen Raum« ist.[53] Wenn Hans Hollein schreibt, daß sich bauen »nicht zuerst manifestiert im Aufstellen schützender Dächer, sondern in der Errichtung sakraler Gebilde, in der Markierung von Brennpunkten menschlicher Aktivitäten«, konnte er gar nicht präziser an einen »Brennpunkt« heranrücken als es ihm mit der Abbildung der Abschußrampen im Augenblick des Abhebens einer Rakete von Cape Canaveral gelungen ist. Die Auswahl des Zitates »Kathedralen einer anderen Weltanschauung« (Edwin Diamond, amerikanischer Raumfahrtjournalist) unterstreicht zudem das »Kultische«, das alles Bauen laut Hollein ist.

Metern, oder Docks für Luftschiffe der US Navy, deren Entwurf bei einer Spannweite von 130 m und einer Länge von über 400 m zusätzlich mit einem fahrbaren Schalentor ausgestattet war.

Bauen im Brennpunkt der Zeit

Der vielleicht markanteste und weithin publizierte Beitrag von Anton Tedesko sollte dann auch keine Stahlbetonarbeit werden: das *Vehicle Assembly Building* für die bemannte Raumfahrt (1966). Zum Zusammenbau der Saturn V-Raketen, die eine bemannte Raumkapsel zum Mond bringen sollte, wurde das in allen Ausmaßen wohl bis heute größte Gebäude der Welt als räumliche Stahl-Fachwerkskonstruktion errichtet. Das Bauwerk ist 160 m hoch und hat 4 Toröffnungen von 138 m, deren Vertikal-Schiebetore durch ihre Anordnung auch die Silhouette prägen. (Durch die enormen Raumdimensionen entstehen im Inneren eigene Klimaverhältnisse mit Wolken und Regen.) Die Fragilität der Raketen erlaubte nur wenige Zentimeter Bewegung des Gebäudes: besonders die Aufnahme der Windlasten stellte bei diesen Dimensionen ein schwer lösbares Problem dar. Leichtbetonplatten verteilen diese Lasten und reduzieren die Schwankungen auf ein akzeptables Maß.

In seinem *Technik* betitelten Beitrag räumt Hollein gleichzeitig mit einem seit den Anfängen der Diskussion über die Ingenieurästhetik weitergetragenen Irrtum auf, dessen wir uns für ein Zitat bedienen, das uns, zusammen mit den eingangs von Muthesius geliehenen Worten gleichsam eine Klammer bildend, zum Schluß bringt: »die Objektivität der Ingenieurkonstruktionen ist ein falscher Mythos. Sie sind subjektiv und gefühlsbetont.«[54]

---

52 In der Arbeitsgemeinschaft URSAM, Architects-Engineers (Urbahn-Roberts-Seelye and Moran) vertrat Tedesko seine Firma und war für den Bereich Bauingenieurwesen verantwortlich, vgl. Tedesko, *Amerikanische Basis für bemannte Weltraum-Raketen.* In: Abhandlungen. Internationale Vereinigung für Brückenbau und Hochbau, Vol. 26, Zürich 1966, und Österreichische Ingenieur-Zeitschrift, 9. Jg., Heft 9, 1966, S. 316 ff.
Der Artikel erwähnt auch andere österreichische Ingenieure, die am Bau beteiligt waren: Erich Molke, Rudolf Aschenbrenner und Otto Gruenwald (vgl. Anm. 43).

53 Hans Hollein in: Hollein-Pichler-Architektur (Ausst.Kat. Galerie nächst St.Stephan. Wien 1963)

54 Ders., in: Bau, 20. Jg., Heft 2, 1965, S. 41

Bernard Rudofsky, *Haus Dr. Frontini*, São Paulo, 1940, Perspektive des Innenhofes

BERNARD RUDOFSKY – ZUM WOHLE DER ZIVILISATION

Andrea Bocco-Guarneri

Als Rudofsky in die Wiener Technische Hochschule eintrat, waren Idee und Sprache der »Neuen Architektur« bereits bekannt und anerkannt. Es war kein besonderer Zufall, daß der achtzehnjährige Rudofsky am Ende seines ersten Studienjahres nach Deutschland reiste, um die neuen Bauwerke zu besichtigen und die erste Bauhaus-Austellung zu besuchen, und daß er bald darauf nach Schweden ging, wieder mit der Absicht, die jüngsten Bauten aufzusuchen. Unter seinen Hochschulprojekten waren neben traditionellen Entwürfen (allerdings nicht in der Art des konventionellen Klassizismus) mehrere tatsächlich »moderne« Bauten. Auch die Jugendwerke, die er für Theiß und Jaksch realisierte, zeigten schon eine deutliche Neigung zur Sprache des neuen Stils.

Die Bücher Rudofskys vermitteln den Eindruck, er sei der Prototyp eines Weltbürgers – zumindest der nördlichen Hemisphäre – gewesen. Deutliche Züge seiner Wiener Ausbildung kommen aber da und dort zum Ausdruck: in der Unfähigkeit, »konfektionierte« Musik zu akzeptieren (dem alten Wien nachtrauernd, wo aus jedem Fenster Hausmusik klang – er selbst hatte Kontrabaß im Schulorchester gespielt sowie zusätzlich zu seinem Schauspielunterricht privat auch Klavier und Violine studiert); oder die Unduldsamkeit gegenüber dem Mangel an Kultur im weitesten Sinn in den Vereinigten Staaten, die er dennoch zu seiner neuen Heimat wählte (d.h. eigentlich New York, das er besonders wegen der Public Library in der 42 Street liebte); oder in seinem Stolz, aus einer multikulturellen Nation zu kommen.

Der Untergang der Monarchie hatte auch in Rudofsky das Gefühl hinterlassen, keiner bestimmten Welt anzugehören (daher auch seine Leichtigkeit zu reisen, keine Wurzeln zu fassen). So hat Claudio Magris treffend bemerkt: »Wien ist ... Ort ... eines Skeptizismus im Hinblick auf das Universelle und die Wertesysteme.«[1] Gerade dieses Charakteristikum hat Rudofsky mit vielen seiner Landsleute gemeinsam: Verfechter des neuen Credos der Moderne war keiner von ihnen. Sympathien Rudofskys mit der Lebensreformbewegung und mit dem polemischen Geist von Karl Kraus dürfen wir nur annehmen. Es gibt keine Dokumente, die einen direkten Kontakt zu Adolf Loos bestätigen; dies ist übrigens auch nicht notwendig, um bei Rudofskys Lehre vielleicht einen größeren Einfluß als bei jedem anderen Denker festzustellen. Sätze wie »complexity has never been a virtue«[2] oder »remember: art means to omit«[3] hätten von Loos selbst sein können.

Sein Europäertum drückte sich in Grundsatzfragen ästhetischer oder ideologischer Natur aus. Bewußt oder unbewußt entschied er sich für den Purismus (und die Polemik) Le Corbusiers; für Johnson, der die neue Architektursprache in die Vereinigten Staaten brachte; er entschied sich gegen die – für ihn übertriebene und willkürliche – Freiheit von Wright, der dennoch die vorhergehende europäische Generation bewegt und geprägt hatte. Rudofsky gelang es nicht, den positiven Weg eines Neutra – der ein begeisterter Anhänger der Neuen Welt war – einzuschlagen (einen Weg, den er vielleicht auch nicht verstanden hatte). Obwohl er sich seinerseits, nach den großartigen Gelegenheiten in Brasilien Ende der dreißiger, Anfang der vierziger Jahre, mit der zweiten und definitiven Ankunft in den Vereinigten Staaten eine eigenständige und aktive berufliche Position hätte schaffen können – vielleicht ebenfalls in Kalifornien.

Auf Rudofsky passen die Worte, die Giedion über Neutra sagte: »Hätte [er] nicht frühzeitig – 1918 – Österreich verlassen, so wäre es ihm wie anderen Architekten seiner Generation gegangen; er hätte sich wahrscheinlich nie selbst gefunden. ... Wäre er in New York steckengeblieben wie mancher andere, so wäre er wahrscheinlich in eine rein theoretische Bahn oder ins Lehrfach getrieben worden.«[4] Dies war nämlich das Schicksal Rudofskys: Wie andere, die zu spät – d. h. in der Kriegszeit – in die Vereinigten Staaten gegangen sind, fand er dort keine Bauaufgaben, und so endete praktisch sein architektonisches Schaffen. Aber in New York traf Rudofsky auf ein kulturelles Ambiente, das es ihm ermöglichte, sozusagen einen neuen Beruf für sich zu erfinden (den die kurze, aber wichtige Zeit in der ›Domus‹-Redaktion vorwegnahm): Kulturkritiker; Schöpfer von Ausstellungen; Autor von Büchern und Artikeln; Erforscher von wenig bekannten Aspekten in materiellen, alltäglichen Dingen des Lebens. Das soll nicht heißen, daß es zu einem Wandel

---

1 Claudio Magris, Danubio. Mailand (Garzanti) 1986, S. 220
2 Bernard Rudofsky, *Behind the Picture Window*. New Nork (Oxford University Press) 1955, S. 7
3 Rudofsky, *Introduzione al Giappone*, I, S. 4 des Manuskripts (englische Originalversion nicht veröffentlicht, in italienischer Übersetzung veröffentlicht in: Domus 319, Juni 1956)
4 Sigfried Giedion in: Willy Boesiger (Hg.), Richard Neutra. Bauten und Projekte, Band I (1923-1950). Zürich 1950, S. 11 ff.

Hafen von Santorin, Griechenland, 1929,
Photo von Bernard Rudofsky

Bernard Rudofsky, *Santorin*, 1929, Gouache,
The Getty Center for The History of Art and
The Humanities

oder gar zu einem Bruch kam: diese Interessen hatte Rudofsky schon als Student gezeigt. Tatsache bleibt jedoch, daß er aufhörte zu bauen, trotzdem – wie Loos – zutiefst Architekt blieb und die theoretische Auseinandersetzung zu seiner Hauptbeschäftigung wurde: Auseinandersetzung mit Fragen, die nicht nur Grundlage eines architektonischen Werks, sondern der materiellen Existenz an sich sind: die Funktionen von Haus, Kleidung, Ernährung.

Unter diesem Aspekt ist das interessanteste Merkmal der Persönlichkeit Rudofskys seine absolute Freiheit in der Anlehnung und im kosmopolitischen Vergleichen von Erscheinungen verschiedenster Herkunft (»Patriotismus und Kultur sind zwei Begriffe, die sich nicht vertragen.«[5]), was auch den Gedanken seiner autodidaktischen Methode und seiner empirischen Bildung widerspiegelt, die er hauptsächlich durch seine Reisen – in die Länder dieser Welt und ins Universum der Bücher – erwarb. Signifikant ist auch die Gegnerschaft von seiten des akademischen Establishments, das ihm vorwarf, sich mit unbedeutenden Dingen zu beschäftigen oder zuwenig wissenschaftlich zu arbeiten.[6]

Rudofsky besuchte vier Kontinente, »bent on exploring the ways of men«. Seine Jugendreisen führten ihn ins Mittelmeergebiet. An den Stätten der literarischen Tradition – Goethe, Loti – suchte er nicht den Mythos des Ursprungs, der die intellektuelle Neugier der Moderne weckte, auch nicht die im akademischen Kanon kodifizierten Monumente, sondern er wollte die Dinge in seiner eigenen Erfahrung erleben. Er reiste nicht, um eine kreative Poetik zu entwickeln, sondern um Bilder und Geschichten, Dinge und Gebräuche zu sammeln, den Untertitel von Adolf Loos' Zeitschrift *Das Andere* gleichsam paraphrasierend: »Zur Einführung weltbürgerlicher Kultur im Abendland«. So zählen die Neugier des Entdeckens und die Wiederbelebung der Kunst des Reisens[7] zu seinen hartnäckigsten Forderungen.

Seine zwei großen Lieben waren der mediterrane Raum und Japan: An beiden Orten lebte er mehrere Jahre, woraus er die Grundlagen seiner Lehren zog. (Die Bibliographie Rudofskys über Japan zählt mehr als zwanzig Werke – für den Rest genügt das Geständnis von Gio Ponti: »Das Mittelmeer lehrte Rudofsky, Rudofsky lehrte mich.«[8])

Das Verlassen des Vaterlandes war für Rudofsky vor allem eine physische Notwendigkeit (wie auch die Reise ans Mittelmeer in den zwanziger Jahren). Im mediterranen Raum suchten zwar die italienischen Rationalisten eine politisch (weil nationalistisch) akzeptierbare Rechtfertigung ihrer ästhetischen Wahl,[9] Le Corbusier (und viele andere vor ihm, die Klassizisten zuerst) fand dort die wesentlichen Werte der europäischen Kultur,[10] Sert und die katalonischen Rationalisten wiederum fanden die Grundlagen einer expressionistischen Sprache; Rudofsky fand dort aber universelle Werte einer »Menschheit« der antiken Welt – die wirklich ganz anders und in der westlichen Welt verloren gegangen war – noch konserviert in »anderen« Kulturen, wie z. B. der islamischen Welt.

5 Josef Frank, *Architektur als Symbol. Elemente deutschen neuen Bauens.* Nachdruck der Ausgabe von 1931. Hgg. mit einem Begriffsregister v. Hermann Czech. Wien (Löcker) 1981, S. 118
6 vgl. z.B.: Jan C. Rowan, Editorial. In: Progressive Architecture XLV, 12, Dezember 1964, S. 121; Enrico Guidoni, Architettura Primitiva. Mailand (Electa) 1975; Deanna Petherbridge, Speculation or Documentation? (Rezension von *The Prodigious Builders*). In: Architectural Design 7, 1978, S. 439 ff.
7 »The tourist industry made a clean sweep of one of the most ingenious human activities, the intelligent pursuit of adventure ... Much as modern mass communications helped to weaken the barriers of national prejudice, they have taken the edge of the happier moments of travel. ...[The place of] exhilaration which comes from personal discovery [has been taken by] pure and simple recognition.« (Rudofsky, *Introduzione al Giappone, III*, S. 1 des Manuskripts: dieser Text wurde in Domus 330, Mai 1957 veröffentlicht, nicht aber in der englischen Originalfassung.)
8 Daria Guarnati (Hg.), Espressione di Gio Ponti, (monographische Nummer von »Aria d'Italia«). Mailand 1954
9 In Italien glauben viele, in der mediterranen Architektur die formale und ideelle Quelle der modernen Architektur zu erkennen: »die Charakteristiken der mediterranen Architektur, des mediterranen Geistes ... [sind] ein kulturelles Erbe das, nachdem es von Gropius, Le Corbusier, Mies van der Rohe entdeckt worden war, als Neuigkeit des Nordens, als Entdeckung des 20. Jahrhunderts dargestellt wurde.« (E. Peressutti, Architettura mediterranea. In: Quadrante, Nr. 21, Januar 1935, S. 40); oder, weniger drastisch: »das äußere Aussehen der modernen Bauten ... ist sowohl an die nordische als auch an die mediterrane Atmosphäre gebunden, es ist der Triumph des Lichts, der Sonne, der Harmonie.« (L.C. Fillia. In: *Gli ambienti della nuova architettura* (1935), Nachdruck in: Roberto Gabetti (Hg.), La Nuova Architettura e i suoi Ambienti. Turin 1985, S. 136
Die heftige Polemik über das »Mediterrane«, die in Italien gerade zur Zeit Rudofskys im Gange war, scheint ihn nicht bewegt zu haben, obwohl er sich ihrer voll bewußt war; andererseits hatte die Frage, wie angedeutet, vor allem eine politische Dimension, die ihn nicht betraf.
10 vgl. Giuliano Gresleri, Le Corbusier. Viaggio in Oriente. Venedig-Paris (Marsilio-Fondation Le Corbusier) 1984, S. 42

Dennoch wollte es das Schicksal, daß Rudofsky mit *Architecture without Architects* in die Geschichte einging, einem Werk, daß von einem zutiefst kritischen Geist gegenüber der zeitgenössischen Produktion inspiriert war. Er gehörte entschieden – und nicht nur aus biographischen Gründen[11] – den modernen Autoren an.

Die Vorliebe für radikale und puristische Lösungen, für einen nüchternen Stil, die Liebe zum Einfachen, lenkten Rudofskys Interesse schon in den Jahren an der Wiener Technischen Hochschule auf die japanische Kultur. Dieses Interesse teilten viele moderne Architekten,[12] wenn auch nicht so intensiv, um, wie er, zwei Jahre dort zu verbringen.

In der Architektur Rudofskys ist die moderne Schule so offensichtlich, daß man Mühe hat, seine ebenfalls vorhandene Suche nach dem Althergebrachten zu entdecken. Zum Unterschied von vielen seiner Anhänger – und man kann sagen, daß auf dieses Messers Schneide wahrscheinlich nur Platz für einen war – schreckte er vor den Fallen des stilistischen Populismus[13] zurück, den er dennoch, wie es scheint, auf einigen Seiten theoretisierte. Rudofsky ging aber nie so weit wie Josef Frank, ausdrücklich zu erklären, »daß wir unsere Umwelt so gestalten sollen, als wäre sie zufällig entstanden«.[14]

An anderen Stellen seiner Schriften demonstriert Rudofsky, daß er von den ästhetischen Möglichkeiten der modernen Technologie in der Architektur beeindruckt war, insbesondere, wenn die Technologie mit einem vorteilhaften Umfeld zusammenfällt (wie in Brasilien, das für eine gewisse Zeit lang – auch für die Moderne – das neue »verheißene Land« zu sein schien).

Nicht nur wegen seiner puristischen architektonischen Formen (den Purismus gab er nie auf) kann man sagen, daß Rudofsky der »Moderne« immer treu blieb, sondern auch, oder noch mehr, wegen seiner ständigen Suche nach der Vernunft der Dinge.

Der Ton änderte sich jedoch mit der Zeit. In seinen beiden grundlegenden theoretischen Texten, *Are Clothes Modern?* (1947) und *Behind the Picture Window* (1955), schlug er im Unterschied zu den Folgetexten alternative Lösungen zu den kritisierten Praktiken vor: Bis dahin hatte sich die Begeisterung Rudofskys für die Reform der Lebensweise in Form von Verkündigungen dargestellt, mit dem etwas naiven Vertrauen in die revolutionäre Reichweite der Moderne und in die Aufgabe, die der Figur des Architekten, »advocate of a better life«[15], zukommt. Auch in Le Corbusiers Architektur der zwanziger Jahre war es möglich, die Rhetorik der erzieherischen Mission des Architekten gegenüber der Masse einfließen zu lassen. Rudofsky widmete die gleichen lyrischen Akzente – nach den fünfziger Jahren – nur der volkstümlichen Architektur. Als er nach und nach bemerkte, daß er einen einsamen Kampf führte (vielleicht schon von Anfang an), änderten sich seine Ziele, und seine Angriffe wurden schärfer. Über die Negativbeispiele des standardisierten Bauens erklärte Rudofsky, der von der offiziellen Architekturwelt so gut wie ignoriert wurde, im abschließenden Kapitel von *Streets for People*, daß die Architekten Mittäter (wenn nicht Verursacher) der schlechten Qualität im Städtebau und in der Gestaltung der Privatsphäre seien. Er forderte die Formulierung von »ethical precepts for the performance of the ... profession«, wie es der hippokratische Eid bei den Ärzten ist.[16]

*

Rudofsky sieht das Hauptproblem der zeitgenössischen Architektur so: »the residence has been, and still is, viewed ... as an inanimate thing, as it could be detached from the life of its occupants.«[17]

Mit dieser Ansicht besteht eine bemerkenswerte Übereinstimmung mit einigen Wiener Architekten, so als ob für sie die Qualität unverzichtbar bliebe. So gilt für Schindler, wie schon zuvor für Francis Bacon: »The sense of perception of architecture is not the eyes – but the joy of living«;[18] und Rykwert stellte fest, daß Loos »ein Architekt war, der besessen von der unmittelbaren Qualität des Lebens in den vom Menschen errichteten Räumen, von der Qualität des Geruchs, der Qualität der Textur, der Qualität jeder Empfindung«[19] war. Frank wiederum vertrat die Meinung, daß Prinzipien ohne menschliches Gefühl »notwendigerweise äußerste Extreme« seien, »die mit dem wirklichen Leben in Widerspruch stehen und deshalb unsere heutige Menschenfresserarchitektur zur Folge«[20] hätten.

Obwohl Rudofsky die Auffassung der Architektur als Gefäß für das Leben postuliert, bleiben seine planerischen Lösungen rein formell sehr weit entfernt von einer organischen Ästhetik der Wohnung als Schale. (Organisch ist das Leben, die Architektur ist anorganisch.) Sein architektonisches Œuvre – das nicht sehr umfangreich ist – fügt sich aus kompositorischer Sicht ohne besondere Originalität in den Stil der Moderne ein, der sich in einfachen, schlichten, klaren, rechteckigen Volumina äußert. (Übrigens sehen durchaus

---

11 1901: Sartoris, Kahn; 1902: Sert, Breuer, Jacobsen; 1903: Gruen, Plischke, Libera, Figini, Pollini, Backström; 1904: Ridolfi, Goff, Terragni; 1905: Albini, Cosenza, Gardella, Mollino, Maekawa; 1906: Scarpa, Johnson; 1907: Moretti, Niemeyer; 1908: Peressutti; 1909: Belgiojoso, Rogers; u.v.a..
12 siehe z.B. die Betrachtungen Gropius' nach seiner Rückkehr aus Japan in: *Architettura in Giappone*. Erstmals veröffentlicht in: Architettura Cantiere 23, [März] 1960, S. 4-45 und 47-53. Bekanntlich war Taut der erste aus dem Westen, der ein Buch über japanische Häuser veröffentlichte: Bruno Taut, Grundlinien Japanischer Architektur, Tokyo 1935.
13 Manfredo Tafuri und Francesco Dal Co, Architettura Contemporanea. Mailand (Electa) 1976, S. 326
14 Johannes Spalt, Hermann Czech (Hg.), Josef Frank 1885-1967. Wien (Hochschule für angewandte Kunst/Löcker) 1981, S. 242
15 Rudofsky, On Architecture and Architects. In: Pencil Points, 24, April 1943, S. 63
16 Rudofsky, *Streets for People*. Garden City, N.Y. (Doubleday) 1969, S. 337-342
17 Rudofsky, *Notes on Patio*. In: Pencil Points 24, Juni 1943, S. 46
18 Aus einem seiner Notizbücher. Zitiert in: Esther McCoy, Five California Architects. New York (Reinhold) 1960, S. 149 f.
19 Joseph Rykwert, Vorwort zu: Adolf Loos, Ins Leere Gesprochen. Wien-München (Herold) 1962, S. xxviii
20 Frank (zit. Anm. 5), S. 113 f.

nicht alle weißen Kuben gleich aus. Man kann zu diesem Gestaltungsmittel durch eine poetische Wahl der Sprache kommen, Rudofsky hingegen gelangte zu ihm durch die Beobachtung der Einfachheit der volkstümlichen Bauten, die aus der Notwendigkeit entstehen, aber mit Geschick umgesetzt sind.)

Aber die Frage des Stils ist zweitrangig gegenüber seiner grundlegenden These: »Keine neue Bauweise, eine neue Lebensweise tut not.« Rudofsky widmete sein ganzes Leben diesem Motto: es tauchte zum ersten Mal als Titel des Kommentars für sein Haus auf Procida auf und wurde der Untertitel von *Sparta/Sybaris* im Jahr 1987.

So wie Richard Neutra sprach auch Rudofsky »rarely about form and style ... but always about man and his nature«.[21] Es ist kein Zufall, daß während seiner größten Erfolge (zur Zeit von *Architecture without Architects* und *Streets for People*) die Gegenwartsarchitektur eindeutig den Menschen in den Mittelpunkt stellte und die ästhetischen und formalen Fragen innerhalb der Disziplin, die ja immer zwischen diesen Polen hin- und herpendelt, vernachlässigte.

Während andere Architekten der Moderne – in einem wissenschaftlich-religiösen Glauben – an eine endgültige Lösung des Problems »Haus« und an die Unveränderlichkeit der menschlichen Bedürfnisse glauben konnten, betonte Rudofsky die Unterschiede, die möglichen anderen Lösungen, die er – geleitet von einer leidenschaftlichen Menschenliebe – mit seiner anthropologischen Methode fand.

Norberg-Schulz stellte fest, daß das Ziel des »neuen Geistes mehr war als die einfache Befriedigung der elementaren körperlichen Bedürfnisse und daß dieses Ziel eine neue *Lebensweise*« (kursiv bei Norberg-Schulz) mit sich bringe, die aus den Menschen wieder »moralische« Wesen machen könnte, in dem Sinn, daß sie »ihnen eine organische Entwicklung ihres Lebens gestattet«.[22] Diese hochherzigen Prinzipien jedoch erwiesen sich a posteriori als visionäre Illusionen, wenn nicht sogar als scheinheilige Lügen. Das Bauhaus-Prinzip des »Design for life«, das, wie an anderer Stelle Norberg-Schulz selbst feststellt[23], »a slogan used to indicate the general aim of the modern movement« war, war auf noch unmittelbarere, buchstäblichere und physischere Weise das Ziel Rudofskys.

Aus den ersten Jahrzehnten dieses Jahrhunderts stammen die zahlreichen Erklärungen über das Glück des Wohnens. Wright fand – wie später auch Rudofsky – in Italien und im traditionellen Japan die Orte des »joy of living«.[24] Esther McCoy berichtet, Schindler »called the work of de Stijl and Bauhaus groups an expression of the minds of a people who had lived through the first World War clad in uniforms, housed in dugouts, forced to utmost efficiency and meager sustenance, with no thought for joy, charm, warmth«.[25] Richard Neutra war der Auffassung, daß »niemand die Wünsche anderer Menschen so gut erfüllen kann, für sie so gut sorgen und ihnen so viel Gutes tun kann, wie jemand, der das physische Umfeld für ihre Tätigkeit und für ihre Erholung schafft«.[26] Gio Ponti weihte ›Domus‹ mit seiner poetischen Erklärung über das Haus als Ort des Glückes ein.[27] Für Frank hat das Haus »durch sein Dasein die Menschen zu beglücken und in jedem seiner Teile zu deren Vergnügen beizutragen«.[28]

Rudofsky stellte in kompositorisch-stilistischer Hinsicht keine Regeln auf, wie Architektur gemacht werden müsse. Sein wahres Interesse galt der Lebensweise, der Art, gut zu wohnen (zu leben). Wie Lisa Ponti treffend bemerkte, widmete Rudofsky seine planerische Arbeit im wesentlichen der Aufgabe, »dem Bewohner ein Leben zu ermöglichen, das in den kleinsten Dingen Freude bereitet«.[29]

Rudofsky war ein überzeugter Hedonist, ein aristokratischer Epikureer, jedoch im Sinne von »a minority of uncontaminated humans with their minds intact«,[30] welcher der von Gio Ponti folgendermaßen charakterisierten Auffassung nahesteht: »Modernität bedeutet, äußerst streng zu selektieren, sie ist die Anwendung eines Maßes und einer Schlichtheit, welche den höchsten Ansprüchen gerecht werden, sie ist eine Einstellung zu leben, zu denken, zu verstehen, zu urteilen, bevor man einrichtet.«[31]

Die klare Entscheidung Rudofskys findet ihren Ausdruck in jenem sehr treffenden, gegensätzlichen Wortpaar Sparta/Sybaris, das auch der Titel seiner letzten Ausstellung wurde: Die Verwirklichung des Epikureismus ist dennoch eine moralphilosophische Entscheidung, die eine Ordnung, eine Norm nach sich zieht. »Die Architektur muß offen, geordnet, schlicht sein und der Bewohner muß sich in einem reinen und ruhig schwingenden Geisteszustand befinden.«[32] Hier ist die Übereinstimmung mit Ponti vollkommen: »Der Stil ... ist eben Disziplin.«[33] (Das ist der Schlüssel zum Verständnis der Leidenschaft Rudofskys für Japan: seine Poetik ist vor allem eine Theorie der Elimination all dessen, was nicht für den Körper und den Geist nötig ist.)

21 Manfred Sack, Richard Neutra. Zürich (Artemis) 1992, S. 11 u. 25
22 Christian Norberg-Schulz, La casa e il movimento moderno. In: Lotus 9, 1975, S. 29
23 Norberg-Schulz, Roots of Modern Architecture. Tokyo (A.D.A.) 1988, S. 7
24 Frank Lloyd Wright, *Ausgeführte Bauten und Entwürfe*. Berlin (Wasmuth) 1910, S. 2
25 McCoy (zit. Anm. 18), S. 153
26 Richard Neutra, Einleitung zur italienischen Ausgabe von: Esther McCoy, Richard Neutra. Mailand (Il Saggitore) 1961, S. 13
27 Gio Ponti, *La casa all'italia*. In: Domus 1, 1928, S. 1
28 Frank (zit. Anm. 5), S. 174
29 Lisa Ponti, *Le più desiderabili ville del mondo*. In: Domus 234, Mai 1949, S. 4
30 Rudofsky, *Are Clothes Modern?* Chicago (Paul Theobald) 1947, S. 230
31 G. Ponti, *Falsi e giusti concetti nella casa*. In: Domus 123, März 1938, S. 1
32 L. Ponti (zit. Anm. 29), S. 6
33 G. Ponti, *Verso funzioni nuove*. In: Domus 82, Oktober 1934, S.3

Für Rudofsky ist das Wohnhaus das zentrale Thema, von dem sich alle anderen Architekturgattungen ableiten. Eine eingehendere Auseinandersetzung mit seinen theoretischen Prinzipien lohnt sich daher nicht nur, weil sein architektonisches Œuvre fast ausschließlich Wohnhäuser umfaßt – wie übrigens jenes zahlreicher anderer Wiener Architekten. In einem seiner charakteristischen Bilder, einer Skizze, die als Leitartikel für ›Domus‹ entstanden ist,[34] zeichnete Rudofsky einen Garten, der von hohen Mauern umgeben und wie ein Wohnzimmer eingerichtet ist (sogar ein Klavier findet sich!). Für ihn besitzen seine »Zimmer im Freien« (sie sind klein und räumlich begrenzt), außer den »offensichtlichen Vorteilen, unschätzbare immaterielle Werte ... Das persische Wort *Paradies* bedeutet einen mit Mauern umgebenen Lustgarten.«[35] Dieser Begriff enthält für Rudofsky die gesamte Idee des »Hauses«.

Aus diesem Gedanken heraus entstanden die zahlreichen und verschiedenartigen Höfe, die er entwarf, jene »Zimmer im Freien«, denen er zwei grundlegende Artikel[36] widmete und die seinen wichtigsten Beitrag zur zeitgenössischen Architektur darstellen (seine brasilianischen Häuser wurden damals gerade wegen dieser Zimmer im Freien von den Kritikern gefeiert, wenn auch der exotische Reiz eine große Rolle gespielt haben dürfte). Natürlich war Rudofsky nicht der einzige Architekt seiner Zeit, der eine moderne Verwendung des antiken Atriums vorschlug.[37] Beachtlich ist auch, daß Rudofsky schon ab den dreißiger Jahren in seinen theoretischen Schriften die Meinung vertrat, daß ein Zimmer eine architektonische Tatsache sei (auch, wenn es kein Dach hat, auch, wenn es mit anderen Namen bezeichnet wird): Bewohnbare Räume zu schaffen, sei das vorrangige Anliegen der Architektur als Kunst. Es sei wichtig, daß ein Raum, um als Zimmer bezeichnet zu werden, Privatsphäre besitze – für Rudofsky sind auch die Gärten (wie in Pompeji oder in Japan) friedliche, abgeschlossene Räume; daher kämpfte er gegen große Glaswände, die für die Formensprache der Moderne typisch sind (und die er dennoch »auf unerklärliche Weise schön« fand).[38] In den kalifornischen Villen von Neutra ist, ganz im Gegensatz dazu, das Verhältnis zur Natur ein beherrschendes, oder aber die Natur dient der Architektur als Filmkulisse.[39]

Das Bedürfnis der Zurückgezogenheit, ein in zahlreichen Einfamilienhäusern der Meister der Moderne formuliertes Prinzip, das aber auch in der entgegengesetzten Tendenz, in großen Massenbauten und in typologischen Modellen von Serienwohnungen (sofern sie nicht regelrechte Prototypen für die Industrie sind), vorkommt, ist für Rudofsky das wichtigste Gebot, das der Architekt einhalten und verwirklichen muß.

Seine Bauten sind neutrale Behälter für Menschen und Tätigkeiten, die sie beleben und erfüllen müssen, die jedoch nie von ihnen geformt werden (wie in der japanischen Architektur). Für Rudofsky entsteht die Personalisierung eines Hauses durch die Lebensweise und durch Variationen eines Themas und nicht durch gestalterische Originalität. Parallel dazu hat das japanische Vorbild der Wiederholung/Kodifizierung der alltäglichen Gesten Rudofsky gestattet, die Theorie eines minimalistischen architektonischen Purismus mönchischer Prägung zu entwerfen: Wenn der Bewohner seine Energien nicht auf die Architektur (sei es in Form kreativer Bestrebungen, sei es als visuelle Zerstreuung) konzentriert, kann er sie der Intensität seines Lebens und der Befreiung des Geistes widmen.

Das Haus ist in seiner Intimität (es verursacht physische, erotische Empfindungen) der perfekteste Ausdruck der Persönlichkeit, der Ort, an dem sich die Gesamtheit des Daseins verwirklicht. (Dieser Gedanke steht in vollkommener Übereinstimmung zu Bachelards Raumpoetik.[40]) Anstatt Modellhäuser zu schaffen, die als unendlich oft wiederholte, endgültige, großartige Lösungen präsentiert werden, suchte Rudofsky eigene Wege und entschied sich dafür, seine reichen Erfahrungen und Entdeckungen zu veröffentlichen, damit die Menschen sie nützen und nach Belieben verwerten konnten. Sein Hauptanliegen war, die Architektur aus dem Gebiet der Theorie, die von den Eingeweihten so leicht beherrscht wird, herauszuführen, sie menschlich zu machen und auf die Ebene des tatsächlichen Lebens zu stellen. (De Carlo sagte: »Die Architektur ist zu wichtig, um sie den Architekten zu überlassen.«[41])

*

Ein echtes Manifest über das Wohnen im Sinne Rudofskys ist der *Entwurf für sein eigenes Haus auf Procida*, der 1938 in ›Domus‹ veröffentlicht wurde.[42] Die Pläne für dieses Haus entstanden eigentlich bereits in den Jahren 1934-35, als Rudofsky, während er die neapolitanische, volkstümliche Architektur erforschte, in Procida »den Ort fand, der ihm vom Schicksal vorbestimmt war«.[43] Da von den Militärbehörden der Bau des Hauses verhindert worden ist, wurde dieses unweigerlich auf einen Ausgangspunkt für einen theoretischen Diskurs reduziert, und Rudofsky machte es zum Mittelpunkt seiner Forschungsarbeiten über das Haus.[44] Attilio Podestà stellte

---

34 Rudofsky, *Problema*. In: Domus 123, März 1938, S. xxxiv
35 Rudofsky, *Der wohltemperierte Wohnhof*. In: Umriss 10, 1/1986, S. 5
36 Rudofsky, *Notes* ... (zit. Anm. 17) und: ders., *The Bread of Architecture*. In: Arts and Architecture 69, Oktober 1952
37 siehe Duncan Macintosh, The Modern Courtyard House. London (AA/Lund Humphries) 1973
38 vgl. Rudofsky, *Behind* ...(zit. Anm. 2), S. 159 u. 194
39 Neutra »could not imagine that there are people who need seclusion, monastic silence, doors one can close, the environment only visible if desired and only in parts, windows with the appearance of framed pictures.« (Sack, zit. Anm. 21, S. 26)
40 vgl. Gaston Bachelard, *Poetik des Raumes*. Frankfurt/M-Berlin-Wien (Ullstein) 1975
41 Giancarlo De Carlo, Il pubblico dell'architettura. In: Parametro 5, 1970, S. 4
42 Rudofsky, *Non ci vuole un nuovo modo di costruire ci, vuole un nuovo modo di vivere*. In: Domus 123, März 1938
43 Rudofsky, *Scoperta di un isola*. In: Domus 123, März 1938
44 Rudofsky, *Now I Lay Me down to Eat*, New York 1980, S. 5

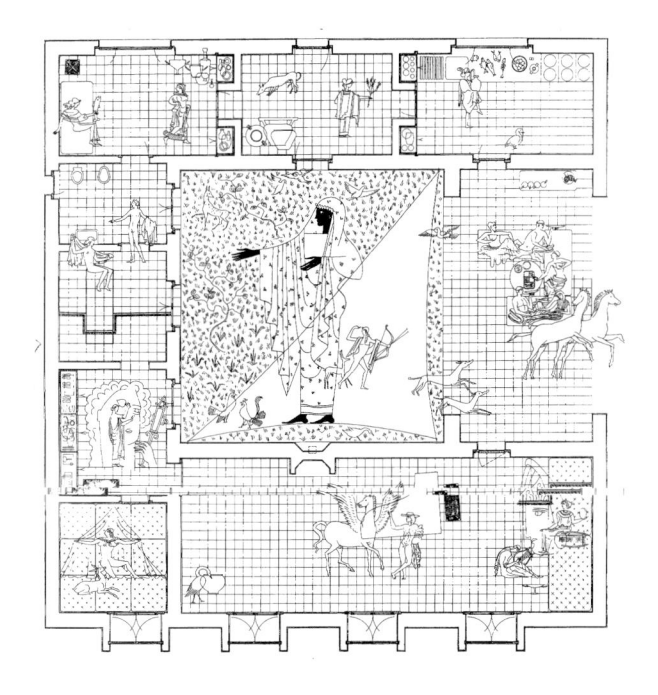

Bernard Rudofsky, *Haus Rudofsky*, Projekt, Procida, 1935, Grundriß

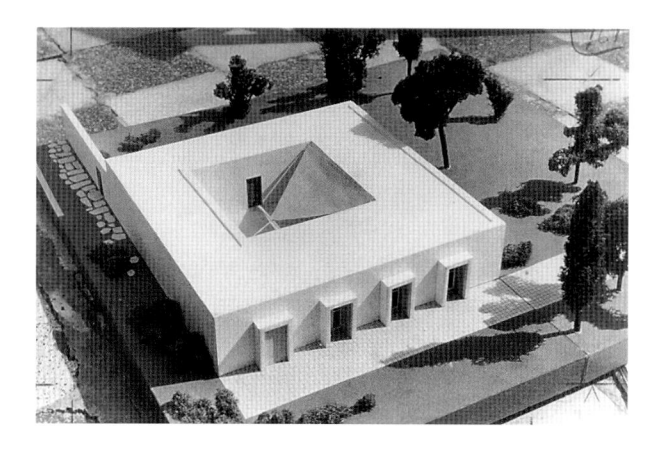

Bernard Rudofsky, *Haus Rudofsky*, Modellphoto

fest, daß Rudofsky in diesem Projekt »eine geistige Haltung bewies, die die Moralität des Bauens als ein spontan entstandenes Produkt des Geistes und des Herzens versteht. Wenn Rudofsky »die Raffinesse nicht in Spontaneität umsetzen kann, verwandelt er sie in Poesie«.[45] Podestà nahm auch einen der feinsten Aspekte seiner Architektur wahr: »Die verschiedenen Weißtöne [der verputzten Wände] bilden eine unendlich reiche, sich ständig ändernde Polychromie«[46], die man in den realisierten Arbeiten wiederfindet.

In diesem Projekt ist der Bezug auf das römisch-italische Haus, das damals von verschiedenen Seiten wiederaufgenommen wurde, offensichtlich.[47] Im Begleittext zur Publikation wird vor allem die im Entwurf liegende Polemik gegen die ungesunde moderne Lebensweise hervorgehoben. Erst in den Jahren 1970-71 konnte Rudofsky sich schließlich an der Küste des geliebten Mittelmeers – wenn auch nicht in Italien – sein *Haus in Andalusien* bauen: in Übereinstimmung mit seinen theoretischen Überzeugungen unterscheidet sich dieses nicht von den Häusern, die 30 Jahre davor geplant wurden.

Rudofsky ist es nicht gelungen, ein »gebautes Beispiel« seiner Theorien zu schaffen, auch nicht für einen Auftraggeber. Er hatte nicht das Glück, einen Dr. Lovell zu treffen, für den er seine radikalen Ideen in die Tat umsetzen konnte. Paradoxerweise konnte er gerade deshalb zeigen, daß man seine Prinzipien sogar in einem New Yorker Wolkenkratzer anwenden kann. Es fehlt jedoch das Haus, in dem schließlich die *Zimmer im Freien*, die in seinem gesamten Werk wiederkehren, mit den gestalterischen Konzepten für geschlossene Räume, die in seinen Schriften dargelegt wurden, glücklich vereint wurden.

Im *Haus Dr. Oro* am Posillipo findet sich fast nichts vom radikalen Rudofsky des *Hauses auf Procida*: es ist nur ein merkwürdiges Gefüge von Räumen auf Terrassen, die von Tuffmauern getragen werden, nur ein bürgerliches Haus aus

45 Attilio Podestà, Una casa a Procida dell'arch. Bernard Rudofsky. In: Casabella X, 117, September 1937, S. 12 f.
46 ebenda, S. 15
47 siehe das Zitat: Macintosh, The Modern ... (zit. Anm. 37), bes. S. 25

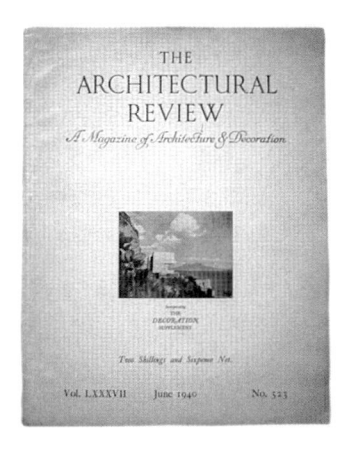

Architectural Review, Juni 1940,
Cover mit dem Haus Dr. Oro

Bernard Rudofsky und Luigi Cosenza, *Haus Dr. Oro*, Posillipo, 1936-37, Terrasse von Osten

Bernard Rudofsky und Luigi Cosenza,
Haus Dr. Oro, Möbel mit Josef Frank-Stoffen

Bernard Rudofsky und Luigi Cosenza,
Haus Dr. Oro, Terrasse

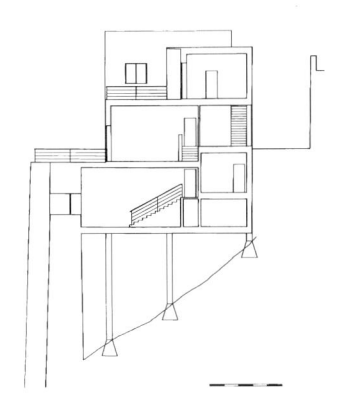

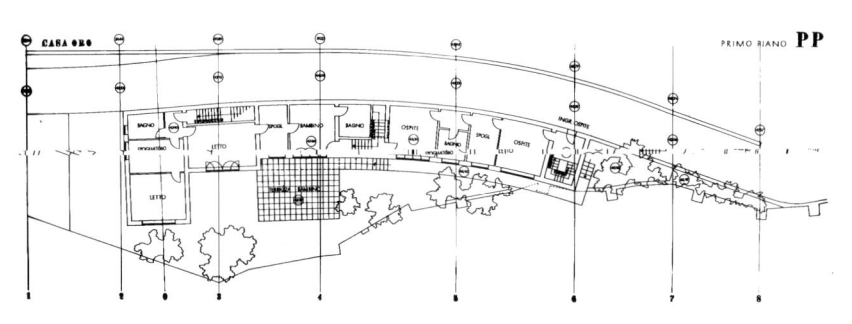

Bernard Rudofsky und Luigi Cosenza,
Haus Dr. Oro, Schnitt, Grundriß

Bernard Rudofsky, *Haus Arnstein,* Wohnhof

Bernard Rudofsky, *Haus Arnstein,*
São Paulo, 1940, Gartenenfilade
(Photo Peter C. Scheier)

Bernard Rudofsky, *Haus Arnstein,*
São Paulo, 1940, Modellphoto

Bernard Rudofsky, *Haus Arnstein,*
Wohnhof

Bernard Rudofsky, *Haus Dr. Frontini,*
São Paulo, 1940, Wohnhof

Bernard Rudofsky, *Haus Dr. Frontini,*
Offenes Obergeschoß

Bernard Rudofsky, *Haus Dr. Frontini,*
Außentreppe

weißen und nüchternen Kuben, das sich auf mutige Weise modern gibt. (Für dieses Haus ist die Definition »mediterran« als »legitim und passend« anerkannt;[48] aber es verdankt Emil Fahrenkamp[49] ebensoviel wie der neapolitanischen volkstümlichen Architektur.) Rudofsky und Cosenza[50] lernten den Bauherrn Dr. Oro 1934 durch den Baumeister Campanella (für den Rudofsky ein *Haus in Positano* entwarf, das jedoch nicht realisiert wurde) kennen, der endgültige Entwurf entstand jedoch erst 1936 (durch den Abessinienfeldzug kam es zu einem Baustop in Italien): Rudofsky, der bereits in den Vereinigten Staaten war, reiste eigens dafür nach Italien. Das Haus wurde im Jahr 1937 vollendet.

Dieses Haus ist unvergeßlich, da es auf schwierigem, abschüssigem Gelände errichtet wurde, aber es hat eine perfekte Ausrichtung – von dieser kühnen Stelle, von seinen Gärten und Terrassen, die mit der Ausdauer eines Weinbauern herausgeschlagen wurden, genießt man den direkten Kontakt zum Meer, obgleich man sich viele Dutzende Meter darüber befindet. Das genaue Studium der volkstümlichen Architektur findet darin seinen Ausdruck, daß fast alle Räume eine unterschiedliche Größe haben, sowie an der geduldigen und behutsamen Anpassung an die Krümmungen und die Neigungen des Grundstücks: beinahe bemerkt man gar nicht, daß das Haus im Westen drei Ebenen hat und im Osten zwei. Im intimsten Aufenthaltsraum, der, obwohl er Panoramafenster besitzt, fast unterirdisch liegt, gestaltete Rudofsky einen Fußboden mit Fliesen aus Vietri, die mit einer Darstellung des Golfes von Neapel mit allen Inseln bemalt sind.

Auch für seine brasilianischen Bauherren konnte Rudofsky seine Theorien nicht verwirklichen: die Räume im Haus wurden konventionell, Rudofsky konzentrierte sich daher auf die Gärten, in denen er Räume für ein menschliches, verfeinertes Leben schuf. Die beiden Häuser, die in São Paulo im Jahr 1940 erbaut wurden und die hier vorgestellt werden, erlangten Bedeutung durch die Privatsphäre, die sie den Bewohnern bieten, durch den unumschränkten Respekt vor dem Leben im Haus, durch das geschickte Ausnützen der Möglichkeiten, die das Klima und die üppige lokale Vegetation bieten.

Haus Arnstein zeichnet sich durch die gelungene Gliederung der Gärten aus, praktisch jedes Zimmer hat einen eigenen Garten. Besondere Aufmerksamkeit wurde der Zusammenstellung der Farben der Blüten in den verschiedenen Jahreszeiten und der Auswahl der Bäume gewidmet, um Schmetterlinge und Kolibris anzulocken.

Haus Frontini dagegen ist von einem Garten umgeben und besitzt einen gepflasterten und möblierten Innenhof; das ganze Haus ist mit einem Arkadengang, die Pfeiler in heiterem Rhythmus, um diesen Innenhof herumgruppiert.

In Übereinstimmung mit seiner grundsätzlichen These gelang es Rudofsky zu vermeiden, diesen Häusern eine Fassade zu geben, und er entschied sich dafür, Gebäude zu schaffen, »that lack the outer dress to which our civilization attaches such exaggerated importance; the architecture is merely a shell for its owner, ... it is hardly noticeable in its unobtrusiveness«.[51] Beide Häuser hatten außerordentlichen Erfolg bei den Kritikern – Philip L. Goodwin sagte, daß sie »living places of people sure of themselves by education and experience, designed by one who understood both them and his job thoroughly«[52] seien und daß »There is no such homogenous and successful example of the modern house garden in the Americas ... During three years of architectural work in Brazil, Rudofsky built some houses which were considered the best of the American continent.«[53] Sacheverell Sitwell stellte fest: »Rudofsky ... built a pair of private houses that in their way are among the greatest successes of the whole modern movement ... the temple gardens of Daisen-In and Ryuanji in Kyoto ... are among the greatest aesthetic masterpieces of Japan, while [Arnstein and Frontini gardens] are the best modern architecture of our time.«[54] In der ersten Hälfte der vierziger Jahre hatte Rudofsky die besten Aussichten, ein Star der Architektur dieses Jahrhunderts zu werden.

In der Reinheit des beinahe »spontanen« Bildes des *Hotels S. Michele* auf Capri (1938) finden wir eine mögliche »Architektur ohne Architekt«, so wie sie auch Ponti verstand. (In ›Domus‹ wurde dieser Ausdruck in den dreißiger Jahren für die Innenausstattungen einiger österreichischer Architekten verwendet: Hoffmann, Frank, Wlach, Strnad, Haerdtl.)

Es handelte sich tatsächlich um ein Dorf-Gebäude, das nach einer Formel entstanden war, die später in der Hotelarchitektur Verbreitung fand. Jedes Zimmer sollte ein unabhängiges Häuschen mit eigener Küche sein, der Bereich der allgemeinen Infrastruktur war wie ein Stadtzentrum um eine Piazza geplant. Das volkstümliche Aussehen dieses Projektes war auf verschiedene Gründe zurückzuführen: auf den damals noch lebendigen Mythos der Architektur auf Capri,[55] auf die Idylle zwischen Moderne und Mittelmeer, einem weiteren Thema jener Zeit, und auf die Studien Rudofskys über eine »spontane« Archi-

---

48 Silvia Danesi, Aporie dell'architettura italiana in periodo fascista - mediterraneità e purismo. In: Silvia Danesi e Luciano Patetta, Il Razionalismo e l'architettura in Italia durante if fascismo. Venedig (La Biennale di Venezia) 1976, S. 21 f.
49 Moderne Bauformen 1, 1929, S. 5
50 siehe Kurzbiographie im vorliegenden Katalog
51 Rudofsky, *Notes* ... (zit. Anm.17), S. 45
52 Zitiert in: Rudofsky, *Three Patio Houses*. In: Pencil Points 24, Juni 1943, S. 54
53 Philip L. Goodwin, *Brazil Builds*. New York (The Museum of Modern Art) 1943
54 Sacheverell Sitwell, *The Brazilian Style*. In: The Architectural Review 95, März 1944
55 vgl. die vielen Werke von Edwin Cerio, z.B. *Il convegno del paesaggio*. Capri (Le Pagine dell'Isola) 1923

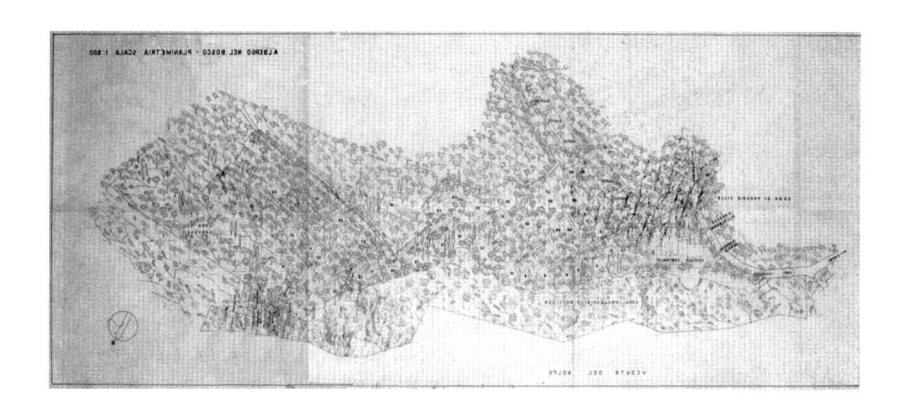

Bernard Rudofsky und Gio Ponti, *Albergo San Michele*, Capri, Projekt, 1938, Ansicht der Gesamtanlage

Bernard Rudofsky und Gio Ponti, *Albergo San Michele*, Die zwei Zimmer der Sirenen

tektur sowie die Autarkie. Die Hauptmauern und Gewölbe entstanden daher gleichermaßen aus strukturellen, klimatischen, traditionellen und poetischen Gründen. Auffällige Merkmale waren ein genaues Studium des Komforts und die Eingliederung in die Landschaft (ähnlich wie in den nahegelegenen Dörfern). Hier schließlich – Extravaganzen waren möglich, da der Standort Capri und das Projekt ein Hotel war – konnte Rudofsky große, in den Boden versenkte Becken, gemauerte Betten, unkonventionelle Ausblicke, Garderoben, Keramikdekorationen, private Gärten und Terrassen, die durch Markisen beschattet werden, vorschlagen. Einige dieser Elemente wurden charakteristische Elemente mediterraner Bauten von Ponti.

An dieser Stelle sollen noch zwei weitere Projekte vorgestellt werden: das *Projekt für einen Tennis Club* im Park der Villa Comunale in Neapel – entworfen 1936 von Cosenza und Rudofsky –, der meiner Meinung nach, wäre er gebaut worden, eines der »Denkmäler« der Moderne in Italien geworden wäre; und der *Garten von Nivola* in Amagansett, N.Y., der von Rudofsky 1950 realisiert wurde und der ihm die Gelegenheit bot, eines seiner wichtigsten Werke zu verfassen: *The Bread of Architecture*.

*

Rudofsky kommentierte seine Werke, indem er sie als Beispiele und zur Untermauerung seiner eigenen Argumente im Buch *Behind the Picture Window* (1955) anführte. Die Anregungen, die am einfachsten übertragen werden konnten, das heißt jene für die Räume in Häusern, wurden in *Now I Lay Me Down to Eat* (1980) und schließlich in *Sparta/Sybaris* (1987) wiederaufgenommen. In diesen beiden Büchern, die die beiden gleichnamigen Ausstellungen begleiteten, schlägt Rudofsky andere Möglichkeiten für unsere derzeitigen Gewohnheiten vor und beschäftigt sich hauptsächlich mit den elementaren Fragen des täglichen Lebens.[56]

Tatsächlich wäre es »müßig, uns mit Wohnarchitektur [zu] befassen, solange wir uns nicht Rechenschaft geben, wie man auch anders und besser sitzen, schlafen, essen, baden und sich reinigen kann. Von all diesen Funktionen haben wir nur unklare Vorstellungen.«[57] Rudofsky regte die Rückkehr zur Freude am Wohnen an, indem man sich wieder dem ursprünglichen Sinn der Momente des häuslichen Lebens, die dadurch abgewertet werden, daß sie als reine »Funktionen« betrachtet werden, zuwendet.

Rudofsky war der Meinung, daß die Beachtung seiner nonkonformistischen Anregungen (oder zumindest die vorurteilslose Auseinandersetzung

56 *First Things First*, war der Titel seines unveröffentlichten Vortrags in Aspen 1961
57 Rudofsky, *Sparta/Sybaris*. Salzburg (Residenz) 1987, S. 8

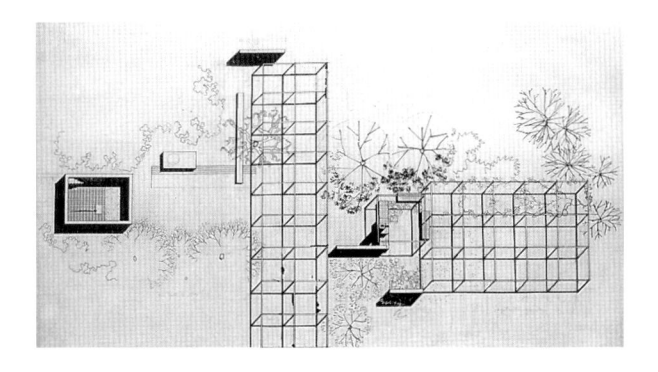

Bernard Rudofsky, *Garten für Costantino Nivola*, Amagansett, Long Island, 1950, Axonometrie

Bernard Rudofsky, *Garten für Costantino Nivola*, Wand mit Apfelbaum

Bernard Rudofsky, *Garten für Costantino Nivola*, Solarium

Bernard Rudofsky, *Garten für Costantino Nivola*, im Hintergrund von Nivola bemalte Wand

Bernard Rudofsky, »Bernardo«-Sandalen, um 1950

mit diesen Problemen) helfen könne, die Würde des Individuums zu bewahren, ja sogar über die sozialen Konventionen hinaus zu erhöhen. Rudofsky bewies, daß sich sowohl in der Art zu leben als auch in der Art sich zu kleiden das tatsächliche Verhalten und der Komfort oft in einem unversöhnlichen Konflikt befinden, wodurch absurde Situationen entstünden, die verhinderten, daß das tägliche Leben angenehm war. Rudofsky lud schließlich die Menschen ein, »to enjoy the good things that are for free«[58] und den Augenblicken des Lebens die Schönheit wieder zurückzugeben, selbst wenn sie dadurch riskierten, daß man mit dem Vorwurf der »Impuritans« auf sie zeigte.

Rudofsky stigmatisierte die Neuerungen der Moderne nicht per se. Aber als er in *Behind the Picture Window* viele der Themen, die wenige Jahre zuvor von Giedion in seiner *Mechanization Takes Command*[59] aufgegriffen worden waren, wiederaufnahm, lagen ihm folgende Fragen am meisten am Herzen: Brauchen wir das wirklich? Verbessern diese Neuerungen tatsächlich das Leben der Bewohner oder sind sie nur neue Gadgets, die die Mode uns diktiert? Ist der Anspruch dieser Gegenstände, »praktisch zu sein«, real oder nur ein Werbeslogan oder nur durch unsere Sammlerleidenschaft entschuldigt?[60]

In diesem Standpunkt ähnelt Rudofsky Loos, der, obwohl er das Leben reformieren wollte, doch nicht die Realität der Dinge aus den Augen verlor und keine neuen Utopien vorschlug. Sowohl Loos als auch Frank erinnerten daran, daß die menschliche Anatomie nicht von neuen dekorativen Moden in Frage gestellt werden könne;[61] dies wäre auch dadurch bewiesen, daß sich die moderne Architektur ideologisch für den »Mangel an Behaglichkeit als Ideal« entschied, »da Bequemlichkeit verweichlicht«.[62]

Sicherlich hatte Rudofsky jene deutsche Bewegung für die Reform des Lebens, von der Marco de Michelis[63] sprach und die Le Corbusier selbst in seinem *Manuel de l'habitation*[64] ausarbeitete, die jedoch einen Widerspruch zu seinen gebauten Werken wie der Unité d'habitation darstellt, in

58 Rudofsky, *Behind ...* (zit. Anm. 2), S. 105
59 Giedion, *Mechanization Takes Command.* New York (Oxford University Press) 1948
60 vgl. Jean Baudrillard, *Le système des objets.* Paris (Gallimard) 1968
61 »Wir sitzen nicht so, weil ein tischler einen sessel so oder so konstruiert hat, sondern der tischler macht den sessel so, weil wir so oder so sitzen wollen.« Adolf Loos, *Kulturentartung.* In: *Trotzdem. 1900-1930*, Unveränderter Neudruck der Erstausgabe 1931, Adolf Opel (Hg.), Wien (Prachner) 1982, S. 74
62 Frank (zit. Anm. 5), S. 131
63 Marco de Michelis, La casa della riforma della vita. In: Georges Teyssot (Hg.), Il progetto domestico. Mailand (Triennale di Milano/Electa) 1986, S. 204 ff.
64 Le Corbusier, *Vers une architecture.* Paris (Crès) 1923, S. 96

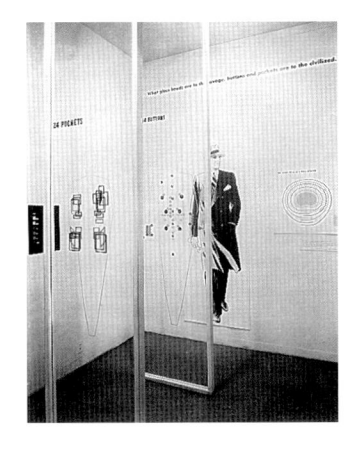

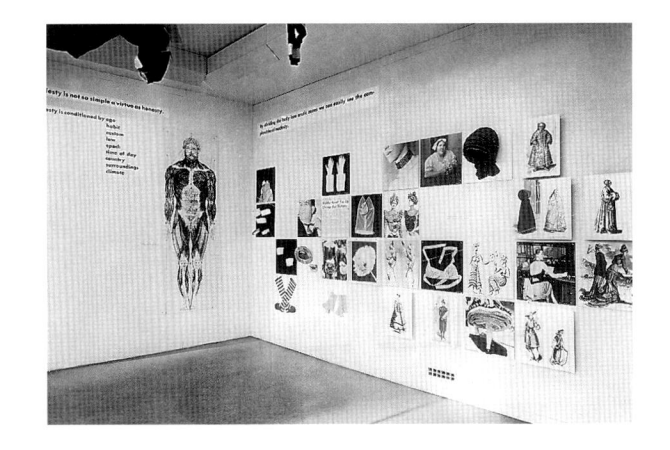

Bernard Rudofsky, Ausstellung »Are Clothes Modern?«, Museum of Modern Art, New York, 1944

sich aufgenommen. Wie auch die Analyse von Norberg-Schulz[65] zeigt, liegt die Lösung für die heutige Entfremdung in der »Rückkehr zu ›den Dingen selbst‹, oder in einer poetischen Bewegung hin zur Realität«, und diese sollte vom Wohnen ausgehen. Wenige Autoren haben es verstanden, über diese Problem so konkret zu sprechen (und Antworten zu bieten) wie Rudofsky.

*

Wir haben bereits festgestellt, daß Rudofsky, wie Loos, von Beginn an in seinen Betrachtungen das Wohnen und die Bekleidung gemeinsam in Angriff genommen hat. Er analysierte letzteres Thema in der Ausstellung *Are Clothes Modern?* (MoMA 1944), die einen regelrechten Skandal auslöste. In der Ausstellung bewies Rudofsky die absolute Unversöhnlichkeit zwischen der Kleidung, die wir tragen und unserem Körper. Seine These besagt, daß wir nicht fähig wären, unsere Kleidung zu »rationalisieren«, weil sie »delights that outweigh discomfort and organic disorders«[66] erzeuge und vor allem der geschlechtlichen Selektion diene: das Gewand »fits a person mentally rather than physically«.[67]

Für Rudofsky galt: »the clothes we wear today, are anachronistic, irrational and harmful, moreover, they are expensive and undemocratic.«[68] Wären wir in der Lage, zu »face the problem of clothing in an intelligent and unbiased way«[69], ohne unsere Neigung zur Langeweile, die für den Prozeß Kurzlebigkeit-Hinfälligkeit-Ersetzen der Moden garantiert, wären wir fähig, zu verstehen, daß »simplicity, tempered by elegance, is the recognized aim of apparel«.[70] Diese radikale Entscheidung veranlaßte Rudofsky, auch in der Mode geometrische und lineare Formen zu bevorzugen.

Laut Rudofsky besteht ein echtes »modern piece of clothing« aus einem einzigen Stück Stoff mit sehr wenigen Nähten und Schnitten (dies entspricht industriellen Einsparungen und geistiger »Reinheit«), es ist leicht wieder zusammenzulegen und aufzuheben, besitzt keine Knöpfe (die, abgesehen davon, daß sie ein planerischer Irrtum sind, »technically, [are] a most unsatisfactory looking apparatus«[71]; der ästhetische Wert des Stoffes wird höher bewertet als der Entwurf des Kleidungsstücks. Der Versuch, diese Ideen in eine industrielle Produktion umzusetzen, hatte keinen Erfolg.

Im Gegensatz dazu hatten die *Bernardo Sandals* – bei denen die Tradition Capris wiederauflebt –, die ab 1945 von Aldo Bruzzichelli erzeugt wurden, einen sehr großen kommerziellen Erfolg. In *Are Clothes Modern?* hatte Rudofsky bereits bewiesen, daß diese Art Sandalen die Füße nicht dauerhaft deformiert, wie dies bei geschlossenen Schuhen geschieht, die ganz und gar nicht für den menschlichen Fuß konzipiert seien. War es eine Laune, sich mit diesen Dingen zu beschäftigen? Rudofsky antwortet: »My shoes are not a designer's deceit but part of my architectural credo.«[72]

Bei der Erzeugung von Kleidung und Schuhen nach diesem Konzept könnte das komplizierte System der verschiedenen Größen abgeschafft

---

65 vgl. Norberg-Schulz, Verso un'architettura autentica, in: La presenza del passato (Erste Internationale Architekturausstellung). Venedig (Biennale di Venezia) 1980
66 Rudofsky, ... *Clothes* ... (zit. Anm. 30), S. 175
67 Rudofsky, *The Unfashionalbe Human Body*. Garden City, N.Y. (Doubleday) 1971, S. 200
68 Rudofsky, ... *Clothes* ... (zit. Anm. 30), S. 115
69 ebenda, S. 125
70 Rudofsky, *The Unfashionable* ... (zit. Anm. 67), S. 193
71 Rudofsky, ... *Clothes* ... (zit. Anm. 30), S. 126
72 Rudofsky, unveröffentlichter Brief an Zette Emmons, 22.5.1985

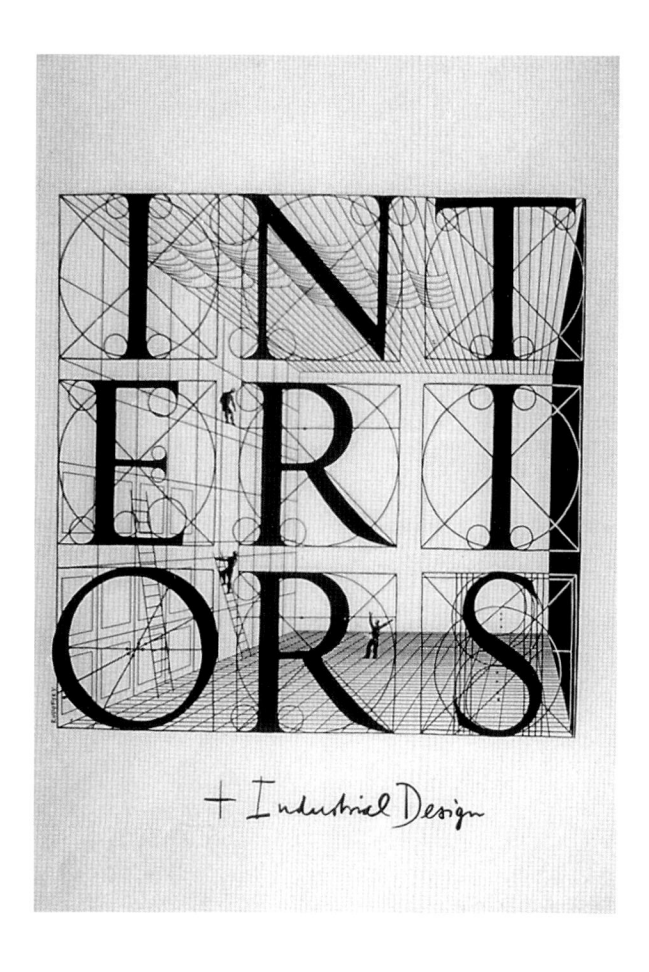

Bernard Rudofsky, *Cover für »Interiors«*, Jänner 1946

werden: da diese nicht so konzipiert würden, daß sie sich den Köperformen anpassen und diesen entsprechen, (»costumes resulted from loose wrappings [are] a peak of man's achievement«[73]), müssen sie nicht nach Maß erzeugt werden. Darüber hinaus könnten die Kleidungsstücke unisex sein.

Natürlich verdankte Rudofsky viele seiner Ideen und den Radikalismus, mit dem er sich mit dem Thema Mode auseinandersetzte, der deutschen Reformbewegung und dem nach dem Ersten Weltkrieg wiedergefundenen Interesse für die Perfektion und Schönheit des Körpers. Übrigens könne sich nichts ändern, wenn nicht die Grundlagen selbst in Frage gestellt würden: Das grundlegende Problem für die Frage der Bekleidung ist: »We are ashamed of our bodies.«[74] – Im wesentlichen nehmen wir die Nacktheit wahr als Folge davon, daß dem Körper die Kleidung genommen worden ist.[75] Wir haben die »liberal attitude toward the object of care, our body«[76] vollkommen verloren oder entstellt: »much as Greece, Rome, and the world of the Islam have furnished us the basis for our ethics and philosophy, arts and sciences, in short, of everything that lifts us above the animal existence, we do not share their views on the tangible world ... although we disapprove of the ancient's way of life, we have nothing but admiration for their aesthetic standards – no doubt the consequence of a happy balance between mind and body.«[77] Kleidungsstücke, die intelligente Formen haben, entstehen ganz natürlich aus diesem Gleichgewicht.

*

Rudofsky unterrichtete an verschiedenen akademischen Institutionen, darunter an den angesehensten Hochschulen der Vereinigten Staaten (MIT, Yale, Harvard), jedoch nur für kurze Zeit: es waren Welten, die ihm zu eng waren, denen er sich nicht unterordnen konnte (seine experimentellen Vorschläge über den Unterricht im Freien »en plein air«, die von den Studenten begeistert aufgenommen wurden, konnten durch Mangel an finanziellen Mitteln nicht fortgeführt werden; keine Institution war bereit, das *Department for*

73 Rudofsky, ... *Clothes* ... (zit. Anm. 30), S 137
74 ebenda, S. 39
75 ebenda, S. 18 f.
76 Rudofsky, *Behind* ... (zit. Anm. 2), S. 110
77 ebenda, S. 120 f.

**Bernard Rudofsky,
Seite aus »Architecture without Architects«, 1964**

78 Guiseppe Pagano / G. Daniel, *Architettura rurale italiana*. Mailand (Quaderni della Triennale) 1936
79 ebenda, S. 6
80 ebenda, S. 76
81 Loos, *Trotzdem* (zit. Anm. 61), S. 93 ff.
82 Rudofsky, *The Prodigious Builders*. New York-London (Harcourt, Brace, Jovanovich) 1977, S. 235
83 Auch wenn sie die originellsten und extravagantesten zu sein scheinen: »such projects as F. Kiesler's Endless House exist, and have existed for centuries. You just have to take the time to look for it.« (Rudofsky, unveröffentlichter Vortrag in Bennington, Vermont)
84 Rudofsky, *The Kimono Mind*. Garden City, N.Y. (Doubleday) 1965, S. 260

»*The Art of Living*«, das Rudofsky im Sinn hatte, zu schaffen). Man muß ihm daher seine Fähigkeit, die Kommunikationswege, die er – freiwillig oder zwangsläufig – gefunden hatte, zu nützen, hoch anrechnen. Die direkte Kommunikation mit dem Publikum – durch Bücher, Konferenzen und vor allem Ausstellungen (die meisten im MoMA in New York, aber auch im Pavillon der USA bei der Weltausstellung in Brüssel 1958, im Cooper-Hewitt Museum in New York, im MAK in Wien), wobei die akademische und die professionelle Welt umgangen wurde – war eine erfolgreiche Methode für einen Mann, der darauf vertraute, daß die Menschen fähig sind, zu lernen, indem sie um sich blicken und die »ständige Neigung, sich Gewohnheiten und Vorurteile zu schaffen«, bekämpfen.

*

Bereits 1931 stellte Rudofsky im Österreichischen Pavillon bei der Berliner Bauaustellung seine *Photographien spontaner Architektur* aus, wenige Monate später, im Wiener Künstlerhaus seine *Aquarelle*. Zu jener Zeit wurde über das Thema »spontane Architektur« viel geforscht, vor allem von den Vertretern der Moderne.

Architecture without Architects, die Ausstellung, die er seit dem Jahr 1941 vorschlug, steht in einem vollkommen anderen Kontext: an einem Ort und zu einer Zeit, in der das »Anonyme« an ethnographische Folklore grenzte, im Moment des Triumphes des Fortschritts und der Amerikanisierung, galt es als anstößig, sich mit der spontanen Architektur zu befassen. Aber als es Rudofsky im Jahr 1964 endlich gelang, diese Ausstellung zu gestalten, war diese so erfolgreich, daß sie im Verlauf von 12 Jahren in 84 Museen weltweit gezeigt wurde. Die Ausstellung wurde, auch als Folge der heftigen Polemiken, die sie hervorrief, der einzige Grund, aus dem Rudofsky in der Architekturgeschichte Erwähnung fand.

Seine methodologische Annäherung, die auf formalen und zweckgebundenen Analogien basiert, kann sicher diskutiert werden und weist wesentliche Lücken auf (das geringe Interesse für die symbolischen Werte, für den kulturellen Kontext, für die psychologisch-kulturellen Gründe der Tabus....). Einige seiner Ideen sind von ideologisch-ästhetisierenden Vorurteilen – die damals verbreitet waren – geprägt. Pagano[78] und Rudofsky haben die gleiche Ausgangsposition: die Idee einer »gesunden und ehrlichen ruralen Architektur«[79], »die frei ist von jeder Baumode, erfüllt von einer bescheidenen und anonymen Schönheit«, die »uns lehrt, die Zeit zu besiegen und die vergänglichen dekorativen und stilistischen Variationen zu überwinden«[80], findet sich bei beiden Autoren. Das Vorurteil wird auch in Adolf Loos' berühmtem Essay *Architektur*[81] vertreten: Das Bauernhaus ist, im Gegensatz zum Architektenhaus, ein Werk der Natur, nicht des Menschen, es ist schön – »... wie es jedem tier gelingt, das sich von seinen instinkten leiten läßt. ... Ja, genau so schön ist es, wie es die rose oder die distel, das pferd oder die kuh sind.«

Für Rudofsky stellt die »volkstümliche Architektur« die erste Phase der Architekturgeschichte, die zwar entscheidend, jedoch vernachlässigt sei, dar, in ihr seien Archetypen des Bauens lebendig und noch nicht jene abstrakten, oft ideologischen, der nachträglichen Rekonstruktionen. Daher dürfe diese nicht mit akademischen Kriterien beurteilt werden: »The vernacular is much more than a style; it is a code of good manners that has no parallel in the urban world«; sie ist die Frucht einer »unbewußten Genialität«, »frei von der Hysterie des Planers«.[82] Rudofsky unterstreicht den wertvollen gesunden Menschenverstand, mit dem praktische Probleme mit Sachlichkeit, Menschlichkeit und dem damals noch klaren Verständnis für die natürlichen (ökologischen) Grenzen und für jene der Architektur selbst, in Angriff genommen werden. Seiner Meinung nach können wir uns durch ihr Studium von der eingeengten Welt der förmlichen und kommerziellen Architektur, die immer homogener und gleichförmiger wird, befreien. Dieses Repertoire ist der reichste und reinste Vorrat an architektonischen Inspirationen für den Menschen des Industriezeitalters, auch, was die Vorwegnahme technischer Lösungen betrifft.[83] (Diesem Aspekt widmete Rudofsky seine Doktorarbeit, in der er die logische und technische Kontinuität zwischen der »primitiven Betonbauweise« der traditionellen Architektur von Santorini und den modernen Gewölbestrukturen aus Beton bewies.)

In allen Schriften fordert uns Rudofsky auf, unseren Blick nicht nur auf die wenigen herausragenden Objekte (die »Meisterwerke«, die Festtagskleider oder die Bekleidung der Oberschicht, die Stühle, die in den Museen moderner Kunst ausgestellt sind und auf die man sich nicht setzen kann ...) zu richten, sondern auf die Alltagskleidung, die für die Arbeit gedacht ist, auf die »unselfconscious beauty of ... utilitarian things«[84], auf die Bauten, die geringschätzig als dialektal bezeichnet werden.

Seine Anklage der Verarmung der Architektur durch das Aussterben der volkstümlichen Archi-

Saul Steinberg, *Portrait Bernard Rudofsky*, um 1943/44

tektur steht parallel zur Anklage der Verarmung durch das Verschwinden aller kulturellen Antworten, außer der westlichen, von Lévy-Strauss.[85] Rudofsky und Lévy-Strauss verfolgten deutlich sichtbar mit ihren Arbeiten das gleiche Ziel: die Vielfalt der Welt aufzeigen, »den längeren Weg zurücklegen«[86], um zum Ausgangspunkt zurückzukehren, um so den Menschen zu finden. Auch Lévy-Strauss theoretisierte über die Verwendung von Elementen fremder Gesellschaften für die Erneuerung unserer eigenen Gewohnheiten.[87]

Der größte Verdienst Rudofskys besteht darin, für die Architektur das geleistet zu haben, was aufgeklärte Denker (Schriftsteller, Reisende, Maler) in der exotisch-primitiven Kunst getan hatten; sie »entdeckten« sie, sie publizierten sie in einer Weise, daß es nicht mehr möglich war, sie zu ignorieren. John Maass meint, »the work of Rudofsky has enlarged the field of the history of art«.[88] Die Tatsache, daß die gesamte »primitive« (oder dialektale) Kategorie aus wissenschaftlicher Sicht anfechtbar war, ist auf den Fortschritt in Richtung eines verstärkten Kontextes zwischen Kultur und Geschichte in der Forschung zurückzuführen.[89]

Die Unbefangenheit, mit der Rudofsky Drachen und Nomadenzelte, Termitenbauten und Taubenschläge, Friedhöfe und Höhlenwohnungen nebeneinanderstellt, mag kühl denkende Menschen, die eine strenge wissenschaftliche Methode suchen, schockieren, dies ändert jedoch nichts an der Gültigkeit der Freiheit der Gegenüberstellung, deren er sich bewußt war und die darauf abzielte, allgemeine (und tiefgreifende) Fragen der Architektur zu diskutieren. Die Fülle des Materials, das er in seinen Ausstellungen präsentierte, sollte ausdrücklich die Phantasie der Besucher anregen. Der Katalog von *Architecture without Architects* (1964) und der darauffolgende *The Prodigious Builders* (1977) sind Sammlungen von wunderbaren Dingen und Bildern außergewöhnlicher Architektur.

Gio Ponti forderte dazu auf, durch Rudofskys Buch *Streets for People* (ein Buch, das eine ganze Generation für fußgängergerechte und humanere Städte kämpfen ließ), zu »Betrachtern, Genießern, Liebhabern, Kennern« der Architektur zu werden.[90]

Im nachhinein können wir heute seinen Einfluß auf eine Architektengeneration erkennen, die *Architecture without Architects* zum Anlaß nahm, um den Formalismen der Moderne zu entfliehen. Selbst wenn man Rudofsky nicht als einen Vorläufer theoretischer Positionen, zum Beispiel des Regionalismus, bezeichnen kann, war er sicher ein Vorstreiter für ein psychologisch angenehmes, gesundes und dadurch ökologisches Umfeld.

Sein ganzes Leben blieb er der Entscheidung zur Popularisierung treu und überzeugt davon; daß die Menschen in der Lage sind, selbst ihre Lebensweise zu verbessern.[91] Zusammenfassend kann gesagt werden: aus einem Ausstellungsthema, »Architektur ohne Architekten«, wurde ein Idealzustand, eine Utopie. Zehntausende Menschen besuchten seine Ausstellungen. Vielleicht nützten sie den anonymen Besuchern mehr als den Intellektuellen und Fachleuten: wenn dies so wäre, könnte man sein Ziel als erreicht betrachten.

---

85 siehe Vortrag vor der UNESCO 1971 mit dem Titel *Race et culture*. In: Claude Lévy-Strauss, Le regard éloigné. Paris (Plon) 1983
86 vgl. »Il giro più lungo, ovvero il senso dell'antropologia«. In: Francesco Remotti, Antenati e Antagonisti. Bologna (Il Mulino) 1986
87 Claude Lévy-Strauss, *Tristes tropiques*, Paris (Plon) 1955, S. 381
88 John Maass, Where Architectural Historians Fear to Tread. In: Journal of the Society of Architectural Historians; 28, Nr.1, März 1969
89 Für die weite Verbreitung der westlichen Haltung in bezug auf die kulturelle und künstlerische Produktion von »anderen« Völkern: Sally Prince, Primitive Art in Civilized Places. Chicago (The University of Chicago) 1989. Sehr oft wird ein »anonymes« Werk als solches betrachtet, weil der westliche Mensch kein Interesse hat, dessen Ursprung zu erforschen.
90 G. Ponti, *Rudofsking*. In: Domus 486, Mai 1970
91 Das Paradoxe ist, daß gerade ein Architekt es war, der die Menschen aufforderte, die Vorgaben der Architekten nicht zu beachten. Das Streben nach dem direkten Kontakt mit den Menschen kennzeichnet übrigens die Haltung vieler Exponenten der Moderne und hängt ausdrücklich mit der neuen Rolle des Architekten zusammen.

Josef Frank, *Wohn- und Schlafraumentwurf* **für die Golden Gate-Ausstellung in San Francisco, 1939, Archiv Svenkt Tenn, Stockholm**

JOSEF FRANK IM EXIL AUF MANHATTAN 1942-46*

Kristina Wängberg-Eriksson

Offenes Haus in der Rindögatan in Stockholm

Die Gegensätze innerhalb des Österreichischen Werkbundes Anfang der dreißiger Jahre machten Josef Frank frühzeitig bewußt, wohin der aufkeimende Nationalsozialismus führen könnte. Im Dezember 1933, als sich der Werkbund in eine sozialistisch-jüdische Fraktion und einen neuen antisemitischen Werkbund spaltete, beschlossen Anna und Josef Frank, nach Schweden, Annas Heimat, zu emigrieren. Sie ließen sich in Gärdet, einem damals neu erbauten Wohngebiet funktionalistischer Prägung in Stockholm nieder.

Ende der dreißiger Jahre wurde das Stockholmer Domizil von Anna und Josef Frank zu einem geschätzten Treffpunkt für Freunde und Bekannte. Viele von ihnen kamen aus Österreich – auf der Flucht vor den Nazis. Einige zogen weiter nach England und in die USA, während andere, wie die Franks selbst, es vorzogen, vorerst in Schweden zu bleiben und den Verlauf der Ereignisse zu beobachten.

Die kleine Dreizimmerwohnung in der Rindögatan wurde zu »einer Verschnaufpause, einem geschützten Winkel, einer Oase auf der Reise durch die Wüste,« wie Elsa Björkman-Goldschmidt in ihren Memoiren berichtete.[1] Die Freunde konnten kommen und gehen, wann immer sie wollten. Die Gastfreundschaft war grenzenlos. Man trank Tee, diskutierte über Bücher, Kunst und Musik. Wachsam und mit wachsender Unruhe verfolgte man, wie alle Drohungen Hitlers in offene Kriegshandlungen übergingen.

Das Wohnzimmer von Anna und Josef Frank übernahm beinahe die Rolle eines Wiener Kaffeehauses. Elsa Björkman-Goldschmidt erinnert sich mit Rührung daran, wie sich ihr Mann, der Arzt Waldemar Goldschmidt, und Josef Frank in tiefstem Einverständnis nach Wien zurückträumten.

Manchmal konnte es auch hitzig zugehen, wie damals, als Bertolt Brecht auftauchte. Er verhöhnte die Schweden und bezeichnete die Finnen als Dummköpfe, »die ihr wahres Heil, wieder ein Teil des großen russischen Reiches zu werden«, nicht erkennen würden. Elsa Björkman-Goldschmidt:

Schließlich wurden wir persönlich und Brecht nannte mich ein reaktionäres rechtsorientiertes Dämchen. »Vielleicht auch noch Kapitalist?« zischte ich und begann, ihn gleichermaßen seinerseits Russe und Bolschewist zu schimpfen. »Für mich die höchste Ehrenbezeugung«, erwiderte Brecht.

Die Hausfrau Anna Frank war mit Elsa Björkman-Goldschmidt einer Meinung, sagte aber um des lieben Friedens willen nichts, und Josef Frank lächelte. Als die Deutschen in Kopenhagen einzogen und Gerüchte über einen Hitlerputsch in Stockholm kursierten, fuhr Brecht weiter, zunächst nach Finnland und dann nach Moskau.

August Strindberg schrieb: »So interessant im Exil zu leben, so interessant wie ein Baum aus der Erde gerissen zu sein und mit entblößten Wurzeln im Sonnenschein zu liegen und zu fühlen, wie der Saft unter der Rinde trocknet.« Diese Zeilen, so fand Elsa Björkman-Goldschmidt, fingen ihre Situation wie in einer Nußschale ein. Die Handlungskraft erlahmte, und die Schaffenslust versiegte. Freilich fühlte Frank Bitterkeit und Resignation, seine Schaffenskraft verlor er jedoch nicht. Sein »Lebensbaum« beugte sich im Sturm, wurde aber niemals geknickt.

New School

Josef Frank wurde eingeladen, an der *New School for Social Research* in New York Vorlesungen zu halten, und die Amerikapläne wurden oft zur Sprache gebracht. Im Spätherbst 1941, nach vielen Bedenken und Zweifeln, entschloß er sich mit seiner Frau Anna, die gefahrvolle Reise über den Nordatlantik inmitten des wütenden Krieges zu wagen, sechs Monate nachdem die deutschen U-Boote begonnen hatten, ihre berüchtigte »Wolfsrudeltaktik« anzuwenden. Aber die Überfahrt verlief gut. Am 18. Dezember 1941 legte die S.S. Santa Rosa am Pier in New York an – mit Anna und Josef Frank an Bord. Draußen am Atlantik hatten sie vom Angriff der Japaner auf Pearl Harbour erfahren, und sie kamen in ein Land, das sich im Kriegszustand befand. Der Bru-

---

* Deutsche Erstpublikation des Kapitels »Exil på Manhattan« aus Kristina Wängberg-Eriksson, Josef Frank. Livsträd i Krigens Skugga. (Lebensbaum im Schatten des Krieges) Stockholm (Signum Lund) 1994, S. 193-215
1 Elsa Björkman-Goldschmidt, Vad sedan hände (Was dann geschah). Stockholm 1964

Josef Frank und Ernst Křenek in Stockholm, 1938

Anna und Josef Frank in ihrer Wohnung in der Rindögatan in Stockholm, 1949
(© International Magazine Service AB)

Josef Frank, *Wohnraum der Firma Svenskt Tenn auf der New Yorker Weltausstellung*, 1939

der Philipp Frank, seit einigen Jahren Lehrer für Mathematik und Physik an der Universität Harvard, und der Architekt und Künstler László Gábor – er hatte einst den Häusern in der *Werkbundsiedlung* ihre Farbe verliehen – leisteten die finanzielle Bürgschaft für ihren Aufenthalt in den USA.

Die *New School for Social Research* war 1919 gegründet worden. Sie wurde teilweise von der Carnegie-Stiftung finanziert und war geprägt von einer liberalen Geisteshaltung. Nach der Bücherverbrennung der Nazis in Berlin im Mai 1933 verdunkelte sich der Horizont, und viele Juden und Linksintellektuelle wurden von den deutschen Universitäten ausgeschlossen. Daraufhin bildete man an der *New School* eine »University in Exile« – eine spezielle Forschungsfakultät mit Wissenschaftlern und Lehrern, die man gezwungen hatte, Deutschland zu verlassen.

Josef Frank wurde einer in einer Reihe von bekannten Dozenten an der *New School*. Hier finden wir Schriftsteller wie W. H. Auden, T. S. Eliot und André Maurois, den Philosophen Bertrand Russell, den Ökonomen J. M. Keynes, den Soziologen Lewis Mumford, den Künstler Amédée Ozenfant, den Kunsthistoriker Meyer Schapiro und die Choreographin Martha Graham. Bereits im Februar 1942 begann Frank mit seinen Vorlesungen. Die erste Serie trug den Titel *The Future of Architecture and Interior Decoration*. Zuerst sprach er über das Zeitalter des Empire, die viktorianische Epoche, Morris und Voysey, und was man daraus lernen könne. Danach beschäftigte er sich eingehend mit der Entstehung der modernen Architektur, mit den sozialen Veränderungen und den Gefahren der Mechanisierung. Abschließend griff er die totalitären Tendenzen in der Zeit auf und erörterte den Individualismus und den Kollektivismus.[2]

Im Herbst 1942 hielt er Vorlesungen unter dem Titel *Introduction to Modern Art and Architecture*. Er stellte eine Reihe von kurzen Fragen, die lange Antworten erforderten – Was ist Tradition? Was ist Form? Was ist Stil? Was ist funktionell? Was ist modern? und Was ist Entwicklung? –, und versuchte herauszufinden, was für die Entwicklung der modernen Kunst und Architektur bestimmend gewesen ist.

Im Frühling 1943, als sich das Kriegsglück zu wenden begann, behandelte er *Postwar Problems of Art* und vermittelte seine Sicht der Rolle des Künstlers in der »neuen« Welt nach dem Krieg. Im Herbst desselben Jahres hielt er seinen letzten Kurs an der New School: *Appreciation of Architecture*. Dieser war breit angelegt. In Vorlesungen und Seminaren griff er Fragen auf wie »Neue Städte und Erneuerung der alten Stadtkerne« und »Architektur als Kunst«. Ein Nebenthema war »What should our war memorials look like?« Er beabsichtigte, seine Vorlesungen in Buchform herauszugeben. Ein nie veröffentlichtes einleitendes Kapitel fand sich nach seinem Tod unter seinen Papieren:[3]

Mein Buch enthält Anschauungen über Kunst und Architektur in unserer Zeit. Ich habe mich nicht um bestimmte Ergebnisse bemüht oder um Doktrinen, wie moderne Kunst beschaffen sein soll. Darüber weiß ich nichts. Ich weiß nur, daß die Kunst unserer Zeit nichts mit den gewöhnlichen Alltagsmenschen zu tun hat. Sie ist in erster Linie für einige wenige da. Ich weiß auch, daß wir in einer häßlichen Welt leben, die jedweder Harmonie entbehrt. Jeder Gegenstand, der erzeugt wird, erhält seine Form aus dem lieblosen Kompromiß zwischen Anwendbarkeit und Verkaufbarkeit. Er wird dekoriert oder absichtlich ohne Dekor gelassen, um den Preis noch weiter zu erhöhen und den Ansprüchen nach wechselnden Moderichtungen gerecht zu werden.

Er wandte sich auch gegen die moderne Kunst, indem er den Gedanken formulierte, daß die Künstler der Jetztzeit – vielleicht gegen ihren Willen – zu »Dekorateuren« geworden seien:

Einem Tizian oder Rembrandt wäre es niemals in den Sinn gekommen, daß der Raum, in dem ihre Gemälde hängen sollten, in einem gewissen, bestimmten Stil gehalten werden müßten. Ihre Meisterwerke wirken unabhängig vom Charakter ihrer Umgebung. Sie malten ohne bestimmte Form- oder Farbschemen. Um aber ihre volle Wirkung zu erzielen, verlangen die abstrakten »Dekorationen« eines Léger, daß die Umgebung an sie angepaßt wird. Der Maler fordert in der Tat, daß die Wünsche aller anderen Menschen seinen Dekorationen untergeordnet werden müssen. Der Individualismus wird einem »höheren« Ziel geopfert. Eigentlich bedeutet das, daß wir uns dem Moralkodex der Nazis nähern.

Ein anderes Kapitel, *How to plan a house*, wurde weit später in einem der Kataloge für die große Frank-Ausstellung an der Hochschule für angewandte Kunst in Wien im Jahre 1981 abgedruckt. Hier machte er sich weitere ähnliche Gedanken wie in seinem Text *Das Haus als Weg und Platz* und brachte seine interessante Anschauung über die Rolle des Lehrers zum Ausdruck.

---

2 New School for Social Research, Course Catalogues 1942-1943
3 Archive des Architekturmuseums und von Svenskt Tenn, Stockholm

Josef Frank, *Stoffentwurf »Butterfly«*, 1944, Gouache,
Archiv Svenskt Tenn, Stockholm

Josef Frank, *Stoff »Hawaii«*, 1944,
Archiv Svenskt Tenn, Stockholm

Schriftstellermühen

Während des Krieges kamen natürlich nicht so viele Studenten an die *New School*, und Josef Frank hatte genügend Zeit, sich seiner literarischen Tätigkeit zu widmen, die er schon früher von Zeit zu Zeit gepflegt hatte. Einige frühe handgeschriebene Manuskripte sind noch erhalten sowie eine Sammlung von Gedichten, stark gefärbt von den politischen Gegensätzen in Österreich am Beginn der dreißiger Jahre. Das Ehepaar Frank hatten sich in der Park Terrace Avenue in Höhe der 215. Straße, ganz im Norden von Manhattan niedergelassen. Da saß also Josef Frank und schrieb an Romanen und Stücken. Aber keines seiner literarischen Werke von insgesamt an die tausend maschingeschriebenen Seiten wurde jemals gedruckt.

Der erste Roman entstand 1942. Es ist ein Kriminalroman in drei Teilen mit dem Titel *Die Friedenskonferenz*. Die satirische Spitze richtet sich gegen das Naive in der amerikanischen Mentalität und gegen den simplen Fortschrittsoptimismus. Man könnte daraus schließen, daß es Frank anfangs schwerfiel, sich in den USA zurechtzufinden, und daß dies dazu beitrug, daß er ernsthaft zu schreiben begann.

Sein zweiter Roman, *Das Leben des Malers Lucien Sanders*, hat die Form einer Biographie und handelt von einem Künstler, der zu seinen Lebzeiten große Beachtung fand. Er vertritt den »Sublimismus«, eine weitere neue (von Frank erfundene) Kunstrichtung. Nach Sanders Tod werden seine einst so hochgeschätzten Bilder in die Museumskeller verbannt. Hier gesellen sie sich zu den Werken von Brancusi, Kandinsky, Léger, Miró und vielen anderen modernen Künstlern. Frank ironisiert hier die modernistische Kunst, die die Bande mit früheren Epochen zerschnitten hat.

Aus den Jahren in New York stammen auch zwei dramatische Werke. Das erste trägt den Titel *Woch*, womit eine nazistische Gottheit bezeichnet wird, die auch etliche Züge Wotans aufweist. Mit Abscheu und Schärfe wendet sich Frank darin gegen den Rassismus und die Judenfeindlichkeit der Hitlerzeit. Einstein, Rothschild und Trotzki stehen auf der Rollenliste, und in einer Szene überlegen sie sich auf Jiddisch, wie die Deutschen unschädlich gemacht werden könnten. In einem Institut für Rassenforschung hat man überdies entdeckt, daß das jüdische Blut nicht nur rote, sondern auch schwarze Blutkörperchen enthält, die auf andere lebende Wesen eine furchtbare giftige Wirkung haben. In der Schlußszene beschwört Frank ein Schreckensszenario herauf, in dem Paris, Moskau und Jerusalem nach deutschen Angriffen in Schutt und Asche gelegt werden und das Dritte Reich als »Befreier« der ganzen Welt dasteht.

Sein zweites Stück, *Träume*, bezeichnet er als Komödie, trotz des tragischen Ausgangs. Die Handlung spielt in Paris und Florenz Anfang der dreißiger Jahre. Die Hauptperson, Anton Helder, hat in Paris sein großes Glück gemacht. Es gelingt ihm jedoch nicht, ein echtes Künstlertum zu entwickeln. Auch in den Irrgängen der Liebe findet er sich nicht zurecht. Das Ganze endet am Westbahnhof in Wien, wo er sich das Leben nimmt.

Anläßlich des Frank-Symposiums in Wien 1985 schrieb Georg Schöllhammer über Franks literarische Produktion: »Sie enthält keine Meisterwerke, die Sprache ist zu trocken und die Personen sind allzu schematisch gezeichnet und hölzern.« Dennoch ist es imponierend, daß Frank die Kraft aufbrachte, mehrere umfangreiche literarische Projekte zu Ende zu führen. Er sah jedoch nach und nach ein, daß sein großes künstlerisches Talent eher im Gebrauch von Pinsel und Farben lag als im Gebrauch der Feder.

Manhattan als Stoffmuster

Josef Frank hielt den Stadtplan von Manhattan für »genial in seiner brutalen Vereinfachung« und zeichnete ein Muster, das in Kreisen und Rechtecken die Karte der länglichen Insel darstellt. Der linke Kreis zeigt die Südspitze mit Battery Park. In Höhe der 12. Straße, nicht weit vom Washington Square, liegt die *New School for Social Research*.

Im Rechteck in der rechten oberen Ecke finden wir den Central Park mit den großen Museen, und im unteren Rechteck sieht man die Nordspitze von Manhattan mit der Washington Bridge, Cloisters und Inwood Hill Park. Hier wohnten Anna und Josef, nahe dem Broadway, dem ehemaligen Indianerpfad, der sich nie in das rechtwinkelige Straßennetz einfügen ließ. Hierher, in die Gegend nördlich von Harlem, zog es Schriftsteller und Künstler.

Pepis unbändige Flora und Fauna

Mit seinem Dasein als Dozent und Schriftsteller kann Josef Frank nicht ganz zufrieden gewesen sein. Der Schaffenstrieb drängte ihn zu konkreteren Formen des Ausdrucks. Er kehrte daher zu den Stoffmustern zurück. Im Winter 1943/44, nach seinen letzten Vorlesungen an der *New School*, zeichnete er viele seiner besten Stoffmuster. Hier im oberen Manhattan, mitten im Krieg, wuchsen seine paradiesischen Lebensbäume heran, frei und ungehemmt wie nie zuvor: Sie folgen nicht den Gesetzen der Botanik und sind auch nicht symmetrisch über den Stoff verteilt.

Für Frank war William Morris ein Bahnbrecher im Erschaffen von Mustern. Aber die meist frei wogende Linie und das Fehlen einer deutlichen Symmetrie unterscheidet seine eigenen Muster markant von denen des Engländers.

Während der Vorkriegsjahre waren es meist Haus & Garten-Muster, die bei Baker's in England für Svenskt Tenn gedruckt wurden. Aber einige Muster, *Catleya*, *Pepis flora*, *Svenska vårblommor* (Schwedische Frühlingsblumen) und *Tre öar i Svarta Havet* (Drei Inseln im Schwarzen Meer) entstanden in Schweden, bevor der Krieg die Zusammenarbeit von Estrid Ericson – der Gründerin der Firma Svenskt Tenn – und Josef Frank für einige Jahre unterbrach.

Während des Krieges saß also Josef Frank im achten Stockwerk in Park Terrace Gardens und zeichnete Muster, die sich nicht in »totalitäre« Systeme pressen ließen. Es ist fast, als wollte er die Schlechtigkeit der Zeit mit unbändiger Lebenskraft beschwören. Ausgerüstet mit kleinen amerikanischen Handbüchern über Bäume, Kräuter, Vögel und Insekten erschuf er einen unvergleichlichen Schatz an Mustern.

Naturalistisch abgebildete Blätter aus Nordamerikas reicher Laubbaumflora fügte er zu einem eigenen Amerikabaum, *US Tree* zusammen. Er zeigt ein artenreiches Blätterwerk mit Blättern vom Tulpenbaum, dem Zuckerahorn, der Sykomore, der Eiche, der Magnolie, der Linde und vieler anderer Baumarten, alle versehen mit ihrem lateinischen Namen in Rotschrift.

An der Grenze zwischen Phantasie und Wirklichkeit wuchsen die kunsthistorisch gesehen »richti-

Josef Frank, *Stoffentwurf »US Tree«*, 1944, Gouache, Archiv Svenskt Tenn, Stockholm

gen« Lebensbäume – *Vegetable tree* (Grüner Baum) und *Hawaii.* Im *Vegetable Tree* wachsen das Gänseblümchen und die Hagebutte friedlich nebeneinander auf demselben Zweig. In der Nachbarschaft befinden sich exotische Früchte und Gemüsesorten, die beinahe, aber nur beinahe, richtig sind. Frank stilisierte die Formen und erhöhte die Farbintensität, um einen maximal dekorativen Effekt zu erreichen. Es entstand eine verwirrende Mischung aus Naturgetreuem und Phantastischem.

In der Nähe des Gänseblümchens im *Vegetable Tree* sieht man die Blätter von einer der ältesten Baumarten der Welt – Ginkgo biloba, Tausende von Jahren lang ein heiliger Baum in den chinesischen Tempelhainen. Aufgrund seiner leuchtenden gelben Herbstfarben wurde er in Japan und später im Abendland sehr geschätzt. Die mehr oder weniger ausgebreitete Fächerform der Blätter hatte es Frank angetan. Sie sind in seiner frühen Produktion zu finden und wurden immer wieder für neue Kompositionen aus dem Formenvorrat hervorgeholt.

The Green Book of Birds[4] inspirierte Frank zu den *Grünen Vögeln*. Sie sitzen in einem mangroveartigen Paradiesbaum, der seine Nahrung in seltsamen Wurzelknollen sammelt. Die Blumen des Baumes sind am ehesten mit der Ackerwinde verwandt, ebenfalls eines von Franks Lieblingsmotiven, das er bereits in Wien im Biedermeiermuster *Sweet* verwendet hat.

Der Star auf dem Umschlag des Buches *The Green Book of Birds* durfte ebenfalls mit auf den Paradiesbaum kommen, der ansonsten für uns etwas fremde Abarten von Taube, Ente, Reiher und vielleicht einen Papagei beherbergt. In dem kleinen Spiralblock, den Frank für seine Musterideen verwendete, gibt es eine Bleistiftskizze von einem Baum mit einer Schar von Staren. So begann er wahrscheinlich seine Arbeit an den *Grünen Vögeln*. Die fertige Musterkomposition ist in Gouache-Malerei ausgeführt.

Südchinesische Berge inspirierten ihn zu der Skizze *T'ang*. Später erhielten die Berge eine festere Form, und dem graphischen Effekt zuliebe malte Frank Feigen und Feigenblätter. Das Muster wurde *Rox and Fix* – »rocks and figs« – getauft.

Die Namen haben große Bedeutung: wie *Rox and Fix* – ein Wortspiel; andere Male sind sie mehr scherzhaft formuliert oder suggestiv, um die Phantasie anzuregen. *Arras* und *Tournai* führen die Gedanken zu mittelalterlichen Bildgeweben, ebenso wie *Mille Fleurs*. Eine deutliche Sprache sprechen *Drinks, Honey, Italian Dinner, Poisons* und *Vitamins.* Der bloße Name *Baranquilla* und *Brazil, Djungel* oder *La Plata* bewirkt, daß man sich in den tropischen Regenwald mit all seinen Geräuschen und Düften versetzt fühlt. Das Sprachliche in Vereinigung mit dem Visuellen verzaubert und entzückt.

4 Frank G. Ashbrook, The Green Book of Birds of America. 1931

Josef Frank, *Stoffentwurf »Grüne Vögel«*, 1944, Gouache,
Archiv Svenskt Tenn, Stockholm

Josef Frank, *Stare*, Bleistiftskizze, Archiv Svenskt Tenn, Stockholm

Josef Frank, *Stoffentwurf »Rox and Fix«*, 1944, Gouache,
Archiv Svenskt Tenn, Stockholm

Josef Frank, *»T'ang«*, Bleistiftskizze, Archiv Svenskt Tenn, Stockholm

California, *Darwin* (=Tulpe), *Herbs* und *Citrus* sind New Yorker Beiträge zu »Pepis Flora«, die mit der Zeit ziemlich vollständig wurde und sowohl wilde als auch gezüchtete Gewächse aus verschiedenen Klimazonen umfaßt.

Frank wollte, daß die Wunder und die Schönheit der Natur in den eigenen vier Wänden mühelos erlebt und genossen werden können. Der Artenreichtum und die natürlichen Variationen sollten auch in geschlossenen Räumen ein ruhespendendes Gefühl der Freiheit und Abwechslung schenken. Er sah das Zuhause als Gegenpol zur Monotonie des modernen Berufslebens und dessen Forderung nach Perfektion.

Am 6. Mai 1944 schrieb er in einem Brief an Estrid Ericson: »Ich habe nun 23 neue Muster gezeichnet und das, so glaube ich, sollte für längere Zeit genügen, wenn es einmal in Gang kommt.« Was »in Gang kommen« sollte, war das Drucken der Stoffe. Dies geschah aber erst ein paar Jahre nach Kriegsende, als der Meisterdrucker Erik Ljungberg in Floda, Schweden, mit seiner neuen Filmdrucktechnik begann.

Im Sommer 1944 zeichnete Frank weitere 27 Stoffmuster. Insgesamt schickte er Estrid 50 neue Muster als Geschenk zu ihrem 50. Geburtstag am 16. September desselben Jahres. Man fragt sich, wie sie wohlbehalten in Strandvägen 5A ankamen, mit Lastschiffen in einem britischen Konvoi oder mit einer DC-3 über den Atlantik. Seit bald fünfzig Jahren hat es seither die »Geburtstagsmuster« bei Svenskt Tenn zu kaufen gegeben. Immer in gleicher Weise gefragt und geliebt.

Wieder zurück nach Schweden

In ihrem Telegramm an Estrid Ericson am Silvesterabend 1944 grüßten Anna und Josef Frank: »Received cable. Best wishes you and Sigfrid. Hope to come spring.« Ganz so schnell ging es jedoch nicht, die Heimreise zu arrangieren. Nach Kriegsende war der Platz auf den Schiffen rar. Erst zum Monatswechsel Januar/Februar 1946 konnten sie New York verlassen.

Während der Jahre in New York hatte Frank einige Kontakte für den Druck und vielleicht auch zum Verkauf seiner Stoffe in den USA geknüpft. Er zeichnete einige Muster für die angesehene Textilfirma Schumachers, was jedoch lediglich zu einigen Probedrucken geführt haben dürfte.

Zum großen Glück für die schwedische Einrichtungskunst traf er in den USA niemals einen praktisch veranlagten Organisator mit gutem Geschmack, der für ihn die gleiche wichtige Rolle spielen konnte wie Estrid Ericson. In Briefen an sie erwähnte er jedoch den Gedanken an eine Filiale von Svenskt Tenn in New York, »eine Filiale, nach der man ein paarmal im Jahr schaut«.

Bei ihrer Rückkehr nach Göteborg mit der Mangarella der Schwedischen Amerika-Mexikolinie am 8. Februar 1946 wurden Anna und Josef von Estrid und einer guten Freundin aus Wien, der Landeshauptmännin Emma Jacobsson empfangen. In einem Interview erzählte er:

Die gesamte amerikanische Lebensführung mit der weitgehenden Mechanisierung des Haushalts bewirkt, daß alle traditionellen Begriffe der Wohnungseinrichtung entsetzlich tief im Kurs stehen. Infolgedessen ist das Interesse für die Einrichtungskunst im allgemeinen nicht sehr groß. Wenn eine amerikanische Familie von einem Ende der USA an das andere übersiedelt – was gar nicht so ungewöhnlich ist – stellt man die Möbel auf die Straße hinaus, wenn sie nicht die Heilsarmee bekommt.

Im selben Zeitungsartikel kam auch Estrid Ericson zu Wort:

Prinz Eugen hat die Stoffmuster, die der Herr Professor aus Amerika nach Hause schickte, gesehen und schätzte sie höher als die des klassischen William Morris persönlich. Etwa dreißig Muster wurden von Ing. Erik Ljungberg probegedruckt, und ich bin überzeugt davon, daß sie in die ganze Welt hinauswandern werden, sobald es wieder erlaubt ist, auf Baumwolle und Leinen zu drucken.

Auf Einladung des Yrkeskvinnors Klubb (Club der berufstätigen Frauen) hielt Frank kurz nach seiner Rückkehr nach Stockholm einen Vortrag im Rathaus.[5] Das Thema war *Das amerikanische Heim*. Er erläuterte den historischen Hintergrund:

Die schnelle Entwicklung der USA von einem Neusiedlerland zum mächtigsten Staatsgebilde der Welt basiert in hohem Grad auf der Tüchtigkeit und Betriebsamkeit des einzelnen. Dies hat einen kindlich frohen Optimismus geschaffen, einen Traum vom Erfolg, der alles prägt, was die Amerikaner tun, und sich sogar in der Wohnungseinrichtung widerspiegelt. Hier in Europa richten wir uns darauf ein, schöne und wertvolle Dinge zu schaffen, die wir unser ganzes Leben lang behalten können. Ein Yankee will sich so schnell wie möglich verbessern. Alles Neue wird als besser angesehen.

Bald fanden Estrid Ericson und Josef Frank wie-

5 siehe Anm. 3

**Josef Frank, *Stoff »Terrazzo«*, 1944,
Archiv Svenskt Tenn, Stockholm**

**Josef Frank, *Stoff »Italian Dinner«*, 1944,
Archiv Svenskt Tenn, Stockholm**

der zu ihrer intensiven Zusammenarbeit bei Svenskt Tenn zurück. In den folgenden Jahren schuf Frank mehrere seiner Meisterstücke, die heutzutage zu den Höhepunkten der Möbelkunst gezählt werden.

Kaufmann's Schaufenster in Pittsburgh

In dem erwähnten Brief an Estrid Ericson vom Mai 1944 sprach Frank auch von seinen ziemlich vagen Plänen für eine Ausstellung in den USA nach dem Krieg. Es dauerte einige Jahre, bis sie durchgeführt werden konnte, und zwar in Pittsburgh, Pennsylvania. Dort war sein guter Freund und Architektenkollege László Gábor als künstlerischer Leiter in dem großen Warenhaus Kaufmann's tätig. Er nahm sich der Sache an. Sara Debenedictis, eine Angestellte von Kaufmann's, fuhr nach Europa, um sich davon zu überzeugen, daß das Sortiment von Svenskt Tenn für das amerikanische Publikum geeignet war. In einer ganzseitigen Annonce in der Pittsburgh Post-Gazette 1951 wurde die Ausstellung als *Swedish Contemporary*, in Stockholm eigens für Kaufmann's erzeugt, präsentiert.

In fünf Schaufenstern zur Smithfield Street wurden die Einrichtungen von fünf Räumen gezeigt: living-room, dining-room, garden-room, study, bed-room. Die Ausstellung fand großen Anklang, und zu Estrid Ericson, Strandvägen 5A, kam ein Glückwunschtelegramm von Sara Debenedictis von Kaufmann's geflattert: »Congratulations, windows great success. Thanks.«

Josef Frank wurde von der Pittsburgher Presse interviewt, und er nahm die Gelegenheit wahr, seine Thesen über Einrichtung zu erläutern. »Wir müssen immer nach Vielfältigkeit streben. Es darf niemals einheitlich oder standardisiert werden. Man sollte den Kunden fragen: Was gefällt Ihnen? Was wollen Sie haben? Und man darf nicht befehlen: Sie sollen das oder das haben!« Er sagte weiter:

Josef Frank, *Schlafzimmer*, **Kaufmann's Department Store, Pittsburgh, Pennsylvania, 1951**

Als ich vor beinahe zwanzig Jahren nach Stockholm übersiedelte, führte ich einen neuen »Stil« ein. Ich ging zurück auf American Colonial und das englische 18. Jahrhundert (Georgian), besonders Chippendale und Queen Anne. Ich führte bedruckte Stoffe mit Blumenmuster ein, die sich schon großer Beliebtheit erfreuten in Ländern wie England, Frankreich, Indien und China, ja überall, nur erstaunlicherweise nicht in Schweden. Wovon Schweden am meisten hat, ist guter Geschmack und Anspruchslosigkeit.

Eine neu entworfene *Blumenkommode* hatte besonders großen Erfolg. Sie war mit Drucken von Carl Lindmanns schwedischer Flora tapeziert. Ihre milde Farbskala harmoniert mit dem hellen Mahagoni. Sie ruht auf Kugelfüßen, die nicht völlig kugelrund sind, sondern eher superellipsoid, mit kurzem Hals. Die Proportionen sind erlesen in ihrer Einfachheit. Syrie Maugham, die ungekrönte Königin des englischen Interior Design, bestellte diese Florakommode später für ihr weißes Schlafzimmer.

Die *Ausstellung bei Kaufmann's* in Pittsburgh war der Schlußpunkt von Josef Franks Aktivitäten im Ausland als einer der Führenden jenes Einrichtungsstils, der bereits vor dem Krieg »Swedish Modern« getauft worden war, der in Wahrheit aber viel mehr dem Wiener Möbel und der Wiener Raumkunst der zwanziger Jahre verdankte als der schwedischen Herrenhoftradition.

**Hermann Neubacher, Josef Frank, László Gábor und Ernst Lichtblau (v.l.n.r.) mit Mitarbeiterinnen
vor Ernst Lichtblaus *Fremdenverkehrspavillon* auf der Werkbundausstellung 1930 im Wiener Museum für Kunst und Industrie**

ENTWURZELT

Sobotka, Wlach und Frank in Pittsburgh und New York

Maria Welzig

»Hoffentlich sehn wir uns bald in Amerika«, schrieb Josef Frank im Juli 1938 an die Malerin Trude Waehner, »es ist ja sehr traurig, daß man jetzt wieder so zerstreut wird, aber, sagte Artur Schnabel zu Křenek, wir Österreicher hätten nun die schöne Aufgabe wie weiland die Griechen im römischen Reich Kultur zu verbreiten ...«[1]

»Zerstreut« wurde eine Generation der Wiener Architekturmoderne der Zwischenkriegszeit, in der Josef Frank die führende Rolle gespielt hatte; Oskar Wlach und Walter Sobotka waren ihm seit ihrer Studienzeit an der Technischen Hochschule in Wien eng verbunden.

Stichworte zur Architektur-Gesinnung dieser typischen Wiener Moderne sind: Humanismus, Traditions-Bewußtsein (Vorbild Renaissance und Antike), Zeitlosigkeit, Ablehnung jeglicher Doktrin. Auch die etwas Jüngeren, Hans Adolf Vetter und Felix Augenfeld, gehörten zu diesem Kreis.

Frank, Wlach und Sobotka traf die Emigration in einem Alter, in dem ein Neubeginn schwer ist. Tatsächlich gelang keinem der drei eine befriedigende Fortsetzung seiner Karriere. Der Verlust des eigenen kulturellen Hintergrundes wirkte sich auch auf die Arbeit aus. So klagte Frank in einem Brief aus Stockholm im März 1939 an Trude Waehner: »Hier lebe ich ja auch ziemlich einsam und bin sozusagen auf mich selbst angewiesen und da kommt kaum mehr viel heraus, und so beginne ich mit Wiederholungen.«[2]

Einen Einschnitt stellte allerdings bereits das Jahr 1934 mit dem Ende der Demokratie in Österreich dar. Franks ›erste‹ Emigration erfolgte in diesem Jahr mit der Verlegung seines Hauptwohnsitzes nach Stockholm. Bis zum »Anschluß« kam er jedoch regelmäßig nach Wien zurück, arbeitete auch hier und blieb 50%-Eigner des Einrichtungsgeschäftes *Haus & Garten*, das er 1925 mit Wlach gegründet hatte. Erst 1938 kam der endgültige Bruch. Von diesem Jahr an plante Frank bereits die Auswanderung in die USA, die jedoch erst im Dezember 1941 möglich werden sollte.

Mit den genannten Architekten ist – neben New York und Los Angeles – ein dritter Sammelpunkt der österreichischen Architekturemigration in den USA verbunden: Pittsburgh. Hier fanden Walter Sobotka und Hans Adolf Vetter ihren ständigen Wohnsitz. Im Zusammenhang mit Pittsburgh tauchen zwei weitere Österreicher auf: der Maler László Gábor, auf den die Pittsburgh-Verbindung zurückgeht, und – in einem kleinen Ausschnitt seines Lebens – Bernard Rudofsky. Eine gewisse Rolle spielte Pittsburgh auch im Werk Josef Franks, Richard Neutras und Joseph Urbans.

Pittsburgh und Kaufmann

Pittsburgh, im Bundesstaat Pennsylvania, war das Zentrum der amerikanischen Stahlindustrie. Hans Adolf Vetters erster Kommentar zu der Stadt, in die er im Herbst 1947 als Professor am Carnegie Institute of Technology übersiedelt war, lautete: »Pittsburgh ist so häßlich, daß man die Häßlichkeit nicht mehr als solche empfindet. Man sieht vielmehr die dramatische Kraft dahinter und fühlt, daß in weiteren 50 Jahren die ganze Stadt entweder verlassen oder gesäubert und gewandelt sein wird.«[3]

Der Bezug der österreichischen Emigranten zu dieser Stadt hängt fast ausschließlich mit einer einzigen Familie zusammen – den Kaufmanns.

Edgar J. Kaufmann sen. (1885-1955), Besitzer des gleichnamigen Department Stores, zählte zu den einflußreichsten Leuten der Stadt. Er war hochkultiviert, besaß eine große Kunstsammlung und spielte als Mäzen eine Rolle für das Kulturleben der Vereinigten Staaten. Er war es, der Frank Lloyd Wrights Meisterleistungen im Alterswerk zu ermöglichen half. Wright richtete 1935-37 *Kaufmann's Office* in Pittsburgh ein und baute in denselben Jahren das *Falling Water House* in der Umgebung der Stadt für ihn. Durch aufsehenerregende (städtebauliche) Projekte versuchte Kaufmann, den Architekten an Pittsburgh zu binden.

Kaufmann verband sein Interesse und Verständnis für Kunst mit seinen geschäftlichen Interessen – in einer Art, wie es damals nur in den USA möglich war. Er machte Werbung für seinen Department Store, indem er ihm das Image

---

1 Frank an Waehner, Juli 1938. Sammlung Spalt, Wien. Briefe Franks aus den Jahren 1938 bis 1940 und 1946 bis 1953 an die Malerin Trude Waehner geben ein Bild vom Leben des Architekten seit seiner Emigration. Professor Spalt danke ich für die Möglichkeit der Einsicht. Die Datierung der Briefe, die oft nachträglich durch den Sohn Trude Waehners erfolgte, ist nicht immer verläßlich.
2 Frank an Waehner, 23. März 1939 (ebenda)
3 Vetter an Milan Dubrovic und Max Fellerer, Pittsburgh, 3. Oktober 1947

eines Zentrums des Gegenwart-Stils gab.⁴ So konnte es auch kommen, daß intellektuelle und ernstzunehmende Künstler in Kaufmann's Department Store eine Anstellung fanden.

Die Verbindung zu den Österreichern dürfte über den Sohn des Warenhausbesitzers, Edgar J. Kaufmann jun. (1910-1989), zustande gekommen sein, der als Kunsthistoriker nach dem Krieg die Abteilung für Industrial Art and Design am Museum of Modern Art in New York leitete. 1928/29 hatte er bei Eugen Steinhof in der Klasse für Bildhauerei an der Kunstgewerbeschule in Wien studiert. Auf die Wiener Studienzeit geht vermutlich auch die Freundschaft mit László Gábor zurück.

*

László Gábor wurde 1895 in Budapest geboren, er erhielt eine Ausbildung als Maler, war aber ab dem Beginn der zwanziger Jahre in Wien immer stärker in das Gebiet des Designs und der Architektur involviert. Von 1928 an war Gábor Geschäftsführer des Österreichischen Werkbundes. Für die von Frank geleitete *Mustersiedlung des Österreichischen Werkbundes* erstellte er 1932 das Farbkonzept. Gábor pflegte in Wien – wie sich Bernard Rudofsky erinnerte – mit Frank als Stammgast im Café Museum zu sitzen.⁵

Im Jänner 1935 emigrierte László Gábor aus Wien in die USA und war ab Juni desselben Jahres bereits Art Director in Kaufmann's Department Store in Pittsburgh. Im folgenden Jahr erhielt er eine Stelle als Part Time Assistant Professor for Architecture am renommierten Carnegie Institute of Technology in Pittsburgh, die er bis 1941 innehatte.⁶

Durch Gábor konnte 1938 einer ganzen Reihe von Österreichern geholfen werden. Gábor gab Affidavits und leistete weitere für die USA-Emigration notwendige Hilfestellungen u.a. für Walter Sobotka (er kümmerte sich auch um eine Stelle für Sobotka in Pittsburgh), für Trude Waehner, für Waehners Sohn Gustav, für seinen eigenen Neffen, für Anna und Josef Frank, Oskar Wlach, Wlachs Neffen Tobias, den Schriftsteller Soma Morgenstern und den ehemaligen sozialdemokratischen Wiener Baustadtrat Hugo Breitner.

*

Bernard Rudofsky fand selben Jahr wie László Gábor, 1935, Unterstützung bei Kaufmann. Von November 1935 bis Juli 1936 verdiente der über Italien aus Österreich ausgewanderte Architekt sein Geld als Designer im Warenhaus der Kaufmanns.⁷ Kaufmann gab auch ihm das für ein Aufenthaltsvisum unabdingbare Affidavit.⁸

Bernard Rudofsky war dabei, als Frank Lloyd Wright 1935 Kaufmann seine Pläne für *Falling Water* präsentierte.

Als Rudofsky einige Jahre später für São Paulo in Brasilien ein umfassendes Konzept für ein Einrichtungsgeschäft *Casa y Jardine* entwarf, beinhaltete dies auch eine Kunstgalerie nach dem ausdrücklichen Vorbild der Wechselausstellungs-Galerie im obersten Geschoß von Kaufmann's Department Store. Ein weiteres Vorbild war auch Franks Wiener Geschäft *Haus & Garten*. Unter anderem sollte eine Kollektion brasilianischer Kretonne – »à la Dufy, Frank, Ponti«⁹ – angeboten werden.

Die Tabis (japanische Fußbekleidung) der Sandalenkollektion für I. Miller entwarf Rudofsky in New York 1935/36 unter Verwendung von Stoffentwürfen aus *Haus & Garten*, ebenso hatte er seine spätere Frau Berta bereits um 1933 veranlaßt, sich eine elegante Garderobe aus *Haus & Garten-Stoffen* (in Chintz und Leinen) anfertigen zu lassen.¹⁰

Inmitten eigener Zeichnungen bewahrte Rudofsky einen großen Druck eines Frank-Entwurfes auf, der zu dessen charakteristischsten – leichtesten und offensten – zählt: den *Idealentwurf für ein Hofhaus in Skärgården* bei Stockholm (1927).¹¹ Die »Wiederentdeckung« des Hofhauses in der modernen Architektur der zwanziger und dreißiger Jahre ist Frank und Rudofsky ja gleichermaßen zuzuschreiben. Überhaupt verbinden die beiden aus verschiedenen Generationen stammenden Architekten viele gemeinsame Vorlieben: Italien, die Antike, das südspanische und überhaupt das orientalische Wohnhaus, das Interesse für Ostasien etc.

Frank schrieb übrigens 1946 die Einleitung zum Katalog einer Ausstellung über südamerikanische Architektur in Stockholm, bei der Rudofsky prominent vertreten war.¹²

*

Josef Franks Verbindung zu Pittsburgh datiert vom Februar 1951, als in den Schauräumen von Kaufmann's Department Store in Pittsburgh eine *Josef Frank-Möbel-Ausstellung* stattfand.¹³ In der Ausstellung wurden auch Franks späte Städtebau-Aquarelle gezeigt. Der Architekt hielt zu diesem Anlaß einen Vortrag. Als Gast Edgar Kauf-

4 Siehe dazu Richard Cleary, Edgar J. Kaufmann, Frank Lloyd Wright and the »Pittsburgh Point Park Coney Island in Automobile Scale«. In: Journal of the Society of Architectural Historians LII, Juni 1993, S. 139ff. Kaufmann sponserte etwa Wrights Modell für die *Broadacre City* und stellte es im Juni 1935 als zentrales Stück der »Federal Housing Administration's Ausstellung 'New Homes for Old'« im Auditorium seines Department Store aus. Die Ausstellung bildete die Attraktion des 64th Anniversay Sale von Kaufmann's Department Store. (Zu dieser Zeit war übrigens bereits László Gábor Art Director bei Kaufmann's, der wohl auch für das Erscheinungsbild der 64. Jahresfeier mit zuständig war.)
5 Mitteilung von Berta Rudofsky, Juli 1994
6 Überliefert ist das Thema eines Vortrages, den Gábor am 12. Oktober 1942 in Kaufmann's Department Store als Veranstaltung des Carnegie Institute of Technology hielt: *The Store Interior as an Architectural Problem*.
7 László Gábor war ein Freund von Bernard Rudofskys Schwester gewesen. Der Kontakt Rudofskys zu Kaufmann's könnte aber auch über in New York lebende österreichische Bekannte gelaufen sein, die Edgar Kaufmann jun. aus Kitzbühel vom Schifahren kannten (Mitteilung von Berta Rudofsky).
8 Für die Mitteilungen über Bernard Rudofskys Zeit in Pittsburgh danke ich Berta Rudofsky.
9 Auf drei Notizblättern hielt Rudofsky seine Ideen für *Casa y Jardine* fest. Berta Rudofsky, Nerja/New York
10 Mitteilung von Berta Rudofsky, Juli 1994. Ein Teil der Kleider befindet sich heute in der Textilsammlung des Österreichischen Museums für angewandte Kunst, Wien.
11 Berta Rudofsky, Nerja/New York
12 Briefe Franks an Waehner, April 1946 (s. Anm. 1)
13 siehe den Beitrag von Kristina Wängberg-Eriksson

Josef Frank, Sessel, im *Falling Water House* von Frank Lloyd Wright

manns wohnte er einige Tage im *Falling Water House*: »Nun bin also in der Stadt P. ... Bisher war ich zwei Tage in Kaufmanns Landhaus, es war dort sehr schön, wildromantisch und das Haus (Wright) sehr gut. Three swimming pools too ... Nun sind wir gestern wieder zurück (auch Sobotka war da) und morgen werde ich in die Stadt P. sightseeing gehen, es ist aber nicht viel zu sehen ... Gestern habe ich auch geholfen, in Mr. K.'s neuer Stadtwohnung 5 Bilder aufzuhängen, die er eben für one million eingekauft hat ...«[14]

Im *Falling Water House* steht ein *Sessel Franks*, angefertigt 1950 in Schweden, der vermutlich nach der Ausstellung von 1951 in den Besitz der Familie Kaufmann gekommen ist.[15]

*

Walter Sobotka kam 1941 als Lehrer in das »Research Bureau for Retail Training«; es war dies ein kooperatives Unternehmen der University of Pittsburgh und Pittsburghs Department Stores, gegründet 1918, zur professionellen Ausbildung von Einzelhandelskaufleuten. Die Finanzierung erfolgte durch die Department Stores. Edgar J. Kaufmann sen. war Komitee-Vorsitzender des Research Bureaus.

Im Februar 1944 traf Sobotka Kaufmann, um ihm sein Projekt für ein *vorfabriziertes Wohnhaus* vorzustellen, das er vielleicht im Hinblick auf Kaufmanns innovative Pläne zum Vertrieb standardisierter Häuser in seinem Department Store[16] begonnen hatte, und im April 1945 schickte Sobotka seinen Artikel *Better Taste and Decent Merchandise – a Worthy Cause for Promotion* an Kaufmann.

*

Joseph Urban hatte bereits 1926 einen Entwurf für die *Neugestaltung von Kaufmann's Department Store* – im Auftrag des Besitzers – vorgelegt. Furore machte Urban dann 1929 mit der *Einrichtung eines Bankettraumes* im angesehenen Pittsburgher *William Penn Hotel* gemacht.

*

Richard Neutra baute für Edgar Kaufmann 1946 (sehr zum Ärger Frank Lloyd Wrights) ein *Haus in Palm Springs*, Kalifornien. Josef Frank wußte diesbezüglich – nach einem Treffen mit Kaufmann jun. in Stockholm, 1946 – zu berichteten: »Mit dem Haus Neutras in California sind sie [die Kaufmanns] sehr unzufrieden, da war Wright eben besser.«[17]

*

Victor Hammer (1882-1967), ein weiterer öster-

---

14 Frank an Waehner, Dienstag (?) 1951 (s. Anm. 1)
15 Der Sessel kam 1963 aus dem Besitz Edgar J. Kaufmanns jun. in das Falling Water House.
16 1938 plante Kaufmann, eines von Wrights Häusern (eine Version des *Herbert Jacobs Hauses*) als Standardhaus durch sein Warenhaus zu vertreiben.
17 Frank an Waehner, 24. Mai 1946 (s. Anm.1)

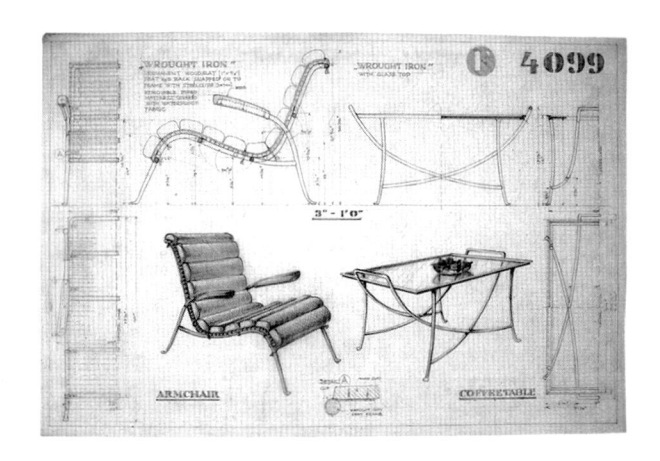

Walter Sobotka, *Möbelentwürfe aus Eisen*, 1940, Perspektiven und Schnitte, Mischtechnik, Avery Library, Columbia University

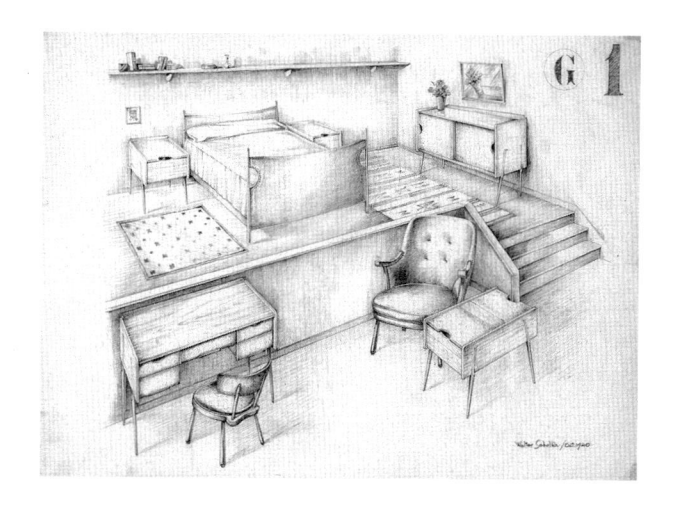

Walter Sobotka, *Wohn- und Schlafzimmerentwurf*, 1940, Perspektive, Bleistift, Avery Library, Columbia University

reichischer Emigrant und ehemaliger Leiter einer Malerei-Klasse an der Wiener Akademie, ist – neben Franks Sessel – ebenfalls im *Falling Water House* mit einem Portrait Edgar Kaufmanns sen. vertreten.

Walter Sobotka

Das Werk Walter Sobotkas gehört zu den unaufgearbeiteten Kapiteln der österreichischen Architekturgeschichte des 20. Jahrhunderts. Der Nachlaß des Architekten liegt uninventarisiert in der Avery Library der Columbia University in New York.

Walter Sobotka war jener Wiener Architekt, zu dem Josef Frank wohl die engsten persönlichen Beziehungen hatte.[18] Sobotka bezeichnete sich selbst im amerikanischen Exil immer als Vertreter der »Viennese School«, als »follower« Franks, den er die führende Figur der Wiener Avantgarde der zwanziger Jahre nannte.[19]

Nach dem Anschluß Österreichs versuchte László Gábor, in Pittsburgh eine Stelle für Sobotka zu finden. Im Juni 1938 mußte Josef Frank jedoch über Gábors Bemühungen an Trude Waehner berichten: »Für Juden ist es recht schwer, so hat man ihm [Gábor] den Sobotka zugedachten Platz schon abgelehnt.«[20] Erst 1941 konnte Sobotka in Pittsburgh eine Stelle als Assistant Professor, später Associate Professor for Applied Arts and Textiles am Research Bureau for Retail Training (später: School of Retailing) der University of Pittsburgh antreten, wo er bis zu seiner Emeritierung 1958 unterrichtete. An der Architekturfakultät des Carnegie Institute of Technology erhielt Sobotka von 1941 bis 1947 einen Lehrauftrag für Interior Decoration.

*

Aufträge in den USA. Vor seiner Übersiedlung nach Pittsburgh verdiente Sobotka in New York sein Leben zunächst als Designer von *Bugholzmöbeln* bei Thonet Bros., N.Y. (1938/39), dann über mehrere Monate hinweg als Mitarbeiter des amerikanischen Designers Russell Wright beim Entwurf von Porzellangeschirr sowie mit Einrichtungsaufträgen.

Zwei Serien von *Möbelentwürfen aus Schmiedeeisen* datieren vom November 1940 und vom Mai 1941 (für Molla Inc.). Sobotka reagierte damit offenbar auf die Mode der »Wrought-Iron«-Möbel in dieser Zeit in den USA.

Ein weiteres Tätigkeitsfeld für Sobotka im ersten Jahrzehnt in den USA war die Modernisierung von mehreren der für Amerika typischen pompösen *Kinopaläste* der zwanziger Jahre. Der Auftrag kam

---

18 Die beiden Architekten unternehmen gemeinsame Reisen, so etwa im Herbst 1929 – vermutlich zusammen mit André Lurçat – nach England. Als Delegierter des Landes hatte Frank 1928 Sobotka neben Haerdtl und Plischke als erstes Mitglied in die CIAM (Österreich) aufgenommen.
19 Walter Sobotka, *Principles of Design*, Bd. III, S. 364. Nachlaß Walter Sobotka, Avery Library, Columbia Univeristy, New York
20 Frank an Waehner, 4. Juni 1938 (s. Anm. 1)

Walter Sobotka, *Entwurf für die Umgestaltung des Foyers des Saint Paul RKO Orpheum*, 1947, Perspektive, Farb- und Bleistift, Avery Library, Columbia University

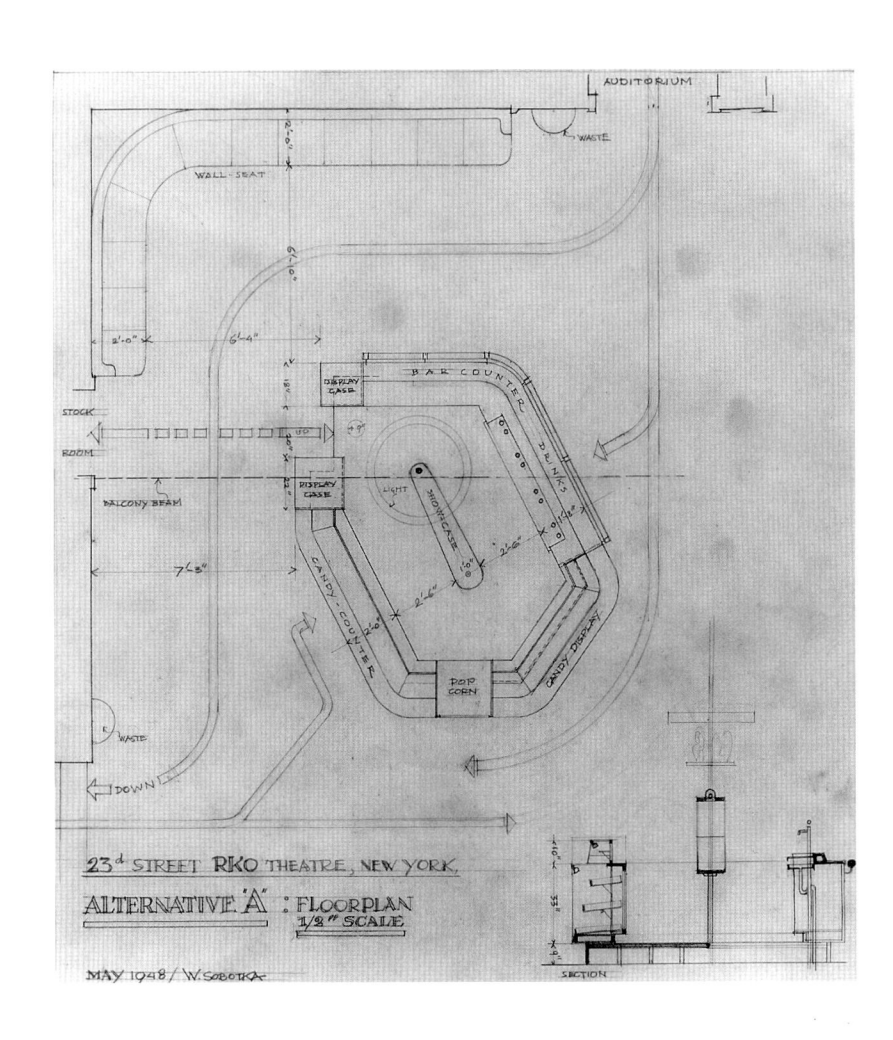

Walter Sobotka, *Entwurf für die Umgestaltung des Foyers des 23d Street RKO Theatre, New York, Alternative A*, 1948, Grundriß, Bleistift, Avery Library, Columbia University

Walter Sobotka, *The Prefabricated House*, »Two Level Junior Room«, um 1944, Schnitt, Avery Library, Columbia University

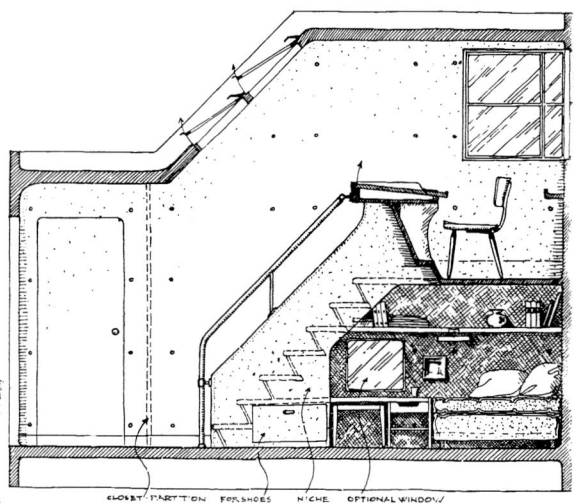

Walter Sobotka, *The Prefabricated House*, »Three Unit Living-room«, um 1944, Perspektive, Avery Library, Columbia University

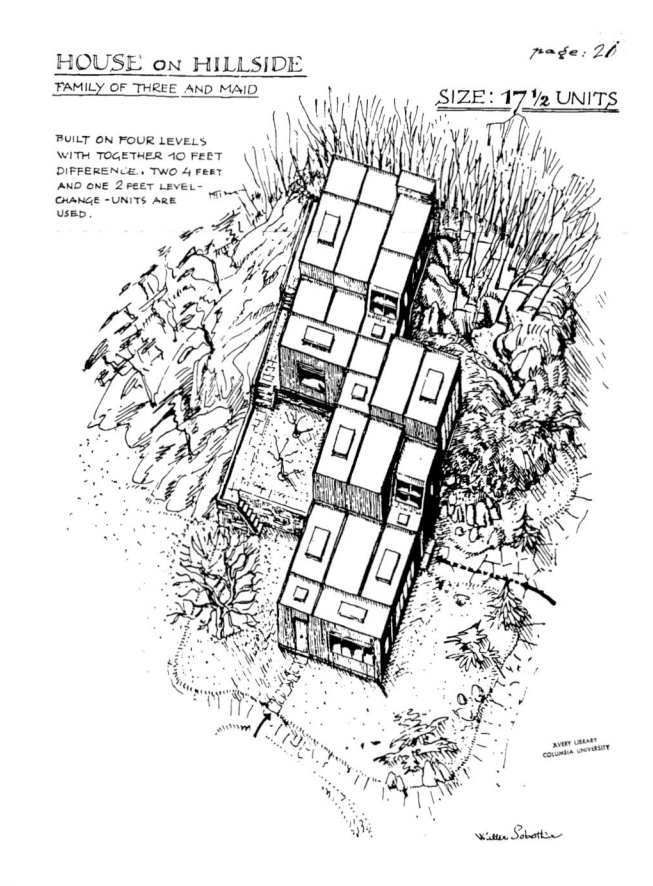

Walter Sobotka, *The Prefabricated House*, »House on Hillside«, um 1944, Axonometrie, Avery Library, Columbia University

von der RKO-Kinokette und erstreckte sich auf verschiedene Städte des Landes. Aus einer Reihe von Artikeln Sobotkas spricht seine eingehende Beschäftigung mit diesem Thema, die sich in detaillierten pragmatischen Verbesserungsvorschlägen äußerte.[21]

In Pittsburgh konnte Sobotka diverse Einrichtungen (*Büro Walter P. Stern*, *Haus P. Roth*, *Haus M. Madden*) und 1960 das *Haus A. Weiner* ausführen.

*

The Prefabricated House. Eines von Sobotkas ambitioniertesten Projekten in den USA betraf die Vorfabrizierung des gesamten Wohnhauses – eines der großen Themen der Nachkriegsarchitektur. 1947 publizierte Sobotka sein *Prefabricated House* mit ausführlichem Text und zahlreichen Illustrationen in der Pittsburgher Architekturzeitschrift ›The Charette‹.[22] 1944 reichte er es zur Patentierung ein. Bis in die fünfziger Jahre versuchte der Architekt, sein Projekt umzusetzen und in weiteren Kreisen bekannt zu machen – ohne Erfolg.[23]

Sobotka ging bei seiner Vorstellung eines *Prefabricated House* nicht von einzelnen Konstruktionsteilen aus, sondern vom Endprodukt – dem inneren Raum: »...we emphasize evidently the three dimensional cavity of the house as the main point and no more the materials which enclose those cavities.«[24]

Einzelne selbständige Raumeinheiten werden in der Fabrik bis zu den Einbaumöbeln und der beweglichen Möblierung(!) fertiggestellt. Am Bauplatz erfolgt nur die Zusammenfügung, wobei jede Einheit mit jeder beliebigen anderen kombiniert werden kann. Die Module werden – wie Wohnwägen – auf Rädern und zu einer Kette zusammenhängbar zum Bauplatz transportiert.

Sobotka griff mit seinem *Prefabricated House* offenbar Anregungen Richard Buckminster Fullers für ein industriell vorfabriziertes Haus auf, die dieser bereits seit 1927 entwickelte. Mit diesem seinem *Dymaxion House Project* übernahm Fuller (der auch selbst ein Auto entworfen hat) Anregungen aus der Flugtechnik und dem Fahrzeugbau. Sobotka wies in seiner Erläuterung seines Patentes auch auf Fullers *Vorfabriziertes Haus* hin: »... the P.H. has not yet grown out of the worst stage of transition ... The Fuller house is an exception: it is a completely free and clever industrial design. Unfortunately it is too definite a design to represent the new type: it lacks many points a new acceptable type will have to perform.«[25]

Sobotka bezog sich in der Erläuterung seines *Prefabricated House* immer wieder auf die Entwicklung in der Auto-Industrie. Betont progressiv formulierte er: »If people once have learned to forget stone, brick and monumentality as the characteristics of a house, to look upon it as an industrial product of high precision, they will stop to argue about style, because the close association with tradition will no more exist.« Auch für ein Auto verlange heute niemand mehr eine individuelle Form.[26]

Anders als Buckminster Fuller führte Sobotka aber mit seinem präfabrizierten Haus keine neuartige »Vorfabrikations-Ästhetik« ein, sondern übersetzte es – abgesehen vom Anklang an die Autoindustrie in den abgerundeten Ecken der Fenster und Türen – in seine wienerische Sprache.

In der Einleitung zur Veröffentlichung des *Prefabricated House* bezog sich Sobotka auch auf seinen Wiener Hintergrund: »The more rationalistic spirit of the Viennese school of design, as distinct from the ›Bauhaus‹ ideology, is evident in the approach to such problems as the one discussed in these pages.«[3]

Ungewöhnlich war Sobotkas Idee, das präfabrizierte Haus nicht primär für die untere Klasse zu konzipieren, sondern den Vertrieb vielmehr mit großzügigeren bis luxuriösen Häusern zu beginnen: Damit sollte eine größere Akzeptanz beim Publikum erreicht werden, da die untere Klasse immer die Dinge der nächst höheren verlange.[27] Ein Argument, das Josef Frank in den zwanziger Jahren mehrfach formuliert hatte.

*

Ein Bau an der Wiener Ringstraße. Ende März 1950 kehrte Sobotka für drei Monate nach Wien zurück – als beratender Architekt für die Errichtung eines *Bürogebäudes der Veitscher Magnesitwerke A.G.* am Schubertring 10-12.[28]

Das Journal der Universität Pittsburgh kündigte die Wiener Tätigkeit ihres Lehrkörpermitgliedes an: »His primary problem in the construction of the new building will be to incorporate the best features of American design using only material native to the region. When completed, the structure will be startlingly different from anything else in Europe.«[29]

---

21 Siehe Bibliographie
22 Sobotka, *Theoretical Aspects on the Prefabricated House* (Vortrag, 21. Mai 1946, vor dem Pittsburgh Chapter of AIA). In: The Charette, XXVII, Pittsburgh Jänner 1947, Nr.1, S. 1 ff. (Teil 1); *Description of the Prefabricated House*. In: The Charette, XXVII, Pittsburgh April/May 1947, Nr. 4, S. 2ff. (Teil 2); *Development and Assembly of the Prefabricated House*. In: The Charette, XXVII, Pittsburgh Juni/Juli 1947, Nr. 5, S. 3ff. (Teil 3)
23 Korrespondenz Sobotkas u.a. mit Lewis Mumford, dem bedeutenden amerikanischen Theoretiker zu Stadtentwicklungs- und Wohnfragen (negatives Antwortschreiben Mumfords vom 23. Juli 1949) und mit den Herausgebern der angesehenen amerikanischen Architekturpublikationen, wie ›Architectural Record‹, ›Fortune‹, ›Architectural Forum‹ u.a. Auch ein Treffen mit Edgar J. Kaufmann sen. in Sachen »Prefabricated House« im Februar 1944 war negativ verlaufen.
24 Sobotka, *Description* ... (zit. Anm. 22), S. 2 ff.
25 Sobotka, *Theoretical Aspects* ...(ebenda), S. 2
26 ebenda, S. 6
27 ebenda, S. 4
28 Photo des Baus mit eigenhändiger Beschriftung, Nachlaß Walter Sobotka. Avery Library, Columbia Univeristy, New York
29 Pitt. A Quarterly of the University of Pittsburgh, Nr. 40, Spring 1950, S. 27f.

Erich Boltenstern und Walter Sobotka,
Bürogebäude der Veitscher Magnesitwerke A.G., **Schubertring, Wien, 1950**

»Sobotka ist jetzt wieder in Pittsburgh und hofft, in Vienna alles durchgesetzt zu haben«, berichtete Josef Frank im Juli an Trude Waehner.[30] »Designed by Walter Sobotka 1950 executed with some unfortunate design in 1952«, schrieb Sobotka auf die Rückseite eines Photos des Baus.[31]

So nimmt die Wiener Fachkritik der neunziger Jahre den Bau auf: »Das Haus ... gehört zweifellos zu den noblen und zurückhaltenden Bauten der frühen fünfziger Jahre an der Ringstraße: die Proportionen der Fenster, ihre zarte Rahmung, das ausgewogene Verhältnis von ›Mauer und Loch‹, die schlichte und präzise Ausbildung der Schaufensterzone ..., das alles ist mit Kultur entworfen; eine Reduktion der architektonischen Mittel, die nicht ins Ärmliche umkippt, die aber auch nichts von den Zeitverhältnissen verschweigt.«[32]

Die Mitarbeit Sobotkas an dem Gebäude ist jedoch in Wien nicht überliefert worden. Als Entwerfer ist in den Bauplänen lediglich Erich Boltenstern angegeben.

Unter den Projekten des Architekten in den USA sei auch ein Skript für einen Trickfilm erwähnt – »a film on Classical tradition in three parts«.

*

Unterricht und Schriften. Die Inhalte von Sobotkas achtzehn Jahre dauernder Lehrtätigkeit sind in seiner Broschüre *Residential Furniture*[33], 1950, und vor allem in seinem Typoskript *Principles of Design*[34] erhalten. Bereits 1954 bemühte sich Sobotka um eine Veröffentlichung der *Principles*; er empfahl sein Skript unter anderem als Unterlage für den Unterricht in Handels- und Designschulen.

Die Endfassung der *Principles* stammt aus dem Jahr 1970, seinem Todesjahr. Sie besteht aus drei Bänden: Part I: *Style and Styling*, Part II: *The Schemes of Visual Order*, Part III: *The Elements of Design.* Als Appendix gab Sobotka dem dritten Band seines Lebenswerkes die Briefe Franks an ihn aus der Zeit zwischen 1942 bis 1966 bei:[35] ein Zeichen für seine lebenslange Verbundenheit und Verpflichtung gegenüber dem Wiener Kollegen.

30 Frank an Waehner, 25. Juli 1950 (?) (s. Anm. 1)
31 siehe Anm. 28
32 Friedrich Achleitner, Österreichische Architektur im 20. Jahrhundert, Bd. III/1, Wien: 1.-12. Bezirk, Salzburg/Wien (Residenz) 1990, S. 23
33 University of Pittsburgh, Hillman Library
34 Nachlaß Walter Sobotka, Avery Library, Columbia University, New York
35 Sobotka übersetzte die Briefe ins Englische.

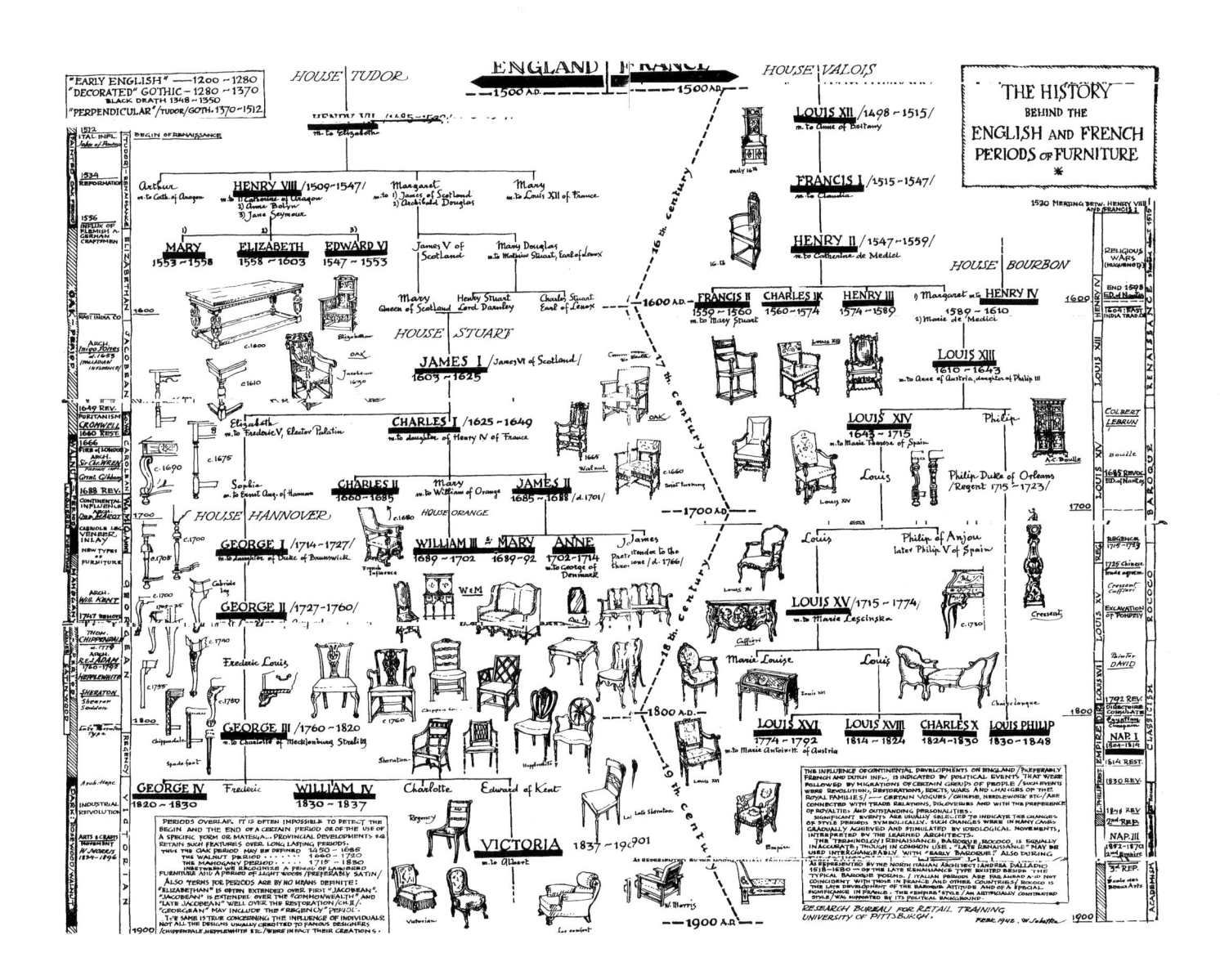

Walter Sobotka, *Residential Furniture, The History behind the English and French Periods of Furniture*, 1950, University of Pittsburgh

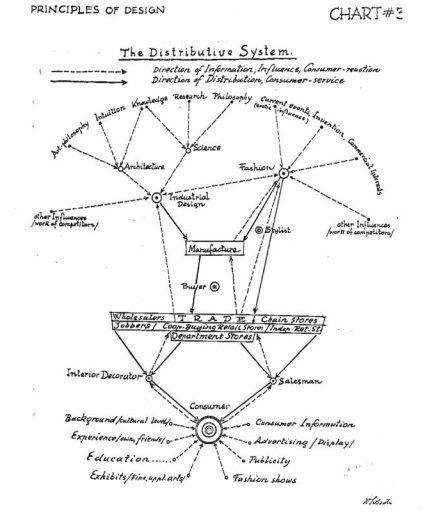

Walter Sobotka, *Principles of Design*, »The Distributive System«, um 1954, Avery Library, Columbia University

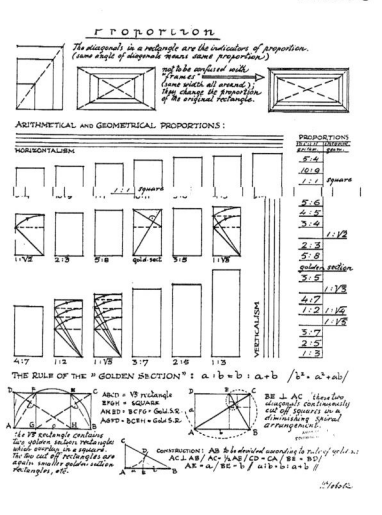

Walter Sobotka, *Principles of Design*, »Proportion«, um 1954, Avery Library, Columbia University

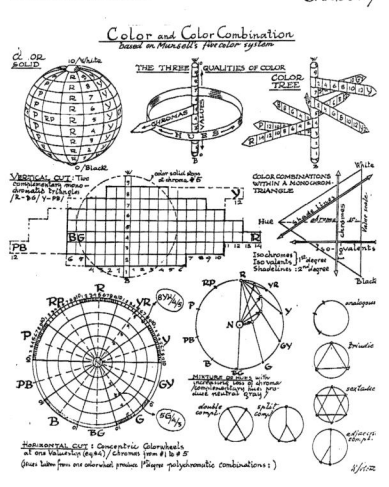

Walter Sobotka, *Principles of Design*, »Color and Color Combination«, um 1954, Avery Library, Columbia University

Die *Principles of Design* vermittelten den Studenten die durch Tradition erprobten Gestaltungsgrundlagen – Allgemeingültiges zur Wirkung von Farben, Proportionen etc. Ziel war die Mitteilung einer »Haltung«, nicht formaler Tricks. »By using a rational approach, the attempt is made to raise the subject out of the controversy between extreme decoration and uncompromising functionalism into the candid atmosphere of logical reasoning and human concern with gracious living.«[36] Sobotkas intelligente und humane Haltung besagt: Im Konflikt zwischen der orthodoxen Doktrin des Funktionalismus und den Schwächen der Menschen für Kitsch usw. ist ein weites Feld für eine rationale Herangehensweise.

Bemerkenswert war Sobotkas Eintreten gegen die starke Bestimmung von Architektur und Einrichtung in den USA durch kommerzielle Interessen. Dies äußerte sich auch in seinem Bericht über die mehrmonatigen Japanreisen, die er 1957 im Auftrag der »International Co-operative Administration«, einer Abteilung des State Departments, unternommen hatte. Zweck des Hilfsprogramms war eine Hebung des kunstgewerblichen Exports aus Japan in die USA gewesen; Sobotka aber warnte vor einer zerstörerischen Einflußnahme verständnisloser amerikanischer Importeure auf das japanische Kunstgewerbe.

Sobotkas Unterricht muß für ihn selbst mühsam gewesen sein: An der School of Retailing der University of Pittsburgh lehrte er nicht zukünftige Designer und Architekten, sondern zukünftige Kaufleute. Seinen Kursen galt sicher nicht das zentrale Interesse. Seine starken Vorbehalte gegenüber einer völligen Kommerzialisierung von Architektur und Design sind in diesem Zusammenhang pikant und fielen wohl nicht auf den fruchtbarsten Boden.

Die Architekturfakultät des Carnegie Institute of Technology, an der Sobotka bis 1947 als Assistenzprofessor unterrichtet hat, war den anspruchsvollen Unterrichtsinhalten Sobotkas sicherlich adäquater gewesen. Offenbar gab es hier jedoch gewisse »Inkompatibilitäten« zwischen dem Wiener Architekten und dem »American way«. In einem Brief Hans Adolf Vetters vom 17. Dezember 1947 an seine Wiener Freunde Milan Dubrovic und Max Fellerer heißt es über den Wiener Kollegen am Institut: »Der arme Sobotka ist leider, und wahrscheinlich für immer, irgendwie auf einer falschen Bahn. Bei den faculty meetings redet er wenig, oder einen Blödsinn. Das ist ein großer Fehler. Die Amerikaner sind *auch* nicht auf den Kopf gefallen.«

*

36 In: Pitt Nr. 44, Herbst 1951, S. 15

Walter Sobotka in den fünfziger Jahren beim Unterricht in Pittsburgh

In seiner Arbeit bemühte Sobotka sich um Anpassung, versuchte mit vielen verschiedenen Projekten den amerikanischen Bedürfnissen entgegenzukommen. Immer blieb dabei aber der Wiener Hintergrund das bestimmende Moment; in amerikanischer Sprache wurden Inhalte aus der Wiener Zeit transportiert. Letztlich trifft für Sobotka selbst zu, was er über die Anerkennung seines Freundes Josef Frank in Amerika schrieb: »... it is a great pity that the Viennese achievements themselves did exert only a short impulse to the United States designs during the early thirties, but have since been overwhelmed by the propaganda for the Bauhaus direction.«[37]

Oskar Wlach

Von den drei Architekten Frank, Sobotka und Wlach traf letzteren die Emigration wirtschaftlich am härtesten: Er hatte sein Geschäft – *Haus & Garten* – zu verlieren, und er war am wenigsten auf die Situation vorbereitet. Die politische Lage hatte das Ehepaar Wlach 1938 zu optimistisch eingeschätzt. Am Tag nach dem Anschluß schrieb Wlach an seinen Bruder Armin nach Zürich: »Uns selbst haben die Dinge wie ein Blitz aus heiterem Himmel getroffen. ... Ich glaube, daß für die allernächste Zeit keine allzu harten Maßregeln kommen dürften...«[38] Bereits zwei Monate später jedoch hatte ein kommissarischer Vertreter der Arisierungskommission *Haus & Garten* übernommen.

Sein bisheriger Partner, Josef Frank, der bereits seit 1934 in Stockholm lebte, schrieb am 12. Mai 1938 an Trude Waehner: »Ich habe ihm [Wlach] vor vier Jahren, ehe ich weggefahren bin, vorgeschlagen, das Geschäft nach London zu verlegen, da ich ja das Kommende deutlicher sah, aber alles war ganz unmöglich...«[39]

Als es über die Zukunft in Österreich keine Illusion mehr gab, folgten für die Wlachs verzweifelte Monate mit Bemühungen, anderswo eine Existenzmöglichkeit zu finden. Frank vermittelte ihnen von Stockholm aus ein (Einrichtungs-) Geschäft in Haifa, das er, Frank, auch mit 250 Pfund anzahlte.[40] Wlachs Beziehung und die seiner Frau Klara zu seinem langjährigen Geschäftspartner war jedoch belastet. Den Vorschlag, nach Haifa zu gehen, nahmen sie nicht an. 1939 wanderten sie über London nach New York aus.

Das persönliche Schicksal des Ehepaares Wlach in der Emigration ist überliefert in den Briefen, die bis in die späten fünfziger Jahre – mit Unterbrechung der Kriegsjahre – an Wlachs Bruder Armin[41] gingen.[42] Anfangs machte man noch Pläne von einem gemeinsamen Leben in den USA, schließlich mußte man die Hoffnung aufgeben, einander noch einmal zu sehen.

---

37 Sobotka, *Principles ... III*, S. 364 (zit. Anm. 34)
38 Oskar Wlach an Armin Wlach, Wien, 12. März 1938. Wiener Stadt- und Landesbibliothek, Handschriftensammlung
39 siehe Anm. 1
40 Frank an Waehner, 12. Mai 1938 (ebenda)
41 Hermann Wlach, geb. 1884, Schauspieler, Künstlername Armin
42 Wiener Stadt- und Landesbibliothek, Handschriftensammlung

HAUS & GARTEN
MÖBEL, LAMPEN,
STOFFE, KERAMIK
ETC.

BUREAU UND ATELIER:
VII., NEUSTIFTGASSE 3
TELEPHON B-35-2-13

AUSSTELLUNG UND VERKAUF:
I., BÖSENDORFERSTRASSE 5
TELEPHON U-47-2-16

VERTRETUNG IN DEUTSCHLAND
GUST. CARL LEHMANN
KÖLN
HOHENZOLLERNRING 48

WIEN, 12. März. 1938

Lieber Armin!

Ich beeile mich, dir mitzutheilen, daß wir uns wohl befinden, daß, so weit unsere Wahrnehmungen reichen, alles ganz ruhig ist. Das wird Dich ja vor allem interessieren. Uns selbst haben die Dinge wie ein Blitz aus heiterem Himmel getroffen, denn man konnte doch nicht denken, daß den so tapfer klingenden Worten vom Mittwoch aus Innsbruck eine so räthselhafte Flucht 36 Stunden später folgen wird. Ich schreibe jetzt Samstag früh aus der Bösendorferstraße, aus dem Laden, wir haben offen, so wie scheinbar alle, obzwar das Geschäft seit Mitte Februar fast 0 ist. Wir waren zu vertrauensselig, alle Vorsicht und Voraussicht ist, so weit man sieht und hört, zu wenig gewesen. Viele, sehr viele fühlen sich auch von unseren südlichen Freunden enttäuscht. Aber wir haben uns vorgenommen nicht mehr zu politisieren, uns mehr auf uns und unser eigenes Schicksal zu beschränken. Ich glaube, daß für die allernächste Zeit keine allzu harten Maßregeln kommen dürften, wo das hängt aber auch von dem Verhalten der äußeren Umgebung ab – aber das auch darüber soll man sich den Kopf nicht zerbrechen.

Die ausländischen Zeitungen waren für uns gestern schon nicht mehr erreichbar und das dürfte für einige Jahre so bleiben. Wir werden uns an diese Situation gewöhnen müssen.

Ich habe auf Deine l. Karte, die wir Anfangs der Woche bekamen, nicht gleich geantwortet, weil wir dir einen ausführlicheren Bericht senden wollten, den ich mir allerdings anders gewünscht habe.

Faksimile der ersten Seite des Briefes von Oskar an Armin Wlach vom 12. März 1938,
Wiener Stadt- und Landesbibliothek, Handschriftensammlung

In New York bemühten sich die Wlachs sogleich um Affidavits für ihre Verwandten. Im Zusammenhang mit der Beschaffung einer finanziellen Garantie für den Neffen Tobias – mit der Hilfe László Gábors – schrieb Oskar im August 1939 an Armin in Zürich: »Bei dieser Stelle möchte ich aber hervorheben, daß in keiner Korrespondenz jemals ein Hinweis darauf vorkommen darf, wie z.B. ›ich hoffe, dass ich Sie niemals in Anspruch nehmen werde‹ oder dergleichen. Der Affidavitgeber, besonders wenn er kein Verwandter ist, rechnet damit als *selbstverständlich*, daß er nicht in Anspruch genommen wird, sonst würde nur ein Bruchteil der Affidavits gegeben werden. Einige Menschen haben hier Stellungen, welche die Affidavitgeber oder Kommittees ihnen verschafften, als nicht genug entsprechend abgelehnt, und haben aus den Affidavitgebern Unterstützungen herausgedrückt, und das hat sich so herumgesprochen, und hat die Atmosphäre hier so verdorben, daß es *unbeschreiblich* ist. Natürlich werden solche Dinge auch von Leuten zum Vorwand genommen, nichts helfen zu müssen, die sonst sehr gut in der Lage wären, zu helfen.«[43]

Klara und Oskar Wlach lebten in New York zunächst unter der Adresse 15 West 74 Street: »Ich schicke Euch heute auch eine kleine Skizze von unserem Quartier, in welchem Klari eine wunderbare und unermüdliche Wirtschaft führt, es ist ja für sie auch zu verführerisch, mit all diesen reizenden wirtschaftlichen Hilfsmitteln, wie sie Eiskasten und Gasherd, zusammen mit den wunderbaren und von den Lebensmittelgeschäften wunderbar hergerichteten Dingen, Konserven, Salaten, Gemüsen etc. etc. zu wirtschaften. Die körperliche Mühe wird dabei sehr herabgesetzt, alles geht sehr schnell. Der Speis-(Eis)kasten ist unter dem Herd, das Geschirr daneben, die Abwasch neben dem Geschirr, der Esstisch, an dem wir sitzen, vis-a-vis vom Herd …«[44] Gefallen fand Wlach auch an einem anderen Produkt des praktischen amerikanischen Lebens: »Die Automatenbuffets sind herrlich! in jeder Hinsicht, räumlich, hygienisch, billig, reichlich, vielseitig etc.«[45]

Nach der Ankunft in New York war Wlach auch noch optimistisch, was das neue Leben, die Arbeitsmöglichkeiten betraf: »…viele schimpfen auf New York, unser Eindruck ist aber ein sehr sympathischer … ich würde überglücklich sein, wenn ich nur annähernd das erreichen könnte, was ich verloren habe …«[46] Die Realität des Emigrantenlebens war jedoch ernüchternd: »Es ist gar nicht so leicht, mit Amerikanern anzuknüpfen und ist es einmal soweit, so wird man schon im ersten Gespräch gefragt, kennen sie diesen oder diesen Wiener Architekten, ›er ist auch schon da‹. Alle sind schon da, vor denen einem in Wien schon seit Jahren gegraust hat, ob Kollege oder Kunde, alles schlechte sieht man hier wieder, ausnahmslos, und nur die guten, die fehlen!«[47] »… daß man so unaufrichtig wird, das ist der ärgste Emigranten Fehler. Alles hat Angst vor der Konkurrenz …«[48] Immer wieder tauchte auch die Überlegung auf, nach Kalifornien zu gehen: »Erstens Klima, zweitens das Leben kostet genau die Hälfte und es nicht so groß und hoch wie dieses gottverdammte New York. Ich höre von unserem Wiener Freund (war unser Keramiker von Haus & Garten) er hat es schon gut, Auto, Haus, kleines Garterl.«[49] Als damals 59jähriger mußte Wlach noch einmal neu anfangen. Von seinem Besitz hatte er 1938 offenbar nur wenig retten können. »Ja, wenn wir noch unsere verlorenen Gelder hätten, besser gesorgt hätten«, klagte er im September 1939.[50]

Anfang 1941 arbeitete Wlach an »einer kleinen Wohnungseinrichtung für die Tochter von (Blum)-Haas Linoleum«.[51] Er zeichnete »Klein-Häuserpläne, die vielleicht in Boston von Neubrunn gebaut werden.«[52] (Der befreundete Wiener Architekt und Steinmetz Emanuel Neubrunn war im Herbst 1939 aus London in die USA gekommen.) Zur Aussicht standen damals auch die Umsetzung von Lampenentwürfen und »vielleicht auch zwei Weekend Um- oder Neubauten.«[53]

Mit Josef Frank gab es sporadischen Kontakt: »Heute abends«, schrieb Oskar am 26. November 1944 an Armin, »kommt Frank zu uns. Wir haben ihn viele Wochen nicht gesehen – er ist ein Sonderling. Lebt wie ein Gabriel Schilling zwischen ? Frauen.«[54]

Wlach war in New York Mitglied bei einem Verband der ehemaligen Österreichischen Sozialdemokraten. Im US-Präsidenten-Wahlkampf im Herbst 1946 machten die Wlachs Werbung für die Labour-Party. Dem Stadtrat Weber in Wien schickte Wlach im September 1945 ein Buch über das New Yorker Low Rent Housing von 1934-43: *Ten Years New York Housing Authorities Activities*. Seinem Bruder Eugen in Wien und seinen ehemaligen Angestellten von *Haus & Garten*, August Prohaska, Frau Stelzmüller und Valerie Laufer, die 1938 vom neuen Besitzer Julius Kalmár als Jüdin nicht übernommen worden war, ließ Wlach nach dem Krieg Hilfspakete zukommen.[55] Auch an Julius Kalmár selbst sandte Wlach Zigaretten; aus den Kalmár betreffenden Briefstellen sind jedoch deutliche Spannungen herauszulesen.[56] – Der Versuch Wlachs,

43 Oskar an Armin Wlach, 6. August 1939 (s. Anm. 38)
44 Oskar an Armin Wlach, 8. August 1939 (ebenda). Anfang der vierziger Jahre übersiedelten Wlachs in ein Apartment in 320 East 83 Street.
45 Oskar an Armin, 21. Mai 1939 (ebenda)
46 Oskar an Armin, 6. Mai 1939 (ebenda)
47 Oskar an Armin, 27. Jänner 1940 (ebenda)
48 Klara an Armin, 28. September 1939 (ebenda)
49 ebenda
50 ebenda
51 Oskar an Armin, 19. Februar 1941 (ebenda)
52 ebenda
53 ebenda
54 Kontakt hatten die Wlachs u.a. zu Ernst Křenek, Hans (John) Brahm (Wiener Regisseur in Hollywood), Thomas Mann, einer Nichte von Sigmund Freud und dem ehemaligen Wiener Stadtrat Hugo Breitner in Kalifornien. In den USA traf Wlach auch eine Reihe ehemaliger *Haus & Garten*-Kunden wieder: Dr. Wilhelm Stein (Florida), Hugo Spitzer, Waller (New York), Carl Askonas (Providence). Auch Wlachs New Yorker Arzt war ein ehemaliger Kunde bei *Haus & Garten*.
55 Aus New York und Stockholm sandte auch Frank Hilfspakete an verschiedene Bekannte in das hungernde Wien, unter anderem an die Frau des verstorbenen László Gábor (übrigens auch an André Lurçat in Paris).

5.

5. Modern Architecture.

All historical architecture rested upon the employment of static symbols. Men needed these symbols so that they could comprehend visually through form the power of their house to endure. This went back to animistic thinking, which is now displaced by scientific thinking. We no longer need static symbols in order to feel secure, and with their elimination, functional purposes can be far better achieved, as, with the elimination as of static symbols, many limiting factors are likewise eliminated. With the elimination of these static forms, which are sculptural work and thus an essential element in the artistic values of the architecture, the house loses, in most cases, its potentiality for becoming a work of art, a fact which, in turn, entails the loss of the most important characteristic of any style. An explanation is given of why, in the future, we shall not need a uniform style for all objects any more, and why the gap between pure art and architecture must become wider rather than narrower. Each thing, the object of utility, and the object of art, can have its own best form without consideration of whether it possesses formal similarity with the other, or not.

6. Architecture as Art.

Through its renunciation of sculpture, architecture to a great extent is even now excluded, except for monumental buildings, from the realm of pure art, sculpture in the past having been necessary to explain the static symbols visually. This does not imply that there do not exist sculptural laws for architecture. These are the principles for the preservation of an originally conceived basic form, and of a scale determined by the smallest sculptural value, of the proportions. To be beautiful, each three-dimensionally formed object has to be made in accordance with these principles. Monumental constructions are defined as those in which the utilitarian value is small in comparison with the expenditure of means, so that formal prin-

eine Rückstellung des Geschäftes zu erreichen, schlug allerdings fehl.

An den Kunsthistoriker Hans Ankwicz von Kleehoven, den Direktor der Bibliothek der Akademie der bildenden Künste in Wien, schrieb Wlach 1949: Wenn es eine interessante österreichische Architekturzeitschrift gäbe, würde er »Herrn Platschek [sic], Bibliothekar der Avery Library (Columb. Univ.), Neffe des verst. Max Eisler«, darauf aufmerksam machen.[57] Wlach hatte Ankwicz von Kleehoven auf dessen Anfrage hin eine Liste mit Adressen von österreichischen USA-Emigranten für ein geplantes Lexikon Österreichischer Künstler geschickt – von Trude Waehner, über Walter Sobotka, Felix Augenfeld, Richard Neutra, Ernst Lichtblau, Ernst Reichl, bis Wilhelm Thöny und Viktor Hammer: »... wir haben mit sehr wenigen der genannten und dazu sehr seltenen Kontakt. Das Leben ist hier so anders, als es drüben war. Keine Kaffeehäuser, keine Vereinsversammlungen, Vorträge oder Ausstellungen, bei denen man zusammenkam. Manchmal trifft man sich auf der Straße, winkt sich zu – und rennt rasch weiter.«[58]

Bis weit über siebzig waren Wlach und seine Frau trotz wachsender gesundheitlicher Probleme gezwungen, die verschiedensten Jobs anzunehmen; zu seinen letzten Stellen gehörte die eines Hausverwalters und die eines Zeichners in einer Einrichtungsfirma.

Josef Frank

Im Dezember 1941 gelang Frank mit seiner schwedischen Frau Anna die Ausreise aus Stockholm in die USA. Bereits 1938, sofort nach dem Anschluß Österreichs, hatte er begonnen, seine Übersiedlung nach Amerika zu planen, hatte sich noch im selben Jahr um Affidavits[59] und um Arbeit in den USA bemüht.[60] »Durch Vermittlung meines Bruders habe ich eine Berufung an die New School of Social Research bekommen«, berichtete er im November 1940 Trude Waehner.[61]

*

Vorlesungen an der New School for Social Research. Vom Frühjahr 1942 bis zum Wintersemester 1943/44 unterrichtete Frank an jener fächerübergreifenden Lehranstalt in New York, die 1933 nach der Machtergreifung der Nationalsozialisten in Deutschland eine »University in Exile« als eigene Fakultät gegründet hatte.[62]

Die Themen der vier Vorlesungszyklen Franks lauteten: *The Future of Architecture and Interior Decoration*, *Introduction to Modern Art and Architecture*, *Postwar Problems of Art*[63] und *Appreciation of Art*.

Über die erste Vorlesung berichtete Frank seinem Kollegen Sobotka nach Pittsburgh: »I have six female students. The first lecture was definitely too high despite all precaution; I will now have to reduce all that; the main interest of the female students is of course interior decoration. Thus I have to revise the whole program, unless new ones appear – not to be expected during this term and who knows what will be in the next one with all these world events and the reactions here.«[64]

Und ein Monat später: »In my last lecture I did as follows: I showed diverse buildings from old times (Egyptian, Greek, Roman, Gothic North the Alps, and from Florence and Venice) and then I let conclude how these people might have lived at those times, what religion[,] constitution, and so forth; and that works all right. When later, one comes to the future, it is already more difficult, because one cause has no uni-vocal consequences.«[65]

Die kurze Vorausschau auf seinen ersten Vorlesungszyklus an der New School enthält einen der wesentlichen Inhalte seines Unterrichts in New York, einen grundlegenden Gedanken seiner Architektur überhaupt: »The goal of modern architecture is greater freedom. Failure to attain it in times past was due not only to more primitive construction but primarily to the superstition that our surroundings required formal unity, style. The more scientific modern approach has made for greater variety and greater individuality among works of architecture, engineering and decoration. We shall therefore never again have a style in the old sense. Attempts to create one today, whether modern or modernized historical, have a reactionary and totalitarian effect. With this point of view accepted, at least theoretically, the struggle goes on between two groups, one defending the taste for old styles by giving them new forms, the other seeking the extinction of styles to make way for freedom and humanity.«[66]

Frank konzipierte seine Vorlesungen in Deutsch, Trude Waehner übersetzte sie ins Englische.

In der New School fand von 18. Jänner bis 9. Februar 1943 eine *Ausstellung von Franks Architektur* statt.

*

---

56 Oskar an Eugen Wlach, 19. März und 3. Mai 1946 (s. Anm. 38)
57 Wlach an Ankwicz von Kleehoven, 12. Mai 1949 (ebenda)
58 ebenda
59 Die Affidavits kamen von seinem Bruder Philipp und László Gábor. Die Deutsche Universität in Prag hatte dem Physiker Philipp Frank 1938 seine Lehrstelle gekündigt. Nach seiner Emigration in die USA erhielt er, nach einer kurzen Beschäftigung am Insitute of International Education in New York, 2 West 45 Street, ein Ordinariat an der Harvard University, Cambridge.
60 Dies geht aus Briefen Franks an Trude Waehner zwischen 1938 und 1940 hervor (s. Anm. 1).
61 Frank an Waehner, 17. November 1940 (ebenda). Trude Waehner war Ende 1938 über Paris nach New York emigriert. Bis 1953, als sie nach Südfrankreich übersiedelte, wohnte sie in New York 31 Park Terrace West F 8, N.Y.C. 34.
62 Zur New School siehe auch den Beitrag von Kristina Wängberg-Eriksson.
63 Die Vorlesungsmanuskripte dieses Semesters sind überliefert. Arch. Hermann Czech danke ich für die Möglichkeit der Einsicht in diese großteils unveröffentlichten Schriften.
64 Frank an Sobotka, 8. Februar 1942, von Sobotka ins Englische übersetzt und seinem Typoskript *Principles of Design*, Bd. III, als Appendix beigegeben (s. Anm. 34).
65 Frank an Sobotka, 7. März 1942 (ebenda)
66 Vorlesungsverzeichnis Frühjahr 1942, S. 69, New School for Social Research, Archiv

Frank beabsichtigte, im Frühjahr 1948 neuerlich Vorlesungen an der New School for Social Research zu halten; im Herbst 1947 schickte er Waehner seine Themenvorschläge zur Ansicht. Allerdings schränkte Frank ein: »Ja, was soll man denn da machen, ich kann es jedenfalls nicht [»das Rad der Kunst von der abstracten Seite herumdrehen«], auch nicht, wenn ich wieder in der New School vor spärlichem Auditorium darüber rede. Du ahnst ja gar nicht, wie viele dort nun im umgekehrten Sinn reden, darunter auch unser Meyer-Sch [Meyer Schapiro, Kunsthistoriker]. Von Zuckers Style thru the ages gar nicht zu reden [Paul Zucker, Kunsthistoriker].«[67]

*

Den Vorlesungszyklus *Postwar Problems of Art* (Frühjahr 1943) bereitete Frank für eine englische Publikation vor. Er bearbeitete die einzelnen Kapitel in den Monaten nach seiner Rückkehr nach Schweden und schickte sie Trude Waehner nach New York zur Übersetzung und Korrektur.

Ein erster Titel des Typoskripts lautete *Our Art in Our Time*, später änderte Frank ihn in *Contemporary Art and Architecture*. Eine Inhaltsangabe der späteren Fassung trägt den Stempel »Barthold Fles, Literary Agent, 507 Fifth Ave, New York City«.

Ende der vierziger Jahre unternahm Frank einen neuerlichen – erfolglosen – Versuch, einen Verleger für sein Manuskript zu finden. Von einem London-Aufenthalt berichtete Frank im Mai 1949: »Ich habe also mein Paper wieder dort gelassen, und Mrs. C. wird es nun bei einem anderen Verlag versuchen, die Schwierigkeit daran ist nur, daß dieser Verlag (und auch andere) immer dieselben readers haben, die das beurteilen. Und da wird das Bauhaus wieder ein sehr großes Hindernis sein.«[68]

Das Kapitel *Modern Architecture* veröffentlichte Frank 1950/51 in einer weiterbearbeiteten Fassung unter dem Titel *Modern Architecture and the Symbols of Static* in der Zeitschrift ›Synthese‹.[69]

In den ersten Kriegsjahren, noch in Stockholm, hatte Frank einen Roman geschrieben, *The History of the Thirty Year's War, Volume II*, der »diesen Krieg bis 1944 behandelt.«[70]

*

New Yorker Verbindungen nach 1946. Ende Jänner 1946 war das Ehepaar Frank aus New York nach Stockholm zurückgekehrt. Die USA blieben jedoch weiterhin ein Standbein des Architekten. Frank behielt seine Wohnung in New York, von 1946 an bis zumindest 1951 lebte er jährlich mehrere Monate (meist über den Winter und den Frühling) hier. Auch Geschäftsverbindungen mit Amerika gab es bis in die fünfziger Jahre. In seinem New Yorker Apartment, 50 Park Terrace East, wohnte während seiner Abwesenheit ein Bekannter aus Wien, Alfred Hofmann, ehemals Mitglied des Österreichischen Werkbundes und Mitbesitzer der Wiener Werkstätte.[71]

Die New Yorker Firma Schumacher druckte und vertrieb in den vierziger Jahren eine Reihe von Franks Stoffen. Mit der amerikanischen Qualität war der Architekt jedoch – im Gegensatz zur schwedischen – sehr unzufrieden. »Die Zeichnungen für Amerika sollten eben andere sein als für Europa, ich bin aber noch nicht draufgekommen, wie ...«[72] Im Mai 1946 schrieb er an Trude Waehner: »Nun darfst du nicht glauben, dass ich wegen des schlechten Stoffdrucks Schumachers das gleich aufgegeben habe, ich habe inzwischen schon fünf Tapet[en] für ihn gezeichnet ...«

In den USA, bei Schumacher hergestellte *Frank-Stoffe* verwendete auch Felix Augenfeld in seinen New Yorker Einrichtungen.[73] Lampen und andere kunstgewerbliche Artikel Franks vertrieb fallweise auch das New Yorker Geschäft »Plus«, das von einer Bekannten aus Wien, der Emigrantin Anna Epstein-Gutmann (spätere Augenfeld) geführt wurde. Im Sommer 1949 schickte Frank sechs *Zeichnungen für Lampen* an Trude Waehner, mit denen er an einem Wettbewerb der »American Association of Decorative Arts« teilnehmen wollte. Die Lampen sollten bei »Plus« gefertigt werden.

Frank entwarf zumindest bis in die fünfziger Jahre *Möbel für New Yorker Bekannte*: für »Mary P.« (1951/52), Mr. Hurwitz in Riverdale (1953), für die Schauspielerin Dolly Haas-Hirschfeld (1953), die Frau des New Yorker Karikaturisten Al Hirschfeld, deren Berliner Wohnung er bereits in den dreißiger Jahren eingerichtet hatte. (Das Ehepaar Hirschfeld hatte auch Kontakt zu anderen Wiener Emigranten, so etwa zu Friedrich Kiesler.)

*

Architektonische Projekte für die USA in den vierziger Jahren: City of New York Slum Clearance, 1942. Das Projekt betraf eines der schlimmsten Slumviertel New Yorks. Das zur Sanierung vorgesehene Gebiet zwischen 1. und 2. Avenue und 12. und 16. Street bestand aus vierstöckiger

---

67 Frank an Waehner, 5. November 1947 (s. Anm. 1)
68 Frank an Waehner, 7. Mai 1949 (ebenda)
69 Synthese. An International Journal Devoted to Present-Day Cultural and Scientific Life, Bd. VIII, Amsterdam 1950/51, S. 342 ff. Philipp Frank war der Zeitschrift als Präsident des Institute for the Unity of Science, Boston, wissenschaftlich verbunden.
How to Plan a House erschien im Katalog: Josef Frank. Möbel & Geräte & Theoretisches, hgg. von Johannes Spalt. Wien (Hochschule für angewandte Kunst/Löcker) 1981
70 Frank an Waehner, 27. Mai 1939 (?) (s. Anm. 1)
71 Der Kaufmann Alfred Hofmann betrieb in New York ein Geschäft, das 1951 einging. Frank hatte er 1946 »Geschäfte mit der Schweiz in Seide und Kunstseide und Uhren« vorgeschlagen. 1953 lebte Hofmann in einem Heim in Port Chester, nördlich von New York. (Siehe dazu diverse Bemerkungen in Briefen Franks an Waehner; s. Anm. 1)
72 Frank an Waehner, 4. Mai 1952 (ebenda)
73 Felix Augenfeld, *Einrichtung einer Junggesellen-Wohnung in New York.* In: Interiors, Nr. 35, Juni 1949

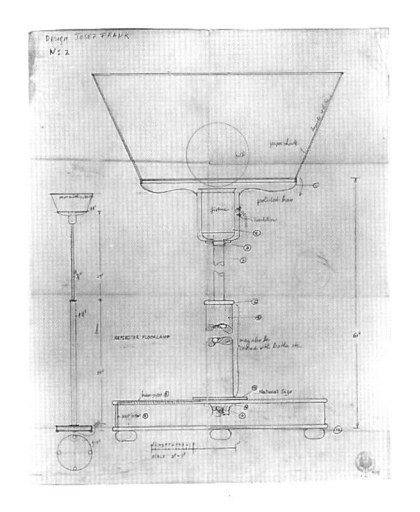

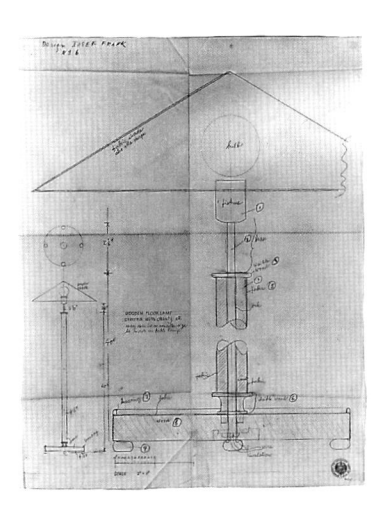

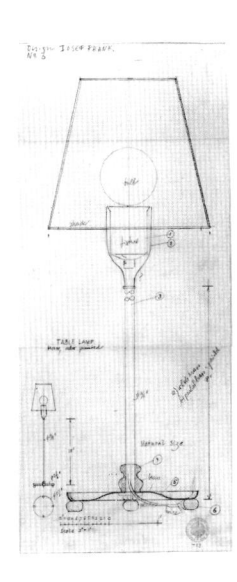

Josef Frank, *Lampenentwürfe*, 1949, Bleistift, Archiv der Hochschule für angewandte Kunst, Wien

dichtester Blockrandverbauung. Frank schlug 1942 eine Auflösung der querenden Straßenzüge vor und verteilte acht 24geschossige Wohntürme »locker« über die Fläche: dazwischen gibt es viel Grün, Wasser, Gehwege; sechs der acht Hochhäuser haben Doppelhakenform; sie liegen an den Rändern des knapp 5,5 Hektar großen Areals. Die beiden übrigen Hochhäuser, im Inneren des Areals, sind über einem unregelmäßigen Kreuzgrundriß konzipiert.

Auffällig ist die Vermeidung von strenger Symmetrie im Lageplan. Die Gehwege verlaufen geschwungen. Wie in seinen Wiener Gemeindebauten sah Frank buntfarbige Fassaden vor.

Der Architekt versuchte, seine intensiven Erfahrungen mit dem »Billigwohnbau«, die er sich seit Beginn der zwanziger Jahre in Wien erworben hatte, auch in New York umzusetzen. In seiner *Architektur-Ausstellung in der New School for Social Research*, 1943, betonte er diesen Aspekt seiner Arbeit: »Until 1933 Housing Architect for the Municipiality of Vienna«.[74] Sein New Yorker Projekt wurde nicht ausgeführt.

Anders als im »Roten Wien« übernahm die Stadt New York im Fall des Slum Clearance nicht selbst die Bebauung, sondern übertrug ein Projekt, 1943, an ein privates Unternehmen, die Metropolitan Life Insurance Company. Der *Lageplan der Insurance Company* war strikt dekorativ-symmetrisch und beruhte auf Kreuzgrundriß-Blöcken, die zu Zweier-, Dreier- bis Fünfer-Einheiten zusammengesetzt waren. Die nach Kriegsende realisierte Architektur wurde als »uninspired and impersonal«[75] kritisiert.

Frank hatte 1943 eine *Abänderung des Bebauungsplans* vorgeschlagen. Unter Beibehaltung der Kreuzgrundrißtypologie setzte sein Projekt dem schematischen, starren Lageplan des verwirklichten Entwurfs einen weit zwangloseren Städtischen Raum entgegen, der das Gelände weniger zergliedert und größere zusammenhängende Freiflächen schafft.

*

Town for 2.000 Families und *Community for 1.200 Families*: Beide städtebaulichen Entwürfe weisen gekurvte Straßen auf. Die öffentlichen Bauten bilden in einer geschlossenen, mehrgeschossigen Verbauung den Kern dieser kleinen Gemeinden. Diese dichte Verbauung umschließt – und bildet dadurch – auch die zentralen öffentlichen Räume. Um diesen Kern sind – nach amerikanischer Wohnsitte, die sich auch mit Franks Vorstellungen deckte – Einfamilienhäuser angeordnet, größtenteils in gereihter Form mit vorgelagerter Grünfläche.

Der *Entwurf einer Stadt für 2.000 Familien* entstand für Wisconsin, USA.[76] Frank zeigte ihn in

74 Eigenhändige Beschriftung des »Modified Site Plans«, Graphische Sammlung Albertina, Wien
75 Plan for New York, 1969, S. 86. Die Metropolitan Life Insurance Company mußte sich in den fünfziger Jahren wegen ihrer rassistischen Wohnungsvergabe-Politik verantworten.
76 Eigenhändige Beschriftung eines Photos, Architekturmuseum Stockholm

Josef Frank, »*City of New York Slum Clearence*«, Projekt für eine Slumsanierung, 1942, Mischtechnik, Graphische Sammlung Albertina, Wien

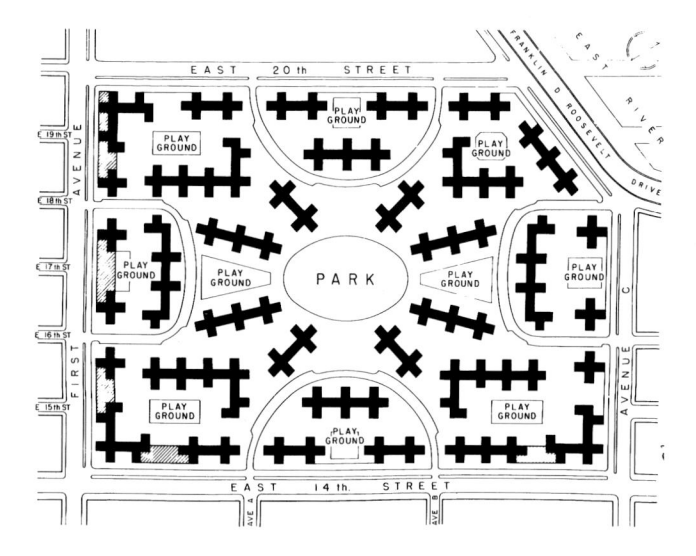

Bebauungsplan der Metropolitan Life Insurance Company für den »*Gas House District*«

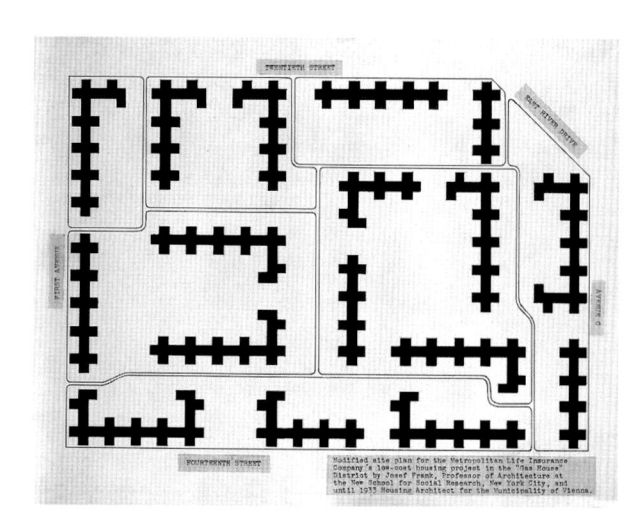

Josef Frank, *Modified Site Plan for the Metropolitan Life Insurance Company's Low Cost Housing Project*, 1943, Graphische Sammlung Albertina, Wien

Josef Frank, *Stadt für 1.200 Familien*, Hauptplatz, vierziger Jahre, Perspektive, Aquarell, Graphische Sammlung Albertina, Wien

seiner *Ausstellung in Kaufmann's Department Store*, 1951.

Der große Hauptplatz in der *Stadt für 1.200 Familien* mit seiner konischen Form, den Kolonnaden und seinem freistehenden exzentrischen Turm nimmt eindeutig das Motiv des Markusplatzes in Venedig auf.

Der von einem anderen österreichischen Emigranten – Victor Gruen – in den fünfziger Jahren begründeten Einrichtung der *Shopping Center* steht die folgende Bemerkung Franks zur Stadtgestaltung gegenüber: »Now I have made various projects for houses and cities. With the latter it is now very customary to make a shopping center in its middle which does not please me at all like all centers. I consider it much better to distribute everything; there is no reason for assuming that stores and apartments cannot be located in the same house; at all events it makes the city image less monotonous ...«[77]

*

The U.N. Headquarters. Dieser Entwurf Franks »für die Schublade« zeigt eine reizvolle Dreiheit von unterschiedlich hohen, schlanken Wolkenkratzern, verbunden durch Brücken und »eingehüllt« in gemusterte »Gewänder«.

Im Oktober 1947 schrieb Frank an Trude Waehner: »Nun wird also das UN building ganz aus Glas sein bis zum 35. Stock und das wird sicher sehr effektvoll, sowas hat ja einmal gemacht werden müssen, seit M.v.d.Rohe diese Idee in die Welt gebracht hat und ist hier wohl das Kompromiss, da man sich auf keine individuellere Architektur hat einigen können ...«[78] Möglicherweise entstand sein Entwurf als Antwort darauf.

Ein Photo des Projekts beschriftete Frank mit »Preliminary project, before the final program was published, for the United Nations New York.«[79]

Die U.N. wandten sich im November 1948 an Frank um »Katalog und Preise für diverse Möbel für ihr neues Home«[80] – ein Beleg für den Ruf des Architekten als Einrichtungsgestalter, der zahlreiche schwedische Botschaften, unter anderem die Gästezimmer des schwedischen Konsulates in New York, 1946, ausgestattet hatte.

*

Reaktionen auf Amerika. Frank kam im Dezember 1941 nicht das erste Mal in die USA. Bereits im Frühjahr 1927 war er als österreichischer Kommissär der Ausstellung *Machine Age* nach New York gereist. Von der amerikanischen Wohn- und Baukultur waren von Beginn seiner Arbeit an starke Impulse auf ihn ausgegangen. Die Verbindung mit Amerika schlug sich in einer Reihe von Hausprojekten nieder, die seit der zweiten Hälfte der zwanziger Jahre für die USA, vor allem für Kalifornien entstanden waren.[81]

---

77 Frank an Sobotka, 3. Mai 1958 (s. Anm. 64)
78 siehe Anm. 1
79 Eigenhändige Beschriftung eines Photos, Architekturmuseum Stockholm
80 Frank an Waehner, 10. November 1948 (s. Anm. 1)

Machine-Age Exposition, New York 1927, Cover von Fernand Léger
Mit Beiträgen u.a. von Alexander Archipenko, Hans Arp,
Victor Bourgeois, Josef Frank, Hugh Ferriss, Naum Gabo,
Walter Gropius, Gabriel Guevrekian, Oswald Haerdtl,
Josef Hoffmann, Raymond Hood, Jacques Lipschitz,
André Lurçat, Robert Mallet-Stevens, Konstantin Melnikow,
Erich Mendelsohn, Enrico Prampolini, Man Ray, S. Syrus,
Theo Van Doesburg, Oskar Wlach.

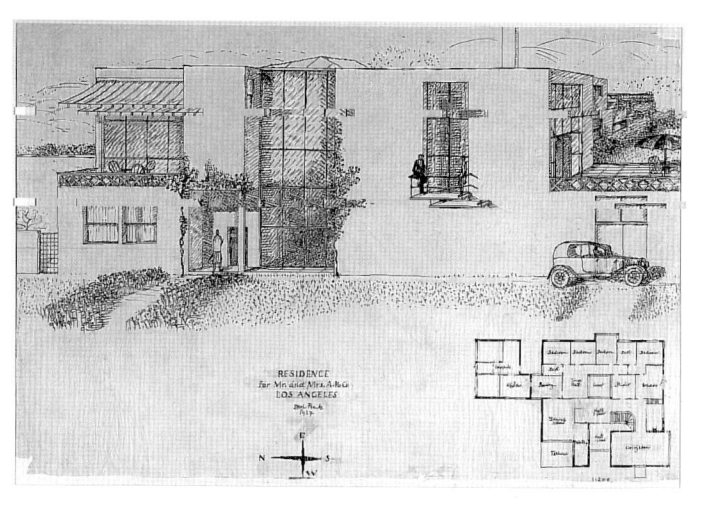

Josef Frank, *Wohnhausprojekt Mr. und Mrs. A.R.G.*, Los Angeles, 1927,
Perspektive und Grundriß, Feder, Graphische Sammlung Albertina, Wien

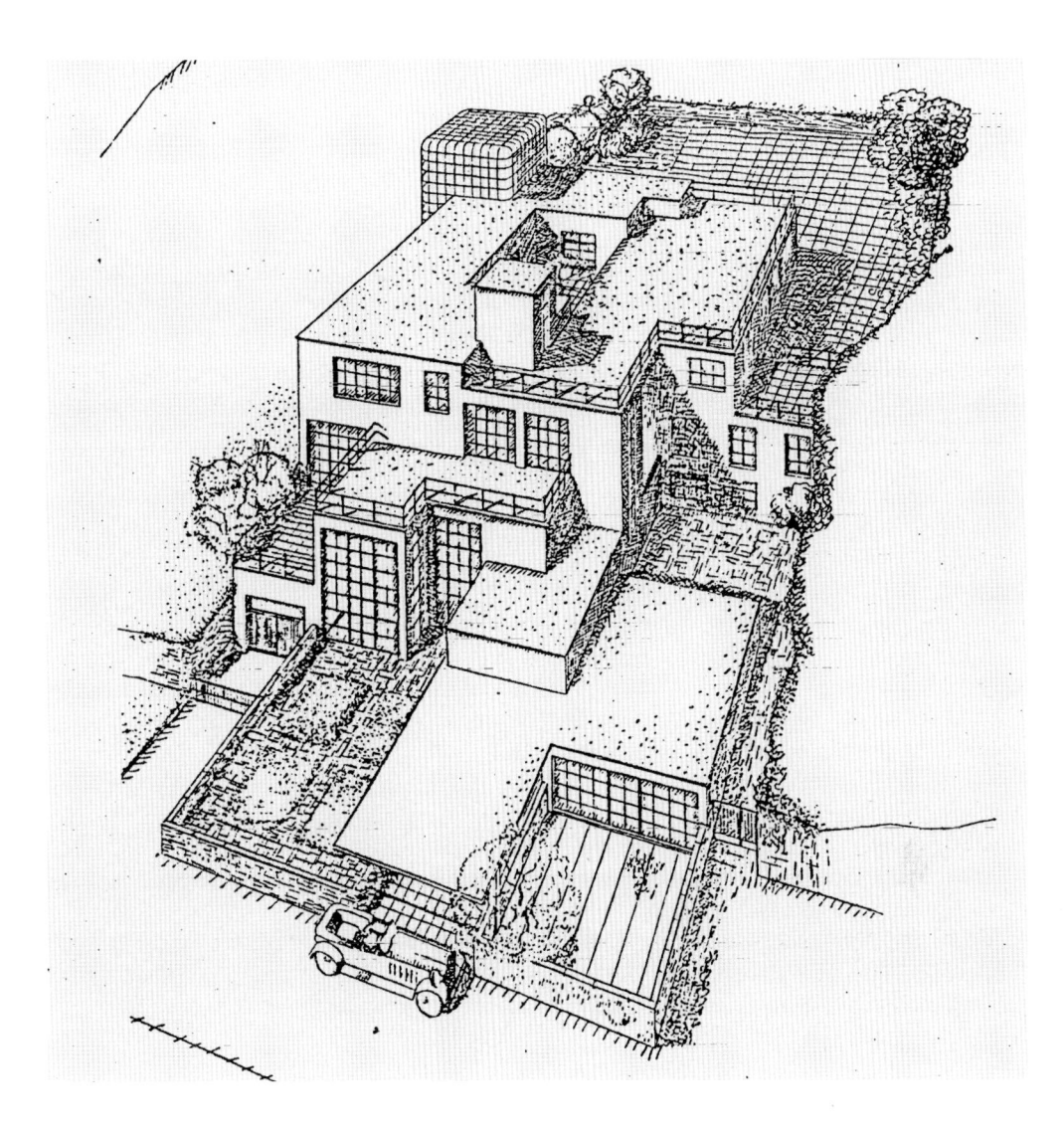

Josef Frank, *Hausentwurf für Mr. S.H.B.*, Pasadena, Kalifornien, 1926/27

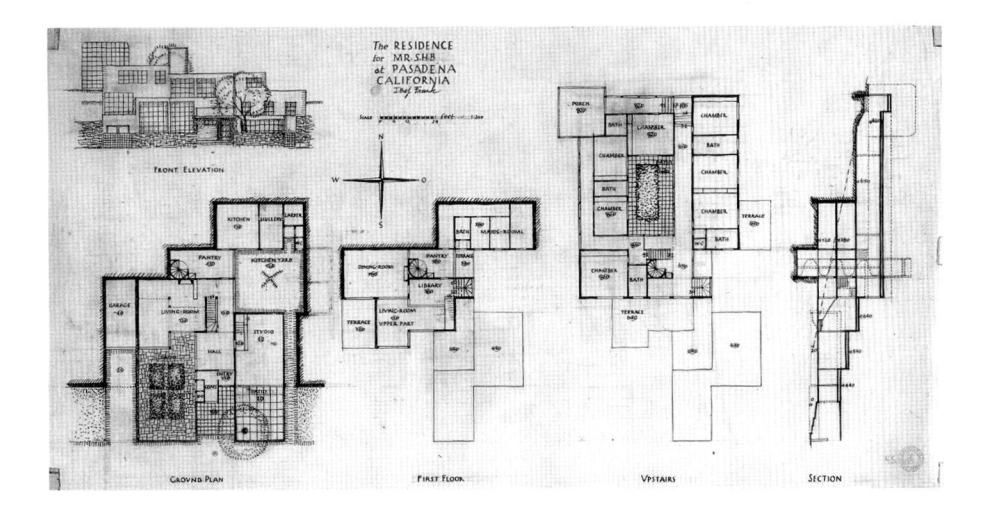

Josef Frank, *Wohnhausprojekt für Mr. S.H.B.*, Pasadena,
Hauptansicht, Grundrisse und Schnitt, Feder, Graphische Sammlung Albertina, Wien

1939, noch aus Stockholm, schrieb Frank: »Es wäre aber trotzdem viel schöner in New York zu sein, denn es gibt dort doch zumindest viel neues und nicht dieses ewige totlaufen wie nun in unserem Erdteil, der immer mehr gräßlich antiquiert wirkt.«[82]

Ein anschauliches Stimmungsbild gibt Hans Adolf Vetters erste New York-Impression nach seiner Überfahrt aus England, 1947: »... ich bin einfach hingerissen. Und so bedrückend London vom ersten Augenblick war, so erleichternd, beschwingend, befreiend wirkt New York. ... die Menschen sauber, elegant, irgendwie glücklicher, freier, menschlicher. Der Überfluß – in jeder Beziehung – ist so ungewöhnlich, daß er befremdend wirkt. ... Und mir ist so wie einem Kind, dem (nachdem es die Strafe abgebüßt hat) alles erlaubt ist.«[83]

Frank fand wesentliche Ansätze seiner Gedankenwelt – als selbstverständliche Elemente der dortigen Kultur – in Amerika bestätigt: die Unbekümmertheit gegenüber Stilfragen, die Freiheit von Ideologien, der Nonkonformismus und die Individualität: »For America these questions play no part at all, because these problems do not exist, in fact, neither form nor style problems; most new things are styleless in a way unknown in Europe, – which, however, does not make them more beautiful.«[84] »What is pleasant is the absence of ideologies; this makes life agreeable.«[85]

Bereits nach Stockholm zurückgekehrt: »Es ist wirklich nichts mit diesem Kontinent [nämlich Europa], ... es scheint mir immer mehr, als wäre hier alles weit mehr schablonisiert als in USA ...« In Amerika regiere zwar der ›Geld-Standpunkt‹, aber auch ein gesunder Pragmatismus: »Nun bringen hier [in Europa] die Leute noch viel weniger schöne Dinge zusammen als in Amerika, ... weil ihnen der naive praktische Sinn doch fehlt ... es ist wirklich merkwürdig, um wieviel praktischer jede Kleinigkeit in Amerika ist ...«[86]

Am Beispiel seines eigenen Apartments in New York kommentierte Frank diesen praktischen amerikanischen Sinn: »Tous leurs plans des appartements, des petites maisons etc., c'est très bien, je n'avais jamais un tel appartement comme ici. Ce sont deux chambres pour 52 dollars. C'est très pratique, on n'a pas beaucoup à travailler pour la maison la cuisinette, le bain et tout ça. La cause est, que les Americains ne connaissent pas du tout ce qu'on appelle en Europe la représentation, c'est une vie très simple; par exemple c'est quelque chose qu'on avait jamais en Europe, c'est la porte entre la cuisine et la salle à manger, aussi dans les appartements très chers. Personne a des domestiques. ...«[87]

Franks Hochschätzung der amerikanischen Kultur schloß die Arbeit Frank Lloyd Wrights ein, dessen Freiheit, Phantasie und Individualismus im Spätwerk ihn ansprach.[88] In einigen seiner späten Hausentwürfe spielte Frank auch offen mit »Anleihen« bei dem amerikanischen Architekten. Franks Bild des Menschen Wright war nicht ungetrübt: »J'ai aussi vu Frank Lloyd Wright et ses œuvres. C'est un homme de grande phantaisie, il a déjà 76 ans, et travaille toujours. Malheureusement il est difficile de parler avec lui, il est trop Nazi. Les premiers mots qu'il m'a dit étaient: ›Il n'y a pas de différence entre Roosevelt et Stalin.‹ – c'était leur propaganda ici. Il était aussi un procès contre lui, parce qu'il essayait de persuader ses élèves de ne pas joindre l'armée.«[89] Unbenommen gilt jedoch – aus der Sicht Franks: »... that the influence of Wright is far better than the Bauhaus-Corbusier's which has led to a basic stiffness and boredom.«[90] »I prefer the still abundantly existing humanity here [in den USA] to the Bauhaus soldier-education.«[91]

Die Realität allerdings sah so aus: »Les architects allemands, qui sont déjà ici longtemps, ont beaucoup des succès; Gropius, Breuer, Mies, Hilberseimer, ils sont professeurs et ont aussi influencés l'architecture (surtout sur le papier, et pas en verité). Mais les architects americains ... sont persuadés que Bauhaus et Architecture moderne c'est la même chose.«[92]

Trotz seiner hohen Wertschätzung der amerikanischen Wohnkultur konnte sich Frank in den USA nicht durchsetzen. Dagegen kam hier gerade jene Richtung innerhalb der modernen Architektur zum endgültigen Durchbruch, die Frank seit den zwanziger Jahren abgelehnt hatte, die »deutsche Bauhaus-Moderne«. Wieder konnten vor allem jene Architekten-Emigranten in den USA reussieren, die einen ungekannten »thrill« aus Europa mitbrachten, der auch Grundlage einer Mode werden konnte.

Man hat Frank seine Frühdiagnose der Folgen eines doktrinären Funktionalismus zu Recht seit spätestens den achtziger Jahren als große Weitsicht angerechnet. Doch muß man einschränken, daß hierbei wohl auch von seiten Franks manche mehr einengende als befreiende Verallgemeinerung erfolgte. So macht etwa die globale Verdammung der abstrakten Malerei seine Schriften und Briefe nach 1945 manchmal schwer lesbar.

Hans A. Vetter, Titelseite von *Kleine Einfamilienhäuser*, Wien 1932

81 siehe Maria Welzig, Die Wiener Internationalität des Josef Frank. Das Werk des Architekten bis 1938, Diss. phil., Wien 1994, S. 227 ff.
82 Frank an Waehner, 25. März 1939 (s. Anm. 1)
83 Vetter an Milan Dubrovic und Max Fellerer, Pittsburgh 3. Oktober 1947
84 Frank an Sobotka, 8. Feb. 1942 (s. Anm. 64)
85 Frank an Sobotka, 7. März 1942 (ebenda)
86 Frank an Waehner, 15. April 1946 (s. Anm. 1)
87 Frank an Lurçat, 15. September 1945, Fonds Lurçat, Archives nationales, Paris
88 Dies geht aus einer Reihe von Bemerkungen an Trude Waehner hervor (s. Anm. 1)
89 Frank an Lurçat, 15. September 1945 (s. Anm. 87)
90 Frank an Waehner, 9. September 1961 (s. Anm. 1). In der Zwischenkriegszeit dagegen hatte Frank noch deutlich unterschieden zwischen der Bauhaus-Richtung und Le Corbusier, den er damals durchaus schätzte; s. Welzig (zit. Anm. 81), 161 ff., 179 ff.
91 Frank an Sobotka, 10. März 1943 (s. Anm. 64)
92 Frank an Lurçat, 15. September 1945 (s. Anm. 87)

»Private« Gedanken zur eigenen Arbeit und zur Entwicklung der Architektur mischen sich in den Briefen Franks seit dem Zweiten Weltkrieg zum Teil mit Eindrücken aus seiner Amerika-Zeit: »Wenn man also nun nach Europe kommt, so ist es sehr verschieden. Es ist so, als ob man nicht vier sondern vierzig Jahre weg gewesen wäre, so altmodisch schaut alles aus. ... Was besonders veraltet aussieht, ist aber die moderne Architektur nach Bauhausmuster ... Sonst weiß ich nicht, was so veraltet wirkt, ich glaube aber es ist doch das dass alles in Kleinigkeiten sehr sorgfältig und ordentlich ist, was wir doch früher einmal für gut gehalten haben, jetzt ist es ganz unerträglich. Ich sehe also immer mehr, what I said before, daß ich alle diese Sachen, die ich bisher gemacht habe, nie mehr werde machen können ... Man muß da doch etwas großzügiger denken, besser nicht alles so wichtig nehmen, and so what.«[93] Und: » ... ich weiss ja nicht mehr was ich tun soll, weil ich ja keine sehr festen Ansichten mehr habe.«[94]

Zu architektonischen Entwurfsarbeiten: »Ich habe vor solchem Tun, wie Du ja weißt, grosse Angst, da ich ja gerne mit der neuen Baukunst beginnen möchte, aber gar nicht weiß wie ...«[95] »Nun befasse ich mich hier viel mit dem Problem der Langweiligkeit in Kunst und Architektur. Denn, warum, so muß man sich fragen, sind die Straßen und Wohnungen etz. hier so langweilig? es ist ja alles überaus ordentlich und reich und gepflegt, ja sogar von ästhetischen Grundsätzen aus geordnet, die allerdings nicht die meinigen sind ... Gehört da auch etwas anderes dazu, wie anderswo die Elendsdarstellungen, und warum sind denn auch in der Regel Slums Fremdenattraktionen? Das ist doch nicht nur Neugierde, sondern entspricht sicherlich auch ästhetischen Interessen.«[96]

»En Amerique ce n'est pas de tout d'architecture en sens européen, mais c'est une expression beaucoup plus naturelle et pour cela (pour moi) plus sympatique.«[97] Und: » ... il y des maisons dans une rue de toutes les époques quelques fois des maisons de bois du XVIII siècle (très belles) a côté des gratte-ciels. Alors l'architecture n'est plus d'art, c'est quelque chose que nous avons cru déjà longtemps ...«[98] – » ... mir gefällt die dortige [amerikanische] Rohheit auch viel besser ...«[99]

» ... ich komme nun nach eifriger Überlegung zu einer Art von Primitivismus ... das ist aber nur, weil mir gar nichts einfällt, gar nix, und ich jetzt nur wiederkäue wie eine Kuh ..., was ich schon früher (besser) gemacht habe ...«[100] »Am liebsten möchte ich Primitivist werden, was ich leider nicht mehr kann.«[101]

» ... die ganze Dyckmanstreet [in New York] geht mir sehr ab. Ja, was nützt da die hiesige Kunst und größere Carefulness beim Bauen, wenn das alles so langweilig wird? Ich bin jetzt überhaupt der Ansicht, dass vieles des Guten doch nur durch Zufall entsteht und nicht von Anfang an mit Absicht. Z.B. von Anfang an geplante Plätze waren der St. Peterplatz in Rom oder der Place Vendôme, schön, aber langweilig. Der Marcusplatz aber war doch mehr zufällig, denn wie hat man zur Zeit des Kirchenbaus wissen können, wie die Kolonnaden aussehen werden?«[102]

*

Franks *Akzidentismus-Konzept* (die Gestaltung der Umgebung, als wäre sie durch Zufall entstanden) und seine Phantasieentwürfe der Spätzeit erhalten mit diesen »privaten« Aussagen einen neuen Verständnishintergrund. Die Sehnsucht nach »Primitivismus« – nach unbekümmertem, naivem, spontanem Zugang – und die »Prinzipienlosigkeit« in seiner Spätzeit sind möglicherweise durch das Leben in den USA verstärkt worden.

---

93 Frank an Waehner, 9. Februar 1946 (s. Anm. 1)
94 Frank an Waehner, 4. Mai 1946 (ebenda)
95 Frank an Waehner, 30. Mai 1946 (ebenda)
96 Frank an Waehner, 2. März 1946 (ebenda)
97 Frank an Lurçat, 20. August 1946 (s. Anm. 87)
98 Frank an Lurçat, 15. September 1945 (ebenda)
99 Frank an Waehner, 4. Mai 1946 (s. Anm. 1)
100 Frank an Waehner, 17. Juni 1946 (ebenda)
101 Frank an Waehner, August 1946 (ebenda)
102 Frank an Waehner, 30. Mai 1946 (ebenda)

Joseph Urban, *Patio des Oasis Club*, Palm Beach, Florida, 1926, Wasserfarben, Privatbesitz, New York

Joseph Urban, *Wettbewerbsentwurf für den Palast der Sowjets*, Perspektivansicht gegen den Kreml, 1931, Mischtechnik, Rare Books and Manuscripts Library, Columbia University, New York

Joseph Urban, *Auditorium der New School for Social Research*, New York, 1929-31, Farbrekonstruktion von Rolf Ohlhausen, 1992

Paul Theodore Frankl, *»Skyscraper«-Bücherregal mit Schreibtisch*, um 1930, Nußholz, Sammlung John Axelrod, Boston Museum of Fine Arts

Paul Theodore Frankl, *Zwei »Skyscraper«-Bücherregale*, um 1930, Geschenk aus dem Besitz von Mrs. James Hutton II, Cincinnati Art Museum

Rudolph M. Schindler, *Haus Schindler Chase*, Kings Road, Hollywood, 1921-22, Farbperspektive auf Pergament, Architectural Drawings Collection, University Art Museum, University of California, Santa Barbara

Frank Lloyd Wright, *Haus Freeman*, **Hollywood, 1924, Einrichtung von Rudolph M. Schindler**

(© Julius Shulman)

Rudolph M. Schindler, *Wohnhalle im Strandhaus Lovell,* **Newport Beach, 1926, zeitgenössische Aufnahme, Architectural Drawings Collection, University Art Museum, University of California, Santa Barbara**

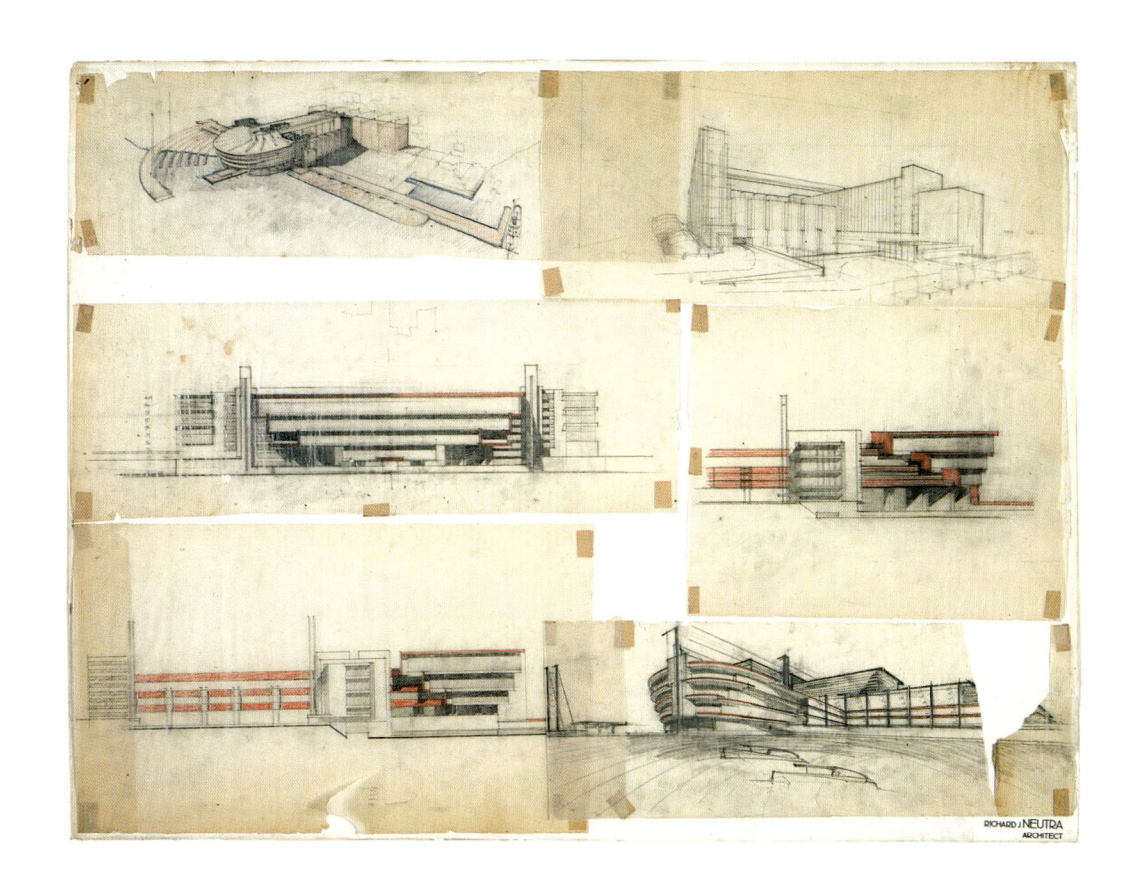

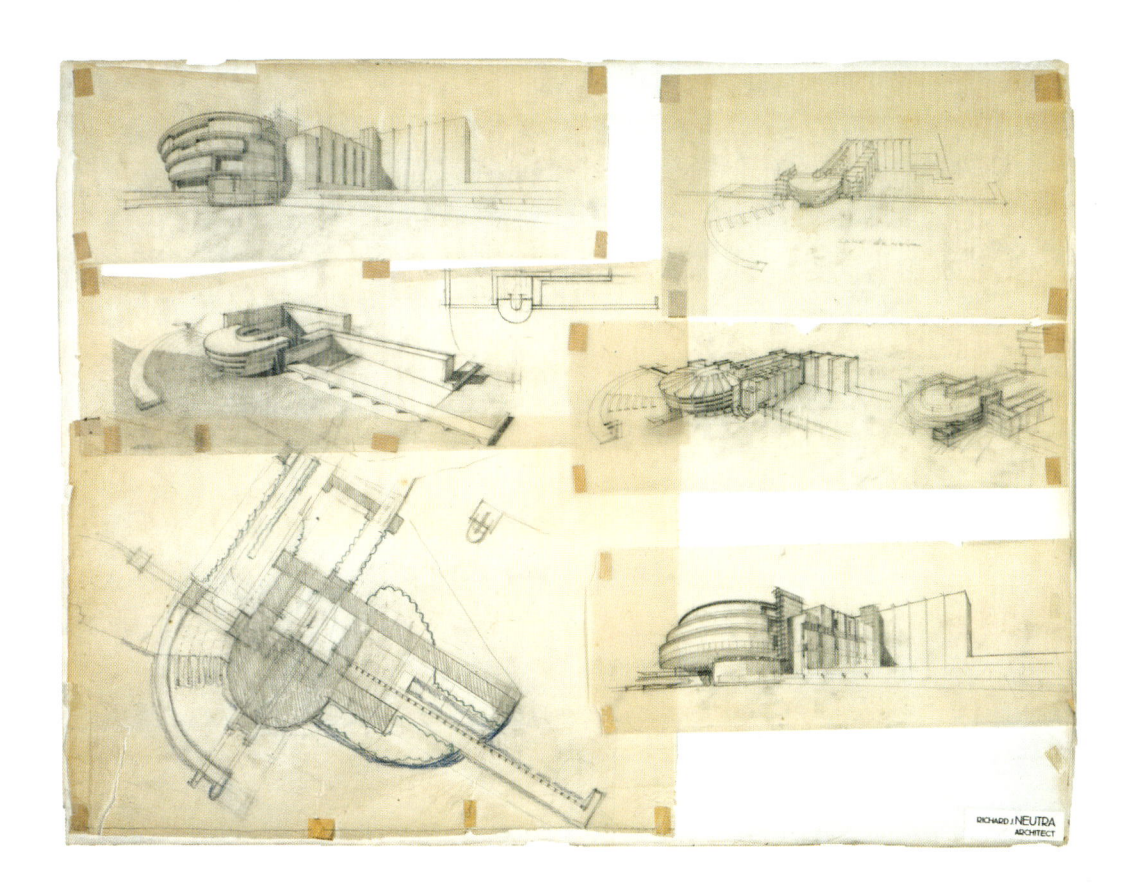

Richard Neutra und Rudolph M. Schindler, *Skizzen zum Wettbewerbsprojekt für den Völkerbundpalast in Genf,* **1926,
Blei- und Farbstift auf Transparentpapier, Special Collections, University Research Library, University of California, Los Angeles**

IX

Richard Neutra und Rudolph M. Schindler, *Luftperspektive des Wettbewerbsprojektes für den Völkerbundpalast in Genf*, 1926, Bleistift, Special Collections, University Research Library, University of California, Los Angeles

Richard Neutra, *Gesundheitshaus Dr. Philip Lovell*, Los Angeles, 1927-29

Friedrich Kiesler, *Endless House*, 1959, Betonmodell, Privatbesitz, Wien

Bernard Rudofsky, *Reiseaquarell aus Santorin*, Griechenland, 1929, The Getty Center for The History of Art and The Humanities, Santa Monica

Bernard Rudofsky, *Projekt eines Hauses im Golf von Neapel*, um 1935, Farbperspektive,
The Getty Center for The History of Art and The Humanities, Santa Monica

Anton Tedesko mit Roberts & Schaefer Co. und Joe H. Lapish, *Hangar für die U.S. Navy*, um 1942,
Broschüre der Portland Cement Association, Maillart Archive, Princeton University

ARCHITECTURAL CONCRETE

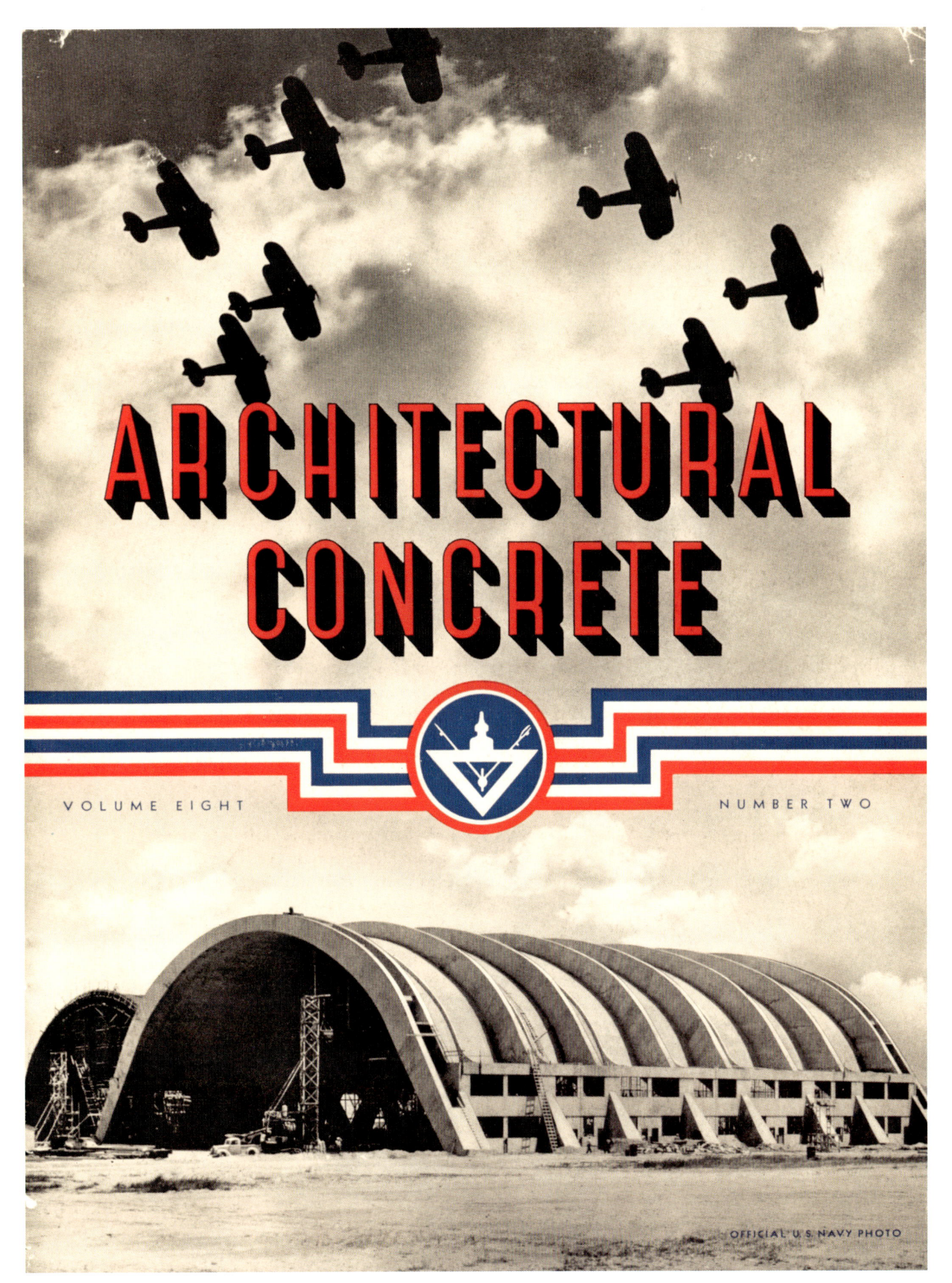

VOLUME EIGHT · NUMBER TWO

OFFICIAL U.S. NAVY PHOTO

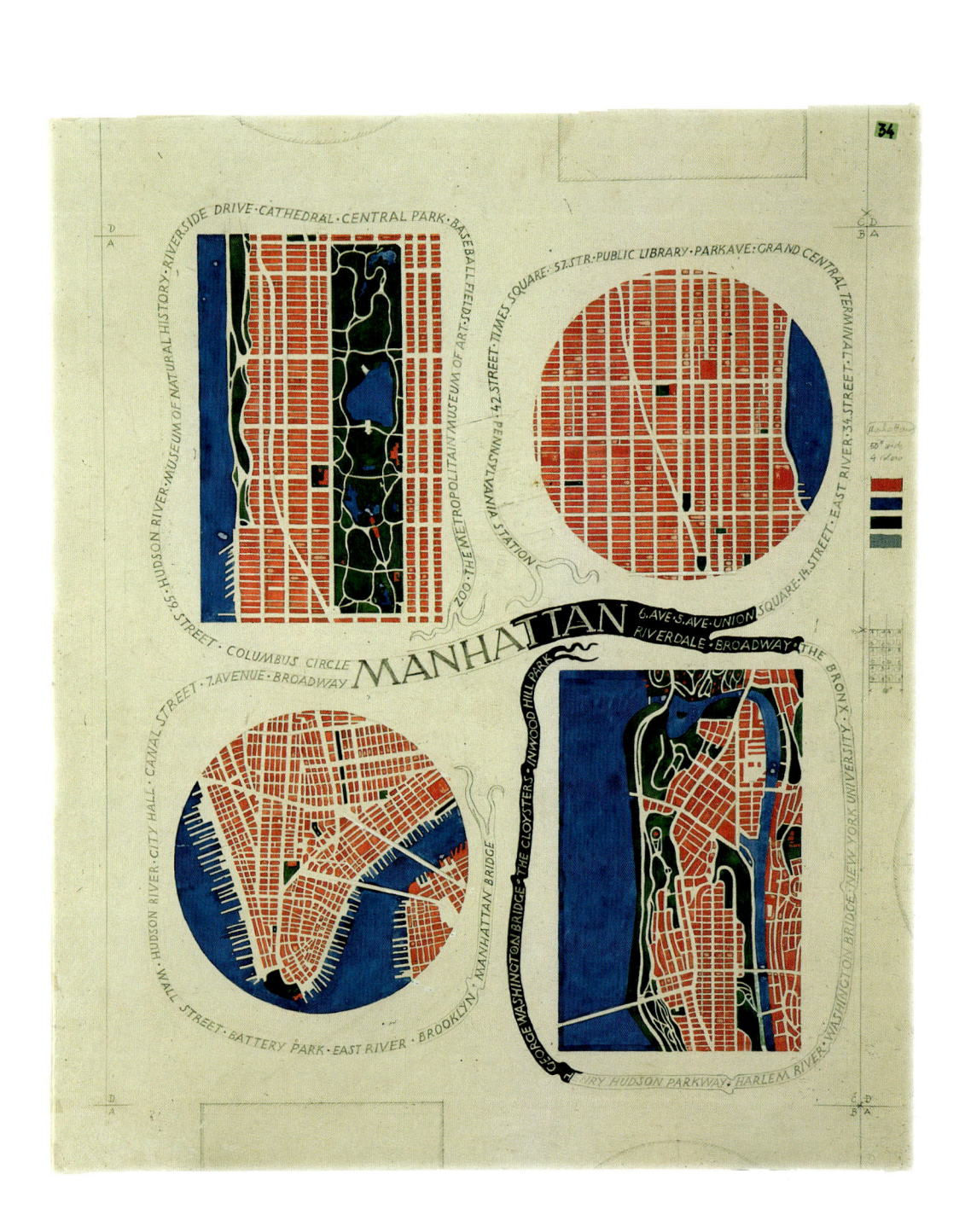

Josef Frank, *Stoffentwurf »Manhattan«*, um 1943, Wasserfarben, Fa. Svenskt Tenn, Stockholm

Josef Frank, *Stoffentwurf »Vegetable Tree«*, um 1943, Wasserfarben, Fa. Svenskt Tenn, Stockholm

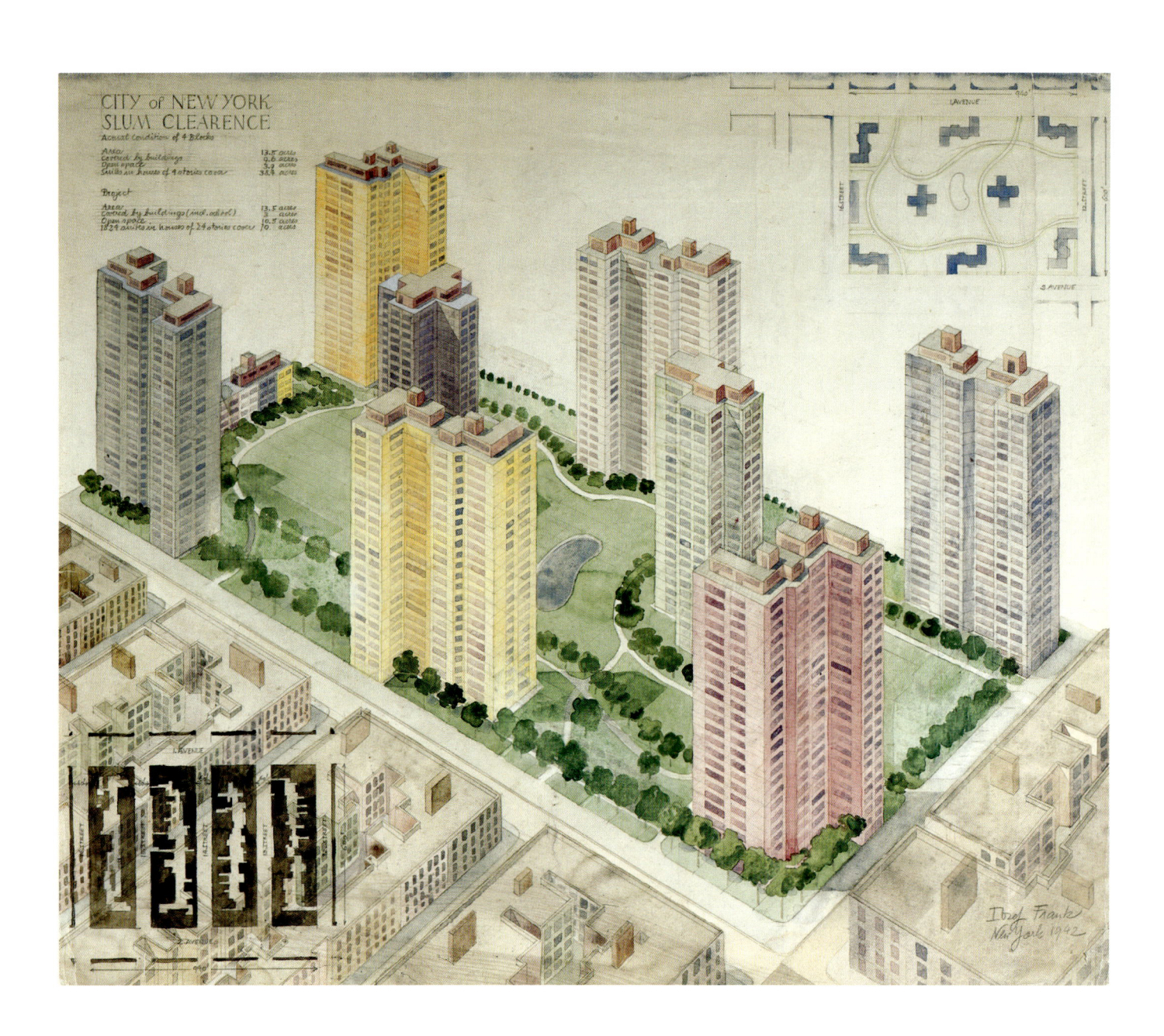

Josef Frank, *Projekt für eine Slumsanierung in New York*, 1942, Wasserfarben, Graphische Sammlung Albertina, Wien

Josef Frank, *Entwurf für das UNO-Hauptgebäude in New York*, 1947/48, Wasserfarben, Graphische Sammlung Albertina, Wien

Felix Augenfeld, *Leseraum in der Bibliothek Buttinger*, New York, 1956-58, kolorierte Lichtpause, Architectural Drawings Collection, Avery Library, Columbia University, New York

PROPOSAL FOR ALTERATIONS
OF SHOW WINDOWS FOR
W. & J. SLOANE · VTH AVE

Felix Augenfeld, *Entwurf für W. & J. Sloan Department Store*, um 1950, Wasserfarben,
Architectural Drawings Collection, Avery Library, Columbia University, New York

Walter Sobotka, *Entwürfe für Gartenmöbel*, 1940, Mischtechnik,
Architectural Drawings Collection, Avery Library, Columbia University, New York

Felix Augenfeld, *Entwurf eines multifunktionalen Möbels für M. Hoffman,* um 1950, Wasserfarben,
Architectural Drawings Collection, Avery Library, Columbia University, New York

Walter Sobotka, *Büroentwurf*, 1952, Mischtechnik, Architectural Drawings Collection, Avery Library, Columbia University, New York

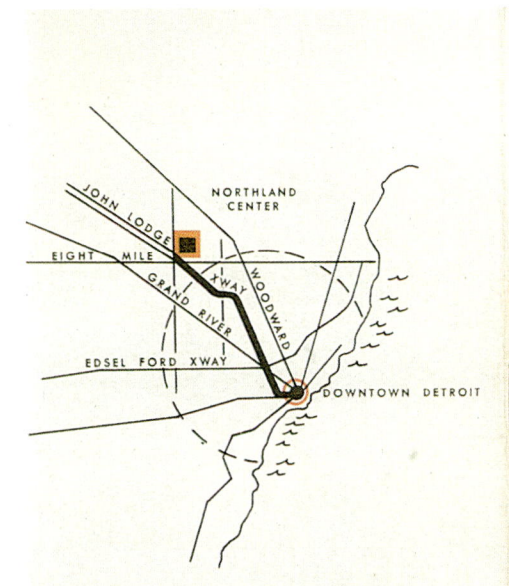

Minutes From Town

People attending conventions and other visitors to Detroit can easily and quickly reach Northland Center via the John Lodge Expressway. Northland is actually only a matter of minutes from Detroit's Civic Center and the city's business section.

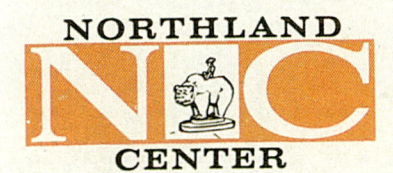

NORTHLAND NC CENTER

OPEN

9:30 a.m. — 5:30 p.m.
Monday through Wednesday

9:30 a.m. — 9:00 p.m.
Thursday through Saturday

LITHOGRAPHED IN U.S.A. BY
EVANS-WINTER-HEBB INC., DETROIT

EXCITING NORTHLAND

NORTHWESTERN HIGHWAY AND EIGHT MILE ROAD
IN THE
CITY OF SOUTHFIELD
MICHIGAN
ADJACENT TO NORTHWEST DETROIT

Victor Gruen Associates, *Werbebroschüre für das Northland Shopping Center*, Detroit, 1954

*Fort Worth will not change overnight.
Element by element of the master plan will
be added over a period of years.
That Fort Worth can accomplish its goal,
step by step, without disruption of
its present and future activities, is clearly
illustrated by the following four maps.*

Victor Gruen Associates, *A Greater Fort Worth Tomorrow, 7th Street*, **Städtebauliche Studie, Broschüre, 1956**

Victor Gruen Associates, *Mid-Town Plaza*, Rochester, 1959, mit Spieluhr von Rudolf Baumfeld, Postkarte
(© Edwards Press, Rochester, New York)

INTERIORS

SEPTEMBER 1945

INDUSTRIAL DESIGN

Cover der Zeitschrift »Interiors«, September 1945,
mit dem Geschäftslokal der American Crayon Company von Ernst Schwadron im New Yorker Rockefeller Center

Ernst Lichtblau, *Tisch aus Aluminium und Eichenholz für das Apartment Dr. Fish*, 1948,
Museum of Art, Rhode Island School of Design, Providence

(© Cathy Carver)

Simon Schmiderer, International Basic Economy Corporation, *Reihenhaussiedlung »Villa Fontana«*, ab 1964, Carolina, Puerto Rico

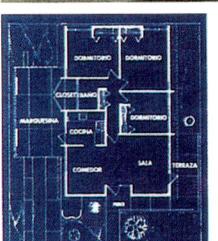

MODELO 3-1
3 espaciosos dormitorios con amplios y cómodos closets, 1 moderno baño en colores.

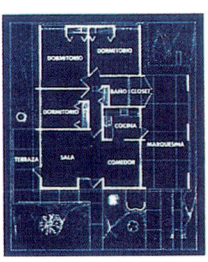

MODELO 3-2
3 espaciosos dormitorios con amplios y cómodos closets, 2 modernos baños en colores.

MODELO 3-1 B
3 amplios dormitorios con espaciosos y cómodos closets, 1 moderno baño en colores.

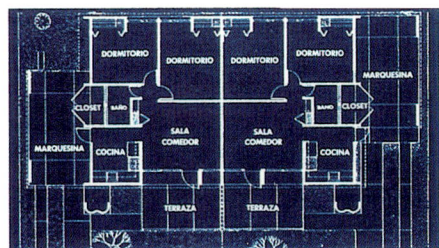

MODELO 3-1A
amplios dormitorios con espaciosos y cómodos closets, 1 moderno baño en colores.

MODELO DUPLEX 2-1 LD y 2-1 RD
2 espaciosos dormitorios con amplios y cómodos closets, 1 moderno baño en colores.

Las Casas..

En todos los modelos encontrará usted de cocina de la reconocida marca "Orbi "Westinghouse" ☐ Fregadero de acero "frost free" de 14 p.c. "Westinghouse" 30 galones ☐ Pisos de losetas de terrazo en todas las ventanas ☐ Conveniente a casa ☐ Closet exterior para utensilios ☐ Resguardo para zafacones ☐ Closet eléctrico ☐ Terraza descubierta ☐ Surtidor bajo el lavamanos ☐ Puerta principal o en rama, un árbol y arbustos ☐ Puerta aluminio en toda la casa ☐ Tubería de

Simon Schmiderer, International Basic Economy Corporation, *Haustypen für Siedlungen auf Puerto Rico*

Liane Zimbler, *Patio im Haus Levy*, Los Angeles, 1965-71

Felix Augenfeld und Karl Hofmann, *Tagesbar*, Werkbund-Ausstellung, Museum für Kunst und Industrie, Wien, 1930

DIE UNSICHTBARE RAUMKUNST DES FELIX AUGENFELD

Ruth Hanisch

Vor allem *ein* Möbelstück spielte in der Geschichte der Psychoanalyse eine große Rolle: die Couch; »sich auf die Couch zu legen«, ist zu einem Synonym der Behandlungsmethode selbst geworden. Viel weniger Aufsehen erregte der Schreibtischsessel, auf dem der Begründer dieser Methode saß, als er seine späten Schriften wie z. B. *Der Mann Moses und die monotheistische Religion* schrieb. Die älteste Tochter Sigmund Freuds beobachtete die Sitzhaltung ihres lesenden Vaters und beschloß um 1930, einen Sessel anzuschaffen, der seiner legeren Sitzweise entgegenkam: Freud pflegte beim Lesen ein Bein über die Sessellehne zu schwingen – und sein Kopf hatte keine Stütze. Freuds Tochter Mathilde beauftragte also den Architekten Felix Augenfeld, einen *Schreibtischsessel* zu entwerfen, der diesem Mißstand Abhilfe schuf.[1] Der drehbare Armsessel ist in der Höhe verstellbar, und die ausgeformte Kopfstütze entsprach den Bedürfnissen seines berühmten Benützers. Die braune Lederpolsterung und die gerundeten Formen fügten sich in die gediegene Einrichtung des Arbeitszimmers ein. Die Form des Stuhles ist »anthropomorph«, die gepolsterten Armlehnen umfaßten den Wissenschafter mit einer mütterlichen Geste. Der Stuhl – nach der Einschätzung seines Schöpfers kein Kunstwerk – weist Merkmale einer Einrichtungsphilosophie auf, die sich in der Zwischenkriegszeit in Wien etabliert hat und die entweder als »Neues Wiener Wohnen« oder als »Zweite Wiener Moderne« bezeichnet wird.

Über Loos zu Strnad

Studiert hatte der gebürtige Wiener Felix Augenfeld an der k.k. Technischen Hochschule bei Karl König und Heinrich von Ferstel, Vertretern des Historismus, sowie beim Wagnerschüler Max Fabiani.[2] Doch scheint ihn die dort gelehrte Architekturauffassung nicht zufriedengestellt zu haben. Als Adolf Loos aus Enttäuschung über die ihm verweigerte Professur an der Akademie der bildenden Künste die ersten Kurse seiner privaten »Bauschule« in der Zeitung inserierte, meldete sich Augenfeld sofort an. Als Student hatte er die Diskussion um Loos' *Haus am Michaelerplatz* sicherlich intensiv verfolgt, denn sein Onkel, der

1 Michael Molnar, The Bizarre Chair: A Slant on Freud´s Light Reading in the 1930s. In: S. Gilman (Hg.), Regarding Freud´s Reading. New York (S.U.N.Y. Press) 1994, S. 252
2 Angabe DI Jiresch laut Matrikelbüchern der Technischen Universität Wien im Universitätsarchiv

Felix Augenfeld und Karl Hofmann, *Schreibtischsessel für Sigmund Freud*, ca. 1930

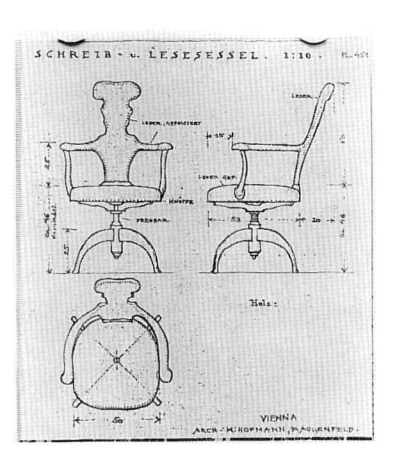

Felix Augenfeld und Karl Hofmann, *Konstruktionszeichnung für den Schreibtischsessel für Sigmund Freud*

Felix Augenfeld (re.) 1932 bei der Eröffnung der Wiener Werkbundsiedlung mit Oskar Strnad

Architekt Alois Augenfeld, hatte damals »Verbesserungsvorschläge« für die dem Wiener Geschmack so unerträglich kahl erscheinende Fassade eingebracht.[3] Die erste Generation der Loos-Schüler umfaßte neben Rudolph M. Schindler und Richard Neutra auch den späteren Assistenten von Loos, Paul Engelmann, und den Mailänder Giuseppe De Finetti sowie Ernst Freud, den jüngsten Sohn Sigmund Freuds.

Augenfeld erinnert sich 1981 an seine Zeit bei Adolf Loos: »Es war eine Art Seminar, eine lose Gruppe von Studenten, durch eine gemeinsame Gesinnung vereinigt, die sich nicht in einem Hörsaal oder Atelier trafen, sondern auf improvisierten Spaziergängen oder Tafelrunden in der Stadt, in der Kärntnerbar ..., in Cabarets und Nachtlokalen, auf Marmorlagerplätzen und in den von Loos umgebauten und eingerichteten Wohnungen.«[4] Die erste »Loos-Schule« wurde durch den Ausbruch des Ersten Weltkriegs aufgelöst. Augenfeld mußte einrücken und kam erst 1919 aus der italienischen Kriegsgefangenschaft zurück. Er scheint sich im Nachkriegs-Wien schwer zurechtgefunden zu haben; aus seinen Briefen an Ernst Freud, der in München und Berlin weiterstudierte, läßt sich eine große Orientierungslosigkeit ablesen.[5] Dennoch konnte Augenfeld 1920 sein Studium an der Technischen Hochschule mit der Zweiten Staatsprüfung abschließen.

Augenfeld nahm den persönlichen Kontakt zu Adolf Loos nicht mehr auf. »Ich konnte nicht mehr so recht an die marmorgedeckten und mahagonigetäfelten Wände der Loos'schen Bankier-Speisezimmer der Vorkriegszeit glauben«,[6] urteilte er nicht ganz gerecht. In seinen spärlichen Aussagen über seine persönliche Sicht der modernen Einrichtungskunst vertrat er aber weiterhin eine verallgemeinernde Rezeption einiger Loos'scher Kernaussagen. Im Vordergrund steht eine strikte Trennung zwischen Moderne und Modernismus. Modern war für Augenfeld, was nicht vortäuschte, aus einer anderen Epoche zu sein, denn der Mensch könne ohnehin nur seiner eigenen Zeit gemäß schaffen: »Ein ›altdeutsches‹ Speisezimmer zum Beispiel war immer unbrauchbar, auch zur Zeit, da es entstand.«[7] Effekthascherei lehnte er ebenso vehement ab wie eine betonte Handschrift des Architekten. Das beste Interieur sei jenes, dem man nicht ansieht, daß es gestaltet wurde.[8] Diese Aussagen Augenfelds haben ihre Wurzeln sichtlich in Loos' grundsätzlicher Ablehnung einer künstlerischen Auffassung von Innenarchitektur und dessen Toleranz gegenüber Einrichtungsgegenständen anderer Epochen. In Augenfelds Interpretation der Loos'schen Theorie fehlt jedoch dessen generalistischer kulturkritischer Ansatz.

Für Augenfelds praktische Arbeit war der persönliche Kontakt mit Oskar Strnad und die Kenntnis

---

3 Matthias Boeckl, Begrenzte Möglichkeiten. Vorgeschichte, Vertreibung und weitere Laufbahn österreichischer Architekten der klassischen Moderne in den Vereinigten Staaten 1938-1945. In: Jahrbuch des Dokumentationsarchivs des österreichischen Widerstandes, 1992, S. 144 ff.
4 Felix Augenfeld, Erinnerungen an Adolf Loos. In: Bauwelt 72/2, 1981, S. 1907
5 Briefe von Felix Augenfeld an Ernst Freud, Sigmund Freud-Museum, London
6 Augenfeld, Erinnerungen ... (zit. Anm. 4); Augenfelds Vorwurf ist nicht ganz gerechtfertigt, wenn man bedenkt, welche Rolle Loos in den folgenden Jahren in der Siedlerbewegung spielen sollte.
7 Augenfeld, Der Wohnraum, jenseits von Mode. In: Die Bühne, Wochenschrift für Theater und Gesellschaft, Nr. 195, Erstes Maiheft, 1935, S. 34
8 ebenda; weiters Augenfeld, Problems of Style. In: Decoration, Juli 1936, S. 24

Felix Augenfeld und Karl Hofmann, *Villa Pringsheim*, Wohnraum, Wien, 1922

seiner Theorien wesentlicher als die Auseinandersetzung mit Loos. Vor allem Strnads 1922 thematisierte Trennung von »öffentlichem Leben und privatem Dasein« wurde zur Grundlage der Tätigkeit Felix Augenfelds. Strnad schrieb: »Das Einrichten der Wohnung: Klarlegen der Lebensforderungen; Wohnen und Arbeiten trennen. Arbeitsraum ist nicht Wohnraum, Werkzeug ist nicht Möbel. Nie verwechseln! (Büroschreibtische sind im Wohnraum unmöglich.) Vor allem ›Wohnräume‹ – nicht ›Herrenzimmer‹ und ›Speisezimmer‹ und ›Empfangszimmer‹ wollen. ›Wohnen‹ ist schließlich ›Ausruhen‹, also Sitzen, Liegen und Gehen.«[9] Die Abspaltung der Arbeitswelt von der privaten Welt des Wohnens war zu Beginn des 20. Jahrhunderts noch nicht in allen Bereichen vollzogen und auch nicht so selbstverständlich, wie sie uns heute anmutet. Der bürgerliche Salon war repräsentativen Aufgaben vorbehalten und wurde von der Familie nur bei »Anlässen« benutzt. Das neue bürgerliche Wohnzimmer aber sollte täglich zur Erholung der Benützer dienen. Genau diese Aufgabe – Erholungsräume mit vielfältigen Benutzungsmöglichkeiten zu schaffen – stellte sich ein Kreis junger Architekten, der sich um Oskar Strnad gebildet hatte und dem auch Felix Augenfeld angehörte. Wenn Carl Schorske mit der Generationsabfolge von Wagner und Sitte zu Hoffmann und Olbrich, aber auch Loos um 1900 den Rückzug der Wiener Architektur ins Private konstatiert,[10] gilt dieses Interesse an der Gestaltung der privaten Sphäre erst recht für die Vertreter der Wiener Raumkunst der Zwischenkriegszeit.

Augenfeld & Hofmann: Wiener Wohnungen

1922 eröffnete Felix Augenfeld gemeinsam mit seinem Freund und Studienkollegen Karl Hofmann ein selbständiges Architekturbüro in der Perntnerstraße im 19. Bezirk, circa 1926 übersiedelte das Atelier in die Wipplingerstraße 33.[11] Nach den vorliegenden Quellen zu schließen, scheint Augenfeld die treibende Kraft im Atelier gewesen zu sein – die Arbeiten des Ateliers Augenfeld und Hofmann sind aber so homogen, daß sie keine Trennung der »Handschriften« erlauben. Den ersten, 1922 publizierten Einrichtungen des Ateliers Augenfeld & Hofmann sieht man den Einfluß, den Strnad auf die beiden ausübte, noch unmittelbar an.[12] Die *Möblierung des Wohnraums einer Villa* im 19. Bezirk entsprach der damals aktuellen Biedermeierrezeption wie sie auch in Strnads Entwürfen zu finden war. Die leicht geschwungenen Sitzmöbel mit durchscheinenden Rücken- und Armlehnen konnten nach Bedarf neu gruppiert werden. Deckenbalken gliederten den Raum und ermöglichten – wie Strnad es formulierte – ein Abtasten desselben. In den folgenden Jahren entwickelten Augenfeld & Hofmann, auf Strnads Ideen basierend, jedoch ein

9 Oskar Strnad, *Neue Wege in der Wohnraum-Einrichtung* (1922). In: Max Eisler, *Oskar Strnad*. Mit ausgewählten Schriften des Künstlers und 31 Bildtafeln. Wien (Gerlach und Wiedling) 1936, S. 54
10 Carl Schorske, Abschied von der Öffentlichkeit, Kulturkritik und Modernismus in der Wiener Architektur. In: Alfred Pfabigan (Hg.), Ornament und Askese. Wien 1985, S. 47-56
11 Briefkopf eines Briefes von Augenfeld an Ernst Freud vom 12. Oktober 1922, Sigmund Freud-Museum, London
12 Innendekoration, Oktober 1922, S. 330 ff., und Innendekoration, August, 1923, S. 240-246

Felix Augenfeld und Karl Hofmann, *Wohnung einer jungen Dame* **im Hochhaus Herrengasse, Wien, ca. 1932**

eigenständiges Wohnkonzept zur Verwirklichung bürgerlicher Lebenswelten.

Die bemerkenswertesten Ergebnisse erreichten Augenfeld & Hofmann, wenn sie mit schwierigen räumlichen Voraussetzungen konfrontiert wurden. Wohnungsumbauten und Einrichtungen von Kleinstwohnungen kamen ihrem undogmatischen Pragmatismus entgegen. Die Möblierung von Einraumwohnungen für alleinstehende Berufstätige war eine relativ neue Aufgabe für Innenarchitekten. Die geforderte Funktionalität dieser Räume stellte für die beiden Architekten aber keinen Widerspruch zur erreichbaren Wohnlichkeit dar. Eine große Rolle spielten bei diesen Einrichtungen mehrfunktionale Möbel. Eine fix installierte Bettcouch, leicht transportable Sessel und aufklappbare Schränke waren die wesentlichen Elemente der Möblierungen. Bei der Einrichtung der *Wohnung einer jungen Dame* (ca. 1932) im *Hochhaus in der Herrengasse* konnten sie die unterschiedlichen Lebensfunktionen – Wohnen, Schlafen, Essen und Arbeiten – auf engstem Raum vereinen. Auffallend ist der bewußt feminine Charakter des Raumes, der durch den tapezierten Sekretär, durch die Polsterungen und den verspielten Bettüberwurf erzielt wurde.[13] Wesentlich sachlicher fiel dagegen die Einrichtung der *Wohnung eines Junggesellen* aus. Ihr überlegtestes Detail war ein von zwei Seiten zu öffnender Schrank, der Wohn- und Schlafbereich trennte.

In der Anordnung der Räume zueinander legten Augenfeld & Hofmann – soferne sie diese noch beeinflußen konnten – Wert darauf, die traditionellen Raumenfiladen der Wiener Zinshäuser aufzuheben. Im Bereich des bewußt-bürgerlichen Wohnens konnte man auf diese altertümliche Hoheitssymbolik verzichten. Die auf den ersten Blick unspektakulären Einrichtungen der Ateliergemeinschaft lassen ihr Raffinement erst bei genauerer Betrachtung erkennen. Entwickelt wurden die Einrichtungen anhand der täglichen Lebenspraxis der Benutzer. Die Grundrisse wurden in einzelne Funktionsbereiche, die sich mit den benachbarten Bereichen überschneiden und ergänzen, gegliedert. Dafür wurden fix installierte und transportable Möbelstücke verwendet. Ererbtes wurde mit neu Entworfenem und Gekauftem gemischt. Ein wesentliches Element der Einrichtungen waren offene Kamine – eine Bereicherung des Wohnerlebnisses, die von Adolf Loos in Wien verankert worden war. Heute nur mehr mit Hilfe von zeitgenössischen Beschreibungen zu beurteilen ist der auflockernde Effekt, der durch die bewußte Verwendung starker Farben erzielt wurde. Bilder wurden selten in die Organisation der Wand einbezogen, dies sollte offenbar dem Dafürhalten der Bewohner überlassen werden.

Neben Möbeln und Stoffen der bekannten Einrichtungsfirma *Haus & Garten* u.a. verwendeten Augenfeld & Hofmann mehrmals selbstentworfene Einzelstücke. Ihre Möbelentwürfe zeichnen

13 o.A., Der Wohnraum einer jungen Dame. In: Profil 1/3, März 1933, S. 100, und o.A., Hochhaus wohnt. In: Die Bühne 395, März 1935

Felix Augenfeld und Karl Hofmann, *Wohnung eines Junggesellen*, Wien, ca. 1928

Felix Augenfeld und Karl Hofmann, *Wohnung H.*, Wien, ca. 1934

Felix Augenfeld und Karl Hofmann, *Barschrank*, *Wohnung Gina Kaus*, Wien, ca. 1930

Felix Augenfeld und Karl Hofmann, *Wohnung Munk*, **Wien, ca. 1932**

Felix Augenfeld und Karl Hofmann, *Kaminecke*, **»Kunstgewerbe-Jubiläumsausstellung«, Museum für Kunst und Industrie, Wien, 1924**

sich durch die aufmerksame Behandlung der Details und ungewöhnliche Materialkombinationen aus. Ein in den frühen dreißiger Jahren entworfener *Barschrank* vereinigt drei verschiedene Edelhölzer mit einfachem Linoleum. Das frei an der Wand hängende Möbel war gleichzeitig Hausbar und Anrichte im Wohnzimmer der Schriftstellerin Gina Kaus. Die Wiener Handwerkskunst war ein Aushängeschild der ansonsten ins Hintertreffen geratenen österreichischen Moderne geworden. Spezialanfertigungen kamen den Wünschen einer bürgerlichen Auftraggeberschicht entgegen, die darin den Ausdruck ihrer persönlichen Individualität sehen konnte. Dabei stellt sich die Frage, ob diese Betonung des Individuellen – bei allem formalen Konservativismus – der fortschreitenden Individualisierung des modernen Menschen nicht eher entsprach als das von der deutschen Avantgarde propagierte Wohnen in maschinell erzeugten Möbeln.

Felix Augenfeld und Karl Hofmann, *Strandhaus Strauß-Likarz*,
Kritzendorf an der Donau bei Wien, ca. 1928

Den Hauptteil der Möbelentwürfe Augenfeld & Hofmanns machen Anrichten, Sekretäre und Einbauschränke aus, deren Oberflächen durch die Verwendung verschieden strukturierter Hölzer eine elegante Lebendigkeit erhielten. Stahlrohr verwendeten die Architekten vor allem für längliche, hängende Bücherablagen, mit denen sie die Wände strukturierten. Vergleicht man den Beitrag des Ateliers zur *Kunstgewerbeverein-Jubliläumsausstellung* von 1924 mit der *Tagesbar*, die im Rahmen der Werkbundausstellung von 1930 gezeigt wurde, sieht man die ganze Bandbreite ihrer Möglichkeiten, aber auch die Entwicklung zu einer dynamisch-rationelleren Auffassung des Möbelbaus.

Augenfeld & Hofmann: Bauten in Wien und Umgebung

Die Inneneinrichter Augenfeld & Hofmann konnten sich in Wien schnell etablieren, und ihre Arbeiten wurden in internationalen Fachzeitschriften publiziert. Nach den dokumentierbaren Aufträgen zu schließen, war das Atelier in der Zeit seines Bestehens von 1922 bis 1938 gut ausgelastet. In Augenfelds persönlicher Erinnerung stellte sich diese Zeit allerdings anders dar. 1982 beschrieb er dem Journalisten Milan Dubrovic die Tätigkeit seiner Sekretärin aus der Wiener Zeit: »Elses Hauptfunktion war, Kaffee zu kochen und mit den beiden Chefs Schach zu spielen, ebenso wie mit Hans Vetter, der fast täglich kam, entweder um auf unserer Maschine ein Gedicht zu tippen, oder um sich Geld auszuborgen.«[14] Augenfelds rückblickender Pessimismus scheint eher gerechtfertigt, wenn man den Wohnungseinrichtungen die ausgeführten Bauten gegenüberstellt.

Augenfeld & Hofmann hatten aus der finanziellen Notsituation ihrer Zeit eine Tugend der benützerfreundlichen Einrichtung gemacht. Doch ihre Idealvorstellung vom Wohnen konnten sie selten verwirklichen, setzte dies doch die Konzeption des gesamten Bauwerks voraus – und nicht die nachträgliche Umgestaltung oder Einrichtung. Vor allem eine neue Bauaufgabe kam dem räumlichen Geschick der Architekten entgegen. In Wien war Mitte der zwanziger Jahre die sogenannte »Weekend-Bewegung« entstanden.[15] Besonders die an der Donau gelegenen Orte zwischen Wien und Tulln erlebten einen ungeheuren Aufschwung durch neue Freizeitkolonien. Die bewußt erlebte Freizeitgestaltung stellte einen neuen Höhepunkt in der fortschreitenden Trennung von Berufs- und Privatwelt dar und war somit ein genuines Arbeitsfeld für Architekten, die dem »Wiener Wohnen« verbunden waren. 1928 errichteten Augenfeld & Hofmann für die Kunstgewerblerin Maria Strauß-Likarz und deren Mann ein solches *Strandhäuschen in Kritzendorf* an der Donau.[16] Das umlaufende weiße Geländer

14 Augenfeld an Milan Dubrovic vom 17. Dezember 1982
15 o.A., In so einem Haus läßt´s sich gut wohnen. In: Die Bühne 254, S. 31
16 Auskunft Sabine Plakolm-Forsthuber vom 28.10.1994

Felix Augenfeld und Karl Hofmann, *Haus Dos Santos*, Sternwartestraße, Wien, um 1930

und die kleinen Bullaugenfenster verweisen auf den »maritimen« Standort. Der Innenraum besteht aus einem größeren Wohnraum, nur die Küche und die Waschgelegenheiten sind ausgegliedert. Auch hier wurden auf knapp 25 Quadratmetern durch die Kombination von eingebauten und flexiblen Möbeln vielfältige Benutzungsmöglichkeiten geschaffen. Der Charakter des Raumes wurde durch die helle Vertäfelung und die buntfarbigen Stoffe bestimmt.

Ein zweites, ähnliches Refugium bauten Augenfeld & Hofmann um 1930 für die Amerikanerin Muriel Gardiner in *Sulz-Stangau* im Wienerwald. In dieser völlig anderen landschaftlichen Umgebung bedienten sich die Architekten einer angepaßten architektonischen Sprache. Nur Sockel und Kamin des dunklen Holzhäuschens waren aus Bruchstein gemauert. Dieses Wochenenddomizil stellt einen besonders gelungenen Bau in ländlicher Umgebung dar, der sich mit Begriffen wie »Heimatstil« oder »Heimatschutzstil« sicher nicht fassen läßt.[17] Durch die Materialwahl und die traditionelle Dachform erreichten die Architekten eine optimale Einfügung des Gebäudes in die Landschaft. Besonders im Innenraum sind durch den gemauerten Kamin Reminiszenzen an den englischen Landhausstil zu spüren. Der zur Verfügung stehende Raum ist hier etwas großzügiger bemessen als in Kritzendorf. Dies erlaubte auch eine Trennung von Wohn- und Schlafräumen.

Von zwei frühen Beispielen in der Tschechoslowakei abgesehen, hatten Augenfeld & Hofmann in Wien nur einmal die Gelegenheit, ein großzügig angelegtes Einfamilienhaus zu entwerfen. Das *Haus Dos Santos* in der Sternwartestraße im 18. Bezirk besticht durch seine vielfach gebrochenen und zusammengesetzen Baukörper. Dadurch gelang es, die Ansicht von verschiedenen Standpunkten aus sehr unterschiedlich ausfallen zu lassen und den meisten Räumen eine Terrasse vorzulagern. Eine Drehung der Raumöffnungen zwischen den einzelnen Geschossen machte es möglich, diese zusätzlichen »Frei-Räume« ungestört zu benutzten. Auch hier baute die formale Umsetzung auf praxisbezogenen Überlegungen und genauer Kenntnis der Lebensgewohnheiten der Besitzer auf. Trotz des abfallenden Geländes behielten die Architekten eine strikte Trennung der einzelnen Geschoßebenen bei. Dadurch konnten verschiedene Wohnbereiche separiert werden. Das unterste Geschoß war halböffentlich – Bibliothek, Speise- und Wohnzimmer; das zweite Geschoß war den privaten Räumen der Besitzer überlassen und im dritten wurden die Angestellten untergebracht. Diese traditionelle Lösung der Raumaufteilung wurde aber durch die Einbeziehung der Terrassen gelockert. Durch die Drehung der Geschosse bekommt die gartenseitige Fassade eine »hohe Stirn«. Je nach Licht- und Platzbedarf der Innenräume wurden unterschiedliche Fensterformen verwendet. Die Gartengestaltung, die die Architektur auf mehreren Ebenen fortsetzte, übernahm Albert Esch.[18]

Augenfeld & Hofmanns Arbeiten blieben nicht auf privaten Wohnbau beschränkt. Gemeinsam mit dem Architekten Hans Adolf Vetter errichteten sie 1925/26 einen *Gemeindebau in der Pragerstraße* 56-58 im 21. Wiener Gemeindebezirk. Mit ein Ziel dieses kommunalen Wohnbauprogramms der Gemeinde Wien war es, neben der Deckung elementarer Wohnbedürfnisse einen Rahmen zu schaffen, in dem sich erstmals ein – von der Willkür der Hausbesitzer und Generationskonflikten befreites – Privatleben der Arbeiterkleinfamilie entwickeln konnte.[19] Wie schon bei den Interieurs von Augenfeld & Hofmann beobachtet, wird auch in der *Pragerstraße* diese Voraussetzung als Teil der Gestaltungsaufgabe gesehen. Der schmale trapezförmige Grundstücksstreifen wurde nicht in der üblichen Abfolge von rechteckigen Höfen überbaut, sondern der Baukörper wurde im Zickzack darübergelegt. Dadurch entstand eine Abfolge von zwei kleinen Höfen mit unregelmäßigen Grundrissen, die der Anlage im Gegensatz zur Mehrzahl der Wiener Gemeindebaublocks einen intimen Charakter geben. Hier wurden Facetten der Gartenstadt – Variation durch wechselnde Blickpunkte – im Rahmen einer Blocklösung gefunden. Die Architekten verzichteten auf eine Ausstattung mit politisch motivierten Skulpturen, sondern unterstützen die Intimität der Anlage durch kleinere Bauplastiken wie z.B. Brunnen.

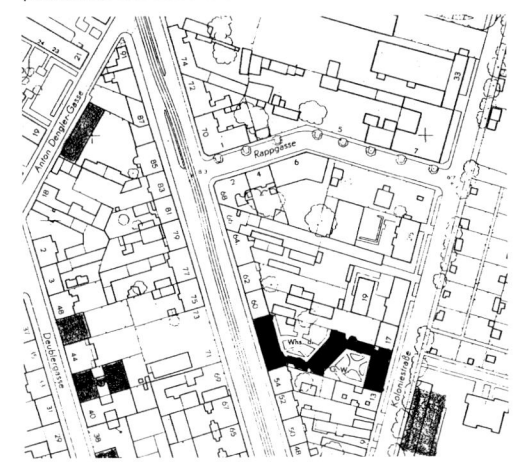

Felix Augenfeld und Karl Hofmann, Hans Adolf Vetter, *Wohnhausanlage der Gemeinde Wien*, Pragerstraße, Lageplan (Stadtkarte Wien), 1925

---

17 Andreas Lehne, Heimatstil – Zum Problem der Terminologie. In: Österreichische Zeitschrift für Kunst und Denkmalpflege, 3/4, Wien 1989, S. 159-164
18 Max Eisler und Karl Maria Grimme, *Karl Hofmann und Felix Augenfeld: Haus in Döbling bei Wien*. In: Moderne Bauformen XXX/10, Oktober 1931, S. 506 ff.
19 Gottfried Pirhofer / Reinhardt Sieder, Zur Konstitution der Arbeiterfamilie im Roten Wien: Familienpolitik, Kulturreform, Alltag und Ästhetik. In: Michael Mitterauer / Reinhardt Sieder (Hg.), Historische Familienforschung. Frankfurt a. M. (Suhrkamp) 1982, S. 326 ff.

Felix Augenfeld und Karl Hofmann, *Möbelhaus Soffer*, Assanierungsbau, Singerstraße, Wien, 1935

Felix Augenfeld und Karl Hofmann, *Möbelhaus Soffer*, Assanierungsbau, Singerstraße, Wien, 1935

Ein zweiter Großbau der Ateliergemeinschaft Augenfeld & Hofmann stand schon unter geänderten politischen Vorzeichen. Das »austrofaschistische« Regime konnte das enorme Bauprogramm, das die Gemeinde Wien – unter sozialdemokratischer Führung – zwischen 1924 und 1934 erfüllt hatte, aus ideologischen und wirtschaftlichen Gründen nicht fortführen. Die programmatische Alternative war die Erneuerung der inneren Bezirke, die aus dem sogenannten »Assanierungsfonds« bestritten wurde und die ein ideologisches Gegengewicht zur Leistung des »Roten Wien« in der Wohnfrage bilden sollte. Altbauten in der Wiener Innenstadt sollten abgerissen und durch Neubauten ersetzt werden. Außer versprengten kleineren Einheiten wurde nur im 4. Bezirk im Bereich des alten *Freihauses* ein größeres Bauvolumen erzielt.[20] Im Jahr 1935 wurden Augenfeld & Hofmann von Arthur Soffer, dem Besitzer des gleichnamigen Möbelhauses, beauftragt, im Rahmen dieser Altstadtsanierung in der Singerstraße 4, nahe dem Stephansplatz anstelle eines verkehrsbehindernden Altbaus 1935/36 das *Wohn- und Geschäftshaus Soffer* zu errichten. Dieses Haus fügt sich sensibel in den vorhandenen Bestand ein und verzichtet auf das oft bei Bauten der »austrofaschistischen« Ära anzutreffende Pathos. In Rücksicht auf den Fensterrhythmus der Umgebung wurde in den oberen Geschossen auf Bandfenster verzichtet, doch bewirkt die Art der Binnengliederung der Fenster, daß sie sich optisch horizontal zusammenschließen. Die beiden unteren Geschosse sind als Geschäftszone gekennzeichnet und mit Stein verkleidet, während die anschließende Zone verputzt ist. Durch die völlig flächige Gestaltung der Obergeschosse, die sich dadurch vom starken Relief der Nachbarschaft abheben, gelang es den

20 Stephan Plischke, Wir müssen bauen! Der Assanierungsfonds und die Wohnbaupolitik in Wien 1934-1938, S. 216 ff; derselbe, Ein Hauch des Großstädtischen. Das Assanierungsgebiet Operngasse, S. 224 ff. Beide in: Jan Tabor (Hg.), Kunst und Diktatur. Architektur, Bildhauerei und Malerei in Österreich, Deutschland, Italien und der Sowjetunion 1922-1956 (2 Bde.). Baden (Grasl) 1994

Felix Augenfeld und Karl Hofmann, *Multifunktionales Möbel für Hans Weigel*, Wien, ca. 1933

Architekten, dem Bau einen eigenständigen Charakter zu verleihen. Interessant ist das Zitat eines großen Eingangtores, das als Schaufenster für das Möbelhaus genutzt wurde.

Die Auftraggeber

Wenn Architekten wie Augenfeld & Hofmann das Wohnen als private Lebensäußerung des Menschen zu ihrem Hauptinteresse machten, so ist die Frage nach den Auftraggebern dieser Arbeiten besonders interessant. Auffallend ist der hohe Anteil an Akademikern bei ihrer Klientel. Diese soziale Gruppe bestand in einem hohen Maß aus Beziehern fester Einkommen, die von der Geldentwertung der Zwischenkriegszeit am meisten betroffen waren – sofern sie nicht als Rechtsanwälte oder Ärzte freiberuflich tätig waren.[21] Die Akademiker waren aber wahrscheinlich auch jene soziale Gruppe, die ihr Privatleben am bewußtesten zelebrierte. Die stetige Verschärfung des politischen Klimas seit 1918 mag dazu beigetragen haben, diesen Rückzug ins Private zu fördern. Diese »neue Biedermeierlichkeit« traf sich mit den Tendenzen in der Einrichtungskunst, die ja – zumindest bis in die zwanziger Jahre hinein – wesentliche Anregungen aus der Zeit vor der Revolution von 1848 bezog. Auch die sogenannte öffentliche Sphäre der Wiener Kaffeehauskultur war keine wirklich allgemein zugängliche, sondern auf bestimmte Kreise beschränkt – der oft zitierte Ausdruck des Kaffeehauses als Wohnzimmer ist in dieser Beziehung deutlich genug.

Felix Augenfeld scheint ein regelmäßiger Besucher des Café Herrenhof gewesen zu sein. Aus diesem Kaffeehausmilieu bezog er auch einen Teil seiner Aufträge. So richtete er eine *Wohnung für die Schriftstellerin Gina Kaus* im ersten Wiener Gemeindebezirk ein, die schnell ein Treffpunkt der Literatenszene werden sollte. Augenfeld kannte die Gewohnheiten seiner Auftraggeberin so gut, daß er nicht darauf vergaß, in der Bibliothek eine Kochplatte unterzubringen, damit Gina Kaus den Kaffee kochen konnte, ohne ihre Gäste verlassen zu müssen.[22] Ein ähnliches Problem löste er auch bei *einem Arbeitstisch für Hans Weigel*, der neben Schreibfläche und Bücherregalen ebenfalls eine Kochgelegenheit beinhaltete.

Ein anderer Angelpunkt für Augenfeld war – wie

---

21 Fritz Weber, Hauptprobleme der wirtschaftlichen und sozialen Entwicklung Österreichs in der Zwischenkriegszeit. In: Franz Kadrnoska (Hg.), Aufbruch und Untergang. Österreichische Kultur zwischen 1918 und 1938. Wien (Europa) 1981, S. 593 ff.
22 Österreichische Kunst, Jg. 6, September 1933, S. 21

Felix Augenfeld und Karl Hofmann, *Wohnung Muriel Gardiner*, Frankgasse, Wien, 1927

einleitend erwähnt – die Familie Freud und deren nähere Umgebung. Nicht zuletzt das gemeinsame Studium mit Ernst Freud bedingte, daß er sozusagen der Hausarchitekt der Freuds wurde. Die Beziehung war aber sicherlich nicht nur geschäftlicher Natur, vielmehr dürfte Augenfeld auch freundschaftlichen Umgang mit der Familie gehabt haben.[23] Und er entwarf nicht nur den *Schreibtischsessel für Sigmund Freud*, sondern richtete auch die *Praxis von Anna Freud* in der Berggasse ein.[24] Dorothy Burlingham, eine Amerikanerin, die nach Wien gekommen war, um sich und ihre Kinder von Freud analysieren zu lassen, und die eine der engsten Mitarbeiterinnen von Anna Freud war, gehörte ebenfalls zu Augenfelds Auftraggeberinnen. So richtete er 1929 die *Wohnung Burlingham* im Stockwerk über Freuds Wohnung und Praxis ein. Hier kam er erstmals in Kontakt mit einer deutlich anderen – der amerikanischen – Vorstellung von Komfort.[25] Und als Anna Freud und Dorothy Burlingham im Jahr 1931 beschlossen, sich einen Sommersitz einzurichten, beauftragten sie Augenfeld & Hofmann mit dem Umbau eines alten Bauernhauses in der Wienerwaldgemeinde *Hochrotherd*. Die Architekten ließen die alte Bausubstanz weitgehend unangetastet und führten nur eine subtile Renovierung der Innenräume durch.[26] Ein weiterer Zubau wurde 1937 von der Tochter der Bauherrin, der Kunstgewerbeschülerin Mary Burlingham ausgeführt. 1938 sollte Mary den Salzburger Architekten Simon Schmiderer heiraten und gemeinsam mit diesem in die Vereinigten Staaten zurückkehren. Anna Freud und Dorothy Burlingham wurden 1938 durch den »Anschluß« gezwungen, ihren Sommersitz aufzugeben und den Geschwistern Stein, Mitbesitzern des Manz-Verlages, zu überlassen, die das Haus während der nationalsozialistischen Ära zum Zentrum eines Kreises von bürgerlich-oppositionellen Künstlern und Intellektuellen macht.[27]

Eine weitere Amerikanerin, die den Analytikerkreisen nahestand, war die aus einer wohlhabenden Chicagoer Familie stammende Muriel Gardiner. Sie war nach Wien gekommen, um sich von Sigmund Freud analysieren zu lassen, wurde aber an seine Schülerin Ruth Brunswick verwiesen. Wie so oft in der Geschichte der Psychoanalyse wurde aus der Patientin eine Bekehrte, und Muriel Gardiner blieb in Wien, um Medizin zu studieren und sich zur Analytikerin ausbilden zu lassen. Sie wurde zu Augenfelds persönlicher Freundin und zugleich zu seiner wichtigsten Auftraggeberin.[28] 1927 adaptierte er für sie und ihre Tochter eine *Wohnung in der Frankgasse* – die Räume waren ursprünglich 1910 von Adolf Loos eingerichtet worden.[29] Augenfeld bezog die Loos'schen Wandvertäfelungen im Wohnzimmer in seine Gestaltung mit ein. Muriel Gardiner war durch ihr soziales Engagement und ihre Doppelstaatsbürgerschaft (britisch/amerikanisch) eine wichti-

23 Briefwechsel Augenfeld-Ernst Freud, Sigmund Freud-Museum, London
24 Edmund Engelman und Inge Scholz-Strasser, Sigmund Freud, Wien IX. Bergasse 19 (Ausst. Kat. des Jüdischen Museums der Stadt Wien). Wien (Brandstätter) 1993, S. 73
25 Michael Burlingham, The Last Tiffany, A Biography of Dorothy Tiffany Burlingham. New York (Atheneum) 1989, S. 205 f.
26 Die mit 19. Oktober 1931 datierte Einreichplanung befindet sich: Baupolizei Breitenfurt, Katastergemeinde Hochrotherd, Einlagezahl 1
27 Milan Dubrovic, *Veruntreute Geschichte*. Wien-Hamburg (Paul Zsolnay) 1985, S. 262 ff.
28 Muriel Gardiner-Buttinger, *Deckname Mary. Erinnerungen einer Amerikanerin im österreichischen Untergrund*. Wien (Promedia) 1989
29 Burkhardt Rukschcio/Roland Schachel, Adolf Loos. Salzburg-Wien (Residenz) 1987², Werkverz. Nr. 79, Wohnung Armin und Rosemarie Horowitz, Wien XI, Frankgasse 1, S. 484; die Fotos von der Wohnung Gardiner, die im Museum für angewandte Kunst aufbewahrt werden, tragen Augenfelds handschriftlichen Vermerk, »original panelling by Adolf Loos«

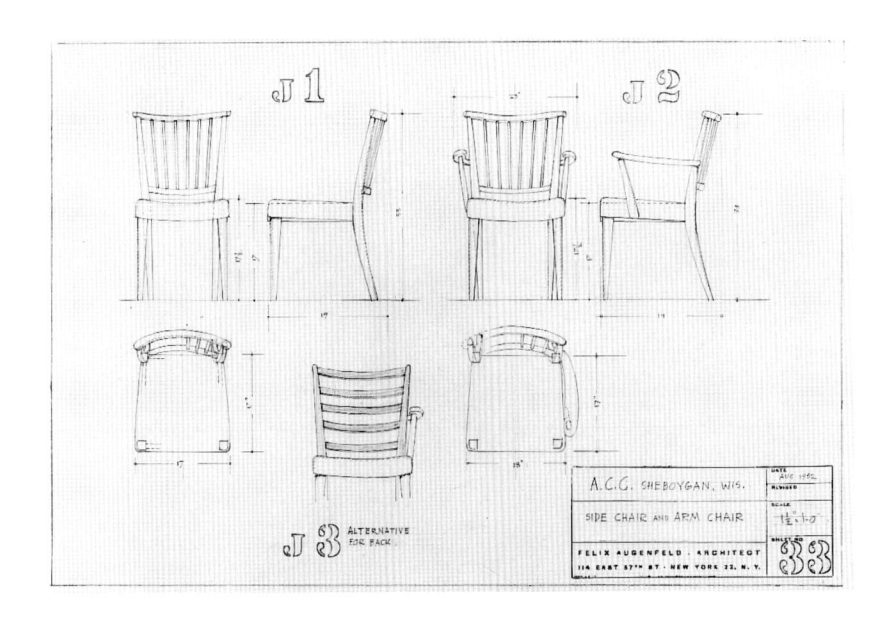

Felix Augenfeld, *Möbelentwürfe für die American Chair Company*, 1952,
Avery Library, Columbia University

ge Figur im sozialistischen Untergrund während der Verfolgung durch das autoritäre österreichische Regime zwischen 1934 und 1938. Als ihre Wohnung in der Frankgasse zu unsicher geworden war, übersiedelte sie in Augenfelds ehemaliges Atelier in der Lammgasse. Dort wie in ihrem von Augenfeld entworfenen *Haus in Sulz-Stangau* verbarg sie einige der prominentesten Vertreter des sozialistischen Widerstands vor der Verfolgung durch das »austrofaschistische« Regime. Auch ihr späterer Ehemann, der Sozialistenführer Josef Buttinger konnte eine Zeitlang in Sulz-Stangau untertauchen.[30] Dieses als Refugium für Stadtflüchtige erbaute Häuschen wurde also zu einem echten Unterschlupf für politisch Verfolgte. 1938 verhalf Muriel Gardiner, neben zahlreichen anderen politisch oder »rassisch« Verfolgten, auch Felix Augenfeld zu einem amerikanischen Affidavit und ermöglichte so seine Emigration. Nach dem »Anschluß« Österreichs an das Deutsche Reich waren Augenfeld und Hofmann aufgrund ihrer jüdischen Abstammung gezwungen, ihr Atelier zu schließen. Augenfeld mußte aus seiner Wohnung in der Silbergasse im 19. Bezirk in eine Pension ziehen, bevor er im Juni 1938 nach London ausreisen konnte. Ob Augenfelds Partner, Karl Hofmann, den Holocaust überlebt hat, ist nicht bekannt. Er konnte im September 1938 nach Brünn emigrieren – danach verliert sich jede Spur.[31]

Emigration

1939 in New York angekommen, wohnte Felix Augenfeld zunächst in einem der zahlreichen »Rooming Houses« in der 38. Straße. Später nahm er sich mit dem Wiener Photographen Robert Haas zusammen eine kleine Wohnung in der East 57. Straße. In derselben Straße eröffnete er auch sein Atelier.[32] Für Augenfeld stellte die Emigration zwar psychisch eine große Belastung dar, aber insgesamt waren die Bedingungen nicht so ungünstig wie für andere Betroffene. Die Tatsache, daß er sein etabliertes Wiener Atelier hatte aufgeben müssen, war auf der einen Seite tragisch, andererseits konnte er – im Gegensatz zu jüngeren Kollegen – auf eine Reihe von Publikationen seiner Arbeiten in internationalen Fachzeitschriften verweisen. Noch im April 1938 hatte er einen großen Artikel über die Entwicklung der österreichischen Architektur in der englischen Zeitschrift ›Architectural Review‹ veröffentlichen können;[33] das *Wochenendhaus in Kritzendorf* war schon 1932 im Bostoner Magazin ›House Beautiful‹ publiziert worden.[34] Wie die meisten seiner Berufskollegen, die Österreich verlassen mußten, versuchte auch Felix Augenfeld, seine jüngeren europäischen Arbeiten in Architekturzeitschriften unterzubringen, um sich der neuen Klientel vorzustellen.

30 Gardiner (zit. Anm. 28)
31 Wiener Stadt- und Landesarchiv, Meldearchiv, Meldezettel Karl Hofmann
32 Boeckl (zit. Anm. 3)
33 Augenfeld, *Modern Austria. Personalities and Style.* In: Architectural Review 83, April 1938, S. 165-175
34 o.A., The Weekend Cabin as Built in Europe. In: House Beautiful, Boston, Juli 1932, Bd. LXXII/ 1, S. 30 f.

Felix Augenfeld, *Wohnung einer jungen Schauspielerin,* New York, ca. 1955

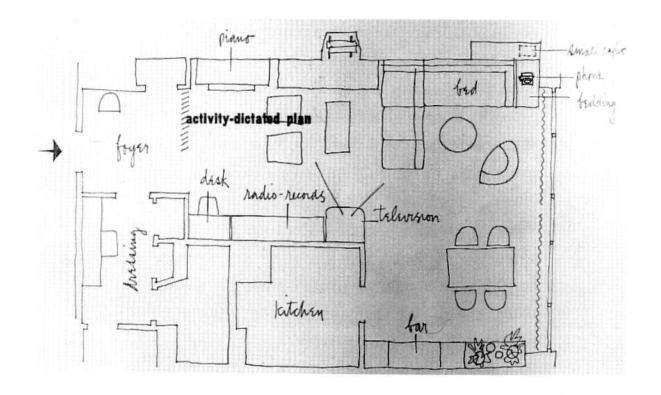

Felix Augenfeld, *Wohnung einer jungen Schauspielerin,* »Activity Dictated Plan«, New York, ca. 1955

Augenfelds berufliche Integration erfolgte relativ rasch. 1940 erhielt er die Lizenz für Architekten des Staates New York und wurde in das American Institute of Architects aufgenommen. Im selben Jahr bekam er die ersten Aufträge für Wohnungsumbauten (*Wohnung Marianne von Neumann* und *Wohnung Wolf Baumer*).[35] Er wünschte sich aber dennoch zurück nach England, wo er sich zuvor einige Monate aufgehalten hatte, und er spielte mit dem Gedanken, in New York ein Importgeschäft aufzuziehen. 1940 schrieb er, obwohl er sich seiner privilegierten Situation durchaus bewußt war, an den in London lebenden Ernst Freud: »Alle Menschen in England sollten sich über alles damit trösten, daß sie wenigstens nicht in New York sind.«[36] Noch während des Krieges konnte Augenfeld mit dem ebenfalls nach New York emigrierten Absolventen der Wiener Kunstgewerbeschule, Simon Schmiderer, das Süßwarengeschäft *La Reine Candy Store* einrichten. Die Ausstattung nahm mit ihren geschwungenen Deckenverblendungen Formen der fünfziger Jahre vorweg und bot ein ausgesprochen heiteres Verkaufsambiente. Der Auftraggeber war der Wiener Hans Heller. Die Familie Heller war schon Anna Freud und Dorothy Burlingham nahegestanden. Einer der ersten Auftraggeber Augenfelds in New York führte ihn also wieder in sein Wiener Umfeld zurück.

Bis zum Ende des Zweiten Weltkriegs waren Aufträge relativ knapp. Doch schon 1945 konnte Augenfeld seine berufliche Entwicklung regelmäßiger gestalten. Von 1945 bis 1950 machte er *Möbelentwürfe für die »American Chair Company«* in Wisconsin und für »*Henredon's*«. Die erhaltenen Entwürfe lassen ganz klar Augenfelds Wiener Ursprung und Ausbildung erkennen. Zwar sind die Formen gestraffter als in seinen frühen Wiener Arbeiten, doch seine Vorliebe für durchbrochene Stuhllehnen und mehrfach kombinierbare Gruppierungen ist geblieben.

Wohnungen in New York

In den fünfziger Jahren gelang es Felix Augenfeld, sich als Inneneinrichter für schwierige Raumsituationen zu etablieren. In einem Punkt waren die New Yorker Verhältnisse der Situation in Wien vergleichbar: Wohnraum war knapp. In den Publikationen seiner Arbeiten wird sein ökonomischer Umgang mit dem zur Verfügung stehenden Raum mehrmals besonders hervorgehoben.[37] Die erste im renommierten New Yorker Magazin ›Interiors‹ publizierte Arbeit Augenfelds war ein *Apartment für einen Junggesellen*.[38] Der Untertitel des begleitenden Textes (»Custom furnishings promote the success of a bachelor«) weist auf genau jene Repräsentationsfunktion der Handwerksmöbel, die schon das »Wiener Wohnen« für sich nutzen konnte. Auch hier kombinierte Augenfeld eigene Entwürfe mit Massenprodukten. Erstmals verwendete er in dieser Wohnung auch jene *Medienschränke*, mit versteckt untergebrachtem Radio und Plattenspieler, die ein Markenzeichen seiner Wohnungseinrichtungen werden sollten.

35 Pencil Points, Juli 1940, S. 451 f.
36 Augenfeld an Ernst Freud vom 12. Februar 1940, Sigmund Freud-Museum, London
37 o.A., Augenfeld confronts, Too much and too little space. In: Interiors, Vol. CXI, Nr. 11, Juni 1952, S. 102 ff.
38 o.A., Park Avenue Penthouse. Custom furnishings promote the success of a bachelor. In: Interiors, Vol. 108, Juni 1949, S. 88-103

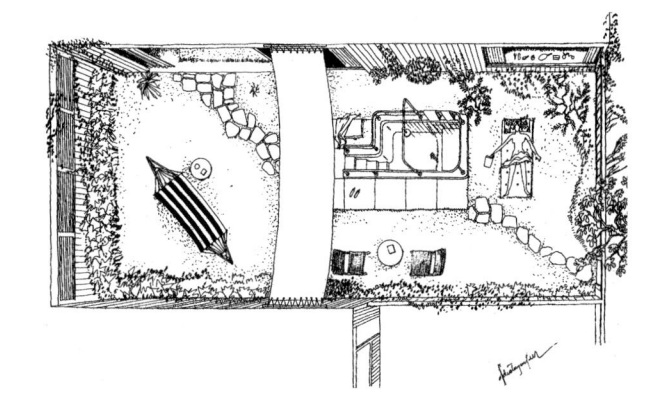

Felix Augenfeld, »*De Luxe Setting for An Outdoor Life*«, Interiors, Jänner 1948

War die *Wohnung des erfolgreichen Junggesellen* noch sehr großzügig bemessen, konnte Augenfeld bei der Einrichtung einer *Wohnung für eine junge Schauspielerin* in der Nähe des Central Parks auf seine Fähigkeiten und Erfahrungen bei der Einrichtung von Einraumwohnungen zurückgreifen. Der L-förmig angelegte Wohnraum wurde in verschiedene »Lebensbereiche« aufgeteilt, deren Funktionen sich aber auch teilweise überschnitten. Der in der Nähe des Eingangs gelegene Bereich wurde durch einen Sekretär und ein Klavier als Arbeitszimmer ausgewiesen. An den Schreibtisch schloß sich das *Medienmöbel* an – es enthielt Radio, Fernseher und Plattenspieler. Der eigentliche Wohnbereich bestand aus einem Kamin mit Sitzgruppe und daran anschließend einem Bett. Das trennende, aber zugleich auch verbindende Element war eine Couch mit einer verstellbaren Rückenlehne, die einerseits die Sitzgruppe des Kamins vervollständigte und einen ungestörten Blick auf den Fernseher bot, andererseits aber das Bett zur Eckbank werden ließ. Dieser Trick war schon bei einer der Wiener Einrichtungen Augenfelds als besonders gelungen gelobt worden. Unmittelbar an das große Fenster – mit Aussicht auf den Central Park – schloß sich der Eßbereich, der auch von der Küche aus gut zu erreichen war, an; in unmittelbarer Umgebung des Tisches befand sich die Hausbar: In einem einzigen Raum waren also Arbeits-, Wohn- und Speisezimmer untergebracht. Obwohl keine Einbauten oder Raumtrenner verwendet wurden, beeinträchtigten sich diese einzelnen Raumfunktionen nicht, sondern bildeten sinnvolle Einheiten, die den Wohnwert erhöhten. Neben eigenen Entwürfen wie Bettbank, Fernsehmöbel und Zeitschriftentischchen verwendete Augenfeld Sessel der Firma Knoll.[39]

»Wohnen im Freien«

In den späten vierziger und frühen fünfziger Jahren wurde Augenfeld dreimal eingeladen, sich an der Serie *Interior to come* der Zeitschrift ›Interiors‹ zu beteiligen. Hierbei ging es nicht darum, verwirklichte Arbeiten, sondern eine freigewählte Bauaufgabe zu präsentieren. Zwei dieser Wunschprojekte Augenfelds beschäftigten sich mit einer Aufgabe, die er in Wien nicht kennengelernt hatte: dem Wohnen unter freiem Himmel. So war das Projekt von 1948 die etwas kapriziöse Idee eines *Wohn- und Badezimmers im Freien*. Kein Swimming Pool für die Badefreuden war vorgesehen, sondern ein grasbewachsener Innenhof, der mit einer kleineren Bade- und Duschwanne für ein »de luxe setting for an outdoor life« sorgen sollte.[40] Der zweite Phantasiebeitrag für ein *Wohnhaus für eine Familie mit 10 Kindern* schloß den einzelnen Wohn- und Schlafbereichen (Eltern, Kinder, Angestellte) offene Schlafloggien an. Geradezu archetypisch für Augenfelds praxisbezogene Arbeitsweise und den Eindruck, den Oskar Strnad bei ihm hinterlassen hatte, ist die Staffelung der einzelnen Räume nach unterschiedlichen Lärmzonen, die ein ungestörtes Zusammenleben von Erwachsenen und Kindern garantieren sollte.[41]

39 o.A., One-Room Apartment, New York, Felix Augenfeld. In: Progressive Architecture, August, 1955, S. 132-135; o.A., Un alloggio uniambientale a New York. In: Domus 314, Jänner 1956, S. 15-18
40 o.A., De Luxe Setting for an Outdoor Life. Felix Augenfeld, New York City. In: Interiors, Vol. 107, Jänner 1948, S. 92-95
41 o.A., Ten Children and hardly any corridors. Felix Augenfeld, New York. In: Interiors, Vol. CXII, Nr. 7, Februar 1953, S. 78 f.

Felix Augenfeld und Jan Pokorny, *Stadthaus und Bibliothek Buttinger*, **10 East 87 Street, New York, 1956-58, Blick vom Wohnraum auf die Terrasse**

Das Leben, aber vor allem das Schlafen im Freien war schon von Rudolph Schindler und Richard Neutra in ihre frühen amerikanischen Arbeiten für Dr. Philip Lovell einbezogen worden. Am radikalsten hatte in den vierziger Jahren Bernard Rudofsky die Idee der Wohnhöfe formuliert – Augenfeld und Rudofsky hatten sich erst in New York kennengelernt, wo sie in regelmäßigem Kontakt standen.[42]

Zwischenbilanz

In den fünfziger Jahren hatte sich Augenfeld also schon einen guten Ruf als Innenarchitekt schaffen können und war auch in verschiedenen Fachmagazinen präsent. Doch konnten diese Erfolge seinen grundsätzlichen Pessimismus nicht mildern. Frustriert schrieb er Anfang 1954 an Ernst Freud: »Auch beruflich ist es gar nicht mehr leicht die Illusion aufrecht zu halten, dass grosse Dinge auf einen warten und das alles sich ploetzlich ins Glanzvoll-Ueppige wenden koennte. ... Die Arbeit, die ich mir verschaffen kann ist wenig und von ruhmloser Art. Oft, wenn ich mich so ganz auf meine eigenen wits angewiesen sehe, fuehle ich mich wie das Kind in der progressive school, das sagt; ›My good, I only wish they would not tell us again to-day to do what we like to do.‹ – Da ich jeden Dreck, den ich mache, publiziere, habe ich merkwürdigerweise den Ruf, sehr erfolgreich und beschaeftigt zu sein. Es ist mir laengst klar, dass ich nie haette in New York bleiben sollen, dieser schwierigsten und beschwerlichsten Stadt der Welt. Den ›geordneten Rückzug‹ zu organisieren scheint jetzt das aktuellste Problem zu sein. Ich kann es aber nicht loesen.«[43]

Das Hauptwerk – Die Buttinger Library

Trotz der negativen Einschätzung seiner Lage konnte der inzwischen 65jährige 1958 sein architektonisches Hauptwerk in New York fertigstellen: Muriel Gardiner-Buttinger – sie hatte auf der Flucht in Paris Josef Buttinger geheiratet – suchte ein Gebäude, in dem sie ihre umfangreiche *Bibliothek* unterbringen und der Öffentlichkeit zugänglich machen konnte. Augenfeld fand ein Grundstück in 10 East 87 Street und schlug vor, einen Neubau zu errichten. Als Partner nahm er sich den tschechischen Emigranten Jan Pokorny, den ihm Simon Schmiderer empfohlen hatte. Das Gebäude sollte neben der Büchersammlung des Ehepaars Buttinger auch eine Wohnung für sie und ihren Bibliothekar – genannt

42 Auskunft Berta Rudofsky, New York
43 Augenfeld an Ernst Freud, New York am 3. Jänner 1954, Sigmund Freud-Museum, London

Felix Augenfeld und Jan Pokorny, *Stadthaus und Bibliothek Buttinger*, New York, 1956-58, Innenhof

Felix Augenfeld und Jan Pokorny, *Stadthaus und Bibliothek Buttinger*, New York, 1956-58, Innenhof

Felix Augenfeld und Jan Pokorny, *Stadthaus und Bibliothek Buttinger*, New York, 1956-58, Straßenfassade

der »kleine« Otto Bauer, um ihn vom Theoretiker der österreichischen Sozialdemokratie zu unterscheiden – aufnehmen. Das schmale, aber tiefe Grundstück erforderte ein hohes Maß an platzsparendem Kalkül von den Architekten. Das Grundstück wurde nicht in der ganzen Länge überbaut, sondern in der Form eines C-förmigen Baukörpers, der einen kleinen Innenhof umschließt. An das Haupthaus schließt sich ein niedrigerer Trakt an, dessen Dach von den Privaträumen der Buttingers aus als Terrasse benutzt werden konnte; im Hof stand ein Baum – mitten in Manhattan eine bemerkenswerte Seltenheit.

Die umfangreiche Büchersammlung der Buttingers – ca. 60.000 Bände zu den Themen Kunstgeschichte, Psychoanalyse und Indochina – war in den unteren zwei Geschossen untergebracht. Der Bibliotheksbereich wurde vom Innenhof nur durch eine Glaswand getrennt, die die Aussicht auf einen kleinen Garten freiließ und die natürliche Belichtung der Arbeitsplätze garantierte. Er war als Studienbibliothek für Interessierte zugänglich. Die oberen Stockwerke wurden von den Buttingers als *Stadtwohnung* genutzt und – für Augenfeld eher untypisch – sehr großzügig eingerichtet. Der besondere Reiz des Gebäudes ergibt

Felix Augenfeld, *Strandhaus Augenfeld*, Fire Island, New York, um 1956

sich aus dem Verhältnis von geschlossener Fassade und Öffnung zum Hof. Der heute um ein Stockwerk erhöhte Bau kann sich durch die schlichte Gestaltung der schmalen Fassade mit Bandfenstern in seiner traditionellen Brownstone-Umgebung durchaus behaupten.

»Little Austria«

Wie bei den Wohnungseinrichtungen konnte Augenfeld auch bei einer Reihe von kleinen *Strandhäuschen* auf seine in Wien gesammelten Erfahrungen zurückgreifen. Bei diesen Bauten ist der Anteil an österreichischen Auftraggebern erstaunlich groß. Christiane Zimmer, Hugo von Hofmannsthals Tochter, fand auf Fire Island, südöstlich von Manhattan, ein Grundstück und ließ sich von Augenfeld ein kleines *Sommerhäuschen* errichten. Weitere kleine Sommersitze für Augenfeld selbst und für den Wiener Psychiater Ernst Hammerschlag sollten folgen. Auch Theodore Taussig, der Sohn eines Grundstücksbesitzers, beauftragte ihn mit einem *Strandhaus*. Die österreichischen Emigranten bildeten in New York keine stadträumlich geschlossenen Einwandererzentren, wie die Italiener oder die Chinesen es früher getan hatten – wenn es so etwas wie »Little Austria« gegeben hatte, dann war es vielleicht eine Ansammlung von Holzhäuschen auf Fire Island. In seinem *eigenen Strandhaus* konnte Augenfeld seine Fähigkeiten, Wohnen auf minimaler Fläche zu maximieren, noch einmal exemplarisch vorführen. Wiederum sind die leichten, sehr bunten Möbel zu sinnvollen Gruppierungen verbunden.

Auch eine andere Aufgabe, die er schon in Wien übernommen hatte, konnte Felix Augenfeld in New York weiterführen: die Gestaltung von Ausstellungen.[44] Nachdem er schon 1940 und 1953 die *Ausstellungen der Society of Ceramic Artists* im Museum of Natural History in New York gestaltet hatte,[45] richtete er 1960 für die Firma Thonet New York einen *Ausstellungsraum* ein.[46]

Obwohl sich Augenfeld in New York etablieren konnte und auch für amerikanische Klienten arbeitete, blieb er der österreichischen Emigrantenszene als Architekt verbunden. Mit der Architektin Ala Damaz errichtete er für das Ehepaar Petschek-Newman in den siebziger Jahren ein *Wohnhaus in Scarsdale*. Mrs. Petschek war eine gebürtige Wienerin. Der Zahnarzt Georg Hindels – ebenfalls ein Wiener – beauftragte Augenfeld in den sechziger Jahren, ein *Haus auf den Virgin Islands* in der Karibik zu entwerfen.[47]

Nicht nur Augenfelds Auftraggeber waren zu einem großen Teil österreichischer Abstammung, sondern auch sein persönliches Umfeld bestand aus Wiener Emigranten. 1966 heiratete Felix Augenfeld die aus Wien stammende Anna Epstein-Gutmann.[48] Sie hatte an der Wiener Kunstgewerbeschule u.a. bei Obsieger studiert und war 1938 ebenfalls gezwungen gewesen, Österreich zu verlassen. In New York gründete sie noch während des Krieges das Lampengeschäft *Plus Studio*. Augenfeld hatte schon bei seinen ersten New Yorker Ausstattungen Lampenentwürfe seiner späteren Frau verwendet.

Nach seiner erzwungenen Emigration hatte Augenfeld Wien gemieden. Obwohl er einige Sommer in Bayern verbrachte, konnte er sich nie überwinden, in seine Heimatstadt zurückzukehren. Gerade dem Architekten, der das »Wienerische« in seinen Arbeiten nie ablegen konnte, und dessen Klientel sich zu einem erstaunlichen Maß aus Wienern, die er schon gekannt hatte oder aber erst in New York kennenlernte, zusammensetzte, war es nicht möglich, die Schranke, die die Vertreibung für ihn gesetzt hatte, zu überwinden. Doch er interessierte sich lebhaft für die politische und kulturelle Entwicklung der Zweiten Republik, wie sein Brief Briefwechsel mit dem Wiener Journalisten Milan Dubrovic beweist.

Der junge Felix Augenfeld hatte 1929 einem fiktiven Auftraggeber folgende Worte in den Mund gelegt: »Meine Wohnung ist für mich, wie auch für meine Freunde und Gäste der Inbegriff modernen Wohnkomforts: eine Stätte der Lebensfreude, unbegreiflichen Behagens. Der Name des Schöpfers? Man hat ihn weder erkannt, noch hat man nach ihm gefragt.«[49] Ein halbes Jahrhundert später schrieb er wehmütig an Milan Dubrovic: »Wie merkwürdig, daß in den vielen jetzt über die Wiener Zeit geschriebenen Büchern sich die Ereignisse in Räumlichkeiten abspielen, die von mir umgestaltet oder mir zumindest wohlbekannt waren.«[50] Tatsächlich war der Wunsch des knapp dreißigjährigen Augenfeld in Erfüllung gegangen. Er hatte in der *Berggasse 19*, in *Hochrotherd* und in *Sulz-Stangau* Räume gestaltet, in denen österreichische Geistes- und Zeitgeschichte gemacht wurde. Der Gestalter dieser Räume blieb – seine eigene Philosophie bewahrheitend – weitestgehend unbekannt.

---

44 Augenfeld hatte in Wien zumindest einmal eine *Möbelausstellung für den Hagenbund* gestaltet. Handschriftliche Notiz auf einem Foto (K.I. 14.275/33) in den Alben im Museum für angewandte Kunst, Wien: Contemporary furniture Exhibition, Hagenbund 1935 arranged by Felix Augenfeld
45 Selbstverfaßter *Lebenslauf* (ca. 1977), Nachlaß Augenfeld New York
46 U.a. publiziert in: Interiors, Vol. CXIX, Nr. 2, Februar 1960, S. 102 f.
47 Auskunft Trudy Jeremias (Tochter von Anna Augenfeld); siehe auch Pläne in der Columbia University, Avery Library, Augenfeld-Papers
48 Brief von Trudy Jeremias an Matthias Boeckl, New York 12. 3. 1994
49 Augenfeld, *Wahre Modernität*. In: Innendekoration, XL., Mai 1929, S. 216
50 Felix Augenfeld an Milan Dubrovic am 30. Mai 1983

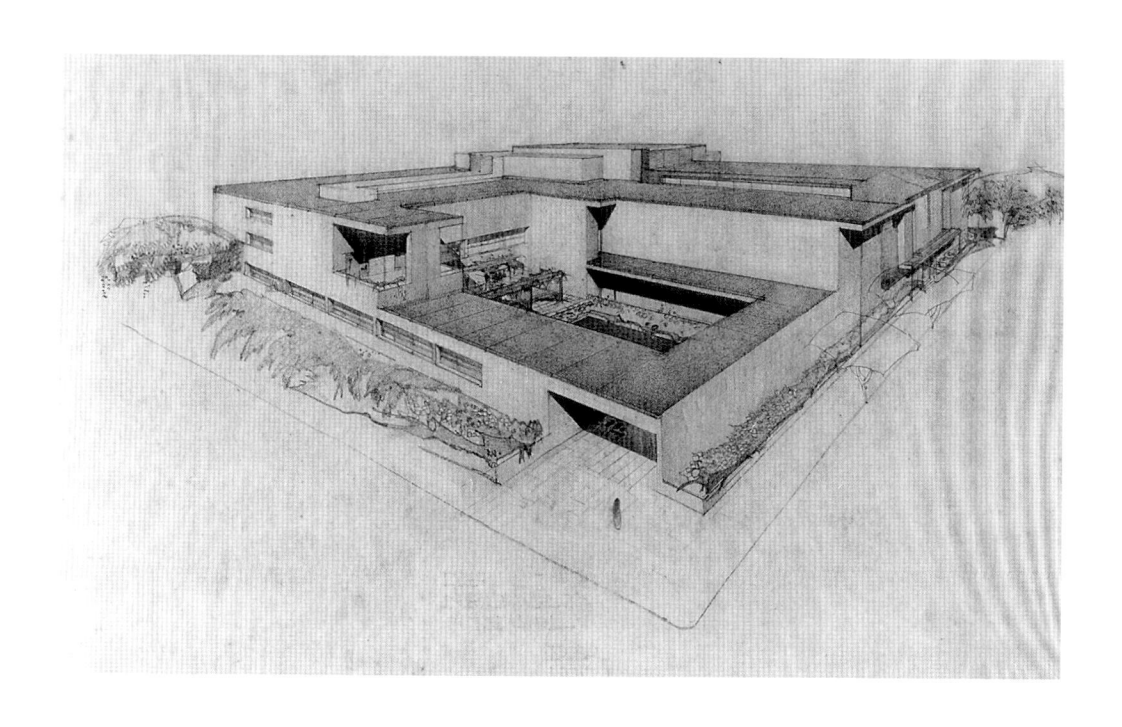

Richard Neutra, *Wettbewerbsprojekt für die Neue Welt-Synagoge in Wien-Hietzing*, 1924, Perspektive, University of California, Los Angeles

DER WETTBEWERB UM EINE SYNAGOGE IN WIEN-HIETZING
Ein zerstörter Bau von Arthur Grünberger – ein verschollenes Projekt von Richard Neutra[1]

Ruth Hanisch
Otto Kapfinger

Die Architekturgeschichtsschreibung hat sich bisher der Dokumentation von Wettbewerben selten angenommen. Dabei sind Wettbewerbsentscheidungen oft sehr aussagekräftige Gradmesser für die kulturelle Befindlichkeit eines Milieus. Dieses Interesse an Gründen und Hintergründen für Juryentscheidungen scheint im Kontext der religiösen jüdischen Kultur der Zwischenkriegszeit besonders gerechtfertigt. Wien erlebte ab der Mitte des 19. Jahrhunderts bis zur Ausradierung der jüdischen Kultur ein Jahrhundert intensiver Bautätigkeit im Bereich jüdischer Kultbauten.[2] Führende Architekten der Wiener Jahrhundertwende hatten den Synagogenbau zu einem Thema moderner Baukunst gemacht. Otto Wagner entwarf eine *Synagoge für Budapest* und Josef Hoffmann beteiligte sich an einem *Wettbewerb für den Tempel in Sillein* in Böhmen. Wie in allen anderen Bereichen gab es innerhalb der jüdischen Gemeinden Gegner und Befürworter eines neuen Baustils, und oftmals war das Engagement einzelner Tempelvereine für eine zeitgemäße Ausstattung ihres Bethauses entscheidend.

Der Synagogenbau war Anfang des 20. Jahrhunderts in Wien ein Thema geworden, das auch öffentlich diskutiert worden ist, wie die publizistischen Aktivitäten, die den Bau der *Synagoge in der Eitelbergergasse* in Wien-Hietzing begleiteten, beweisen. 1912 wurde erstmals ein Wettbewerb zur Errichtung einer Synagoge an der Ecke Eitelbergergasse/Neue Welt-Gasse ausgeschrieben. Die Jury bestand aus den Architekten Julius Deininger, Max Fabiani, Ernst von Gotthilf, Oskar Strnad, Jakob Gartner, Ernst Lindner, Friedrich Schön und dem Direktor Dr. S. Krenberger sowie dem Hofjuwelier Max Zirner. Sie prämiierte von 32 eingereichten Projekten die Arbeiten von Hugo Gorge, Rudolf Perco und Ernst A. Heise.[3] Der junge Wiener Wagnerschüler Ernst Lichtblau hatte sich ebenfalls an dem Wettbewerb beteiligt, wurde aber nicht ausgezeichnet.[4] Das Siegerprojekt von Hugo Gorge konnte, vermutlich aufgrund des Ausbruchs des Ersten Weltkriegs, nicht realisiert werden. Noch nach Kriegsende wurde das Gorge-Projekt in der führenden Fachzeitschrift ›Der Architekt‹ mit allen Plänen und Erläuterungen vorgestellt.[5] Die Entscheidung, das Siegerprojekt von 1912 nicht auszuführen, schien also noch nicht gefallen zu sein. Erst 1924 unternahm der Tempelverein für den 13. Bezirk, wahrscheinlich auf Initiative des Kunsthistorikers Max Eisler, einen zweiten Versuch, und schrieb einen internationalen Wettbewerb für jüdische Architekten aus. Die Jury, bestehend u. a. aus Josef Hoffmann, Alexander Neumann, Emil Hoppe und Arnold Karplus,[6] entschied sich für die Beiträge Arthur Grünbergers, Hugo Gorges und Fritz Landauers.[7] Richard Neutras Beitrag *Der Neue Welt Tempel* wurde angekauft.

Da die Wettbewerbsentscheidung verbindlich war – ein Umstand, der nicht als selbstverständlich galt[8] –, wurde 1926 mit der Ausführung des Projektes von Arthur Grünberger begonnen. Max Eisler, treibende Kraft des Wettbewerbs und eindeutig ein Befürworter des Projektes von Hugo Gorge, äußerte sich kurz vor Fertigstellung des Gebäudes 1929 nochmals zu den Wettbewerbsbeiträgen: »Von den Wiener Einsendungen für die Konkurrenz in Hietzing hatten damals drei – die Projekte von Grünberger, Gorge und Neutra – besondere Beachtung gefunden. Das eine zierlich aufgelöst, das zweite ein rein empfundener, schön geordneter Innenraum, das dritte eine kompakte, kräftig zurechtgeschnittene Baumasse. Das eine beinahe ein Orientalismus, das zweite traditionstreu und modern, west-östlich, also im Geiste der Wiener Situation, das dritte geradezu amerikanisch.«[9] Eislers Feststellung reflektiert die seit dem Historismus virulente Diskussion um einen »genuin jüdischen Baustil«. Damals waren es orientalisierende Formen gewesen, die der Situation der jüdischen Gemeinden am ehesten zu entsprechen schienen. An dieser Vorstellung hatte sich 1924 nicht viel geändert. Eine weitere Äußerung Max Eislers interessiert in diesem Zusammenhang: »Der Judentempel in unseren Ländern müßte vielleicht irgendwie die Form eines Zeltes bekommen, eines Gehäuses für die tragbare Bundeslade, zum Abbruch und Umzug bereit, die Notform eines Tempels für ein Volk auf der Wanderschaft.«[10] Ähnliche Überlegungen führten Eisler zu der für die Wiener Moderne so typischen Einschätzung des Beitrags von Richard Neutra als Bau »von derb bündigem Zuschnitt eines ausgesprochenen Amerikanismus, ein Magazin, also ein monumentaler Notbau, der dem heutigen

---

1 Der Entwurf von Neutra für den *Hietzinger Tempel* (vgl. Entwurfszeichnung in: Pierre Genée, Wiener Synagogen 1825-1938. Wien (Löcker) 1987, S. 98) schien in der neueren Literatur über Neutra nicht mehr auf. Die weiteren dazugehörigen Pläne wurden erst im Verlauf unserer Forschung im Neutra-Archiv der UCLA wieder aufgefunden und identifiziert.
2 Genée, ebenda
3 o.A., Ergebnisse. In: Der Architekt XVIII, April 1912, o.S.
4 August Sarnitz, Ernst Lichtblau. Architekt 1883-1963. Gestell und Gestalt im Raum. Reflexionen über ein Paradigma der modernen Architektur. Wien-Köln-Weimar (Böhlau) 1994, S. 200
5 Hugo Gorge, *Ein Synagogenentwurf*. In: Der Architekt, 1919, S. 133-140
6 o.A., Vermischtes. Einen Wettbewerb zur Erlangung von Entwürfen zum Bau eines Tempels. In: Zentralblatt der Bauverwaltung, Nr. 20, 14. Mai 1924, S. 167
7 o.A., Vermischtes. In dem Wettbewerb für den Bau eines Tempels in Wien. In: Zentralblatt der Bauverwaltung, Nr. 47, 19. November 1924, S. 415
8 Max Eisler, *Der Wettbewerb um eine Wiener Synagoge*. In: Österreichische Bau- und Werkkunst, 2. Jahrgang, Oktober 1925, S. 1-7
9 Eisler, *Ein moderner Tempel in Amsterdam*. In: Menorah. Jüdisches Familienblatt für Wissenschaft/Kunst und Literatur, Wien-Berlin, November/Dezember, VII. Jg. (1929), S. 557-567
10 Eisler, *Der Wettbewerb* … (zit. Anm. 8), S. 4. Dieser Forderung Eislers kam übrigens Josef Hoffmann mit seinem Wettbewerbsbeitrag für die *Synagoge in Sillein* 1928 nach; siehe: Eduard Sekler, Josef Hoffmann. Das architektonische Werk, Wien-Salzburg (Residenz) 2. Auflage 1986, S. 408 f.

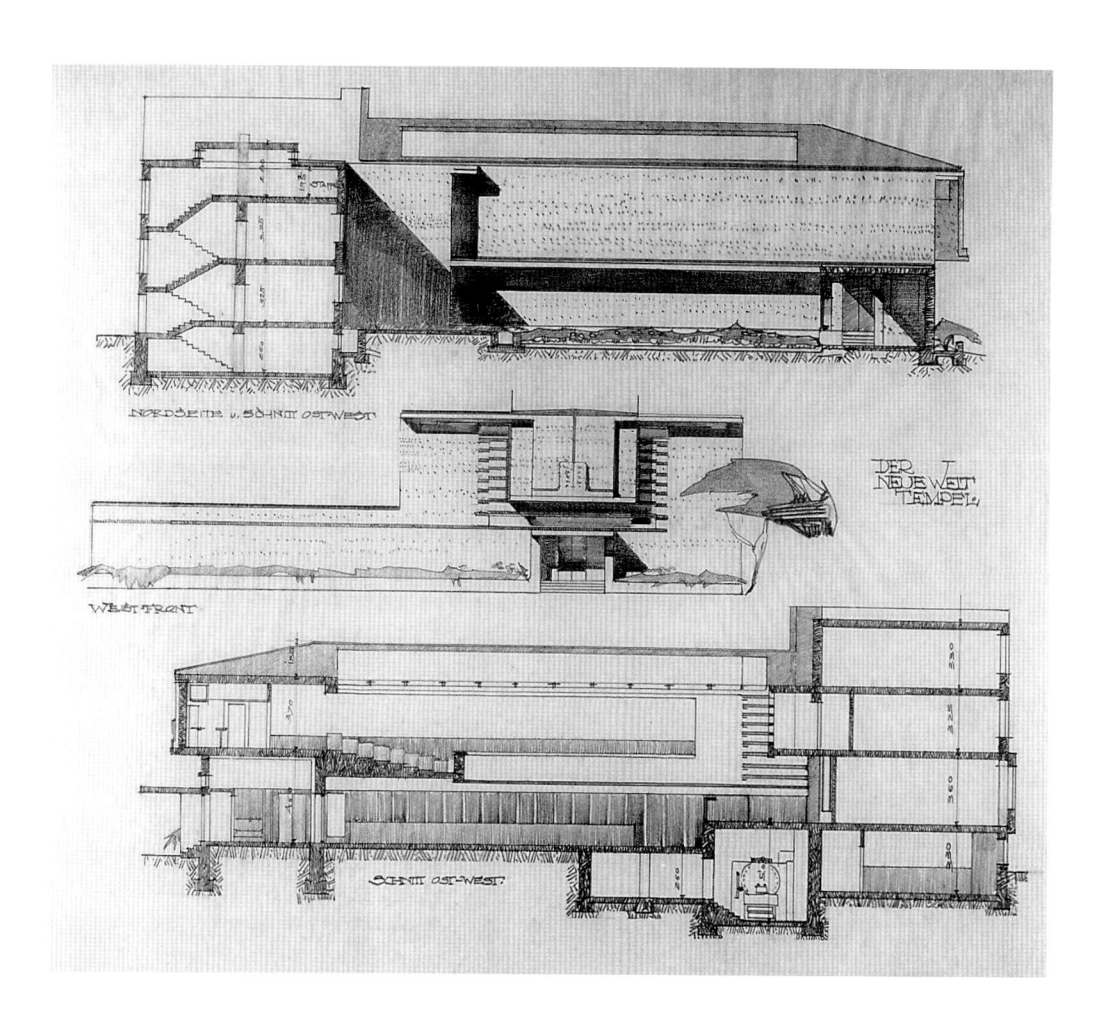

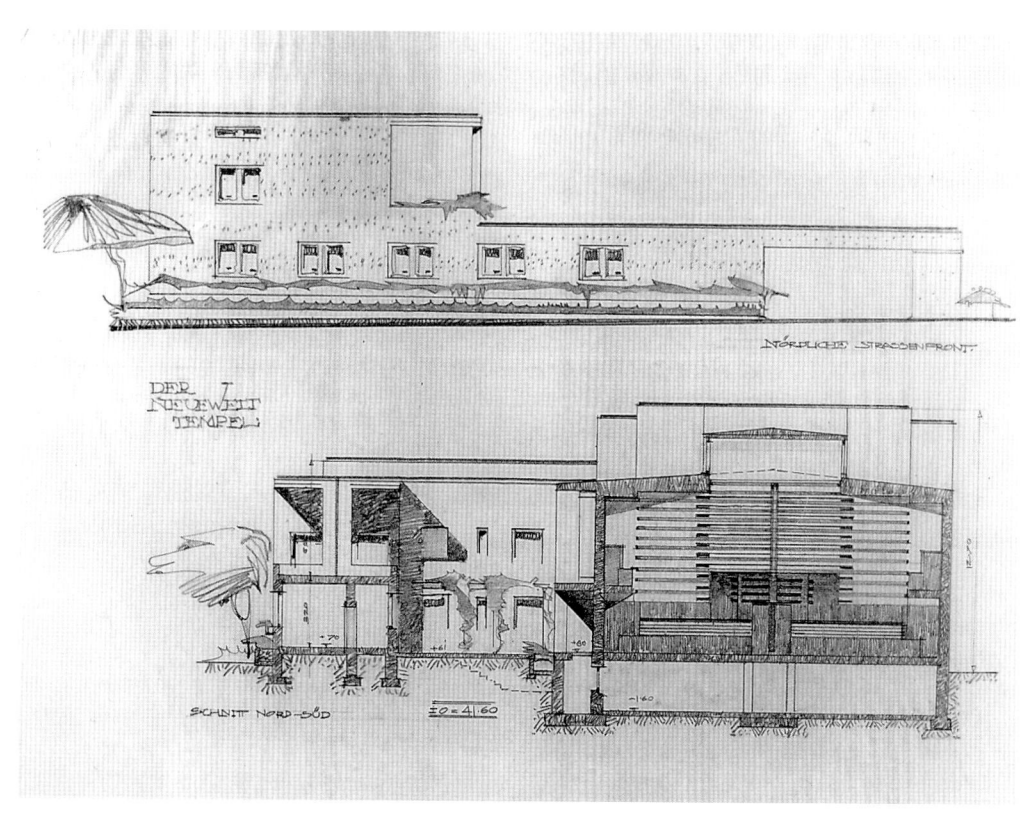

Richard Neutra, *Wettbewerbsprojekt für die Neue Welt-Synagoge in Wien-Hietzing*, 1924, Ansichten und Schnitte, University of California, Los Angeles

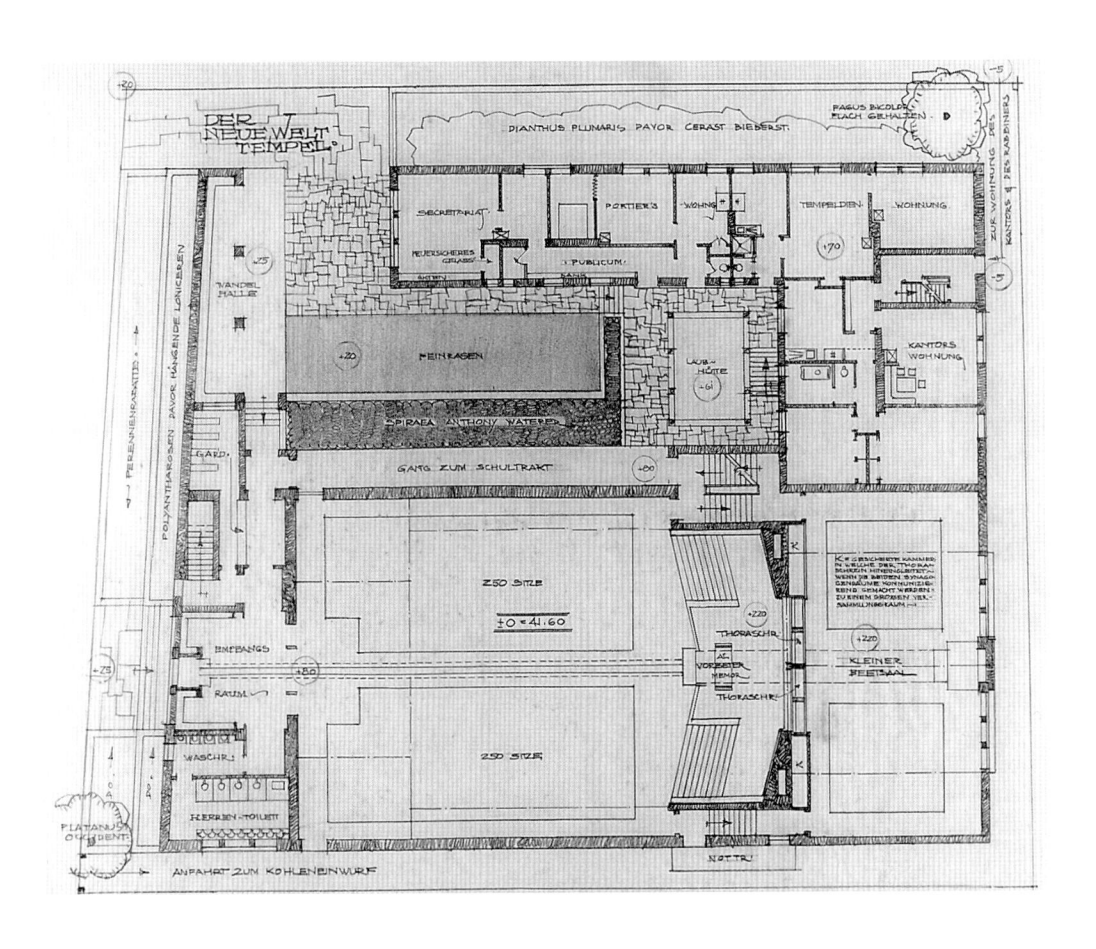

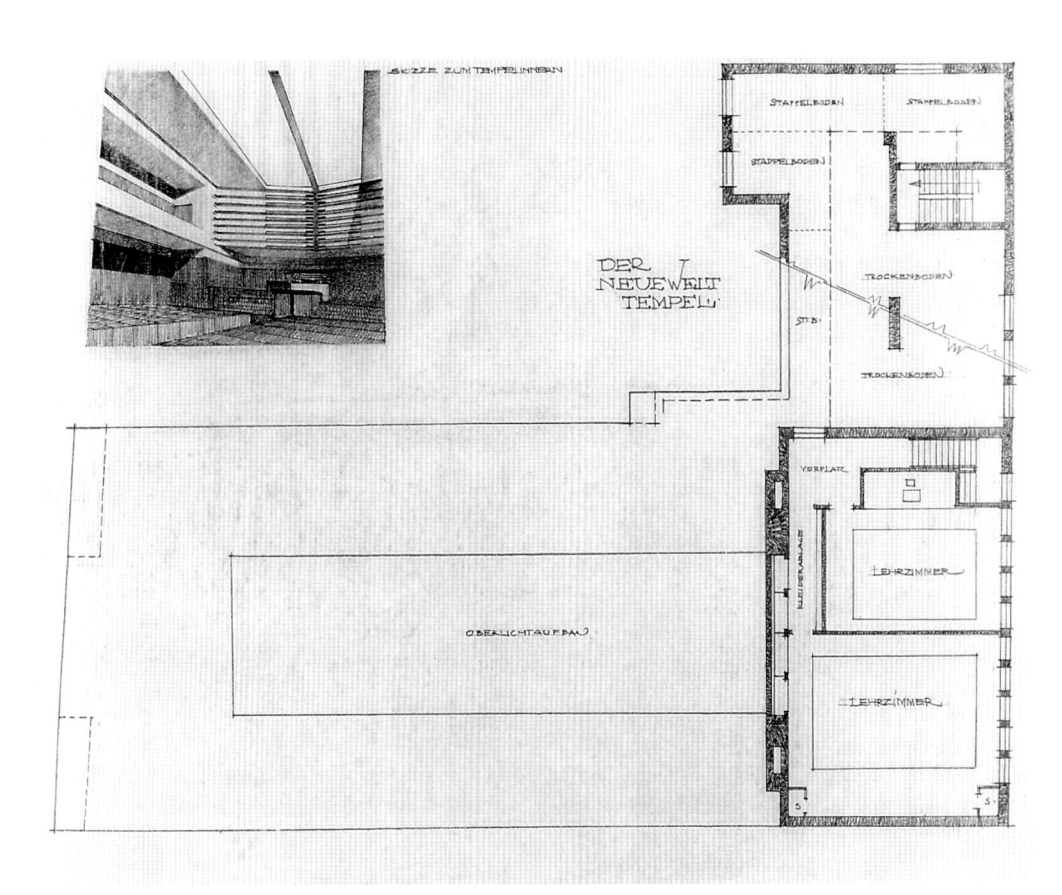

Richard Neutra,
Wettbewerbsprojekt für die Neue Welt-Synagoge in Wien-Hietzing, 1924, Grundrisse und Innenperspektive,
University of California,
Los Angeles

Arthur Grünberger, *Neue Welt-Synagoge*, Wien-Hietzing, 1924-29

Durchgangszustand des Problems einen ungeschminkten Ausdruck gibt.«[11]

Von Mai bis November 1924, in der Zeit von der Ausschreibung bis zur Bekanntgabe der Juryentscheidung, hielt Richard Neutra sich in Chicago und später in Frank Lloyds Wrights Atelier in Taliesin auf.[12] Er hatte schon 1922 mit Mendelsohn das siegreiche *Wettbewerbsprojekt für ein Geschäftszentrum* in Haifa entworfen, 1923 in New York für eine internationale jüdische Organisation eine *Bibliothek in Jerusalem* geplant und in Chicago auch den *Planungsauftrag für einen Tempel* erhalten. Keines dieser Projekte gelangte allerdings zur Ausführung.[13] Neutra hatte sich also schon vor der Ausschreibung des Hietzinger Wettbewerbs mit jüdischen Kultur- und Kultbauten auseinandergesetzt. Sein Entwurf war für die Wiener Verhältnisse spektakulär. Die horizontalen Linienbündel und die raumplastische Durchbildung der Baukörper lassen wohl spüren, daß Neutra noch kurz davor in Berlin mit Mendelsohn gearbeitet hatte. Die sorgfältige Planung der Außenanlagen und der Bepflanzung des ganzen Areals verwiesen bereits auf die spezifische Bedeutung, die Neutra stets der Wechselwirkung von Bau und Naturraum zumaß und die später geradezu ein Markenzeichen seines Œuvres werden sollte. Der Entwurf wurde vielleicht auch deshalb nicht prämiert, weil er – im Unterschied zu allen anderen Beiträgen – die rechtlichen Spielregeln der »offenen Bauweise« im Hietzinger Cottage mißachtete und den Bau an zwei Seiten direkt an die Nachbargrundstücke anschloß.

Der nach den Plänen von Arthur Grünberger ausgeführte Bau entsprach eher dem gewünschten Kompromiß zwischen moderner Baugesinnung und Anklängen an historische Synagogenarchitektur und versprach dadurch, die hohen Anforderungen, die an die Integrationsfähigkeit eines jüdischen Kultbaus in einer Zeit zunehmenden Antisemitismus gestellt wurden, zu erfüllen. Der Bau der Synagoge mußte den schwierigen Status eines »jüdischen Nationalstils« darstellen können und gleichzeitig Weltzugewandtheit und Offenheit der Gemeinde vertreten. Die Integration dieser widersprüchlichen Aspekte durch das eklektizistische Projekt Grünbergers war vermutlich einer der Hintergründe für die Entscheidung der Jury. Grünberger hatte einen schlichten klaren Hallenbau entworfen, der durch stern- und vierpaßförmige Fenster gleichmäßig beleuchtet wurde. Architektonisch bemerkenswert waren die räumliche Staffelung, die Auflockerung er Eingangsfront und der Wegführung mit seitlichen Baldachinen sowie die stilistische Einbettung mit Rundbögen, Dachzinnen und Rosettenmustern in ein detailmäßig frei kombiniertes Gesamtbild, in dem die von früheren Synagogenbauten bekann-

11 Eisler, *Der Wettbewerb* ... (zit. Anm. 8), S. 5
12 Arthur Drexler / Thomas S. Hines, The Architecture of Richard Neutra. From International Style to California Modern. New York (Ausst. Kat. Museum of Modern Art) 1982
13 Hines, Richard Neutra and the Search for Modern Architecture. A Biography and History. New York 1982.

Arthur Grünberger, *Neue Welt-Synagoge*, Wien-Hietzing, 1924-29

Arthur Grünberger, *Doppelhaus in der Werkbundsiedlung*, Jagdschloßgasse 80-82, Wien-Lainz, 1930-32

ten Assoziationen an romanische und/oder maurische Vorbilder nur mehr sehr verhalten angedeutet sind.¹⁴ Es ist sofort erkennbar, daß dies kein historisierender Bau des 19. Jahrhunderts ist. Seine formale Synthese spiegelt eine Stimmung der frühen zwanziger Jahre, aber auch jenen freien, skizzenhaften Synkretismus, der Grünberger in seiner Arbeit für historische Filmsets in Hollywood dann geläufig wurde.

Sowohl der Entwurf von Neutra als auch jener von Grünberger basierte typologisch auf dem im 19. Jahrhundert reformierten jüdischen Ritus. In orthodoxen Gemeinden war der Almemor in der Mitte des Raumes gestanden, damit die Zuhörer der Lesung aus der Thora besser folgen konnten. Die reformierten Gemeinden legten nun – vergleichbar dem Prinzip der christlichen Basilika – den Almemor in unmittelbare Nähe des Thoraschreins und gaben dem Raum eine eindeutige Längsausrichtung. Gorges erster Entwurf hatte in Abkehr von diesem hierarchisch-linearen Schema die Erneuerung des urprünglichen Charakters von Raum und Ritus als »Versammlung« rund um das Zentrum der Schrift vorgeschlagen. Eisler sollte dieses Konzept mit dem Almemor in Raummitte noch zehn Jahre später eingehend vorstellen und diskutieren.¹⁵ In der Wettbewerbsausschreibung von 1924 war dagegen der Typus des einseitig gerichteten Längsraumes, d. h. die Nachbarschaft von Lade und Almemor verbindlich gefordert. Der Bau in Hietzing war die einzige freistehende Synagoge, die in Wien in der Zwischenkriegszeit errichtet wurde. Die Ausführung übernahm die Firma Melcher & Steiner, für die übrigens Victor Gruen jahrelang tätig war. In Vertretung von Grünberger, der ja in Los Angeles lebte, besorgte Architekt Adolf Jelletz die planliche Durchführung und Bauleitung.

Die *Synagoge in der Eitelbergergasse* lag in der Nähe einiger Ikonen der modernen österreichischen Architektur. Zwei Straßen weiter liegt das *Haus Beer* von Josef Frank, die *Villa Primavesi* von Josef Hoffmann liegt in unmittelbarer Nähe und auch die *Loos-Häuser in der Kupelwiesergasse* sind nur einige Minuten entfernt. In diesem Zusammenhang vertritt Grünbergers Bau eine spezielle Position moderner Architektur, die aus den vorgegebenen religiösen Quellen, aber auch aus einer sachlichen Grundauffassung schöpft, die wiederum mit einer eigenartigen Dekormischung aus Wiener und Hollywood-Motivik versehen ist. Arthur Grünbergers aktuelle Tätigkeit zur Zeit des Entwurfes ist unbekannt, fest steht jedoch, daß er kurz danach Berichte über amerikanische Architektur für die Architekturzeitschrift ›Bau- und Werkkunst‹ verfaßt und sich bei Hollywood-Filmproduktionen als Ausstatter engagiert hat. 1931 gelang ihm mit einem *Haus in der Werkbundsiedlung* eine weitere Realisierung in Wien, und 1935 veröffentlichte Hans Adolf Vetter in der Zeitschrift der Zentralvereinigung der Architekten ›Profil‹ einen Nachruf auf den emigrierten Baukünstler.

Das Schicksal der Synagoge folgt jenem der anderen jüdischen Kultbauten in Wien, von dem nur Josef Kornhäusels Synagoge in der Seitenstettengasse ausgenommen blieb. Im Zuge des Novemberpogroms der sogenannten »Reichskristallnacht« 1938 wurde sie niedergebrannt und die Ruine ein halbes Jahr später geschleift. Damit war der gebaute Brennpunkt des Diskussion um Modernität in der Wiener jüdischen Gemeinde aus dem Gesichtsbild und bald danach aus dem Gedächtnis gelöscht.¹⁶

---

14 Siehe dazu: Hans Peter Schwarz (Hg.), Die Architektur der Synagoge. Frankfurt/M. und Stuttgart 1988
15 Eisler, *Vom Geist der Synagoge*. In: Menorah. Jüdisches Familienblatt für Wissenschaft, Kunst und Literatur, VIII.Jg. Wien-Berlin 1930, S. 77-86, mit der vollständigen Wiedergabe des Textes von Hugo Gorge aus dem Jahr 1919.
16 Herbert Exenberger, Antifaschistischer Stadtführer. Wien 1986, S. 49

Victor Gruen als Conférencier des »Politischen Kabaretts« mit »Piccolo-Girls«, Wien, 1929

VICTOR GRUEN UND RUDI BAUMFELD
Traumkarriere einer Partnerschaft

Otto Kapfinger

Fakten, Hypothesen

Victor Grünbaum und Rudolf Baumfeld – Schüler der Wiener Staatsgewerbeschule für Hochbau in den Jahren unmittelbar nach dem Ersten Weltkrieg – hatten unter der deutschnationalen, antisemitischen Aggression ihrer Mitschüler einiges zu leiden. Sie wurden Freunde in der Notgemeinschaft »rassischer und geistiger Minderheit«. Gemeinsame Entwurfsarbeiten signierten sie mit dem Namen »Grünbaumfeld«. Danach ging jeder seinen eigenen Weg und konnte – bei den eingeschränkten Möglichkeiten der dreißiger Jahre in und um Wien – eine Handvoll kleiner Aufträge realisieren: Ein paar feine Läden da und dort, bescheidene Wohnungsumbauten und Einrichtungen, ein, zwei Häuser für Auftraggeber aus dem Freundeskreis. Das war nicht viel, doch mit den vorhandenen Mitteln in einer Qualität gelöst, die auch lokale publizistische Beachtung fand.[1] 1938, nach Hitlers Einmarsch, war dieser Existenz schlagartig der Boden entzogen. Immerhin konnten beide vor der Verfolgung durch das Nazi-Regime ins Ausland entkommen.

Zwanzig Jahre später waren sie wieder Partner: Nun als Prinzipale in einem Architekturbüro in Los Angeles, das im Auftragsvolumen zu den zwanzig größten in Amerika gehörte und das zugleich – gemessen am fachlichen Renommee – zu den zehn innovativsten und einflußreichsten Ateliers der USA zählte. Diese Karriere war beispiellos, war sicher auch von vielen Glücksfällen begünstigt. Der Erfolg Victor Gruens (wie Grünbaum sich ab 1943, nach der Erlangung der amerikanischen Staatsbürgerschaft nannte) war dabei zweifellos auch für Baumfelds weitere Laufbahn entscheidend.

Für Gruens Aufstieg vom kleinen Wiener Ladengestalter der dreißiger Jahre, vom völlig mittellosen Emigranten von 1938 bis zum weltweit bekanntesten und gefragtesten Stadtplaner der sechziger Jahre – für diesen Aufstieg steht als Erklärung eine Hypothese zur Debatte, die auch den Schlüssel für seine spezifische, einzigartige Architekturphilosophie anbietet.

Gruen war von Jugend an ein politisch hellwacher, engagierter Mensch. Er verband dies mit seiner poetischen, satirischen Begabung und mit seiner Faszination vom Theater. Als Mitbegründer und Organisator des »Politischen Kabaretts« (1926-34) schärfte er nicht nur sich und seinem Publikum die Einsicht in größere und tiefere Zusammenhänge von Wirtschaft, Politik und Gesellschaft, perfektionierte er nicht nur sein kommunikatives Talent, um die verschiedenen Individualisten der Truppe im Teamwork zu organisieren und spontan auf sehr wechselhafte Situationen zu reagieren; er erwarb sich damit auch einen großen Bekanntenkreis und Bekanntheitsgrad im liberalen, kritischen, kulturell aufgeschlossenen Milieu, das damals in Wien vor allem vom jüdischen Bürgertum getragen wurde. Aus diesem Umfeld kamen seine ersten Aufträge als Architekt – Wohnungseinrichtungen und vor allem Ladenumbauten. Aus diesem Reservoir – der vielen Mitemigranten – kamen auch seine ersten Kontakte und Aufträge in New York in der Emigration. Auch hier spielten wieder das Theater – Gruen war Mitbegründer und Leiter der »Refugee Artists Group« – und der Ladenbau eine wichtige Rolle.[2] Und es drängt sich der Schluß auf, daß gerade diese ephemere Bauaufgabe – für Architekten sonst eher ein Notbehelf mangels anderer Aufträge – für seine gesamte spätere Entwicklung programmatisch war.

Läden waren und sind die Orte des Tausches, der Kommunikation. Sie sind die Schnittstellen, die Bindeglieder zwischen Produktion und Konsumption, zwischen Wirtschaft und Gesellschaft. Läden, aus den früheren temporären Märkten hervorgegangen, enthalten in sich das genuine Prinzip der Urbanität: das Prinzip der Stadt als Marktplatz, als Kommunikationspunkt des Handels, als Medium des Austausches von Gütern und Informationen. Das Merkantile ist die tiefste Wurzel jener spezifischen Kulturform der Urbanität, aus der sich die Formen des demokratischen Zusammenlebens, die freie Bürgerschaft, die kulturelle Dichte und Vielfalt öffentlichen städtischen Lebens – die bürgerliche Öffentlichkeit schlechthin entwickelte. Es war für Gruens Weg zum Pionier der Shopping Centers und zum Propheten der Revitalisierung alter Stadtzentren entscheidend, daß er diese kommerzielle Lebensader des Urbanen nicht – wie viele seiner Zunftkollegen – als oberflächlich und populi-

---

[1] Die ausführlichste und wichtigste Quelle zu Leben und Werk von Victor Gruen bieten seine *Biographischen Notizen*, ein unpubliziertes Typoskript im Umfang von über 350 Seiten, datiert Wien 1975/1977, im Bestand der Gruen Papers, Library of Congress, Washington.
[2] ebenda, S. 89 ff.

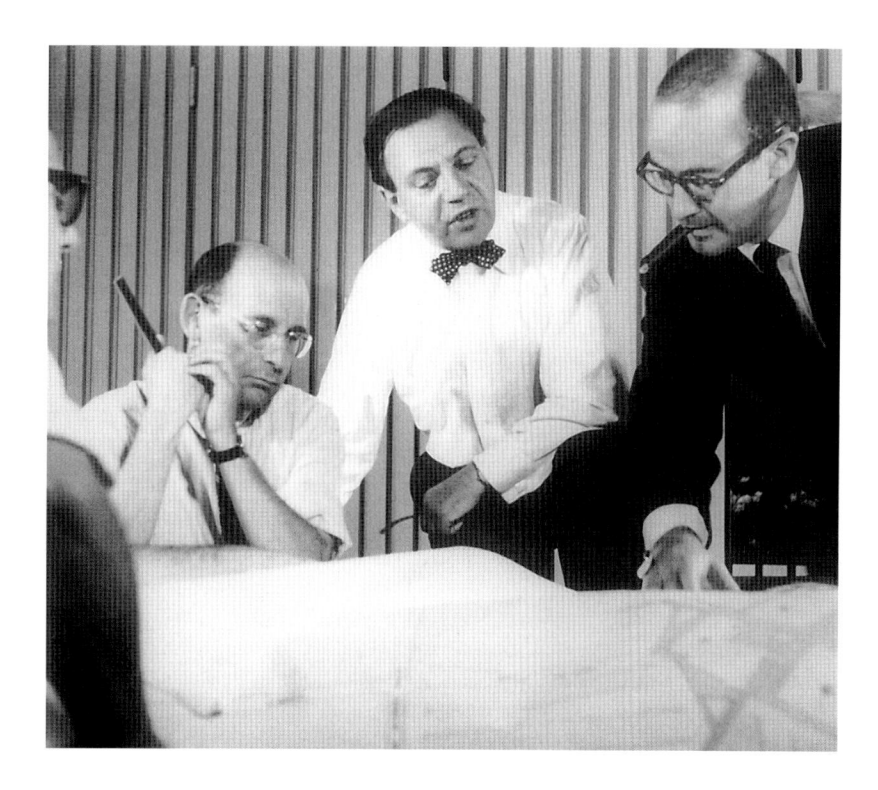

Rudolf Baumfeld, Victor Gruen und Karl van Leuven, Jr. in einer Entwurfsbesprechung, 1950er Jahre, Gruen Papers, The Library of Congress, Washington, D.C.

stisch, d.h. der hohen Architektur- und Stadtbaukunst irgendwie hinderlich einschätzte, sondern daß er im Gegenteil das Funktionieren eben des Merkantilen in lebenswerter, vielfältiger Umwelt als Grundbedingung für das Überleben humaner Städte erkannte.

Politisches Bewußtsein, Sprachgewandtheit, kommunikatives Talent, Verständnis für die Welt von Wirtschaft und Kommerz, nicht Idealbilder vom ›neuen Menschen‹, sondern ein realitätsnaher Hausverstand für das Funktionieren des menschlichen Alltags – all das waren wichtige Parameter dieser erstaunlichen Karriere. Für Gruen kam ein weiteres hinzu: Er hatte den Architektenberuf nicht im Zeichensaal erlernt. Sein einjähriges Gastspiel in der Meisterklasse von Peter Behrens an der Wiener Akademie beurteilte er rückblickend äußerst kritisch. Er hatte den Beruf (anfangs neben dem Studium) in zehnjähriger, harter Praxis auf den Baustellen seines Vormundes kennengelernt. Er wurde geprüfter Maurer und Baumeister. Sein Atelier war das Baugerüst, der tägliche Streß zwischen Planung und örtlicher Bauaufsicht. Gruen selbst hat das Profil der 1950/51 mit Rudi Baumfeld und drei weiteren Partnern gegründeten *Victor Gruen Associates* später klar und bündig definiert:

»Wir zählen nicht zu den Form-Schöpfern. Wir wollen keine neuen Architektur-Moden kreieren. Es hat wenig Wert, Gebäude allein zu bauen. Das einzige, was wirklich zählt, ist die Schaffung einer ganzen Umgebung, komfortabel und brauchbar für die Leute, die hier leben, arbeiten oder einkaufen. Es ist die Umwelt-Architektur, die heute vorrangig unsere Kreativität herausfordert. Architektur-Stile sind sekundär.«[3]

Arbeiten vor 1938

Die kleinen Läden von Victor Gruen bzw. Baumfeld/Schlesinger, zusammen rund ein Dutzend, stehen paradigmatisch für die prekäre Lage junger, progressiver Architekten in Wien zwischen 1933 und 1938. Der profilierteste und avancierteste Baukünstler dieser jungen Generation, Ernst A. Plischke (1903-1992), konnte etwa in diesen Jahren keinen einzigen Bau mehr realisieren, mehrere größere, staatliche Planungen wurden ihm entzogen. Josef Frank, der Organisator

[3] »We do not belong to the Form Givers. We have no desire to create new fashions in architecture. There is little value in the building of buildings alone. The only thing that really matters is taking a whole area and creating an environment, comfortable and convenient for the people who live there, work there, or shop there. It is environmental architecture that really calls for imagination today. Architectural style is secondary.« In: Walter Guzzardi Jr., An Architect of Environments. Fortune 65, Jänner 1962, S. 77 f.

ARCHITEKT PROFESSOR ERNST LICHTBLAU
WIEN VI, LINKE WIENZEILE 4 · TELEPHON 8006

ZEUGNIS.

Herr Architekt   B a u m f e l d war in meinem Atelier im Verlaufe von 3 Jahren wiederholt zeitweise tätig. Er arbeitete an einem grossen, engeren Wettbewerb für die Gemeinde Wien, einem kunstgewerblichen Wettbewerb für Deutschland, einigen Interieurausstattungen, Ladenbauten etc. Seine Mithilfe geschah hauptsächlich durch zeichnerische Tätigkeit und zeichnete sich Herr Baumfeld nach dieser Richtung als flotter Graphiker mit feinem Geschmack und sauberster Durchführung der Arbeiten aus. Ich stelle Herrn Baumfeld nach dieser Richtung gerne mein bestes Zeugnis aus und bin jederzeit in der angenehmen Lage, ihn anderen Ateliers auf Grund seiner mir geleisteten Arbeiten wärmstens zu empfehlen.

Wien, am 13. Oktober 1926.

Zeugnis von Ernst Lichtblau für Rudolf Baumfeld, 1926, University of California, Los Angeles

Rudolf Baumfeld und Norbert Schlesinger, *Boutique Hello*, Wien, 1935

Rudolf Baumfeld und Norbert Schlesinger, *Boutique Hello*, Wien, 1935, Innenansicht

Rudolf Baumfeld und Norbert Schlesinger, *Damenmodengeschäft Immendorf*, Wien, 1934

Rudolf Baumfeld und Norbert Schlesinger, *Modegeschäft Leschka*, Wien, 1935

Rudolf Baumfeld und Norbert Schlesinger, *Wohnung Fritz Löw-Beer*, Zvitavka, 1934-35

der *Wiener Werkbundsiedlung* 1932, die vor allem auch den ganz jungen Kollegen einen Schauplatz geboten hatte, war nach der Gründung eines dezidiert antisemitischen, ›bodenständigen‹ Neuen Werkbundes Österreich Ende 1933 bzw. nach dem Bürgerkrieg im folgenden Februar nach Schweden emigriert. Neben den ideologischen und politischen Kämpfen war damals aber auch die gesamte Situation der Baubranche in und um Wien äußerst trist.[4]

Die Portale und Geschäftseinrichtungen von Gruen bzw. Baumfeld/Schlesinger repräsentieren jedenfalls sehr gut das Niveau der Wiener Moderne in dieser Phase und schließen durchaus an die von Loos, Hoffmann und Haerdtl gesetzten Standards an, obwohl – oder gerade weil – die geringen Budgets zu extremer Ökonomie der Mittel und Materialien zwangen. Gruens erster Laden, die *Bristol-Parfümerie*, hatte ein Portal von kaum 2,5 Meter Breite. Um die beengten Verhältnisse möglichst großzügig und übersichtlich zu machen, benutzte der Architekt ein bereits von Loos virtuos gehandhabtes Mittel: Er löste eine Seitenwand optisch ganz als Spiegelfläche auf und setzte auch an der Decke ein Spiegelband. Auf eine »Auslage« im konventionellen Sinn wurde verzichtet und die ganze Front als pure Glasscheibe in voller Höhe ausgeführt, sodaß der Innenraum des Ladens selbst gleichsam zur Auslage wurde.[5]

Herrenmoden-Deutsch wiederum hatte etwas freiere Dimensionen, sodaß eine eigene Auslage Platz fand und der direkte Einblick – der Branche entsprechend – weitgehend abgeschirmt wurde. Das charakteristische Problem, in der überhohen Erdgeschoßzone der spätgründerzeitlichen Bausubstanz das Portal als Blickfang und Hintergrund für ganz wenige, in Augenhöhe präsentierte Schaustücke zu gliedern, ist mit absoluter Noblesse und mit aufs Minimum reduzierten Details gelöst.[6] Loos ist hier eindeutig das Vorbild. Das Typische seines Ansatzes ist jedoch noch weiter purifiziert und abstrahiert. Als enger Freund von Herta und Friedrich Scheu war Gruen übrigens auch mit privaten Interieurs von Loos bestens vertraut, und seine Wertschätzung des

4 siehe dazu: Ernst A. Plischke, *Ein Leben mit Architektur.* Wien (Löcker) 1989, S. 157-181
5 siehe Anm. 1, S. 51 f.
6 ebenda, S. 52 f., weiters: Felix Augenfeld, *Modern Austria. Personalities and Style.* In: Architectural Review, V. 38, London, April 1938, S. 171

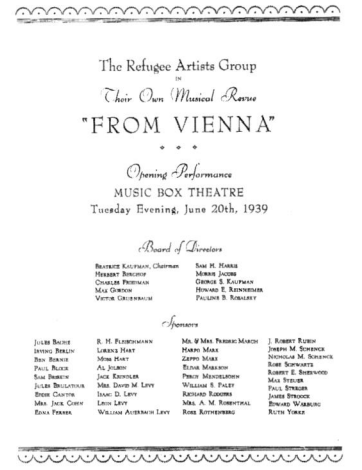

Programmheft der »Refugee Artists Group«, New York, 1939, Gruen Papers, The Library of Congress, Washington, D.C.

großen Polemikers, Praktikers und Ästheten äußerte sich konkret in dem Nachruf, den Gruen zum Tode von Loos in der ›Arbeiter-Zeitung‹ veröffentlichte.[7]

Baumfeld/Schlesinger agierten bei den *Boutiquen Hello* und *Immendorf* ganz ähnlich. Loos' Marmor- oder Steinflächen sind da bis auf schmalste Rahmen abgemagert. Als Gestaltungsmittel verbleiben noch zarteste Nirostaprofile, die frischen Farben von Böden, Wänden und Vorhängen, die Akzente der zierlichen Möbel, die eher den Prinzipien von *Haus & Garten* (Frank & Wlach) folgen, ohne freilich Plischkes Grad des Sublimen zu erreichen.[8]

Das in der zeitgenössischen Literatur unbeachtete Hauptwerk von Baumfeld/Schlesinger entstand 1934-35 in Brünn – die *Villa Löw-Beer*. Der junge Auftraggeber und Textilfabrikant Ernst Löw-Beer war ein Cousin von Grete Tugendhat, deren Haus – rund drei Kilometer entfernt – 1929-30 Ludwig Mies van der Rohe entworfen hatte. Sein Bruder, Fritz Löw-Beer, hatte sich mit Rudi Baumfeld in Wien angefreundet, und für ihn hatten Baumfeld/Schlesinger 1934 im großen Elternhaus in Zvitavka eine Wohnung eingerichtet, die eine beachtliche Sammlung ostasiatischer Kunst beherbergte.

Das dreistöckige *Haus Löw-Beer* steht an exponierter Stelle am Südhang des Stadtteils Pisarky.[9] Anders als beim *Tugendhat-Haus*, das einen riesigen, nach Süden abfallenden Garten überblickt, ist dieser Teil von Pisarky kleinteilig parzelliert und von Straßen durchkreuzt. Baumfeld/Schlesinger hoben den Bau deshalb aus dem Gelände heraus und orientierten ihn auf Fernblick. Das Hauptgeschoß (über einem Sockel für Garagen, Wirtschaftsräume und Hausmeisterwohnung) ist in ganzer Breite in Glas aufgelöst und öffnet sich dem Ausblick über die angrenzenden Hügel. Die offene Raumfolge Eßplatz – Sitzplatz mit Kamin – Halle/Loggia – Bibliothek erreicht mit fast vier Metern Raumhöhe und 160m^2 Grundfläche zwar nicht die Dimensionen des Tugendhat-Wohngeschosses, zeigt aber eine ähnliche Haltung der Großzügigkeit und Eleganz. Baumfeld konnte hier von den Einbaumöbeln bis zu den verschiedenen Leuchten (ausgeführt von Fa. Lobmeyr), von den Vertäfelungen in Kirschholz bis zu den Türklinken alle Details exklusiv gestalten. Zur Kühlung der verglasten Südfront wurde eine eigene Klimaanlage eingebaut – für ein Privathaus in Europa damals eine Novität. Das schlanke, scharf geschnittene Prisma des Baukörpers zeigt an einigen Stellen belebende Ausbuchtungen und Einschnitte. Diese verhaltene Bauplastik entfaltet sich dann am Dach in einem stark gegliederten Terrassenbereich.

Als im Herbst 1938 Hitler die Aufteilung der Tschechoslowakei erzwang, emigrierten die Löw-Beers über Kanada nach New York. Rudi Baumfeld, im August '38 aus Wien zu Fritz Löw-Beer nach Zvitavka geflüchtet, ging im Frühjahr '39 nach Prag, ein Jahr später nach Italien. Er erreichte New York erst im Herbst 1940. Das *Haus Löw-Beer*, äußerlich heute in schlechtem Zustand, innen substantiell trotz neuerer Einbauten relativ unversehrt, unter kommunaler Verwaltung und in vier Mietwohnungen unterteilt, gehörte zweifellos zu den wichtigsten Dokumenten der Ausstrahlung der Wiener Bau- und Wohnkultur der zwanziger und dreißiger Jahre.[10]

Flucht aus Wien

Victor Gruen konnte mit seiner Frau Lizzi Kardos in einem Moment höchster Gefährdung im Mai '38 aus Wien nach Zürich entkommen. Von dort reisten sie über Paris und London in die USA, wo sie am 13. Juli im Hafen von New York eintrafen – völlig mittellos, doch mit ihren Büchern und ausreichenden Unterlagen über Victors bisherige professionelle Tätigkeit und Qualifikation. Einen von Gruens engsten Freunden und Mitarbeitern im Kabarett, den Dichter und Satiriker Jura Soyfer, mit dem er auch noch nach 1934 anonym zeitkritische Texte für die im Untergrund agierende »Kleinkunstbühne« verfaßt hatte, traf ein weniger gnädiges Schicksal. Er war schon einmal verhaftet worden und war als Kommunist und radikal antifaschistischer Publizist nach Hitlers Einmarsch extrem gefährdet. Gruen brachte den neun Jahre jüngeren Soyfer noch am Abend des 12. März '38 zum Wiener Westbahnhof und überließ ihm seine Skiausrüstung. Soyfer und sein Freund Hugo Ebner planten, im Rahmen einer »Skiwanderung« in Vorarlberg über die Schweizer Grenze zu fliehen. Sie wurden jedoch im Gebirge bei Schruns verhaftet, Soyfer wurde dann nach Dachau deportiert, später ins KZ Buchenwald verlegt. Er starb dort im Februar 1939 an Typhus.[11]

Gruen konnte in New York schnell wieder Arbeit finden, und als 1939 immer mehr Emigranten und Bekannte aus der Wiener Kleinkunstszene nach New York gelangten, gründete er im Juni mit Herbert Berghof die »Refugee Artists Group«. Jura Soyfers Stück *Der Lechner Edi schaut ins Paradies* bildete in englischer Version (*The Trip to Paradise*) den Mittelpart ihrer ersten Revue *From*

---

[7] V. G. (Victor Grünbaum), *Adolf Loos ist gestorben*. In: Arbeiter-Zeitung. Wien, 25. 8. 1933, weiters: Victor Gruen, *Meine alte Schuhschachtel. Schriften aus den zwanziger Jahren*. Wien 1973, S. 117 f.

[8] *Immendorf* wurde publiziert in: Profil Nr. 8, Wien 1934, S. 262 f.; *Hello* in: Profil Nr. 9, Wien 1935, S. 442 f.

[9] siehe dazu: Vladimir Slapeta, Die Brünner Funktionalisten. Moderne Architektur in Brünn (Brno). Katalog für eine Ausstellung des Technischen Nationalmuseums in Prag. Innsbruck und Wien 1985, S. 64 f.

[10] Ausführliche Hinweise verdanke ich einem telefonischen Interview im Juni 1994 mit Dr. Ernst Löw-Beer, der heute hochbetagt in Tenafly/New Jersey lebt.

[11] siehe Anm. 1, S. 53-55, weiters: Horst Jarka, Jura Soyfer. Leben, Werk, Zeit. Wien (Löcker) 1987, S. 426, 460, 466 f.

Rudolf Baumfeld und Norbert Schlesinger, *Haus Ernst Löw-Beer*, Brünn, 1934-35, Rückansicht

Rudolf Baumfeld und Norbert Schlesinger, *Haus Ernst Löw-Beer*, 1934, Südseite

Rudolf Baumfeld und Norbert Schlesinger, *Haus Ernst Löw-Beer*, Wohnraum

Victor Gruen und Morris Ketchum,
Ledergeschäft Ludwig Lederer,
Fifth Avenue, New York, 1939

Victor Gruen und Elsie Krummeck,
Barton's Bonbonniere, New York, um 1940

Vienna.[12] Diese Aktion wurde von Persönlichkeiten wie Albert Einstein, George S. Kaufman, Irving Berlin, Harpo und Zeppo Marx, Richard Rodgers u.a. unterstützt. Die Einkünfte sollten mittellosen Emigranten aus Österreich zugute kommen. Das Programm wurde am Broadway ein großer Erfolg. Es folgte – nun unter dem Namen »The Viennese Theatre Group« ein zweites, betitelt *Reunion in New York*, das sich ebenfalls einige Monate am Spielplan halten konnte.[13]

**Pionierbauten in Amerika:
Lederer-Shop, Fifth Avenue**

Gruens erste selbständige Arbeit in New York erfolgte 1939 für den Wiener Emigranten Ludwig Lederer, der hier sein Geschäft, den Handel mit hochwertigen Lederartikeln, neu aufbauen wollte, und der Gruens Wiener Läden kannte und schätzte. Lederer hatte ein Lokal in bester Lage gemietet – an der Fifth Avenue in der Höhe der 55. Straße. Gruens originärer Vorschlag berücksichtigte die Tatsache, daß der enorm dichte Fußgängerstrom auf diesem Gehsteig auch ein kürzeres Verweilen vor einer Auslage einfach nicht gestattete. Seine Gestaltung sah deshalb keine Auslage vor, vielmehr wurde in voller Ladenbreite der Gehsteig ein Stück ins Lokal hineingezogen. So enstand eine Ausbuchtung der Straße, ein vom Gehverkehr abgeschirmter Außenraum. Dessen Seitenwände und die Rückwand waren mit grauem, undurchsichtigem Glas verkleidet und trugen kleine Schaukästen, die sehr intensiv, bühnenartig ausgeleuchtet wurden. Ein innen beleuchteter Vitrinentisch in Nirosta gab dieser Mini-Passage ein Zentrum.[14]

Da Gruen noch keine Architektenlizenz für New York besaß, wurde dafür Morris Ketchum zugezogen. Ketchum und Gruen teilten sich in der Folge einen gemieteten Zeichentisch im Büro von Edward Durell Stone. Der *Lederer-Laden* wurde ein »sensationeller Erfolg«, nicht zuletzt deshalb,

12 ebenda, S. 499
13 Programmzettel und zahlreiche Rezensionen in New Yorker Blättern im Bestand der Gruen Papers (siehe Anm. 1)
14 zit. Anm. 1, S. 90-93

Victor Gruen und Elsie Krummeck, *Milliron's Department Store*, Los Angeles, 1949

weil er auch dem einflußreichen Ed Stone – wie Gruen später berichtete – so gut gefiel, daß er seine Verbindungen dafür einsetzte, um den Laden sofort in allen wichtigen Fachjournalen, aber auch im ›New Yorker‹ hervorragend zu publizieren.[15] Dies war der Start für eine ganze Reihe von Folgeaufträgen. Doch Ketchum und Gruen trennten sich bald wieder, und Gruen bildete mit Elsie Krummeck eine neue Partnerschaft.

Zu ihren bekanntesten Arbeiten zählen *Barton's Bonbonniere*, der fünf weitere Läden desselben Auftraggebers folgten, und das Geschäft für die ebenfalls aus Wien vertriebene Firma *Altmann & Kühne* an der Fifth Avenue. Entscheidend wurde aber der Auftrag für die Gestaltung von rund zwei Dutzend *Kettenläden der großen Grayson Company* für Damenkonfektion, die in verschiedensten Städten der USA errichtet wurden, was zu einer hektischen Reisetätigkeit von Gruen/Krummeck kreuz und quer über den Kontinent führte, zu einer raschen Vertrautheit und intimen Kenntnis amerikanischer Geschäfts- und Baumethoden – und schließlich 1942 zur Übersiedlung nach Los Angeles, wo nun Rudi Baumfeld anfangs erster Untermieter und dann einer der ersten Mitarbeiter des Teams wurde.[16]

Northland Shopping Center 1951-54

Schon 1943 hatte Gruen in einem Artikel für ›Architectural Forum‹ seine Prinzipien für künftige Shopping Centers formuliert.[17] Vier Jahre später konnte er neben dem Flughafen von Los Angeles mit Krummeck und Baumfeld sein erstes vorstädtisches Großkaufhaus gestalten – *Milliron's Department Store*. Er veränderte das übliche Schema des vorne und/oder hinten von Parkplätzen umgürteten Baublocks dramatisch.[18] Die Autos wurden über Rampen aufs Dach geführt und dieses – mit Ausnahme des Restaurants und eines Versammlungsraumes – vollständig als Parkplatz genutzt. Die Kunden gingen dann vom Dach über Rolltreppen ins Geschäft hinunter, wo sie in der Mitte der 100 x 100 m großen Halle ankamen. Der Realität der »Autostadt« Los Angeles entsprechend gab es keine konventionellen, zum Gehsteig orientierten Auslagen, sondern kleine, der Fahrtrichtung diagonal entgegengerichtete Display-Pavillons, die im Vorbeifahren inspiziert werden konnten: insgesamt und auch in einigen »streamlined« Details wohl noch ein Nachklang aus Gruens Mitarbeit an der Vorbereitung der futuristischen, das Automobil als Gestaltungsmedium neuer Stadtlandschaften insze-

15 In einem KABC/Los Angeles-Radiointerview vom 30. Okt. 1965. Tonband davon in: The Victor Gruen Collection, University of Wyoming, Box 62
16 zit. Anm. 1, S. 97-111
17 Gruenbaum and Krummeck, *Shopping Center*. In: Architectural Forum, New York, Mai 1943
18 zit. Anm. 1, S. 110

Victor Gruen und Elsie Krummeck, *Milliron's Department Store*, Los Angeles, 1949
(© Julius Shulman)

Victor Gruen und Elsie Krummeck, *Milliron's Department Store*, **Auffahrtsrampe zum Dachparkplatz**
(© Julius Shulman)

Victor Gruen Associates, *Northland Center*, Detroit, Michigan, 1951-54

nierenden *Weltausstellung 1939* in New York. Schon hier integrierte Gruen aber auch nichtkommerzielle Funktionen und Elemente. Die kompakte Verwirklichung seiner Philosophie vom multifunktionalen Vorstadtzentrum brachte aber erst *Northland/Detroit*.[19]

Zwölf Kilometer von Detroits Stadtmitte entfernt entstand mit *Northland* das klassische Modell eines regionalen Einkaufszentrums. Gruen fand hier eine Patentlösung für die schwierigen Anforderungen, denen der Handel in der Nachkriegskonjunktur durch die Abwanderung der Wohnbevölkerung in die Vorstädte gegenüberstand. Auf seine Initiative hin entschloß sich J. L. Hudson – das größte, bestsortierte Warenhaus in Detroit, der Heimat Henry Fords und damals Welthauptstadt der Autoproduktion – zu einem Neubau an der Peripherie. *Northland* war deshalb eine Pionierleistung, weil hier erstmals Verkehrsflächen und Fußgängerbereiche konsequent getrennt sind, und weil es als erstes modernes Fußgängerzentrum dem Raumcharakter einer »Marktstadt« entspricht.

Das vierstöckige Warenhaus von Hudson liegt im Kern der Anlage. Rundherum sind niedrigere Einzelgebäude für 90 Mietgeschäfte und kleinere Supermärkte gruppiert. Daran schließt ringförmig die riesige Zone der Parkplätze an, von den Zufahrtsstraßen durch einen äußeren Grüngürtel abgeschirmt. So ist das zentrale Warenhaus am weitesten von den Parkplätzen entfernt und wirkt gleichsam als Magnet, indem es dafür sorgt, daß die Besucher andere Geschäfte wahrnehmen, ehe sie das Großkaufhaus erreichen.

Traditionelle europäische Stadträume dienten Gruen als Vorbild für die Gebäudegliederung selbst. Fußwege und Kolonnaden führen wie Gassen zu Plätzen und hofartigen Bereichen unterschiedlichen Charakters. Es gibt großzügige Freiflächen, versehen mit Baumgruppen, Blumenbeeten, Sitzbänken, Wasserbecken, Mosaiken und Skulpturen von zeitgenössischen Künstlern.

Gruens Einkaufs-«Stadt« sollte nicht steril, einseitig funktionieren. Sie sollte vielmehr im vorstädtischen Niemandsland neben dem kommerziellen Angebot auch kulturellen und gesellschaftlichen Aufgaben dienen. Neben den Läden gab es deshalb zwei öffentliche Vortragssäle, verschiedene Klubräume, ein Postamt, acht Restaurants, Fri-

19 ebenda, S. 121-148. Eine Übersicht der Entwicklung der Einkaufszentren in USA samt ausführlicher, kritischer Würdigung der Gruen-Zentren gibt Howard Gillette, jr., The Evolution of the Planned Shopping Center in Suburb and City. In: The Journal ot the American Planning Association, Herbst 1985, S. 449-460

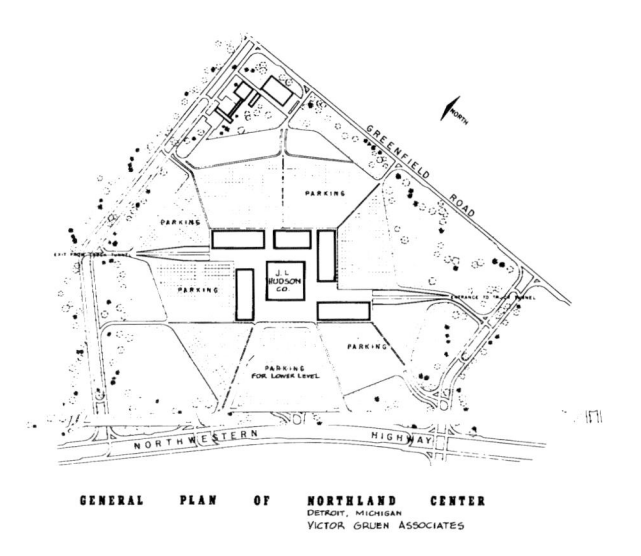

Victor Gruen Associates, *Northland Center*, Detroit, Michigan, 1951-54, Lageplan

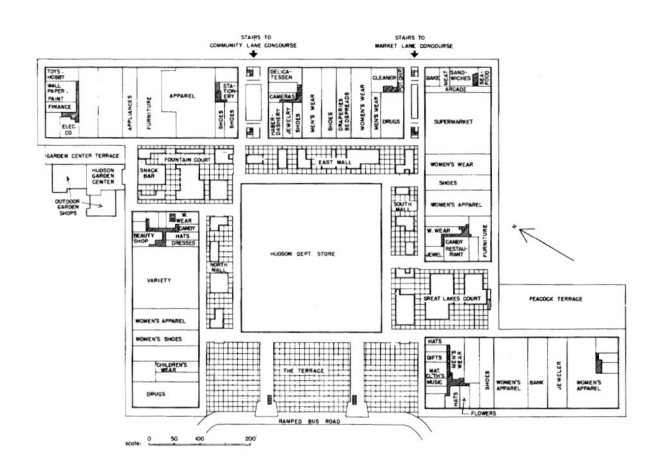

Victor Gruen Associates, *Northland Center*, Erdgeschoßgrundriß

Victor Gruen Associates, *Northland Center*

Victor Gruen Associates, *Northland Center*, Skulptur *Noah* von Lily Saarinen

Victor Gruen Associates, *Southdale Center*, Minneapolis, Minnesota, 1952-56

seur, Schneider, Zahnarzt, Optiker, Mütterberatung, Kinderkrippe usw.

Die Gestaltung der Schriften und der gesamten Graphik des Komplexes übernahm der bekannte Designer Alvin Lustig. *Northland* war in dieser Ära das größte und erfolgreichste Shopping Center in Amerika: 40-60.000 Besucher kamen täglich, 100.000 an Wochenenden. *Northland* war touristische Attraktion und war mit Ausstellungen und vielen Sonderaktivitäten auch kulturelles Zentrum für 600.000 Bewohner im Einzugsbereich.

Northland ist nicht sosehr als baukünstlerisches Monument zu werten, sondern bietet eines der ganz seltenen Beispiele, wo ein Architekt in diesem Jahrhundert im Teamwork mit verschiedensten Spezialisten einen genuinen Bautypus der Epoche neu und umfassend zu prägen vermochte. *Northland* diente Tausenden Nachfolgebauten weltweit als Prototyp. Gruen selbst hat in der Folge Dutzende ähnlicher Zentren gestaltet – insgesamt 4 Millionen Quadratmeter vermietbarer Fläche.

Gruens Pläne für Detroit waren ursprünglich noch viel weiter gesteckt. Und zwar sollten vier solcher Shopping Centers – *North-*, *East-*, *West-* und *Southland* – in der strukturlosen Vorortwüste von Detroit strategisch verteilt werden. Die Einkaufszentren sollten dabei aber nicht isoliert bleiben, sondern auf 350 Hektar sollte rundum jeweils ein neuer, kompakter und hochwertiger Stadtteil entstehen – mit Wohn- und Büroflächen, selektierten Produktionsstätten, Parks, Theatern, Hotels und Kulturstätten.[20] *Eastland* wurde immerhin noch nach den Plänen der *Victor Gruen Associates* 1958 fertiggestellt.

Die Ergänzung und Verdichtung zu echten urbanen Subzentren blieb jedoch Vision. Im Gegenteil: In der Umgebung der attraktiven Einkaufszentren siedelten sich sofort große Betriebe und Verwaltungskomplexe an, die sich aber in keine übergreifende urbanistische Planung fügten, sodaß anstelle kompakter, polyvalenter, kleinkörnig gemischter und komfortabler Stadtviertel wieder nur monofunktionale, voneinander isolierte, durch maßstablose Verkehrsflächen getrennte Bereiche entstanden, was Gruen selbst bereits 1955/56 bitter beklagte. Der Unternehmergeist und die Kapitalkraft einiger privater Geschäfts-

20 Northland. A Regional Shopping Center for Detroit, Michigan. In: Monthly Bulletin. Michigan Society of Architects. März 1954, S. 33-46. Weiters: P/A Progress Review. Shopping Cluster Near Defense Center, o.J., S.15 ff.

Victor Gruen Associates, *Southdale Center*,
Minneapolis, Minnesota, 1952-56, Plaza

Victor Gruen Associates, *Southdale Center*,
Innenhof mit Bronzeskulpturen von Harry Bertoia

magnaten hatten wohl eine beachtliche punktuelle Innovation ermöglicht. Über die Grenzen ihrer »claims« hinauszuwirken, war ihr Potential im herrschenden Laisser-faire-Kapitalismus nicht stark genug.

40 Jahre nach seiner Eröffnung, erweitert und marginal umgebaut, dient *Northland* heute einem soziologisch veränderten Publikum, zeigt nicht mehr die ursprüngliche Dynamik, vermittelt aber immer noch eine sehr komfortable, formal unaufdringliche Atmosphäre – verglichen mit neueren Lösungen. Nicht Dekor und Design sind hier luxuriös, sondern das nicht-kommerzielle Raumangebot der begrünten Höfe, die reiche Versorgung des Binnenraums mit natürlichem Licht.

Southdale Center 1952-56

Was *Northland Center* etabliert hatte, konnte *Southdale* perfektionieren. Wegen des extremen, kontinentalen Klimas in Minnesota ging Gruen hier noch einen Schritt weiter. So wurde *Southdale* zum ersten vollkommen überdachten und klimatisierten Shopping Center, zu einer – wie Gruen es nannte – modernen Version des Prinzips der Mailänder *Galleria*.

Als zweite wichtige Variation gegenüber *Northland* kam hinzu, daß die Anlage nicht monozentrisch wirkt, sondern daß zwei rivalisierende Großkaufhäuser ein komplexes räumliches Kraftfeld aufbauen.

Um die kostspielige Überdachung und Klimatechnik zu finanzieren, mußten die inneren Passagen und Freiflächen komprimiert und die dritte Dimension stärker genützt werden. Anders als Northland hat Southdale deshalb drei Hauptniveaus und wurde so auch viel kompakter:

Im Basisniveau befinden sich vor allem Dienstleistungsbetriebe, Reparaturwerkstätten, Kinderspielräume, Miniaturzoo, Restaurants und Büros. Die beiden anderen Ebenen sind von außen über geneigte Parkplätze zugänglich, wovon die Hälfte zur unteren Ebene abfallen, die andere Hälfte zur oberen aufsteigen.

Aus diesen zwei Ebenen strömen die Besucher

ins Zentrum, wo der dreigeschossige Gartenhof ein spektakuläres Raumerlebnis bietet. Große Glasdächer sorgen für reichlich Tageslicht, ergänzt durch sorgfältig geplante Beleuchtung, differenzierte Bepflanzung mit Bäumen und Sträuchern, mit Brunnen, Wasserbecken und einem Terrassencafé, das mit bunten Sonnenschirmen und Markisen Freiluftatmosphäre suggeriert: All das vermittelt den Eindruck eines modernen Marktplatzes. Eine besondere Attraktion bilden die *Goldenen Bäume* – zwei große Bronzeskulpturen von Harry Bertoia.

Raumkonzept, Erschließungsform und Design wirkten zusammen, um das Vorurteil, mehrgeschossige Shopping Center könnten nicht funktionieren, eindrucksvoll zu widerlegen. Die Klimatisierung der allgemeinen Bereiche hatte noch einen zusätzlichen Effekt. Für die einzelnen Geschäftsfronten entfiel die Notwendigkeit der Abschirmung durch Verglasungen, wodurch sich auch diese Schwellen weitgehend reduzieren ließen und ein offenes Raumkontinuum möglich wurde. Die Klimaanlage wurde übrigens unter Ausnutzung der Grundwasserthermik angelegt und hatte die damals landesweit größte Wärmepumpe.

Southdale Center gewann Bedeutung für die ganze Stadt. Als größter wettergeschützter Raum im weiten Umkreis wurde es nicht nur ein beliebter Treffpunkt, sondern abends auch Schauplatz städtischer Veranstaltungen bis hin zum jährlichen Ball des Minneapolis Symphony Orchestra. *Southdale*, für dessen Design vor allem auch Rudi Baumfeld verantwortlich zeichnete, setzte einen Meilenstein in der Entwicklung dieser Bausparte und rangiert auch heute noch, erweitert und adaptiert, unter den Top Ten der amerikanischen Einkaufszentren.

Die neuen Einkaufszentren ernteten neben allen Erfolgen aber auch Kritik: weil sie die Krise der alten, innerstädtischen Stadtzentren beschleunigten, weil sie von dort die Kaufkraft absaugten, weil sie künstliche Oasen in der Peripherie erzeugten und mit den riesigen, häßlichen Parkplätzen sich von der Umgebung, von jeder weiteren urbanen Integration isolierten. Gruen war selbst der erste, der aus dieser Problematik die Lehren zog und die gewonnenen Erfahrungen sofort umsetzte – zur Propagierung multifunktionaler, verkehrsfreier Zentren für die Belebung der existierenden Stadtkerne.[21] Zeitgleich mit *Southdale* entstand das *Projekt für die Revitalisierung der City von Fort Worth*.

Revitalisierungsplan für Fort Worth 1954-56

Der Plan ist insofern architekturgeschichtlich bedeutend, als dies der erste Revitalisierungsvorschlag war, der je für das Zentrum einer wichtigen amerikanischen Stadt entwickelt wurde. Forth Worth in Texas zählt an die 500.000 Einwohner, das Kerngebiet ist etwas mehr als ein Drittel so groß wie die Wiener Innenstadt. Im Zentrum befinden sich Hochhausgruppen für Handel und Verwaltung – ein kompakter Kern mit hoher Dichte, damals umgeben von einer untergenutzten, vernachlässigten »Grauzone«, von schematisch angelegten Straßen durchschnitten, und von großen Verkehrsschneisen umzingelt.

Zur Wiederbelebung dieses Kerns empfahlen Gruen und sein Team folgende Maßnahmen:

- Verbesserung der Erreichbarkeit, besonders durch öffentliche Verkehrsmittel;
- Ausschluß des Privatautos, radikale Reduzierung des Oberflächenverkehrs, wobei der verbleibende Verkehr elektrisch betrieben werden sollte;
- eine Umfahrungsstraße als Alternative zu der damals quer durch das Kerngebiet vorgesehenen Stadtautobahn;
- Errichtung von Garagen und Autobusstationen direkt an der neuen Umfahrungsstraße;
- Förderung der Funktionsvielfalt durch verbesserte Umweltqualität;
- Setzung neuer städtischer Wahrzeichen und gärtnerische Gestaltung der vom Autoverkehr befreiten Flächen;
- Ausbau eines unterirdischen Liefersystems unterhalb der vorhandenen Straßenzüge.[22]

Die geplanten Hochgaragen für insgesamt 60.000 Abstellplätze sollten fingerartig vom Rand ins Zentrum hineinreichen, um die Gehdistanzen auf maximal vier Minuten zu verkürzen. In den Fußgängerbereichen sollten elektrische Kleinbusse zirkulieren. Zur Belebung und als Akzente in dem vorhandenen Schachbrettmuster der Baublöcke sollten visuelle Unterbrechungen geschaffen werden – durch Neubauten rund um neu angelegte Plätze und durch gärtnerische Gestaltung von Freiflächen.

Dieser Plan wurde im privaten Auftrag der Texas Electric Company erstellt, die ihren Hauptsitz im Zentrum von Fort Worth hatte, und die die Stadt mit Strom, Gas und Wasser versorgte. Texas Electric suchte nach Wegen, um der zunehmenden, infrastrukturell unwirtschaftlichen Dezentralisierung der Stadt und der parallelen Entwertung der im Zentrum vorhandenen Investitionen ent-

21 Das erste Beispiel eines zentralen Geschäftsbezirkes mit Fußgängerzone in Europa realisierten Jacob B. Bakema und Johannes H. van den Broek mit der »Lijnbaan« 1952-54 in Rotterdam.
22 Victor Gruen, *A Greater Fort Worth Tomorrow*. Fort Worth 1956

Victor Gruen Associates, *Revitalisierungsplan für Fort Worth*, Texas, 1954-56, Fotomontage

Victor Gruen Associates, *Revitalisierungsplan für Fort Worth*, Texas, 1954-56, Detail, Fotomontage

Victor Gruen Associates, *Revitalisierungsplan für Fort Worth*, Texas, 1954-56, Perspektive einer Einkaufsstraße

Victor Gruen Associates, *Midtown Plaza*,
Rochester, New York, 1958-62, Luftaufnahme

Victor Gruen Associates, *Midtown Plaza*,
Rochester, New York, 1958-62

gegenzusteuern. Das Projekt wurde ohne Wissen der lokalen Politiker geheim erarbeitet und dann der Öffentlichkeit vorgestellt. Es erreichte in allen Medien einen außerordentlichen Erfolg und erhielt spontan breitesten Zuspruch. Gerade die Geheimhaltung war – so Gruen nachträglich – für das Scheitern des Planes aber wesentlich mitverantwortlich. Denn die politische Administration wurde damit unvorbereitet in ihren Versäumnissen bloßgestellt. Sie stimmte dem Entwurf zwar verbal zu, setzte von sich aus aber keinerlei Initiative, um die Verwirklichung in Gang zu bringen oder auch nur zu unterstützen. Die Opposition lokaler Parkhausbetreiber vereitelte alle weiteren Unternehmungen.²³

Gruens Vorschlag wurde zwar nicht realisiert, gilt in Fachkreisen aber weltweit als Pionierarbeit. Vier Jahre, nachdem sich die VIII. CIAM-Tagung das »Herz der Stadt« zum Thema gewählt hatte, ohne eine wirkliche Revision der letztlich antiurbanen CIAM-Dogmen zu erreichen, konnte Gruen ein vollkommen durchdachtes, realistisches Konzept dazu anbieten. Das *Prinzip des Fort Worth-Plans* überzeugte selbst so kritische Stadttheoretiker wie Jane Jacobs oder Leonardo Benevolo.²⁴ Konkrete Anwendung fand es nur fragmentarisch, etwa in Gruens *Stadtkernrevitalisierung von Fresno*, am ehesten noch in der Gestaltung von *Midtown Plaza in Rochester* (1958-62). Angesichts der Alternative, ihren Standort im Verkehrschaos des Zentrums aufzugeben und den Kunden in die Vororte zu folgen, entschlossen sich dort zwei Großkaufhäuser, der weiteren Verödung der City entgegenzuwirken. Gruen schuf dafür neue Parkgaragen unter den Kaufhäusern, die durch eine überdachte, natürlich belichtete Fußgängerzone verbunden wurden, und setzte darüber einen Büroturm mit Aussichtsrestaurants und einem hochwertigen Hotel an der Spitze. Er verknüpfte wiederum das scheinbar Unvereinbare: die Entflechtung einander konkurrenzierender Bewegungsströme (Auto – Fußgänger) mit der dreidimensionalen Überlagerung verschiedenster, einander gegenseitig stimulierender Funktionen und der Schaffung von großzügigen, öffentlichen Räumen, die urbane Atmosphäre schaffen und zulassen können und die damit selbstverständlich dem Kommerz dienen, ohne aber von ihm dominiert zu werden.²⁵

Gruen erhielt in der Folge ähnliche Planungsaufträge von den verschiedensten Kommunen, City-Revitalisierung – im Fachjargon hieß es tatsächlich »Gruenisierung« – wurde zu Beginn der sechziger Jahre ein landesweites Thema.

23 zit. Anm. 1, S. 184
24 Leonardo Benevolo, Geschichte der Architektur des 19. und 20. Jahrhunderts. Bd.2, München 1978, S. 296 f.
25 Ogden Tanner, *Renaissance on the Genesee*. In: Architectural Forum. New York, Juli 1959, S. 106-112. Weiters: Victor Gruen, *Who is to Save Our Cities?* In: Harvard Business Review, Mai – Juni 1963, S. 107-115

Victor Gruen, *The Heart of Our Cities*, Simon and Schuster, New York 1964, Cover mit dem Schema einer Cellular Metropolis

Als zehn Jahre später auch viele europäische Stadtzentren am Verkehr zu ersticken und in Monofunktionalität abzusterben drohten, wurde Gruen als Experte nach Paris, Bern, Lausanne, Antwerpen, Monza, Mailand, Basel – und auch nach Wien gerufen. Sein *Konzept für eine autofreie Innenstadt* (1969-71) beruhte auf denselben Prinzipien wie der *Plan für Fort Worth*. Darüber hinaus benutzte Gruen den Typus des Wiener Zentrums – mit dem ringförmigen Verkehrs- und Grüngürtel – und dessen Analogie zu zellularen Strukturen, um darauf seine generelle Vision künftiger »Kernstädte« als Alternative zur strukturlosen, umweltbelastenden Zersiedlung zu entwickeln.

Von der Stadtplanung zur Umweltplanung

Cellular Metropolis nannte Gruen in den sechziger Jahren seine globale Planungstheorie. Er wollte damit für die wachsende Zersiedelung und die gescheiterten Stadtmodelle des Funktionalismus eine Alternative anbieten.[26] Analog zu den Organisationsformen in der Natur sollten demnach die Städte der Zukunft einen zellenartigen Aufbau haben – mit einem Kern als Zentrum, jeweils umgeben von »Protoplasma«. Beginnend bei kleinen Nachbarschaften mit multifunktionellen Nachbarschaftszentren sollte dieses Muster sich zu sternartigen Agglomerationen von jeweils höherer Hierarchie differenzieren, bis hin zur Konstellation mehrerer Städte um ein »metropolitanisches Zentrum«.

Neben dem biologischen Vorbild verwies Gruen in dieser Argumentation auch immer auf den polyzentrischen Aufbau vieler alter Stadtanlagen, nicht zuletzt auf die typische Figur der Wiener City mit dem Grüngürtel der Ringstraße und den radialen Anlagerungen der Vorstädte und Vororte. Weitere Maximen von Gruens energie- und umweltbewußter Vision waren die dreidimensionale Verflechtung unterschiedlicher Funktionen – im Gegensatz zur räumlichen Funktionstrennung nach klassisch modernem Muster –, die Kompaktheit der Städte – im Gegensatz zur ungesteuerten Realität des wuchernden Landverbrauchs – und der Vorrang der öffentlichen Verkehrsmittel – konträr zur herrschenden Dominanz des unwirtschaftlichen, umweltschädigenden Individualverkehrs.

Eine Wurzel dieser Vorstellung lag schon in der Organisationsform seiner Shopping Center, die konzeptionelle Reife erreichte sie im *Plan von*

---

26 Eine weitreichende, kritische Darstellung dazu gibt David R. Hill, Sustainability, Victor Gruen and the Cellular Metropolis. In: The Journal of the American Planning Association, Sommer 1992, S. 312-326. Generelle Thesen zur Bedeutung künftiger »Umweltplanung« hatte Gruen etwa schon 1956 in einem Vortrag des Cooper Union Forum in New York formuliert, als er zusammen mit Louis Kahn eingeladen war, zum Thema »City Planning for the Year 2000« zu referieren. Ein Tonband der dazu ausgestrahlten Radiosendung befindet sich in der Victor Gruen Collection, University of Wyoming, Box 62

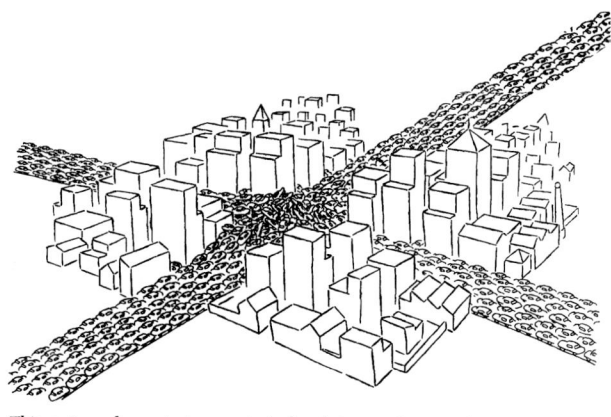

This cartoon demonstrates convincingly what must happen if one moves automobiles from millions of outlying points to one central point.

Victor Gruen, Cartoon

Fort Worth. Rückblickend wurde diese universelle Stadt-Theorie, wie Gruen sie in seinem erfolgreichen Buch *The Heart of Our Cities* 1964 entwickelt und 1973 in der Schrift *Centers for an Urban Environment: Survival of the Cities* nochmals zusammengefaßt hat,[27] in die gedankliche Linie von Ebenezer Howard, Lewis Mumford, Jane Jacobs und Christopher Alexander eingereiht. Die Besonderheit von Gruens Ansatz lag darin, daß er davon überzeugt war, ein Leben in mittelgroßen, urban dichten Städten (max. 2 Millionen Einwohner), befreit vom üblichen Verkehrschaos, mit leichtem Zugang zu freien Naturgebieten sei für die Mehrheit der Menschen erstrebenswert, würde den explosiven *Consumerism* reduzieren, die Umwelt viel weniger belasten und die schrankenlose Verbauung des Landes hintanhalten. Seine Vision war im besten Sinne human und großstädtisch, eben nicht stadtfeindlich wie die Gartenstadtideologie oder die sauber »entflochtenen« Stadtentwürfe des Funktionalismus. Es war aber auch dies nur ein Modell, ein ideales Schema, und seine Schwächen lagen und liegen unter anderem darin, daß die erforderlichen Bau- und Verkehrsinvestitionen für größere, autofreie Zonen von hoher Dichte und komplexer Nutzung kaum finanzierbar sind – was sich schon am Beispiel Fort Worth und auch bei seinen Vorschlägen für Wien zeigte – und daß die restriktive Bodenpolitik, die eine solche Stadt- und Regionalplanung erfordern würde, in freiwirtschaftlichen, demokratischen Systemen erfahrungsgemäß nicht durchsetzbar ist.

Gruen hatte jedenfalls lange vor dem »Ölschock« die Bedeutung der gesamtheitlichen Betrachtung von Lebens- und Bauprozessen erkannt. Sein Engagement wurde komplementär zum professionellen Erfolg immer grundsätzlicher, umweltpolitisch im weitesten Sinn. Er schöpfte dieses Wissen und seine diesbezüglichen Vorschläge weniger aus statistischen Beobachtungen und akademischen Quellen, als vielmehr aus persönlichen Begegnungen mit Fachleuten verschiedenster Sparten und aus seinen unmittelbaren Erfahrungen mit sehr großen Bauvorhaben und Planungsprojekten, die ihm direkten Einblick in die komplizierten Zusammenhänge, die gesellschaftlichen Machtverhältnisse und Spielregeln von Wirtschaft und Politik, Ökonomie und Ökologie ermöglichten. Hinzu kam seine genuine Fähigkeit, all dies in einer plastischen, allgemeinverständlichen Sprache auch mit Witz und Ironie zu vermitteln. Sein überzeugend gelebter Anspruch war, »the people's architect« zu sein, und nicht »the architect's architect« zu werden.[28] Von Ladybird Johnson als Berater einer »Verschönerungsaktion für Washington« geholt, gelang es ihm beispielsweise, anstelle der erwarteten Ideen für neuen Blumenschmuck und neues Design der Mall die Frau des Präsidenten durch die Slums der Hauptstadt zu führen und ihr die Augen für die eklatanten, strukturellen Probleme der Stadt zu öffnen.[29]

Rudi Baumfeld-Design

Wie eingangs erwähnt, ist die spezifische Leistung Baumfelds im Gruen-Team nachträglich nicht leicht erfaßbar oder gar analysierbar und würde ein eigenes, vertieftes Forschungsunternehmen erfordern. Baumfeld war immerhin ein Vierteljahrhundert lang für die Designkomponen-

[27] Victor Gruen; *The Heart of Our Cities. The Urban Crisis: Diagnosis and Cure.* New York 1964, (erschien auch in deutscher und japanischer Ausgabe) sowie: *Centers for the Urban Environment. Survival of the Cities.* New York 1973 (erschien auch in deutscher Ausgabe)

[28] siehe dazu: Victor Gruen, *Environmental Architecture.* In: Harry S. Ransom (Hg.): The People's Architects. Houston o.J., S. 55-61

[29] zit. Anm. 1, S. 190-193

Victor Gruen und Elsie Krummeck, *Laden der Joseph Magnin Kette,* **1949**
(© Julius Shulman)

ten aller Projekte verantwortlich, die in Gruens Büro in Los Angeles abgewickelt wurden. Konträr zu seinem kontaktfreudigen, extrovertierten Freund und Partner agierte Baumfeld eher im Hintergrund. Es gibt von ihm auch kaum publizierte Äußerungen.

Die kritische Würdigung wird nochmals schwieriger, als schon die Zeitgenossen feststellten, daß Gruens Bauten menschenleer oder auf Photographien keine spektakulären Aspekte bieten, daß sie als »Architektur an sich« nicht besonders profiliert, ja geradezu belanglos wirkten.[30] Immerhin hat Reyner Banham beobachtet, daß das »straightforward« kommerzielle, solide Design der großen Gruen-Bauten der fünfziger Jahre in Los Angeles den Vergleich mit ähnlichen Arbeiten von Neutra und Alexander nicht nur bestehen könnte, sondern vielleicht den Vorteil hätte, daß sich hier eben kein Manko zwischen Anspruch und Ergebnis bemerkbar macht.[31]

Baumfelds Beitrag besteht wohl darin, daß er die Anonymität der Standardstrukturen dieser großen, kommerziellen Bauten mit Entscheidungen über Farbgebung, Beleuchtung, Materialwahl und sporadische Designelemente in eine unpathetische, freundliche Alltäglichkeit einstimmte. Hier äußerte sich – einmal als Hypothese vorgeschlagen – eine überraschend uneuropäische, illusionslose Mentalität, mit dem Standard nun eben nicht – wie vergleichsweise Mies van der Rohe – zu versuchen, große Architektur zu machen.

In seinen frühen Wiener Arbeiten rangierte Baumfeld in der Spannweite zwischen Haerdtl, dem jungen Alfred Soulek und Ernst Plischke, ohne besondere konstruktive oder plastische Extravaganz, doch mit ruhiger Eleganz, in Möbeln oder Textilien nicht so leicht wie Frank oder Strnad, aber auch nicht so streng und rein wie Plischke. Ähnlich wie bei Soulek und Hoffmann tauchte auch da und dort die gerundete, ins

30 zit. Anm. 3, S. 138
31 Reyner Banham, Los Angeles. The Architecture of Four Ecologies. Harmondsworth (Penguin) 1973, S. 192 f.

Modellansicht

Victor Gruen Associates, Design Rudolf Baumfeld, *Leo Baeck Temple*, Los Angeles, 1962

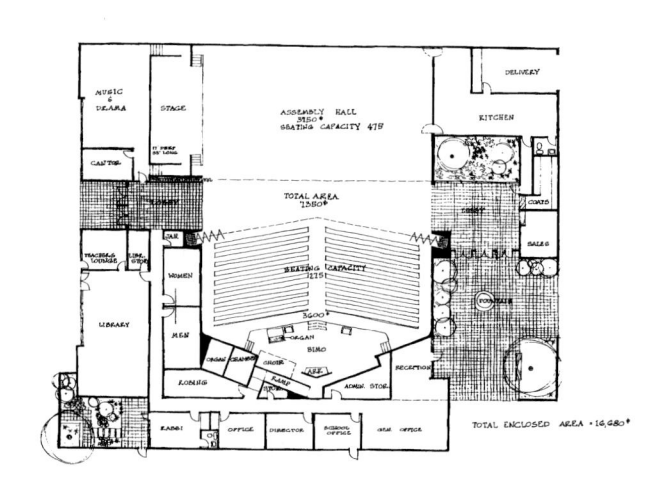

Victor Gruen Associates, Design Rudolf Baumfeld, *Leo Baeck Temple*, Grundriß

Programm »Sechstes Europa-Gespräch«, Rathaus Wien 1963, Auszug

32 Materialien über Leben und Werk von Rudolf Baumfeld enthalten vor allem die »Baumfeld Papers« in der University of California, Los Angeles, Research Library, Special Collections
33 zit. Anm. 1, S. 337-346
34 Victor Gruen International, *Studie Kerngebiet Wien*, im Auftrag der Stadt Wien, Magistratsabteilung 18. Umfassendes Schrift- und Planmaterial dazu im Archiv der MA 18 im Wiener Rathaus. Die Studie wurde im Oktober 1969 beauftragt und im September 1971 abgeschlossen. Gruen pflegte seit den fünfziger Jahren wieder intensivere Kontakte zu seiner Heimatstadt. 1963 hielt er das einleitende Referat beim 6. Europa-Gespräch im Wiener Rathaus zum Thema »Die europäische Großstadt – Licht und Irrlicht«. Den Eröffnungsvortrag hielt Richard Neutra; weitere Teilnehmer waren Theodor W. Adorno, J. Bakema, Lucius Burckhardt, Arnold Gehlen, Werner Hofmann, Robert Jungk, Golo Mann, Roland Rainer und Eduard F. Sekler.
35 zit. Anm. 1, S. 163-167. Weiters: Peter Eppel, Österreicher im Exil 1938-1945. In: Emmerich Talos, Ernst Hanisch, Wolfgang Neugebauer (Hg.), NS-Herrschaft in Österreich 1938-1945. Wien 1988, S. 566 f.
36 zit. Anm. 34, Signatur B. 2746. 23.1., Annex Berichte 1971, 21 Seiten. Englische Ausgabe: *The Charta of Vienna*. The Victor Gruen Center for Environmental Planning. Los Angeles 1980

Organische weisende Linie auf. Seine spezielle Aufmerksamkeit galt dem Design von Leuchten aus hauchdünn geschliffenem Kristallglas, oft in Kooperation mit der bekannten Firma Lobmeyr. Ein ungewöhnliches Element im *Haus Löw-Beer* stellte der im Wohnraumboden zwischen Halle und Kaminplatz eingelassene Steintrog für Zimmerpflanzen dar – ein Detail, das vielleicht aus seiner Auseinandersetzung mit ostasiatischer Kunst und Wohnkultur beim Arrangement der Sammlung von Fritz Löw-Beer herrührte. Auch im Portalbereich des *Mietshauses in Brünn* funktionierte so ein Pflanzentrog, dort fast schon skulptural, als Raumgliederung, als Übergangselement, als gefaßtes Stück »Natur« an exponierter Stelle des Gebäudes. An diesem Markenzeichen ließen sich auch in Los Angeles die äußerlich heute mit neuen Fassadenverpackungen unkenntlich gemachten, frühen *Hochhäuser* von Gruen/Baumfeld sofort identifizieren: kristalline, dem Eingangsbereich zur Lobby applizierte Pflanzentröge in feiner Steinarbeit.

Eine im Œuvre von Gruen/Baumfeld spärlich vertretene Sparte betrifft Kult- und Monumentalbauten. *Leo Baeck Temple* etwa, am Rand von Bel Air am Fuße der Santa Monica Mountains, ist nach dem berühmten deutschen Rabbiner Leo Baeck (1877-1954) benannt. Die Anlage, auf rhombischem Grundriß entwickelt und mit einem gefalteten Betondach auf mächtigen Stützscheiben überdeckt, enthält den Betraum, eine Vortragshalle, Bibliothek und Büroräume. Der Innenraum kann mit raumhohen Faltwänden mehrfach artikuliert werden. Die verhalten organischen Details der Holzarbeiten und der Möblierung, wie auch die Wölbung der Dachschale samt Untersicht in Spritzbeton spiegeln sehr gut Baumfelds persönliche Note, entsprechen aber auch dem allgemeinen Zeitgeist der befreiten Bauplastik nach dem Niedergang des Internationalen Stils.[32]

Projekte für Wien

Als Ende der sechziger Jahre die Wiener Stadtplanung im Zuge der U-Bahn- und Stadterweiterungsprojekte neue Leitlinien suchte, wurde Gruen auch nach Wien gerufen. Er hatte 1965 *Victor Gruen International* für seine in Europa und Asien anwachsende Planer- und Gutachtertätigkeit gegründet. Er arbeitete unter de Gaulle an der Projektierung von sieben neuen Städten in der Pariser Peripherie und am *Generalplan für »Tête Defense«*. Reza Pahlewi wollte von ihm eine *Neuordnung des Zentrums von Teheran*. In Belgien war er an der Planung des *Universitätsbezirkes von Louvain*.[33] 1968 nahmen Gruen und Baumfeld vertragsgemäß Abschied von den *Victor Gruen Associates*. Gruen hatte schon 1967 ein Büro in Wien eröffnet und seinen Hauptwohnsitz wieder hierher verlegt. Einem Gutachten für einen *neuen Stadtteil am Wienerberg* folgte 1969 der Auftrag für ein Konzept zur *Revitalisierung der Wiener City*.[34] Seine radikalen Vorschläge – die weitgehende Verkehrsfreimachung der Innenstadt, der Bau von etlichen Garagen im Bereich der Ringstraße, die unterirdische Zulieferung in die Hauptgeschäftszonen, Elektrobuslinien in der City, Neubebauung der Roßauerkaserne, Umgestaltung des Rathausplatzes und Öffnung der ganzen Erdgeschoßzone des Rathauskomplexes als Fußgängerverbindung vom 8. Bezirk ins Zentrum etc. – wurden aber nur fragmentarisch (Fußgängerzone Kärntnerstraße und Graben, City-Bus) und von anderen Planern umgesetzt.

Ein absurdes, provinzielles Zwischenspiel lieferte 1970 die Wiener Architektenkammer, als sie ihn wegen der ihrer Ansicht nach ungerechtfertigten Führung der Berufsbezeichnung »Architekt« vors Handelsgericht zitierte. Gruen war kein österreichisches Kammermitglied, hatte aber in 26 Staaten der USA die Berufslizenz, war Chef eines Planungsstabes mit über 300 Mitarbeitern gewesen, eine weltweit anerkannte Kapazität ihres Fachs. Gruen verteidigte sich selbst vor dem Richter, erfolgreich. Die Wiedergabe seines Dialogs mit dem Amtsträger in seinen unpublizierten *Memoiren* ist eine köstliche und beschämende Entlarvung der hiesigen Mentalität, ein Stück Satire, dargeboten von einem Professional – auch auf diesem Gebiet.[35] Ein Jahr später – nun durfte er sich auch kammermäßig Architect nennen, aber eben nur in der englischen Version mit »c« –, 1971 also erhielt er den Preis der Stadt Wien für Architektur, 1978 das Goldene Verdienstzeichen der Republik für sein »Amerika und Europa verbindendes Lebenswerk«. Zwei Jahre später starb er in Wien.

Auch Baumfeld arbeitete noch bis in die achtziger Jahre in Los Angeles als Designer – vorwiegend für die renommierten »Joseph Magnin«-*Warenhäuser*. Er starb 1988.

Gruens Vermächtnis – nicht nur für Wien – ist in der 1971 vorgestellten *Charta von Wien* niedergelegt, die eine zeitgenössische undogmatische Antwort auf die überlebte *Charta von Athen* geben wollte.[36] Im Kapitel »Das Wesen der Architektur« ist da zu lesen:

»Wenn sich eine Berufsgruppe vom zeitgenössischen Leben isoliert, so finden sich bald andere, welche die

Northland Regional Shopping Center, Detroit/Mich.

Über Stadtbild und Landschaftsbild

Architekt Victor Gruen

Aus einer Rede vor der "International Design Conference" in Aspen, USA, im Juni 1955.

DK 711.552 : 711.417

„Was ich über Stadtbild und Landschaftsbild zu sagen habe, wird sich mit der Frage befassen, wie wir unsere Umgebung im Rahmen der mechanisierten und kommerzialisierten Welt, in der wir leben, verbessern können, einer Welt, in der das Automobil tonangebend ist und deshalb das Problem der möglichen praktischen Arbeit beeinflußt; ich werde also keinen Ausblick halten von der Höhe elfenbeinerner Türme über jene Idealstadt, die dereinst von einer radikal verbesserten Menschheit bewohnt sein wird.

Was ich zu sagen habe und warum ich es sagen will, ist begründet in meiner Besorgnis über den heutigen Verfall der Umwelt, in welcher sich der Mensch bewegt und in unserer Unfähigkeit, die Frucht unserer Arbeit zu genießen, weil sich die Menschen fortgesetzt neue Hindernisse schaffen.

Nachdem ich mich nun als Realist vorgestellt habe, will ich die zwei oder drei, die mit mir einer Meinung sind, einladen, näherzurücken, damit wir über ‚Die Künste am Scheidewege' und ‚Stadtbild und Landschaftsbild' sprechen können.

Es scheint mir, daß wir an einer viel komplizierteren Weganlage stehen als an einer jener altmodischen Kreuzungen, bei denen es möglich war, das Problem dadurch zu lösen, daß man entweder geradeaus vorwärtsschritt, oder links oder rechts abbog, oder einfach zurückging.

Wir stehen vielmehr an einem Zusammenlauf von einem Dutzend Hauptstraßen oder Autobahnen, deren Kleeblattanlagen sich wie die Fangarme eines Riesenkraken durcheinanderschlingen, wobei alle richtungweisenden Verkehrszeichen fehlen. Diese Kleeblattschlingen haben fatale Eigenschaften: wenn man den offenbar rechts führenden Zweig einschlägt, mag man schließlich finden, daß man eigentlich in die gerade entgegengesetzte Richtung gelangt; oder man nimmt eine Abzweigung, die äußerst verlockende Aussichten verspricht und findet schließlich, daß sie einen in eine Sackgasse geführt hat. Da müssen wir schon unsere fünf Sinne und unsere Nerven unter guter Kontrolle haben, um die richtigen Entscheidungen zu treffen.

Die Sache ist so schwierig, weil so viele Möglichkeiten zur Auswahl stehen. Sie ist so schwierig, weil wir von allen Beschränkungen befreit sind, weil wir von jedem Vorfall irgendwo in der Welt innerhalb weniger Sekunden unterrichtet werden, weil wir innerhalb weniger Stunden von einem Ende eines Kontinents zum anderen befördert werden können, weil unsere Sinne so sehr von Eindrücken bestürmt werden — daß unser Fühlen und Denken sie nicht mehr entsprechend verarbeiten können.

‚Echtes koscheres ungarisches Gulasch mit italienischen Spaghetti à la Dixie, serviert mit französischem Brot, $ 1,15', steht auf der Ankündigungstafel eines Auto-Restaurants an einer kalifornischen Autobahn, das in der Gestalt einer Atombombe gebaut ist und von zwei Leuten aus Brooklyn geführt wird, die als russische Emigranten ins Land gekommen sind. Unsere Eilverbindungen haben all das zusammengebracht: das zaristische Rußland, Brooklyn, Frankreich, Italien, Israel, Ungarn und Kalifornien, und sie haben es in ein gigantisches Atomgulasch zusammengemanscht. Eine oberflächliche Bekanntschaft mit allen fremden Zivilisationen vergrößert aber noch lange nicht die Freude am Leben. Ungarisches Gulasch mag gut sein; koschere Speisen können gut sein; italienische Spaghetti mögen gut sein; aber alle miteinander schmecken sie flau und uninteressant.

Wir werden überwältigt von einer Lawine von neuen Erfindungen, Entdeckungen, Maschinen und kleinen Gebrauchsgegenständen. Unser persönlicher Ausblick wird verzerrt durch Tageszeitungen, Fernsehen, Zeitschriften. Wir sind schutzlos preisgegeben der Beeinflussung durch Philosophie, Kunstkritik, analytische Psychologie, Kernspaltung, Spiritismus. Abstraktivismus, Nonobjektivismus, Neorealismus, Surrealismus wirken auf uns ein — bis wir alle das Gefühl haben, wir schwimmen in der Mitte eines ungeheuren Kessels von ‚echtem koscherem ungarischem Gulasch à la Dixie'.

Wenn wir uns durch das Gewirr von Kleeblattkreuzungen nicht irreleiten oder gar unschlüssig oder tatenlos machen lassen wollen, dann müssen wir aufhören herumzuschauen und herumzuhorchen und den Hauptfahrweg selbst suchen. Wenn man auf

Victor Gruen bei der Eröffnung von *Milliron's Department Store*, 1949
(© Julius Shulman)

frei gewordene Lücke füllen. Genau das geschieht auf dem Gebiet der Gestaltung unserer vom Menschen geschaffenen Umwelt. Diese Aufgabe wird nicht mehr vom Architekten wahrgenommen, sondern von Ingenieuren, von Verkehrsspezialisten, von Spekulanten, Verwaltungsberatern, Wirtschaftsfachleuten und anderen Experten, die durchwegs Scheuklappen gegen die Wissensgebiete anderer tragen. Das Ergebnis dieser zahllosen, aber unkoordinierten Bemühungen ist katastrophal. Der Architekt wird in zunehmendem Maße ausschließlich als Berater herangezogen, als ›Spezialist‹ für Innen- und Außendekoration.

Die daraus resultierende Sterilität, Unansehnlichkeit und Unmenschlichkeit unserer Umwelt wird wohl häufig von sensitiven Architekten bedauert und kritisiert, aber im allgemeinen als etwas hingenommen, das sich so wenig ändern läßt wie das Wetter. Und doch ist im Sinne der ursprünglichen Bedeutung der griechischen Bezeichnung ›Architekton‹ keine andere Berufsgruppe für die Gestaltung unserer Umwelt so berufen wie der Architekt. Der sorgfältig ausgebildete Architekt, der alle nötigen Fähigkeiten und Talente besitzt, wäre dazu auserkoren, durch seine Vorstellungs- und Schöpfungskraft und durch seine Einstellung als Generalist, als Leiter und Koordinator einer Gruppe von Künstlern und Spezialisten, zu denen heute die Ingenieure, Soziologen, Wirtschaftsfachleute und Rechtsberater zählen, zu agieren. Der Architekt des 20. Jahrhunderts kann ohne die Beiträge all dieser Spezialisten nicht arbeiten. Ohne die Leitung und Koordination des Architekten erweisen sich aber alle Anstrengungen erfahrener Spezialisten als fruchtlos und möglicherweise als zerstörerisch.

Die Aufgaben und Probleme, denen der Architekt heute gegenübersteht, sind größer und bedeutender als je zuvor. Um sie zu erfüllen, muß er erkennen, daß er es mit einem neuen Klienten zu tun hat – mit der menschlichen Gesellschaft. Um ihr zu dienen, muß er auch künstlich geschaffene Barrieren in seinem eigenen Beruf beseitigen, wie z.B. jene zwischen Architekten und Planern.«

Victor Gruen – kaum 165 cm groß, ein Amerikaner aus Wien mit stark akzentgefärbtem Englisch, ein Selfmademan par excellence, der in der Welt der Wirtschaftsbosse und der hohen Politik ebenso glaubwürdig auftrat wie vor sogenannten Durchschnittsbürgern oder in den akademischen Fachzirkeln – schrieb diese Sätze vor einem Vierteljahrhundert. Sie sind heute aktueller denn je.

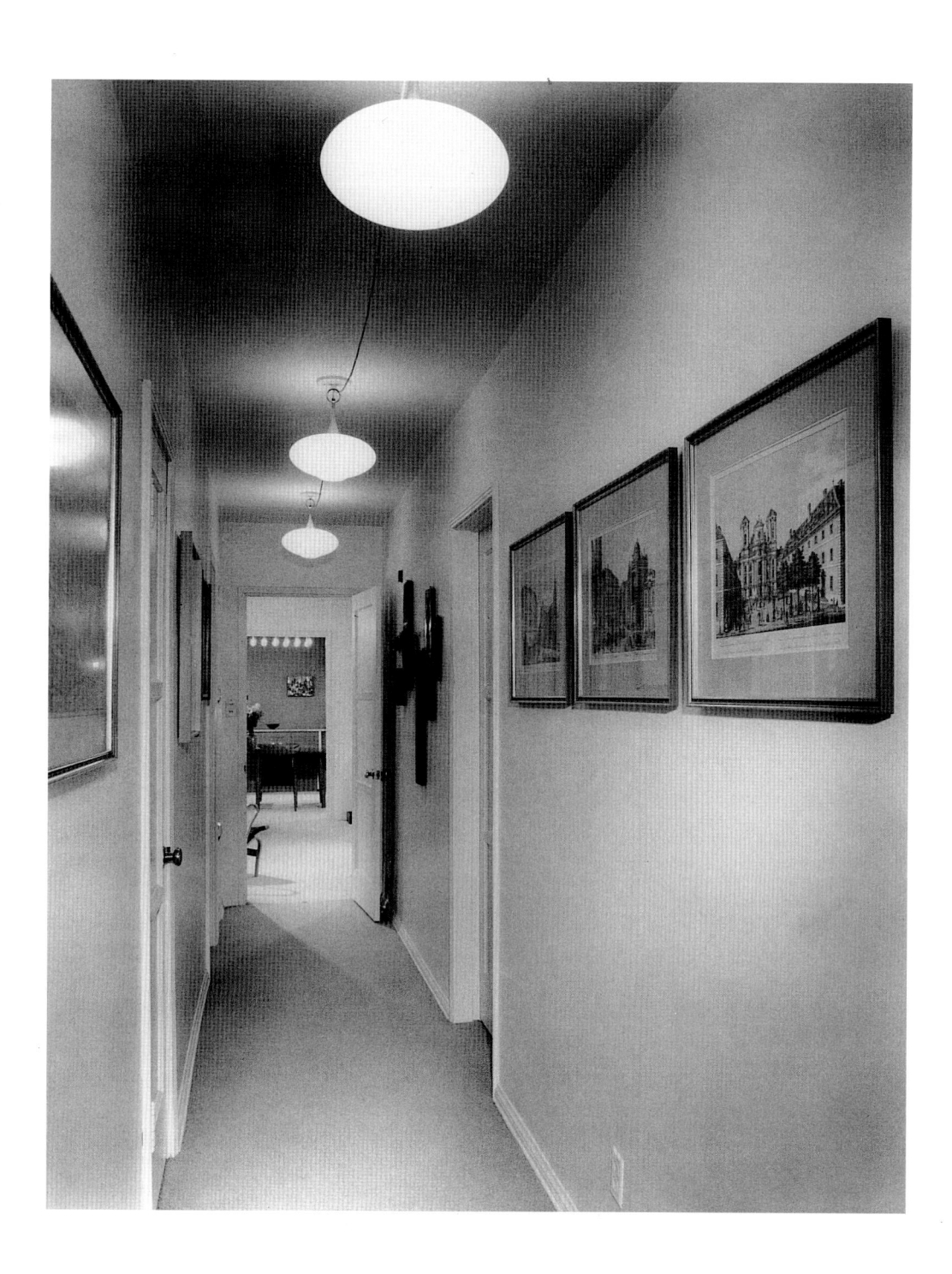

Rudolf Baumfeld, *Eigene Wohnung in Los Angeles*, rechts Wien-Veduten

ERINNERUNGEN AN RUDI BAUMFELD

Norman Katkov

Rudolf Baumfeld hatte als Architekt in seiner Heimatstadt Wien, wo er auch ausgebildet worden war, bereits einige Anerkennung gefunden, als der »Anschluß« an Nazideutschland im Jahre 1938 seine Karriere in Österreich beendete. Die Nazis vertrieben ihn. Baumfeld, ein Jude, entkam nur knapp und wurde in Italien eine Zeitlang in einem Lager interniert. Von dort konnte er abermals flüchten und Amerika als einziger Überlebender seiner Familie erreichen.

Baumfeld kam nach Los Angeles, um sich seinem Freund seit Kindheitstagen und Klassenkameraden, Victor Gruen, anzuschließen. Auch ihn hatten die Nazis 1938 aus Österreich vertrieben. Victor Gruen begann in New York und erarbeitete sich während der ersten Kriegsjahre seinen Weg nach Kalifornien. Die Firma *Victor Gruen Associates* wurde in einem einfachen, zweistöckigen Schalbetonbungalow in der Kings Road eingerichtet, weniger als eine Meile entfernt vom berühmten *Wohnhaus Rudolph M. Schindlers*. Der Zeichensaal belegte das Obergeschoß dieses bescheidenen Heimes, und Rudolf Baumfeld wurde hier schnell zum führenden Entwerfer.

Victor Gruen war ein ausgezeichneter Verkäufer und träumte große Träume. Als der Zweite Weltkrieg vorbei war und die Städte in ganz Amerika begannen, in die Landschaft hinauszuwachsen, glaubte Gruen, daß die Zugpferde der Wirtschaft folgen sollten. Der *Shopping Mall*, wie er allgemein genannt wird, war seine Erfindung. Kurz nach dem Krieg verkaufte Gruen diesen Traum an einen seiner Kunden: die Familie Webber aus Detroit, Michigan, die Besitzer eines führenden Kaufhauses. Rudolf Baumfelds erste Skizzen und Entwürfe dafür waren das Produkt einer fruchtbaren, kreativen Intelligenz und wurden in Gruens Präsentation zu seinem stärksten Überzeugungsmittel. Sie waren meiner Erinnerung nach entscheidend für die Eroberung dieses riesigen Auftrages. *Das Northland Center*, der erste Shopping Mall, der jemals gebaut wurde, stammte von der Entwurfsidee her von Baumfeld, der auch das Team der Zeichner anführte. So setzte sich Baumfeld, ein Absolvent der Wiener Technischen Hochschule, der seine Laufbahn damit begonnen hatte, um elf Uhr vormittags Gulasch über die Gasse für das gesamte Büro zu holen, innerhalb weniger Jahre nach seiner Ankunft in den Vereinigten Staaten sein eigenes, bleibendes Denkmal.

Northland führte einen neuen Standard ein. Dieser Shopping Mall setzte eine nationale und dann auch internationale Bewegung in Gang. Er katapultierte die Firma *Victor Gruen Associates* in den Rang eines führenden Architekturbüros und verschaffte Rudolf Baumfeld, dem für den Entwurf verantwortlichen Partner der Firma, einen ausgezeichneten Ruf.

Auf *Northland* folgte *Southdale* in Minneapolis. Hier beauftragten die Brüder Dayton, deren Vater das gleichnamige Kaufhaus gegründet hatte, Gruens Firma, einen weiteren, noch größeren Shopping Mall zu errichten. *Northland* und *Southdale* wurden zu Leuchttürmen, die einen ständigen Strom an Kundschaft in die Büros der Victor Gruen Associates leiteten.

Trotz des raschen Aufstiegs zur Prominenz verließ die Firma jedoch nie jene Klienten, die ihr den ersten Erfolg im Obergeschoß des Hauses in der Kings Road ermöglicht hatten. Cyril Magnin, der Besitzer der Joseph Magnin-Läden, war ein früher Kunde Gruens. Er stammte aus einer Händlerfamilie, deren Geschäft in San Francisco er zum amerikanischen Marktführer in Damenbekleidung gemacht hatte. Die *Joseph Magnin-Läden* waren aber auch Zentren modischer Spezialkleidung. Als Cyril Magnin expandierte und Geschäfte entlang der gesamten Westküste baute, entwarf Rudolf Baumfled diese Läden. Victor Gruen besuchte den Eröffnungsabend eines *Joseph Magnin-Geschäftes in Century City*, einem großen Handels- und Gewerbezentrum neben den Gründen der Twentieth Century Fox-Film-Gesellschaft in Beverly Hills. Gruen bewunderte die opulenten Teppiche, mit denen das Geschäft ausgelegt war. Baumfeld hatte diese Teppiche entworfen und sie von einer japanischen Firma herstellen lassen. Gruen war von der komplizierten Borte beeindruckt, einem spitzenartigen Muster, das sich entlang der Seiten des Teppichs hinzog. Gruen mochte diesen vibrierenden künstlerischen Effekt. »Ach!«, sagte Baumfeld, »allerdings zittert jetzt meine Hand!«

Rudolf Baumfeld, *Eigene Wohnung in Los Angeles*, Wohnraum

Die Hingebung der Japaner an Baumfelds Entwürfe war nicht geringer als seine eigene. Herman Guttman, einer der Partner der *Victor Gruen Associates*, erinnert sich an einen Tag, als sich im Zeichensaal des Büros ein lauter Tumult erhob. Guttman kam aus seinem Büro, um der Sache nachzugehen und fand einen wutentbrannt tobenden Baumfeld. Jemand hatte eine Farbmusterkarte verlegt, die Baumfeld vorher sorgfältigst ausgesucht hatte. »Welche Farbe hat denn diese Karte?« fragte Guttman. »Weiß!«, schrie Baumfeld.

Ein anderes Mal, als Herman Guttman nach Gruens Pensionierung zum Präsidenten der Firma aufgestiegen war, versammelte er die Partner, um sich mit einem Kunden zu besprechen, von dem die Firma einen größeren Auftrag erhalten hatte. Unter den Arbeiten waren auch zahlreiche Entwürfe für Büromöbel. Der Kunde lehnte aber die Kosten dafür ab. Baumfeld, der die Möbel entworfen hatte, wollte Blattgold an der Unterseite mehrerer Konferenztische. Im Bestreben, dem Kunden entgegenzukommen, schlug Guttman vor, auf das Blattgold zu verzichten. »Niemand kann es sehen«, sagte Guttman, »wer wird das also bemerken?« Baumfeld sprang wütend auf: »Ich werde es bemerken!«, sagte er und verließ die Besprechung. Und er setzte sich durch.

Für jene, die ihn auch nur oberflächlich kannten, war Baumfeld die Verkörperung eines Ästheten. Seine Liebe zu den Künsten, allen Künsten, war das wichtigste. Er war ein Fanatiker, der sich mit Leidenschaft allen kreativen Unternehmungen widmete. Victor Gruen nannte Baumfelds Wohnung ein »Museum«. Baumfeld lebte in einem schwer zu beschreibenden Gebäude in Hollywood. Solche Apartments werden »Eisenbahnwohnung« genannt, weil die Räume einen langen Gang flankieren, der die gesamte Wohnung durchläuft. Tatsächlich richtete Baumfeld hier ein Museum ein, das die Los Angeles Times, die führende Tageszeitung der Stadt, in ihrem Sonntagsmagazin mit einem Artikel und einem ganzseitigen Coverphoto vorstellte. Herman Guttman merkte an, daß Baumfeld, wenn er abends seine Taschenuhr mit ihrer Kette auf das Nachtkästchen legte, damit noch ein zusätzliches Kunstwerk in seinem Schlafzimmer plazierte.

Baumfeld selbst sagte, daß er ein Kustos in einem Provinzmuseum hätte werden sollen, um seine Tage in herrlichem, ungestörtem und einsamem Studium verbringen zu können. Er war eine bekannte Erscheinung in allen Museen von Los Angeles. Seine Reisen durch ganz Europa und in den Osten waren von seiner Leidenschaft für die künstlerischen Errungenschaften und Schätze der Länder bestimmt, die er besuchte. Er war der Liebling der Galeristen von Los Angeles, und es gab kaum einen Kunsthändler in ganz Amerika, welcher der »Eisenbahnwohnung« in Hollywood nicht regelmäßige Besuche abgestattet hätte. Baumfeld war schon früh in seinem Leben zu einem besessenen Sammler geworden. Später überließ er eine beachtliche Sammlung an Drucken, darunter auch Werke von Rembrandt, der Universität von Los Angeles. Seine umfassende Sammlung von Callot-Drucken schenkte er der National Gallery in Washington. Aber seine Interessen beschränkten sich nicht nur auf die Druckgraphik. Er war auch ein unersättlicher Leser; sein Geschmack war vielfältig – und er las in zwei Sprachen, Deutsch und Englisch, wobei er letzeres erst gelernt hatte, als er längst erwachsen war. Er konnte keinem Ruf in Kunstangelegenheiten widerstehen. Als der Arno Florenz überschwemmte, die Uffizien und den Palazzo Pitti unter Wasser setzte und ein Komitee für die Rettung der italienischen Kunst gegründet wurde, wurde Baumfeld dessen Wortführer in Los Angeles.

Sogar sein Auto mußte hohen ästhetischen Maßstäben standhalten. Jahrelang fuhr er einen Lancia, obwohl er wußte, daß nur ein einziger Mechaniker in der Dreimillionenstadt Los Angeles diesen Wagen reparieren konnte. »Ich mag das Design«, meinte er.

Ernst Lichtblau, *Kochnische*, Wien, um 1934

DER VERLORENE ALLTAG – ERNST LICHTBLAU

August Sarnitz

Freiwillige Fluchten, zwangsweise Ausbürgerung oder Verbannung gehören zu den Grunderfahrungen von Künstlern und Wissenschaftern in diesem Jahrhundert der Kriege und der politischen Umbrüche.

Uwe Wolff

Am 21. August 1939 emigrierte Ernst Lichtblau nach England, 17 Monate nach dem »Anschluß« Österreichs an Nazideutschland. Ernst Lichtblau war bei seiner Emigration und Ankunft in New York 56 Jahre alt, bei seiner Einbürgerung durch die US-Behörden 61. Anders als die »berühmten« Architekturemigranten, wie Walter Gropius oder Mies van der Rohe, waren die ersten Jahre für Lichtblau sehr mühevoll und schwierig.[1] In einem Interview im Jahr 1953 mit dem ›Evening Bulletin‹ von Providence, Rhode Island, berichtet Lichtblau über seinen schwierigen beruflichen Neu-Beginn und Anfang in den Vereinigten Staaten: Er kam in New York mit 5 Englischen Pfund an und übernachtete die ersten 12 Tage im YMCA. Danach mietete er sich ein kleines Zimmer und begann zu zeichnen. Während der ersten Zeit nahm er verschiedene Tätigkeiten an, unter anderem eine Lektorenstelle an der Cooper Union und als Design-Konsulent für das Großkaufhaus Macy's in New York. Ab dem Herbst 1947 unterrichtete Lichtblau an der Rhode Island School of Design in Providence, wo er 1948 zum Vorstand der Abteilung für Innenarchitektur (Interior Design) bestellt wurde.

Frühe Arbeiten in Österreich

Bereits vor seiner Emigration zählte Lichtblau in Wien zu den wichtigsten Architekten im Bereich des »Neuen Bauens«. Durch sein Engagement im Werkbund wurde Lichtblau auch zu den wichtigsten Design- und Bau-Ausstellungen des Österreichischen Werkbundes eingeladen. Der Großteil der Wagnerschule (darunter Karl Ehn, Rudolf Perco, Franz Gessner, Alfons Hetmanek und Ernst Lichtblau) engagierte sich in der Zwischenkriegszeit fast ausschließlich für den Wohnbau und das Siedlungswesen, jedoch nicht für Stadtplanung im Sinne von Wagners Großstadt:

Der Wohnungsnot der zwanziger Jahre konnte nur durch ein aktives kommunales Wohnbauprogramm begegnet werden, da die Instrumente des privaten Wohnbaus versagten. Andere Wagnerschüler, wie Rudolph Schindler, mußten im Ausland ein unfreiwilliges Exil in Kauf nehmen, weil die wirtschaftliche Situation in Österreich eine Rückkehr unmöglich machte.

Ein Blick auf das Œuvre von Ernst Lichtblau zu dieser Zeit bestätigt die allgemeine Situation. Abgesehen von kleineren Umbauten und seinen Beteiligungen an Ausstellungen war das Hauptthema seiner Architektur der Wohnbau. 1926 entstand Ernst Lichtblaus erste Wohnhausanlage der Gemeinde Wien, der *Julius Ofner-Hof* im fünften Wiener Gemeindebezirk. Die Eckbebauung am Margaretengürtel wird durch einen achtgeschossigen Turmbau fast theatralisch betont, wobei sich durch den Rücksprung an der Ecke funktionell auch eine bessere Belichtung für die Wohnungen ergibt. Die Kleinwohnungen, entsprechen dem Wiener Standard und werden von hofseitigen Treppenhäusern erschlossen.

Bei der Wohnhausanlage *Julius Ofner-Hof* handelte es sich um die Komplettierung eines gründerzeitlichen Straßenblockes. Drei Jahre später, im Jahr 1929, errichtete Lichtblau für die Gemeinde Wien den *Paul Speiser-Hof*, eine klassische Wohnhausanlage, welche einen gesamten Straßenblock als Blockrandbebauung umgibt. Dieses Bauwerk entstand in Zusammenarbeit mit Leopold Bauer, Hans Glaser und Karl Scheffel. Die Wohnhausanlage wird durch drei große Toreinfahrten gegliedert, die Erschließung durch die Stiegenhäuser erfolgt in der Tradition der Wiener Wohnhausanlagen vom Innenhof aus. Charakteristisches Gestaltungselement sind die verglasten Erker, welche dem Wohnhaus eine heitere Atmosphäre geben.

Der Wiener soziale Wohnbau, basierend auf dem architektonischen Konzept der Wohnhöfe und dem ökonomischen Konzept der neuen Wohnmieten, stand im krassen Gegensatz zu den architektonischen Ideen der Stadtrandsiedlung nach angelsächsischem Muster. Architekten wie Adolf Loos und Josef Frank versuchten alternativ die Siedlungsidee in Wien umzusetzen. Beide

---

[1] Zum Werk von Ernst Lichtblau siehe: August Sarnitz, Ernst Lichtblau, Architekt. 1883-1963. Wien (Böhlau) 1994

Ernst Lichtblau, *Fremdenverkehrspavillon*, Werkbundausstellung,
Museum für Kunst und Industrie, Wien, 1930

Ernst Lichtblau, *Musikalien- und Grammophonladen*,
Werkbundausstellung,
Museum für Kunst und Industrie, Wien, 1930

Ernst Lichtblau, *Julius Ofner-Hof*, Margaretengürtel, Wien-Margareten, 1926

Ernst Lichtblau, *Paul Speiser-Hof*, Franklinstraße, Wien-Floridsdorf, 1929

Ernst Lichtblau, *Paul Speiser-Hof*, Innenhof

Ernst Lichtblau, *Doppelhaus in der Werkbundsiedlung*, Jagdschloßgasse 88-90, Wien-Lainz, 1932

Versuche, sowohl die *Siedlung am Heuberg* von Adolf Loos, die dieser als Chefarchitekt des Siedlungsamtes der Gemeinde Wien 1921 (Planung) – 1923 bis 1924 (Ausführung) – durchgeführt hat, als auch die *Werkbundsiedlung*, welche Josef Frank als Präsident des Österreichischen Werkbundes in den Jahren 1930 bis 1932 konzipiert und ausführt hat, blieben weitgehend Ausnahmen innerhalb der Wohnbaupolitik in der Ersten Republik.

Die *Werkbundsiedlung* kann als die einzige ernstzunehmende Alternative zur Wiener Wohnbaupolitik der Wohnhöfe betrachtet werden. Ihre Auswirkungen auf die österreichische Moderne waren trotzdem bedeutend. Lichtblau selbst war in mehrfacher Hinsicht für dieses Ausstellungsprojekt tätig: Seine beiden eigenen *Wohnhausentwürfe* zeichnen sich durch eine schlichte, kubische Baukörperkonzeption aus, weisen aber eine sehr unterschiedliche Raummorphologie auf. Die Fassade beider Häuser entspricht der modernen Forderung, die Innenräume mit unterschiedlichen und proportionalen Fenstergrößen auszustatten – eine Funktionalisierung der Fenster in bezug auf die Wertigkeit der Räume. Baukörper und Fassade zeichnen sich durch Schlichtheit und Zurückhaltung aus, innerhalb der Werkbundausstellung reihen sich die beiden Häuser mit großer Selbstverständlichkeit in das Gesamtkonzept.

Die Konsequenz, mit der Lichtblau die Fragen der Wohnungseinrichtung behandelt wissen wollte, zeigt die Gründung von »BEST«, d.i. die Abkürzung für die im Dezember 1929 gegründete *Beratungsstelle für Inneneinrichtung des österreichischen Verbandes für Wohnungsreform*, deren Leitung Ernst Lichtblau in Zusammenarbeit mit anderen Architekten übernommen hatte. In einer ständigen Ausstellung wurden eine Musterwohnung, die die größtmögliche Ausnutzung der gesamten Wohnfläche vorführte, sowie preisgünstige Einrichtungs- und Haushaltsgegenstände gezeigt. Durch eine Reihe von Vorträgen wurde theoretische »Wohnhilfe« geboten.

In den Jahren von 1934 bis zu seiner Emigration 1938 nach London hatte Lichtblau fast kein architektonisches Betätigungsfeld. Seine Emigration führte ihn über London nach New York und weiter nach Providence, Rhode Island. Erst dort konnte Lichtblau im Rahmen seiner Tätigkeit an der Rhode Island School of Design seine architektonische Arbeit wiederaufnehmen.

Ernst Lichtblau (zweiter von links) bei einer Projektbesprechung mit Studenten an der Rhode Island School of Design, Providence, um 1950

Ein neuer Anfang: Lichtblau an der Rhode Island School of Design in Providence

Lichtblaus Exil in den Vereinigten Staaten umfaßte mit kurzen Unterbrechungen einen Zeitraum von fast 24 Jahren, wobei er die ersten acht Jahre seines Aufenthalts in New York verbrachte und die weiteren sechzehn Jahre in Providence, Rhode Island. Ab 1947 war Lichtblau, zuerst als Lektor, später als Professor und Dekan für das Department für Innenarchitektur an der Rhode Island School of Design (RISD) tätig. In seinen Verantwortungsbereich fiel die grundsätzliche Umstrukturierung dieser Abteilung. Den größten Teil seiner Arbeitszeit widmete Lichtblau der Lehrtätigkeit. Im Gegensatz zu seiner Arbeit in Österreich unterhielt er in Amerika kein Architekturbüro.

Die große Veränderung an der RISD betraf die inhaltliche Verlagerung von »Interior Decoration« über »Interior Design« zu »Interior Architecture«. Dieser letzte, wichtige Schritt wurde von Lichtblau vorgenommen, um damit den inhaltlichen akademischen Diskurs von der relativen Beliebigkeit des »Design« auf die raumbildende Architektur des Inneren hinzuführen. Mit dieser – durchaus zeitgeistigen – Entscheidung verhalf Lichtblau der RISD zu jener Annäherung an die Moderne, die an den wichtigsten Architekturschulen in Amerika unter Mithilfe der europäischen Emigranten nach dem Zweiten Weltkrieg stattfand.

»Seit dem Tag im Jahr 1947, als Professor Ernst Lichtblau aus Wien kommend die Rhode Island School of Design betrat und eingeladen wurde, Innenarchitektur und nicht allgemeine Architektur zu lehren, hatte der Innenarchitekturlehrgang eine Richtung eingeschlagen, die bis zum heutigen Tag einzigartig ist. Lichtblau war ein Architekt, der sich den Prinzipien der neuen Strömung verschrieben hatte, die im damaligen Europa ihren Ursprung genommen hatte ... Der von ihm herbeigeführte Wandel erfolgte umgehend und war allumfassend. Das schnöde Beiwerk des alten Lehrplans der Klasse für Innendekoration hatte endgültig ausgedient: traditionelle Aquarellstudien, Fenstergestaltung, ja sogar das gesamte eklektizistische Vokabular und die der Innendekoration zugrundeliegende Gesinnung – die Quintessenz eines Studiums an der RISD – wurden verworfen. Anstatt sich auf eine große Auswahl an genormten Ausstattungsvarianten zu stützen, lehrte Lichtblau seine Studenten, die Raumkonzepte auf Nutzung und Funktion abzustimmen, die sich im Bauwerk widerspiegeln sollten. Anstatt eine Auswahl an Stilmöbeln zu treffen, lernten die Studenten, Höhe und Art der Sitzfläche sowie Neigung der Rücken- und Armlehnen anhand ihrer Körpermaße zu bestimmen. Entwurfsbestimmend war jetzt eher der Komfort als der »gute Geschmack«. Sowohl die Tischlerei- als auch die Metallklasse verdanken Lichtblau ihre Eingliederung in den Innenarchitekturlehrgang. Als Lichtblau im Jahre 1957 nach seiner zehnjährigen Lehrtätigkeit an der RISD nach Wien zurückkehrte, war nichts mehr von der alten Gesinnung zu spüren. Seine früheren Studenten – einige von ihnen sind inzwischen berühmt – sprechen nach wie vor mit Respekt und voller Bewunderung von Professor Lichtblau, ein Beweis für seine große Überzeugungskraft und Ausstrahlung.«[2]

Lichtblaus Tätigkeit in den USA war von seinen pädagogischen Leistungen als Professor für Architektur an der RISD in Providence gekennzeichnet, weniger durch seine Arbeiten als planender Architekt. Der Wandel in der Ausbildung für Innenarchitekten an dieser Schule ist größtenteils auf seine Leistung und konstante Arbeit zurückzuführen. Ein Satz Lichtblaus schildert dieses Anliegen treffend: »Vielleicht gelingt es, durch Anpassung des Künstlers an die ökonomischen Forderungen unserer Zeit eine Formästhetik zu schaffen, die geeignet wäre, einen Stil aus dem Geiste der Wirtschaft heraufzuführen; denn nicht so sehr um die Schöpfung immer neuer Formenreize ist es uns zu tun, als um Züge, die vom wahren Zustand der Dinge anregend zu erzählen wissen.«(1923)

Daten, Werke, Aktivitäten, Auszeichnungen

Die Universitätszeitung der Rhode Island School of Design berichtete, daß Ernst Lichtblau am 9. September 1948 als Vorstand des Departments of Interior Design bestellt werde. Lichtblau war seit September 1947 als »Instructor« an der Schule tätig. Nach Angaben der Zeitung ›Providence Journal‹ vom 4. März 1956 erhielt Ernst Lichtblau für seine Ausstellungsbeteiligungen mehrere Auszeichnungen im Rahmen der »Good Design«-Ausstellung, Auszeichnungen für die Ausstellungen im Museum of Modern Art in New York im Jahre 1950 sowie 1953; 1949 für die Ausstellung in Chicago und in Mailand. Die Design-Objekte von Ernst Lichtblau wurden bei folgenden Ausstellungen gezeigt: *Exhibition of Modern Living*, Detroit Institute of Arts, 1949; *Haiti Bicentennial Exposition* in Port-au-Prince, 1950; Wanderausstellung *Amerika-Design*, zusammengestellt vom Museum of Modern Art, New York, für Europa im Jahre 1953 sowie bei der Ausstellung *Salute to Paris* im Jahre 1955, die vom amerikanischen Außenministerium finanziert wurde. Im Zusammenhang mit diesen Ausstellungen erschienen Artikel in folgenden amerikanischen Zeitschriften: ›Interiors‹, ›Better Design‹, ›Architectural Record‹.

Eine Ausstellungsgestaltung an der Rhode Island School

Im Jahr 1950 übernahm Lichtblau eine aktive Rolle bei der Gestaltung der Ausstellung *Sculpture 1850-1950* im Museum der Rhode Island School of Design. Diffuses Licht, weiße Wände, farbenfrohe Draperien und Metallverkleidungen wurden verwendet, um eine spannungsvolle Kulisse zu schaffen und gleichzeitig die architektonischen Details der Museumsgalerien in den Hintergrund treten zu lassen. Die in einem schlichten Umfeld präsentierten Ausstellungsstücke wurden von ihm so angeordnet, daß der Besucher sie von allen Seiten betrachten konnte. Die Zeitschrift ›Interiors‹ bezeichnete die Ausstellung als »ein gelungenes Beispiel dramatischer Zurückhaltung ... Das etwas ungewöhnliche Konzept der Ausstellungsfläche bestand aus zwei Untergeschoßgalerien und einer Obergeschoßgalerie, die durch ein Treppenhaus verbunden waren, vergleichbar mit einer durch einen Abfluß verbundenen, nach beiden Seiten hin offenen Rohrleitung. Die Skulpturen würden schon für sich allein wirken, meinte Lichtblau, solange sie sich nicht gegen die traditionelle Architektur zu behaupten hätten und die Besucher durch die räumliche Sogwirkung nicht allzu flott durchgeschleust würden. Um den Blick von der oberen zur unteren Galerie zu verstellen, hat Lichtblau den oberen Stiegenlauf mit Holz verkleidet und eine Draperie aus leuchtendgrünem Samt von der Decke abgespannt, wodurch gleichsam ein Rahmen für das darüberhängende Mobile gebildet wurde. Eine Deckenverkleidung aus Baumwollgewebe verdeckte teilweise das Oberlicht, sorgte somit für eine diffuse Beleuchtung und teilte den Treppenschacht in zwei Ebenen. Die eigentliche Zäsur wurde durch einen Netzvorhang erreicht, der das Treppenpodest kachiert.«

2 vgl. Samuel B. Frank, *Eine Neue Welt: Guter Geschmack und Gutes Design. Ernst Lichtblau in Providence, R. I.* Ebenda, S. 105

Ernst Lichtblau, *Gestaltung der Ausstellung »Sculpture 1850-1950«*, Rhode Island School of Design, Providence, Mai 1950

Ida Guny, *Gestaltung der Ausstellung »Furniture of Today«* unter der Anleitung Ernst Lichtblaus, Rhode Island School of Design

Ernst Lichtblau, *Wohnhausumbau und Inneneinrichtung für Vera und David Fish*, Providence, Rhode Island, ca. 1948

Ernst Lichtblau, *Wohnhausumbau und Inneneinrichtung für Vera und David Fish*, Providence, Rhode Island, ca. 1948

Interieurs Fulkerson und Fish

Lichtblaus Entwürfe für die *Wohnhaus-Umbauten für die Familie Fulkerson* (1947) sowie für die *Familie Fish* (1948) reflektieren das Design-Bewußtsein der fünfziger Jahre in den USA, das dem Begriff »Good Design« zugeordnet werden kann. Die Zusammenarbeit des Museum of Modern Art in New York in dieser Sache mit dem Merchandise Mart of Chicago war ein Versuch, das »Post World War II America Design« zu revolutionieren.[3] Initiator dieses Programmes im Jahr 1950 war Edgar Kaufmann, der als Direktor der Abteilung für industrielles Design am Museum of Modern Art tätig war. Intention beider Partner war es, den Entwurf und die Produktion von Alltagsprodukten neu zu stimulieren, um für Designer, Produzenten und Konsumenten eine neue Warenwelt zu entwickeln. Im Januar 1950 wurde in Chicago die erste »Good Design«-Ausstellung gezeigt, wobei die Ausstellungsgestaltung von Charles und Ray Eames durchgeführt wurde. Insgesamt wurden 250 Produkte aus Amerika sowie einige aus Skandinavien präsentiert.

Die Überlegungen zum »Good Design«-Programm waren neu für amerikanische Verhältnisse, jedoch aus europäischer Sicht ein traditionelles Muster, um neues Design einer größeren Öffentlichkeit bekannt zu machen. Ernst Lichtblau beteiligte sich an der Ausstellung im Jahr 1954 mit seinen Arbeiten für *Haushaltsobjekte aus färbigem Email*. Seine Beiträge zeigen ein reduziertes Design, das sich auf die grundsätzlichen geometrischen Formen, Farbe und Proportion beschränkt.

Ernst Lichtblau engagierte sich in den frühen fünfziger Jahren für diese Strömung. Er entwarf selbst *Aluminiumteller*, *Messingschalen* und *Holzgegenstände* und ließ davon Prototypen herstellen. Manche dieser Teller wurden dann im Jahr 1950 bei der Firma Joseph Franken Decorative Accessories in New York in größerer Stückzahl produziert. Ein Modell davon war auch in der *Good Design Exhibition* ausgestellt, die von Edgar Kaufmann im Jahr 1951 am Museum of Modern Art (MoMA) in New York und beim Merchandise Mart in Chicago veranstaltet wurde. Es ist heute Teil der ständigen Sammlung des RISD Museums.

Rückkehr nach Wien – etappenweise

Im akademischen Jahr 1953/54 war Lichtblau Dekan (acting head) an der Fakultät für Architektur. Im darauffolgenden Jahr kehrte er zu seiner regulären Tätigkeit als Fakultätsmitglied für Innenarchitektur zurück. Für das Sommersemester 1956 ließ er sich für eine Wien-Reise karenzieren, kehrte aber im Wintersemester 1956/57 wieder an die Rhode Island School zurück (Innenarchitektur). Während seines Aufenthaltes

3 vgl. Arthur J. Pulos, The American Design Adventure, 1940-1975. Cambridge, Mass. (MIT Press) 1988

Ernst Lichtblau und Norbert Schlesinger, Volksschule Grundsteingasse, Wien, 1962

in Wien stellte Ernst Lichtblau einen Rückstellungsantrag auf seinen nach 1938 arisierten Familienbesitz.[4]

Mitte März 1956 reiste er wiederum für sechs Monate nach Europa (seine fünfte Reise seit 1939), um ein privates Forschungsprojekt durchzuführen: »It is a search for form, a continuation of my work along basic lines. I go to look particularly at what is being done in prefabricated housing. The prefabricated house has most interesting possibilities. I believe it should be developed as an entity uniting architecture and industral design ... I will also be concerned with the development of new forms, new concepts in the design of home furnishings, appliances, all kinds of household articles. When I come back, I shall have more to say and to show in lectures.«

Am 8. März 1957 verließ Lichtblau Providence, um nach Wien zu reisen. Aus diesem Anlaß erschien ein längerer Artikel im ›Journal, Rhode Island School of Design, Providence, Rhode Island‹, mit dem Titel »Lichtblau takes Leave of RISD to undertake Vienna Commission«, der einen Hinweis auf den zukünftigen Auftrag der Stadt Wien an Lichtblau für die Volksschule in der Grundsteingasse enthielt. In diesem Artikel werden wichtige Hinweise zur Biographie Lichtblaus gegeben: Lichtblau will in Europa die Länder Österreich, Italien, Schweden und Dänemark besuchen, um ein »persönliches wissenschaftliches Projekt« durchzuführen (d.h.: eine Studienreise in die damals führenden Design-Länder Europas).

Die Schule in der Grundsteingasse

Gemeinsam mit Norbert Schlesinger erhielt Ernst Lichtblau 1962 von der Stadt Wien einen Auftrag zum Bau einer Schule in der Grundsteingasse 48 im 16. Wiener Gemeindebezirk. Lichtblau war damals 79 Jahre alt. Diesen Auftrag kann man auch als »versuchte Wiedergutmachung« verstehen, zumal der Rückstellungsantrag Lichtblaus aus dem Jahr 1956 negativ beschieden worden war.

Das Konzept der Schule reagiert auf die städtebauliche Situation. Ein bepflanzter Pausenhof trennt die südostseitig orientierten Klassen von der Straße. Vorgelagert und auf Stützen aufgeständert befinden sich direkt an der Straße die beiden Turnsäle; die optische Durchlässigkeit zum begrünten Pausenhof ist gegeben, gleichzeitig schirmen ihn die Turnsäle von der öffentlichen Straße ab. Das U-förmige Grundrißkonzept der Schule ist in einer ebenso klaren wie prägnanten Stahlbetonkonstruktion umgesetzt. Lichtblaus Gedanken zu Tektonik, zu Zweck, Funktion, Material und Form sind bei diesem Schulbau überzeugend verwirklicht.[5]

---

4 Im Jahre 1956 stellte Ernst Lichtblau einen Rückstellungsantrag auf den während des Dritten Reiches »arisierten« Familienbesitz (Mitteilung von Prof. Eduard Sekler, der als Zeuge für Lichtblau auftrat). Der Präsident des Landesgerichts für Zivilrechtssachen teilte dem Autor am 9.11.1993 brieflich mit, daß keine diesbezüglichen Unterlagen über den Rückstellungsantrag existierten. Eine sinngemäße Auskunft erteilte auch das Wiener Stadt- und Landesarchiv.

5 Da es sich bei dieser Schule um einen gemeinsamen Auftrag an Lichtblau und Norbert Schlesinger handelt, ist der tatsächliche jeweilige »Einfluß« nicht eindeutig nachvollziehbar.

Carl Schwarz und Liane Zimbler, *Haus Candianides*, Ventura, 1961

EIN LEBEN, ZWEI KARRIEREN

Die Architektin Liane Zimbler[1]

Sabine Plakolm-Forsthuber

Als die Wiener Architektin Liane Zimbler im September 1938 amerikanischen Boden betrat, hatte sie eine frisch gedruckte Urkunde im Gepäck, die bestätigte, daß sie »Architekt« war.

Da in den Jahren des sogenannten Ständestaates die Berufsbezeichnung Architekt nur mehr jene führen durften, die die Zivilarchitektenprüfung abgelegt hatten, unterzog sie sich – als erste und vermutlich einzige Architektin – dieser Prozedur am 21.2.1938.[2] Unmittelbar darauf mußte sie vor den Nationalsozialisten flüchten.

Wie viele andere Künstler der Emigration wurde sie vergessen. Die zeitgeschichtliche Ignoranz gegenüber den Nazi-Opfern ist notorisch, sie ist allerdings um mehr als nur um eine Spur stärker, geht es um Künstlerinnen. Obwohl Liane Zimbler einst in einem sehr guten Ruf als Innenarchitektin stand, war ein Wissen um ihre Existenz über lange Zeit so gut wie verschüttet.[3]

Ihr Leben und Werk können als beispielhaft gelten für die Chancen und Einschränkungen, als Architektin und Designerin im Wien der Zwischenkriegszeit bzw. dann, nach der Flucht, in Kalifornien zu bestehen. Aus heutiger Sicht ist Liane Zimbler ein bürgerliches Pendant zur sozialrevolutionären Margarete Schütte-Lihotzky, Österreichs bekanntester Architektin der ersten Generation.

Ausbildung und erste Aufträge

Liane Zimbler wurde 1892 als Juliane Angela Fischer in Prerau (Mähren) geboren.[4] Um die Jahrhundertwende kam sie nach Wien, wohin ihr Vater, Oberinspektor bei der Kaiser-Ferdinand-Nordbahn, versetzt worden war.

Wohl aufgrund der beruflich bedingten, häufigen Übersiedlungen waren sie und ihre Schwester zu Hause unterrichtet worden. Ohne auf den üblichen familiären Widerstand zu stoßen, entschloß sie sich, zunächst Kunstgewerbe und dann Architektur zu studieren. In einem Lebenslauf schreibt sie über diese Jahre: »I attended State Art School where I was one of two girls among 40 boys ... However we two girls got bored with the assignments in art school (designs for prints and handicraft) and decided on the spur of the moment to study architecture, at that time an uncharted course for women.«[5] Aufgrund unterschiedlicher Angaben und fehlender Archivbestände läßt sich der genaue Ausbildungsweg nicht mehr eruieren.[6] Sie dürfte ihr Studium an der den Frauen wohlgesonneneren Kunstgewerbeschule absolviert haben, denn die Technische Hochschule ermöglichte den Frauen das Architekturstudium erst ab 1919/20 und die Wiener Akademie der bildenden Künste erst im Jahr darauf.

Vermutlich, um den elterlichen Haushalt zu entlasten und zugleich praktische Erfahrungen zu sammeln, versuchte sie sehr bald, mit kunstgewerblichen Aufträgen auch Geld zu verdienen. So entwarf sie zum Beispiel Kleider für den Modesalon Emilie Flöge, oder sie illustrierte Bücher wie *Der zerrissene Schleier* und andere Märchen von Hermann von Skoda (1911, Verlag Paul Knepler) und *Das Lachen der Masken* von Hans Sachs (1912, Verlag Carl Konegen). In ihrer

Liane Zimbler, um 1931

---

1 Für die Informationen über Liane Zimbler möchte ich mich bei Frau Eva Z. Huebscher sehr herzlich bedanken.
2 vgl. Zeugnis v. 21.2.1938, Wiener Magistrat, B.-D., 420/38 bzw. 3197/37. Privatbesitz
3 vgl. z.B. Biographisches Handbuch der deutschsprachigen Emigration nach 1933, Bd. 1-3. München-New York-London-Paris 1981/82. Die einzige Spur findet sich m.W. im Katalog: Die Vertreibung des Geistigen aus Österreich. Wien 1985, S. 233. Dort wird allerdings gemutmaßt, Liane Zimbler resp. Fischer sei ident mit einer Alice Fischer.
4 Väterlicherseits stammte die Familie aus Göding (Mähren), mütterlicherseits aus Brünn. Liane Zimblers Mutter war eine geborene Harpner. Ein Bruder der Mutter, Dr. Gustav Harpner, erwarb sich 1918 als Verteidiger Friedrich Adlers und als Präsident der Anwaltskammer einige Reputation.
5 Liane Zimbler, *Two Careers of a Pioneer*, Lebenslauf. 1973. In: International Archives of Women in Architecture (IAWA). Virginia Polytechnic Institute and State University, Blacksburg, VA.
6 In dem äußerst gut erhaltenen Archivbestand der heutigen Hochschule für angewandte Kunst findet sich keine Eintragung über Liane Zimbler. Zeitgenössische Quellen verweisen auf einen Abschluß in München; diesbezügliche Anfragen an der damaligen Technischen Hochschule und an der Akademie der bildenden Künste verliefen ergebnislos; viele Akten verbrannten bei Kriegsende. In einem weiteren Bericht wird auch ein Studienaufenthalt in England angeführt. Gegenüber ihrer Tochter erwähnte Zimbler Studien an der Kunstgewerbeschule und an der Wiener Technischen Hochschule (was in den Jahren vor 1919/20 jedoch nicht möglich war; wohl aber absolvierte sie auf der TH einen Kurs in Verwaltungsrecht – mit Blick auf die später abgelegte Zivilingenieurprüfung. Als Vorbildung in dem entsprechenden Personalakt, Techn. Hochschule 296/1930, machte sie die Realschule und die Kunstgewerbeschule geltend).

Liane Zimbler, *Haus B. Wetzler*, Silbergasse, Wien-Döbling, 1924

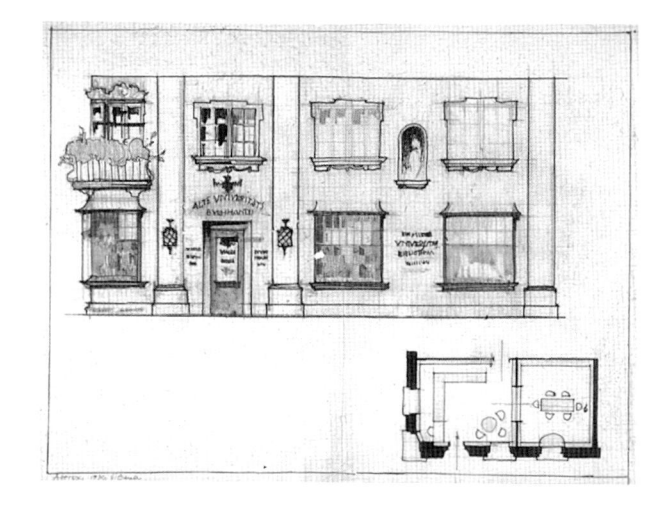

Liane Zimbler, *Entwurf für die Alte Universitätsbuchhandlung*, Wien, 1930

dekorativen Verspieltheit und grazilen Linienführung stehen die Buchcovers ganz im Bann der Wiener Werkstätte. Während ihrer Ausbildung entwarf sie außerdem *Möbel für die Firma Bamberger*.[7] 1916 heiratete sie den Rechtsanwalt Otto Zimbler, einen Spezialisten in Wirtschaftsrecht.[8]

Nach Kriegsende nahm ihre Karriere einen erfreulichen Verlauf. Schon 1918, als sie noch im Büro des Architekten Rosenberger mitarbeitete, konnte sie ihr erstes Haus, ein *Landhaus in Bad Aussee*, für den mit ihr entfernt verwandten Dr. Paul Hellmann errichten. Ein 1922 erfolgter Großauftrag betraf das *Bankhaus Ephrussi & Co.* in Wien 9., Wasagasse 2, ein 1872/73 von Heinrich von Ferstel im Stil der Neorenaissance erbautes Palais. Zunächst galt es, das Bankhaus aufzustocken, es um drei Wohnungen zu erweitern und einen über eine doppelläufige Treppe begehbaren Dachgarten mit einer kleinen Brunnenanlage[9] anzulegen. 1923 folgte die Integration eines Kassensaales in den bis dahin unverbauten Hof, 1924 der Einbau eines Safes im Kellergeschoß. Mit dem Neubau eines *Wohnhauses für B. Wetzler* in Wien 19., Silbergasse 2 (1924) erprobte sich Zimbler auch in der Architektur des Cottagestils. Die wachsende Zahl an Aufträgen erlaubte, ja erforderte damals die Errichtung eines eigenen Ateliers (Wien 4., Schleifmühlgasse 5). Ende der zwanziger Jahre eröffnete sie in Prag ein weiteres Atelier, das Annie Herrnheiser leitete.[10] Beide Büros bestanden bis 1938.

Modernisierung, Adaptierung

Die Bauaufgaben, die Zimbler in Wien und später

---

7 Vgl. Zimblers Möbelentwürfe in: Erich Boltenstern, *Wiener Möbel in Lichtbildern und maßstäblichen Rissen*. Stuttgart 1935.
8 Vgl. Marcell Klang, Die geistige Elite Österreichs. Wien 1936, S. 1021 f.
9 Die Pläne für den Dachgarten befinden sich im IAWA.
10 Dazu zählen beispielsweise der 1928 erfolgte *Umbau eines Herrenhauses und der Neubau eines Gästetraktes* auf dem Gut Janovejsa in der Slowakei für Dr. E.v. Nesnera, der Stockaufbau für eine große *Wohnung für Claire Kohorn* in Braunau (Böhmen) und einige Wohnungsumbauten in Prag. Auch der Umbau des *Hauses Plaček* 1936/37 wurde über das Prager Büro abgewickelt

in Amerika am häufigsten beschäftigen sollten, waren: Wohnungsadaptierung und -modernisierung, Teilung von Großwohnungen sowie Errichtung von Kleinst- und Ledigenwohnungen.

Die Spezialisierung respektive Beschränkung auf den Bereich der Innenraumgestaltung entsprach zum einen ihrem Interesse, zum anderen aber ist sie auch als das Ergebnis der geschlechtsspezifischen Ausbildung sowie der von außen auferlegten, ökonomischen Zwänge zu interpretieren. Aufgrund der wirtschaftlichen Depression Ende der zwanziger Jahre und dem damit einhergehenden Ausfall privater Bauaufträge fanden die meisten Architekten nur mehr auf dem Gebiet der Innenarchitektur eine Betätigung. Die Frauen und Mädchen wiederum, die sich für Architektur begeisterten, kamen fast ausnahmslos über das Kunstgewerbe und das Design zur einschlägigen Ausbildung.

Welche prinzipielle Erwartungen Liane Zimbler in die Innenraumgestaltung setzte, ist daraus zu ermessen, daß sie einmal auch zur Vorsitzenden des halb-öffentlichen »Verbandes für Wohnungsreform« avancierte. Diese Institution, die unzählige Projekte zur Wohnungsadaptierung abwickelte, bot den Architektinnen eine etwas bessere Chance als die öffentliche Hand, insbesondere die Gemeinde Wien. Außer Margarete Schütte-Lihotzky, die 1924 an der Errichtung des *Winarsky-* und des *Otto Haas-Hofes* in Wien 20. beteiligt war, gelang es nur der Architektin Ella Briggs-Baumfeld, einen Wiener Gemeindebau zu planen, den 1925/26 errichteten *Pestalozzihof* im 19. Bezirk.

Zimblers Sache war freilich nicht der Kommunalbau, nicht die typisierte Einheit, sondern der privat ergangene Umbauauftrag, die Aufhebung alter Raumaufteilungen zugunsten multifunktionaler, den Berufsansprüchen oder Neigungen der neuen Bewohner Rechnung tragender Räume. Andere Aufträge betrafen Nutzungsänderungen, etwa den Umbau einer Wohnung in eine Ordination oder die Teilung in einen Büro- und Wohntrakt; gelegentlich adaptierte sie auch Geschäftslokale wie die *Alte Universitätsbuchhandlung* (1930) oder die *Blumenhandlung Gebhard & Füssel* (Walfischgasse, 1935). In eben diesen Sektor fallen auch ihre zahlreichen Entwürfe für eine *Wohnung für die berufstätige Frau*.

Kennzeichen der von Zimbler errichteten sogenannten kombinierten Zimmer waren eine strenge Raumökonomie, die sie durch die bis zur Decke reichenden Einbauschränke erzielte, und ein gewisses Maß an Verbesonderung, das sie etwa mit der Bemalung dieser Schränke erreichte. Deren Hauptfunktion war, die Koch- und Waschgelegenheit, des öfteren auch das Klappbett, zu verbergen. In den Kommoden befanden sich ausrollbare Schreibtische oder Beistelltische. Anrichten und Kleinmöbel besaßen aufklappbare und ausziehbare Stellflächen. Gemusterte Bezüge, Vorhänge und Teppiche verliehen dem jeweiligen Raum eine leichte und private Atmosphäre. Zimblers Räume waren vor allem für Lehrerinnen, Zeichnerinnen oder Musikerinnen gedacht, Frauen mithin, die ihre Wohnung auch als Arbeitsstätte benützen mußten. Das Zimmer glich einer kleinen intimen Bühne, deren Technik dem Prinzip der Verschachtelung huldigte: Das unerläßliche Zubehör für die Hausarbeiten sollte im Nu unsichtbar werden, verschwinden zugunsten eines für die Lohnarbeit wie auch für die Erholung benötigten Ambientes. Die Einrichtungen waren individuell angelegt und trotz der maximalen Raumökonomie für eine serielle Fertigung nicht geeignet. Das unterschied sie von den Entwürfen Schütte-Lihotzkys, die mit der typengerechten *Wohnung für die berufstätige, alleinstehende Frau* (1927) auf die schmalen Einkommen von Arbeiterinnen und Beamtinnen Rücksicht nahm und zudem sozialpolitische Überlegungen verfolgte. Durch die Aufstockung normaler Wohnbauten sollten mehrere Ledigenwohnungen – sowie jeweils eine Wohnung für eine Bedienerin – gewonnen werden. Obwohl sich Schütte-Lihotzkys und Zimblers Ledigenwohnungen vom Prinzip der Raumökonomie und Funktionalität leiten ließen, waren die Resultate schon von der Intention her sehr verschieden; Schütte-Lihotzkys Vorschlag wurde in Wien nicht ausprobiert.

Aufgrund der geschlechtspezifischen Arbeitsteilung verwundert es nicht, daß sich Architektinnen fast immer auch mit der Konzeption von Küchen zu beschäftigen hatten, wollten sie Anerkennung und Aufträge in der Branche erhalten. Diesbezüglich baute man nur zu gerne auf die weibliche Kompetenz.[11] Obwohl die 1927 von Schütte-Lihotzky entworfene *Frankfurter Küche* im Wien der Ersten Republik keinen nachhaltigen Einfluß hatte, waren ihre Voraussetzungen, der Taylorismus und die rationale Haushaltsführung, bei den Küchenkonzeptionen aller Wiener Architektinnen präsent. Dies zeigen die Pläne von Ada Gomperz, die funktionsgerechte Küchen für Privathäuser wie auch für Wirtschaftsbetriebe, Hotels und Restaurants, entworfen hat, ebenso wie die Pläne von Margarete Zak.

Liane Zimbler verstärkte aufgrund der beengten Wohnverhältnisse die schon bekannte Tendenz, die Kochgelegenheit überhaupt zum Verschwin-

---

11 Hans Hildebrandt etwa schrieb über die Architektinnen: »Sie wissen als Frauen ja soviel besser Bescheid um die tausenderlei offenen und geheimen Wünsche der mit der Führung des Haushalts betrauten Frau ... und sie denken mit ihren Geschlechtsgenossinnen an zahllose Kleinigkeiten, an die ein Mann nicht denkt, weil er sie übersieht oder gar nicht ahnt.« Hildebrandt, *Die Frau als Künstlerin*. Berlin 1928, S. 145

Liane Zimbler, *Eingebaute Kleinküche im Haus Dr. Dohan*, Wien, um 1931

Liane Zimbler, *Schlafzimmer (Nachtzustand) in der Wohnung für Frau Schenk*, Sekretär von Maria Strauß-Likarz, Wien, um 1934

den zu bringen. Sie verstand es, ihre im Wien der Zwischenkriegszeit gemachten Erfahrungen in der Folgezeit auf die ihr neue, amerikanische Wohnkultur anzuwenden. Zwar wurden in Kalifornien kaum jemals Kleinstwohnungen in Auftrag gegeben, aber die Wohnungserneuerung und Funktionalisierung bzw. Rationalisierung zählten auch dort zu ihren häufigsten Arbeiten. Nunmehr firmierten sie unter dem Schlagwort »remodelling«. Zimblers Bekenntnis zum »Aufmöbeln« war vorbehaltlos: »I am fascinated by remodel work.«[12] Als besonders schönes Beispiel sei das »kitchen re-do« in der *Wohnung Joe Feldman* (L.A., 1952) erwähnt,[13] in der durch die Auflösung einiger kleiner Nebenräume, deren Funktion (Wäscherei, Geschirraum etc.) durch neue technische Geräte obsolet geworden war, ein großer, übersichtlicher Raum gewonnen werden konnte. Die rationelle Abfolge der Arbeitsabläufe bestimmten die architektonische Konzeption und den Einbau der Geräte. Zahlreiche Einbauschränke, alle mit glatter Oberfläche und klarer Linienführung, gaben der Küche ein funktionales Gepräge und boten den nötigen Stauraum. Durch den direkten Zugang zum Speisezimmer und zur Terrasse, zu der überdies eine Durchreiche führte, wurde die Küche in den erweiterten Wohnverband integriert. Eine Attraktion war der fahrbare, zentral postierte Küchenblock, auf dem kleinere Mahlzeiten eingenommen werden konnten. Die

12 Zimbler, *Two Careers* ... (zit. Anm. 5)
13 Vgl. Pauline Graves, *Gain storage with a kitchen re-do*. In: Better Homes & Gardens, September 1953, S. 98 f.

Liane Zimbler, *Wohnung Joe Feldman*, Los Angeles, 1952, Küche

Arbeits- und Wandplatten aus grauem Marmor, die Beigetöne der Küchenkästchen, der gestreifte Linoleumboden, der dem langgestreckten Raum die nötige Breitenwirkung gab, die in sattem Gelb gehaltenen Barhocker sowie die ausreichende Lichtzufuhr erzeugten eine freundliche Atmosphäre.

Teamarbeit und Ausstellungstätigkeit

Funktionalität und Eleganz sind die zwei wichtigsten Kennzeichen von Zimblers Arbeiten – Funktionalität, weil Mode, technische Neuerungen, aber auch die finanziellen Umstände sie verlangten; und Eleganz, weil sich doch alle, durchwegs dem Bürgertum entstammenden, Bauherren und -frauen irgendwie abheben wollten und etwas von jenem Flair des liberalen Wien der Jahrhundertwende zumindest privatim zu retten suchten, das noch heute für typisch »wienerisch« gilt, positiv wie negativ.

Die persönliche Note, nicht Luxus, war es, was Zimbler ihren Auftraggebern offerierte. »Ich freue mich«, schreibt sie, »wenn es mir glückt, die Wohnung und das Haus derart dem Bauherrn auf den Leib zuzuschneidern, daß er es auch selbst gemacht haben könnte – wenn er eben ich wäre! Dazu ist es nötig, daß ich meinen Bauherrn vorher studiere: Seinen Charakter und seine Gewohnheiten, Protz oder Einfachheitsfanatiker, Einsiedler oder Gesellschaftsmensch, Bücherwurm oder Bridgespieler, geizig oder large (letzteres auch meinetwegen).«[14] Arbeitete Margarete Schütte-Lihotzky an normierten, kostengünstig zu fabrizierenden Wohnungen für die Arbeiterklasse, Friedl Dicker – in Gemeinschaft mit Franz Singer – an seriell verwertbaren, konstruktivistischen Interieurs, so stand am Beginn von Zimblers Umbauten immer die Auseinandersetzung mit den Wünschen ihrer Auftraggeber. Der Markt gebot, daß sie ihre Ideen nicht als abstrakte Konzeption über einen Bauträger durchsetzte, auch nie gegen die Überzeugung der Auftraggeber, sondern stets in Absprache oder persuasiv. Dies und das Resultat begründeten dann eine oft lange, freundschaftliche Bindung.

Ein Grund, weshalb sich Zimbler in einer Zeit, die allen Architekten arge Einschränkungen auferlegte, stärker als andere Wiener Architektinnen profilieren konnte, ist vermutlich darin zu suchen, daß sie es verstand, ein Team erfahrener Künstlerinnen um sich zu scharen. Bedeutsam ist, daß die Gruppierung – stilistisch am ehesten mit dem von Josef Frank und Oskar Wlach 1925 gegründeten Geschäft *Haus & Garten* vergleichbar – ohne Vereinsstruktur auskam, die Arbeitsteilung dennoch über mehrere Jahre hielt und daß die Mischung aus Funktionalität und schlichter Eleganz auch gegenüber dem Werkbund oder der Wiener Werkstätte konkurrenzfähig war. Zu den wichtigsten Mitarbeiterinnen zählten: Maria Strauß-Likarz (für die Wand- und Möbelbemalung), Hertha Bucher (für Öfen und Keramik), Anna Weil-Kuhn und Lilli Hahn (für Bastarbeiten), Anny Schantroch (für Weberei) und Ninetta Wandruska-Steindl (für Lampen).[15] Die Künstlerinnen, die sich meist vom Studium an der Kunstgewerbeschule kannten, gehörten zu den wenigen, die ihre zum Teil schon während der Kriegsjahre erworbene berufliche Qualifikation auch in der Phase, als die Kollegenschaft wieder zurückkehrte und die alten Verbindungen aufleben ließ, ausbauen konnten und eine veritable Position hielten. Unter Zimblers Leitung gestalteten sie Interieurs und Ausstellungen, etwa im Rahmen der 1926 gegründeten Vereinigung »Wiener Frauenkunst«.[16]

Mit Blick auf die von Zimbler für das American Institute of Decorators (A.I.D.)[17], den National Council of Jewish Women und andere Vereinigungen installierten Ausstellungen ist es angebracht, darauf hinzuweisen, daß sie damit auch auf Konzepte und sogar auf Themen der für die »Wiener Frauenkunst« arrangierten Ausstellungen zurückgriff. Die einst von ihr gestalteten Ausstellungen wie *Das Bild im Raum* (1929) oder *Die schöne Wand* (1933) fanden in den zwischen 1956-1965 organisierten Ausstellungen *Living with Famous Paintings* eine direkte Fortsetzung. Ausgehend von der Farbstimmung und dem Charakter der Exponate (z.B. von Abraham Rattner 1958; Hans Hofmann 1959, Fernand Léger 1961, Justus Sustermans 1962 u. a.) wurde das gesamte Interieur gestaltet. Das Kunstwerk bestimmte Material- und Farbauswahl, Wandbespannungen, Möbel und Bodenbeläge, meist, um ein harmonisches Ensemble zu erzeugen, manchmal aber auch, um, wie im Falle des Bildnisses von Justus Sustermans, einem Antwerpener Porträtmaler des 17. Jahrhunderts, eine boudoirhafte, ja groteske Atmosphäre zu vermitteln.

Mit der Exponierung komplett eingerichteter Interieurs versuchte Zimbler, wie früher in den Ausstellungen der »Wiener Frauenkunst«, Anregungen zur ästhetischen Wohnraumgestaltung zu geben. Dies gilt für Ausstellungen des A.I.D. wie z. B. *Metropolitan Living* im Parklabrea Tower 1954, wo sie ein Entree gestaltete, oder die *7th Annual Decorators and Antiques Show* im Pan Pacific Auditorium 1956, auf der sie ein *Wohnzimmer* mit einer von Johannes Schiefer bemalten Kaminwand präsentierte. Gerne griff sie zu neuen Mitteln wie Kunststoff und Plastik, wenn sie nur eine Bedingung erfüllten, daß sich mit ihrer Hilfe praktikable Wirkungen erzielen ließen. Diesbezüglich stellt der 1961 exponierte *Washable Living-Room* (A.I.D. Ausstellung für die Firma Du Pont) einen Höhepunkt dar. Das vom Boden über die Möbel bis zur Decke aus Vinylkunststoffen und Korkplatten produzierte Wohnzimmer war damals vermutlich ein Inbegriff an Praktikabilität.

Wie aufgeschlossen und neugierig Zimbler gegenüber den modernen Industrieprodukten war, zeigt auch die *Exposition Hook N' Loop* im Rahmen der *Decorators and Antiques Show* im Pan Pacific Auditorium 1971 (zusammen mit ihrer Tochter und Partnerin Eva Huebscher[18]). In dem mit Klettapeten überzogenen Raum wollte die damals 79jährige zeigen, wie Bilder oder Kunstgewerbliches an der Wand befestigt und oftmals umgehängt werden konnten, ohne daß die sonst unvermeidlichen Löcher entstehen.

Engagement, Emigration

Nicht unerwähnt seien Zimblers vereins- und sozialpolitische Aktivitäten. Sie war Mitglied der »Wiener Frauenkunst« und engagiert in interna-

---

14 *Architekt Liane Zimbler erzählt*. In: Almanach der Dame, Wien 1931, S. 33
15 Zu den Biographien dieser Kunsthandwerkerinnen sowie zu Ella Briggs-Baumfeld, Ada Gomperz und Margarete Zak vgl. Sabine Plakolm-Forsthuber, Künstlerinnen in Österreich 1897-1938. Malerei · Plastik · Architektur. Wien (Picus) 1994, S. 268-277
16 Zur Vereinigung »Wiener Frauenkunst« siehe ebenda, S. 73-77
17 Heute nennt sich diese Standesvertretung »American Society of Interior Decorators« (A.S.I.D.). Im Laufe ihrer jahrzehntelangen Mitgliedschaft war Zimbler in diversen Komitees vertreten (z.B. für Finanzen, Museen, Erziehung), und sie beteiligte sich an zahlreichen Aktivitäten wie Ausstellungen, Showcase houses, Seminaren etc.
18 Vgl. die Biographie von Eva Z. Huebscher: geboren 1922 in Wien, Master degree an der University of Los Angeles in Political Sciences; seit den sechziger Jahren Mitglied im A.I.D.

Liane Zimbler, *The Washable Living-Room*, A.I.D. Show, 1961

tionalen Vereinigungen wie dem »Verband berufstätiger Frauen in Österreich«[19] und dem »Wiener Soroptimist-Club«. Zentrales Anliegen beider war die Stärkung der Rechte berufstätiger Frauen.

Der 1929 in Wien konstituierte Soroptimist-Club verfolgte das Ziel, unter den »Frauen Verständnis für den hohen Wert des Berufslebens und für ein einträchtiges Zusammenarbeiten zu erwecken und schwesterliches Empfinden zu verbreiten.«[20] Zimbler war im Soroptimist-Club von 1930-38 im Vorstand vertreten, dem damals neben anderen die Kinderpsychologin Charlotte Bühler, die Journalistin Alice Schalek (die sich die Berufsbezeichnung »erste österreichische Weltreisende« gab), die Bildhauerin und Schriftstellerin Rose Silberer, die Ausdruckstänzerin Gertrude Bodenwieser und die Schauspielerin Hansi Niese angehörten.

Bekannt ist auch, daß Liane Zimbler an der Volkshochschule unterrichtete und daß sie sich gelegentlich in Architekturdiskussionen, wie z. B. über die *Wiener Werkbundsiedlung* (1932), einschaltete. Eine rege Vortragstätigkeit in Wien, Paris (1936) und später in Los Angeles runden das Bild einer selbstbewußten und in ihrem Fach überaus kompetenten Frau ab. Es darf als Ausdruck der Qualität ihrer Arbeiten gewertet werden, daß diese in in- und ausländischen Zeitschriften häufig besprochen und abgelichtet wurden. Im Rahmen der vom Bund österreichischer Frauenvereine anläßlich des Internationalen Frauenkongresses (1930) initiierten Wohnungsführungen, die unter dem Titel »Modernes Wohnen« allwöchentlich bis 1937 stattfanden, wurden ihre Arbeiten – wie diejenigen von Josef Frank, Josef Hoffmann, Robert Oerley, Ernst Lichtblau, Karl Hofmann und Felix Augenfeld,

---

19 Die Internationale Vereinigung berufstätiger Frauen in Österreich geht auf eine vo 1930 in London gegründete »Federation of Business and Professional Women« zurück. Der Verein verfolgte den Zweck, »berufstätigen Frauen als Sammelpunkt und Stütze zu dienen«. Um 1930 zählte die Wiener Vereinigung 400 Mitglieder (international waren es 60.000). Vgl. Neue Freie Presse, 12.12.1930. Mit regelmäßigen Ausstellungen und einem vom 27.-31.7.1931 abgehaltenen Internationalen Kongreß in Wien machte die Vereinigung auf ihre Anliegen aufmerkam. Die anläßlich des Kongresses initiierte Ausstellung *Die schaffende Österreicherin. Werk und Bild.* in der Secession wurde von Liane Zimbler und der Architektin Kitty Speyer arrangiert.

20 Vgl. die Satzungen des Soroptimist-Clubs, Wien 1929. Wien, Vereinspolizei. Der Soroptimist-Club ist ein frauenspezifisches Pendant zum Rotary Club. Der Club, dem überwiegend jüdische Frauen angehörten, löste sich am 31.3.1938 auf. Für die Informationen darüber danke ich Frau Dr. Brigitte Boeckl und Frau Dr. Gertrude Kress.

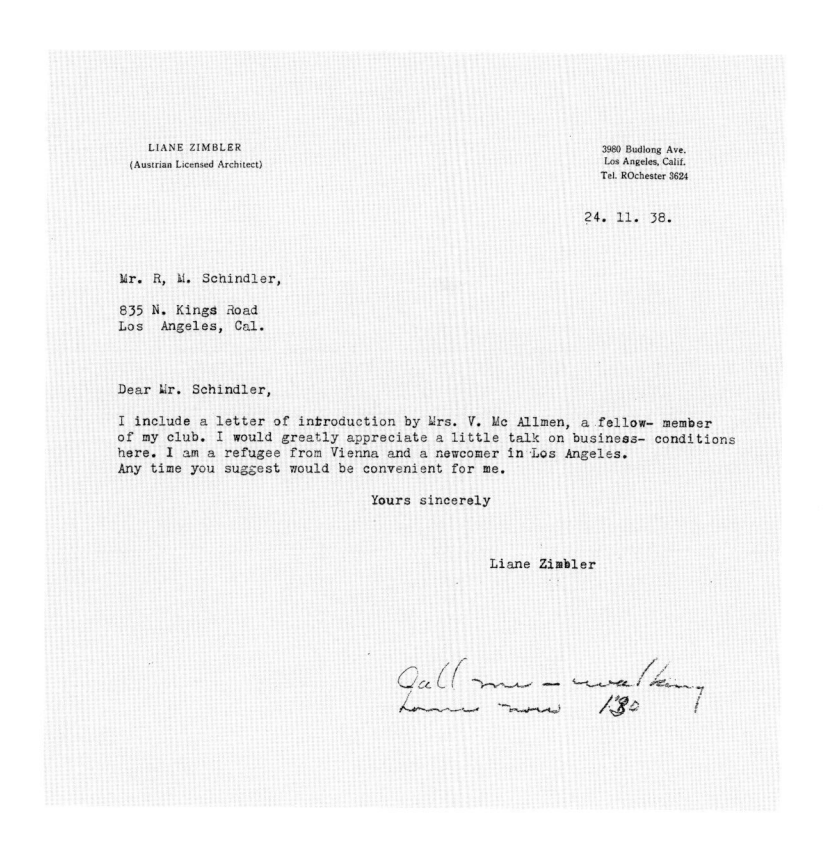

Liane Zimbler, *Brief an R. M. Schindler*, 24. November 1938, University of California Santa Barbara, University Art Museum

Franz Singer, Oskar Wlach, Ernst A. Plischke, Ernst Schwadron u.a. – oftmals einer breiteren Öffentlichkeit zugänglich gemacht. Außer den Wohnungen Zimblers wurden auch jene von Helene Roth, Leonie Pilewski, Christa Deutike-Szabo, Käthe Böhm und eine Arbeit der Gartenarchitektin Anna Plischke-Lang besichtigt.[21]

1936 erhielt Zimbler den reizvollen Auftrag, die 1911 von Adolf Loos eingerichtete *Wohnung Leopold Goldman* (Hardtgasse 27-29, Wien XIX), die 1933 verkauft worden war und sich in einem desolaten Zustand befand, zu modernisieren und zu adaptieren. Unter Berücksichtigung und Einbeziehung noch vorhandener Raumelemente – wie Marmorverkleidungen, Pfeiler, Holzlambris und Kamine – ließ sie Decken senken, Türen versetzen, neue Öffnungen durchbrechen und alte verschließen. Das Mobiliar bildete kein totales Ensemble, sondern war nach funktionalen Aspekten kombiniert. Dem Urteil der neuen Bewohner und einer Kritikerin zufolge war es ihr und ihrem Team gelungen, die Großzügigkeit der Raumverhältnisse beizubehalten, zum anderen aber, die Erinnerung an die schwere Noblesse der Origineleinrichtung vermittels neuer Lichtquellen, indirekter Beleuchtung und der gediegenen Möblierung, mit der sie bisweilen auch kräftige farbliche Akzente setzte, vergessen zu machen. Eine der Sachlichkeit nicht abträgliche Leichtigkeit durchwehte die Räume. Viele der Zimblerschen Möbelstücke konnten von den Inhabern, der Familie Sabl, mit in die Emigration genommen werden. Zimbler hat sie auch in deren nächsten Wohnungen, in New York und später in Los Angeles, wieder arrangiert. Die Wiener Wohnung wurde 1945 größtenteils zerbombt.

Eine ihrer letzten Arbeiten vor der Emigration stellte der *Umbau und die Einrichtung der Villa Plaček* in Brünn (1936/37) dar. Die Räume des Einfamilienhauses beinhalteten noch einmal alle die für Zimbler typischen Elemente, den Wintergarten, die großzügig arrangierte Diele, für die sich mehrere Entwurfsvarianten erhalten haben,[22] eine von Strauß-Likarz bemalte *Bar* sowie ihre Wertschätzung für einen klaren Grundriß und eine einfache Wegführung. Noch später, nämlich von 1938, datiert der Entwurf für das *Berghaus für Walter Eidlitz*[23] (Gnadenwald bei Hall in Tirol). Zimbler orientierte sich ausschließlich an der lokalen Tradition; das fertige Haus hat sie nicht mehr gesehen.

Als der braune Terror über Österreich hereinbrach und der heimische Mob zur organisierten Untat

21 Zu den Biographien der genannten Architektinnen siehe Plakolm-Forsthuber (zit. Anm. 15), S. 268-277.
22 Die sehr dekorativen Aquarelle befinden sich im IAWA.
23 Walter Eidlitz, Schriftsteller (1892 Wien – 1976 Vaxholm/Stockholm); vgl. Walther Killy, Literaturlexikon, Bd.3. München 1989, S. 206. Die Pläne zum *Haus Gnadenwald* befinden sich im IAWA.
24 Da Otto Zimbler über gute Beziehungen zum Präsidenten der Anwaltskammer verfügte, erhielt seine Familie wenige Tage nach der Okkupation Österreichs noch eine Ausreisebewilligung. Als Grund für die Ausreise wurde ein Auftrag Zimblers in Riga/Lettland angegeben, der angesichts der Situation nie zustande gekommen ist.

Liane Zimbler, *Haus Robert Plaček*, Brünn, 1936, Entwurf für die Diele

Liane Zimbler, *Haus Robert Plaček*, Brünn, 1936, Wintergarten

Liane Zimbler, *Haus in Gnadenwald*, Hall in Tirol, 1938

Über Holland erreichte die Familie London. Hier stellte sie im Juni 1938 einen Antrag auf ein USA-Visum, das sie relativ leicht erhielt, da die österreichische Quote zu diesem Zeitpunkt noch nicht ausgeschöpft war.

25 Ada Gomperz war mit dem Philosophen Heinrich Gomperz verheiratet, der 1935 nach Kalifornien emigriert ist und als »Visiting Professor« an der University of Southern California unterrichtet hat.

26 Gemeinsam mit Ada Gomperz nahm Zimbler bald auch mit Vorträgen, wie z.B. *The Private Life of a Business Woman in Europe* (16.3. 1939 in der Villa Riviera) am Clubleben teil. Eine Mitgliedschaft wurde ihr jedoch mit Hinweis auf die dafür nötige amerikanische Staatsbürgerschaft verweigert.

sich aufwarf, erkannte die Familie Zimbler jäh die Dimension der Gefahr und floh kurz nach dem »Anschluß«. Erstes Ziel war London[24], das ihnen aber nicht sicher genug schien; nach wenigen Monaten des Aufenthalts setzten sie ihre Flucht fort und betraten am 10.9.1938 in New York amerikanischen Boden, um sich dann endgültig in Los Angeles, das ihnen aus Berichten von Ada Gomperz[25] bekannt war, niederzulassen.

Interior Design

Nach ersten, glücklosen Versuchen, sich mit künstlerischen Entwürfen für Packpapiere eine neue Lebensgrundlage zu erwirtschaften, gelang es Zimbler, als Mitarbeiterin der damals bekannten Interior Designerin Anita Toor in ihrem Fach, der Innenarchitektur, wieder Fuß zu fassen.

Ihre zweite Karriere war umso notwendiger, als ihr Mann Otto Zimbler 1940 bei einem Verkehrsunfall verstarb. Bei der Herstellung der ersten gesellschaftlichen Kontakte und der Vermittlung etwaiger Auftraggeber waren vor allem der Verband berufstätiger Frauen und der Soroptimist Club in Los Angeles, der ihre Arbeiten publik machte, eine gewisse Hilfe.[26] Schon im November 1938 vermittelte ihr ein Mitglied des Verbandes berufstätiger Frauen, Victoria McAlmon, eine

Auftraggeberin Rudolph M. Schindlers, den Kontakt zu dem berühmten Architekten.[27] Ob er ihr helfen konnte, ist nicht bekannt. Nach dem Tod von Anita Toor im Jahr 1941 übernahm sie das Studio samt eigener Werkstatt. Aber erst in der Nachkriegszeit schließlich konnte sie dort anknüpfen, wo sie 1938 in Wien abzubrechen gezwungen war. Sie wurde Mitglied des A.I.D. und der Association for Women in Architecture.

Ein erster Großauftrag vor Amerikas Eintritt in den Krieg war die *Errichtung eines Hauses für den Wiener Komponisten Ernst Toch*[28] in Santa Monica (1941). Toch, der 1934 auf Einladung der 1929-32 von Joseph Urban errichteten *New School for Social Research* nach New York gekommen war, erhielt 1936 einen Ruf an die University of Southern California. Möglicherweise erging der Auftrag an Zimbler über Vermittlung der Familie Gomperz – zumindest gehörte Toch zum gemeinsamen Bekannten- und Freundeskreis.

In der aus heutiger Sicht relativ konventionell gehaltenen Architektur, einem kubisch geschlossenen zweistöckigen Mitteltrakt mit flachem Walmdach und niederen Seitentrakten für Garage und Wohnräume, machte Zimbler zwar noch wenig Konzessionen an den damals modernen Typ des California Ranch House,[29] andererseits ließ sie sich nicht dazu verleiten, eines der damals beliebten Einfamilienhäuser in spanischen oder englischen Stilvarianten zu erbauen.

Bei der Innenraumgestaltung brachte sie ihr Wiener Know-how ein, indem sie etwa schlichte, kostengünstige Wandverbauten mit einem buntgemusterten eingebauten Sofa zu seiten eines offenen Kamins kombinierte oder indem sie Räume bloß durch Vorhänge unterteilte und in die Sitzgruppen vorhandenes Mobiliar einbezog. Die auffallend bescheidene Einrichtung erklärt sich aus der wechselhaften finanziellen Situation Tochs, der zum Bau des Hauses einen staatlichen Kredit aufnehmen hatte müssen. Die größte Fläche nahm das Arbeitszimmer des Komponisten ein, das zugleich als Büro diente und einen separaten Eingang hatte. Die große Zahl an Türen entsprang seinem Wunsch, alle Räume untereinander begehbar zu machen.[30] Das letzte von Zimbler gebaute und eingerichtete Landhaus, das *Haus Crinklaw* in San Bernardino (1951), orientierte sich, gemäß den Vorstellungen der Auftraggeberin, am Stil des Early American.

Zimblers eigentliches Arbeitsgebiet war aber auch in Kalifornien wiederum die Wohnraumgestaltung. Neben kleineren Aufträgen aus dem Verwandtenkreis, wie die Adaptierung einer *Wohnung für die Schriftstellerin Vicki Baum* (L.A., 1940), konnte sie bald auch prestigeträchtigere Aufträge für sich verbuchen. 1944 etwa adaptierte sie das sehr weitläufige *Haus Boswell*. Den auch in Amerika immer größer werdenden Mangel an Ressourcen und verfügbaren Materialien parierte sie mit viel Geschick und Erfindungsgabe. Sie verhalf den Räumen zu der vom Auftraggeber, einer sehr honorigen Familie, gewünschten englischen Note, indem sie ausgiebig mit schweren, oft geblümten Stoffen, mit Draperien und Vorhängen, arbeitete. Bei Umbau und Einrichtung des *Hauses Savin* (L.A., um 1945) oder des *Hauses Dr. Brody* (Beverly Hills, 1951) waren die Vorgaben geringer normiert, weshalb Zimbler ihre Vorstellungen von Funktionalität stärker entfalten konnte.

Die Durchgestaltung geschlossener kleiner räumlicher Einheiten, wie beispielsweise von Büros, Geschäften oder Ordinationen, kam ihrer Erfahrung besonders entgegen. Neben dem Auftrag einer *Büroadaptierung für Albert G. Ruben* (L.A. 1953) sei die *Gestaltung des Büros und der Rezeption für den Immobilenhändler Eliot Evans* (L.A., 1958) erwähnt, weiters die des *Optikergeschäftes Dr. Norman Tetef* (L.A., 1964). Modernes Möbeldesign und der punktuelle Einsatz visueller Akzente – wie sie durch die Verwendung künstlerischer Tapeten, der »scenics«, entstanden – setzten die Räume in ein interessantes und dennoch angenehmes Spannungsverhältnis.

Kooperation mit Architekten

In den frühen fünfziger Jahren war Zimbler soweit etabliert, daß ihr wiederholt die Kooperation mit bekannten Architekten aus Los Angeles angeboten wurde. Die Arbeitsteilung entsprach den traditionellen Geschlechterrollen. Weil sich die Architekten vorzugsweise mit der äußeren Tektonik und der Fassade befaßten, war es Zimbler vorbehalten, für die Innenraumgestaltung zu sorgen. Angemerkt sei, daß das Faktum, daß sie und auch Schütte-Lihotzky durchwegs von innen nach außen bauten – und zwar selbst dann, wenn sie ganze Häuser entwerfen konnten –, keine weibliche Besonderheit oder gar geschlechtsspezifische Einschränkung darstellte, als vielmehr die Anerkenntnis eines technischen Erfordernisses, das ein Loos bereits in seiner Bauschule vertreten hatte.

Da Zimbler im Planungsstadium beigezogen wurde, konnte sie nicht nur die innenarchitektoni-

27 Zimbler schrieb an Schindler: »I would greatly appreciate a little talk on business-conditions here. I am a refugee from Vienna and a newcomer in Los Angeles.« 24.11.1928, Schindler-Archiv, University of California, Santa Barbara.
28 Ernst Toch (1887-1964); vgl. Stanley Sadie (Hg.), The New Grove Dictionary of Music and Musicians, Bd. 19. London 1980, S. 20 f.
29 vgl. David Gebhard / Robert Winter, Architecture in Los Angeles. A Complete Guide. Los Angeles 1985, S. 492
30 vgl. Suburban House. In: The Architectural Forum, May 1946, S. 85
31 Zimbler, autobiographisches Manuskript o.T., Dezember 1981, unveröff., IAWA

Liane Zimbler, *Büro Eliot Evans*, Los Angeles, 1948, Rezeption

Liane Zimbler, *Adaptierung Haus Boswell*, Los Angeles, um 1944, Salon

Carl Schwarz und Liane Zimbler, *Haus Candianides*, Ventura, 1961

Carl Schwarz und Liane Zimbler, *Haus Candianides*, Wohnraum

Liane Zimbler, *Haus Zimbler-Huebscher,* **Los Angeles, 1958**

sche Struktur der Räumlichkeiten bestimmen, sondern, gelegentlich, auch auf die architektonische Gesamtgestalt Einfluß nehmen. Dies betraf zum Beispiel die Anlage von Fensterwänden, die Berücksichtigung von Einbauten, das Einziehen von Wänden und Decken, die Positionierung von Glaswänden etc. Mit der Inneneinrichtung verantwortete sie natürlich auch das Farbschema der Räumlichkeiten.

Als gelungene Beispiele solcher Kooperation seien das *Haus J. S. Weil* in Beverly Hills (Architekt Maurice Fleishman, um 1952), das *Haus Freeman* (Architekt C. B. Williams, L. A. 1954), das *Haus Mautner* in Beverly Hills (Architekt Paul Laszlo, 1965) sowie die von dem in Wien geborenen Architekten Carl Schwarz errichteten Häuser genannt. Nachdem ihr Schwarz die Inneneinrichtung seines eigenen *Hauses in Camarillo,* CA (1956) überantwortet hatte, zog er sie auch bei dem *Haus Candianides* in Ventura, CA (1961) bei. Zudem entwarf sie für den Bau ein originelles, feuersicheres Streifendach aus hellen und dunklen Kieselsteinen. Beide Häuser gingen auf flach gedeckte Kuben zurück, die in der Dachhöhe leicht variierten und, indem sie gegeneinander versetzt waren, Freiräume für Terrassen oder einen Patio erzeugten. Durch riesige durchgehende Glaswände wurde die gewünschten Verbindung von Außen- und Innenraum hergestellt; die Möbel standen mit den sich verjüngenden Füßchen, den geschwungen Lehnen oder den großgemusterten Bezügen ganz im Zeichen der Mode der sechziger Jahre.

Oft kam es vor, daß Zimbler im Laufe der Jahre mehrmals beigezogen wurde, wenn es – aufgrund geänderter äußerer Umstände oder wechselnder Bedürfnisse – galt, einen bestehenden Wohnraum zu erweitern, umzubauen oder umzustrukturieren. Als Beispiele sei das *Haus Levy* (L.A.) genannt, an dem Zimbler während der Jahre 1965-71 immer wieder arbeitete. Sie gestaltete den Living Room, eine Bibliothek, die Mädchenzimmer sowie einen Patio und Lanai, in denen kräftige, warme Farben dominierten. Das

Liane Zimbler, *Haus Levy*, Los Angeles, 1965-71, Patio

Haus Levy ist außerdem ein Beispiel für die von ihr geschätzte Verbindung von Außen- und Innenraum und die Berücksichtigung der extremen Lichtverhältnisse. Dieselbe architektonische Konzeption bestimmte auch die Adaptierung ihres eigenen Wohnhauses (*Haus Huebscher*; L.A., 1958).

Ebenfalls bei jedem Wohnungswechsel zugezogen wurde sie von der Familie Wassermann. Erhaltene Skizzen für den »Family Room« des *Hauses Wassermann II*, Beverly Hills (1975) zeigen das Vorher und Nachher ein- und desselben Raumes und erlauben einen direkten Vergleich mit dem ehemaligen Zustand. Der visualisierte

Ausschnitt aus *The Californian Jewish Voice*, 25. November 1949

Vergleich, der Phantasie, Einfühlungsgabe und Geschick des Architekten veranschaulicht, desgleichen das Marketing waren von Zimbler auch schon in Wien sehr häufig angewandt worden.

Rückblick

Liane Zimbler war bis ins hohe Alter aktiv. Viele Aufträge datieren vom Ende der siebziger Jahre. So verwundert es nicht, daß die damals 89jährige in einem 1981 geschriebenen Artikel[31] ihre Tätigkeit in Wien und Los Angeles äußerst präzise reflektiert.

Im Resümee über ihr Schaffen stellte sie ihre österreichischen und amerikanischen Arbeiten in einen direkten Bezug. Ging es im Wien der Nachkriegszeit darum, Kleinstwohnungen einzurichten oder die viel zu großen, für den Haushalt mit einigen Bediensteten angelegten Gründerzeitwohnungen zu adaptieren, zu teilen und zu funktionalisieren, so galt es, in Los Angeles der – aufgrund der während des Krieges gestiegenen Grundpreise und hohen Zinsraten – verringerten Mobilität, also der größeren Seßhaftigkeit zum einen und dem Überhang an zu großen, unverkäuflichen Wohnungen oder Häusern zum anderen, Abhilfe zu schaffen. Dem dringend benötigten Wohnraumbedarf standen die oft nur partiell genützten Wohnungen und Häuser älterer Personen gegenüber. Zimbler schlug vor, vorhandenen Wohnraum zu nutzen und z.B. in kleine Garçonnieren umzubauen und zu vermieten. Weiters sollten bestehende große Häuser in kleinere Einheiten unterteilt werden, um Wohnungen für Studenten, für junge Ehepaare oder komfortable Einheiten für ältere Menschen zu schaffen.

Pragmatischen Weitblick, Sinn für aktuelle Probleme und marktgerechte Lösungsmöglichkeiten hatte sich Zimbler bis zuletzt bewahrt. Das und die Fähigkeit, ihr Können auf neue Gegebenheiten schnell einzustellen, bildeten gleichsam die innere Einheit ihrer Karrieren in Wien und in Los Angeles. Der Bruch aber, über den auch die fast osmotische Verwandlung ihrer frühen Wiener Positionen in Kalifornien nicht hinwegtäuschen kann, hat seinen deutlichsten Ausdruck darin, daß sie in ihrem langen Leben, auch aufgrund des Ausbleibens jeglicher offiziellen Geste, österreichischen Boden nicht mehr betreten hat.

International Basic Economy Corporation, *Siedlung Villa Fontana*, Carolina, Puerto Rico, ab 1964, Zweigeschossige Reihenhäuser

VILLEN IN LOS ANGELES – SIEDLUNGEN IN PUERTO RICO
Über die Wirkungen des Neuen Wiener Wohnens im Exil

Matthias Boeckl

Eines der Ziele des Projekts »Visionäre & Vertriebene« ist es, das Werk jener Architekten, die 1938 aus Wien vertrieben worden sind, in den größeren Zusammenhang der modernen Bewegung zu stellen, um ihre mehr oder minder latente Stigmatisierung des »Vertriebenseins« zumindest historiographisch zu überwinden. Dieser »zweite Schritt« der Emigrationsforschung nach der Phase des quantifizierenden Feststellens und Auflistens des Verlustes führt in eine neue Ebene der Kulturgeschichtsschreibung: Er verschafft uns die Möglichkeit, durch eine Darstellung aller vielfältigen Vernetzungen der künstlerischen Arbeit der Vertriebenen das Trauma der Vertreibung über die notwendige Trauerarbeit hinaus in eine breitere, differenziertere Perspektive zu führen. Die angestrebte »Einbettung« der Arbeit der Vertriebenen in die größeren kunstgeschichtlichen Entwicklungslinien soll jene kulturellen Netzwerke, die durch die Vertreibung jäh unterbrochen worden waren, wieder transparent und für unsere heutige Standortbestimmung begreifbar zu machen.

Internationalität und kulturelle Verwurzelung

Was heißt das, konkret bezogen auf Architekten wie Wilhelm Baumgarten, Fritz Reichl, Gerhard Karplus, Simon Schmiderer, Ernst Schwadron und Leopold Kleiner? Sie alle waren in einer Weise in der idealistischen Sache der modernen Architektur – die ja in den dreißiger Jahren von allen Seiten bedrängt wurde – engagiert und zudem in der spezifischen Wiener Szene verwurzelt, deren Intensität wir heute kaum mehr nachvollziehen können. Eine der Leitlinien der Weltanschauung dieser damals jungen Baukünstler war die Internationalität, die angestrebte Überwindung provinziellen Kleingeistes durch rationale und internationale Betrachtungsweisen. Dies war nicht denkbar ohne die Vorarbeit eines Adolf Loos, Josef Hoffmann, Oskar Strnad oder Josef Frank, welche die Vorbedingungen der mühsamen »Internationalisierung« der Wiener Szene nach dem Trauma des Ersten Weltkriegs erarbeitet hatten. Diese Schlüsselfiguren verschafften den hier besprochenen Vertriebenen von 1938 Kontakte und Perspektiven, die weit über die begrenzten wirtschaftlichen und politischen Möglichkeiten der Ersten Republik hinausgingen, ja in sie überhaupt erst einen fernen Abglanz jener Internationalität einbrachten, die vor 1918 als selbstverständlich gegeben war.

Natürlich gibt es da auch noch die »andere« Seite der Zwischenkriegszeit-Szene, nämlich jene, die in der Bezugnahme auf lokale und regionale Motive eine Möglichkeit erblickte, aus der verfahrenen politischen Situation zu entkommen. Damit kann auch einiges von der oben angesprochenen »Verwurzelung« erklärt werden. Konkret ist die »vaterländische« Bewegung gemeint, die eine Rückbesinnung auf einen fiktiven katholischen Grundkonsens forderte und Themen wie Tradition, Volkstum und Geborgenheit in überlieferten Gesellschaftssytemen auch durch die bildenden Künste mitgeteilt wissen wollte. Sie stand in Opposition einerseits zum antiklerikalen Nationalsozialismus und andererseits zur säkularisierten Sozialdemokratie, deren Experiment des »Neuen Menschen« sich nur fragmentarisch entfalten hatte können. Wie überall in der Wiener modernen Szene laufen auch hier die weltanschaulichen Grenzen quer durch alle politischen Lager und mitunter auch mitten durch einzelne Persönlichkeiten wie etwa Josef Hoffmann oder den künstlerischen »Generalagenten« der konservativen Wende ab 1933, Clemens Holzmeister. Denn einerseits hatte Hoffmann in der Aufbruchsbewegung der Jahrhundertwende eine liberale, auf die subjektiven Bedürfnisse des (wohlhabenden) Bürgers abzielende, durch ihre hohe Künstlichkeit keineswegs an Traditionen gebundene »moderne« Lebenshaltung vertreten, andererseits stellte er sich nun im fortgeschrittenen Alter auf die Seite der reaktionären Wende. Clemens Holzmeister dagegen hatte von Anfang an einen bodenständigen, von patriotischem Pathos getragenen und auf »Volksbedürfnisse« abzielenden »Kunstauftrag« vertreten und schien daher weltanschaulich eindeutig zuzuordnen. Seit einiger Zeit macht sich nun aber – gestützt auf neue Rechercheergebnisse – die Überzeugung breit, daß Holzmeister seine einflußreiche Stellung im austrofaschistischen »Ständestaat« (1934-38) keineswegs dazu benützt hat, unliebige moderne, linke oder internationalistische Tendenzen einfach auszuschalten. Seine späteren Aktivitäten im türkischen Exil, wo er in seinem

Josef Hofbauer und Wilhelm Baumgarten, *Komensky-Schule*,
Wien-Meidling, 1930-31

Josef Hofbauer und Wilhelm Baumgarten,
Zweite gewerbliche Fortbildungsschule,
Wien-Fünfhaus, 1924-26

Atelier Juden, Kommunisten und andere Verfolgte beschäftigte, sprechen eine in diesem Sinne unmißverständliche, von humanen Überzeugungen getragene Sprache. Dennoch war er auch 1933 eine treibende Kraft der im Kern antijüdischen, anti-internationalen, gegen Frank, Neurath, Sobotka, Gábor und Plischke gerichteten Abspaltung des »Neuen Werkbundes Österreichs« gewesen.

Eine heterogene Gruppe Vertriebener

In diesem Beitrag steht nicht der Raum zur Verfügung, die gesamte Wiener Zwischenkriegszeit-Szene mit allen ihren Widersprüchlichkeiten und Positionskämpfen zu beschreiben. Um die weitere Laufbahn der Besprochenen zu verstehen, müssen die gegebenen Andeutungen genügen. Wilhelm Baumgarten, Fritz Reichl, Gerhard Karplus, Simon Schmiderer, Ernst Schwadron und Leopold Kleiner vertreten jeweils Positionen, die im oben beschriebenen Spektrum anzusiedeln sind und sich, getragen von biographischen Zufälligkeiten und entstehenden Möglichkeiten, in Amerika in sehr verschiedene Richtungen entwickelten. Die Bandbreite der Aktivitäten dieser Vertriebenen in den USA reicht von der Lehre (Baumgarten) über die Tätigkeit in der Innenausstattungsbranche (Schwadron) und den Medien (Kleiner) bis hin zur Mitarbeit in großen Architekturbüros (Schmiderer) und zur selbständigen Praxis (Karplus, Reichl). Bezieht man nun die »Vorgeschichte« der kulturellen Prägung dieser Architekten in die Betrachtung mit ein, so läßt sich in allen Fällen eine gewisse Werkkontinuität feststellen, die sich in jedem Falle anders manifestiert, manchmal als erfolgreiche Fortsetzung, manchmal aber auch als konsequenter Untergang der eigenen künstlerischen Position in den gegebenen Bedingungen Amerikas.

Fritz Reichl, *Herrenbad im Haus Heriot*, Wien-Leopoldstadt, vor 1932

Wilhelm Baumgarten
– Ein Architekturlehrer in den Südstaaten

Um mit dem extremsten Fall zu beginnen: Wilhelm Baumgarten war in Wien Repräsentant einer soliden »bürgerlichen Modernität« (damit ist seine Position wohl am besten umschrieben). Er war nicht nur Präsident des Wiener Künstlerhauses (in der Ständestaatzeit), sondern auch einer der profiliertesten Schularchitekten der Stadt. Die vielen Bauten des Ateliers Hofbauer & Baumgarten für den tschechischen *Schulverein Komensky*, aber auch das *Kaufhaus Herzmansky* zeigen eine gemessene, stellenweise expressive Modernität. Die Arbeiten für öffentliche Bauherren (Gemeindebauten, Zentralberufsschule) können auch heute noch im Spektrum des erhaltenen Bestandes moderner Architektur bestehen.

Baumgarten war 56 Jahre alt, als er aus Wien vertrieben wurde und schließlich am North Carolina State College eine Lehrposition fand. An Bauten in den USA ist nur eine einzige, allerdings bis dato nicht näher dokumentierbare Arbeit bekannt: ein *Schulbau*, den Baumgarten in Zusammenarbeit mit einem lokalen Architekten errichtet hat. Zusammengefaßt: Baumgarten hatte in seinem Alter, mit seiner ausgeprägt europäischen künstlerischen Position und vor dem Hintergrund einer Provinzhochschule des Südens keine Chance, sein kulturelles »Weltbild« in Amerika auch nur ansatzweise zu verwirklichen. Konsequenterweise beschränken sich die Hauptakzente seiner Lehrtätigkeit auch auf die Vermittlung einer Wertschätzung für die europäische Moderne an seine Studenten.

Fritz Reichl und Alexius Wolf, *Beamtenwohnhäuser in Eisenstadt*, 1926-27

Fritz Reichl, *Weekend-Haus in Raach am Gebirge*, Projekt, vor 1938

Fritz Reichl, *Villenentwurf für Los Angeles*, um 1950

Fritz Reichl, *Haus Leonard Martin*, Beverly Hills, 1949, Wohnraumentwurf

**Fritz Reichl
– Ein Villenarchitekt in Los Angeles**

Eine Stufe weiter in der »Erfolgsleiter«: Fritz Reichl stammte aus einer ausgeprägt patriotischen jüdischen Familie und konnte in Wien trotz der für junge Architekten in der Zwischenkriegszeit nahezu aussichtslosen Auftragslage immerhin den *Umbau eines herrschaftlichen Hauses* bewerkstelligen. Von seinem *Gesamtplan für die neue Landeshauptstadt Eisenstadt* blieb ein *Beamtenwohnhaus* übrig, das Reichl schließlich bauen konnte. Er war durch seinen aus der Studienzeit an der Technischen Hochschule stammenden Kontakt zu Richard Neutra und durch seine Beziehung zu Clemens Holzmeister gut in die möglichen Erscheinungsformen der modernen Architektur »eingebettet«, was ihm nach der Vertreibung 1938 durchaus zugute kam, denn Holzmeister engagierte ihn als Atelierleiter in Ankara. 1945 ging Reichl nach Amerika und trat in das Atelier Richard Neutras ein – im übrigen die einzige in unserem Projekt nachweisbare erfolgreiche berufliche Kontaktnahme eines 1938 Vertriebenen mit einem Repräsentanten der früheren Emigrationsperioden. Bald machte Reichl sich gemeinsam mit einem weiteren Neutra-Mitarbeiter, Maxwell Starkman, selbständig und arbeitete in Los Angeles vor allem an privaten Wohnbauten. Bedenkt man, daß sich Reichl zu diesem Zeitpunkt bereits in seinem siebten Lebensjahrzehnt befand und kalkuliert man die harten Arbeitsbedingungen am »freien« Architekturmarkt der USA mit ein, dann wird die Leistung Reichls, sich ebendort zu etablieren, erst deutlich. Sein jäher Tod am Zeichentisch beendete abrupt diesen erfolgversprechenden neuen Weg.

**Ernst Schwadron und Leopold Kleiner
– Zwei Vermittler des modernen Wiener Einrichtungsstils, mit überraschendem Ausgang**

Zurück an die Ostküste: Ernst Schwadron und Leopold Kleiner, die nicht weniger tief im kulturellen Ambiente der Wiener Zwischenkriegszeit verwurzelt waren, mußten diesen Humus gegen jenen New Yorks tauschen. Beide blieben aber emotional und mit ihrer Arbeit tief dem österreichischen Milieu verbunden. Kleiner setzte seine Wiener Haupttätigkeit, nämlich die Errungenschaften der modernen Wiener Raumkunst publizistisch zu propagieren, auch in New York fort. Neben dieser Tätigkeit richtete er – wie die übrigen »New Yorker« unter den Wiener Architekturemigraten – auch Wohnungen ein und versuchte, kunstgewerbliche Entwürfe der Wiener Hochschule für angewandte Kunst, der ehemaligen Kunstgewerbeschule Josef Hoffmanns, dem amerikanischen Publikum zu vermitteln. In allen diesen Bemühungen arbeitete der ehemalige Assistent Josef Hoffmanns eng mit den offiziellen österreichischen Vertretungsstellen zusammen, was sich schließlich auch in der Verleihung diverser Auszeichnungen der Republik niederschlug.

In engem Zusammenhang mit Kleiners Bemühungen stehen jene von Schwadron, der ebenfalls auf dem Gebiet des Interior Design versuchte, Wiener Geschmack auf die New Yorker Szene zu übertragen. Sein Werkzeug dafür war das *Einrichtungsgeschäft Rena Rosenthal, Inc.*, das die Schwester des berühmten Architekten Ely Jacques Kahn gegründet hatte und das sie in den vierziger Jahren an Schwadron, der dort zunächst nur als Designer werkte, übergab. Schwadron hatte sich schon in Wien als Entwerfer anspruchsvoller Interieurs einen Namen gemacht, welche die Qualitäten des Neuen Wiener Wohnens umsetzten. Diverse Strand- und Wochenendhäuser repräsentierten das erweiterte Arbeitsgebiet dieses Wohnausstatters gehobener Schichten. Den Höhepunkt seiner künstlerischen Arbeit in den Vereinigten Staaten erreichte Schwadron zweifellos mit der *Ausstattung der Geschäftsräumlichkeiten der »American Crayon Company«* im New Yorker *Rockefeller Center*. Diese Firma wurde von Emmy Zweybrück geleitet, die aus dem Umkreis Josef Hoffmanns stammte und im Wien der Zwischenkriegszeit als Kunstgewerblerin und Illustratorin beachtliche Erfolge erzielt hatte. Die rund fließenden Linien der *»American Crayon«-Möbel*, die kompaktkörperhaften Formen der Sessel, Schränke und Tische, das alles gehört zu den Auswirkungen der Vermischung des Wiener Einrichtungsstils mit der in New York in den dreißiger Jahren eingeführten organoiden Formensprache. Diese wieder schöpft aus zwei Quellen: Einmal aus dem »Streamline«-Design der Zeit um 1930 und außerdem aus der Formtradition des Surrealismus, die sich in New York erstmals in Friedrich Kieslers *Nierentischen* aus der Mitte der dreißiger Jahre manifestierte. Diese Verbindungen mögen konstruiert klingen – sie entsprechen aber dem freizügigen Umgang New Yorks mit einmal hier angekommenem Formenrepertoire, der verspielten Lust auf Kombination von allem mit allem.

Wie sehr Schwadron diese Haltung übernommen und sich von der »Moral der Gegenstände« europäischen Verständnisses entfernt hat, zeigt sein eigenes Heim, in dem er ohne Rücksicht auf irgendwelche ästhetischen oder weltanschaulichen Regeln bizarre Relikte seiner untergegange-

Ernst Schwadron, *Strandhaus Lederer*, Greifenstein, 1928

Ernst Schwadron, *Strandhaus Lederer*, Greifenstein, 1928, Innenansicht

Ernst Schwadron, *Haus eines Sammlers*, vor 1938

Ernst Schwadron,
Verkaufsräume der American Crayon Company,
Rockefeller Center, New York, 1945

Ernst Schwadron,
Verkaufsräume der American Crayon Company

Ernst Schwadron, *Verkaufsräume der American Crayon Company*

317

Arnold Karplus, *Haus K.*, Wien-Hohe Warte, 1928
(Einrichtung von »Haus & Garten«)

Arnold und Gerhard Karplus, *Wohnhaus am Modenapark*, Wien-Landstraße, 1937-38

Arnold Karplus, *Haus K.*, Wien-Hohe Warte, 1928, Dachterrasse

nen europäischen Welt über das Terrain ausbreitete: Goldene Adler sind hier ebenso anzutreffen wie Feldbanner der k.u.k. Armee und ausrangierte Kanonen aus dem 19. Jahrhundert. Das alles wird mit einem durchaus nüchternen Baukörper und Glaswänden á la Mies van der Rohe kombiniert. Das inhaltliche Resümee? Schwadron zeigt mit seiner Arbeit, daß in der Geschichte der Übertragung der europäischen Moderne auf die USA neben dem partiellen Durchbruch einzelner Elemente des Moderne-Spektrums durchaus auch das Phänomen des völligen Außerkraftsetzens jeglicher rationaler ästhetischer Systeme zugunsten einer rein subjektiven Erinnerungsumwelt eintreten kann. Die Zelebrierung von Nostalgie und Kitsch erreicht hier eine fast surreale, demonstrative Dichte; eine weniger zwanghafte Nobilitierung des symbolischen und Trivialisierten sollte dann die amerikanische Pop-Kunst und Venturis »Lernen von Las Vegas« vorschlagen..

**Gerhard Karplus
– Innenarchitektur als Aufgabe,
Musik als Leidenschaft**

Der jüngsten – und erfolgreichsten – Generation der 1938 aus Wien vertriebenen Architekten gehören Gerhard Karplus und Simon Schmiderer an. Wie ihre Generationsgenossen Victor Gruen und Rudolf Baumfeld besaßen sie genug jugendliche Energie, das Trauma der Vertreibung abzuschütteln und in den USA einen neuen Anfang zu wagen, der mit den Wiener Gegebenheiten nur mehr wenig zu tun hatte. Trotzdem wurzeln beide im Ambiente des Neuen Wiener Wohnens der Zwischenkriegszeit.

Gerhard Karplus, *Cobblers-Fabrik*, Los Angeles

Gerhard Karplus, *Fisher Electronics-Fabrik*, Millroy, Pennsylvania

Gerhard Karplus war durch sein Studium an der Wiener Technischen Hochschule und die Praxis im erfolgreichen Atelier seines Vaters Arnold mit den Wiener Verhältnissen eng vertraut. Sie brachten in den dreißiger Jahren vor allem Neu- und Umbauten für das Wohnen. Karplus kam schon bald in unmittelbare Berührung mit den innersten Zirkeln der Wiener Architekturmoderne. Der *Umbau des Palais Kranz* in der Liechtensteinstraße, das nicht lange vorher von Friedrich Ohmann und Oskar Strnad für den legendären Spirituskartellbetreiber Dr. Josef Kranz adaptiert worden war, zu Wohneinheiten kleinerer Größe symbolisierte einerseits die für die dreißiger Jahre typische Rückkehr zu den »kleinen« Aufgaben, zeigte andererseits aber auch die Schwächen der gesellschaftlichen und ästhetischen Bedingungen der Arbeit Oskar Strnads. Seine Klientel wollte und erhielt von Strnad meist nur »atmosphärische« Eingriffe, die sich rasch mit dem Umschwung der Rahmenbedingungen wieder entfernen ließen. So ist kein einziger Bau Strnads in seiner originalen Erscheinungsweise erhalten, und insbesondere die Arbeiten für Dr. Josef Kranz (*Haus in Raach am Semmering* und *Palais Kranz*) fielen ebensoschnell der Zerstörung anheim wie ihr Bauherr seine gesellschaftliche Position verspielte. Karplus' Erfahrung mit dem Neuen Wiener Wohnen beschränkte sich aber nicht auf Kranz und Strnad. Ein beachtliches und anspruchsvolles *Wohnhaus am Modenapark*, das er zusammen mit seinem Vater entworfen hat, dokumentiert die exakte Kenntnis der möglichen stilistischen Erscheinungsweisen der Moderne zu diesem Zeitpunkt. Es zeigt eine eindeutig-aufrechte Haltung auf der Seite der Bewegung, was unter den Verhältnissen des Ständestaates keineswegs selbstverständlich war. So brachte das *Wohnhaus K.* auf der Wiener Hohen Warte schließlich eine direkte Zusammenarbeit mit *Haus & Garten*, der Ausstattungsfirma von Josef Frank und Oskar Wlach. Dieses Haus zeigt nicht nur in seiner äußeren Erscheinungsweise mit den klaren, versetzt disponierten Kuben, sondern auch in der Innenausstattung, etwa mit dem großen horizontalen Schiebefenster des Wohnraumes und mit den Möbeln und Teppichen von *Haus & Garten*, das Neue Wiener Wohnen auf einem Höhepunkt.

Die »ersten Schritte« von Karplus in den USA zeugen von großer Konsequenz. Er trat rasch in das renommierte Büro von Mayer & Whittelsey ein, das zu diesem Zeitpunkt (1939-41) an den bekannten *Apartmenttürmen* 240 Central Park South arbeitete. Diese Bauten repräsentierten den modernen New Yorker Wohnbau auf der Höhe der Zeit, man schätzt noch heute die »kubistische Modellierung« und die »Zickzack-Ladenzeile« (Elliot Willensky und Norman White) dieses Komplexes. An dieser wichtigen Aufgabe konnte Karplus die »Spielregeln« des Bauens im Herzen New Yorks erlernen, was ihm in seiner späteren Praxis zugute kam. Nach dem Militärdienst beim Corps of Engineers der U.S. Army im ostasiatischen Raum eröffnete Karplus schon 1946 sein eigenes Büro, das er bis 1993 betrieben hat. Das solide Wissen um das in New York Machbare, die gediegene Fundierung der Ausstattungspraxis in der Wiener Zeit und ein beeindruckender Einsatz an Arbeitsleistung ermöglichen es Karplus, sich in der Szene nachhaltig zu etablieren, und zwar nicht nur mit Arbeiten für Mitemigranten, sondern mit Büroumbauten und Wohnungsausstattungen für Firmen und Persönlichkeiten der alteingesessenen Gesellschaft. Die Aktivitäten des Büros von Karplus und seiner Frau Gertrude reichten sogar bis hin zu großen Industrieanlagen in Kalifornien (*Cobblers of California*) und Pennsylvania (*Fisher Electronics*, Millroy). Seine »Wiener Prägung« konnte Karplus aber vor allem in den Bereichen der Musikszene und für die Ausstattung der österreichischen Vertretungsstellen nutzen. Vertraut mit den gesellschaftlichen Umgangsregeln der Liebhaber klassischer Musik und ausgestattet mit einem natürlichen Empfinden für deren Bedürfnisse, konnte Karplus für Klienten aus diesem Ambiente beachtliche Arbeiten realisieren. Dazu gehört die schon erwähnte *Fabrik für elektronische Geräte* des Industriellen und Musikliebhabers Avery Fisher, der auch die Errichtung des später nach ihm benannten Konzerthauses im Lincoln Center gesponsert hat. Für den Musiker Serkin errichtete Karplus ein *Tonstudio*. Die erwähnten österreichischen Vertretungsstellen haben über Jahrzehnte hinweg auf den bewährten und fundierten Rat Karplus' zurückgegriffen, unter anderem bei der *Ausstattung des Gebäudes des (ersten) Österreichischen Kulturinstituts* an der 52. Straße (gemeinsam mit Eduard Sekler und Carl Auböck) und beim *Österreichischen Generalkonsulat* in der Upper East Side. Zahlreiche offizielle Anerkennungen der Republik belegen diese Verdienste, und Karplus steht noch heute in ständigem Kontakt mit den Wiener Regierungsstellen.

Simon Schmiderer
– Technologische Revolution im Dienste der Supermacht

Was das Bauvolumen anlangt, so kann Simon Schmiderer neben Victor Gruen auf die umfangreichsten Realisierungen der 1938 aus Wien vertriebenen Architekten zurückblicken. Nicht weniger spannend verläuft seine Biographie, die zumindest zwei wichtige Themenkomplexe der österreichischen Kulturgeschichte des 20. Jahrhunderts berührt, nämlich die Sozialdemokratie und die Psychoanalyse. Seine Erfolge in den USA verdankt Schmiderer nicht ausschließlich dieser Beziehungsachse, sondern letztlich vor allem seinem eigenen Engagement. Als begabter junger Tischler war Schmiderer 1933 in die Wiener Kunstgewerbeschule eingetreten, um sich dort fortzubilden. Unter Carl Witzmann, Josef Hoffmann und Hans Adolf Vetter entwickelte er sich schließlich zum Architekten. Parallel dazu arbeitete Schmiderer für die im Ständestaat illegale sozialistische Jugendbewegung, weshalb er auch einmal verhaftet wurde. Im Gegensatz zu Gerhard Karplus konnte Schmiderer aber vor seiner Emigration im Jahre 1938 noch keine eigenen Bauten realisieren, er publizierte allerdings einige gut gearbeitete Sesselentwürfe in der Architektenzeitschrift ›Profil‹. Den unmittelbaren Zugang zu einflußreichen amerikanischen Auftraggeberkreisen gewann Schmiderer durch seine Verbindung mit Maby Burlingham, die er in der Wiener Kunstgewerbeschule kennengelernt hatte. Maby war die Tochter von Dorothy Burlingham, die mit ihren Kindern nach Wien gekommen war, um sich bei Sigmund Freud und dessen Tochter Anna mit Psychoanalyse zu beschäftigen. Dorothy Burlingham war die Tochter von Louis Comfort Tiffany

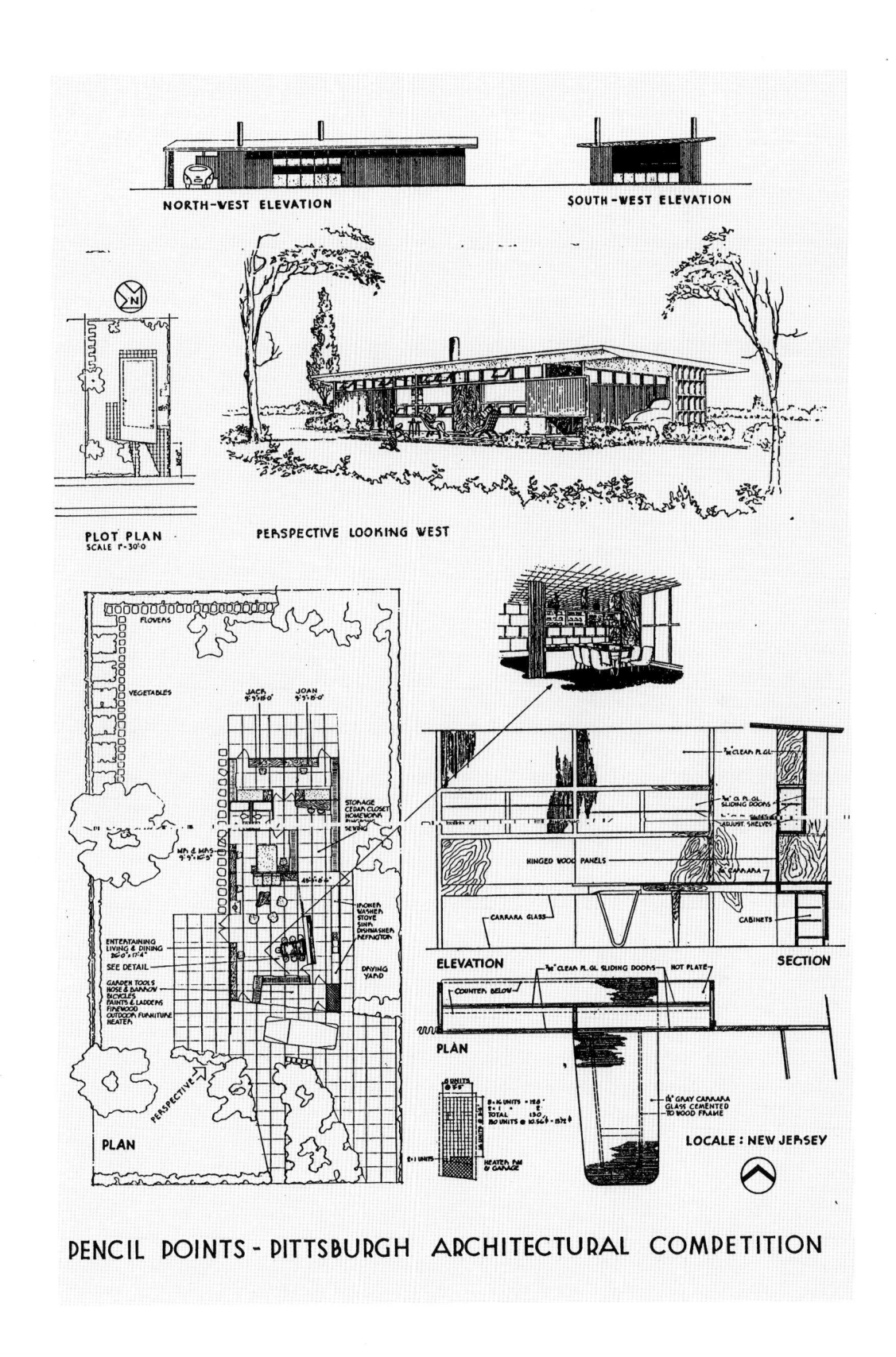

Simon Schmiderer, *Wohnhausentwurf für einen Wettbewerb der Zeitschrift ›Pencil Points‹*, 1947

und verfügte daher über genügend Möglichkeiten, Schmiderers Wege in New York zu ebnen, nachdem er 1938 Maby geheiratet und mit ihr nach Amerika gegangen war. Nach diversen Kurzengagements in verschiedenen Architekturbüros (darunter Louis Kahn & Oscar Stonorov) trat Simon Schmiderer 1944 in das legendäre Büro von Wallace Kirkman Harrison ein.

Harrison, der Star

Diese Verbindung bestimmte fortan Schmiderers Karriere. Die Projektliste von Harrison & Abramovits liest sich wie ein Führer durch die architektonischen Highlights Manhattans, und es finden sich darin so prominente Bauten wie das *Rockefeller Center*, die *Metropolitan Opera* im Lincoln Center, das *UNO-Hauptgebäude* sowie zahlreiche weithin bekannte Bauten der *New York University*, der *Columbia University* und des *La Guardia-Flughafens*. Harrison war vor allem durch seine Arbeit am *Rockefeller Center* und der Verbindung mit dieser Familie nach 1945 das architektonische Aushängeschild New Yorks geworden. Fast alle großen baulichen Unternehmungen des Rockefeller-Clans wurden von dem ausgeprägten Pragmatiker realisiert.

Diese Machtverhältnisse konnten sich mit der weltpolitischen Neuordnung 1945 mit durchschlagendem Erfolg in Gebautes umsetzen. Die von der Supermacht USA nach New York gezogenen Vereinten Nationen konnten mit ihrem Raumbedürfnis Rockefellers potentes Machtkartell nicht umschiffen. John D. Rockefeller Jr. schenkte den Vereinten Nationen ein Terrain am East River im Wert von achteinhalb Millionen Dollar, und Wallace Harrison wurde zum Koordinator des internationalen Entwurfsteams ernannt, dem unter anderen Le Corbusier, Oscar Niemeyer und Sven Markelius angehörten. Damit war ihm die Ausformulierung praktisch aller Details des riesigen und prestigeträchtigen Baukomplexes anvertraut, was nach dem Scheitern der modernen Bewegung unter der Führung von Le Corbusier im Wettbewerb um den *Genfer Völkerbundpalast* im Jahre 1926 für die Geschichte der modernen Architektur noch eine zusätzliche Aufwertung erfuhr. Schmiderer, der im Team Harrisons eine bedeutende Stellung in der Koordinierung der zeichnerischen Umsetzung der Entwürfe des internationalen Designerteams einnahm, konnte sich an dieser Aufgabe als überaus verläßlicher und begabter Architekt profilieren, der selbst solch gigantischen Aufgaben wie jener des *UNO-Gebäudes* gewachsen war.

Nach dieser Erfahrung war es nicht erstaunlich, daß Harrison Schmiderer als Chefarchitekt für die Wohnbauten der *»International Basic Economy Corporation«* (IBEC) Nelson Rockefellers auswählte. Schmiderer verfügte über Erfahrung in der Koordinierung von Großprojekten, eine profunde Ausbildung im Bereich des Wohnbaus und eine soziale Einstellung, die ihn wie geschaffen für solche entwicklungspolitischen Aufgaben erscheinen ließ. Diese und ähnliche Projekte der Vereinigten Staaten, die unter der Federführung des alten Kapitals den »American Way of Life« propagieren sollten, waren es, die im Schatten des Kalten Krieges nicht nur pro-amerikanische Stimmungen in den »betroffenen« Ländern, wie etwa dem Irak, erzeugten. Nicht selten fielen diese Unternehmungen politischen Umstürzen zum Opfer.

IBEC, ein scharfe Waffe

Das Prinzip der Wohnbauaktivitäten der Rockefellers und ihrer Firma IBEC illustriert wie kaum ein anderer Vorgang die Faszination der technologischen Überlegenheit der amerikanischen Industrie der Nachkriegszeit. Zunächst wurde Ausschau nach politisch geeigneten Zielgebieten und wirtschaftlich interessanten Märkten gehalten. Das ökonomische Interesse war erstaunlich kurzfristig, bedenkt man die wirtschaftliche Situation der meisten Entwicklungsländer, in denen IBEC aktiv wurde. Man versprach sich jedoch – und erzielte auch – rasch große Gewinne aus dem investierten Kapital. Zu den weltpolitischen Rahmenbedingungen gehörte auch, daß dieses Engagement sich an die Grundbedürfnisse der Menschen wandte, also die Versorgung mit Lebensmitteln (von IBEC in Südamerika durch Einführung von Supermarkets praktiziert) und das Wohnen. Damit war eine soziale Ausrichtung gegeben, die durchaus in das geostrategische Konzept der USA paßte.

In Puerto Rico exekutierte die IBEC unter Schmiderers Federführung und der bautechnischen Mitarbeit Armando Vivonis die weltweit größten *Wohnsiedlungen* dieser Art. Das System war bemerkenswert einfach: Die Wohnraumproduktion sollte möglichst billig sein und möglichst unmittelbar auf die lokale Nachfrage reagieren, um Größe und Zeitpunkt der Gewinne zu optimieren. Der Umstand, daß die Karibikinsel Puerto Rico, die zu diesem Zeitpunkt noch nicht lange zu den Vereinigten Staaten gehörte, wegen des Mißverhältnisses zwischen Bevölkerungszahl und dem für Wohnbau zur Verfügung stehenden Gründen traditionell eine erhebliche Wohnungs-

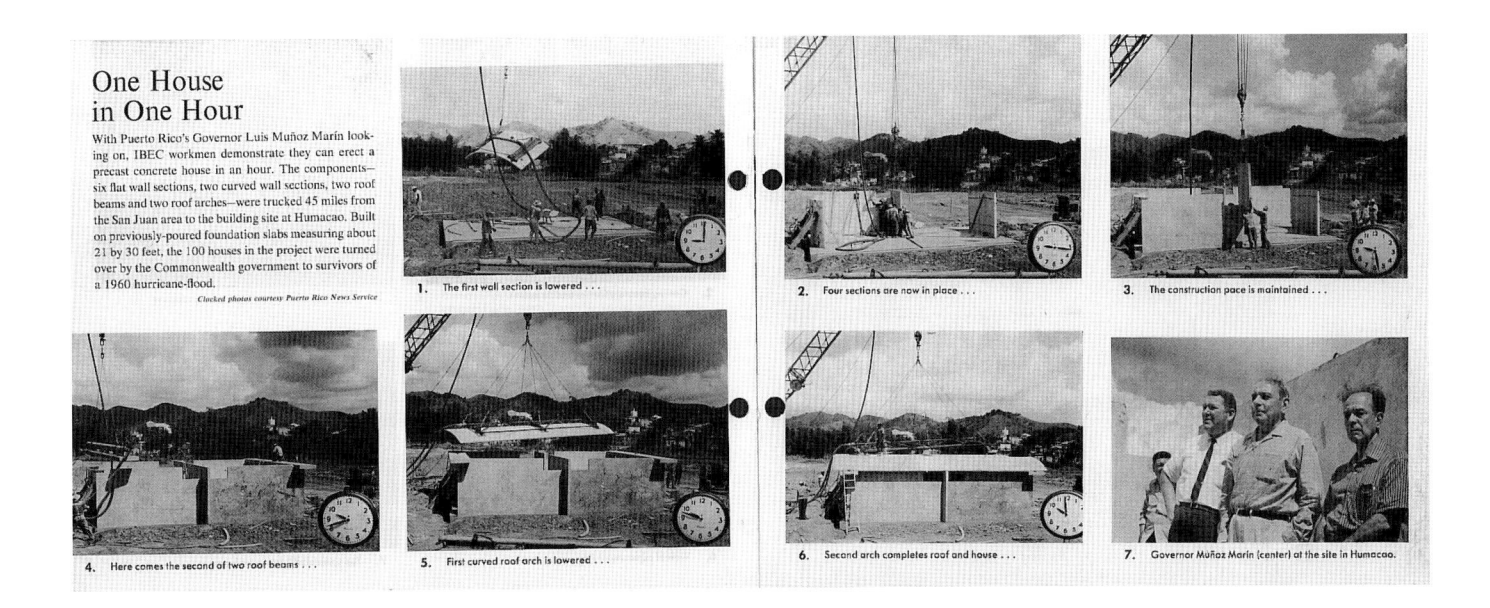

International Basic Economy Corporation, »*One House in One Hour*«, Werbebroschüre

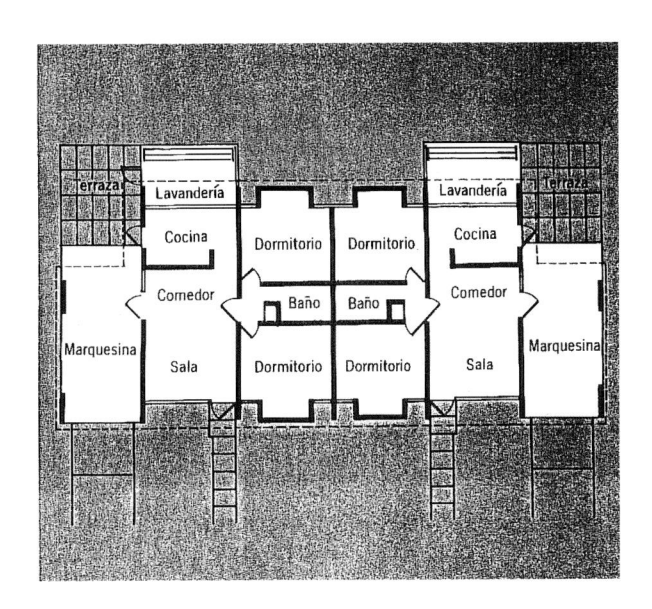

International Basic Economy Corporation, *Siedlung Villa Fontana*, Carolina, Puerto Rico, ab 1964, Grundriß der Duplex-Typen

not aufwies, schien eine riesige Nachfrage zu garantieren. Nun mußte man für die Interessenten, die kaum über Kapital verfügten, nur mehr probate Finanzierungskonzepte vermitteln und andererseits für den reibungslosen Ablauf von Grunderwerb und Bauausführung sorgen. Alle drei Bereiche wurden gelöst. Als Finanzierungsmöglichkeit bot die IBEC eine Anzahlung von einigen hundert Dollar plus niedrige Restraten über lange Zeiträume für ein Einfamilienhaus mit Garten nach nordamerikanischer Art an. Der laufende Grunderwerb für den exakt der Nachfrage entsprechenden Baufortschritt konnte durch die traditionelle Großbesitzstruktur leicht abgewickelt werden. Und die Bauten selbst wurden in einer genial einfachen, ultraeffizienten industriellen Methode errichtet, die schließlich in den Werbeslogan »One House in One Hour« mündeten.

Es wäre aber falsch, hier nur die politisch-wirtschaftliche Seite dieser Vorhaben aufzuzeigen. Die *IBEC-Anlagen* sind in ebenso hohem Ausmaß

International Basic Economy Corporation,
Siedlung Lomas Verdes, Bayamon, Puerto Rico

International Basic Economy Corporation,
Siedlung Villa Contessa, Bayamon, Puerto Rico

International Basic Economy Corporation,
Siedlung Villa Fontana, Carolina, Puerto Rico, ab 1964,
zweigeschossiger Haustyp

International Basic Economy Corporation,
Siedlung Villa Fontana, Carolina, Puerto Rico, ab 1964,
Haustyp »Verona«

International Basic Economy Corporation,
Siedlung Parkville, Guaynabo, Puerto Rico, 1964

International Basic Economy Corporation,
Siedlung Parkville, Guaynabo, Puerto Rico, 1964,
Hausdetail mit Betonrelief

auch architektonische Leistungen von Rang, die den entwerferischen Fähigkeiten von Simon Schmiderer zugeschrieben werden müssen. Über die Jahre hinweg entwickelte Schmiderer immer neue Typen, perfektionierte die Produktionsweisen der Häuser stets aufs Neue. Es gibt Ein- und Zweifamilienhäuser, ein- und zweigeschossige Typen, freistehend und gebunden in Reihen. Die ursprüngliche Methode war die Vorfertigung der einzelnen Betonteile und deren Montage auf der Baustelle. Schon dieses System war extrem effizient, baute man doch nur nach Maßgabe der Nachfrage. Ein Musterhaus wurde errichtet und darin ein Verkaufsbüro eingerichtet. Mit jeder einlangenden Bestellung konnte die Häuserproduktion weitergefahren werden und das bestellte Haus wurde in kurzer Zeit errichtet. Damit sank das Risiko des Bauträgers und Alleinunternehmers nahezu auf Null. Eine spätere Phase brachte dann die Vollgußform des Hauses vor Ort. Die IBEC beschaffte sich fahrbare Kräne, die während des Krieges auf den amerikanischen Flugzeugträgern eingesetzt gewesen waren, unter anderem, um japanische Kamikaze-Wracks von der Startbahn zu entfernen. Diese Kräne hievten in Puerto Rico jeweils eine komplette Hausgußform auf eine vorbereitete Betonfundamentplatte. Die Form wurde dann mit Beton ausgegossen. Nach einer kurzen Austrocknungsphase konnte das Haus ausgeschalt werden und war mehr oder weniger bezugsfertig.

Im gegebenen Kontext kann nicht auf die vielschichtigen entwerferischen Detailprobleme dieses Unternehmens eingegangen werden, es können auch nicht die komplexen Konsequenzen für die Raumordnung in Puerto Rico analysiert werden. Spannend wäre es auch, diese Wohnsiedlungen in Zusammenhang mit den *Schulbauprojekten* Richard Neutras für Puerto Rico zu stellen. Die *IBEC-Häuser* müßten also erst in einer eigenen Studie in allen architekturhistorischen und gesellschaftsgeschichtlichen Voraussetzungen und Folgen umfassend besprochen werden – eine Aufgabe, die eine Herausforderung für jeden darstellen muß, der an der wechselseitigen Verknüpfung des Schicksals der europäischen und amerikanischen modernen Bewegung interessiert ist, ganz zu schweigen von den technikgeschichtlichen Implikationen.

Das Spektrum und seine Farben

Im Zusammenhang der »Visionäre & Vertriebenen« belegt das Beispiel Simon Schmiderers, daß es den »1938ern« unter bestimmten biographischen und gesellschaftsgeschichtlichen Voraussetzungen möglich war, die eigenen architektonischen Fähigkeiten mit den wichtigsten Machtfaktoren des Zivilisationsprozesses nach 1945 in Dialog zu setzen. Im Klartext: Man mußte die Grundprinzipien der amerikanischen Gesellschaftsordnung mitsamt ihrer historischen Entwicklung verstanden haben, um etwas »bewegen« zu können. Stellte sich diese Übereinstimmung der Interessen ein, dann war der Weg für Experimente geebnet, deren Maßstab in Europa auch heute noch undenkbar scheint. Neben Simon Schmiderer, der relativ rasch und reibungslos in diese Mechanik eingetreten war, ist es vor allem Victor Gruen, der diese Systematik verstanden hatte. Er ging vom simplen Vorgang des Verkaufs von Waren aus, den er räumlich und ästhetisch in einen optimalen Rahmen stellte. Daraus entwickelte sich nicht nur das Konzept eines Geschäftslokals, sondern eines ganzes Einkaufszentrums, schließlich einer ganzen Stadt. Schmiderer dagegen betrachtete das Wohnen als Keimzelle der Stadt, ganz in Übereinstimmung mit den sozialen Anliegen der Wiener Zwischenkriegszeit-Moderne. Die kapitalistische Wirtschaftsstruktur der Vereinigten Staaten wollte er für Zwecke benützen, die sie im Grunde nie erfüllen konnte: nämlich für den sozialen Wohnbau. In Puerto Rico sind Ansätze dazu vorhanden, aber auch alle Schattenseiten des »Krebsgeschwürs in der (ohnehin sehr beschränkten) Landschaft«.

Resümierend läßt sich über die Gruppe der hier besprochenen Vertriebenen von 1938 sagen, daß ihre Arbeit in den Vereinigten Staaten wohl in jedem Falle eine sinnvolle Fortsetzung gefunden hatte. Selbst die auf den ersten Blick so erfolglos scheinende Laufbahn Wilhelm Baumgartens hat – bedenkt man sein Alter und die zeitgeschichtliche Situation – wohl doch ein wenig an Anregung und Sensibilisierung eines kleinen Teils der amerikanischen Architektenschaft für die Anliegen der europäischen Moderne gebracht. Diese Stoßrichtung vertrat Leopold Kleiner relativ erfolgreich. Fritz Reichls und Ernst Schwadrons Arbeit beweisen, daß sich der Wiener Weg in den USA unter geänderten Vorzeichen im Prinzip doch fortsetzen ließ. Und Gerhard Karplus' sowie Simon Schmiderers Laufbahnen zeigen, daß die Anwendung bestimmter Qualitäten der Wiener Moderne (Detailfreudigkeit, intime Kenntnis sozialer Bedürfnisse) im gigantischen Referenzrahmen der amerikanischen Wirtschaft nicht verpuffen mußten, sondern in großen Aufgaben konsequent genutzt werden konnten.

BIOGRAPHIEN

FELIX AUGENFELD
(1893-1984)

Felix Augenfeld, um 1970

Felix Augenfeld gehörte mit Oskar Strnad, → Josef Frank, → Walter Sobotka und → Oskar Wlach zu jenen Architekten, die die Wiener Raumkunst der Zwischenkriegszeit prägten. Für ihn bedeutete die erzwungene Emigration zwar den Verlust seiner gewohnten Umgebung, aber er konnte in New York relativ kontinuierlich an seine Wiener Arbeiten anschließen. Für viele Wiener Emigranten schuf Augenfeld in der Emigration ein Ambiente, das die Erinnerungen an Wien wachhielt.

Felix Augenfeld wurde am 10. Jänner 1893 in Wien geboren; seine Familie stammte aus Mähren. Nachdem er 1910 an der Staatsrealschule auf der Schottenbastei maturiert hatte, begann er das Architekturstudium an der Technischen Hochschule. Die erste Staatsprüfung bestand er im Sommer 1912.[1] Von der eher konservativen Einstellung seiner Lehrer nicht befriedigt, besuchte er die *Bauschule* von Adolf Loos.[2] Dieser hatte, nachdem er bei der Nachbesetzung der Professur von Otto Wagner übergangen worden war, eine private Schule gegründet, in der er junge Architekten in Gesprächen und auf Spaziergängen unterrichtete. Zur ersten Schülergeneration gehörten u. a. → Richard Neutra, → Rudolph M. Schindler, Paul Engelmann und Ernst Freud, der jüngste Sohn Sigmund Freuds.[3] Bei Ausbruch des Ersten Weltkriegs wurde die »Loos-Schule« aufgelöst, und Augenfeld mußte einrücken. Nach Kriegsende blieb er ein Jahr in Italien inhaftiert und kehrte erst 1919[4] nach Wien zurück; sein Studium an der Technischen Hochschule beendete er mit der zweiten Staatsprüfung im Juli 1920.[5] Danach arbeitete er bis 1922 als Angestellter in verschiedenen Architekturbüros.[6] 1922 machte er sich gemeinsam mit seinem Studienkollegen Karl Hofmann selbständig.[7]

1926 erhielt Augenfeld das Diplom als Zivilarchitekt.[8] Neben zahlreichen Wohnungsumbauten und -einrichtungen konnte das Duo auch trotz der schwierigen Auftragslage einige größere Bauten verwirklichen: das *Haus Himmelreich* in Brünn (ca. 1925), ein *Verwaltungs- und Produktionsgebäude für Gottlieb Schnabel* in Neupaka (1926, Tschechoslowakei) und den *Umbau einer Villa in Pötzleinsdorf* (1926).[9] Felix Augenfeld war in Gemeinschaft mit Karl Hofmann und → Hans Adolf Vetter nur ein einziges Mal an dem großangelegten Wohnbauprogramm der Gemeinde Wien beteiligt: Gemeinsam errichteten sie 1925/26 in der *Prager Straße* eine kleinere Einheit.[10] 1927 arbeiteten Augenfeld und Hofmann beim *Wettbewerbsprojekt für den Völkerbundpalast* in Genf erstmals mit Professor Oskar Strnad zusammen.[11]

Das Jahr 1930 stellte einen Höhepunkt in der Karriere von Karl Hofmann und Felix Augenfeld dar. Für Augenfelds amerikanische Freundin Muriel Gardiner – sie studierte Medizin in Wien und machte eine Analyse bei Dr. Ruth Mack-Brunswick – bauten sie im Wienerwald ein kleines *Wochenendhäuschen*. Augenfeld hatte schon 1927 die *Wohnung von Muriel Gardiner* in der Frankgasse eingerichtet.[12] Die *Tagesbar*, die sie für die Werkbundausstellung 1930 entworfen haben, wurde in zahlreichen internationalen Architekturzeitschriften publiziert.[13] Ebenfalls 1930 wurde das elegante *Haus Dos Santos* in der Sternwartestraße, Wien XVIII., begonnen.[14]

Viele Auftraggeber des Ateliers Hofmann und Augenfeld waren persönliche Bekannte – die vor allem Felix Augenfeld durch seinen Umgang mit den Mitgliedern der berühmten Wiener Kaffeehaus-Zirkel kennengelernt hatte. Sie richteten eine *Wohnung für die Schriftstellerin Gina Kaus* (1930) ein und entwarfen ein mehrfunktionales *Schreibtischmöbel für Hans Weigel* (ca. 1933).[15] Zwischendurch arbeiteten sie wiederholt mit Oskar Strnad bei verschiedenen Theaterinszenierungen zusammen.[16] Besonderes Aufsehen erregte das *Bühnenbild* für Max Reinhardts Inszenierung von *Mirakel* 1932 in London.[17] Im selben Jahr richtete das Duo Augenfeld/Hofmann das von Oskar Strnad entworfene Haus in der Wiener *Werkbundsiedlung* ein.[18] Gelegentlich arbeitete das Team auch mit → Walter Sobotka zusammen – so bei der *Einrichtung der Wohnung F. S.*[19] Nach Strnads Tod 1935 dürfte Felix Augenfeld die *Gedächtnisausstellung im Hagenbund* gestaltet haben.[20]

Augenfeld war mit der Familie Freud befreundet. Er entwarf ca. 1930 einen *Schreibtischsessel für Sigmund Freud*.[21] Über seine Bekanntschaft mit den Freuds bekam er auch den Auftrag, die *Wohnung von Dorothy Burlingham*, einer Mitarbeiterin Anna Freuds, in der Berggasse zu renovieren.[22] 1936/37 errichteten Felix Augenfeld und Karl Hofmann im Rahmen des Assanierungsfonds das *Geschäfts- und Wohnhaus Arthur Soffer* in der Singerstraße.[23]

1938 war Felix Augenfeld gezwungen, aufgrund seiner jüdischen Abstammung, vor der Verfolgung durch die Nationalsozialisten zu flüchten.[24] Er ging zunächst nach England und 1939 weiter nach New York.[25] Seine amerikanische Freundin Muriel Gardiner stellte Felix Augenfeld – wie zahlreichen anderen Verfolgten – das Affidavit aus.[26] Schon 1940 erhielt Augenfeld die Lizenz als Architekt des Staates New York und wurde Mitglied des American Institute of Architects.[27] Von da an arbeitete er – hauptsächlich als Innenarchitekt – in New York. Sein erster Auftrag dürfte die Einrichtung einer *Wohnung für Marianne von Neumann* 1940 gewesen sein.[28] Gemeinsam mit dem Architekten → Simon Schmiderer, der ebenfalls aus Wien emigriert war, richtete er 1943 *La Reine Candy Shop* für den Wiener Schokoladefabrikanten Hans Heller ein.[29] Neben *Ausstellungsgestaltungen* für die Society of Ceramic Artists im Museum of Natural History (1940 und 1953) entwarf Augenfeld *Einzelmöbel für die »American Chair Company«* (1945-1950) und *»Henredon's«* (1949-50).[30] Augenfelds größter Auftrag war 1956 der Bau eines *Bibliotheks- und Wohngebäudes für Muriel Gardiner-Buttinger* – sie hatte in der Zwischenzeit den österreichischen Sozialisten Josef Buttinger geheiratet – in New York. Dabei arbeitete er mit dem tschechischen Architekten Jan Pokorny zusammen.[31] Am 14.12.1966 heiratete Felix Augenfeld die aus Wien stammende Kunstgewerblerin Anna Epstein-Gutmann.[32] Neben zahlreichen Wohnungseinrichtungen konnte Augenfeld in den fünfziger Jahren einige *Strandhäuschen* auf Fire Island in der Nähe von New York errichten. Auftraggeber waren vor allem Wiener Emigranten, wie Christiane Zimmer[33], die Tochter Hugo von Hofmannsthals, und der Psychiater Ernst Hammerschlag, aber auch der Sohn des Grundstücksbesitzers Fred Taussig.[34] 1962 entwarf er für den Wiener Zahnarzt Georg Hindels ein *Haus in der Karibik*. Gemeinsam mit der Architektin Ala Damaz plante er 1972 die *Petschek-Newman Residence* in Scarsdale.[35]

Felix Augenfeld starb im Juli 1984 im Alter von 91 Jahren in seiner New Yorker Wohnung.[36]

1 Angaben DI Jiresch aus den Matrikelbüchern der Technischen Universität Wien, Archiv
2 Felix Augenfeld, *Selbstverfaßter Lebenslauf*, verfaßt nach 1970
3 Augenfeld, *Erinnerungen an Adolf Loos*. In: Bauwelt, Jg. 72/2, 6. November 1981
4 Augenfeld, *Lebenslauf* (zit. Anm. 2); siehe auch Briefwechsel zwischen Ernst Freud und Felix Augenfeld, Sigmund Freud-Museum, London
5 Jiresch (zit. Anm. 1)
6 Augenfeld, *Lebenslauf* (zit. Anm. 2)
7 Brief an Ernst Freud vom 12. Oktober 1922; am Briefkopf steht: »Architekten Ing. Karl Hofmann und Ing. Felix Augenfeld, 19., Nedergasse 3«
8 Augenfeld, *Lebenslauf* (zit. Anm. 2)
9 Photoalben mit Arbeiten Felix Augenfelds von ihm selbst beschriftet, Museum für angewandte Kunst in Wien, Kunstblättersammlung
10 Tafelinschrift im Gemeindebau, Prager Straße, 1210 Wien
11 Columbia University, New York, Avery Library, Augenfeld Papers
12 Photoalben (zit. Anm. 9)
13 Pressealben von Felix Augenfeld, Graphische Sammlung Albertina, Wien
14 Photoalben (zit. Anm. 9)
15 ebenda
16 Augenfeld, *Lebenslauf* (zit. Anm. 2)
17 o. A., Building the Cathedral Inside the Lyceum. In: The Illustrated Sporting and Dramatic News, 19. März 1932
18 Moderne Bauformen, Jg. XXXI, Heft 9, September 1932, S. 457
19 Zwei Wohnungen, ebenda, S. 462
20 Augenfeld, *Zur Strnad-Gedächtnisausstellung im Hagenbund*. In: Die Bühne Nr. 4, 1936, S. 8-10; siehe auch Hinweis in Brief von Josef Frank an Walter Sobotka vom 25. Oktober 1935
21 Michael Molnar, The Bizarre Chair. In: S. Gilmen (Hg.), A Slant on Freud's Light Reading in the 1930s, Reading Freud's Reading. New York (S.U.N.Y. Press) 1994, S. 252
22 Michael J. Burlingham, The Last Tiffany. A Biography of Dorothy Tiffany Burlingham. New York (Atheneum) 1989, S. 205 f.
23 Photoalben (zit. Anm. 9); Tafelinschrift im Haus Singerstraße 4, Wien I. Der Sohn des Besitzers, Ernst Soffer, studierte von 1921-1925 an der Wiener Kunstgewerbeschule u.a. bei → Josef Frank und Oskar Strnad. Er mußte nach dem »Anschluß« nach New York emigrieren. Archiv der Hochschule für angewandte Kunst in Wien und Wiener Adressbuch von 1938
24 In den Matrikelbüchern der Technischen Universität wird Augenfelds Bekenntnis als mosaisch angegeben; lt. Jiresch (zit. Anm. 1)

327

25 Augenfeld, *Lebenslauf* (zit. Anm. 2)
26 Muriel Gardiner, *Deckname Mary. Erinnerungen einer Amerikanerin im österreichischen Untergrund*. Wien (Promedia) 1989, 2.A. Augenfelds Partner Karl Hofmann ging im September 1938 nach Brünn, sein weiteres Schicksal ist unbekannt; Wiener Stadt- und Landesarchiv, Meldearchiv
27 Augenfeld, *Lebenslauf* (zit. Anm. 2)
28 Augenfeld Papers (zit. Anm. 11)
29 Augenfeld, Beschriftung der Photos in einem Album, Norbert Mayr
30 ebenda
31 ebenda
32 Brief von Trudy Jeremias (Tochter von Anna Augenfeld) an Matthias Boeckl, New York 12.3.1994
33 Augenfeld, *Für Christiane. Blätter für Christiane Zimmer zum 14. Mai 1982*. Gesammelt von Leonhard M. Fiedler und überreicht vom S. Fischer Verlag, Frankfurt/M., S. 26 f.
34 Angaben von Trudy Jeremias (zit. Anm. 32) und Augenfeld Papers (zit. Anm. 11)
35 Augenfeld Papers (ebenda)
36 o.A., Felix Augenfeld. In: New York Times, 23. Juli 1984

RUDOLF BAUMFELD (1903-1988)

Rudolf Baumfeld (r.) mit Cyril Magnin, sechziger Jahre

Rudolf Baumfeld wurde am 31. Dezember 1903[1] als Sohn von Gustav und Regine Baumfeld geboren.[2] Er besuchte bis 1922 die Staatsgewerbeschule in Wien[3] und lernte dort → Victor Gruen, damals noch Grünbaum, kennen. Beide waren durch ihre jüdische Herkunft innerhalb des deutschnationalen Klimas dieser Schule isoliert und freundeten sich schnell an. Aus dieser Jugendfreundschaft wurde in Los Angeles eine erfolgreiche geschäftliche Partnerschaft.[4] Nach Abschluß der Staatsgewerbeschule studierte Baumfeld an der Technischen Hochschule in Wien[5] und besuchte in den Jahren 1929 bis 1930 die Meisterschule Clemens Holzmeisters an der Akademie der bildenden Künste.[6] Während seines Studiums praktizierte er in verschiedenen Architekturbüros, unter anderem auch bei → Ernst Lichtblau.[7] Nach Abschluß des Studiums 1932[8] beteiligte er sich mit der *Einrichtung des Wohnraumes im Haus Nr. 67* (Haus Gabriel Guevrekian) an der von → Josef Frank initiierten Wiener *Werkbundsiedlung*.[9] Im selben Jahr[10] eröffnete er mit dem Architekten Norbert Schlesinger ein Architekturbüro in Wien.

Das gemeinsame Büro Baumfeld und Schlesinger existierte bis 1937.[11] Der Großteil ihrer Aufträge bestand aus Fassadengestaltungen und Einrichtungen von Einzelhandelsgeschäften und Bürogebäuden. Rudolf Baumfeld hatte schon 1931, vor Ende seines Studiums, kleinere Aufträge auf diesem Gebiet ausgeführt: so die *Adaptierung der Buchhandlung Berger & Fischer* und den *Büroumbau Kast und Ehinger*.[12] Kleinaufträge von Geschäftsleuten waren für viele Architekten in der Zwischenkriegszeit eine Möglichkeit, finanziell zu überleben. Vor allem die Modebranche legte großen Wert auf anspruchsvoll gestaltete Geschäftsportale. Baumfeld und Schlesinger gestalteten 1933 für die *Firma P.C. Leschka & Co.*, einer Auftraggeberin Adolf Loos', eine *Geschäftsfassade* am Graben. Weitere Wiener Innenstadtgeschäfte, die von dem Büro adaptiert wurden, waren u.a. 1935 die *Boutique Hello* und 1936 das *Sporthaus Lanz*.[13] 1933 wurde Rudolf Baumfeld Konsulent der *Firma Julius Meinl*, einer der größten Lebensmittelketten Österreichs. Bis 1936 baute er insgesamt 12 Filialen dieser Firma um. Im Zuge dieser Arbeit setzte er sich mit neuen Methoden der Auslagengestaltung auseinander, eine Erfahrung, die ihm in der Emigration von großem Nutzen sein sollte.

Zwischen 1931 und 1933 war Rudolf Baumfeld Berater des offiziellen Wohnbauprogrammes der Gemeinde Wien. Er beschäftigte sich mit der Einrichtung von Gemeindebauten und war für eine Dauerausstellung von rationellen, platzsparenden Wohnungseinrichtungen verantwortlich. Zu diesem Zweck entwarf er auch *multifunktionale Möbel*.[14]

Neben Wohnungseinrichtungen und Umbauten konnten Baumfeld und Schlesinger auch zwei Wohnbauten errichten. Der größte und architektonisch bedeutendste Auftrag war der *Neubau eines Hauses für den Industriellen Ernst Löw-Beer* 1935 in Brünn.[15] Der Bau war – für europäische Verhältnisse damals sehr ungewöhnlich – mit einer Klimaanlage ausgestattet.[16] Für den Bruder Ernst Löw-Beers, Fritz Löw-Beer, hatten Baumfeld und Schlesinger in dessen Elternhaus in Zvitavka schon 1934 eine *Wohnung* eingerichtet, die dessen Sammlung ostasiatischer Kunst beherbergte.[17] Der zweite von Baumfeld und Schlesinger ausgeführte Bau ist ein *Landhaus für Max Österreicher* am Semmering, das 1936 fertiggestellt wurde. Im Jahr 1935 gewann Baumfeld den *Wettbewerb für die Errichtung eines Denkmals für die Bürgerkriegsopfer der Exekutive* am Wiener Zentralfriedhof.[18] Baumfeld war Mitglied des Österreichischen Werkbundes und der Zentralvereinigung der Architekten Österreichs.[19]

Im März 1938 mußte Baumfeld sein Atelier in Wien schließen.[20] Im August 1938 flüchtete er vor den Nationalsozialisten in die Tschechoslowakei[21] und arbeitete dort mit dem bekannten Architekten Arnost Wiesner beim *Entwurf für die Brünner Stadthalle* zusammen.[22] Während dieser Zeit wohnte er in der Wohnung seines Freundes Fritz Löw-Beer in Zvitavka. Vom März 1939 bis Mai 1940 lebte er in Prag. Im Mai 1940 verließ er Prag und ging nach Italien, dort wurde er verhaftet und verbrachte einige Monate im Gefängnis Marasse in Genua bzw. im Lager Agnone in Campobasso.[23] Im September 1940 erreichte Rudolf Baumfeld New York, wo er ein Jahr in verschiedenen Architekturbüros arbeitete. 1941[24] fand er eine Stelle als Zeichner für die US Navy. Danach entwickelte er kurzfristig *Wohnbautypen für das Büro Hugh Gibbs* in Long Beach.[25] Ab 1942 bewohnte er das Gästezimmer im Haus seines Wiener Schulkollegen Victor Gruen,[26] in dessen – damals noch kleinem – Büro er ab 1943 angestellt war. Als Chefzeichner entwickelte er das *Layout und das Merchandising-Konzept für Geschäftshäuser* in Kalifornien und Hawaii.[27] Im Dezember 1945 heiratete er in Los Angeles Marianne Lind; Victor Gruen und dessen damalige Frau Elsie waren Trauzeugen.[28]

Ab 1946 übernahm Baumfeld im Büro Gruens die Leitung der Projektierung großangelegter Geschäftsbauten, besonders von Bürohäusern und Shopping Centers.[29] 1949/50, nach der Umstrukturierung des Büros Victor Gruen F.A.I.A. in die Aktiengesellschaft *Victor Gruen Associates* wurde Baumfeld Partner von Victor Gruen.[30] Rudolf Baumfelds Aufgabenbereich umfaßte das eigentliche Architekturdesign, die Entwürfe für die Innenausstattung und die Vermarktungsstrategien wie Graphik und Merchandising.[31] Bei der Entwicklung von Ladenfronten und Geschäftseinrichtungen für die großen Einkaufszentren, für deren Entwicklung die Firma berühmt wurde, konnte Baumfeld seine Wiener Erfahrungen einbringen.

Die Strategie der Firma Victor Gruen Associates baute darauf auf, sehr große Aufträge, die oft städtebauliche Dimensionen annahmen, auf der Basis von Teamarbeit zu entwickeln. Daher ist es oft schwierig, Baumfelds Beiträge zu den einzelnen Projekten zu bestimmen. Wesentlichen Anteil hatte er am Entwurf des *Wilshire Medical Building* (1951), am *Southdale Shopping Center* (1956) und am *Leo Baeck Temple* in Los Angeles (1962).[32] Auch das *Haus A. Rosenstiel* (1950) in Beverly Hills wurde von Baumfeld entworfen.[33] 1968 trat Baumfeld, gleichzeitig mit Victor Gruen, als Partner zurück, er hatte aber weiterhin die Position des »Principal Associate« in der Firma inne. 1970 wurde Baumfeld Direktor der neugegründeten Tochterfirma *Victor Gruen Associates Subsidiary Innerspace Design, Inc.*,[34] für die er bis 1983 arbeitete.[35] Neben seiner Tätigkeit für Gruen Associates, die praktisch seine gesamte zweite Lebenshälfte umfaßte, entwarf er weiterhin Einzelmöbel für private Auftraggeber. Baumfeld war ein begeisterter Sammler französischer Druckgraphik des 17. Jahrhunderts, vor allem Jacques Callot. Er vermachte seine Sammlung, noch vor seinem Tod 1988, der National Gallery in Washington.[36]

1 *Biographical Notes on R.L. Baumfeld*, Victor Gruen Associates, o.D., Los Angeles
2 Laut Meldezettel im Wiener Stadtarchiv-Meldearchiv hatte er eine jüngere Schwester namens Alice.
3 Gabriele Koller (Hg.), Die Vertreibung des Geistigen aus Österreich (Ausst.Kat.). Wien-Salzburg 1985, S. 199
4 Victor Gruen, *Biographische Notizen*, Wien 2. April 1975, S. 29, unpubliziertes Manuskript, Library of Congress, Washington, Gruen Papers
5 *Biographical Notes ...* (zit. Anm. 1)
6 Koller (zit. Anm. 3)
7 Zeugnisse von Wiener Architekten über die Tätigkeit Rudolf Baumfelds. University of California at Los Angeles, Special Collection, Baumfeld Papers
8 *Biographical Notes ...* (zit. Anm. 1)
9 Koller (zit. Anm. 3)
10 *Biographical Notes ...* (zit. Anm. 1)
11 Koller (zit. Anm. 3)
12 Baumfeld, *Handgeschriebene Liste seiner Wiener Arbeiten*. Baumfeld Papers (s. Anm.7)
13 ebenda
14 Baumfeld, *Lebenslauf*, ca. 1941. Baumfeld Papers (s. Anm. 7), Box 3
15 Baumfeld, *Liste ...* (zit. Anm. 12)
16 Telefonische Auskunft von Ernst Löw-Beer, New York, im Juni 1994
17 ebenda
18 Baumfeld, *Liste ...* (zit. Anm. 12)
19 Koller (zit. Anm. 3)
20 ebenda
21 Archiv der Stadt Wien, Meldearchiv, Meldezettel und Heimatrolle Rudolf Baumfeld
22 Baumfeld, *Lebenslauf* (zit. Anm. 14)
23 Supplement to Alien's Personal History and Statement. Baumfeld Papers (s. Anm. 7)
24 ebenda
25 *Biographical Notes ...* (zit. Anm. 1)
26 Gruen, *Biographische Notizen* (zit. Anm. 4), S. 310
27 *Biographical Notes ...* (zit. Anm. 1)
28 Heiratsurkunde vom 11. Dezember 1945, Baumfeld Papers (s. Anm. 7)
29 *Biographical Notes ...* (zit. Anm. 1)
30 Gruen, *Biographische Notizen*. (zit. Anm.

4), S. 109 f.
31 *Biographical Notes* ... (zit. Anm. 1)
32 ebenda und Victor Gruen Associates, *Listing of Projects.* Gruen Papers (zit. Anm. 26)
33 Auskunft Julius Shulman
34 *Biographical Notes* ... (zit. Anm. 1)
35 Koller (zit. Anm. 3), S. 199
36 Gere Kavanaugh, Zusammenstellung des Materials über Rudolf Baumfeld an der UCLA, Baumfeld Papers (s. Anm. 7)

WILHELM BAUMGARTEN
(1885-1959)

Josef Hofbauer und Wilhelm Baumgarten, Zweite gewerbliche Fortbildungsschule, Wien-Fünfhaus, 1924-26, Maschinenhalle

Wilhelm Baumgarten gehörte mit → Hans Adolf Vetter und → Ernst Lichtblau zu jener Gruppe österreichischer Architekten, die sich nach ihrer Emigration 1938 in den Vereinigten Staaten nicht mehr als bauende Architekten etablieren konnten, sondern auf den Bereich der Lehre beschränkt blieben. Baumgarten wurde 1940 aus Wien an das North Carolina State College berufen.

Wilhelm Baumgarten wurde am 25.1.1885 in Mährisch-Schönberg geboren.[1] 1902 schloß er eine Maurerlehre ab und besuchte bis 1904 Kurse an der Wiener Kunstgewerbeschule. Anschließend arbeitete er mit Unterbrechungen bis 1911 als Zeichner in verschiedenen Wiener Architekturbüros. 1905/06 besuchte er die Offiziersschule der k.u.k. Armee und wurde Leutnant der Reserve.[2] Ab 1907 studierte er Architektur an der Akademie der bildenden Künste.[3] Im Studienjahr 1908/09 erhielt er das Dobner-von-Dobenau-Stipendium für Architekten und 1909/10 das Julius-Meinl-Reise-Stipendium der Akademie. Er schloß sein Studium 1910 ab.[4]

Zwischen 1911 und 1914 führte er ein selbständiges Architekturbüro in Wien. Wichtige Aufträge waren der *Umbau des Schlosses und der Kirche in Zelena Hora* (Tschechoslowakei) im Auftrag der Familie Auersperg, der Bau des *Neuen Kreuz-Brunn-Tempels in Marienbad* (1912/13) und der Bau des *Hotels Radetzky* (1912-1913) in der Hinterbrühl bei Wien; und zwischen 1912 und 1914 errichtete er auch *zwei Einfamilienhäuser* in Wien.

Im Ersten Weltkrieg wurde er vom Reserveoffizier zum Batteriekommandanten befördert. Von 1919 bis 1924 war er Assistent der Professoren Krauss und Behrens an der Akademie der bildenden Künste. In diese Zeit fällt auch seine Beschäftigung mit neuen Möglichkeiten im Wohnbau. Er entwarf *zwei Häuser für die Gartenstadt in Aspern* und ein *Projekt für eine Gartenstadt in Lainz.*

Zusammen mit Josef Hofbauer beteiligte er sich 1920 am *Wettbewerb für das Medizinische Zentrum der Universität Wien*. Die Zusammenarbeit mit Hofbauer führte 1921 zur Gründung des Büros Hofbauer & Baumgarten. 1924/25 beteiligte sich das Büro mit 166 Wohneinheiten am *Wohnbauprogramm der Gemeinde Wien*, bis 1928 folgen 240 weitere Einheiten. 1925 wird er als befugter Zivilarchitekt registriert. Doch den größten Erfolg hatte das Büro Hofbauer & Baumgarten mit Schulbauten. Von 1925 bis 1927 arbeiteten sie am Entwurf und der Ausführung der *Zweiten Berufsschule für Holzarbeiter* in Wien. Zwischen 1928 und 1932 errichtete das Team *drei Schulen und zwei Kindergärten für den Komensky-Verein* der tschechischen Volksgruppe in Wien. Diese Arbeiten wurden in zahlreichen internationalen Fachzeitschriften publiziert.

In den zwanziger Jahren beteiligten sich Hofbauer & Baumgarten an einigen Architekturwettbewerben, beispielsweise jenem für die Errichtung des *Circulo Ecuestre in Barcelona* (1920). Die *Wettbewerbsentwürfe für die Stadthalle in Wieselburg* (1926) und für eine *Schule in Linz* (1927) wurden ausgezeichnet. 1931 erschien eine Publikation anläßlich der zehn Jahre während Partnerschaft *W. L. Baumgarten – Joseph Hofbauer* in der Reihe *Wiener Architekten* des Elbemühlverlages. Zwei Jahre später wurde das Büro aufgelöst.

Wilhelm Baumgarten war an zahlreichen internationalen Kongressen beteiligt. Zwischen 1932 und 1938 war er beratender Architekt des Österreichischen Tabakmonopols. 1934/1935 plante und errichtete er ein *Realgymnasium für die tschechisch-slowakische Volksgruppe* in Wien. Ein wichtiger Auftraggeber war der Besitzer des Wiener Großkaufhauses Herzmansky. Für ihn entwarf er 1935 einen *Neubau für das Kaufhaus in der Mariahilferstraße*, der Entwurf konnte aber aus wirtschaftlichen Gründen nicht ausgeführt werden; lediglich eine komplette *Umgestaltung des Kaufhauses Herzmansky* 1936/37 führte Baumgarten durch.

Baumgarten war in zahlreichen kulturpolitisch wichtigen Institutionen aktiv. In den Jahren 1913 bis 1940 war er Mitglied der Zentralvereinigung Österreichischer Architekten und seit 1921 Mitglied der Österreichischen Vereinigung der Zivilingenieure und Architekten. Von 1920 bis 1940 war Baumgarten Mitglied des Wiener Künstlerhauses, dem er ab 1933 vorerst als Vizepräsident und ab 1936 als Präsident vorstand. Von 1928 bis 1938 war er Mitglied der Ingenieursund Architektenkammer in Wien und der International Town Planning Federation in London.[5]

Baumgarten emigrierte, entgegen bisherigen Annahmen, nicht 1938 in die Vereinigten Staaten[6], sondern erst 1940. Er war vom Rektor der School of Engineering der North Carolina State University in Raleigh, Blake van Leer, eingeladen worden, dort zu unterrichten. Baumgarten suchte erstmals am 20. August 1938 um eine Ausreisegenehmigung an und kam als Nr. 6335/6 auf die tschechoslowakische Warteliste. Blake van Leer kontaktierte im Jänner 1940 das Amerikanische Konsulat in Prag und den amerikanischen Arbeitsminister, um die Emigration Wilhelm Baumgartens zu beschleunigen, da er am North Carolina State College dringend gebraucht werde.[7] Im März 1940 reiste Baumgarten via Italien nach New York, wo sein Bruder ein Geschäft betrieb. Am 18. Mai wurde seine Berufung an das North Carolina State College bekanntgegeben.[8]

Baumgarten konnte bei seinem Weggang auf die Kontakte, die er bei seinen Aktivitäten in diversen internationalen Verbänden geknüpft hatte, zurückgreifen. Blake van Leer hatte er wahrscheinlich auf der Tagung der International Town Planning Federation 1928 kennengelernt. Auch der Dekan der Graduate School of Design der Harvard University setzte sich beim Amerikanischen Konsulat in Wien für Baumgartens Berufung ein.[9]

Im Wintersemester 1941/42 hielt er die ersten Kurse ab. Er unterrichtete unter anderem Perspektivzeichnung und Architekturgeschichte. Im Juni 1945 erhielt er die amerikanische Staatsbürgerschaft und kurz darauf die Lizenz als Architekt des Staates North Carolina. Noch im selben Jahr wurde er Mitglied des American Institute of Architects. Im Juli 1947 wurde er Assistent an der Architekturabteilung des North Carolina State College und unterrichtete dort Architekturgeschichte, Design und »Appreciation of Fine Arts.«[10] Er publizierte Aufsätze über Otto Wagner und die Wiener Moderne in der Zeitschrift des Colleges. Im Juli 1953 erhielt er eine Professur für Architektur an der North Carolina State College.[11] Am 1. Juli 1958 emeritierte Wilhelm Baumgarten.[12]

Wilhelm Baumgarten konnte nur ein einziges architektonisches Werk in den Vereinigten Staaten errichten, und bezeichnenderweise war es wieder ein Schulbau. Die *St. Paul's School im Robeson County* entstand 1950 in Zusammenarbeit mit dem Architekten W.L. Saunders.[13] Wilhelm Baumgarten starb im Februar 1959 in seinem Haus in Raleigh, 813 Lake Boone Trail.[14]

1 Gabriele Koller (Hg.), Die Vertreibung des Geistigen aus Österreich. (Ausst.Kat.) Wien-Salzburg 1985, S. 234
2 Faculty Biography der North Carolina State University, N. C. State University, Archiv
3 Koller (zit. Anm. 1)
4 Faculty Biography ... (zit. Anm. 2)
5 ebenda
6 Koller (zit. Anm. 1)
7 Brief von Blake van Leer an den Secretary of Labour vom 31. Jänner 1940 sowie an den amerikanischen Konsul in Prag vom 29. Jänner 1940. N. C. State University, Archiv
8 F. H. Jeter, Director, N. C. State College News Service, 18. Mai 1940
9 Brief von Blake van Leer an den Secretary of Labour (zit. Anm. 7)
10 Faculty Biography (zit. Anm. 2)
11 Funeral Rites for Prof. William Ludwig Baumgarten, 20. Februar 1959, N. C. State University, Archiv
12 Faculty Biography, (zit. Anm. 2)
13 Raleigh Times, 31. Jänner 1955
14 Funeral Rites (zit. Anm. 11); bei seinem Tod hinterließ Baumgarten seine Frau Valery (geb. Neuber) und die zwei Brüder Fritz und Viktor Baumgarten, die in Holland lebten, sowie eine Schwester Marianne, die in Österreich geblieben war.

JOSEF FRANZ DEX
(1899-1945)

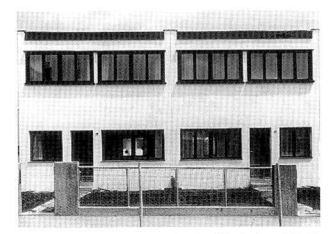

Josef Dex, *Doppelhaus in der Werkbundsiedlung*, Wien-Lainz, 1932

Josef Franz Dex wurde am 28. Dezember 1899 als Sohn von Josef Dex und Fanni, geb. Kerns, in Linz geboren.[1] Von 1920-22 studierte er an der Kunstgewerbeschule in Linz und danach bei Peter Behrens an der Wiener Akademie der bildenden Künste. 1925 gewann er den Staatspreis und 1926 den Rompreis. Über Leben und Werk von Josef Dex ist nicht viel bekannt. Er war offensichtlich hauptsächlich als Inneneinrichter und Möbelentwerfer beschäftigt. Sein Hauptwerk sind *zwei Reihenhäuser in der Wiener Werkbundsiedlung* 1932.[2] Außerdem richtete er eine *Arztpraxis* vermutlich in dem von Theiß & Jaksch 1931/32 errichteten *Hochhaus in der Herrengasse* in Wien ein.[3]

Um 1941 emigrierte er nach New York. In der Zeit bis zu seinem Tod

1945[4] führte er das kleine *Einrichtungsgeschäft Josef Dex, Interior Designer* in 123 East 57 Street.[5] Noch kurz vor seinem Tod wollte er mit dem Amerikaner Fred Beck ein gemeinsames Atelier gründen. Im Mai 1945 hatten sie ein Büro in 599 Madison Avenue gemietet und damit begonnen, es umzugestalten.[6] Josef Dex starb am 31. Juli 1945 in seiner Wohnung in Manhattan, 154 East 70 Street.[7]

1 Certificate of Death Nr. 16 99, New York City Department of Records and Information Services, Municipal Archives
2 Gabriele Koller (Hg.), Die Vertreibung des Geistigen aus Österreich (Ausst.Kat.). Wien-Salzburg 1985, S. 204
3 Handschriftliche Notiz: »Hochhaus« im Archiv Gerlach, Historisches Museum der Stadt Wien
4 Certificate of Death (zit. Anm. 1)
5 New York City Telephone Directory, Manhattan, Summer 1945/Winter 1946
6 Akte über die Übernahme des Büros durch Fred Beck, Surrogates's Court, County of New York, Estate of Joseph Frans Dex, A 2268/1945
7 Certificate of Death (zit. Anm. 1)

JOSEF FRANK
(1885-1967)

Josef Frank

Josef Frank wurde am 15. Juli 1885, während eines Sommeraufenthaltes der Familie, in Baden bei Wien geboren. Sein Vater besaß ein Schneiderzubehör- und Textilhandelsunternehmen sowie ein Leinen- und Wäschegeschäft. Nachdem er 1903 an der Staatsrealschule im 1. Wiener Gemeindebezirk maturiert hatte, begann er an der Technischen Hochschule in Wien Architektur zu studieren. 1908, Frank hatte die zweite Staatsprüfung abgelegt, ging er nach Berlin, um im Atelier des Architekten Bruno Möhring zu arbeiten. Der Berlinaufenthalt war für Frank in vieler Hinsicht prägend. Er kam dort nicht nur mit den Ideen der Gartenstadtbewegung, sondern auch mit der Werkbundidee in Berührung.[1]

Anschließend an seinen Berlin-Aufenthalt reiste Frank für einige Monate nach Italien, um Material für seine Dissertation *Über die ursprüngliche Gestalt der Kirchenbauten des Leone Battista Alberti* zu sammeln, die er 1910 abschloß. 1910 wurde er vom Deutschen Werkbund als Mitglied aufgenommen, und 1912 war er Gründungsmitglied des Österreichischen Werkbundes.[2] In die Zeit bis zum Ausbruch des Ersten Weltkriegs fielen auch seine ersten ausgeführten Arbeiten. Er entwarf das *Ausstellungsmobiliar des Museums für ostasiatische Kunst* in Köln (1910) und baute für den Industriellen Hugo Bunzl ein *Wohnhaus in Ortmann* in Niederösterreich (1914). Frank arbeitete oft mit → Oskar Wlach und Oskar Strnad zusammen, zum Beispiel beim Bau des *Wohnhauses für den Schriftsteller Jakob Wassermann* (1914), im Kaasgraben (1914).[3]

Während des Ersten Weltkriegs diente Josef Frank als Leutnant der Reserve beim Bau von Feldbahnen. Er reagierte schnell auf die geänderten Umstände nach Kriegsende und Ausrufung der Republik. Schon seine erste Publikation, 1919, hatte die Arbeiterwohnungsfrage zum Thema – eine Problematik,[4] die ihn auch bei der 1919/20 errichteten *Arbeiterkolonie in Ortmann* beschäftigte.[5] Er arbeitete in der Folge mit Gustav Scheu, Max Ermers, Hans Kampffmeyer und Otto Neurath, den Protagonisten der Wiener Gartenstadtbewegung, eng zusammen. Ab 1921 war er Architekt des Österreichischen Verbandes für Siedlungs- und Kleingartenwesen.

1919 erhielt Josef Frank einen Lehrauftrag für Baukonstruktionslehre an der Kunstgewerbeschule.[6] Obwohl ein scharfer Kritiker der »Volkswohnpaläste« (Frank), also des auf Blockverbauung ausgerichteten Wohnbaukonzeptes der Gemeinde Wien, errichtete er in Arbeitsgemeinschaft mit anderen Architekten 1924 den *Wiedenhofer-Hof* und den *Winarsky-Hof*, weitere Gemeindebauten folgten in den dreißiger Jahren.[7] 1925 gründete er gemeinsam mit Oskar Wlach das erfolgreiche *Einrichtungshaus Haus & Garten*, dessen Produkte im selben Jahr auf der »Exposition Internationale des Arts Décoratifs et Industriels Modernes« ausgestellt waren.[8] In Paris war auch ein *Österreichisches Kaffeehaus* von Frank zu sehen.[9] Frank richtete sein Interesse in diesen Jahren verstärkt auf den Wohnungs- und Siedlungsbau. Nebenbei entwarf er bedruckte Leinenstoffe. 1928 nahm er, als einziger Österreicher, an der Gründung von CIAM (Congrès Internationaux d'Architecture Moderne) teil. Er trat aber im darauffolgenden Jahr aus der Vereinigung aus, weil er deren dogmatische Haltung ablehnte.

Franks älterer Bruder, der Physiker Philipp Frank, war ein wichtiges Mitglied des 1929 von dem Philosophen Moritz Schlick gegründeten »Wiener Kreises«. Durch ihn kam Josef Frank in Kontakt mit dem neopositivistischen Gedankengut dieser Gruppe, in der besonders Otto Neurath eine wichtige Stellung einnahm.[10] 1929 hielt Frank einen der ersten Vorträge, die vom Verein »Ernst Mach – Freunde der wissenschaftlichen Weltauffassung« organisiert wurden. Er sprach über *Moderne Weltauffassung und moderne Architektur*.[11]

In den dreißiger Jahren errichtete Frank gemeinsam mit Oskar Wlach das *Haus Beer in der Wenzgasse*, Wien 13 (1929/30) und ein *Haus für Hugo und Olga Bunzl in der Chimanistraße*, Wien 19 (1936).[12]

Den wohl wichtigsten Beitrag zur österreichischen modernen Architektur leistete Frank 1931/32 durch seine Initiative zur Errichtung der *Wiener Werkbundsiedlung*. Frank war als einziger Österreicher 1927 mit einem *Doppelhaus an der Stuttgarter Werkbundsiedlung* beteiligt gewesen. Sein Konzept der Wiener Siedlung stellt sich bewußt gegen die lokale Tradition des mehrgeschossigen Superblocks und folgt den Ideen der Gartenstadtbewegung. Josef Frank hatte neben den österreichischen Teilnehmern auch international bekannte Architekten wie André Lurçat, Gerrit Rietveld und Hugo Häring und die schon in den Vereinigten Staaten ansässigen Österreicher → Richard Neutra und → Arthur Grünberger eingeladen, sich an der Ausstellung zu beteiligen. Er selbst errichtete das *Haus Nummer 12* in der Siedlung. Die Wiener *Werkbundsiedlung* war die letzte gemeinsame Manifestation der modernen Architektur in Österreich gewesen. 1938 mußte ein gutes Drittel der österreichischen Architekten, die an der Errichtung der Siedlung beteiligt gewesen waren, Österreich verlassen, weil sie aus »rassischen« oder politischen Gründen von den Nationalsozialisten verfolgt wurden.[13]

Kurz nach der Fertigstellung der *Werkbundsiedlung* wurden die Spannungen im Österreichischen Werkbund so groß, daß die Spaltung in den Neuen Werkbund, der vor von Clemens Holzmeister und Peter Behrens dominiert wurde, und den alten Werkbund um Oskar Strnad und Josef Frank unvermeidlich wurde. Die zunehmende Verschärfung des politischen Klimas, die mit einer von der rechten Presse betriebenen antisemitischen Hetze gegen die im alten Werkbund Verbliebenen – vor allem gegen Strnad und Frank – einherging, führte 1933/34 zu Josef Franks Emigration nach Schweden, der Heimat seiner Frau. Schon 1921 hatte er *Möbel* für eine schwedische Freundin seiner Frau entworfen, welche Estrid Ericson, die Besitzerin der Zinnwarenfirma Svenskt Tenn, so beeindruckten, daß sie Frank 1932 die Zusammenarbeit anbot.[14] Von Stockholm aus reiste Frank bis 1938 mehrmals nach Wien und nahm weiterhin regen Anteil an der österreichischen Entwicklung. Aber erst nach dem »Anschluß« Österreichs an Hitlerdeutschland verlegte er offiziell seinen Wohnsitz nach Schweden. Das Einrichtungsgeschäft Haus & Garten wurde 1938 vom befreundeten Lampenfabrikanten Julius Kalmár übernommen.[15]

1939 wurde Frank schwedischer Staatsbürger. Im selben Jahr beteiligte er sich an der Golden Gate Exhibition in San Francisco.[16] Doch auch Schweden war von den Nationalsozialisten bedroht, und so entschloß sich Frank, der Einladung der New School for Social Research zu folgen und nach New York zu gehen.[17] László Gábor, ein Maler, der die *farbliche Gestaltung der Werkbundsiedlung* entworfen hatte, und sein Bruder Phillip gaben Frank und seiner Frau Anna die Affidavits, jene Unterstützungserklärung, ohne die kein amerikanisches Visum zu bekommen war. Josef Frank traf am 18. Dezember 1941 mit der »SS Santa Rosa« in New York ein.[18] Im Frühling 1942 begann er an der New School for Social Resarch, im Rahmen der »University in Exile«, zu unterrichten. In seinen Vorlesungen behandelte er hauptsächlich architektonische Themen, setzte sich aber im Sommersemester 1943 auch mit den Problemen der Kunst nach dem Krieg auseinander.[19] In der New Yorker Zeit entstand auch Josef Franks bisher zum größten Teil unveröffentliches literarisches Werk.[20] Er beschäftigte sich 1942 mit einem *Projekt zur Verbesserung der Wohnsituation in den New Yorker Slums* und entwarf 1947 ein *Projekt für das UNO-Hauptgebäude* in New York.[21] Frank entwarf auch in seiner New Yorker Zeit zahlreiche *Stoffe für die Firma Svenskt Tenn*.[22]

Nach seiner Rückkehr nach Schweden 1947 hielt er den Kontakt zu New York aufrecht. 1949 entwarf er *Lampen für einen Wettbewerb der »American Association of Decorative Arts«* und wollte gemeinsam mit Anna Gutmann, einer Freundin aus der Wiener Zeit, in deren New Yorker Studio *Lampen* produzieren. 1951 stellte er seine Arbeiten in *Kaufmann's Department Store* in Pittsburgh aus. Sein langjähriger Freund László Gábor, der künstlerische Berater des Kaufhauses, hatte seine Einladung angeregt. Während seines Aufenthaltes in Pittsburgh wohnte Josef Frank in Frank Lloyd Wrights *Falling Water House*, dessen Auftraggeber, Edgar J. Kaufmann, der Besitzer des Kaufhauses war.[23]

Trotz dieser kurzen amerikanischen Episoden arbeitete Josef Frank bis zu seinem Tod als Entwerfer für Svenskt Tenn. Seine Beziehung zu Österreich war nicht mehr so intensiv wie vor dem Weltkrieg. Die meisten seiner Ansprechpartner – wie Oskar Wlach,

Walter Sobotka und Felix Augenfeld – waren in den Vereinigten Staaten geblieben. 1949 erarbeitete Frank mehrere Vorschläge zur *Neugestaltung des Wiener Stephansplatzes*, die allerdings unbeachtet blieben.²⁴ Nachdem 1949 eine *Retrospektive seiner Arbeiten* in der Firma Svenskt Tenn gezeigt und 1952 seine zwanzigjährige Arbeit für diese Firma im Stockholmer Nationalmuseum mit einer Ausstellung dokumentiert worden war, organisierte man 1965 in der Österreichischen Gesellschaft für Architektur in Wien eine Ausstellung seiner Arbeiten. Gleichzeitig wurde ihm der Große Österreichische Staatspreis für Architektur verliehen.²⁵ Frank konnte aufgrund seines angegriffenen gesundheitlichen Zustandes nicht mehr selbst an der Preisverleihung teilnehmen. Am 8. Jänner 1967 starb Josef Frank in Stockholm.²⁶ Seine Einrichtungsphilosophie hatte den sogenannten schwedischen Wohnstil wesentlich geprägt und war durch die Aktivitäten von Hermann Czech, Friedrich Kurrent, Josef Spalt und Friedrich Achleitner in den sechziger Jahren nach Österreich zurückgekehrt.

1 Wilfried Posch, Josef Frank. In: Friedrich Stadler (Hg.), Vertriebene Vernunft, Bd. II, Emigration und Exil österreichischer Wissenschaft. Wien-München (Jugend & Volk) 1988, S. 645-658
2 ebenda
3 Johannes Spalt / Hermann Czech (Hg.), Die Josef Frank 1885-1967 (Hochschule für angewandte Kunst / Löcker), Wien 1981, S. 248 ff.
4 Posch (zit. Anm. 1)
5 Spalt/Czech (zit. Anm. 3)
6 Posch (zit. Anm. 1)
7 Spalt/Czech (zit. Anm. 3)
8 Posch (zit. Anm. 1)
9 Spalt/Czech (zit. Anm. 3)
10 Posch (zit. Anm. 1)
11 Georg Schöllhammer, Zum literarischen Werk Josef Franks. In: Umbau 10, August 1986, S. 133 ff.
12 Spalt/Czech (zit. Anm. 3)
13 Adolf Krischanitz / Otto Kapfinger, Die Wiener Werkbundsiedlung. Dokumentation einer Erneuerung. Wien (Compress) 1985
14 Posch (zit. Anm. 1)
15 Österreichisches Staatsarchiv, Archiv der Republik, Handelsministerium, Vermögensverkehrsstelle, Akt »Haus und Garten«
16 Spalt/Czech (zit. Anm. 3)
17 siehe Beitrag von Kristina Wängberg-Eriksson in diesem Band
18 Archiv Svenskt Tenn, Stockholm
19 Sommersemester 1942: The *Future of Architecture*; Wintersemester 1942/43: *Introduction to Modern Art and Architecture*; Sommersemester 1943: *Postwar Problems of Art*; Wintersemester 1943/44: *Appreciation of Architecture*. Daten aus: Vorlesungsverzeichnisse der New School for Social Research
20 Posch (zit. Anm. 1) und Schöllhammer (zit. Anm. 11); siehe auch den Beitrag von Wängberg-Eriksson in vorliegendem Band
21 Spalt/Czech (zit. Anm. 3)
22 Wängberg-Eriksson in diesem Band
23 Angaben von Maria Welzig
24 Posch (zit. Anm. 1)
25 Spalt/Czech (zit. Anm. 3)
26 Posch (zit. Anm. 1)

PAUL THEODORE FRANKL
(1886-1958)

Paul Theodore Frankl, um 1932

Paul Theodore Frankl war neben → Joseph Urban einer der österreichischen Pioniere des modernen Designs in den Vereinigten Staaten. Er trug mit seinen Inneneinrichtungen und Geschäftsausstattungen wesentlich dazu bei, der Aufbruchsstimmung, die New York nach dem Ende des Ersten Weltkriegs erfaßt hatte, den glamourösen Art Déco-Hintergrund zu geben.

Paul Th. Frankl, am 14.10.1886 in Wien in geboren,¹ stammte aus einer großbürgerlich katholischen Familie. Die kunstinteressierten Eltern bewohnten eine Villa in Hietzing, in der unter anderen der Komponist Oskar Straus und der Regisseur Fritz Kreisler häufig zu Gast waren. Paul Theodore Frankl wollte ursprünglich Malerei studieren, beugte sich aber dem Willen seines Vaters und inskribierte 1904 an der Technischen Hochschule in Wien Architektur u.a. bei den Professoren Mayreder und Veit. 1905 wechselte er an die Technische Hochschule in Berlin. Er mußte sein Studium unterbrechen, um den Militärdienst in der k.u.k. Armee abzuleisten und nach dem Tod seines Vaters kurzfristig in dessen Firma zu arbeiten. 1911 schloß er sein Studium mit dem Architekturdiplom in Berlin ab und heiratete die Konzertpianistin Paula Koenig. Er arbeitete im Architekturbüro eines Schweizer Architekten und kurze Zeit in Kopenhagen. Gemeinsam mit seiner Frau unternahm er ausgedehnte Studienreisen nach Italien.²

Von der Begeisterung seines Vaters für den amerikanischen Lebensstil angeregt, schiffte er sich im Frühjahr 1914 nach New York ein. Er bereiste die gesamten Vereinigten Staaten und besuchte viele Architekten. Er plante, über Japan nach Europa zurückzukehren, wurde aber in Kyoto vom Ausbruch des Krieges überrascht und kehrte nach New York zurück. Dort fand er eine Stelle als Graphiker beim »International Art Service«. Er verkehrte in den Kreisen französischer Emigranten. Der Bildhauer Ely Nadelman, den er von einem Studienaufenthalt in Paris kannte, vermittelte ihm 1915 seinen ersten architektonischen Auftrag, *Umbau und Einrichtung eines Schönheitssalons für Helena Rubinstein*. Frankl stattete den Salon in der 49th Street, Ecke Madison Avenue mit Skulpturen von Ely Nadelman aus und arbeitete bei der Innendekoration mit Witold Gordon zusammen. Später sollten weitere Salons für Helena Rubinstein folgen. Nach einer Reise durch Kuba richtete sich Frankl einen *Präsentationsraum im Architects Building* in der Park Avenue ein. Er arrangierte die *Auslage des Knabe Piano Stores* an der Fifth Avenue neu, doch der größte Erfolg war die *Einrichtung des Rubinstein-Salons*, der in vielen amerikanischen und europäischen Fachzeitschriften besprochen wurde. Daraufhin wollte auch *Elizabeth Arden* ihren ersten Salon Ecke 42nd Street, Fifth Avenue von Frankl ausgestattet haben. Frankl richtete später auch das *Arden-Penthouse* in der Fifth Avenue ein. Ein weiterer Auftrag, der Frankl in New York bekannt machte, war die *Raumgestaltung des Voisin*, eines Restaurants, das von den Österreichern Otto und Alphonse Baumgarten betrieben wurde. Dieser Auftrag zog dann weitere Ausstattungsaufträge nach sich. Zwischen 1916 und 1917 wurde Frankl vom österreichischen Botschafter, Graf Dumba, öfters als *Ausstatter von Empfängen in der Botschaft* in Washington verpflichtet. Wie → Joseph Urban arbeitete auch Paul Frankl gelegentlich als *Ausstatter von Theaterproduktionen*, unter den Auftraggebern war auch die Tänzerin Isadora Duncan.³

1922 eröffnete er eine *Verkaufsgalerie* in 4 East 48th Street in New York. Neben selbstentworfenen Möbeln zeigte er auch Tapeten und Stoffe, die er zumeist aus Japan importierte.⁴ In den Jahren zwischen der Pariser Kunstgewerbeausstellung (1925) und dem Schwarzen Freitag (1929) spielte Frankl im Zuge des Art Déco-Booms in New York eine führende Rolle als einer der gesuchtesten Einrichtungskünstler und Möbelentwerfer der Stadt. Er betrieb eine eigene Fabrikation – vor allem seine *Skyscraper-Furnitures* fanden reißenden Absatz.

Paul Theodore Frankl engagierte sich für die Etablierung des modernen Designs auf vielfältigste Weise. Er beteiligte sich an *Ausstellungen*, z. B. 1928 an der American Designers Gallery-Ausstellung, 1931 an der Ausstellung der American Union of Decorative Artists and Craftsmen (AUDAC) im Brooklyn Museum und 1929 in der Modern American Design und Metal-Ausstellung im Newark Museum in New Jersey, sowie 1939 an der Golden Gate International Exhibition.⁵ Frankl war 1928 Gründungsmitglied der AUDAC, einer Organisation, welche die unbefriedigende Urheberrechtssituation der Entwerfer verbessern sollte. Frankl versuchte aber nicht nur durch eigene Entwürfe Interesse für modernes Design zu wecken. Wie → Friedrich Kiesler und Joseph Urban publizierte auch er um 1930 eine Reihe von vielbeachteten Büchern, die in Anthologie- und Stichwortform die wichtigsten formalen Eigenschaften und die Vertreter des modernen Designs vorstellen.⁶ Kurz nach dem Schwarzen Freitag 1929 erhielt Frankl einen seiner größten Ausstattungsaufträge. Der Leiter der Werbeabteilung der Fox Film Corporation, Glendon Allvine, hatte sich 1927-29 auf Long Island ein Haus in »moderner« Manier bauen lassen. Mit der *Einrichtung des Hauses in Long Beach* wurden nahe AUDAC-Mitglieder beauftragt, neben Paul Theodore Frankl waren Donald Deskey und Paul Poiret beteiligt.⁷ Dank seiner Flexibilität konnte Frankl die Zeit nach dem Börsenkrach trotz ausbleibender größerer Aufträge durch diverse Handelsgeschäfte überstehen.⁸

1934 übersiedelte er von New York nach Los Angeles. Dort gründete er in Beverly Hills die *Frankl Galleries*, wo er neben eigenen Entwürfen weiterhin asiatisches Kunsthandwerk präsentierte. Besonders die Pflanzenarrangements wurden zu einem Markenzeichen der *Frankl Galleries*.⁹ In den frühen vierziger Jahren richtete er einige Wohnungen von privaten Auftraggebern in und um Los Angeles ein.¹⁰ Um 1946 eröffnete er ein *neues Studio* in einem von ihm umgebauten Haus in Los Angeles. Seine *Möbelentwürfe* produzierte er weiterhin selbst unter dem Namen *Paul T. Frankl Associates*.¹¹ Durch die Emigration von Architekten und Designern aus Europa, die 1933 eingesetzt hatte, wurde der Konkurrenzdruck größer. Die erste moderne Bewegung in den Vereinigten Staaten wurde in der Folge durch die zweite – vor allem durch Mitglieder des Bauhauses – überlagert. Paul Theodore Frankl konnte an den großen Erfolg, den er im New York der Zwischenkriegszeit gehabt hatte, bis zu seinem Tod 1958 nicht mehr anschließen.

1 Angabe von DI Erich Jiresch anhand der Matrikelbücher der Technischen Universität Wien
2 Paul Theodore Frankl, *Autobiographie*, unpubliziert, Besitz Paulette Frankl
3 ebenda
4 Alastair Duncan, American Art Deco. London (Thames and Hudson) 1986, S. 43 f.
5 ebenda, S. 24, 28, 99, 266
6 *New Dimensions. The Decorative Arts Today in Words and Pictures*. New York (Payson & Clarke Ltd.) 1928; *Form and Re-Form. A Practical Handbook of Modern Interiors*. New York (Harper and Brothers) 1930; *Machine-Made Leisure*. New York-London (Harper and Brothers) 1932; *Space for Living. Creative Interior Decoration and*

Design. New York (Doubleday, Doran and Co. Inc.) 1938; *American Textiles. Survey of World Textiles.* Leigh-on-Sea (F. Lewis) 1954
7 Auktionskatalog Christie's, Furniture from America's First Modernistic Home, The de Lorenzo Collection, New York, Saturday, October 4th, 1980 (catalogue # 5005 A)
8 Frankl, *Autobiographie* (zit. Anm. 2)
9 Designer Strikes Pay Dirt. In: Interiors, Vol. 102, August 1943, S. 34 f.
10 Frankl, *Beverly Hills, Cal.* In: Interiors, Vol. 101, August 1941, S. 46 und: Interiors, Vol. 102, August 1942, S. 38
11 Frankl, *Los Angeles.* In: Interiors, Vol. 107, September 1947, S. 90 f.

VICTOR GRUEN (1903-1980)

Victor Gruens Karriere ist für einen 1938 aus Wien vertriebenen Architekten äußerst untypisch: In kurzer Zeit baute er in den Vereinigten Staaten ein Unternehmen auf, dessen Erfolg das Klischee vom »Land der unbegrenzten Möglichkeiten« bestätigt.

Geboren am 18. Juli 1903[1] als Sohn des Wiener Rechtsanwalts Adolf Grünbaum und dessen Frau Elisabeth (geb. Levi), wuchs Viktor Grünbaum in einem bürgerlich-liberalen Milieu auf. Schon während seiner Gymnasialzeit war er Mitglied im Bund Sozialistischer Mittelschüler. Das Ende des Ersten Weltkriegs und der Tod seines Vaters stellten Viktor Grünbaum 1918 vor geänderte Lebensbedingungen. Verschärft wurde die Situation durch den Verlust des Familienvermögens, das in Kriegsanleihen investiert gewesen war. Er mußte die Mittelschule verlassen und besuchte auf Wunsch seines Vormundes die Staatsgewerbeschule für Hochbau. Dort lernt er seinen späteren Partner → Rudolf Baumfeld kennen. Das politische Klima an dieser Schule war von den großteils deutschnationalen Lehrern bestimmt, und Viktor Grünbaum wurde erstmals mit deren antisemitischer Hetze konfrontiert.[2] 1923 schloß er die Schulausbildung ab und begann in der Architekturfirma seines Vormundes Edmund Melcher zu arbeiten. Gleichzeitig studierte er ein Jahr in der Meisterschule bei Peter Behrens an der Akademie der bildenden Künste.[3]

1926 gründete Viktor Grünbaum gemeinsam mit Ludwig Wagner und Paul Lazarsfeld das *Politische Kabarett* in Wien. Er trat als Conférencier auf, schrieb an den Stücken mit und war für die Organisation verantwortlich. Opfer der satirischen Darstellungen des Kabaretts war nicht nur der politische Gegner, sondern es wurde auch Kritik an der Sozialdemokratischen Partei aus den eigenen Reihen geübt. Bekannte Persönlichkeiten wie Otto und Helene Bauer, Julius Deutsch und Julius Tandler kamen regelmäßig zu den Vorstellungen. Für Viktor Grünbaum bot das *Politische Kabarett* die Möglichkeit, sein Engagement für die sozialistische Idee, seine Begeisterung für das Theater und seine organisatorischen Fähigkeiten gleichermaßen einzubringen. Er freundete sich mit dem jungen Schriftsteller Jura Soyfer an. Die letzte Vorstellung des *Politischen Kabaretts* fand im Februar 1934 statt. Nachdem die Sozialdemokratische Partei verboten worden war, schrieb Viktor Grünbaum bis 1938 gemeinsam mit Jura Soyfer weiterhin anonym Stücke für Kleinkunstbühnen.[4]

Viktor Grünbaum heiratete 1929 die einundzwanzigjährige Alice Kardos. Neben seiner Tätigkeit für Baumeister Melcher begann er, kleinere selbständige Aufträge, vor allem Einrichtungen, zu übernehmen. 1932 machte er sich selbständig und eröffnete in der Wohnung der Familie in der Riemergasse sein erstes Architekturbüro. Das Atelier war mit Wohnungsumbauten gut ausgelastet. Grünbaum richtete *für Otto Bauer*, den führenden Sozialdemokraten, eine *Wohnung* ein.[5]

Neben diversen Innenausstattungen konnte Viktor Grünbaum einige Umbauten von Wiener Innenstadtgeschäften ausführen. Seine Umbauten des *Herrenmodengeschäfts Deutsch* und des *Modesalons Haberfeld* wurden in internationalen Fachzeitschriften publiziert. Anfang 1938 war Viktor Grünbaum gerade mit seinem ersten Großauftrag – dem *Umbau eines Kaufhauses in der Mariahilferstraße* – beschäftigt. Nach dem »Anschluß« Österreichs an Nazideutschland wurde sein Atelier von einem seiner Angestellten übernommen. Er bereitete, während er in der ihm enteigneten Firma als Angestellter am Entwurf für *Kraft durch Freude-Hallen* arbeitete, seine Emigration vor.[6] Er konnte über seine Freundin Ruth York Affidavits für seine Frau und sich erlangen und verließ im Juni 1938 Wien, ohne sich seine Architektenlizenz, die er im Februar 1938 erhalten hatte, abzuholen. Er emigrierte über die Schweiz, Frankreich und England nach New York, wo er am 13. Juli eintraf.[7]

In New York fand er vorerst eine Stelle bei einer Firma, die das Modell für Norman Bel Geddes' *General Motors Pavillon* für die New Yorker Weltausstellung 1939 herstellte. Sein erster selbständiger Auftrag in Amerika war die Gestaltung eines *Lederwarengeschäftes* für den Wiener Ludwig Lederer in New York an der Fifth Avenue nahe der 55th Street, das 1939 eröffnet wurde. Viktor Grünbaum arbeitete bei diesem Auftrag und bei einigen folgenden mit dem jungen amerikanischen Architekten Morris Ketchum zusammen, weil er noch keine amerikanische Lizenz als Architekt hatte. 1939 gründete er zusammen mit der jungen amerikanischen Designerin Elsie Krummeck – er hatte sie bei seinem allerersten amerikanischen Arbeitgeber, Ivel & Co. – kennengelernt, ein Studio. Zu den ersten Kunden von Grünbaum & Krummeck gehörte der Wiener Stephan Klein. Für ihn richteten sie das Süßwarengeschäft *Barton's Bonbonniere* ein. Auch die Besitzer des bekannten Wiener Süßwarengeschäftes *Altmann & Kühne* gehörten zu den Kunden Viktor Grünbaums in New York.[8]

Seit seiner Ankunft in New York arbeitete Grünbaum mit den Schauspielern Herbert Berghof, Elisabeth Neumann, Manfred Inger u.a. zusammen, um eine antifaschistische Theatergruppe aufzubauen. Die *Refugee Artists Group* (später »Viennese Theatre Group«) hatte mit den Shows *From Vienna* und *Reunion in New York* am Broadway großen Erfolg. Gruen fungierte als Direktor der Schauspieltruppe. Das Unternehmen wurde von vielen Prominenten unterstützt, unter ihnen Albert Einstein, George S. Kaufman und die Marx Brothers.[9]

Der erste Großkunde von Grünbaum & Krummeck war die Grayson Company. Die Kaufhauskette wollte an der Westküste expandieren und beauftragte Viktor Grünbaum und Elsie Krummeck, die neuen *Verkaufslokale* umzubauen. 1940 übersiedelten Viktor Grünbaum und Elsie Krummeck nach Los Angeles,[10] 1941 heirateten sie auf Catalina Island. Im Haus des Ehepaars Grünbaum in der North Kings Road, in dem auch das erste kleine Architekturbüro untergebracht war, lebte und arbeitete auch der Wiener Schulkollege Grünbaums, Rudolf Baumfeld. Gleichzeitig mit seiner Einbürgerung 1943 änderte Viktor Grünbaum seinen Namen in Victor Gruen. 1947 erhielt er den folgenreichen Auftrag, für *Milliron's Department Store* ein vorstädtisches Großkaufhaus zu errichten. Der Erfolg des einstöckigen Baus mit Parkmöglichkeit auf dem Dach führte zu weiteren Aufträgen von Kaufhausketten. Nachdem er 1948 die Architektenlizenz für den Staat Kalifornien erhalten hatte, nannte er die Firma *Victor Gruen Architect A.I.A.* In dieser Zeit begann auch die 20 Jahre währende Zusammenarbeit mit der *Damenmodenfirma Joseph Magnin*.[11] Ende 1949 wandelte Gruen seine Firma in die Aktiengesellschaft *Victor Gruen Associates* um. Er beteiligte seine Mitarbeiter Karl van Leuven, Rudolf Baumfeld, Ben Southland und Edgardo Contini zu gleichen Teilen am Unternehmen.[12] In dieser Zeit erhielt das Büro auch die Möglichkeit, das *Milliron's-Konzept* weiter auszubauen. Die J. L. Hudson Company beauftragte sie, das Konzept für vier suburbane Shopping Centers in Detroit zu entwickeln.[13] Das erste dieser Einkaufszentren, *Northland* – eine multifunktionale Einkaufsstadt –, wurde 1954[14] fertiggestellt; es setzte auf dem Gebiet der Regionalplanung neue Maßstäbe.

Die Victor Gruen Associates entwickelten sich innerhalb des ersten Jahrzehnts ihres Bestehens zu einem der 20 größten Architekturbüros der Vereinigten Staaten mit 300 Angestellten und einer Registrierung in 26 Staaten.[15] Die Organisation war so aufgebaut, daß sie alle Phasen der Planung, Bauüberwachung und nicht zuletzt das Marketing selbst übernehmen konnte. Jeweils einer der Partner war als »Partner in Charge« für einen Auftrag zuständig. Besonders verdienstvolle Angestellte hatten die Möglichkeit, als Associate an der Firma beteiligt zu werden.[16] Von der Logistik der Victor Gruen Associates beeindruckt, boten ihnen → Richard Neutra und Philip Johnson die Zusammenarbeit an. Dies kam allerdings nicht zustande.[17] Von der Gestaltung kleinerer New Yorker Geschäfte über die *Shopping Center Milliron's* (1949), *Northland* (1954) und *Southdale* (1956) ging die Entwicklung weiter in Richtung größerer städtebaulicher Eingriffe wie die *Neuplanung der Innenstädte von Fort Worth* (1955) und *Rochester* (1959).[18] Gruens Idee war, vor allem die innerstädtischen Bereiche vom Autoverkehr zu entlasten, ohne deren wesentliche Funktionen an die Peripherie zu verlagern, da dies zu ihrer Verödung geführt hätte. Das Konzept der Victor Gruen Associates machte ein ständiges Wachstum der Organisation notwendig, und Victor Gruen konnte immer weniger Zeit für die eigentliche Planungstätigkeit aufbringen. Daher ging er am 18. Juli 1968, seinem 65. Geburtstag, als Manager der Victor Gruen Associates in Pension. Schon 1966 hatte er die kleinere und daher auch flexiblere Firma *Victor Gruen International in Los Angeles*[19] und 1967 eine Planungsfiliale in Wien gegründet.[20] Sein Hauptarbeitsgebiet waren nun *städtebauliche Projekte* für kleinere europäische Zentren wie Monza, Evry und Lyon.[21]

Gruens Interesse verlagerte sich immer mehr in Richtung Umweltplanung; 1968 rief er die Stiftung Victor Gruen Center for Environmental Planning an der Peperdine University in Los Angeles ins Leben, die er 1973 um die Schwesterorganisation Zentrum für Umweltplanung in Wien erweiterte.²² Schon um 1969 hatte er begonnen, Pläne für die städtebauliche *Neugestaltung der Wiener Innenstadt* zu entwickeln, die neben Fußgängerzonen auch die Einführung eines City-Busses vorsahen.²³ Ab 1973 lebte er wieder hauptsächlich in Wien und in seinem Landhaus am Semmering. Am 14. Februar 1980 starb Victor Gruen in Wien.²⁴ Neben seinen Projekten und ausgeführten Werken sprechen auch seine zahlreichen Publikationen, wie *How to Live with Your Architect, Heart of our City, Das Überleben der Städte* und *Ist Fortschritt ein Verbrechen?* u.a. für seine Überzeugung, daß sich Städteplanung und Architektur in erster Linie an der menschlichen Lebenspraxis orientieren müssen. Die von ihm gegründete Firma Victor Gruen Associates existiert noch heute erfolgreich in Los Angeles.

1 Werner Röder/Herbert A. Strauss (Hg.), International Biographical Dictionary of Central European Émigrés 1933-1948. München-New York-London-Paris (K.G. Sauer) 1983, S. 426
2 Victor Gruen, *Biographische Notizen*, Wien 1975. Unpubliziertes Typoskript, Washington, Library of Congress, Gruen Papers
3 ebenda, S. 65
4 ebenda, S. 33 ff.
5 ebenda, S. 69 ff.
6 ebenda, S. 49 ff.
7 Gruen, Testamentsentwurf vom September 1979, Gruen Papers; Gruens Mutter emigrierte 1938 nach Großbritannien. Seine Schwester Marie Luise wurde 1905 in Wien geboren. Sie ging 1938 über England nach Amerika. Roeder/Strauss (zit. Anm. 1)
8 Gruen, Notizen (zit. Anm. 2), S. 90 ff.
9 Programmhefte: *From Vienna, Reunion in New York, Garden of Eden*. Gruen Papers (s. Anm. 2)
10 Gruen, *Notizen* (zit. Anm. 2), S. 100 ff.
11 ebenda, S. 104 ff.
12 ebenda, S. 119
13 ebenda, S. 121 ff.
14 Roeder/Strauss (zit. Anm. 1)
15 Gruen, *Notizen* (zit. Anm. 2), S. 120
16 ebenda, S. 332 ff.
17 ebenda, S. 287 ff.
18 Victor Gruen Associates, *Listing of Projects*, 1966 oder 1967. Gruen Papers (s. Anm. 2)
19 Gruen, *Notizen* (zit.Anm. 2), S. 336 ff.
20 Gruen Papers (s. Anm. 2), Press Clippings, Carton No. 3
21 Planungen im Wiener Stadt- und Landesarchiv, MA 8, Microfilm Nr. 795/2R-9 und A 1012
22 Roeder/Strauss (zit. Anm. 1); auch: Gruen Papers (s. Anm. 2), Carton Nr. 2, Binder Nr. 3, Information Concerning Victor and Kemija Gruen
23 s. Anm. 21
24 Stuart J. Lottman, Victor Gruen: 1903-1980. In: L.A. Architect, Vol. 6, Nr. 4, April 1980

ARTHUR GRÜNBERGER (1882-1935)

Arthur Grünberger, Filmausstattung »Central Park«, Warner Bros., 1932
(© Turner Entertainment Corp.)

Arthur Grünberger gehört mit → Richard Neutra, → Friedrich Kiesler, → Fritz Malcher und → Wolfgang Hoffmann zu jenen Architekten, die Österreich in der Zwischenkriegszeit verließen. Mit Wolfgang Hoffmann hatte er gemeinsam, daß er, wiewohl ausgebildeter Architekt, in den Vereinigten Staaten kein einziges Bauwerk errichtet, sondern in anderen, der Architektur verwandten Gebieten gearbeitet hat.

Geboren wurde Arthur Grünberger am 11.4.1882 als Sohn des Kaufmannes Adolf Grünberger in Fulnek in Mähren. Er studierte von 1899 bis 1905 an der Technischen Hochschule in Wien und im Studienjahr 1906/07 bei Friedrich Ohmann an der Akademie der bildenden Künste. 1914/15 beteiligte er sich am ersten *Wettbewerb für den Neuen Israelitischen Friedhof* am Zentralfriedhof in Wien. 1922 wurde er Mitglied des Künstlerhauses. 1923 gestaltete er im Auftrag der Zentralvereinigung Österreichischer Architekten (ZVÖA) das Gedenkblatt zum 200. Todestag Fischer von Erlachs.¹

Die näheren Umstände der Emigration Arthur Grünbergers sind nicht bekannt. Er kam Ende 1923 in San Francisco an und begann in einem Architekturbüro zu arbeiten.² Er beteiligte sich 1924 von San Francisco aus am *Wettbewerb zum Bau einer Synagoge in Wien-Hietzing*, Eitelbergergasse 22, Ecke Neue Weltgasse. Grünbergers Projekt, eingereicht unter dem Titel »1924«, bekam den ersten Preis, und 1926 wurde mit der Ausführung begonnen.³ Der Wiener Architekt Adolf Jelletz übernahm die örtliche Bauleitung.⁴ Die *Synagoge in Hietzing* war die einzige freistehende Synagoge, die im Wien der Zwischenkriegszeit erbaut worden ist. Nachdem sie wie die anderen Synagogen in Wien in der sog. »Reichskristallnacht« im November 1938 zerstört worden war, erfolgte ihre Demolierung 1939.⁵

Im Jahr des Wettbewerbs für die Synagoge 1924 beteiligten sich Arthur Grünberger und Adolf Jelletz auch an der »Österreichischen Kunstausstellung 1900-1924« im Wiener Künstlerhaus.⁶ Grünberger hielt auch in der Folgezeit den Kontakt zu Österreich aufrecht. 1925/26 publizierte er in der von dem Kunsthistoriker Arthur Roessler herausgegebenen Zeitschrift ›Österreichs Bau- und Werkkunst‹ einen Artikel, in dem er die gemäßigt konservative Architektur der Westküste vorstellt.⁷

In Los Angeles, wohin er spätestens 1926 übersiedelt war, begann Grünberger als *Zeichner für die Filmindustrie* zu arbeiten. Besonders bemerkenswert sind die erhaltenen Blätter für den Film *Atlantis*, die 1930 entstanden.⁸ Der österreichische Theaterwissenschaftler Josef Gregor publizierte 1931 zwei Entwürfe Grünbergers in seinem Buch *Das amerikanische Theater und Kino*.⁹ 1932 fungierte Arthur Grünberger als Ausstattungsdirektor für den Film Central Park, und 1935 arbeitete er mit dem Amerikaner Anton Grot bei der Ausstattung des Filmes *Travelling Sales Lady* zusammen.¹⁰ Noch einmal beteiligte sich Arthur Grünberger an einem für die österreichische Moderne wichtigen Projekt. Er wurde von → Josef Frank eingeladen, sich an der Wiener *Werkbundsiedlung* zu beteiligen. Grünberger entwarf die *Reihenhäuser Nummer 63 und 64*.¹¹ Die Einrichtung der Häuser übernahm → Ernst Lichtblau.¹²

Arthur Grünberger starb 1935 in Los Angeles.¹³ In der von → Hans Adolf Vetter redigierten Architekturzeitschrift ›Profil‹ erschien 1936 posthum ein Artikel Arthur Grünbergers über *Das Lichtspiel als Kunstwerk*, in dem er vehement gegen den Internationalen Stil Stellung bezieht.¹⁴

1 Maria Welzig, Biographie Arthur Grünberger, unveröffentliches Manuskript
2 Brief von Grünberger an Rudolph M. Schindler, vom 23. Juli 1924, University of California, Santa Barbara, Architectural Drawings Collection
3 Pierre Genée, Wiener Synagogen 1825-1938. Wien (Löcker) 1987, S. 99; Magistratisches Bezirksamt für den 13. und 14. Bezirk, Baupolizei Hietzing, Einreichplan
4 Welzig (zit. Anm. 1)
5 Mag. Bezirksamt ...(zit. Anm. 3), Demolierungsplan im Planakt
6 Angabe Welzig (s. Anm. 1)
7 Grünberger, *Über das amerikanische Einfamilienhaus und andere Amerikana*. In: Österreichs Bau- und Werkkunst, 2 Jg. (1925/26), S. 109 ff. Grünberger korrespondierte mit Arthur Roessler über die Publikation; Briefwechsel in der Wiener Stadt- und Landesbibliothek, Handschriftensammlung, I.N. 146.713-15 erhalten. Grünbergers Adresse zum Zeitpunkt des Briefwechsels: Los Angeles, 143/a Alvarado Terrace
8 Road to Yesterday (Ausst.Kat.), Österreichischen Theatermuseum. Wien-Köln-Weimar (Böhlau) 1992
9 Josef Gregor, Das amerikanische Theater und Kino, Berlin-Leipzig-Wien (Amalthea) 1931, Abb. 31, 39, 57
10 University of Southern California, Warner Brothers Archives of Historical Papers
11 Josef Frank, *Zur Entstehung der Werkbundsiedlung*. In: Die Bau- und Werkkunst, 8. Jg. (1932) Heft 8, S. 169 ff.
12 August Sarnitz, Ernst Lichtblau. Architekt 1883-1963. Gestell und Gestalt im Raum. Reflexionen über ein Paradigma der modernen Architektur. Wien-Köln-Weimar (Böhlau) 1994
13 Welzig (zit. Anm. 1)
14 Grünberger, *Das Lichtspiel als Kunstwerk*. In: Profil, Nr. 1 (1936), S. 6-8 und S. 44

WOLFGANG HOFFMANN (1900-1969)

Wolfgang Hoffmann, 1938

Wolfgang Hoffmann wurde 1900 als einziger Sohn des Architekten und Kunstgewerblers Josef Hoffmann und dessen erster Frau Anna (geb. Hladik) in Wien geboren.¹ Er besuchte die Realschule und anschließend die Staatsgewerbeschule in Wien. Danach trat er in die Klasse Oskar Strnads an der Wiener Kunstgewerbeschule ein, an der sein Vater seit 1899 eine Entwurfs- und eine Architekturklasse leitete. Nach einer eineinhalbjährigen Praxis nahm ihn Josef Hoffmann in sein Architekturbüro auf.² Er bearbeitete verschiedene Aufträge, zum Beispiel 1922 eine *Zimmereinrichtung für Dr. Taussig*.³ Noch in Wien heiratete er die zwei Jahre jüngere Pola Weinbach, eine Studentin seines Vaters.⁴

Über die Gründe Wolfgang Hoffmanns, in die Vereinigten Staaten zu übersiedeln, kann nur spekuliert werden. Sicherlich war seine künstlerische Laufbahn in Wien neben dem damals schon weltberühmten Vater nicht einfach. Das Ehepaar Wolfgang und Pola Hoffmann kam im Dezember 1925 in New York an. Wahrscheinlich hatte → Joseph Urban sie eingeladen, für ihn zu arbeiten.⁵ Walter Barwig, der Sohn des Wiener Bildhauers Franz Barwig, errinnert sich, gemeinsam mit Wolfgang Hoffmann und dessen Frau in die Vereinigten Staaten gereist zu sein. Wolfgang Hoffmann besuchte die Baustelle des Hauses Marjorie Merriweather Post in *Mar-a-Lago*/Florida, mit dessen figuraler Ausstattung Vater und Sohn Barwig beauftragt waren, wollte aber dort nicht mitarbeiten.⁶

Der Bedarf an künstlerisch anspruchsvollen Gebrauchsgegenständen hatte in den Vereinigten Staaten durch die Pariser Ausstellung »Exposition Internationale des Arts Décoratifs et Industriels Modernes« 1925 entscheidende Impulse erhalten. Vor dem Hintergrund dieser Nachfrage gelang es Wolfgang Hoffmann und seiner Frau, sich schnell von Joseph Urban unabhängig zu machen und ein eigenes *Design-Studio* in der Madison Avenue zu gründen. In den zwanziger und frühen dreißiger Jahren entwarfen sie *Zinnwaren*, *Metallaccessoires*, *Metallmöbel* und *Bezugsstoffe* für private Auftraggeber. Pola machte sich vor allem mit ihren Textilentwürfen einen Namen.⁷

Die Arbeiten des Ehepaars Hoffmann waren in zahlreichen renommierten Design-Ausstellungen vertreten und wurden häufig in Fachzeitschriften publiziert. → Paul Theodore Frankl publizierte 1930 in seinem Buch *Form and Re-Form* Hoffmanns erste amerikanische Arbeit, die *Eingangshalle des Little Carnegie Playhouse*.⁸ Im Herbst 1928 wurde die »American Designers Gallery« gegründet, die sich zum Ziel setzte, Gebrauchsgegenstände und Inneneinrichtungen von amerikanischen Designern regelmäßig auszustellen. Neben Donald Deskey und Ely Jacques Kahn war auch Joseph Urban in den Präsentationen vertreten. Das Ehepaar Hoffmann nahm 1928 und 1929 an den viel beachteten Ausstellungen der »American Designers Gallery« teil. 1929 präsentierte Wolfgang Hoffmann einen *Eßzimmerentwurf* und Pola einen *Teppich*.⁹ 1928 wurde die »American Union of Decorative Artists and Craftsmen« (AUDAC) gegründet. Neben Wolfgang und Pola Hoffmann waren die Österreicher Paul Theodore Frankl, Joseph Urban und → Friedrich Kiesler Mitglied dieser Interessenvertretung der amerikanischen Designer. 1930 organisierte Friedrich Kiesler eine *Ausstellung der AUDAC im Grand Central Palace*, dem Ehepaar Hoffmann fiel die *Gestaltung einer Koje* von insgesamt fünf Kojen zu.¹⁰ Zusammen mit Kem Weber war Wolfgang Hoffmann 1931 für die Organisation einer *Ausstellung der AUDAC im Brooklyn Museum* in New York verantwortlich.¹¹ Im selben Jahr wurden *Metallaccessoirs* von Wolfgang und Pola Hoffmann in der Ausstellung *Decorative Metalwork and Cotton Textiles* im Metropolitan Museum of Art gezeigt.¹²

Die Beziehung zu Josef Hoffmann war nie sehr eng; so erfuhr der Sohn erst mit beträchtlicher Verspätung von der erneuten Heirat seines Vaters. Der Kontakt riß aber nie ganz ab. Als sich Josef Hoffmann 1928 an der Ausstellung *Art and Industry* im Kaufhaus Macy's in New York beteiligte, übernahm Wolfgang Hoffmann die örtliche Bauleitung.¹³

1932 entwarf Josef Hoffmann für *Alma Morgenthau-Wertheim* – die spätere Frau von Paul Lester Wiener – ein *Haus in New City*, N.Y. Ursprünglich hätte Wolfgang Hoffmann den Auftrag erhalten sollen. Die Ausführung erfolgte dann durch Paul Lester Wiener auf Basis des Entwurfes von Josef Hoffmann.¹⁴

Einen Wendepunkt in der Laufbahn Wolfgang Hoffmanns markierte die Weltausstellung *A Century of Progress* 1933 in Chicago. Er beteiligte sich als Assistent Joseph Urbans an der *Entwicklung des Farbkonzeptes für die Ausstellungspavillons* und wurde außerdem beauftragt, den *Pavillon der Holzindustrie* einzurichten.¹⁵ Die ausgestellten Objekte erregten die Aufmerksamkeit der Howell Company, eines großen, in Illinois ansässigen Möbelproduzenten. Von 1934 an entwarf Wolfgang Hoffmann exklusiv *Sitzmöbel und Tische aus Stahlrohr* und *Stahlbändern* für die Howell Company.¹⁶ Die Firma pries ihren europäischen Designer in Werbeprospekten als internationale Kapazität an. Als die Howell Company 1942 auf Kriegsproduktion umstellte, verließ Wolfgang Hoffmann die Firma und begann als Photograph zu arbeiten. Er lebte weiterhin in Chicago.¹⁷ Ab diesem Zeitpunkt entstanden nur mehr Stoffentwürfe.¹⁸

Wolfgang Hoffmann trennte sich von seiner Frau Pola, die später den Autor Rex Stout heiratete und lange Zeit für Botany Woolen Mills als sehr erfolgreiche Designerin arbeitete.¹⁹ 1954 heiratete Wolfgang Hoffmann Ann M. Beerens. Pamela, die einzige Tochter des Ehepaares wurde 1956 geboren.²⁰ Sein Verhältnis zum Vater, Josef Hoffmann, hatte sich in den letzten Jahren deutlich verbessert, dennoch lehnte Wolfgang Hoffmann den Wunsch seiner Familie ab, nach Wien zurückzukehren.²¹ Wolfgang Hoffmann starb 1969 an Leukämie.²²

1 Eduard F. Sekler, Josef Hoffmann. Das architektonische Werk. Salzburg-Wien (Residenz), 1986², S. 231
2 Ric Emmett, Wolfgang Hoffmann (1900-1969). In: Mel Byars / Russell Flinchum, Fifty American Designers. Washington (The Preservation Press) voraussichtliches Erscheinungsdatum: 1996
3 Sekler (zit. Anm. 1), S. 387
4 Emmett (zit. Anm. 2); Pola Weinbach wurde am 8. Jänner 1902 geboren (Daten aus Wiener Stadt- und Landesarchiv, Meldearchiv, Meldezettel Wolfgang Hoffmann)
5 ebenda
6 Broschüre: Zum 135. Geburtstag von Franz Barwig 1868 – 1931, aufgezeichnet im Februar 1975 von Walter Barwig
7 Emmett (zit. Anm. 2)
8 ebenda. Die *Ausstattung des Little Carnegie Theatre* wird auch in einem Brief von Hoffmanns zweiter Frau an Matthias Boeckl als erste Arbeit Wolfgang Hoffmanns in New York erwähnt: Brief Ann M. Hoffmann vom 29. März 1994 und Zeitungsartikel von 1933 ohne nähere Angaben, Archiv der Gesellschaft zur Förderung moderner Kunst
9 Emmet (zit. Anm. 2)
10 Dieter Bogner (Hg.), Friedrich Kiesler 1890-1965. Wien (Löcker) 1987, S. 53
11 Emmett (zit. Anm. 2)
12 Alastair Duncan, American Art Deco. London (Thames and Hudson) 1986, S. 99
13 Sekler (zit. Anm. 1), S. 410
14 ebenda, S. 426
15 Emmett (zit. Anm. 2)
16 ebenda
17 ebenda
18 Ann M. Hoffmann, Biographie Wolfgang Hoffmanns vom 3. Oktober 1993, Archiv der Gesellschaft zur Förderung moderner Kunst, Wien
19 Lillian Langseth-Christensen, A Design for Living, Vienna in the Twenties, New York – London (Viking) 1987, S. 119 ff.
20 Ann M. Hoffmann (zit. Anm. 18)
21 Sekler (zit. Anm. 1), S. 231
22 Ann M. Hoffmann (zit. Anm. 18)

GERHARD KARPLUS
(geb. 1909)

Gerhard Karplus, 1993

Gerhard Emanuel Karplus wurde am 8. März 1909, als Sohn des Architekten Arnold Karplus und dessen Frau Elsa (geb. Zemanek) geboren.¹ Gerhard Karplus war das älteste von vier Kindern.² Er begann im Oktober 1927 an der Technischen Hochschule in Wien Architektur zu studieren. Am 20. Jänner 1933 legte er die zweite Staatsprüfung ab. Von 1932 bis 1934 besucht er die Meisterschule von Professor Krauß.³

Nach Abschluß seines Studiums arbeitete Gerhard Karplus im erfolgreichen Atelier seines Vaters Arnold. Dieses Atelier hatte sich seit der Jahrhundertwende im Wohnbau als eines der solidesten und über neuere Strömungen bestinformierten Büros profiliert. Gerhard Karplus war vor allem am *Wohnhaus K.* in Wien-Döbling und am *Umbau des Palais Kranz* in der Liechtensteinstraße beteiligt.⁴ Gerade das *Haus K.* ist ein gutes Beispiel für die abgeklärte, aber dennoch selbstbewußte Rezeption des neuen Bauens, die für die Wiener Architektur der Zwischenkriegszeit so typisch war. Das Haus wurde von der Firma *Haus & Garten* eingerichtet, die 1925 von → Josef Frank und → Oskar Wlach gegründet worden ist. Noch 1937/38 konnten Vater und Sohn Karplus das *Wohn- und Geschäftshaus am Modenaplatz 14* errichten.⁵

Gerhard Karplus wurde vom »Anschluß« Österreichs in Arosa überrascht, wo er als Schilehrer arbeitete. Er kehrte zurück nach Wien, um am 25. August 1938 vorerst nach Prag⁶ und in der Folge über Zürich und London nach New York zu emigrieren.⁷ Im März 1939 konnte ihm sein Vater, Arnold Karplus, nach New York folgen.⁸ Gerhard Karplus konnte es im Gegensatz zu anderen Architekten, die 1938 Wien verlassen mußten, bewerkstelligen, sich in New York eine solide Basis als freiberuflicher Architekt zu schaffen. Von 1938 bis 1942 arbeitete er im renommierten Büro von Mayer & Whittelsey an Wohnbauten für prominente Adressen wie etwa Central Park South.

Nach seinem Einsatz im Corps of Engineers der U.S. Army von 1942 bis 1946 wagte er den Schritt in die Selbständigkeit und konnte seither mit seinem 1946 gegründeten Büro zahlreiche *Neu- und Umbauten* für z.T. so prominente Kunden wie *Eleanore Roosevelt* und *Henry Fonda* sowie Büroeinrichtungen realisieren.⁹ Ein weiteres wichtiges Betätigungsfeld des Büros war die Errichtung von Industriebauten vor allem im Osten der Vereinigten Staaten. Wichtige Kunden waren die *Fisher Radio Co.*, *Cobblers, Inc.* und *H.O. Canfield Co.* Die Firma Karplus wurde mehrmals von österreichischen Regierungsstellen beauftragt. Gerhard Karplus richtete u.a. zusammen mit Eduard Sekler und Carl Auböck das *Österreichische Kulturinstitut in New York* ein. Eine weitere Arbeit war das *Büro der Austrian Airlines* an der 5th Avenue.¹⁰

Gerhard Karplus' Ehefrau Gertrude, am 3. Dezember 1910 in Brünn geboren¹¹, studierte Kunstgeschichte an der Universität Wien und absolvierte danach eine Ausbildung zur Physiotherapeutin. Sie arbeitete seit der Firmengründung mit ihrem Mann zusammen und ist für die Farbkoordination der Bauten und der Inneneinrichtungen zuständig. Sie ist Mitglied im American Institut of Interior Decorators A.I.D. 1967 nahmen Gerhard und Gertrude Karplus den Amerikaner Seymour Nussbaum in ihr Team auf.¹²

Das Ehepaar Karplus arbeitete bis 1993 in seinem New Yorker Büro.¹³ Gerhard Karplus ist seit 1966 Träger der Goldenen Verdienstmedaille der Republik Österreich und seit 1993 Ehrenprofessor.

1 Matrikelbuch 1927/28, Archiv der Technischen Universität Wien. Der Vater

Arnold Karplus wurde am 24. Juni 1877 in Wigstedtl/Schlesien, die Mutter am 7. April 1885 in Reichenberg/Böhmen geboren. Die Eltern heirateten am 5. Juni 1905 in Prag (Daten aus dem Wiener Stadt- und Landesarchiv, Meldearchiv)

2 Hanna, geb. 19.12.1906 in Wien; Ruth, geb. 31.12.1917 in Wien; Hans, geb. 29.08.1915 in Wien, gest. 29.04.1972 in Wien; (Daten ebenda)

3 Matrikelbuch (s. Anm. 1)

4 *Arnold Karplus. Gerhard Karplus. Eine Auswahl von Entwürfen und ausgeführten Bauten*. In der Reihe: *Wiener Architekten*. Hgg. v. Arnold Karplus. Wien-Leipzig (Elbemühl) 1935

5 Friedrich Achleitner, Österreichische Architektur im 20. Jahrhundert, Ein Führer in 4 Bänden, Band III/1, Wien 1-12. Bezirk. Wien-Salzburg (Residenz) 1990, S. 122

6 Angaben aus dem Wiener Stadt- und Landesarchiv, Meldearchiv, Meldezettel von Gerhard Karplus: seine letzte Adresse in Wien lautete: 1060, Brauergasse 2

7 Brief von Gerhard Karplus an Gerlinde Heiss vom 15. August 1991, Archiv der Gesellschaft zur Förderung moderner Kunst, Wien

8 Thomas Keiderling / Volker Titel, Datenauswertung nach Heimatrolle und Meldezettel (Wiener Stadt- und Landesarchiv)

9 ebenda

10 *The Office of Gerhard E. Karplus, Architect A.I.A.*, January 1971, Selbstdarstellung der Firma Karplus

11 Keiderling (zit. Anm. 8)

12 *The Office ...* (zit. Anm. 10)

13 Brief von Gertrude Karplus vom Oktober 1994

FRIEDRICH KIESLER
(1890-1965)

Friedrich Kiesler 1926 bei der Ankunft im New Yorker Hafen mit den Kisten seiner »International Theatre Exhibition«

Friedrich Kieslers universale Auffassung von Architektur läßt sich im Kontext der österreichischen Architekturemigration nur mit Bernard Rudofskys offenem Kulturkonzept vergleichen.

Friedrich Kiesler wurde in Czernowitz am 22. September 1890 als Sohn von Julius Kiesler und dessen Gattin Maria (geb. Meister) geboren. 1908 scheint er bei der Inskription an der k. k. Technischen Hochschule erstmals urkundlich in Wien auf. Schon 1909 brach er sein Studium an der TH ab und wechselte 1910 an die Adademie der bildenden Künste. Dort besuchte er die Malereiklasse von Rudolf Bacher und belegte Kurse für Kupferstecherei bei Ferdinand Schmutzer. Er erhielt Preise und Stipendien der Akademie, verließ die Institution aber 1913 ohne Abschluß. Über seine Kriegsjahre ist nur wenig bekannt: 1917 organisierte er eine *Kriegsbilderausstellung* und arbeitete im Anschluß daran an der Organisation einer »nordischen« *Kunstausstellung*. Am 19. August 1920 heiratete Kiesler nach jüdischem Ritus Stefanie Frischer. Er entwarf Anfang 1923 das *Bühnenbild für das Theaterstück W.U.R.* von Karel Capek, das im Frühling desselben Jahres im Berliner Theater am Kurfürstendamm als deutschsprachige Erstaufführung gezeigt wurde. Dort lernte Kiesler Hans Richter, Theo van Doesburg, László Moholy-Nagy und El Lissitzky kennen. Schon 1922 hatte Kiesler mit den Vorbereitungen der *Internationalen Ausstellung neuer Theatertechniken* begonnen. Die Ausstellung wurde 1924 im Wiener Konzerthaus im Rahmen des Musik- und Theaterfestes der Stadt Wien gezeigt. An der Organisation der Schau war die von Hans Tietze gegründete »Gesellschaft zur Förderung moderner Kunst« beteiligt. 1925 erhielt Kiesler, auf Vermittlung von Josef Hoffmann, den Auftrag zur Gestaltung der Theaterabteilung für den *österreichischen Beitrag zur Exposition Internationale des Arts Décoratifs et Industriels Modernes* in Paris. Für diese Ausstellungsarchitektur prägte Kiesler erstmals den Begriff der *Raumstadt*.

Die Herausgeberin der amerikanischen Avantgardezeitschrift ›Little Review‹, Jane Heap, lud Kiesler 1926 ein, den europäischen Teil der *International Theatre Exposition in New York* zu gestalten. Im August 1926 wurde mit Unterstützung des Unternehmers Ralph Jonas das »International Theatre Arts Institute« in New York gegründet. Kiesler gehörte dem Organisationskomitee und dem künstlerischen Beirat an. Von Ralph Jonas erhielt Kiesler auch den Auftrag, ein *Theater für Brooklyn Heights* zu entwerfen. Das Projekt scheiterte jedoch aufgrund von Unstimmigkeiten zwischen Kiesler und Jonas. 1927 übernahm das Ehepaar Kiesler die Betreuung der von Jane Heap organisierten Ausstellung moderner Kunst in der New Yorker Margaret Anderson Gallery. Katherine Dreier stellte Kiesler dem Architekten Harvey Wiley Corbett vor, woraufhin es zu der von Kiesler beschriebenen Zusammenarbeit mit dem Büro Helmle, Corbett, Harrison gekommen sein dürfte, was Kiesler die Weiterarbeit am *Universal Theatre* und anderen Projekten ermöglichte. Wahrscheinlich ebenfalls 1927 erhielt er den Auftrag, ein *Schaufenster für das Warenhaus SAKS* an der 5th Avenue zu gestalten. Im August 1927 begann Stefi Kiesler in der New York Public Library zu arbeiten. Spätestens zu diesem Zeitpunkt schien die Entscheidung gefallen zu sein, nicht mehr nach Europa zurückzukehren. Friedrich Kiesler arbeitete weiterhin hauptsächlich als Ausstellungsgestalter und Kurator.[1] Er übernahm die Konzipierung des *amerikanischen Beitrages für die Internationale Plan- und Modellausstellung Neuer Baukunst* des Deutschen Werkbundes in Stuttgart 1927. Die Ausstellungsleitung war allerdings mit Kieslers Auswahl nicht zufrieden.[2]

1929 konnte Kiesler sein erstes architektonisches Werk vollenden. Am 1. Februar wurde das *Film Guide Cinema* im New Yorker Greenwich Village eröffnet. Kiesler verlegte sich immer mehr auf die publizistische Verbreitung seiner Ansätze. Noch 1929 erschien bei Brentano's Kieslers erstes Buch *The Modern Show Window and Store Front*. 1930 folgte *Contemporary Art Applied to the Store and Its Display*. Ebenfalls 1930 schien Kiesler als Mitglied der 1928 gegründeten AUDAC auf. Diese Interessenvertretung der amerikanischen Designer war nicht unwesentlich von einigen in New York lebenden österreichischen Künstlern geprägt. → Wolfgang und Pola Hoffmann sowie → Paul Th. Frankl gehörten ihr als ständige Mitglieder an, aber auch → Joseph Urban war auf einigen von der AUDAC organisierten Ausstellungen vertreten. Im März 1930 gestaltete Kiesler die *AUDAC-Ausstellung im Grand Central Palace*. Die ausstellenden Künstler waren neben Kiesler selbst, Donald Deskey, Willis S. Harrison, Wolfgang und Pola Hoffmann und Alexander Kachinsky. Mit 30. Mai 1930 erhielt Friedrich Kiesler die Architekten-Lizenz der New York State University und gründete wahrscheinlich gleichzeitig die Firma *Planners Institute Inc.*, die bis 1945 existierte.

1931 kam es zu einem bemerkenswerten Ereignis in der Geschichte der österreichischen Architekturemigration. → Richard Neutra hielt im von Joseph Urban errichteten Gebäude der *New School for Social Research* einen Vortrag und Friedrich Kielser saß im Publikum. Kiesler lernte Alexander Calder und Frank Lloyd Wright kennen. 1931 begann Kiesler sich für die Idee eines vorfabrizierten, standardisierten Einfamilienhauses zu interessieren. Sein Projekt eines *Nucleus House* war schon so weit ausgearbeitet, daß er mit der Firma Sears & Roebuck, Chicago, über die Ausführung verhandeln konnte. Zugleich beteiligte sich Kiesler an einem *Wettbewerb für das »Theater in Woodstock«*; Kiesler gewann vor Frank Lloyd Wright. Doch die Ausführung seines Beitrags scheiterte an finanziellen Schwierigkeiten. Weiterhin an Fragen des Wohnbaus interessiert, nahm Kiesler ab 1932 regelmäßig an den Sitzungen der National Public Housing Conference teil, deren beratender Architekt er war.

1932 wurde Kieslers Film Guild Cinema auf der von Philip Johnson organisierten *International Exhibition of Modern Architecture* im Museum of Modern Art gezeigt. Von 1933 bis 1956 arbeitete Kiesler als Bühnenbildner und Lehrer an der »Juilliard School of Music« in New York. 1933 baute Kiesler das *Geschäftslokal der »Modernage Furniture Company«* in New York um. Im Zuge dieser Umgestaltung konzipierte er das begehbare Modell eines *Space House*. 1935 entwarf Kiesler die bekannten *nierenförmigen Aluminiumtische* für die Einrichtung der *Wohnung Mergentine*. 1936 wurde er amerikanischer Staatsbürger und 1937 bis 1942 Associate Professor für Architektur an der Columbia University, an der er schon seit 1930 als Lektor unterrichtet hatte. Kiesler übernahm die Leitung des »Laboratory for Design Correlation« und leitete das Institut bis zu dessen Auflösung 1941. Während des Zweiten Weltkriegs verkehrte Kiesler mit Vertretern der europäischen Avantgarde, die nach New York emigriert waren, mit Tanguy, Matta, Seligmann, Dalí, Buñuel, Paalen. Kiesler entwarf für Peggy Guggenheim 1942 die *Architektur für die legendäre »Art of this Century«-Ausstellung*. Ein Modell von Kieslers *Endless House* wurde 1950 in der Ausstellung *The Muralist and the Modern Architect* in der New Yorker Kootz-Gallery gezeigt. 1950 wählte die Radio- und Fernsehstation CBS Kiesler zu ihrem Architekten. Seine Arbeiten entwickelten sich immer mehr in Richtung Skulptur. Im Sommer 1950 arbeitete er an dem hölzernen Raumgebilde *Galaxy*, das Philip Johnson in seinem Garten aufstellte. Kiesler wurde zum Berater des experimentellen »Living Theatre«. 1952 beteiligte er sich mit einer großen *Holz-Galaxy* und einer gemalten *19teiligen Galaxy* an der Ausstellung *15 Americans in the Museum of Modern Art*. Für das »Empire State Music Festival« entwarf Kiesler 1955 ein Zelt, das er als *Endless Theatre* bezeichnete. Herbert Mayer beauftragte ihn, die *World House Gallery*, East 70th Street einzurichten, die 1957 mit der Ausstellung *The Struggle for New Form* eröffnet wurde. Gemeinsam mit seinem Partner Armand Bartos begann er im Oktober mit der Arbeit für den *Shrine of the Books* in Jerusalem. Das Gebäude sollte die erst kurz zuvor entdeckten Rollen von Qumran beherbergen. Arthur Drexler, der Gründer der Architekturabteilung des Museum of Modern Art, vermittelte Kiesler 1958 den Auftrag, ein *Endless House* für den Skulpturengarten des Museums zu entwerfen. Kiesler arbeitete an den sogenannten *Shell Structures* und den *Landscape Sculptures*.

Im Dezember 1958 löste er die

Zusammenarbeit mit Armand Bartos auf. 1963 entstanden die ersten Teile der Sculptural Environments *Us-You-Me* und die *Galaxy Goya* and Kiesler. Er arbeitete an einer *Grotto for Meditation*. Clemens Holzmeister versuchte Kiesler für eine Ausstellung zu gewinnen. Am 3. September 1963 starb Stefi Kiesler. Ein halbes Jahr später heiratete Kiesler die Amerikanerin Lillian Olinsey. Kieslers *Environmental Sculpture* wurde im Guggenheim Museum New York ausgestellt. Kiesler stellte sein Atelier den österreichischen Architekten Raimund Abraham und Friedrich St. Florian zur Verfügung. Er entwarf die Plastiken *Bucephalus* und *Us-You-Me*. Im April 1964 nahm Kiesler an der Eröffnung des *Shrine of the Books* in Jerusalem teil, dessen Fertigstellung Armand Bartos übernommen hatte.

Am 27. Dezember 1965 starb Friedrich Kiesler in New York. Eine *Malaktion* Robert Rauschenbergs verwandelte Kieslers Begräbnis in ein letztes »Happening«.[3]

1 Dieter Bogner (Hg.), Friedrich Kiesler 1890-1965. Architekt-Maler-Bildhauer. Wien (Löcker) 1988, S. 9-209
2 K. Kirsch, Die Weißenhofsiedlung. Stuttgart 1987, S. 28
3 Bogner (zit. Anm. 1)

LEOPOLD KLEINER (1897-1985)

Leopold Kleiner (rechts) mit Dr. Kurt Schuschnigg, New York, um 1970

Leopold Kleiner hat vor allem durch zahlreiche Publikationen dazu beigetragen, die Wiener Raumkunst der Zwischenkriegszeit in Europa und den Vereinigten Staaten bekannt zu machen. Im amerikanischen Exil bereitete er durch stetige Publikationen über Josef Hoffmann das in den frühen achtziger Jahren erneut erwachte Interesse an der Kunst des Wiener »Fin de Siècle« vor.

Leopold Kleiner wurde am 10. Dezember 1897 in Wien[1] als Sohn des Fabrikanten Moritz Kleiner und dessen Frau Anna[2] als ältestes von vier Geschwistern geboren. Er stammte aus einem Milieu, das dem Kunstgewerbe eng verbunden war. Der Vater war Möbelproduzent und -händler, die Mutter hatte die Wiener Kunstgewerbeschule absolviert.[3] Er besuchte die Volksschule und das Erzherzog Rainer-Gymnasium in Wien. Danach absolvierte er in vier Jahren die Wiener Kunstgewerbeschule bei den Professoren Oskar Strnad und Josef Hoffmann.[4] 1919 wurde er Assistent bei seinem Lehrer Josef Hoffmann an der Kunstgewerbeschule.[5]

In diese Zeit fiel auch der Beginn seiner journalistischen Tätigkeit. Leopold Kleiner publizierte regelmäßig als Kunstreferent der ›Wiener Mittagszeitung‹ und war als Redakteur der Architekturzeitschrift ›Österreichische Bau- und Werkkunst‹ tätig.[6] 1921 stellte er die Mappe *Wiener Kunst* für die deutsche Zeitschrift ›Wasmuths Monatshefte für Baukunst‹[7] zusammen. In den Tageszeitungen ›Neues Wiener Journal‹ und ›Neues Wiener Tagblatt‹ erschienen wöchentlich seine Artikel über modernes Wohnen. Nebenbei hielt er Vorträge in der Urania, einer der Wiener Volkshochschulen, über dieses Thema.[8] Immer wieder setzte sich Leopold Kleiner mit dem Werk seines Lehrers Josef Hoffmann auseinander. 1924 veröffentlichte er in der französischen Kunstzeitschrift ›Art et Décoration‹ den Artikel *Josef Hoffmann und die Wiener Werkstätte* als publizistische Vorbereitung auf den österreichischen Beitrag auf der Kunstgewerbeausstellung in Paris 1925.[9] Drei Jahre später erschien die erste umfassende *Monographie über Josef Hoffmann*,[10] mit der Leopold Kleiner – nach eigener Einschätzung – »zum ersten Mal in zusammenfassender Form die Pionierarbeit und die Bedeutung Österreichs und des Wiener Kunstgewerbes für die Entwicklung der Moderne in ganz Europa«[11] zeigte. Neben seiner kunstschriftstellerischen Tätigkeit entwarf Kleiner Einrichtungen für Wiener Privatwohnungen und kunstgewerbliche Industrieprodukte.[12] Schon 1924 konnte er unter dem Titel *Ein Wohnbuch* seine eigenen Entwürfe publizieren.[13]

Der rassischen Verfolgung durch die Nationalsozialisten konnte Leopold Kleiner durch die Emigration im Dezember 1938 entgehen.[14] Seine erste Zeit in den Vereinigten Staaten verbrachte er bei seiner Tante Jenny Schindel in Jew Jersey.[15] Schon bald konnte er an dem von Lucio Costa, Oscar Niemeyer und Paul Lester Wiener entworfenen *Brasilianischen Pavillon* für die New Yorker Weltausstellung *The World of Tomorrow* 1939 mitarbeiten.[16] Leopold Kleiner hatte den Deutschen Paul Lester Wiener wahrscheinlich über Josef Hoffmann kennengelernt. In den Kriegsjahren arbeitete er in New York mit dem ebenfalls aus Österreich vertriebenen Architekten → Ernst Schwadron bei der *Einrichtung der Büroräume der American Crayon Company* (1945) zusammen. Die künstlerische Leiterin der American Crayon Company war die Wiener Kunstgewerblerin Emmy Zweybrück.[17] Ebenfalls 1945 projektierte er seinen ersten Bau, ein *Wohnhaus für Dr. Ratliff* in Ohio.[18]

Kleiner gründete zusammen mit F.C. Rotter ein Architekturbüro in New York, 32 East 64 Street.[19] Er richtete die Wohnungen bekannter New Yorker Persönlichkeiten ein – so ein *Apartment für Martha Eggert*, für *John Kiepura* sowie für den Drehbuchautor und Direktor der »20th Century Fox«, *Joseph L. Mankiewicz*.[20] Wie viele der österreichischen Emigranten beschäftigte sich Kleiner hauptsächlich mit Einrichtungen, Auslagengestaltungen und Ausstellungsdesign.[21] 1947 wurde sein *Projekt für ein Haus in Kentucky* in der Zeitschrift ›Interiors‹ publiziert, ob es ausgeführt wurde, ist aber unklar.[22] Leopold Kleiner war eng mit der österreichischen Emigrantenszene verbunden. Außer der Zusammenarbeit mit Ernst Schwadron war er auch mit → Felix Augenfeld, → Hans Adolf Vetter und → Fritz Reichl in Kontakt. Bei der Arbeit an der *Einrichtung der Wohnung für den Direktor des New Yorker Hunter College* lernte er seine spätere Ehefrau Margarete Klinger kennen.[23]

Wie schon während seiner Wiener Zeit versuchte er auch in New York, über die Massenmedien Interesse für modernes Wohnungswesen und Architektur zu wecken. Er trat in Radio und Fernsehen auf[24] und publizierte zahlreiche Artikel über Josef Hoffmann und die Wiener Architektur.[25] 1955 unternahm er den Versuch, Schülerentwürfe der Akademie für angewandte Kunst an große amerikanische Möbelfirmen zu verkaufen.[26] Die Republik Österreich dankte Leopold Kleiner für seine Bemühungen um die österreichische Kunst durch die Verleihung des Berufstitels »Professor« im November 1963[27] und des Goldenen Ehrenzeichens der Republik im April 1970.[28] Leopold Kleiner starb am 25. April 1985 in New York.[29]

1 Leopold Kleiner, *Selbstverfaßter Lebenslauf*, verfaßt 1955, auf Wunsch Josef Hoffmanns
2 Moritz (Moses) Kleiner (geb. am 5.8.1869 in Drohodycz), Anna Kleiner (geb. Broch, am 16.10.1869 in Wien), Angaben aus der Personalstandstabelle der Wiener Kunstgewerbeschule, Archiv der Hochschule für angewandte Kunst; Die Religionszugehörigkeit der Familie war mosaisch. Die Eltern heirateten am 7.2.1897 in Wien, Angabe aus Wiener Stadt- und Landesarchiv, Meldearchiv, Heimatrolle und Meldezettel von Leopold Kleiner
3 Jenny de Nijs (Nichte von Leopold Kleiner), Biographischer Abriß über Leopold Kleiner, unpubliziertes Manuskript
4 Kleiner, *Lebenslauf* (zit. Anm. 1)
5 Personalstandstabelle (zit. Anm. 2)
6 Kleiner, *Lebenslauf* (zit. Anm. 1)
7 ders. für: Wasmuths Monatshefte für Baukunst VI, 1921/22, S. 165-175
8 ders., *Lebenslauf* (zit. Anm. 1)
9 ders., *Josef Hoffmann et »l'Atelier Viennois«*. In: Art et Décoration XLVI, (Juli-Dez. 1924), S. 55-64
10 ders., *Josef Hoffmann*. Berlin-Leipzig-Wien (Ernst Hübsch) 1927
11 ders., *Lebenslauf* (zit. Anm. 1)
12 ebenda
13 Kleiner, *Ein Wohnbuch*. Wien-Leipzig (Thyrsos-Verlag) 1924
14 de Nijs (zit. Anm. 3); Leopold Kleiner meldete sich am 27. September 1938 ab mit Ziel Amerika, seine letzte Wohnadresse in Wien lautete, 2, Leopoldsgasse 16, Daten aus dem Wiener Stadt- und Landesarchiv (zit. Anm. 2). Sein Bruder Arthur (1903-1980) emigrierte ebenfalls nach New York, wo er später Gründer und Leiter der Filmbibliothek des Museum of Modern Art wurde, seine Schwester Josephine Kleiner (spätere Charlé, 1908-1989) hatte die Kunstgewerbeschule besucht und war Tänzerin, sie ging ebenfalls in die Vereinigten Staaten, die älteste Schwester Caroline Kleiner (spätere Schulhof), ebenfalls Absolventin der Kunstgewerbeschule, ging nach Australien. In: de Nijs (zit. Anm. 3) und Wiener Stadt- und Landesarchiv, (siehe Anm. 2)
15 Die Familie seiner Tante besaß den Bambergers Department Store und Hearn's Kette; de Nijs (zit. Anm. 3)
16 Kleiner, *Lebenslauf* (zit. Anm. 1)
17 o.A., Headquarters for a Colorful Product. In: Interiors, Vol. 105, September 1945, S. 70 f.
18 Kleiner, *Lebenslauf* (zit. Anm. 1)
19 de Nijs (zit. Anm. 3) und: Memo on Professor Leopold Kleiner (engl.), ohne nähere Angaben
20 de Nijs (zit. Anm. 3)
21 Kleiner, *Lebenslauf* (zit. Anm. 1)
22 o.A., Curved House for Curved Kentucky River Front. In: Interiors, vol. 106, January 1947, S. 104 f.
23 de Nijs (zit. Anm. 3)
24 1948 Radio- und Fersehvorträge bei ABC, Kleiner, Lebenslauf (zit. Anm. 1); in den sechziger Jahren hatte Kleiner eine eigene *Fersehserie namens »Market Melody«*, de Nijs (zit. Anm. 3)
25 Am 15. Dezember 1950 hielt Kleiner aus Anlaß des Geburtstages Prof. Josef Hoffmanns einen Vortrag über *Österreich und die Pionierrolle der Wiener Kunst* (*Lebenslauf*, zit. Anm. 1); 1950 veröffentlichte er in der New Yorker ›Staatszeitung‹ einen Artikel (s. de Nijs, zit. Anm. 3); 1965 organisierte er die Ausstellung Wien um 1900, der Veranstaltungsort ist unbekannt (Kleiner, *Josef Hoffmann*. In: Der Aufbau, 8. März 1970)
26 Brief von Leopold Kleiner an Architekt Kosak vom 15. Jänner 1955, Archiv der Hochschule für angewandte Kunst, Wien
27 Verleihungsurkunde, Bundesministerium für Unterricht
28 Benachrichtigung des Bundesministeriums für Unterricht (Zl. 101.213-II 75/68) vom 27. April 1970, über die Entschließung des Bundespräsidenten für die Verleihung des Goldenen Ehrenzeichens der Republik Österreich
29 de Nijs (zit. Anm. 3)

ERNST LICHTBLAU
(1883-1963)

Ernst Lichtblau gehörte mit → Richard Neutra und → Victor Gruen zu jenen in die Vereinigten Staaten emigrierten Architekten, die nach dem Zweiten Weltkrieg zumindest zeitweise nach Österreich zurückkehrten und auch daran interessiert waren, wieder in Österreich zu arbeiten.

Ernst Lichtblau wurde am 24. Juni 1883 in Wien geboren. Sein familiärer Hintergrund entsprach dem typischen Bild der jüdischen Mittelstandsfamilie, der Vater, Johann Lichtblau, war Geschäftsführer der damals größten Meerschaumpfeifenfabrik Österreich-Ungarns. Die Firma war in Familienbesitz. Die Mutter, Anna (geb. Falticzek), stammte aus Mähren. Ernst Lichtblau war der jüngste von insgesamt drei Söhnen der Familie. Er schloß 1902 die Höhere Staatsgewerbeschule in der Schellinggasse ab und begann im Wintersemester 1902/03 das Architekturstudium an der Akademie der bildenden Künste in Wien. Er besuchte die Meisterschule für Architektur bei Otto Wagner. 1903/1904 arbeitete er gemeinsam mit Theo Deininger an den *Studienprojekten für ein Zinshaus in Baumgarten* und *für ein Kaffeehaus-Interieur*. Beide Projekte wurden in den Publikationen *Die Wagnerschule* von 1902/03 und 1903/04 publiziert. 1904 erhielt Ernst Lichtblau den Allerhöchsten Hofpreis in Gold für seinen *Entwurf für die Forstdomänendirektion für Bosnien*, der 1905 unter dem Titel *Bosnische Studien* in der österreichischen Architekturzeitschrift ›Der Architekt‹ publiziert wurde. Ebenfalls 1905 schloß er sein Studium mit dem Diplom ab.

Von 1906 bis 1914 unterrichtete Ernst Lichtblau an der Höheren Staatsgewerbeschule in Wien, die ihm 1913 den Professorentitel zuerkannte. Er beteiligte sich 1912 an dem *Wettbewerb für eine Synagoge in Hietzing* (Eitelbergergasse/Ecke Neue Weltgasse.)[1] Die Synagoge wurde, erst nachdem der Wettbewerb 1924 erneut ausgeschrieben worden war, nach einem Entwurf → Arthur Grünbergers ausgeführt.[2] Ernst Lichtblau war ab 1912 österreichisches Mitglied des Deutschen Werkbundes und 1914 Gründungsmitglied des Österreichischen Werkbundes. Mit Josef Hoffmann war Ernst Lichtblau durch zeitweise Mitarbeit in dessen Büro und in der Wiener Werkstätte in Kontakt. Für die Wiener Werkstätte arbeitete er 1914/15 an dem *Mappenwerk Wiener Mode*. Er entwarf für bekannte Firmen wie Backhausen, Wienerberger und Lobmeyr kunstgewerbliche Gegenstände.

1914 begann er seine Tätigkeit als freiberuflicher Architekt und Designer in Wien. Zu seinen ersten architektonischen Aufträgen gehörte der Bau des *Einfamilienhauses für Dr. Hoffmann* in der Wattmanngasse 29 in Wien-Hietzing (1914) und die *Errichtung des Orthopädischen Krankenhauses* in der Gassergasse 44/46 im 5. Wiener Gemeindebezirk (1915-1918). Von 1923 bis 1924 war er mit dem Umbau der Wiener Niederlassungen der familieneigenen Pfeifen- und Raucherrequisitenfirmen beschäftigt.[3] 1925 gründete er die *Ernst Lichtblau Werkstätte GesmbH*, deren Aufgabe er darin sah, »Gegenstände des täglichen Bedarfs in exakter Bestimmtheit« zu produzieren. Dreimal beteiligte sich Ernst Lichtblau an dem 1923 angelaufenen Wohnbauprogramm der Gemeinde Wien. 1926 errichtete er den *Julius Ofner-Hof* in Wien-Margareten, 1929 bis 1931 beteiligte er sich gemeinsam mit Leopold Bauer, Hans Glaser und Karl Scheffel an der Errichtung des *Paul Speiser-Hofes* im 21. Wiener Gemeindebezirk und 1932 mit dem *Doppelhaus Jagdschloßgasse Nr. 88 und Nr. 90* an der Wiener *Werkbundsiedlung*. In der Werkbundsiedlung richtete er außerdem die Häuser der Architekten Hugo Häring, Eugen Wachberger, und Arthur Grünberger ein. Die qualitativ hochwertige Einrichtung der Gemeindewohnungen war schon seit der Gründung der »Beratungsstelle für Inneneinrichtung und Wohnungshygiene im Karl Marx-Hof« (BEST) 1929, deren Leitung er übernommen hatte, ein Aufgabenbereich Ernst Lichtblaus gewesen. Darüber hinaus ist noch auf seinen interessanten *Wettbewerbsbeitrag (1923) zur Errichtung der kommunalen Wohnhausanlage Sandleiten* in Wien Ottakring hinzuweisen.[4]

Ernst Lichtblau war seit seinem Studienabschluß immer wieder an nationalen und internationalen Ausstellungen beteiligt gewesen. Schon 1910 war er auf der *Werkbundausstellung* im Österreichischen Museum für Kunst und Industrie vertreten, 1924 auf der Werkbundausstellung in Köln, und 1925 wurde er für seinen Beitrag auf der Kunstgewerbeausstellung in Paris mit der Goldenen Medaille ausgezeichnet. Besondere Aufmerksamkeit erregte sein *Fremdenverkehrspavillon auf der Wiener Werkbundausstellung* von 1930.

Am 21. August 1939 verließ Ernst Lichtblau, von den Nationalsozialisten aufgrund seiner jüdischen Abstammung verfolgt, Wien und emigrierte über London nach New York.[5] 1941 unterzeichnete er, bereits in New York, einen Aufruf an den englischen Premierminister Winston Churchill, die Anerkennung des »Anschlusses« Österreichs an das Deutsche Reich zurückzunehmen.[6] Er gestaltete zweieinhalb Jahre lang die *Präsentationen und Ausstellungen der Firma R.H. Macy & Company* in New York. Am 4. Juli 1945 erhielt er die amerikanische Staatsbürgerschaft. Im selben Jahr begann er an der Cooper Union Art School als Design Instructor für Textilien zu unterrichten. Im Wintersemester 1947/48 übernahm er die Abteilung für Innenarchitektur an der Rhode Island School of Design in Providence/Rhode Island. Lichtblau strukturierte den Unterricht in dieser Abteilung neu und erweiterte den Ausbildungsbereich, über die Dekoration von Räumen hinaus, in Richtung einer architekturbezogeneren Auffassung von Inneneinrichtung. Seine akademische Karriere entwickelte sich schnell, schon 1948 wurde er als Vorstand der Innenarchitekturabteilung der Rhode Island School bestellt, 1953/54 wurde er zum Dekan der Architekturfakultät gewählt.[7]

Neben seiner Lehrtätigkeit konnte er um 1948 auch eigene Arbeiten ausführen, den *Umbau und die Einrichtung des Wohnhaus von Vera und David Fish* und eine Serie von *Haushaltsgeräten für die Familie* seines Kollegen *J.C. Fulkerson*.[8] In den fünfziger Jahren beteiligte er sich mit kunstgewerblichen Entwürfen an den vom Museum of Modern Art in New York organisierten Good Design-Ausstellungen.

Nach kürzeren Wien-Aufenthalten 1951 und 1957 kehrte Ernst Lichtblau 1957 für längere Zeit nach Wien zurück. Im Sommersemester 1960 unterrichtete er wieder an der Rhode Island School of Design. 1962 erhielt Ernst Lichtblau gemeinsam mit dem Architekten Norbert Schlesinger den Auftrag der Stadt Wien für die Errichtung einer *Schule in der Grundsteingasse* im 16. Wiener Gemeindebezirk.[9] Norbert Schlesinger war vor dem Zweiten Weltkrieg mit → Rudolf Baumfeld assoziiert gewesen. Baumfeld wiederum hatte als Architekturstudent in den zwanziger Jahren mehrmals im Büro Ernst Lichtblaus praktiziert.[10]

Ernst Lichtblau konnte die Fertigstellung des einzigen Baus, den er nach der Rückkehr aus der Emigration in Österreich geplant hatte, nicht mehr erleben. Er starb 79jährig beim Brand des Hietzinger Parkhotels am 8. Jänner 1963 an den Folgen der Aufregung.[11] Im April 1994 fand eine Ausstellung von Ernst Lichtblaus Arbeiten im Museum of Art an der Rhode Island School of Design statt.[12]

1 August Sarnitz, Ernst Lichtblau. Architekt 1883-1963. Gestell und Gestalt im Raum. Reflexionen über ein Paradigma der modernen Architektur. Wien-Köln-Weimar (Böhlau) 1994, S. 147 f.
2 Max Eisler, Der *Wettbewerb um eine Synagoge*. In: Österreichische Bau- und Werkkunst, 2. Jg. (1926), S. 1-7
3 Sarnitz (zit. Anm. 1), S. 148 f.
4 Claudia Mazanek / Gottfried Pirhofer, Das »neue Wien«. In: Stadtbuch Wien 1982. Wien (Falter) 1982, S. 28; Sarnitz (zit. Anm. 1), S. 208
5 Sarnitz (zit.Anm. 1), S. 150 f.
6 Brief von Roilard H. Coudenhove-Kalergi an Winston Churchill vom 5. Dezember 1941, Anhang: Liste der Unterzeichneten, darunter Ernest Harvey Lichtblau, former Professor at the High School of Architecture in Vienna, now Professor at the American School of Design, New York. Dokumentationsarchiv des österreichischen Widerstandes, Wien
7 Sarnitz (zit. Anm. 1), S. 151 f.
8 ebenda, Werkverzeichnis Nr. 103 und 102, S. 221 f.
9 ebenda, S. 154
10 Zeugnis von Rudolf Baumfeld, ausgestellt von Ernst Lichtblau, University of California at Los Angeles, Special Collection, Baumfeld Papers (vgl. S. 257 dieses Bandes)
11 Sarnitz (zit. Anm. 1), S. 154
12 Bill van Siclen, A Case Study in Modern Art in America. In: The Providence Journal Bulletin, March 25, 1994

FRITZ MALCHER
(1888-1933)

Fritz Malcher, Verkehrsprojekt Kärntnerstraße, Stephansplatz 1926

Der Architekt Fritz Malcher beschäftigte sich bereits in den späten zwanziger Jahren mit städtebaulichen Problemen, die durch eine stetige Zunahme des motorisierten Individualverkehrs entstehen sollten.

Fritz Malcher wurde am 22. März 1888 in Baden bei Wien geboren. Sein Vater, Rudolf Malcher, war ein Großkaufmann aus King Williams Town in Südafrika. Die Mutter, Adolfine, geborene Kronenfeldt, war die Gründerin einer Mädchenschule in Baden. Nach Abschluß seiner Schulausbildung begann Fritz Malcher zunächst in Wien Architektur zu studieren,[1] wechselte aber 1910 zu Paul Ludwig Troost nach München.[2] Dort übernahm er 1910 die *Bauleitung bei der Fertigstellung von Troosts Marionettentheater* im Münchner Ausstellungspark.[3] Schon 1913 arbeitete er als selbständiger Architekt in Baden bei Wien. Noch im selben Jahr entwarf er einen *Parzellierungs- und Bebauungsplan für ein Villenviertel* ebendort. Der Besitzer des Grundstückes, das Benediktinerstift Melk, bestellte ihn 1914 auch als Bevollmächtigten für die Bauausführung.[4] Wohl ebenfalls aus dieser Zeit stammt die *Villa in der Höfelegasse 3* in Baden.[5]

Malchers beginnende Karriere wurde durch den Ausbruch des Ersten Weltkriegs unterbrochen. Er rückte 1915 als »landsturmpflichtiger Ingenieur«[6] zur k.u.k. Armee ein und kam an die italienische Front.[7] Fritz Malcher wurde 1915 in Triest mit Lotte Buchler kriegsgetraut.[8] Der Kriegseinsatz endete für ihn schon 1916 nach einem schweren Unfall.[9]

Malcher gründete 1920 eine eigene Bauhütte namens »Leitha« in Lanzenkirchen bei Wiener Neustadt, sie mußte aber schon 1925 mangels Aufträgen geschlossen werden.[10] Sein Interesse begann sich immer mehr auf die aktuellen Probleme der Planung moderner Großstädte zu verlagern. Neben dem oben erwähnten Villenviertel plante er 1919/20 ein *Geschäftsviertel für Baden*. Sein größtes Projekt war die *Satellitenstadt »Heil-Land«* für 100.000 Bewohner in der Nähe von Baden. Die Planungen und Kostenrechnungen waren schon weit ausgereift, es kam auch zu Verhandlungen mit dem Minister für Handel und Verkehr, der in einem Schreiben vom 27. November 1924 das Projekt als technisch ausführbar bezeichnete. Die Verhandlungen scheiterten allerdings, »da sich die Niederösterreichische Landesregierung aus Präjudiz-Gründen als nicht in der Lage bezeichnete, zu diesem Projekt Stellung zu nehmen.«[11] Die euphorische Beschreibung des *Heil-Land-Projektes* durch einen zeitgenössischen Kritiker zeigt, wie man sich die Flucht aus der Großstadt ins Landleben vorstellte: »Mödling ist kaum noch gestreift, grüßt schon Baden, fliegen wir in atemberaubender Schnelle über Grenzen, an Wäldern vorbei, unserem Ziele zu. Fünfzehn Minuten nach der Abfahrt haben wir es erreicht. Der Zug hält elegant, ohne Ruck, ohne Stoß. Die Türen schieben sich zurück. Wir sind angekommen: die Wald- und Gartenstadt Wiens nimmt uns auf. An den windgeschützten Südosthängen der Hohen Wand zieht sie sich hin, vierzehn Kilometer lang, vier Kilometer breit, eine halbe Million Einwohner zählend. Keine Riesenbauten, nein, modernste Einfamilienhäuser, Gärten und Anlagen.«[12]

Nach diesen entmutigenden Versuchen eröffnete Fritz Malcher 1925 ein eigenes Büro in Wien.[13] Bei der Internationalen Städtebauausstellung im Wiener Künstlerhaus 1926 präsentierte er neben dem *Heil-Land-Projekt*[14] einen *Vorschlag zur Umgestaltung der Wiener Innenstadt* in der Achse Kärntnerstraße-Rotenturmstraße. Sein Projekt griff die erstmals von Leonardo da Vinci formulierte Idee der Trennung der Verkehrsarten auf unterschiedlichen Ebenen zurück und propagierte rund um den Stephansplatz riesige Fußgängerplateaus in der Höhe des ersten Stockwerkes, eine autofreie Kärntnerstraße sowie unterirdische Straßenbahntrassen und Zulieferstraßen. Der Plan fand internationale Beachtung.[15]

Trotz dieses Erfolges war Malchers wirtschaftliche Situation in Wien so unbefriedigend, daß er 1927 nach Kuba ging. Er wurde dort als Konsulent des Staatssekretärs für öffentliche Arbeiten engagiert. Malcher entwickelte ein *Verkehrskonzept für die Hauptstadt Havanna* und einen *Umgestaltungsvorschlag für den zentralen Platz* im älteren Teil der Stadt.[16] Das Verkehrskonzept bestand vor allem aus verschiedenen Kreisverkehrsrouten und Einbahnen. Die Platzgestaltung sah eine große Tiefgarage unterhalb des Hauptplatzes und schattige Laubengänge auf den Platz vor. 1929 publizierte er diesen Vorschlag einer »Verkehrs-Reform« für Havanna in der bekannten deutschsprachigen Fachzeitschrift ›Städtebau‹. Dort bezeichnete er das anhand von Havanna entwickelte Verkehrssystem als »Straßenkreuzung ohne Fahrkreuzung«.[17] Von Kuba ging er noch 1929 nach New York. Er beteiligte sich an der *Planung für die Gartenstadt Radburn* in New Jersey.[18] Die Amerikaner Clarence S. Stein und Henry Wright hatten 1928 mit der Planung begonnen. Radburn sollte, durch die räumliche Trennung der Verkehrsarten, neue Möglichkeiten des Lebens mit dem Auto aufzeigen. Ursprünglich war die Stadt für 10.000 Bewohner konzipiert worden, sie wurde aber nur in Teilen verwirklicht.[19] Die Anteile Fritz Malchers an der Planung sind nicht gesichert.

Malcher sah die Lösung des Verkehrsproblems nicht nur in neuen Verkehrsführungen, sondern auch im Bereich neuer Massenverkehrsmittel. So präsentierte er 1929 in Berlin seine Version einer Untergrund- und Hochbahn. Im Mai 1932 kehrte er für einige Monate nach Österreich zurück. Während er auf die Ausstellung eines neuen Visums für die Vereinigten Staaten wartete, hielt er Vorträge an der Technischen Hochschule in Wien, im Automobilklub und im Ingenieur- und Architektenverein über das *Steadyflow-Traffic-System*.

Im Februar 1933 kam er wieder nach New York und begann an dem Auftrag zur *Neugestaltung des Queens Boulevard* zu arbeiten. Am 4. Oktober 1933 starb Fritz Malcher überraschend an den Folgen einer Blinddarmentzündung.[20] Er wurde am Calvery Cemetery in Woodside, N.Y., begraben.[21] Zwei Jahre nach seinem Tod, 1935, publizierte die Harvard University sein Buch *Steadyflow-Traffic-System*.[22]

1 Peter Zehrer, Straßenverkehr ohne Konflikte. In: Die Presse/Magazin, Wien, 24. März 1988
2 Fritz Malcher, *Selbstverfaßter Lebenslauf* vom September 1925, Archiv Malcher, Baden
3 Zehrer (zit. Anm. 1)
4 Malcher, *Lebenslauf* (zit. Anm. 2)
5 o. A., Fritz Malcher – 100. Geburtstag. In: Österreichische Ingenieur- und Architektenzeitschrift, Sonderdruck aus Heft 5, Jg. 133 (1988)
6 Zehrer (zit. Anm. 1)
7 Fritz Malcher (zit. Anm. 5)
8 o. A., Architekt Fritz Malcher, Nachruf. Sonderabdruck aus Nr. 84 der Badner Zeitung, 1933. Dem Ehepaar Malcher wurde am 26.7.1918 die erste Tochter Liselotte geboren. Malcher, Lebenslauf (zit. Anm. 2)
9 Fritz Malcher (zit. Anm. 5)
10 Zehrer (zit. Anm. 1)
11 Malcher, *Lebenslauf* (zit. Anm. 2)
12 Josef Napravnik, Das Siedeln in der Zukunft. Zu der Internationalen Städtebauausstellung in Wien. In: Österreichische Illustrierte Zeitung, 36. Jg., Heft 41, Wien 10. Oktober 1926, S. 1086 f.
13 Zehrer (zit. Anm. 1)
14 Napravnik (zit. Anm. 12)
15 ebenda
16 ebenda
17 Malcher, *Verkehrs-Reform. Das System »Straßenkreuzung ohne Fahrkreuzung« als Grundlage des neuen Verkehrsprojektes für Havana, die Hauptstadt von Cuba.* In: Der Städtebau, Heft 4, XXIV. Jahrgang (1929), S. 97-108
18 Zehrer (zit. Anm. 1)
19 Giulio Carlo Argan (Hg.), Die Kunst des 20. Jahrhunderts 1880-1940, Propyläen Kunstgeschichte in zwölf Bänden. Berlin (Propyläen Verlag) o.J., Bd. 12, S. 386
20 Zehrer (zit. Anm. 1)
21 Arbeitsbericht Norbert Mayr, Oktober 1993
22 Zehrer (zit. Anm. 1), siehe auch Bibliographie

EMANUEL NEUBRUNN (1888-1973)

Emanuel Neubrunn zählt zu jenen als Architekten ausgebildeten Künstlern, die sich nicht im Baugewerbe, sondern in anderen Berufsgruppen erfolgreich etabliert haben. Sowohl in Wien als auch nach seiner Emigration in New York führte Neubrunn einen auf Grabsteine spezialisierten Steinmetzbetrieb.

Neubrunn wurde am 26. September 1888 in Wien als Sohn von Josef Neubrunn, Inhaber eines Steinmetzbetriebes, der aus Zaij-Karotz in Ungarn stammte, geboren. Die Mutter (geb. Stozberg) stammte aus Galizien. Seine Eltern heirateten am 24. Dezember 1882 in Bratislava und hatten sechs Kinder. Nach dem Tod seines Vaters 1905 – Wulkan, der Partner des Vaters, war schon vor der Jahrhundertwende gestorben – führte die Mutter Neubrunns mit Hilfe eines »stillen« Partners die Firma Wulkan & Neubrunn.

Emanuel Neubrunn besuchte zunächst die Staatsgewerbeschule, zwischen 1907 und 1910 studierte er an der Akademie der bildenden Künste bei Otto Wagner und absolvierte gleichzeitig eine Lehre als Steinmetz. Neubrunn begann seine Steinmetzpraxis in der elterlichen Firma, für die er auch ein *Werkstattgebäude* entworfen hat. Zum Betrieb gehörte auch ein eigenes Sägewerk. Im Ersten Weltkrieg war er Pionieroffizier und befehligte u.a. ein Gefangenencorps. Nach 1918 übernahm er zusammen mit seinem Bruder Victor Neubrunn, einem Juristen, den elterlichen Betrieb, die Mutter blieb aber weiterhin beteiligt. Als Schilehrer war er Mitglied der »Sportgruppe Donauland«. Am 4. Mai 1924 heiratete Emanuel Neubrunn in Wien Anna Schwarz (geb. 10.12.1900). Nach dem »Anschluß« im März 1938 wurde Neubrunn im Wiener Landesgericht inhaftiert und nur unter der Bedingung freigelassen, daß er der »Arisierung« seiner Firma zustimme.

Im Herbst 1938 emigrierte Emanuel Neubrunn über London in die vereinigten Staaten (offizielle Abmeldung von seiner Wiener Adresse per 28. Dezember 1938), wo er noch im selben Winter eine Anstellung im renommierten New Yorker Architekturbüro Mayer & Whittlesey erhielt – die er jedoch nach einem halben Jahr wieder aufgab. Im gleichen Büro war auch → Gerhard Karplus tätig. Durch den Kontakt mit einem Steinbruchbetrieb in Vermont ergab sich für Neubrunn bald die Möglichkeit, eine eigene Steinmetzfirma zu gründen, ein Betrieb, der in Brooklyn noch heute existiert. Schon drei Jahre später, 1941/42, konnte das Unternehmen mit Erfolg arbeiten. Am 12. Juni 1942 erhielt Neubrunn die »Licence to Practise« (Befugnis für Architekten) des Staates New York. In den fünfziger Jahren kam es in New York zu einer kurzfristigen Zusammenarbeit mit → Oskar Wlach. Emanuel Neubrunn arbeitete mit Erich Marmorek, dem Sohn des Wiener Architekten Oskar Marmorek, in Boston an einem Fertigteilbauprojekt. Das Experiment scheiterte jedoch. Architekt → Fritz Reichl, ein Mitarbeiter Clemens Holzmeisters, lebte nach seiner Ankunft in New York für kurze Zeit bei Neubrunn und ging dann nach Los Angeles zu → Richard Neutra.

Neubrunn stand sowohl in Wien als auch in Amerika in engem Kontakt mit zahlreichen Mitgliedern der österreichischen Künstlerschaft. Unter seinen Freunden waren die Architekten Oskar Strnad, → Ernst Schwadron und Martin Ziegler, aber auch der Schriftsteller Richard Beer-Hoffmann. In seiner Berufspraxis errang Neubrunn einige Anerkennung in den Vereinigten Staaten. Er wurde 1957 Ehrenmitglied des American Institute of Commemorative Art und erhielt den John Howard Benson Award. Neubrunn entwarf in Wien bzw. in New York die Grabsteine u.a. von Alfred Adler, Rabbi Ludwig Aron, Dr. Julius Max Bach, David Baer, Ernest Brandon, Hugo Gorge, Carl Mensch, Arthur Schnitzler, Oskar Strnad, Oswald Teller, Hugo Winter und Gina Zeiller.

Quellen: Datenauswertung nach Heimatrolle und Meldezettel (Wiener Stadt- und Landesarchiv); Interview mit Anna Neubrunn am 15.7.1992 in New York sowie Brief von Anna Neubrunn an Matthias Boeckl vom 20. September 1992; Marco Pozzetto, Die Schule Otto Wagners 1894-1912. Wien 1980

RICHARD J. NEUTRA
(1892-1970)

Richard Neutra wird allgemein als einer der bedeutendsten »österreichischen Architekturexporte« in die Vereinigten Staaten bezeichnet.

Richard Neutra wurde, als Sohn des Samuel Neutra und dessen Frau Elisabeth (geb. Glatzer) am 8. April 1892 in der Leopoldstadt in Wien geboren.[1] Neutras familiärer Hintergrund war typisch für die in erster oder zweiter Generation assimilierten jüdischen Zuwanderer aus Osteuropa. Neutras Vater – Mitglied der Sozialdemokratischen Partei – hatte einen kleinen Betrieb in der Wiener Leopoldstadt.[2] Während seiner Gymnasialzeit lernte Neutra Ernst Freud, den Sohn Sigmund Freuds kennen. Über den Mann seiner älteren Schwester Josephine, Arpad Weixelgärtner, Kustos der Waffensammlung des Kunsthistorischen Museums, kam er mit der Wiener Kunstszene in Berührung.

Von Otto Wagners *Stadtbahnstationen* begeistert, entschloß sich Neutra Architektur zu studieren. Er immatrikulierte 1910 an der Technischen Hochschule in Wien. Durch den Militärdienst und den Ausbruch des Ersten Weltkriegs verzögert, sollte er seine Ausbildung jedoch erst im Juli 1918 abschließen können. Im Oktober 1912 begannen Neutras Besuche in der sogenannten »Loos-Schule«, einem Kreis junger Architekten, dem u.a. → Rudolph Schindler, Ernst Freud, → Felix Augenfeld angehörten. Loos schien Neutra sehr zu schätzen.[3] Er weckte auch Neutras Interesse für die Architektur der Vereinigten Staaten, was durch die Publikationen von Arbeiten Frank Lloyd Wrights im Berliner Wasmuth Verlag (1910 und 1911) noch verstärkt wurde. Nach Ende des Ersten Weltkriegs hielt sich Neutra in der Schweiz auf, um sich von kriegsbedingten Erkrankungen zu erholen.[4] Er arbeitete im Sommer 1919 bei dem Schweizer Landschaftsgärtner Gustav Ammann in Zürich, wo er auch den Entwurfskurs des Architekten Karl Moser besuchte. In Zürich lernte er seine zukünftige Frau, Dione Niedermann, kennen. Er korrespondierte mit Rudolph M. Schindler, der bereits seit längerem in den USA arbeitete. Wegen des plötzlichen Todes seines Vaters mußte Neutra im Frühling 1920 kurz nach Wien zurückkehren. Ernst Freud, der inzwischen in Berlin lebte, vermittelte Neutra eine Stellung im Berliner Büro Pinner und Neumann, die ihn aber wegen eines Auftragsentfalls bald wieder entließen. Neutra nahm die Stellung eines Architekten im Bauamt der Stadt Luckenwalde bei Berlin an und entwarf eine *Arbeitersiedlung* und einen *Waldfriedhof*. Schon im Oktober 1921 wurde Neutra im Büro Erich Mendelsohns eingestellt. Die erste Arbeit, die er für Mendelsohn ausführte, war der *Umbau des Gebäudes des Berliner Tagblattes* zwischen 1921 und 1923. Am 23. Dezember 1922 heirateten Richard Neutra und Dione Niedermann in Hagen. Ein gemeinsamer Entwurf von Mendelsohn und Neutra für ein *Geschäftsviertel in Haifa* erreichte 1923 den 1. Wettbewerbsplatz, blieb aber unausgeführt. Neutra trug sich mit dem Gedanken, Rudolph M. Schindler in die Vereinigten Staaten zu folgen. Gerüchtehalber hörte er von der Verringerung der amerikanischen Einreisequoten und verschaffte sich im Sommer 1923 Affidavits von Pauline Schindler, der Gattin Rudolph Schindlers, und von John Fisher. Neutra schiffte sich am 13. Oktober 1923 in Hamburg nach New York ein, wo er am 24. desselben Monats eintraf.[5] Nach kürzeren Engagements in New Yorker Büros trat er 1924 in das bekannte Chicagoer Büro Holabird & Roche ein. Durch seine Mitarbeit am *Palmer House Hotel* gewann er Einblicke in die amerikanische Bauweise, was er dann in seiner ersten Publikation *Wie baut Amerika?* (1927) verarbeiten konnte.[6] Beim Begräbnis Louis H. Sullivans traf Neutra erstmals mit Frank Lloyd Wright zusammen, der ihn in sein *Studio in Taliesin* einlud. Während Richard und Dione Neutra in Wrights Studio lebten, entstand der *Wettbewerbsentwurf für eine Synagoge in Wien-Hietzing*. Anfang des Jahres 1925 übersiedelte das Ehepaar nach Los Angeles und lebte im Haus Rudolph M. Schindlers.

Neutra half Schindler bei der Arbeit im Büro, vor allem als Zeichner, und machte die Gartengestaltungen u.a. auch für Schindlers *Lovell Beach House* (1926). Gleichzeitig arbeitete er an seinem *Rush-City-Reformed-Projekt*, einer utopischen Stadtanlage, mit der er sich schon in Berlin beschäftigt hatte. Neutra hatte den Kontakt zu seinen österreichischen Kollegen nicht aufgegeben. In der ›Österreichischen Bau- und Werkkunst‹ 1924/25 publizierte er einen Beitrag über die Entwicklung amerikanischer Städte. Anfang 1926 erhielt er die Architektenlizenz. Im September 1926 begannen Neutra und Schindler an der Arbeit für das *Wettbewerbsprojekt für den Völkerbundpalast* in Genf. Ihr Beitrag erhielt keinen Preis, wurde aber in einer vom Deutschen Werkbund organisierten Ausstellung gezeigt. Neutras Interesse an Großprojekten war geweckt. Er schlug Schindler den Namen *Architectural Group for Industry and Commerce* (AGIC) vor, um der gemeinsamen Arbeit den Anstrich größerer Ambitionen und Kapazitäten zu geben. Doch Schindler beschäftigte sich weiterhin mit Einfamilienhäusern, während Neutra versuchte, Auftraggeber für größere Bauaufgaben zu finden. Eines der ersten Projekte Neutras, das verwirklicht wurde, waren die *Jardinette-Apartments* in Hollywood. Der Auftrag, der Richard Neutra den Durchbruch bringen sollte, kam von einem Klienten Rudolph M. Schindlers, dem Reform-Arzt Dr. Phillip Lovell. Das *Lovell Health House* (1927-29), der Name stammt übrigens von Neutra, war eines der ersten Wohnhäuser in den Vereinigten Staaten, das als Stahlskelettkonstruktion aus vorgefertigten Teilen errichtet wurde. Es war für Architekt und Auftraggeber ein programmatischer Bau. Beide wollten ihre Vorstellungen von einer modernen Lebensführung verwirklicht sehen. Philip Lovell öffnete das Haus zur Besichtigung für die Öffentlichkeit, dadurch erreichte die Publizität des Baus einen weiteren Höhepunkt. Nach Fertigstellung des Auftrags trat Neutra 1930 eine längere Reise über Japan, China und den Indischen Ozean nach Europa an. In Wien konsultierte Richard Neutra mit seinem Erstgeborenen, Frank, Sigmund Freud. Neutra nahm als Vertreter Amerikas am CIAM-Treffen in Brüssel teil und wurde eingeladen, am *Bauhaus* in Dessau als Gastkritiker zu unterrichten. Noch 1930 kehrte er in die Vereinigten Staaten zurück, er blieb einige Zeit in New York, um sich nach neuen Aufträgen umzusehen. Anfang des Jahres 1931 hielt er anläßlich der Eröffnung der von → Joseph Urban entworfenen *New School for Social Research* Vorträge zu den Themen *The Relation of the New Architecture on the Housing Problem, The American Contribution on the New Architecture* und *The Skyscraper and the New Problem of City Planning*. Einen weiteren Auftrieb für Neutras Karriere bedeutete die Einladung der Kuratoren Philip Johnson und Henry-Russell Hitchcock, sich an der Ausstellung *The International Style 1932* zu beteiligen. Diese Ausstellung des Museum of Modern Art in New York kann als Initialzündung für die Entwicklung der modernen Architektur der Vereinigten Staaten angesehen werden. Im selben Jahr wurde die *Wiener Werkbundsiedlung* eröffnet, an der sich Neutra mit einem Haus beteiligt hatte.[7] Zurück in Los Angeles konnte sich Neutra mit der finanziellen Unterstützung des Industriellen C.H. van der Leeuw ein *Haus und Studio im Silverlake Reservoir* errichten; das Haus nannte er zu Ehren seines Gönners *Van der Leeuw Research House* (1932). Neutras Klientel kam auch aus den Intellektuellenkreisen des aufblühenden Hollywood. 1934 entwarf er ein *Haus für die Kunstsammlerin Galka Scheyer* und 1935 für den deutschen Regisseur *Josef von Sternberg*.[8] Neutras Auftragslage verbesserte sich zusehens; 1937 konnte er mehr als zwölf Projekte fertigstellen, darunter die *Landfair Apartments* und die *Strathmore Apartments*. Er setzte sich für seinen Wiener Kollegen → Bernard Rudofsky ein, der 1937 versuchte, eine Einwanderungsbewilligung für die Vereinigten Staaten zu erhalten.[9] In den vierziger Jahren begann er sich mit sozial orientierten Wohnbauprojekten zu beschäftigen. Das 222 Wohneinheiten umfassende *Channel Heights Housing Project* (1942) sah auch soziale Einrichtungen wie Schulen und Kommunikationszentren vor. 1943/44 waren durch den Krieg die Aufträge zurückgegangen, und Neutra wurde Konsulent der Regierung von Puerto Rico, für die er *Prototypen für Schul- und Krankenhäuser* entwickelte.[10] Nach dem Ende des Weltkriegs kam der österreichische Architekt und Mitarbeiter von Clemens Holzmeister → Fritz Reichl in die USA und begann in Neutras Büro zu arbeiten. 1946 errichtete Neutra in der kalifornischen Wüste ein *Haus für Edgar Kaufmann*. Der Geschäftsmann aus Pittsburgh war einer der wichtigsten Auftraggeber der amerikanischen Moderne, für ihn hatte Frank Lloyd Wright das *Falling Water House* entworfen. 1948 kehrte Neutra für eine Vortragsreise nach Europa zurück. Im selben Jahr wurde das *Tremaine House* bei Santa Barbara fertiggestellt. 1949 schloß er sich, wahrscheinlich aus gesundheitlichen Gründen, mit dem Architekten Robert Alexander zusammen. Gemeinsam arbeiteten sie an dem großangelegten sozialen Wohnbauprojekt *Elysian Park Heights*, das jedoch am politischen Konservatismus der McCarthy-Ära scheiterte. 1954 publizierte Neutra das Buch *Survival Through Design*.[11]

Neutra versuchte wieder in Wien Fuß zu fassen und wollte einen Auftrag übernehmen.[12] 1962 wurde die Richard J. Neutra Foundation Los Angeles gegründet, die durch das Richard J. Neutra Institut in Zürich und die Richard Neutra Gesellschaft in Wien die Ideen Neutras – auch durch die Zeitschrift ›Kontakte‹ – einem interessierten Publikum näher bringen sollte.[13] 1963 wurden in Quickborn bei Hamburg und in Walldorf bei Frankfurt zwei großzügig angelegte *Gartenstädte mit verschiedenen Haustypen*, die von Richard Neutra entworfen worden waren, eröffnet.[14] Das »Sechste Europagespräch« in Wien wurde am 11. Juni 1963 mit Neutras Vortrag *Europa und Urbanität* eröffnet. Auch → Victor Gruen nahm als Diskussionspartner an dieser Veranstaltungsreihe teil.[15]

Von 1966 bis 1969 lebte das Ehepaar Neutra ständig in Wien. Neutra wollte seinem Sohn Dion im gemeinsamen Büro in Los Angeles freie Hand lassen. Im Juni 1969 kehrte Neutra nach Los Angeles zurück, wo er das Ehrendoktorat der University of California at Los Angeles in Empfang nahm. Im April 1970 brach das Ehepaar zu einer weiteren Vortragsreise durch Europa auf. Am 16. April 1970 starb Richard Neutra in Wuppertal, Deutschland an Herzversagen.[16]

1 Thomas S. Hines, Richard Neutra and the Search for Modern Architecture. New York 1982
2 Richard Neutra, *Gestaltete Umwelt*. Hamburg 1956
3 Felix Augenfeld an Dietrich Worbs vom 24. April 1981
4 Hines (zit. Anm. 1)
5 ebenda
6 Neutra, *Umwelt* (zit. Anm. 2)
7 Hines (zit. Anm. 1)
8 Arthur Drexler / Thomas S. Hines, The Architecture of Richard Neutra. From International Style to California Modern. (Ausst.Kat.) Museum of Modern Art, New York, 1982
9 Brief von Richard Neutra an den Direktor der Einwanderungsbehörde in Los Angeles vom 22. 9. 1937
10 Drexler (zit. Anm. 8)
11 ebenda
12 Interview Matthias Boeckl mit Min.Rat Dr. Wilhelm Schöbl, 27.4.1992
13 Kontakte, Mitteilungen der Richard J. Neutra Foundation, Los Angeles, I/1, Jänner/Februar 1963
14 o.A., Erstmals in Deutschland, bei Hamburg und Frankfurt: Professor Neutras Gartenhäuser. In: Die Welt (Sonderbeilage), 8. November 1963, Nr. 261, S. 8
15 Broschüre der Wiener Festwochen, Sechstes Europagespräch, »Die Europäische Großstadt – Licht und Irrlicht«, Wien 11.-15. Juni 1963
16 Drexler/Hines (zit. Anm. 8)

FRITZ REICHL (1890-1959)

Fritz Reichl, Umbau des Hauses Heriot, Wien-Leopoldstadt, vor 1932

Fritz Reichl wurde am 2. Februar 1890 in Baden bei Wien geboren. Während seiner Mittelschulzeit besuchte er Kurse an der Kunstgewerbeschule bei Bertold Löffler und Michael Powolny.[1] Reichl wollte Malerei studieren, sein Vater riet ihm aber zur Architektur.[2] Er schloß 1914 sein Studium an der k.k. Technischen Hochschule in Wien ab, seine Professoren waren König, Ferstel, Krauss und Simony.[3] Während des Studiums lernte er → Richard Neutra kennen. Der Kontakt hielt über die Studienzeit hinaus an: Als Neutra in den zwanziger Jahren Wien besuchte, traf er sich wieder mit Reichl.[4] Fritz Reichl praktizierte während des Studiums in verschiedenen Architekturbüros in Wien und Budapest.[5]

Nachdem er sein Studium abgeschlossen hatte, mußte er zur k.u.k. Armee einrücken. Während des Ersten Weltkriegs war er in Serbien, Bosnien und Italien stationiert.[6] Nach Kriegsende war es für Fritz Reichl aufgrund der wirtschaftlichen Situation schwierig, eine Stelle in einem Architekturbüro zu finden. Er überbrückte diese Zeit als Arbeiter in einer Metallfabrik.[7] Mit dem 23. Dezember 1925 erhielt er seine Zulassung als Zivilarchitekt und eröffnete ein eigenes Büro.[8] Schon 1927 gewann er den Wettbewerb zum *Wiederaufbau des Justizpalastes* in Wien, der bei Unruhen am 15. Juli 1927 ausgebrannt war. Das Projekt wurde allerdings fallengelassen. Interessant sind auch mehrere *Entwürfe für die burgenländische Landeshauptstadt Eisenstadt*, darunter ein *Stadtverbauungsplan*. Ausgeführt wurde allerdings nur ein *Beamtenwohnhaus* (1927). Bis Mitte der dreißiger Jahre hatte sich Reichls Auftragslage gebessert. Schon 1932 konnte er einen Band mit eigenen Arbeiten in der Reihe *Wiener Architekten* publizieren. Neben einer Reihe von Einrichtungen, Land- und Einfamilienhäusern fällt der *Umbau des Hauses des Grafen Heriot* im Wiener Prater auf.[9] Das bekannte, avantgardistische *Gartenhaus des Ehepaars Heriot* errichteten Mitte der dreißiger Jahre die Architekten Franz Singer und Friedl Dicker – Singer konnte 1938 nach Großbritannien emigrieren, Friedl Dicker wurde 1944 im Konzentrationslager Auschwitz ermordet.[10] In die frühen dreißiger Jahre fiel auch Reichls *Ausstattung der Wohnung Seidler*, der Eltern des später nach Australien emigrierten Architekten Harry Seidler.[11]

Fritz Reichl war ab 1928 ordentliches Mitglied der Genossenschaft der bildenden Künstler Wiens[12] und eine Zeitlang Vizepräsident der Zentralvereinigung der Architekten Österreichs.[13] Im Frühling 1938 stellte er noch im Künstlerhaus aus. Nachdem seine Situation nach dem »Anschluß« Österreichs aufgrund seiner jüdischen Abstammung unhaltbar geworden war, bot ihm Clemens Holzmeister 1939 die Übernahme der Leitung seines Büros in der Türkei an, was Fritz Reichl auch annahm. Er und seine Frau Ella hatten zu Clemens Holzmeister schon in dessen Wiener Zeit guten Kontakt gehabt. Das Büro Holzmeisters befand sich in Istanbul; mit Beginn der Bauarbeiten am *Justizministerium* und am *Präsidentenpalast* übersiedelte Reichl mit dem Büro nach Ankara.

1946 erhielt das Ehepaar Reichl die Einreisevisa in die USA und folgte seinem einzigen Sohn Erich, der schon 1938 in die Vereinigten Staaten emigriert war.[14] Sie blieben zunächst kurzfristig in New York, bei dem ebenfalls aus Wien stammenden Architekten → Emanuel Neubrunn,[15] übersiedelten aber bald nach Los Angeles, wo Fritz Reichl eine Stelle im Büro seines inzwischen weltbekannten Jugendfreundes Richard Neutra fand.[16] Ob er sich selbst an Neutra gewendet hatte oder von Clemens Holzmeister empfohlen worden war, ist nicht bekannt.[17] Reichl hatte in Neutras Büro wenig Spielraum, um eigene Gedanken einzubringen. Er gründete daher gemeinsam mit Max Starkman, einem jüngeren Kollegen aus Neutras Büro in den frühen fünfziger Jahren die Firma Reichl & Starkman in Los Angeles. Das Büro war mit Aufträgen für Ein- und Mehrfamilienhäuser und Einkaufszentren gut ausgelastet. Reichl und Starkman arbeiteten meistens gemeinsam an den einzelnen Projekten. Fritz Reichl baute 1955 das *Haus für Erich Reichl*, seinen Sohn, der Chemiker geworden war und zu dieser Zeit in Pittsburgh lebte.[18] 1959 erlag Fritz Reichl während der Arbeit einem Herzversagen.[19] Sein Partner Max Starkman führte das Büro in Los Angeles weiter.

1 Gabriele Koller (Hg.), Die Vertreibung des Geistigen aus Österreich (Ausst.Kat.), Wien-Salzburg 1985, S. 236
2 Brief von Timothy Weyand (Urenkel von Fritz Reichl) an Matthias Boeckl vom 3. November 1992
3 Koller (zit. Anm. 1), S. 236
4 Brief von Eric Reichl (geb. 3.12.1913, Sohn von Fritz Reichl) an Matthias Boeckl vom 29. 1. 1993.
5 Koller (zit. Anm. 1)
6 Brief Weyand (zit. Anm. 2)
7 Brief E. Reichl (zit. Anm. 4)
8 Beitrittserklärung Fritz Reichls zur Genossenschaft der bildenden Künstler Wiens, vom 26. Jänner 1928
9 Fritz Reichl, *Fritz Reichl. Eine Auswahl von ausgeführten Arbeiten und Entwürfen. Mit einem Vorwort von Max Eisler.* Reihe *Wiener Architekten*. Wien-Leipzig (Elbemühl) 1932
10 Auskunft Georg Schrom; zu Singer & Dicker siehe: Georg Schrom, Stefanie Trauttmansdorff, Franz Singer & Friedl Dicker. 2 x Bauhaus in Wien (Ausst.Kat. Hochschule für angewandte Kunst). Wien 1988, S. 108 ff.
11 Brief Weyand (zit. Anm. 2). Die Adresse der Wohnung lautete, Wien 19, Peter Jordan-Straße 68.
12 s. Anm. 8 und Koller (zit. Anm. 1)
13 Brief E. Reichl (zit. Anm. 4)
14 ebenda
15 Interview mit Anna Neubrunn (Witwe von Emanuel Neubrunn), geführt von Matthias Boeckl am 20. September 1992
16 Brief E. Reichl (zit. Anm. 4)
17 Brief Weyand (zit. Anm. 2)
18 Brief E. Reichl (zit. Anm. 4)
19 Brief Weyand (zit. Anm. 2)

BERNARD RUDOFSKY (1905-1988)

Bernhard Rudofsky in Japan, 1982

Bernard Rudofsky zählt zu jenen modernen Architekten, die die Architekturavantgarde ihrer Zeit immer wieder kritisch hinterfragt und ihren Dogmen Alternativentwürfe gegenübergestellt haben. Dabei wollte Rudofsky keineswegs eine konservative Wende der modernen Bewegung herbeiführen, sondern diese im Gegenteil aus der drohenden Erstarrung in Formalismen lösen und in eine kulturell offenere Haltung führen. Das wichtigste Arbeitsmittel war für Rudofsky die Reise und das fortwährende Dokumentation und Publikation sämtlicher kultureller Äußerungen, aus deren unendlicher Vielfalt er seine liberale Philosophie bezog.

Bernard Rudofsky wurde am 19. April 1905 (aufgrund eines Fehlers bei einer Abschrift in den 30er Jahren nennen die meisten Dokumente den 13. April) in Zauchtl in Mähren geboren. Der Vater, Bernhard Rudofsky (geb. 1875), Tierarzt, stammte aus einer katholischen Familie, die Mutter, Elisabeth Primus (Heirat mit Rudofsky 1903) aus einer evangelischen. Dokumente gehen zurück bis auf Johann Georg Rudowsky, geboren 1653 in Rudow, Galizien, der um 1680 nach Bischofteinitz, Böhmen, übersiedelte (der von ihm gegründete Bauernhof besteht heute noch). Der ursprüngliche Familienname

Rudowsky wurde 1898 in Rudofsky geändert. Die Familie übersiedelte 1906 nach Wien.

1914 lebte Rudofsky bei den Großeltern mütterlicherseits. 1918 trat er in die Realmittelschule in Wien XV. am Henriettenplatz ein. In den letzten Jahren spielte er Kontrabaß im Schulorchester, 1922 maturierte er, anschließend trat er in die Technische Hochschule ein.

1923 reiste er erstmals nach Deutschland und besuchte die Bauhausausstellung in Weimar, 1924 reiste er durch Österreich, 1925 nach Bulgarien und in die Türkei, 1926 in die Schweiz, nach Frankreich und Italien und 1927 wieder nach Italien. 1928, am 4. Juli, schloß er sein Studium in Bauingenieurwesen und Architektur an der Wiener Technischen Hochschule ab, reiste nach Schweden, arbeitete im Büro Otto Rudolf Salvisberg in Berlin (September 1928 bis Januar 1930), 1929 reiste er nach Bulgarien, Türkei, Griechenland, Italien. Rudofsky lebte dabei zwei Monate auf der Insel Santorini (Thira).

Die wichtige Mitarbeit Rudofskys im Büro Theiß und Jaksch in Wien währte von März 1930 bis Januar 1932. Er arbeitete am Entwurf für das *Hochhaus in der Herrengasse* mit und war Mit-Planverfasser der Erweiterung des *Realgymnasiums für Mädchen in der Wenzgasse* (Hietzing). 1930 reist Rudofsky nach Jugoslawien, 1931 entwarf und leitete er die österreichische Sektion der Berliner Bauausstellung, in der er seine Photographien von spontaner Architektur ausstellte. Am 4. Juli 1931 erhielt er mit seiner Dissertation *Eine frühe Betonbauweise auf den Kykladen, nebst dem Versuch einer Datierung derselben* den Doktortitel der Technischen Hochschule Wien. Dann Reise nach Italien und Teilnahme an der *46. Ausstellung der Aquarellisten-Vereinigung* der Genossenschaft der bildenden Künstler Wiens im Künstlerhaus.

Am 1. März 1932 zog Rudofsky nach Capri. Dort schrieb er Artikel für das ›Berliner Tageblatt‹ und unterrichtete Deutsch. Er nahm als »ghost architect« am Wettbewerb für den neuen *Bahnhof in Florenz* teil (Planverfasser des Projekts war G. B. Ceas). Die Zusammenarbeit mit dem Ingenieur Luigi Cosenza begann 1932. Gemeinsam nahmen sie am Wettbewerb für den *Palazzo del Littorio* in Rom teil, und Rudofsky übersiedelte nach Neapel. 1934 veröffentlichte er seinen ersten Artikel über Architektur in »Wasmuths Monatsheften«, nahm mit Cosenza am Wettbewerb für das *Auditorium in Rom* teil, besuchte Ischia und Procida, lernte seine spätere Frau Berta kennen und traf den Architekten Gio Ponti. 1935 zog er nach Procida und plante ein *Haus für sich selbst* sowie (mit Luigi Cosenza) für *Dr. Oro* in Neapel. Im gleichen Jahr reiste Rudofsky nach Frankreich und in die Vereinigten Staaten (bis Juli 1936). Er heiratet am 6. 11. Berta Doctor in der New York City Hall. Rudofsky blieb zwei Monate (Mai-Juni 1936) in Pittsburgh, wo er mit László Gábor zusammenarbeitete und Frank Lloyd Wright kennenlernte. Ab Juli lebte er in Neapel (Parco Griffeo).

1937 ging Rudofsky nach Mailand, um mit Ponti zusammenzuarbeiten und war für die ersten 4 Nummern 1938 Redakteur bei ›Domus‹. Nach dem »Anschluß« 1938 reiste er mit seiner Frau nach Genf, und von dort weiter nach Triest und über den Seeweg nach Lateinamerika. Er lebte sechs Monate in Rio de Janeiro und begegnete Ernesto de Fiori. Im Dezember zog er nach São Paulo. 1939 baute Rudofsky das *Haus Hollenstein* in Itapecirica und richtete in São Paulo einige Geschäfte ein. Er publizierte seine Werke und Artikel in italienischen, argentinischen und brasilianischen Architekturzeitschriften, 1940 baute er die *Häuser Frontini und Arnstein* in São Paulo. »The Architectural Review« publizierte das *Haus Dr. Oro*. Rudofsky war der brasilianische Gewinner des amerikaweiten Wettbewerbs *Organic Design*, der vom New Yorker Museum of Modern Art veranstaltet wurde.

Im April 1941 reiste Rudofsky für die Ausstellung *Organic Design* auf Einladung des MoMA nach New York. Bald schlug er dem MoMA eine Ausstellung über volkstümliche Architektur vor, reiste durch die südlichen Staaten der USA und ließ sich schließlich in New York nieder, wo er bis zu seinem Tod dauernd ansässig war. Er schloß Freundschaft mit dem italienischen Maler Costantino Nivola und lernte auch Calder, Sert, Texidor, Steinberg, Bruzzichelli, Schawinsky kennen. Ab der Januar-Nummer 1943, der ersten der neuen Reihe, war er »Associate Editor« und »Art Director« der Zeitschrift ›Pencil Points‹ und entwarf die Titelseiten für die ersten elf Nummern. Rudofsky entwarf ein *Zweitbüro für John Salterini* in New York. 1944 realisierte er im MoMA seine berühmte Ausstellung *Are Clothes Modern?*

1945 begann Aldo Bruzzichelli mit großer publizistischer Resonanz die Produktion der *Bernardo Sandals*, und Rudofsky wurde New York State Licensed Architect. 1946 wird er »art/architectural editor« der Zeitschrift ›Interiors‹ von Januar 1946 bis Februar 1949. 1947 veröffentlichte er sein Buch *Are Clothes Modern?* beim Verlag Theobald und wurde »editorial director« von ›Interiors‹. 1948 erhielt Rudofsky die US-Staatsbürgerschaft und reiste nach Europa, 1949 nahm er am CIAM-Treffen in Bergamo teil und entwarf *Stoffe für Schiffer Prints* sowie das *»Louvre-light Alpha«* mit Richard Blow. 1950 entwarf er die *Gartengestaltung für Costantino Nivola* in Amagansett auf Long Island, 1951 die *Kostüme für Barefoot in Athens*, ein Drama von Maxwell Anderson, und reiste im Auto nach Mexiko. Am Rückweg, 1952, hielt er Vorträge in Denver, und 1954 entwarf er eine Möbelserie für Hans Knoll International.

1955 erschien sein Buch *Behind the Picture Window*. Im gleichen Jahr reiste Rudofsky erstmals nach Japan, wo er Kenzo Tange und den Gouverneur von Kagawa, Masanori Kaneko, kennenlernt, bei dem er für einige Zeit zu Gast war. 1956 leitete Rudofsky die Ausstellung *Textiles USA* im MoMA und begann in ›Domus‹ die Veröffentlichung seiner *Introduzione al Giappone*. Er wurde »Bemis visiting Lecturer« am MIT, auf Einladung von Pietro Belluschi. 1957 erhielt er den »Fulbright Scholar Award«, wurde er zum »Chief Architect and Originator of the U. S. Government Exhibits« ernannt. Rudofsky realisierte 1958 die *Einrichtung des USA-Pavillons für die Weltausstellung in Brüssel*. Erste Stationen im Orient waren der Iran, Indien, Thailand und Hongkong. Ab Juli bereiste er ganz Japan per Eisenbahn und war Gast der japanischen Regierung. Darauf folgte ein neunmonatiger Aufenthalt auf Hawaii, wo er *The Kimono Mind* schrieb. Bis 1960 war er »Research Professor« an der Waseda University. 1959 erhielt er den zweiten »Fulbright Scholar Award« und publizierte erstmals in Japan, das er 1960 wieder verließ. 1961 begann Rudofsky den Bau eines *Gartens für James Carmel* in Grosspoint. Als Konsulent des MoMA Department of Architecture (bis 1965) realisierte er *Japanese Vernacular Graphics* und einige »Travelling Exhibitions«: *Roads*, *Stairs* und *Gaudí*. Er war Gastprofessor in der Graduate Class of Architecture in Yale auf Einladung von Chermayeff. 1962 hielt er einen Diavortrag am Walker Art Center, Minneapolis, Vorträge am IIT (Chicago) und in Yale und schrieb für die Zeitschrift ›Horizon‹ (bis 1971), 1963 erhielt er seinen ersten »Guggenheim Memorial Award«, der 1964 verlängert wurde. Das MoMA zeigte seine Ausstellung *Architecture without Architects* mit spektakulärem Erfolg.

1965 veröffentlichte Rudofsky sein Buch *The Kimono Mind*, reiste nach Europa, unterrichtete in Yale ein Jahr lang als Gastprofessor für Kunst, 1966 nahm er an der Konferenz »Total Architecture« (15th annual Northwest Regional Conference, AIA) in Seattle teil. Rudofsky plante 1967 die Ausstellung *Streets, Arcades and Galleries* für das MoMA, die jedoch nicht stattfand. 1967-68 baute er ein *Geschäftslokal für TAP* (Portugiesische Luftfahrtgesellschaft) in New York, 1969 erschien sein Buch *Streets for People*. Rudofsky reiste wieder nach Frankreich, Italien und Spanien. In Frigiliana in Andalusien erwarb er ein Stück Land. 1970 schrieben Zevi und Ponti über Rudofsky in der Folge von *Streets for People*. Der Bau seines *Hauses in Frigiliana* begann. 1971 erhielt Rudofsky abermals den »Guggenheim Memorial Award«. Er veröffentlichte das Buch *The Unfashionable Human Body*. 1973 hielt Rudofsky Vorträge an der Carnegie-Mellon University sowie in Bennington, Vermont, und am International Community College, L.A. 1974 hielt er einen Vortrag am Royal Institute of British Architects in London.

1975 war Rudofsky Gastprofessor für Architektur an der Kopenhagener Kunstakademie. 1977 veröffentlichte er das Buch *The Prodigious Builders* (ursprünglicher Titel: *R is for Architecture*). Rudofsky besuchte 1977 Wien zum ersten Mal seit 1932 anläßlich der Verleihung der Prechtl-Medaille. Er wurde 1978 Mitglied des *Advisory Board* (Redaktionskomitees) der Zeitschrift »Process Architecture« und erhielt ein Research Grant des National Endowment for the Arts für die Forschungsarbeit und ein Buch über die Frage der Fußbekleidung. 1979 war er Smithsonian Scholar in Residence am Cooper-Hewitt Museum, New York (bis 1981) und erhielt die Medaille des *American Institute of Architects* für seine Schriften. 1980 hielt er Vorträge am Cooper-Hewitt Museum, veröffentlichte das Buch *Now I Lay Me Down to Eat* und realisierte die gleichnamige Ausstellung im Cooper-Hewitt Museum. 1981 hielt er einen Vortrag am Walker Art Center, Minneapolis und besuchte Wien. 1982 erhielt er den zweiten »Research Grant« des National Endowment for the Arts und referierte in Tokyo, 1983 erhielt er das National Endowment for the Arts *Senior Fellowship* und nahm an den Konferenzen »Spazi pedonali e arredo urbano (Fußgängerzonen und Stadtgestaltung)« in Neapel und »People for Streets« in Toronto teil. 1984 erhielt Rudofsky sein Zweites National Endowment for the Arts *Senior Fellowship*.

1985 reiste Rudofsky als Mitglied eines Entwicklungsprogramms für das Handwerk namens »Golden Eye« zur Erzeugung von Exportartikeln und Unterstützung der lokalen Handwerker nach Indien. Hier produzierte er *Schuhe, Sandalen, inlay tables* und *Paravents*. 1986 erhielt er den Preis der Stadt Wien für Architektur, die Laudatio hielt Hans Hollein. 1987 konzipierte er auf Einladung von Peter Noever die Ausstellung *Sparta/Sybaris* im Wiener Museum für angewandte Kunst und veröffentlichte das gleichnamige Buch, sein erstes in deutscher Sprache. Rudofsky starb am 12. März 1988 in New York.

RUDOLPH MICHAEL SCHINDLER
(1887-1953)

Rudolph und Pauline Schindler, 1923, Pauline Schindler Collection, Los Angeles

Rudolph M. Schindler war einer der ersten Europäer, die die Entwicklung der modernen amerikanischen Architektur vor Ort maßgeblich beeinflußt haben. Er war vermittelndes Glied zwischen der österreichischen Architektur eines Wagner und Loos und deren amerikanischen Gegenstücken Wright und Sullivan.

Geboren am 10. September 1887 in Wien als Sohn des Importkaufmannes Rudolph Schindler und der Modistin Franziska Schindler studierte Rudolph Schindler von 1906 bis 1911 an der Technischen Hochschule in Wien Ingenieurswesen. 1910 begann er zusätzlich ein Architekturstudium bei Otto Wagner an der Akademie der bildenden Künste in Wien. Nachdem Schindler 1911 sein Diplom erhalten hatte, begann er im Atelier von Hans Mayr und Theodor Mayer zu arbeiten. 1912 entstand seine erste schriftliche Abhandlung über Architektur, die aber erst 1932 in englischer Sprache unter dem Titel *Modern Architecture: A Program* teilweise publiziert wurde. In demselben Jahr fiel der Beginn seiner Freundschaft mit → Richard Neutra. 1913 schloß Schindler mit der Diplomarbeit *Ein Totenfeld für eine 5 Millionen Stadt* sein Studium an der Wagnerschule ab. Er bildete mit einigen anderen Studenten, darunter Richard Neutra, Ernst Freud und → Felix Augenfeld u.a. die »Loos-Schule«.[1] Schindler hatte sich schon 1911 während der Verhandlungen um die Neubesetzung von Otto Wagners Lehrstuhl an der Akademie der bildenden Künste für eine Berufung von Adolf Loos eingesetzt. Sein Engagement blieb zwar erfolglos, regte ihn bei Loos nachhaltig zur Gründung einer eigenen »Bauschule« an.[2] Rudolph Schindler war der erste unter den Schülern Loos', der dessen Anregungen aufnahm und nach Amerika ging. Auf ein Inserat des Chicagoer Architekturbüros Henry A. Ottenheimer, Stern und Reichert (OSR) hin bewarb er sich und übersiedelte im März 1914 in die Vereinigten Staaten. Bis 1917 blieb er bei OSR und arbeitete an Bürobauten. Schindler bereiste 1915 Neu Mexiko, Arizona und Kalifornien. 1916 hielt er an der Chicago School of Applied and Normal Art Vorträge über Architektur und leitete Exkursionen.[3]

1917 trat Schindler als Mitarbeiter in Frank Lloyd Wrights Chicagoer Atelier ein. Schindler war u.a. für die Ausführung der Detailpläne für Wrights *Imperial Hotel* in Tokio verantwortlich. 1918 beteiligte er sich an kleineren Wettbewerben und arbeitete für Wright in Chicago und später in Taliesin, Spring Green, Wisconsin. Von 1918 bis 1923 versuchte er Louis H. Sullivans *Kindergarten Chats* in Deutschland publizieren zu lassen. In dieser Angelegenheit wandte er sich auch an Adolf Loos, doch dieser beantwortete seine Anfrage nicht.[4]

Am 29. August 1919 heiratete Schindler die 22jährige Amerikanerin Sophie Pauline Gibling. Im Dezember 1920 übersiedelte das Ehepaar nach Los Angeles. Schindler hatte die Bauüberwachung von Wrights *Haus Aline Barnsdall* übernommen. 1921 entschied sich Rudolph Schindler, in den Vereinigten Staaten zu bleiben und errichtete mit seinem eigenen *Haus, 835 North Kings Road*, seine erste selbständige Arbeit. Schindler wurde in seinem Entschluß, nicht nach Europa zurückzukehren, durch Nachrichten, die er von seinen Berufskollegen aus dem krisengeschüttelten Österreich erhielt, bestärkt.[5] Der Architekt Franz Kaym berichtete ihm von der Lage in Wien und riet ihm eindringlich, in Kalifornien zu bleiben.[6] Schindler korrespondierte mehrmals mit → Joseph Urban über die mögliche Gründung einer *Wiener Werkstätte of America*. 1923 erhielt Schindler seine ersten Aufträge in Los Angeles, das *Haus C.P. Lowes*, Eagle Rock, L.A. und das *Haus John Packard*, South Pasadena. Auf Schindlers Anraten kam Richard Neutra 1923 in die Vereinigten Staaten. 1924 richtete Schindler in New York eine *Wohnung für Helena Rubinstein* ein.[7] Der Wiener → Paul Th. Frankl hatte Rubinsteins ersten *New Yorker Salon* gestaltet.

1926 zogen Richard Neutra und seine Frau Dione in das *Haus in der North Kings Road*. Schindler und Neutra gründeten die gemeinsame Planungsfirma Architectural Group for Industry and Commerce (AGIC). Im selben Jahr stellte Schindler das *Lovell Beach House* in Newport fertig.[8] Der Auftraggeber, Dr. Philip Lovell, war einer der Protagonisten einer gesunden Lebensführung, die man heute mit dem »Californian Way of Life« identifiziert. Lovells Frau, Leah, war die Schwester Harriet Freemans, einer Auftraggeberin von Frank Lloyd Wright. Über diese Beziehung wurde auch der Kontakt zwischen den Lovells und den Schindlers vermittelt. Das Ehepaar Lovell verkehrte auch in dem liberalen Circle, der sich im Haus der Schindlers in der Kings Road gebildet hatte. Leah Lovell und Pauline Schindler führten gemeinsam einen Kindergarten nach der Methode des Pädagogen Angelo Patri. 1926 begannen Schindler und Neutra an dem *Wettbewerbsprojekt für das Völkerbundgebäude* in Genf zu arbeiten. Die Anteile der beiden Partner an dem 1927 eingereichten Projekt sind schwer zu trennen. Mit der Beteiligung an dem *Völkerbund-Wettbewerb* entstanden die ersten Spannungen zwischen Schindler und Neutra, weil das Projekt in Deutschland nur unter Neutras Namen publiziert wurde.[9] 1927 publizierte Bruno Taut in Deutschland Schindlers *Häuser von Pueblo Ribera*.[10] Schindler verhandelte mit Dr. Lovell über die Errichtung eines »Gesundheitshauses«, der Auftrag erging aber noch 1927 an Richard Neutra. Die Gründe für die Vergabe des Auftrages an Neutra sind, außer persönlichen Spannungen zwischen Schindler und Lovell, in technischen Unzulänglichkeiten an den vorhergehenden Aufträgen, die Schindler für Lovell ausgeführt hatte, zu suchen.[11]

Das Ehepaar Schindler trennte sich 1928. Pauline Schindler begann als Journalistin zu arbeiten. Schindler nahm an einer Ausstellung im Berkeley Art Museum teil und verhandelte mit dem deutschen Regisseur *Josef von Sternberg* über den Bau einer *Villa*. Doch auch dieser Auftrag ging letztlich 1935 an Neutra. 1929 stellte Schindler das *Haus C.H. Wolfe* (1926-29, Catalina Island) fertig. Schindler stellte gemeinsam mit J.R. Davidson, Richard Neutra, Jock D. Peters, John Weber und Kem Weber in der Ausstellung *Contemporary Creative Architecture of California* aus und verhandelte 1930 mit Joseph Urban über die Teilnahme an einer Ausstellung der Architectural League in New York. Einen Schwerpunkt der Präsentation sollten die kalifornischen Architekten Schindler, Neutra, Peters, Davidson, Webber und Lloyd Wright bilden. Die Ausstellung fand vom 18.-25.4.1931 statt. Im Oktober 1931 leitete Schindler gemeinsam mit Neutra einen Kurs über moderne Architektur an der Chouinard School of Art in Los Angeles. Schindler schrieb 1932 in Hinblick auf die Vorbereitung der Ausstellung *The International Style* im Museum of Modern Art an Philip Johnson. In der endgültigen Auswahl war Schindler nicht vertreten, wohl aber Richard Neutra.[12] Diese Zurückweisung scheint die Ursache für den endgültigen Bruch zwischen Neutra und Schindler gewesen zu sein.[13]

1933 entwickelte Schindler Prototypen für Tankstellen und arbeitete an einem Projekt für vorfabrizierte Häuser, die als »Schindler Shelters« bekannt wurden. 1934/35 wurde sein Artikel *Space Architecture* in ›Dune Forum‹, und ›California Arts and Architecture‹ (1935) publiziert. Er hielt Vorlesungen über moderne Architektur an der Universtiy of California. Weiterhin waren es hauptsächlich Einfamilienhäuser, die Schindler in einer verfeinerten Holzbauweise errichtete. Zwischen 1933 und 1937 entstanden: *Haus Oliver* (1933), *Haus van Patten* (1934), *Haus Buck* (1934), *Haus Walker* (1935), *Haus McAlmon* (1936), *Haus Rodakiewicz* (1937). 1937 beteiligte Schindler sich an der *Exposition on Art and Technique in Modern Life* in Paris.[14]

Nach dem »Anschluß« Österreichs versuchte Schindler, als amerikanischer Staatsbürger, Visa für seine Eltern zu bekommen.[15] Die österreichische Architektin Liane Zimbler, wandte sich nach ihrer Emigration nach Kalifornien an Schindler, doch dieser konnte sie nicht weitervermitteln.[16] Trotz des Ausbruchs des Zweiten Weltkriegs konnte Schindler bis 1945 mehrere Projekte verwirklichen: 1940 baute er in Inglewood, Los Angeles, einige Geschäftshäuser und Läden. In den Jahren 1941 bis 1946 entstanden die *Bubeshko Apartments* sowie die *Bethlehem Baptistenkirche* (1944). Schindler nahm seine Lehrtätigkeit wieder auf und fungierte zwischen 1939 und 1941 als Gastkritiker an der Art Center School, an der er auch Vorträge hält. 1940 wurden seine Arbeiten in dem Buch *Residential Architecture in Southern California* publiziert.

Nach dem Krieg gingen Schindlers Aufträge zurück. 1948/49 entstanden die *Laurelwood Apartments* in Studio City. Das *Haus Tischler* (Bel Air, Los Angeles 1949) markierte das Ende von Schindlers architektonischer Karriere. Er nahm 1950 an einer Gruppenausstellung im Scripps College in Claremont teil und hielt einen Vortrag vor der Architekturabteilung der Associated Engineers. 1951 mußte er sich erstmals einer Krebsoperation unterziehen. Am 22. August 1953 starb Rudolph M. Schindler. Es sollte bis in die 70er Jahre dauern, bis sein Beitrag zur Entwicklung der modernen Architektur in den Vereinigten Staaten erkannt und gewürdigt wurde.[17]

1 August Sarnitz, R.M. Schindler, Architekt. Ein Wagner-Schüler zwischen Internationalem Stil und Raum-Architektur. Wien-München (Brandstätter) 1986
2 Burkhardt Rukschcio / Roland Schachel, Adolf Loos. Leben und Werk. Salzburg-Wien (Residenz) 1987, 2. A., S. 169
3 Sarnitz (zit. Anm. 1)
4 ebenda

5 ebenda
6 Brief von Franz Kaym an Rudolph Schinder vom 12. Oktober 1922, University of California, Santa Barbara, Schindler Papers
7 Sarnitz (zit. Anm. 1)
8 ebenda
9 Thomas S. Hines, Richard Neutra and the Search for Modern Architecture, New York-Oxford 1982
10 Sarnitz (zit. Anm. 1)
11 Hines (zit. Anm. 9)
12 Sarnitz (zit. Anm. 1)
13 Hines (zit. Anm. 9)
14 Sarnitz (zit. Anm. 1)
15 ebenda
16 Liane Zimbler an Rudolph M. Schindler vom 24.11.1938, University of California, Santa Barbara, Schindler Papers
17 Sarnitz (zit. Anm. 1)

SIMON SCHMIDERER
(geb. 1911)

Simon Schmiderer, Puerto Rico, um 1960

Die Idee des seriellen Wohnbaus ist ein Leitthema der Architektur des 20. Jahrhunderts. Simon Schmiderer ist einer der wenigen Architekten, die diese Aufgabenstellung in großem Rahmen verwirklichen konnten.

Simon Schmiderer wurde am 27. Jänner 1911 in Saalfelden in Salzburg geboren.[1] Der Vater war Eisenbahnangestellter und Mitglied der Sozialdemokratischen Partei.[2] Schmiderer besuchte fünf Klassen Volksschule und drei Klassen Bürgerschule, danach die dreijährige Gewerbefortbildungsschule. Daneben absolvierte er eine Tischlerlehre, die er als Geselle abschloß.[3] Von den sozialistischen Ideen beeinflußt, wurde Schmiderer schon früh in der Sozialistischen Jugendbewegung aktiv. Später engagierte er sich in der Gewerkschaft und für die Sozialdemokratische Partei.[4] 1931 übersiedelte er nach Wien und besuchte dort die Meisterschule für Tischlerei. Am 20.2.1933 trat er als Student in die Kunstgewerbeschule in Wien ein. Im Studienjahr 1933/34 war er in der Möbelentwurfsklasse von Carl Witzmann, wechselte aber 1935/36 in die Hoffmann-Klasse. Nach Josef Hoffmanns Pensionierung 1936 wurde → Hans Adolf Vetter dessen Nachfolger. Simon Schmiderer beendete sein Studium an der Kunstgewerbeschule 1937 in Vetters Klasse.[5] Daran schloß sich noch ein Jahr Studien in der Meisterschule von Clemens Holzmeister an der Akademie der bildenden Künste an.[6] An der Kunstgewerbeschule hatte Schmiderer seine spätere Frau Mary Burlingham kennengelernt. Mary war mit ihrer Mutter, Dorothy Burlingham, von New York nach Wien gekommen, um sich von Sigmund Freud analysieren zu lassen.[7] Neben seinen Studien arbeitete Schmiderer in den Jahren 1936 und 1937 für die Architekten → Rudolf Baumfeld und → Walter Sobotka.[8]

Im März 1938 war Simon Schmiderer mit dem Umbau seiner Wohnung im ersten Wiener Gemeindebezirk beschäftigt. Nach der Machtergreifung durch die Nationalsozialisten war er als aktiver Sozialdemokrat gefährdet. Er war schon nach dem Umbruch von 1934 wegen Besitzes illegaler sozialistischer Flugblätter verhaftet und mehrere Wochen festgehalten worden. Schmiderer selbst schätzte die Situation als für ihn nicht gefährlich ein, doch sein Freund und Lehrer Hans Adolf Vetter überzeugte ihn von der Notwendigkeit der Emigration.[9] Zusammen mit seiner Freundin Mary Burlingham reiste er am 20. März 1938 nach Holland ab.[10] Dort fanden sie Aufnahme bei der Familie Katan, die den psychoanalytischen Kreisen nahestand.[11] Am 8. Mai heirateten Mary Burlingham und Simon Schmiderer im holländischen Exil.[12] Simon und Mary Schmiderer reisten nach einem einmonatigen Aufenthalt in Holland nach London weiter.[13] Dort setzten beide kurzfristig ihre Ausbildung an der Londoner Architectural Association fort.[14] Am 8. August 1938 schiffte sich das Ehepaar Schmiderer nach New York, Marys Heimat, ein.[15] Sie lebten vorerst in der Wohnung von Marys Großvater mütterlicherseits, dem Glaskünstler Louis Comfort Tiffany.[16] 1938/39 beteiligte sich Schmiderer erfolgreich an mehreren Wettbewerben und volontierte in einem Architekturbüro. 1939 erhielt er eine Stelle bei der Firma Cross & Cross, die mit dem neuen *Gebäude für Tiffany's* an der Fifth Avenue, Ecke 57th Straße beschäftigt war. Schmiderers Einfluß auf die Gestaltung des Gebäudes war gering. Danach arbeitete er von 1940 bis 1942 im Büro Schlohe und Berench, das sich auf Pferderennbahnen spezialisiert hatte. Schmiderer arbeitete an *Anlagen für New Jersey und Mexico*.[17] 1943 erhielt er einen ersten selbständigen Auftrag. Gemeinsam mit dem ebenfalls aus Wien emigrierten → Felix Augenfeld richtete er das Süßwarengeschäft *La Reine Candy Store* in der Madison Avenue für den Wiener Schokoladefabrikanten Hans Heller ein.[18] Die Familie Heller war schon in Wien den Freuds und vor allem den Burlinghams nahegestanden.[19]

Nachdem Simon Schmiderer von 1942 bis 1944 im Architekturbüro Louis Kahn & Oscar Stonorov in Wohnbauprogrammen gearbeitet hatte, begann seine Zusammenarbeit mit Wallace Kirkman Harrison. 1944, zum Zeitpunkt von Schmiderers Eintritt in das Büro Harrison & Abramovitz, wurde gerade am Entwurf für das *Time/Life Building* in New York gearbeitet. Schmiderer, der mit Harrison befreundet war, zeigte sich beeindruckt von dessen sozialem Engagement.

Nach Kriegsende 1946 kehrte Simon Schmiderer, der seit 1943 amerikanischer Staatsbürger war, für kurze Zeit nach Österreich zurück.[20] Zwischen 1947 und 1950 war er als Mitglied der Arbeitsgruppe von Harrison an der Projektierung der *U.N. Headquarters* am Ufer des East River beteiligt. Schmiderer arbeitete an den Entwürfen für die *Bibliothek* und das *General Assembly Building* mit. Neben seiner Tätigkeit in Harrisons Büro unterrichtete er an der Columbia University[21] und beteiligte sich an Wettbewerben. Er gewann 1947 den ersten Preis beim Wettbewerb der Zeitschrift ›Pencil Points‹, der für den *Entwurf von Einfamilienhäusern* ausgeschrieben war.[22]

Simon und Mary Schmiderer führten in Riverdale ein offenes Haus, das zum beliebten Treffpunkt der Wiener Emigranten wurde. Auch Schmiderers Lehrer Hans Adolf Vetter war oft dort zu Gast.[23]

1952 ergab sich für Simon Schmiderer durch seinen Eintritt in die »International Basic Economy Corporation« (IBEC), eine Rockefeller-Firma, die den amerikanischen »Way of Life« in Entwicklungsländer bringen sollte, ein neuer Aufgabenbereich. Er war an der Entwicklung und Realisierung von großangelegten *Wohnsiedlungen*, vor allem in Puerto Rico, federführend beteiligt.[24] 1952 übersiedelte das Ehepaar Schmiderer nach Puerto Rico, wo es bis 1973 lebte. Simon Schmiderer hat auch an *IBEC-Projekten im Irak* und *in Jamaica* gearbeitet.[25] Die Aktivitäten von *IBEC in Puerto Rico* wurden mit der Ölkrise 1973 eingestellt, und Simon Schmiderer ging in Pension. Nachdem er einige Jahre wieder in Österreich gelebt hatte, ließ er sich 1979 in Florida nieder.[26]

1 Simon Schmiderer, Nationale und Studienverlauf, Archiv der Hochschule für angewandte Kunst in Wien
2 Interview von Matthias Boeckl mit Timothy Schmiderer (Sohn von Simon Schmiderer), geführt im September 1991 in New York
3 Nationale (s. Anm. 1)
4 Interview mit T. Schmiderer (zit. Anm. 2)
5 Nationale (s. Anm. 1)
6 Simon Schmiderer, *Selbstverfaßter Lebenslauf*, Sommer 1994
7 Michael J. Burlingham. The Last Tiffany. New York (Atheneum) 1989, S. 256
8 Interview von Matthias Boeckl mit Simon Schmiderer, geführt am 1.7.92 in Highland Beach, Florida
9 ebenda
10 Schmiderer, Lebenslauf (zit. Anm. 6)
11 Interview mit S. Schmiderer (zit. Anm. 9)
12 Schmiderer, Lebenslauf (zit. Anm. 6)
13 Interview mit S. Schmiderer (zit. Anm. 9)
14 Brief von Simon Schmiderer an Matthias Boeckl vom 20.8.1992
15 Schmiderer, Lebenslauf (zit. Anm. 6)
16 Interview mit S. Schmiderer (zit. Anm. 9)
17 Schmiderer, Lebenslauf (zit. Anm. 6)
18 Felix Augenfeld, Beschriftung eines Photos in seinem Präsentationsalbum, Sammlung Mayr
19 Burlingham (zit. Anm. 7), S. 184
20 Interview mit S. Schmiderer (zit. Anm. 8)
21 Schmiderer, Lebenslauf (zit. Anm. 6)
22 o.A., A House for cheerful living. In: Pencil Points 1947, S. 33
23 Interview mit S. Schmiderer (zit. Anm. 8)
24 ebenda
25 Schmiderer, Lebenslauf (zit. Anm. 6)
26 Interview mit S. Schmiderer (zit. Anm. 8)

ERNST SCHWADRON
(1896-?)

Ernst Schwadron, Eigenes Haus, um 1950

Ernst Schwadron wurde am 1. Juli 1896 als Sohn des Stadtbaumeisters Victor Schwadron in Wien geboren. Nachdem er die Staatsgewerbeschule in Wien absolviert hatte, besuchte er im Schuljahr 1918/19 die Keramikklasse von Michael Powolny an der Kunstgewerbeschule. Beim Eintritt in die Kunstgewerbeschule gab er als Berufswunsch Architekt an.[1] Über den weiteren Verlauf seiner Ausbildung ist nichts bekannt.

1928 errichtete er ein kleines *Strandhaus für das Ehepaar Lederer* in Greifenstein an der Donau.[2] Um 1933 baute er das *Rotenturmkino* im ersten Wiener Gemeindebezirk um.[3] Weitere bekannte Wiener Arbeiten waren der *Umbau der Fleischerei Karl Bogner*, der *Bäckerei J. Senft*, des *Wäschegeschäftes Otto Reich* und des *Kleiderhauses Hahn*. Er errichtete in der näheren Umgebung von Wien einige *Einfamilienhäuser*, eine *Villa in der Č.S.R.*[4] Schon im März 1938, also unmittelbar, nachdem die Nationalsozialisten die Macht übernommen hatten, emigrierte Ernst Schwadron, der jüdischer Abstammung war, nach New York. Zum Zeitpunkt seiner Emigration war er 41 Jahre alt und verheiratet.[5]

Im April 1939 wurde sein letzter Bau in Österreich, eine *Villa in der Wiener Umgebung*, in einer italienischen Architekturzeitschrift publiziert. In dem begleitenden Text wird erwähnt, daß Ernst Schwadron in Jugoslawien zahlreiche Villen gebaut und ein *Jagdschloß für den Maharajah von Baria* in Indien eingerichtet hätte.[6]

Im Juni 1939 wurde Ernst Schwadron Chef-Designer der Einrichtungsfirma Rena Rosenthal Inc. in New York.[7] Rena Rosenthal, die Schwester des Architekten Ely Jacques Kahn, hatte ein Inneneinrichtungsgeschäft in der Madison Avenue gegründet. Ernst Schwadron entwarf *Möbel* und gestaltete die *Auslage des Verkaufslokals der Rena Rosenthal Inc.* 1940 und 1941 erhielt er von der »Fifth Avenue Association« den Preis für die beste weihnachtliche Auslagengestaltung.[8] Am Wendepunkt des Zweiten Weltkriegs, 1943, beschäftigte er sich mit der *Adaptierung der Gastanks* der US Army für friedliche Zwecke.[9] Schon 1944 konnte er sich mit der Firma Ernst Schwadron Inc. in der Madison Avenue selbständig machen.[10] Gemeinsam mit dem ebenfalls aus Wien stammenden Architekten → Leopold Kleiner richtete er die *Büroräume der »American Crayon Company«* im Rockefeller Center ein.[11] Die künstlerische Leiterin dieser Künstlerbedarfsfirma war Emmy Zweybrück, eine österreichische Emigrantin und ehemalige Schülerin der Wiener Kunstgewerbeschule, deren Wohnung Ernst Schwadron und Rena Rosenthal 1946 einrichteten.[12] Schwadron war auch mit anderen österreichischen Emigranten in Verbindung. In seiner eigenen Wohnung stand eine Skulptur der österreichischen Keramikerin Vally Wieselthier.[13] Entwürfe von Ernst Schwadron wurden in den amerikanischen Fachzeitschriften ›Town and Country‹, ›House and Garden‹ und ›Interiors‹ publiziert.[14] Bis 1956 schien im Telefonbuch der Stadt New York die Firma *Ernst Schwadron Interiors* unter der Adresse 754, später 757, Madison Avenue auf.[15] Das genaue Todesdatum Ernst Schwadrons war bisher nicht eruierbar.

Ernst Schwadron gehörte zu jenen Emigranten, die sich besonders schwer aus dem österreichischen Milieu lösen konnten, wie die *Einrichtung seines eigenen Hauses*, das er um 1951 in der Nähe von New York fertiggestellt hat, beweist.[16] Über Haus und Garten verstreute Österreich-Devotionalien beschworen das Bild der verlorenen Heimat.

1 Nationale (Ernst Schwadron) der Kunstgewerbeschule, Hochschule für angewandte Kunst in Wien, Archiv; der Vater Victor Schwadron wurde 1866 in Draganowka geboren, er schloß seine Lehrzeit in Wien im September 1884 ab. (Lehrzeugnis Victor Schwadron, Archiv Bernhard Leitner, Wien)
2 o.A., Haus L. am Strand von Arch. B.A. Ernst Schwadron. In: Die Bau- und Werkkunst, 1928/29, 5. Jg., S. 39 ff.
3 o. A., o.T. L'Architecture d'Aujourd'hui, Nr. 7, September/Oktober 1933, S. 90 f.
4 Mappe mit Presseausschnitten, Archiv Bernhard Leitner, Wien
5 Daten aus dem Wiener Stadt- und Landesarchiv, Meldearchiv, Meldezettel Ernst Schwadron
6 S. Deci, *Una Villa*. In: Casabella, Jg. XI, Nr. 136, April 1939, o.S.; der Hinweis auf die Arbeit in Indien findet sich auch in: o.A., Headquarters of a Colorful Product. In: Interiors, Vol. 105, September 1945, S. 70 f.
7 o.A., Rena Rosenthal, Inc. Adds New Designer. In: Retailing, The Fairchild Weekly, Vol. 11, Nr. 25, June 19, 1939, Archiv Bernhard Leitner, Wien
8 Brief von John McLaren an Ernst Schwadron, 12. Dez. 1940 und 1941, Archiv Bernhard Leitner Wien
9 o.A., Postwar Conversion for Wartime Materials. In: Interiors, Vol. 102, Jänner 1943, S. 40 f.
10 o.A., o.T. (Ernst Schwadron). In: Interiors, August 1954, S. 54 f.
11 o.A., Headquarters ... (zit. Anm. 6)
12 Friedrich Heller, Wien, Dokumentation über Emmy Zweybruck, unpubliziertes Manuskript
13 o.A., o.T. In: Interiors, August 1942
14 Mappen mit Presseausschnitten (zit. Anm. 4)
15 Norbert Mayr, Arbeitsbericht, September 1993, nach Auswertung der Telephonbücher der Stadt New York
16 o.A, Eigenheim eines europäischen Architekten in USA. In: Architektur & Wohnform, Innendekoraktion, 59. Jg., Heft 3, 1951, S. 59 ff.

WALTER SOBOTKA (1888-1970)

Walter Sobotka in Pittsburgh, um 1957

Walter Sobotka wurde am 1. Juli 1888 als Sohn des Dr. Ignaz Sobotka und der Hedwig Sobotka in Wien geboren. Er absolvierte 1907 das Franz-Josef-Gymnasium in Wien[1] und studierte danach an der Technischen Hochschule Architektur bei Karl König u.a. Am 17. Dezember 1909 legte er die erste Staatsprüfung ab[3] und beendete sein Studium 1912 mit dem Titel Ingenieur.[4] Sobotka arbeitete von 1919 bis 1923 bei der bekannten Baufirma Karl Korn in Wien.[5] In den frühen zwanziger Jahren führte er kleinere Arbeiten – *Grabmäler* und *Wohnungseinrichtungen* vor allem für Mitglieder seiner Familie – in Wien und der Tschechoslowakei aus. Ab 1925 stellten sich die ersten größeren Aufträge ein. Neben zahlreichen *Interieurs in Wien* konnte Walter Sobotka auch einige private *Villen in den Wiener Außenbezirken* verwirklichen.[6] 1927 richtete er in der *Werkbundsiedlung in Stuttgart* das *Haus des Architekten Peter Behrens* ein.[7] Zum Wohnbauprogramm der Gemeinde Wien trug er durch die Planung der Anlagen in der *Weinlechnergasse* im 3. Bezirk (1927) und in der *Donaufelderstraße* im 21. Bezirk (1931) bei.[8] 1930/32 war er, auf Einladung → Josef Franks, mit einem *Haus an der Wiener Werkbundsiedlung* in Wien-Lainz beteiligt.[9] Ebenfalls 1932 arbeitete er mit → Felix Augenfeld bei der Einrichtung der *Wohnung F. Schnabl* zusammen.[10] Sobotkas Arbeiten waren auf zahlreichen österreichischen und internationalen Ausstellungen, wie den *Österreichischen Werkbundausstellungen* von 1931 und 1932, der Schau *Internationale Raumausstattung* 1931 in Köln und der *Weltausstellung in Paris 1937* zu sehen.[11] Bis 1938 arbeitete er als freischaffender Architekt in Wien. Walter Sobotka war Vorstandsmitglied des Österreichischen Werkbundes und für zwei Jahre Vizepräsident desselben.[12]

Walter Sobotka emigrierte im Juli 1938, von den Nationalsozialisten wegen seiner jüdischen Abstammung[13] verfolgt, in die Vereinigten Staaten. Auch seine Geschwister und seine Mutter emigrierten nach New York. Als Fünfzigjähriger wagte Sobotka einen neuen Anfang als *Möbelentwerfer für die Firma Thonet* New York.[14] Die Einrichtung des *Apartment Rafalski* 1940 war sein erster selbständiger Auftrag in New York.[15] Wie → Wilhelm Baumgarten und → Ernst Lichtblau blieb er kein freischaffender Architekt und Designer, sondern wurde von einer amerikanischen Universität als Lehrkraft eingeladen. Sobotka übersiedelte nach Pittsburgh und begann dort im Juli 1941 an der Universität im Research Bureau for Retail Training als Assistent für Kunstgewerbe und Textilien der Architekturabteilung zu arbeiten. 1946 wurde er zum Assistant Professor für Inneneinrichtung ernannt. Zu diesem Zeitpunkt war er verheiratet und hatte eine Tochter namens Ruth.[16]

Neben seiner Lehrtätigkeit beschäftigte sich Sobotka mit der aktuellen Problematik des vorfabrizierten Wohnbaus. Sein Projekt für ein aus Modulen vielfältig kombinierbares *Prefabricated House* wurde 1947 in der Zeitschrift ›Charette‹ publiziert.[17] In den Jahren vor 1946 stattete er zahlreiche *Spielstätten der RKO-Kinokette* aus und baute 1945/46 das *Spezialitätengeschäft Lawson and Hubbard* in Boston um.[18] Er beschäftigte sich auch mit der historischen Entwicklung des Möbelbaus und schrieb 1950 das Buch *Residential Furniture*, das aber unpubliziert blieb.[19]

Am 4. Juni 1958 wurde Walter Sobotka am Carnegie Institute of Technology emeritiert.[20] Seit 1946 war auch → Hans Adolf Vetter am Carnegie Institute in Pittsburgh tätig gewesen, doch die beiden Wiener Emigranten scheinen sich gemieden zu haben.[21] Nach seiner Pensionierung arbeitete Sobotka wieder als freiberuflicher Innenausstatter und Architekt.[22] In dieser Zeit entstanden das *Haus Weiner* und das *Büro Stern* in Pittsburgh.[23] Walter Sobotka führte bis zu dessen Tod einen intensiven Briefwechsel mit Josef Frank, der sich über persönliche Fragen hinausgehend auch auf theoretische Aspekte der Raumausstattung und Architektur erstreckte. Diese Briefe wollte Sobotka in einem Buch mit dem Titel *The Prinicples of Design. A Retrospective in three Parts* noch kurz vor seinem Tod publizieren.[24] Sobotka starb am 8. Mai 1970 in New York.[25] Sein Freund und Kollege Felix Augenfeld beschrieb in einem Nachruf seine Arbeiten: »In ihrer vornehmen, zurückhaltenden Eleganz, in ihrem Einfallsreichtum, in ihrem feinen Empfinden für Linie, Proportion und Oberflächenbehandlung, in ihrer Materialechtheit und Zweckmäßigkeit waren sie charakteristische Bereicherungen und Verfeinerungen innerhalb einer stilistischen Entwicklung, die sich deutlich von dem kalten Dogmatismus der etwa gleichzeitigen reichsdeutschen revolutionären Reformatoren absonderte. Ein zeitgemäß gewandelter und entschieden ›modernisierter‹ Konservatismus, mit hoher Schätzung für die noch bestehenden Reste der Handwerkstradition, war Sobotkas Glaubensbekenntnis.«[26]

1 Walter Sobotka, *Faculty Biography*, Carnegie Institute of Technology, Pittsburgh, University Library, Schenley Park, wahrscheinlich 1946
2 Archiv Friedrich Achleitner, Karteikarte Walter Sobotka
3 Angaben DI Jiresch nach den Matrikelbüchern der Technischen Universität Wien, Universitätsarchiv
4 Sobotka, *Biographie* (zit. Anm. 1)
5 Archiv Achleitner (zit. Anm. 2)
6 Matthias Boeckl, vorläufige Inventarliste der Arbeiten Walter Sobotkas in der Avery Library an der Columbia University New York
7 W. Gräff, Innenräume. Stuttgart (Julius Hoffmann) 1928
8 Archiv Achleitner (zit. Anm. 2)
9 Felix Augenfeld, *Walter Sobotka* (Nachruf). In: Die Presse, 23. oder 25.5.1970
10 Boeckl, Vorläufige Inventarliste (zit. Anm. 6)
11 Sobotka, *Biography* (zit. Anm. 1); Augenfeld, Walter Sobotka (zit. Anm. 9)
12 ebenda
13 ebenda; die Zugehörigkeit zur jüdischen Religionsgemeinschaft ist in den Matrikelbüchern der Technischen Universität vermerkt (s. Anm. 3).
14 Sobotka, *Biography* (zit. Anm. 1); Sobotka gibt an, 1938/39 für die Firma Thonet gearbeitet zu haben.
15 Boeckl, Vorläufige Inventarliste (zit. Anm. 6)
16 Sobotka, Biography (zit. Anm. 1)
17 Brief von Sobotka an Thomas E. Morgan, Publisher of Charette, vom 6. Mai 1963, Avery Library, Columbia University New York

18 Sobotka, *Biography* (zit. Anm. 1)
19 Sobotka, *Residential Furniture. Leading Ideas in its Development*. Pittsburgh 1950, Typoskript; Pittsburgh, Carnegie Institute of Technology, Architectural Archives
20 Boeckl, Vorläufige Inventarliste (zit. Anm. 6)
21 Interview Matthias Boeckl mit Architekt Pierre Zoelly vom 30. April 1991
22 Augenfeld, *Walter Sobotka* (zit. Anm. 9)
23 Boeckl, Vorläufige Inventarliste (zit. Anm. 6)
24 ebenda
25 Augenfeld, *Walter Sobotka* (zit. Anm. 9)
26 ebenda

ANTON TEDESKO
(1903-1994)

Anton Tedesko war einer jener europäischen Bauingenieure, die der in Deutschland entwickelten Schalenbauweise vor dem Zweiten Weltkrieg in den Vereinigten Staaten zum Durchbruch verholfen haben.

Geboren am 25. Mai 1903 in Wien, verbrachte er seine Kindheit in Wien und Graz.[1] Er maturierte an der Realschule in Wiener Neustadt[2], danach studierte er an der Technischen Hochschule in Wien Bauingenieurwesen bei den Professoren Rudolf Saliger und Friedrich Hartmann. 1926 schloß er das Studium als Bauingenieur ab. Er interessierte sich auch für Eisenbahnbau und besuchte regelmäßig die Vorlesungen von Professor Leopold Örley. Nach einem einjährigen Praxis als Assistent des Bauleiters bei der Errichtung eines großen Gemeindebaus[3] in Wien ging er 1927 in die Vereinigten Staaten und arbeitete für zweieinhalb Jahre als Bauzeichner für die »Mississippi Valley Structural Steel Company« in Illinois. Das Einreisevisum für die Vereinigten Staaten, hatte ihm eine befreundete Amerikanerin verschafft, die sich in Wien aufhielt, um eine Analyse bei einem Freud-Schüler zu machen. Er bekam allerdings nur ein Visum für Farmarbeiter, da das Kontingent für Ingenieure für fünf Jahre ausgeschöpft war.[4] Zurück in Wien trat er eine Stelle als Assistent von Professor Ernst Melan an der Lehrkanzel für Stahlbau an, die er bis 1930 innehatte. 1930 erhielt er das Ingenieursdiplom der Technischen Hochschule in Berlin.[5] Von 1930 bis 1932 war er bei Dyckerhoff & Widmann in Wiesbaden angestellt. Diese Firma war maßgeblich an der Entwicklung des Schalenbetonbaus beteiligt. Gemeinsam mit den bekannten Ingenieuren und Forschern Franz Dischinger, Ulrich Finsterwalder und Hubert Rüsch war Tedesko einer der Protagonisten dieser neuen Bauweise, die die Möglichkeit bot, in kurzer Zeit große Flächen zu überdecken. Die Methode wurde unter dem Namen *Zeiss-Dywidag* patentiert. 1932 ging Anton Tedesko als Vertreter von Dyckerhoff & Widmann zu der Chicagoer Ingenieurfirma Roberts & Schaefer, die das deutsche Patent in den Vereinigten Staaten verwendete.

Die deutsche Firma wollte 1933 gemeinsam mit Roberts & Schaefer die bis dahin weltweit größte Halle für die Konstruktion von Zeppelinen errichten, das Projekt wurde aber nach dem Absturz eines Zeppelins eingestellt. Erst nachdem Tedesko 1934 das *Hayden-Planetarium* in New York errichtet hatte, begann sich die Schalenbauweise in den Vereinigten Staaten durchzusetzen. Tedesko lebte vorerst in Chicago, übersiedelte aber in der Folge im Auftrag von Roberts & Schaefer nach Washington und dann nach Los Angeles. 1938 heiratete er Sally Murray. Das Ehepaar hatte zwei Kinder.[6]

Tedesko war in der Zeit der Depression in die Vereinigten Staaten gekommen, während der zwar viele Kuppeln geplant, aber nur wenige ausgeführt wurden.[7] Die Situation änderte sich schlagartig mit dem Kriegseintritt der Vereinigten Staaten 1941. Die Nachfrage nach großen gedeckten Hallen stieg sprunghaft an. Roberts & Schaefer war eine der meistbeschäftigten Firmen beim Bau von Lagerhallen, Flugzeughangars und anderen militärischen Einrichtungen. Während der Kriegszeit wurde Anton Tedesko – obwohl seit 1938 amerikanischer Staatsbürger – mehrmals als ausländischer Spion verdächtigt und verhört.[8] Der Kontakt mit der U.S. Air-Force brachte Roberts & Schaefer auch nach dem Krieg große Aufträge beim Bau und der Entwicklung von unterirdischen Raketen-Abschuß-Kontroll-Zentren und bei den Ground installations. In der Folge erhielt Anton Tedesko von der National Aeronautics and Space Administration (NASA) den Auftrag, die *Startkonstruktionen für die Atlas Centaur Rakete* in Cape Canaveral zu errichten.[9] Von 1962 bis 1967 war Roberts & Schaefer Mitglied des Ingenieurteams URSAM (Urbahn-Roberts-Seelye and Moran), das das Apollo-Mond-Landungsprogramm vorbereitete.[10] Die Firma, und in maßgeblicher Position Anton Tedesko, war für die Errichtung des 1966 fertiggestellten *Vehicle Assembly Buildings* im Kennedy Space Center verantwortlich. In diesem größten Gebäude der Welt wurden die Mondraketen zusammengebaut.[11]

Tedesko war aber nicht nur im Schalenbau tätig, sondern errichtete auch Brücken und Industriehallen aus Spannbeton. 1951 promovierte er in Wien mit einer Arbeit über *Neue Erfahrungen mit Dehnungsmessungen in Betonbauwerken*, in der er sich mit elektrischer Spannungsmessung auseinandersetzte. In den fünfziger und sechziger Jahren arbeitete Tedesko oft mit bekannten Architekten zusammen, so z.B. mit Minoru Yamasaki und dessen Partnern George Hellmuth und Joseph Leinweber bei der Errichtung des *Flughafens von St. Louis* (1954) und I.M. Pei bei der Projektierung eines *Bürogebäudes an der Grand Central Station* in New York. Über seine Zusammenarbeit mit Architekten schrieb Tedesko: »Die Effizienz der Schale beruht auf der engen Zusammenarbeit von Architekt und Konstrukteur. ... bei dieser Zusammenarbeit muß der Ingenieur dem Architekten sehr deutlich machen, was getan werden kann, und was man lieber nicht tun sollte.«[12] 1955 wurde er zum Vizepräsident von Roberts & Schaefer in New York befördert. Bis zu seiner Pensionierung 1967 errichtete er für diese Firma in den gesamten Vereinigten Staaten über sechzig Schalenkonstruktionen, die insgesamt mehr als zwei Millionen Quadratmeter bedeckten.[13]

Nach seiner Pensionierung bei Roberts & Schaefer eröffnete Tedesko ein eigenes Bauingenieurbüro in Bronxville in der Nähe von New York. Er war hauptsächlich als Berater bei großen Bauvorhaben und Gutachter von Schadensfällen beschäftigt. Unter anderen waren die Panama Canal Company, die National Aeronautics and Space Administration (NASA) und das U.S. Department of Housing and Urban Development seine Auftraggeber.[14] Noch 1988 beteiligte er sich gemeinsam mit seinem Freund und Kollegen Ulrich Finsterwalder an dem *Wettbewerb für die Williamsburgh-Bridge* in New York.[15] Anton Tedesko starb am 2. April 1994 im Alter von 90 Jahren in Seattle.[16] Er hatte zahlreiche einschlägige Auszeichnungen erhalten und war Ehrendoktor der Universität Wien und der Lehigh University, Bethlehem, Pennsylvania. Seit den dreißiger Jahren hatte er ungefähr 60 Artikel in Fachzeitschriften publiziert und zahlreiche Vorträge in den USA und in Europa gehalten.[17]

1 Jörg Schlaich, Anton Tedesko. In: Beton- und Stahlbetonbau 88 (1993), Heft 5, S. 137-146
2 H. Reiffenstuhl, Persönliches, Anton Tedesko – Ehrendoktor. In: Österreichische Ingenieurs-Zeitschrift, 12. Dezember 1978, 21. Jahrgang, o.S.
3 Andrea Paul, A Civilized Engineer. In: Austria Kultur, New York, Vol. 4, Nr. 1, 1994, S. 10 f.
4 o.A., Top foreign-born civil engineers speak their minds. In: Civil Engineering-ASCE, October 1980, S. 118
5 Lebenslauf Anton Tedesko, zusammengestellt anläßlich der Nomination für den Academy of Engineering Award, ca. 1985, Archiv der Gesellschaft zur Förderung moderner Kunst
6 Schlaich, Tedesko (zit. Anm. 1)
7 Paul, Engineer (zit. Anm. 3)
8 o.A., Top foreign-born ... (zit. Anm. 4)
9 Paul, Engineer (zit. Anm. 3)
10 Lebenslauf Tedesko (zit. Anm. 5), S. 4
11 Paul, Engineer (zit. Anm. 3)
12 Tedesko, *How have Concrete Shell Structures Performed? An Engineer looks back at years of Experience with Shells*, Bulletin No. 73, IASS, 1980. Zitiert nach Schlaich, Tedesko (zit. Anm. 1)
13 ebenda und: Reiffenstuhl, (zit. Anm. 2)
14 Lebenslauf Tedesko (zit. Anm. 5)
15 Schlaich, Tedesko (zit. Anm. 1)
16 Eric Pace, Anton Tedesko, 90, an Expert In Uses of Reinforced Cocrete. In: New York Times, Obituaries, 3. April 1994
17 Lebenslauf Tedesko (zit. Anm. 5)

JOSEPH URBAN
(1872-1933)

Joseph Urban, um 1920

Geboren wurde Joseph Urban am 26. Mai 1872 als Sohn des Wiener Pädagogen Joseph Urban und dessen Frau Helena (geb. Weber) in Wien. Auf Wunsch des Vaters studierte Joseph Urban vorerst an der juridischen Fakultät, doch schon bald inskribierte er an der Akademie der bildenden Künste Architektur. Sein Lehrer Carl von Hasenauer vermittelte dem Studenten Urban den ersten Auftrag. Urban reiste im Oktober 1891 nach Kairo, um einen ausgebrannten Flügel des *Abdin-Palastes* wieder aufzubauten. Zurück in Wien schloß Urban sein Studium 1893 ab und begann im Büro des Architekten Ludwig von Baumann zu arbeiten. 1896 heiratete Urban Mizzi Lefler, die Schwester seines Freundes und Partners Heinrich Lefler.[1] Mit Lefler gemeinsam illustrierte er zahlreiche Bücher und Kalender, wie *Die Maske des rothen Todes* (1897), *Österreichischer Kalender* (1898) und *Rolands Knappen* (1898) u.a. Urbans Beitrag waren vor allem die bühnenartigen Hintergründe der Illustrationen.[2]

345

Von 1898 bis 1900 erweiterten Urban und Lefler das *Lustschloß des Fürsten Esterházy in St. Abraham* in Ungarn um einen Zubau.³ Urban war 1900 Gründungsmitglied der Künstlervereinigung »Hagenbund«, die er in den folgenden Jahren als zeitweiliger Direktor und Gestalter der meisten Ausstellungen des Bundes bis 1909 dominieren sollte. Urban war auch der Architekt der *Ausstellungshalle des »Hagenbundes«* in der Zedlitzgasse, die 1902 eröffnet wurde.⁴

1900 errichtete Urban für den Herausgeber der ›Deutschen Zeitung‹ – der einzigen deutschnationalen Tageszeitung in Wien –, Dr. Theodor Wähner, in der Buchfeldgasse 6 ein *Wohn- und Bürohaus*. 1901 folgten das *Beamtenkurhaus* und die *Kaiserin-Elisabeth-Kapelle* in Baden bei Wien. Auch Mitglieder des Hagenbundes zählten zu Urbans Auftraggebern. Für Alexander Demetrius Goltz baute er eine *Villa in der Grinzingerstraße* um und für Hans Ranzoni richtete er eine *Wohnung in der Walfischgasse* ein. Die Jahre 1902 und 1903 war er hauptsächlich mit seiner Arbeit als Ausstatter der »Hagenbund«-Ausstellungen beschäftigt. Anläßlich der Weltausstellung in St. Louis 1904 hielt sich Urban erstmals in den Vereinigten Staaten auf. Er kehrte trotz Angeboten von amerikanischer Seite zurück nach Wien zurück.⁵ Neben seiner durchgängigen Tätigkeit für den Hagenbund konnte er aber auch einige architektonische Arbeiten in Wien und Umgebung verwirklichen. 1904 stattete er das *Kabarett »Die Hölle«* im Keller des Theaters an der Wien aus, und 1907 errichtete er die *Villa Carl Redlich* im 19. Bezirk.⁶

Urban war zweimal an den Festlichkeiten zu Ehren des Regierungsantritts Kaiser Franz Josephs 1848 beteiligt: 1898 gewann er den Wettbewerb für die *Verbindungsbrücke* zwischen Künstlerhaus und Musikvereinsgebäude, die anläßlich der Kaiser-Jubiläums-Ausstellung errichtet werden sollte. Zehn Jahre später gewann er den Wettbewerb für die Gestaltung des *Kaiserpavillons* anläßlich des 60. Regierungsjubiläums Kaiser Franz Josephs gegen die Konkurrenz Josef Hoffmanns. Urban war auch auf der gleichzeitig im Hagenbund stattfindenden *Kaiser-Jubiläums-Ausstellung* 1908 vertreten.⁷

Wegen finanzieller Unregelmäßigkeiten bei der Vergabe der Aufträge für den *Kaiser-Jubiläums-Festzug*, aber auch in künstlerischer Hinsicht, war Urban in Wien in Verruf geraten. In den folgenden Jahren arbeitete Urban gemeinsam mit Lefler intensiv an Ausstattungen von über 25 Theaterproduktionen. Als Urban 1910 in Paris, wohin er gereist war, um mit Claude Debussy seine Inszenierung von *Pelléas et Mélisande* zu besprechen, vom Impresario der Bostoner Oper das Angebot bekam, die dortige Oper als *Ausstattungsdirektor* zu übernehmen, sagte er sofort zu. Schon 1911 wurde er mit drei Produktionen beauftragt. Urbans Theaterarbeiten waren für amerikanische Verhältnisse neu. Er erarbeitete die gesamte Konzeption der Aufführungen und führte zum Teil auch Regie.⁸ 1914 reiste Urban mit der Boston Opera Company nach Paris, wo sie im Théâtre des Champs-Elysées ein Gastspiel gaben. Vom Ausbruch des Ersten Weltkriegs in Italien überrascht, kehrte Urban 1914 nach New York zurück, um seine erste Broadway-Inszenierung fertigzustellen. In New York engagierte ihn Florenz Ziegfeld, der Gründer der berühmten »Ziegfeld Follies«, als künstlerischen Gestalter der Revuen.⁹ Urban übersiedelte von Boston nach New York; die Oper in Boston wurde geschlossen.¹⁰

1917 wurde Urban amerikanischer Staatsbürger. Nach der Scheidung von seiner ersten Frau, mit der er zwei Töchter hatte, heiratete er 1919 Mary Porter Beegle, eine Schülerin der berühmten Isadora Duncan.¹¹ Von 1917 bis zu seinem Tod entwarf Urban die *Bühnenbilder* für fast alle Produktionen der Metropolitan Opera.¹² 1920 wurde er vom Medien-Tycoon William R. Hearst zum Art Director seiner Filmfirma »Cosmopolitan Productions« ernannt.¹³ Joseph Urbans Kontakte zu Österreich waren nicht ganz abgerissen. Nach einem Besuch im verelendeten Nachkriegs-Wien von 1919, beschloß er 1920, eine Zweigstelle der *Wiener Werkstätte in New York* zu eröffnen. In einem *Präsentationsraum* in 581 Fifth Avenue zeigte er Entwürfe von Josef Hoffmann, Kolo Moser und Dagobert Peche, auch Bilder Gustav Klimts und Egon Schieles waren zu sehen. Das Verkaufslokal mußte aber schon 1922 wegen Zahlungsschwierigkeiten geschlossen werden.¹⁴ Urban wurde zur Anlaufstelle für andere österreichische Emigranten. → Ruolph M. Schindler interessierte sich für die *Wiener Werkstätte of America* und wandte sich 1922 an Joseph Urban.¹⁵ → Wolfgang und Pola Hoffmann kamen auf seine Einladung 1925 nach New York.¹⁶

Auch bei seinem ersten architektonischen Auftrag, dem Umbau der weitläufigen Winterresidenz *Mar-a-Lago* (1925) für Mrs. E. F. Hutton (geb. Marjorie Post) in Palm Beach, Florida, beteiligte Urban österreichische Mitarbeiter. Urban errichtete die riesige Anlage und besorgte die Einrichtung. Die bildhauerischen Arbeiten führte der Wiener Bildhauer Franz Barwig und dessen Sohn aus. Mit *Mar-a-Lago* begann Urbans architektonische Karierre in Amerika. In Palm Beach, das erst kurze Zeit zuvor als Wintersitz für die New Yorker Gesellschaft entdeckt worden war, konnte Urban in kürzester Zeit auch den *Oasis Club*, den *Bath and Tennis Club*, das *Paramount Theatre*¹⁷ und die *Residenzen Biddle, Demarest* und *Replogle* ausführen.¹⁸ Nach diesem Erfolg in Florida konnte Urban auch die ersten Bauten in New York errichten. 1928 entwarf er das *Bürogebäude für William Randolph Hearsts* Zeitungsimperium, von dem allerdings nur die Basis ausgeführt wurde. Die Beach Clubs in Palm Beach waren so erfolgreich, daß Urban den Auftrag für den *Atlantic Club* auf Long Island (1929) erhielt.¹⁹ 1929 publizierte er unter dem Titel *Theatres* ein Buch mit seinen nicht ausgeführten Entwürfen *für das Ziegfeld Theatre* (1927), für ein *Max Reinhardt Theatre* (1927) und für die *Metropolitan Opera* (1927).²⁰

Urbans bedeutendstes architektonisches Werk war der Neubau für die *New School for Social Research*, der bekannten Organisation für Erwachsenenbildung in der 12th Street. Der Präsident der Schule, Alvin Johnson, wünschte sich für den Neubau entweder Frank Lloyd Wright oder Joseph Urban als Entwerfer. Der Auftrag ging an Urban. Nach Fertigstellung löste der Bau heftige Kontroversen in der Öffentlichkeit aus. Einer der prominentesten Kritiker des Baues war Philip Johnson.²¹ Anfang 1930 wurde das *Auditorium* mit einem Vortrag → Richard Neutras über das Neue Bauen eingeweiht.²² Die *New School* sollte während des Zweiten Weltkriegs zu einer Anlaufstelle für europäische Intellektuelle und Emigranten werden. 1931 wurde Joseph Urban eingeladen, sich am *Wettbewerb für den Palast der Sowjets* zu beteiligen.²³ 1933 gestaltete er die jährliche Ausstellung der »Architectural League«. Auf einer Konkurrenzveranstaltung in der *New School for Social Research* stellten Le Corbusier und Mies van der Rohe aus, doch auch auf dieser Ausstellung waren Arbeiten von Joseph Urban zu sehen. Dies war für ihn, nach den Kontroversen um die Modernität des *New School*, eine große Befriedigung.²⁴ Urbans letzte Arbeit war die *Farbabstimmung der Ausstellungspavillons für die »Century of Progress Exposition«* in Chicago 1933. Joseph Urban starb am 10. Juli 1933 in einem New Yorker Hotel an Krebs.²⁵ Seine Mitarbeiter Otto Teegen und Irving Scott führten Urbans Atelier unter der Bezeichnung *Joseph Urban Association* weiter.²⁶

1 Otto Teegen, *Joseph Urban*. In: Architecture. The Professional Architectural Monthly, Vol. LXIX, May 1934, S. 251-256
2 Archiv Markus Kristan sowie Beitrag von Markus Kristan in vorliegendem Band
3 ebenda
4 Matthias Boeckl, »Die Mode-Moderne mit dem fabrizierten Stimmungs-Dusel«. Joseph Urban und die Folgen für die Architektur in und um den Hagenbund. In: Die verlorene Moderne. Der Künstlerbund Hagen 1900-1938 (Ausst.Kat. Österreichische Galerie). Wien 1993, S. 53 ff.
5 Teegen, *Joseph Urban* (zit. Anm. 1)
6 Archiv Kristan (zit. Anm. 2)
7 siehe Beitrag v. Kristan im vorliegenden Band
8 Randolph Carter / Robert Reed Cole, Joseph Urban. Architecture-Theatre-Opera-Film. New York-London-Paris (Abbeville Press) 1992, S. 42 ff.
9 ebenda, S. 67 ff.
10 ebenda, S. 73
11 ebenda, S. 102
12 ebenda, S. 115
13 ebenda, S. 147
14 ebenda, S. 108
15 Brief von R.M. Schindler an Joseph Urban, University of California at Santa Barbara, Special Collection
16 Ric Emmett, Wolfgang Hoffmann (1900-1969). In: Mel Byars / Russell Flinchum, Fifty American Designers. Washington (The Preservation Press) voraussichtliches Erscheinungsdatum 1996
17 Carter/Cole, Urban (zit. Anm. 8), S. 169 ff.
18 Teegen, *Joseph Urban* (zit. Anm. 1)
19 Carter/Cole, Urban (zit. Anm. 8), S. 177 ff.
20 Joseph Urban, *Theatres*. New York (Theatre Arts, Inc.) 1929
21 Carter/Cole, Urban (zit. Anm. 8), S. 201 ff.
22 Thomas S. Hines, Richard Neutra and the Search for Modern Architecture. A Biography and History. New York-Oxford 1982
23 Teegen, *Joseph Urban* (zit. Anm. 1)
24 Carter/Cole, Urban (zit. Anm. 8), S. 249 f.
25 New York City Department of Records and Information Services, Municipal Archives, Certificate of Death, Nr. 15685, Joseph Urban
26 Guy Walton, Beschreibungen der Urban-Zeichnungen in der Sammlung Carola Teegen Walton, unpubliziertes Typoskript

HANS ADOLF VETTER (1897-1963)¹

Hans Adolf Vetter, um 1950

Hans Adolf Vetter war wohl einer der originellsten Charaktere aus der Gruppe von Architekten, die in die Vereinigten Staaten emigrieren mußten. Sein außergewöhnliches Charisma wirkte auf alle, die ihm näher begegneten – vor allem auf seine Studenten in Wien und Pittsburgh. Sein Lebenswandel in Wien, bis 1938, war der eines phantasievollen, improvisationsbegabten Bohemiens. Er frequentierte häufig verschiedene intellektuelle Zirkel, vor allem die der Cafés Herrenhof und Grienstedl. Zu seinen engsten Freunden zählten Milan Dubrovic, Journalist, mit dem er nach seiner Emigration in regem

Briefkontakt stand, der Architekt Max Fellerer sowie Alexander Inngraf, ein hochrangiger Kriminalbeamter und dabei eine reichfacettierte Persönlichkeit. Vetter vermied es, in den Strudel der zernagenden Arbeitsroutine eines Architekten zu verfallen. Selbst bezeichnete er sich als Architekturphilosoph, dessen Prägung vom Epikureismus und den neuen freidenkerischen Strömungen, wie dem Adlerianismus, herrührten. Er hatte selten einen festen Wohnsitz und ließ sich auch in keine der »Wiener Architekturfraktionen« einordnen.

Hans Adolf Vetter wurde am 13.7.1897 in Wien geboren. Sein Vater, Dr. Adolf Vetter (18.6.1867 – 4.5.1942), war einer der Initiatoren des Österreichischen Werkbundes. Seine Mutter Elis Rusch, geboren am 11.4.1867, stammte aus Schlesien. Die Eltern heirateten am 12. April 1896 in Wien und wohnten in einer der Villen, die Josef Hoffmann im Wiener Kaasgraben errichtet hat.[2] In diesem Haus machte der junge Vetter die Bekanntschaft mit Gustav Klimt, Alfred Roller, Anton Hanak, Egon Schiele und Oskar Kokoschka. Diese Aura hatte Vetter, der seine künstlerische Ausbildung an der Kunstgewerbeschule bei Strnad absolvierte, geformt. Dort prägten ihn vor allem das humanistische Gedankengut und die soziale Baugesinnung von → Josef Frank. Das Studium der Renaissance und ihres Künstlerbildes sowie dessen Transformation durch den Filter des Ruskinschen Denkens in das moderne Zeitalter, wurden zu einem Leitmotiv im Schaffen Vetters. Er sah sich als Polyhistor, der in den verschiedenen Disziplinen der Kunst beheimatet ist und sich nicht den »intellektuellen Bequemlichkeiten« des Spezialistentums beugen würde. Lyrik wurde für ihn das eruptive Ventil seines alter ego. 1920 veröffentlichte er in Verlag der Wiener Werkstätten den Gedichtband *Lilli*.[3]

```
STAHLROHRSESSEL IM VORRAUM

Schwankend auf gebogenen Schlitten
Über Teppich und Parkett,
In Spiralen aufgeschnitten,
Bäumt sich das gelochte Brett.

In den leeren Röhren rinnen
Wie ein Brunnen ohne Quell,
Aussen Glanz und Dunkel innen,
Linien ewig parallel.

Und dass einer allen gelte,
Gilt für alle ein Modell.
Taste, und du fühlst die Kälte,

Sieh', und du erspähst die Norm:
Die dem Leben unterstellte
Wesenlose Daseinsform.
```

Hans Adolf Vetter, aus dem Gedichtband *Rühme den Raum*, o. D.

Zwischen Juli 1914 und Dezember 1918 leistete Vetter Kriegsdienst und rüstete als Leutnant ab.[4] In den frühen zwanziger Jahren lernte er bei Hendrik Berlage, bei dem ihn sein Freund Gabriel Guevrekian eingeführt hatte, Henry van de Velde und Robert Mallet-Stevens kennen. Vetter führte kurzfristig auch ein eigenes Atelier, beschäftigt mit städtebaulichen Projekten und Wohnbauten. Er assistierte Oskar Strnad bei Bühnenbildentwürfen und war Projektleiter bei Clemens Holzmeister für den *Palast König Faisals* in Bagdad.

Die klassische geometrische Entwurfsgrammatik wie der Goldene Schnitt oder das System ähnlicher Dreiecke dienten Vetter als Mittel, um seinen Rissen harmonische Proportionen zu verleihen. Die Architekturentwürfe waren ausgefeilte Kompositionen, deren materialisierter Höhepunkt das *Haus in der Werkbundsiedlung* 1932 darstellte. Sowohl im formalen Ausdruck, als auch ideologisch war Vetters Reihenhausentwurf dem Denken Josef Franks am nächsten verwandt. Nicht zufällig situierte dieser das elegante Gebäude an einem dominanten Platz in der Siedlung.

Hans A. Vetter, Haus in der Werkbundsiedlung, Wien-Hietzing 1930-32

Vetter heiratete am 29.5.1925 Lyda Guevrekian (geb. 15.8.1898 in Teheran), die Schwester des Architekten Gabriel Guevrekian. Die Ehe wurde bereits 1930 geschieden. Danach heiratete Vetter die Polin Jadwiga Elisabeth, geborene Orzul.[5]

1925 erhielt Vetter die Bronzemedaille für seinen Beitrag zur Pariser Weltausstellung des Kunstgewerbes.[6] 1932 gab er das Buch *Kleine Einfamilienhäuser* heraus, in dem Entwürfe einiger Architekten des Kreises um Strnad und Frank publiziert wurden. Die einzelnen Projekte, fernab der elitären Avantgarde, wurden in einheitlicher Plansprache beschrieben und bündig analysiert. 1932-36 gab Vetter die Architekturzeitschrift ›Profil‹ für die Zentralvereinigung der Architekten heraus. Als Chefredakteur war er darauf bedacht, ein breites Meinungsspektrum zu bieten. Er vermied es, die Zeitschrift zum Sprachrohr eines polarisierten politisch-kulturellen Lager unter dem Regime des Ständestaates zu machen und verlegte sich auf »journalistische Leichtigkeit«, in der die innovative, großzügige Verwendung von Bild-Text-Montagen besonders hervorstach.

1934 erhielt Vetter für sein System einer Kreuzblockverbauung ein deutsches Patent. Diese *Kreuzblockverbauung* wurde vom Verlag des Patentamtes in Berlin 1939 publiziert. Im Schuljahr 1934/35 war er Assistent in Oskar Strnads Architekturklasse an der Wiener Kunstgewerbeschule, 1935/36 bei Josef Hoffmann, dessen Klasse er nach Hoffmanns Emeritierung im Schuljahr 1936/37 auch interimistisch leitete. 1938 wurde er fristlos entlassen.[7] Vetters letzte Adresse in Wien war Graben 17. Er meldete sich am 29.9.1938 nach London ab.[8]

In England lebte Vetter bei Freunden und publizierte 1948 das Buch *English History at A Glance*. Diese Veröffentlichung in englischer Sprache verhalf ihm – neben der tatkräftigen Unterstützung seines ehemaligen Schülers → Simon Schmiderer, der Familie Burlingham und des Malers László Gábor – schließlich zur Stelle am Carnegie Institute of Technology in Pittsburgh als Adjunct Professor of Architecture. Er hatte noch in England für *The Chart of America* recherchiert, diese wurde jedoch nie publiziert. Etliche in England begonnene Arbeiten, wie *Die schönsten Häuser der Welt*, *History of The World on The Representative Method*, *Visual Education* und die Gedichtsammlung *Londoner Sonette* mußten liegenbleiben. Mit Hilfe von Gönnern, Freunden, unter anderen dem Literaten Fritz Lampl, und dem »Sir George Schicht-Stipendium« hatte sich Vetter in England durchgeschlagen. Über längere Zeit hatte er sich bemüht, in den Vereinigten Staaten eine Lehrstelle zu bekommen, denn England versprach unmittelbar nach dem Krieg Flüchtlingen keine Zukunft.

Mit seinen Vorlesungen am Carnegie Institute über *Architectural Philosophy* und *The Theory of Architecture* wurde Vetter seiner Aufgabe, der eher technischen Ausbildung einen theoretischen Überbau zu geben, absolut gerecht. So wie in Wien war er bei seinen Studenten äußerst beliebt. Als Nonkonformist und als jemand, der den Zeitgeist kritisch aus einem individuell formulierten Blickwinkel betrachtete, war Vetter ein Novum. Er haderte mit der blinden Technisierung der Welt, er vermochte auf klare, originelle Weise den Hintergrund kunstgeschichtlicher und philosophischer Entwicklungen plausibel zu machen.

Vetter gab bald die Hoffnung auf, als praktizierender Architekt Fuß zu fassen und verlegte sich ganz auf die Lyrik und theoretische Studien, die in der Formulierung eines ironisch verschlüsselten Traktats (*Abacus tetralogico tectonicus*, *Computing Vetters Theory of Gradual Tetravalence in Architectology*), eines »philosophischen Rechenschiebers«, ihre Vollendung fanden. Vetter präsentierte diese »Theorie« horizontal überschrieben, mit den vier Hauptgruppen »Mystic« – »Acquainting Act« – »Gnostic Effect« – »Tectonic Matrix« in vier vertikalen Rubriken auf einem minimalistischen Plakat. Dieses sollte dem Architekten als begriffsklärender, mantra-artiger Kompaß zur Bestimmung seines theoretischen Standpunktes dienen und ihm zugleich die Wegvarianten einer möglichen Entwicklung koordinieren, egal, in welche der »Richtungen« der Matrix. Die Beschäftigung mit diesem »Rechenschieber« gleicht einem Spiel, das sich nur mit Passion betreiben läßt und somit Vetters didaktisches Ziel, die Befassung mit dem »Wesentlichen«, in sich birgt: »Bilde Künstler, rede nicht«, war dementsprechend auch eine seiner Leitlinien in der Wiener Zeit gewesen.

In den fünfziger Jahren versuchte Hans Adolf Vetter seine Kontakte zu Österreich zu intensivieren. 1952 gründete er die *Salzburg Summer School of Architecture*, die ihren Sitz im Heffter-Hof hatte und Vetters amerikanischen Studenten Sommerkurse anbot. Vetter hatte schon 1951 Wien besucht, um Vorbereitungen zur Organisation des Kurses zu treffen. Sein Assistent war Pierre Zoelly, ein Schweizer, der bei Vetter in Pittsburgh studiert hatte. Der Kurs hatte zwischen 15 und 20 Teilnehmer, hauptsächlich Studenten des CIT. Die Vortragenden waren (außer Vetter und Zoelly) u.a. Nikolaus Greitmann (Universität Wien) und Eduard Sekler, der spätere Josef Hoffmann-Forscher und Professor an der Harvard University.

Von Pittsburgh aus reiste Vetter häufig nach New York, wo er meist bei Simon Schmiderer zu Gast war und durch diesen immer wieder Bekannte aus der Wiener Zeit treffen konnte. Er war ebenso in Kontakt mit → Fritz Reichl und Poldo Teltscher, die beide an der Westküste lebten. Dennoch wirkte Pittsburgh isolierend. Die Beziehung zu → Walter Sobotka, der ebenso einige Zeit in Pittsburgh lehrte und kleinere Bauten realisieren konnte, dürfte kollegial gewesen sein. Da sie charakterlich grundverschieden waren, gab es keine große Freundschaft zwischen ihnen. Vetters Verbindungen zu österreichischen »Exilarchitekten«, und vor allem der Diskurs mit ihnen versiegten zusehends, zumal sein Gesundheitszustand stetig labiler wurde und er sich in einer rein akademischen Position befand, die zu seinem Schicksal geworden war. Nach der Heirat mit Maria Malpi, die am Carnegie Institute Gesang unterrichtete, im Jahre 1952, zog sich Vetter immer mehr zurück. Über seine Lehrtätigkeit schrieb er an Milan Dubrovic: »Von den 300 Schülern, die ich während der letzten 15 Jahre hatte, habe ich wahrscheinlich nur ein Drittel beeinflußt und sicher nur ein Zehntel wirklich geformt. Bleiben also 30 Disciples. Nimm an: davon sind 10% wirklich begabt. Das heißt also am Ende: DREI apostolische Jünger für Nordamerika. Wenn 2 die USA verlassen, bleibt einer für 175 Millionen Menschen. Man muß sich fragen (und das ganz unpersönlich), ob ein solches System noch ökonomisch ist (ja, ob es überhaupt einen Sinn hat?). Schließlich wurde ich doch 16 Jahre als »Professor« bezahlt! Und das nur, damit ich einen Nachfolger hinterlasse ??? Das kann nicht richtig sein! Das muß falsch sein. Und weil es falsch ist muß diese, unsere, bürgerliche Welt zu Grunde gehen (Es hat nämlich auch andere Gründe).«

Hans Adolf Vetter starb am 8. Mai 1963 in Pittsburgh an einem Herzinfarkt.[9]

1 Dieser Beitrag basiert auf einem Text von Christoph Lechner und wurde aus Datenbeständen der Gesellschaft zur Förderung moderner Kunst ergänzt. Der Herausgeber dankt dem Autor herzlich für die Abdruckgenehmigung.
2 Heimatrolle und Meldeschein, Wiener Stadt- und Landesarchiv
3 Erwähnt im Anhang zu: *Pallas und Apoll, eine Trilogie* von Hans Adolf Vetter, unpubliziertes Typoskript
4 Standesausweis, Archiv der Hochschule für angewandte Kunst in Wien
5 Heimatrolle und Meldeschein, Wiener Stadt- und Landesarchiv
6 Carnegie Review, Nr. 20, July 1969
7 Hochschule für angewandte Kunst in Wien (Hg.), Kunst: Anspruch und Gegenstand. Von der Kunstgewerbeschule zur Hochschule für angewandte Kunst in Wien, 1918-1991. Wien-Salzburg (Residenz) 1991, S. 364 f.
8 Meldearchiv, Wiener Stadt- und Landesarchiv
9 Pierre Zoelly, Hans Vetter zum Andenken. In: Schweizer Bauzeitung, 83. Jg., Heft 43, 28. Oktober 1985

OSKAR WLACH (1881-1963)

Oskar und Klari Wlach, New York, um 1945

Am 18.4.1881 wurde Oskar Wlach als ältester Sohn des Uhrenhändlers Albert Wlach in Wien geboren. Zwei weitere Söhne, Hermann (Künstlername Armin) und Eugen Wlach, wurden später geboren. Oskar Wlach maturierte 1898 und begann das Hochbaustudium an der Technischen Hochschule in Wien,[1] das er im Juli 1906[2] mit der Dissertation *Die farbige Incrustation in der Florentiner Protorenaissance. Eine Studie über die Verwendung der Farbe in der Außenarchitektur* beendete. Als Vorbereitung für diese Arbeit besuchte er im Herbst 1905 Florenz, Prato, Empoli, Siena, Pisa, Lucca, Pistoia, Bologna, Ravenna, Vicenza, Verona und Venedig.[3] Nach seinem Abschluß an der Technischen Hochschule studierte er 1906/07 kurz bei Friedrich Ohmann an der Akademie der bildenden Künste.[4] Schon 1906 beteiligte sich Oskar Wlach gemeinsam mit Oskar Strnad 1906 an dem *Wettbewerb für das neue Reichskriegsministerium* am Stubenring in Wien. Ab 1908 arbeitete er regelmäßig mit Oskar Strnad zusammen. Zwischen 1910 und 1912 errichteten sie ein *Wohnhaus in der Stuckgasse* 14 im 7. Wiener Gemeindebezirk. 1910 wurde → Josef Frank in diese Arbeitsgemeinschaft aufgenommen. Zu dritt planten und errichteten sie eine *Villa in der Kobenzlgasse* in Wien-Döbling. Das größte Projekt von Strnad, Wlach und Frank ist 1913 die *Planung eines Bürohauses bei der Kirche Maria am Gestade*. Die erfolgreiche Architektengemeinschaft baute 1914 eine *Villa für den Literaten Jakob Wassermann* in Wien 19, Kaasgraben.[5]

Während des Ersten Weltkriegs publizierte der Wiener Kunsthistoriker Max Eisler in seinem Buch *Österreichische Werkkultur*, Wien 1916, viele Innenräume von Frank, Strnad & Wlach. Oskar Wlach wurde erst im Mai 1916 eingezogen. Er diente bei der technischen Gruppe des Militärbevollmächtigten in Konstantinopel und war dem kaiserlich-ottomanischen Finanzministerium als Hochbaufachmann für Projekte des Crédit National Ottoman zugeteilt. Wegen »vorzüglicher Dienstleistung und Einbüssung der Gesundheit« wurde er für das Ritterkreuz des Franz-Josephs-Ordens vorgeschlagen. Wlach rüstete 1918 als k.u.k. Leutnant in Reserve ab.[6]

Wie viele andere Wiener Architekten war Oskar Wlach in der Zwischenkriegszeit an der Errichtung von Wohnbauten der Gemeinde Wien beteiligt. 1921 errichtete er die *Siedlungsanlage Hoffingergasse*, Wien 12., gemeinsam mit Josef Frank und Erich Faber. 1925-27 folgte die *Wohnhausanlage in der Gellertgasse* 42-48 im 10. Bezirk. Er arbeitete mit Josef Frank aber nicht nur an den Großaufträgen der Gemeinde Wien zusammen, sondern 1929/30 auch an der *Villa Beer in der Wenzgasse*. Josef Frank lud ihn auch ein 1930/32 das *Doppelhaus Veitingergasse 99-101* in der Wiener *Werkbundsiedlung* zu entwerfen. Gleichzeitig plante er gemeinsam mit Josef Frank die *Wohnhausanlage der Gemeinde Wien, Fickeygasse* 8 im 11. Bezirk (1931/32). 1933-35 entstand die *Anlage in der Laaer Straße 22-24* in Wien-Favoriten.[7]

1925 gründeten Josef Frank und Oskar Wlach das *Inneneinrichtungsgeschäft Haus & Garten*. Beide Partner waren mit je 50% des Gesamtkapitals an der Offenen Handelsgesellschaft beteiligt, Oskar Wlach fungierte als Geschäftsführer.[8] Das Verkaufslokal von *Haus & Garten* war in der Bösendorferstraße, in der Nähe des Wiener Musikvereins, gelegen, das Atelier und das Büro in der Neustiftgasse im 7. Wiener Gemeindebezirk.[9] 1925 waren Frank und Wlach mit *Haus & Garten*-Entwürfen an der Pariser Internationalen Kunstgewerbeausstellung beteiligt.[10] Die Firma konnte sich schnell als Einrichtungshaus für eine an der Moderne interessierte Kundschaft etablieren. Franks und Wlachs Entwürfe trugen maßgeblich dazu bei, die Wiener Raumkunst der Zwischenkriegszeit in Europa bekannt zu machen. Das Studio war auf vielen internationalen Ausstellungen wie der Brüsseler Weltausstellung (1935), der Mailänder Triennale (1936) und der Pariser Weltausstellung (1937) vertreten.[11] Auch nach Josef Franks Emigration nach Schweden 1934 wurde *Haus & Garten* weitergeführt.

Bis 1936 produzierte die Firma ausschließlich für den europäischen Markt, dann begann man, Vertretungen in mehreren europäischen Hauptstädten aufzubauen.[12] 1938 hatte die Firma drei feste Angestellte und versorgte 37 Wiener Handwerker regelmäßig mit Aufträgen.[13] Am Tag nach dem »Anschluß« Österreichs an das Deutsche Reich schrieb Oskar Wlach an seinen Bruder Armin in Zürich: »Ich glaube, daß für die allernächste Zeit keine allzu harten Maßregeln kommen dürften, das hängt aber auch von dem Verhalten der äußeren Umgebung ab – aber auch darüber soll man sich den Kopf nicht zerbrechen.«[14] Schon zwei Monate später, am 25. Mai 1938, wurde die Verkaufsvereinbarung mit Julius Theodor von Kalmár, einem Bekannten von Josef Frank und Oskar Wlach, über die Veräußerung der OHG Haus & Garten rechtsgültig, und damit die offizielle »Arisierung« vollzogen. Oskar Wlach gelang die Flucht vor der antisemitischen Verfolgung durch die Nationalsozialisten. Am 29. November 1938 erreichten er und seine Ehefrau Klara[15] Wlachs Bruder in Zürich. Der Grenzübertritt gelang ihnen mit Hilfe des Architekten Eugen Wörle. Im Frühjahr 1939 erreichte das Ehepaar London. Am 26. April verließen sie London an Bord der »Normandie« in Richtung New York, wo sie am 1. Mai ankamen.[16] Der Maler László Gábor, Professor am Carnegie Institute, und der ehemalige Wiener Stadtrat Hugo Breitner gaben Wlach die nötigen Affidavits.[17] Wlach war zu diesem Zeitpunkt 59 Jahre alt. Um in New York arbeiten zu können, mußte er am 2. März 1940 eine kommissionelle Prüfung zur Erlangung der Architektenlizenz ablegen. Er versuchte in seinem Beruf wieder Fuß zu fassen und stattete gelegentlich Wohnungen aus. Seine Frau arbeitete als Entwerferin in der Modebranche. Nach eigenen Angaben lebte Wlach bis 1940 von Außenständen der Firma Haus & Garten, die Freunde in Prag, Paris und Zürich für ihn einforderten. 1941 erhielt er den Auftrag, die New Yorker *Wohnung Blum* – der Tochter des ehemaligen Besitzers der Wiener Firma »Linoleum-Haas« – einzurichten. 1945 riet er seinem Neffen Tobias, nach New York zu kommen, da die dortige Situation weit erfolgversprechender schien, als die im kriegszerstörten Wien. Oskar Wlach sandte Hilfspakete an den in Wien gebliebenen Bruder Eugen.[18] Seine Auftragslage war allerdings noch unbefriedigend. Der Versuch, mit dem Wiener Mitemigranten → Emanuel Neubrunn ein Atelier aufzubauen, scheiterte.[19] Am 6. August 1951 verlor er auch noch die Stelle als Hausverwalter bei seiner Schwägerin Betty. Oskar Wlach bemühte sich anscheinend um die Rückstellung der Firma Haus & Garten. Am 18. Februar 1952 wurde der Akt über den Verkauf von Haus & Garten des Ministeriums für Handel und Verkehr in Wien an die Rückstellungskommission beim Landesgericht für Zivilrechtssachen Wien abgegeben, doch führte dies zu keinem positiven Ergebnis. Klara Wlach betrieb in New York die Modistenfirma »Madame Klari«. Sowohl Oskar als auch Armin Wlach investierten vergeblich Geld in das Unternehmen.[20]

Wlach korrespondierte zwischen 1949 bis 1952 mit dem Wiener Kunsthistoriker Dr. Ankwicz von Kleehoven. Dabei äußerte er sich mehrmals sehr negativ über seine Situation in den Vereinigten Staaten. Dr. Ankwicz von Kleehoven riet Oskar Wlach, ein neues Einrichtungsgeschäft mit dem Namen »Haus der guten Form« zu gründen, und so an seine Erfolge mit Haus & Garten anzuknüpfen.[21] Im Jahr 1956 war Wlachs finanzielle Situation so aussichtslos, daß er einen Antrag an den »Fonds zur Hilfeleistung an politisch Verfolgte, die ihren Wohnsitz und ständigen Aufenthalt im Ausland haben (Hilfsfonds)« stellen mußte. 1957 fand er eine Stelle als Zeichner in einem Einrichtungsbüro und bezog eine Altersrente. Oskar Wlach starb im Alter von 82 Jahren am 16.8.1963[22] in einem New Yorker Altersheim.[23] Für ihn war mit der Vertreibung aus Österreich auch seine erfolgreiche Karriere als Innenausstatter und Architekt beendet worden. Trotz mehrerer Versuche war es ihm nicht gelungen, die Wiener Erfolge fortzusetzen.

1 Matthias Boeckl, Kurzbiographie Dr. Oskar Wlach, zusammengestellt aus der Korrespondenz Oskar Wlach-Armin Wlach, Stadt- und Landesbibliothek und aus dem »Arisierungsakt« der Firma »Haus & Garten« im Österreichischen Staatsarchiv

2 Angaben von DI Jiresch aus den Matrikelbüchern der Technischen Universität Wien, Universitätsarchiv
3 Boeckl, Kurzbiographie (zit. Anm. 1)
4 Oskar Wlach, Robert Schmidt-Nachlaß, Österreichische Galerie im Belvedere, *Bibliothek*
5 Boeckl, Kurzbiographie (zit. Anm. 1)
6 ebenda
7 ebenda
8 ebenda
9 Brief von Oskar an Armin Wlach vom 12. März 1938, Wiener Stadt- und Landesarchiv, MA 9, Handschriftensammlung
10 Boeckl, Kurzbiographie (zit. Anm. 1)
11 ebenda
12 J.T. Kalmár, Exposé über die Firma »Haus und Garten«, Österreichisches Staatsarchiv, Archiv der Republik, Handelsministerium, Vermögensverkehrsstelle, Akt »Haus und Garten«
13 Brief von J.T. Kalmár an Gauwirtschaftsberater Ing. Raffelsberger, 27.5.1938, Österreichisches Staatsarchiv, Archiv der Republik; Handelsministerium, Vermögensverkehrsstelle, Akt »Haus und Garten«
14 Brief von Armin Wlach an Oskar Wlach (s. Anm. 9)
15 Boeckl, Kurzbiographie (zit. Anm. 1); Klara Wlach (Krausz) geb. am 29.12.1896, Wiener Stadt- und Landesarchiv, Meldearchiv, Meldezettel Oskar Wlach
16 Boeckl, ebenda
17 Hugo Breitner, Affidavit regarding Dr. Oskar Wlach, October 4, 1939, und László Gábor, An affidavit regarding Mr. Oskar Wlach, November 8, 1939, Österreichisches Staatsarchiv, Archiv der Republik, Hilfsfondsakt, Akt Oskar Wlach
18 Boeckl, Kurzbiographie (zit. Anm. 1)
19 Angabe von Anna Neubrunn (Gattin von Emanuel Neubrunns) in einem Interview mit Matthias Boeckl am 15.7.1992 in New York
20 Boeckl, Kurzbiographie (zit. Anm. 1)
21 Briefe von Oskar Wlach an Dr. Ankwicz v. Kleehoven, Wiener Stadt- und Landesarchiv, Handschriftensammlung, MA 922 New York City Department of Records and Information Services, Municipal Archives, Certificate of Death, Nr. 17956, Oskar Wlach
23 Boeckl, Kurzbiographie (zit. Anm. 1)

LIANE ZIMBLER (1892-1987)

Liane Zimbler, vor 1938

Liane Zimbler wurde am 31.5.1892 als Juliane Angela Fischer in Prerau (Böhmen) geboren. Ihr Vater war Oberinspektor bei der Kaiser-Ferdinand-Nordbahn. Um die Jahrhundertwende wurde er nach Wien versetzt.[1] Die assimilierte jüdische Familie förderte die Ausbildung der Tochter.

Nach Absolvierung der Realschule in Wien besuchte Liane Zimbler die Kunstgewerbeschule. Anfangs studierte sie in der Abteilung für Kunstgewerbe, später wechselte sie in eine der Fachklassen für Architektur.[2] Die genauen Daten des Schuleintritts und des Abschlusses lassen sich aufgrund fehlender Dokumente nicht mehr rekonstruieren. 1916 ehelichte sie den bekannten Rechtsanwalt Otto Zimbler (1890 Wien – 1940 Los Angeles).

Nachdem sie einige praktische Erfahrungen gesammelt hatte, erbaute sie 1918 ihr erstes Haus, ein *Landhaus in Bad Aussee*. 1920 setzten die ersten Aufträge im Bereich der Innenraumgestaltung ein. Meist galt es, Wohnungen zu adaptieren, Großwohnungen zu teilen und zu modernisieren, mitunter hatte sie auch Geschäftslokale neu einzurichten. Ein anderes zentrales Thema war die Errichtung von Kleinstwohnungen für die berufstätige Frau.

Ein Großauftrag betraf diverse *Umbauten des Bankhauses Ephrussi* in der Wasagasse (1922-1924). 1922 kam ihre Tochter Eva (spätere Z.-Huebscher) auf die Welt. 1924 errichtete Liane Zimbler ein *Einfamilienhaus in der Silbergasse* 2. Ungefähr ab 1924 besaß Zimbler ein Atelier in der Schleifmühlgasse 5 und ab Ende der zwanziger Jahre ein Atelier in Prag (unter der Leitung von Annie Herrnheiser). Bis 1938 adaptierte Zimbler zahlreiche Wohnungen und Häuser in Wien, Prag oder Brünn[3], wobei sie häufig mit Kunsthandwerkerinnen wie Maria Strauß-Likarz oder Hertha Bucher kooperierte.[4] Dies galt auch für den reizvollen Auftrag (1936), die 1911 von Adolf Loos eingerichtete *Wohnung Goldman*, Wien XIX., Hardtg. 25-27, neu zu gestalten. Die letzte Arbeit vor der Emigration war die Planung eines *Berghauses für den Schriftsteller Walter Eidlitz* in Gnadenwald bei Hall in Tirol.

Zimbler war von 1930 an Mitglied der Vereinigung »Wiener Frauenkunst«, deren Ausstellungen sie 1930 und 1933 gestaltete. Ferner fungierte sie ab 1930 als Vorstandsmitglied des Soroptimist-Clubs, des Verbandes berufstätiger Frauen und, kurzfristig, auch des halböffentlichen »Verbandes für Wohnungsreform«. Sie unterrichtete an Volkshochschulen und entfaltete eine rege Vortrags- und Publikationstätigkeit. Am 21.2.1938 legte Zimbler als erste Frau in Österreich die Ziviltechnikerprüfung ab.[5] Anfang April 1938, kurz nach der Okkupation Österreichs durch die Nazis, gelang es ihr und ihrer Familie aus Wien zu fliehen. Über London erreichte die Familie im September 1938 die Vereinigten Staaten.

In Los Angeles trat Zimbler in das Atelier der Interior Designerin Anita Toor ein, das sie nach deren Tod 1941 übernahm. Nach der Errichtung einer *Villa für den österreichischen Komponisten Ernst Toch* (1941) in Santa Monica, L.A., widmete sich Zimbler bis in die späten siebziger Jahre fast ausschließlich der Innenraumgestaltung (»remodel work«) und dem Wohnungs- und Hausumbau, der Einrichtung von Geschäften und Büros. 1946 wurde sie Mitglied des A.I.D. (American Society of Interior Decorators, heute A.S.I.D.) und der Association for Women in Architecture. Ab den fünfziger Jahren beteiligte sie sich regelmäßig an den *Ausstellungen des A.I.D.* In den Jahren 1952-1961 wurde sie von Architekten aus Los Angeles (Maurice Fleishman, C. B. Williams, Paul Laszlo, Carl Schwarz) bei dem Bau von *Einfamilienhäusern* beigezogen, wobei sie die gesamte *Innenraumgestaltung* zu verantworten hatte. Ab den sechziger Jahren arbeitete sie mit ihrer Tochter Eva Z. Huebscher zusammen.

Liane Zimbler starb am 11.11.1987 in Los Angeles. Der gesamte Nachlaß befindet sich in den International Archives for Women in Architecture, Virginia Tech, Blacksburg/Virginia.

1 Zu den biographischen Angaben vgl. Interview Plakolm-Forsthuber mit Eva Huebscher vom 24.9.1992 und 29.9.1994.
2 Liane Zimbler, *Two Careers of a Pioneer*, Lebenslauf (1973). In: IAWA
3 Vgl. »Verzeichnis einiger Bauten welche von Architektin Liane Zimbler geplant und geleitet wurden«, 1933. Privatbesitz.
4 Vgl. Sabine Plakolm-Forsthuber, Künstlerinnen in Österreich. Malerei-Plastik-Architektur, Wien (Picus) 1994, S 250 f.
5 Vgl. Zeugnis vom 21.2.1938, Wiener Magistrat, B.-D., 420/38 bzw. 3197/37, Privatbesitz. Zu diesem Zweck belegte sie an der Technischen Hochschule Wien 1931 Kurse über Verwaltungsrecht und Volkswirtschaftslehre. Vgl. Technische Universität, Pers. Akt 296/1930.

Zusammenstellung der Biographien von Ruth Hanisch, basierend auf den Materialien, die von den Mitarbeitern des Forschungsauftrages des BMWF im Zuge ihrer Recherchen in europäischen und amerikanischen Archiven, im Zuge von Interviews und durch Literaturauswertungen gesammelt worden sind. Es wurden nur Architekten aufgenommen, zu denen entsprechendes biographisches Material aufgefunden wurde. Vollständige Texte wurden von Andrea Bocco-Guarneri (für Bernard Rudofsky), von Christoph Lechner (für Hans Adolf Vetter) und von Sabine Plakolm-Forsthuber (für Liane Zimbler) beigestellt.

Die folgenden Literaturangaben sind im allgemeinen Teil als Auswahl, im monographischen Teil als Versuch einer möglichst umfassenden Dokumentation des Schriftgutes von bzw. zu den einzelnen Architekten zu verstehen. In die monographische Literatur wurden alle Angaben, die von den Mitarbeitern des Forschungsauftrages beigestellt worden sind, sowie die Auswertung des Avery Index der Columbia University aufgenommen. Trotzdem hielten sich noch einige ungenaue Angaben, die von der Detailforschung noch präzisiert werden müssen.

Die Dokumentation der Literatur mußte sich nach den Gegebenheiten der Forschungsarbeiten richten. So wurde in den allgemeinen Teil nur eine Art »Handapparat« aufgenommen, der immer wieder konsultiert wurde, jedoch keinen Anspruch auf vollständige Abdeckung des Themenkreises erheben kann. Hier muß auf die weiterführenden Angaben in den zitierten Titeln verwiesen werden. Zusätzlich sollten auch die Fußnoten der einzelnen Essays des vorliegenden Bandes konsultiert werden, in denen die jeweilige Spezialliteratur angeführt ist.

ALLGEMEINE LITERATUR

Drexler Arthur (Hg.), The Mies van der Rohe Archive. New York-London (Garland) 1986 ff.

Ford Edward R., Das Detail in der Architektur der Moderne. Berlin-Basel (Birkhäuser) 1994

Ford James / Morrow Ford Katherine, Classic Modern Homes of the Thirties. 64 Designs by Neutra, Gropius, Breuer, Stone and others. Neuauflage: New York 1989

Goodwin Philip L., Brazil Builds. 1652-1942. Ausst.Kat. Museum of Modern Art. New York (Simon & Schuster) 1943

Gräff W., Innenräume. Stuttgart (Julius Hoffmann) 1928

Hitchcock Henry-Russell Jr. / Johnson Philip, The International Style. Architecture since 1922. (Buchausgabe) New York (Norton) 1932. Reprint New York 1966

Hitchcock Henry-Russell / Johnson Philip / Mumford Lewis, Modern Architecture – International Exhibition. Ausst.Kat. Museum of Modern Art. New York (Norton) 1932

Hitchcock Henry-Russell Jr. / Johnson Philip, Der Internationale Stil 1932. Berlin (Bauwelt-Fundamente) 1970. Nachdruck (Hg. Ullrich Conrads) Braunschweig (Vieweg) 1985

Hitchcock Henry-Russell Jr., Modern Architecture. Romanticism and Reintegration. New York 1929. Reprint: New York (Hacker) 1970. Neuauflage mit einem Vorwort von Vincent Scully: New York (Da Capo Press) 1993

Hoffmann Herbert, Neue Villen. 124 große und kleine Einfamilienhäuser. Stuttgart (Julius Hoffmann) 1929

Hollein Hans, MANtransFORMs. Ausst. Kat. Cooper-Hewitt Museum. New York 1976

Hollein Hans, Design. Konzepte einer Ausstellung / Concepts of an Exhibition. ManTransForms. Wien (Löcker) 1989

Kleihues Josef Paul / Rathgeber Christina (Hg.), Berlin – New York. Like and Unlike. Essays on Architecture and Art from 1870 to the Present. New York (Rizzoli) 1993

Lampugnani V.M. et a. (Hg.), Lexikon der Architektur des 20. Jahrhunderts. Stuttgart (Hatje) 1983

Nerdinger Winfried, Walter Gropius. Berlin (Gebrüder Mann) 1985

Wilk Christopher, Thonet. 150 Years of Furniture. New York (Barron's) 1980

Yorke F.R.S., The Modern House. o. O. 1937

Amerika

Banham Reyner, Los Angeles. The Architecture of Four Ecologies. Harmondsworth (Allen Lane The Penguin Press) 1971; (Penguin / A Pelican Book 1973)

Davies Karen, At Home in Manhattan. Modern Decorative Arts 1925 to the Depression. New Haven (Yale University Press) 1983

Duncan Alastair, American Art Deco. New York (Abrams) 1986

Gebhard David / Von Brenton Harriette, Los Angeles in the 30's. o. O. (Peregrine) 1975

Gebhard David / Winter Robert, Architecture in Los Angeles. A Complete Guide. Los Angeles (Gibbs M. Smith) 1985

Goldberger Paul, Wolkenkratzer. Das Hochhaus in Geschichte und Gegenwart. Stuttgart (DVA) 1984

Heap Jane (Hg.), The Machine Age. New York 1927

Leonard R. L. / Glassgold C. A., Modern American Design by the American Union of Decorative Artists and Craftsmen. Einleitung der Reprint-Ausgabe von Mel Byars. New York (Acanthus) 1992

McCoy Esther, Five California Architects. New York 1960

McCoy Esther, Vienna to Los Angeles. Santa Monica (Arts and Architecture Press) 1979

Mendelsohn Erich, Amerika. Bilderbuch eines Architekten. Berlin 1928

Phillips Lisa, High Styles. Twentieth Century American Design. Ausst. Kat. Whitney Museum of American Art. New York 1985

Stern Robert A.M. / Gilmartin Gregory / Mellins Thomas, New York 1930: Architecture and Urbanism Between the Two World Wars. New York (Rizzoli) 1987

Tallmadge Thomas E., The Chicago School. In: Architectural Review. Nr. 15. London, April 1908

Wilson Richard Guy / Pilgrim Dianne H. / Tashjian Dickran (Hg.), The Machine Age in America 1918-1941. New York (The Brooklyn Museum / Abrams) 1986

Wright Frank Lloyd, Ausgeführte Bauten und Entwürfe. Berlin (Wasmuth) 1910

Wright Frank Lloyd, Ausgeführte Bauten. Mit einem Vorwort von C. R. Ashbee, Berlin (Wasmuth) 1911

Wright Frank Lloyd, The Future of Architecture. o. O. (Horizon Press) 1953

Zukowsky John (Hg.), Chicago. Architektur 1872-1922. Die Entstehung der kosmopolitischen Architektur des 20. Jahrhunderts. München (Prestel) 1987

Emigration

Achleitner Friedrich, Is There Such A Thing As An Austro-Fascist Architecture? Remarks, Conjectures and Questions. In: Weibel Peter / Stadler Friedrich (Hg.), Vertreibung der Vernunft. The Cultural Exodus From Austria. Wien (Löcker) 1993, S. 258-262

Achleitner Friedrich, The Exiled Architecture. In: Weibel Peter / Stadler Friedrich (Hg.), Vertreibung der Vernunft. The Cultural Exodus From Austra, Wien (Löcker) 1993, S. 263-267

Boeckl Matthias, Begrenzte Möglichkeiten. Österreichische Architekten in den USA 1938-45. In: Jahrbuch des Dokumentationsarchivs des österreichischen Widerstandes. Wien 1992

Boeckl Matthias, Is There Modernism After The Banishment Of Architects? The Fate of Architects Expelled From Austria In 1938. In: Weibel Peter / Stadler Friedrich (Hg.), Vertreibung der Vernunft. The Cultural Exodus From Austria. Wien (Löcker) 1993, S. 269-284

Burlingham Michael John, The Last Tiffany. A Biography of Dorothy Tiffany Burlingham. New York (Atheneum) 1989

Eppel Peter, Österreicher im Exil 1938-1945. In: Emmerich Talos, Ernst Hanisch, Wolfgang Neugebauer (Hg.), NS-Herrschaft in Österreich 1938-1945. Wien 1988, S. 566 f.

Gardiner Muriel, Deckname Mary. Erinnerungen einer Amerikanerin im österreichischen Untergrund. Mit einem Vorwort von Anna Freud. Wien (Promedia) 1989

Gardiner-Buttinger Muriel, Code Name Mary. New Haven (Yale University Press) 1983

Holmer Johann (Hg.), Eine schwierige Heimkehr. Österreichische Literatur im Exil 1938-1945. Innsbruck 1991

Jaffee McCabe Cynthia, The Golden Door. Artist-Immigrants of America, 1876-1976. Introduction by Daniel J. Boorstin. Washington D.C. (Smithsonian Institution Press) 1976

Jordy William H., The Impact of European Modernism in the Mid-Twentieth Century. In: American Buildings and their Architects, Vol. 5. Oxford (Oxford University Press) 1972

Kaus Gina, Und was für ein Leben... mit Liebe und Literatur, Theater und Film. Hamburg (Albrecht Knaus) 1979

Koller Gabriele (Hg.), Die Vertreibung des Geistigen aus Österreich. Zur Kulturpolitik des Nationalsozialismus. Ausst.Kat. Zentralsparkasse und Kommerzialbank Wien und Museum Carolino Augusteum Salzburg. Wien-Salzburg 1985 (2. A.)

Krohn Claus-Dieter, Intellectuals in Exile. Refugee Scholars and the New School for Social Research. Boston (University of Massachusetts Press) 1994

Röder Werner / Strauss Herbert (Hg.), International Biographical Dictionary of Central Europaen Émigrés 1933-1948. Volume II. München-New York - London - Paris (K. G. Sauer) 1983

Schnauber Cornelius, Spaziergänge durch das Hollywood der Emigranten. Zürich (Arche) 1992

Spaulding Wilder E., The Quiet Invaders, The Story of the Austrian Invaders upon America. Wien (ÖBV) 1968

Stadler Friedrich (Hg.), Vertriebene Vernunft II. Emigration und Exil österreichischer Wissenschaft. Wien-München (Europa) 1988

Ulrich Rudolf, Österreicher in Hollywood. Ein Beitrag zur Entwicklung des amerikanischen Films. Wien (Vlg. d. Österr. Staatsdruckerei) 1993

Weibel Peter / Stadler Friedrich (Hg.), Vertreibung der Vernunft. The Cultural Exodus From Austria. Wien (Löcker) 1993

Österreich

Achleitner Friedrich, Österreichische Architektur im 20. Jahrhundert. Bände 1, 2, 3/1, Salzburg-Wien (Residenz) 1992

Achleitner Friedrich, Wiener Architektur der Zwischenkriegszeit. In: Norbert Leser (Hg.), Das geistige Leben Wiens in der Zwischenkriegszeit. Wien 1981

Bertsch Christoph / Neuwirth Markus, Die ungewisse Hoffnung. Österreichische Malerei und Graphik zwischen 1918 und 1938. Salzburg-Wien (Residenz) 1993

Boeckl Matthias, Wiener Raumkunst. In: Parnass. Wien, März/April 1994, S. 66-74

Boltenstern Erich, Wiener Möbel in Lichtbildern und maßstäblichen Rissen. Eingel. v. Max Eisler. Stuttgart (Julius Hoffmann) 1935

Boltenstern Erich (Hg.), Die Wohnung für jedermann. Vorschläge für die Durchbildung und Verwendung einfacher Möbel für die heutige Wohnung. (Sonderdruck aus: Moderne Bauformen). Stuttgart (Julius Hoffmann) 1933

Eckstein Hans, Die schöne Wohnung. Wohnräume der Gegenwart in 225 Abbildungen. München (F. Bruckmann) 1935

Eisler Max, Das Wiener Möbel von heute. In: Moderne Bauformen, Heft 6, Jg. XXXIV. Stuttgart, Juni 1935, S. 314 f.

Eisler Max, Jungwiener Baukunst. Ernst Lichtblau und Walter Sobotka. In: Moderne Bauformen, XXV. Jahrgang. Stuttgart 1926, S. 73-91

Eisler Max, Österreichische Werkkultur. Wien (Anton Schroll) 1916

Eisler Max, Oskar Strnad. Mit ausgewählten Schriften des Künstlers und 31 Bildtafeln. Wien (Gerlach und Wiedling) 1936

Engels E., Josef Hoffmann baut in Amerika. In: Die Pause, Nr. 1. Wien, April 1935, S. 23 ff.

Forsthuber Sabine, Moderne Raumkunst. Wiener Austellungsbauten von 1898-1916. Wien (Picus) 1991

Frank Josef (Hg.), Die internationale Werkbundsiedlung. Wien 1932. Wien (Anton Schroll) 1932

Genée Pierre, Wiener Synagogen 1825-1938. Wien (Löcker) 1987

Gmeiner Astrid / Pirhofer Gottfried, Der österreichische Werkbund. Alternative zur klassischen Moderne in Architektur, Raum- und Produktgestaltung. Salzburg - Wien (Residenz) 1985

Graf Otto Antonia, Die vergessene Wagnerschule. Wien (Jugend & Volk) 1969

Graf Otto Antonia, Otto Wagner. Das Werk des Architekten. (2 Bde.). Wien 1985

Grimme Karl Maria, Die Mietwohnung von heute. Wie richte ich sie ein? Wien-Leipzig (Michael Winkler) 1932

Hochschule für angewandte Kunst (Hg.), Kunst: Anspruch und Gegenstand. Von der Kunstgewerbeschule zur Hochschule für angewandte Kunst in Wien 1918-1991. Salzburg-Wien (Residenz) 1991

Kadrnoska Franz (Hg.), Aufbruch und Untergang. Österreichische Kultur zwischen 1918 und 1938. Wien (Europa) 1981

Kapfinger Otto / Boeckl Matthias / Hochschule für angewandte Kunst (Hg.), Abgelehnt: Nicht ausgeführt. Die Bau- & Projektgeschichte der Hochschule für angewandte Kunst in Wien 1873-1994. Wien 1994

Koller Gabriele, Die Radikalisierung der Phantasie. Design aus Österreich. Salzburg-Wien (Residenz) 1987

Kotas Robert, Carl Witzmann. Anlässlich seines 50. Geburtstages. Wien (Elbemühl) 1934

Krischanitz Adolf / Kapfinger Otto, Die Wiener Werkbundsiedlung. Dokumentation einer Erneuerung. Wien (Compress) 1985

Loos Adolf, Der Silberhof und seine Nachbarschaft. In: Neue Freie Presse. Wien, 15. März 1898

Loos Adolf, Die Plumber. In: Neue Freie Presse. Wien, 17. Juli, 1898

Loos Adolf, Die Potemkinsche Stadt. Verschollene Schriften 1897-1933, Adolf Opel (Hg.). Wien (Prachner) 1983

Loos Adolf, Ins Leere gesprochen. Essays 1897-1900. Paris-Zürich (Crès) 1921. 2. verb. Auflage: Innsbruck (Brenner) 1932. Reprint: Wien (Prachner) 1981

Loos Adolf, Trotzdem. Essays 1900-1930. Innsbruck (Brenner) 1931. Reprint: Wien (Prachner) 1982

Mattl-Wurm Sylvia, Interieurs. Wiener Künstlerwohnungen 1830-1930. Ausst.Kat. Historisches Museum der Stadt Wien. Wien (Museen der Stadt Wien) 1990

Mazanek Claudia / Pirhofer Gottfried, Das „neue Wien". In: Stadtbuch Wien 1982. Wien (Falter) 1982

Niedermoser Otto, Oskar Strnad 1879-1933. Wien (Bergverlag) 1965

Noever Peter / Oberhuber Oswald (Hg.), Hoffmann Josef 1870-1956. Ornament zwischen Hoffnung und Verbrechen. Salzburg-Wien (Residenz) 1987

o. A., Dagobert-Peche-Gedächtnis-Ausstellung. Ausst.Kat Österr. Museum für Kunst und Industrie. Wien 1923

o. A., Das befreite Handwerk. Ausst.Kat. Österr. Museum für Kunst und Industrie. Wien 1934

o. A., Das Bild im Raum. Ausst.Kat. Österr. Museum für Kunst und Industrie. Wien 1929

o. A., Der gute billige Gegenstand. Ausst.Kat. Österr. Museum für Kunst und Industrie. Wien 1931/32

o. A., Die neuzeitliche Mietwohnung. Ausst.Kat. Österr. Museum für Kunst und Industrie. Wien 1930/31

o. A., Die neuzeitliche Wohnung. Ausst.Kat. Österr. Museum für Kunst und Industrie. Wien 1928

o. A., Die schöne Wand. Ausst.Kat. Österr. Museum für Kunst und Industrie. Wien 1933

o. A., Ein paar Meister der Werkbundsiedlung. In: Die Bühne, Wochenschrift für Theater und Gesellschaft. Wien, Juni 1932, Nr. 329, S. 16

o. A., Einfacher Hausrat. Ausst.Kat. Österr. Museum für Kunst und Industrie. Wien 1920/21

o. A., Kunstgewerbeschule Wien – 60. Bestandsjahr. Ausst.Kat. Österr. Museum für Kunst und Industrie. Wien 1929

o. A., Kunstschau. Ausst.Kat. Österr. Museum für Kunst und Industrie. Wien 1927

o. A., o. T. (Augenfeld, Lichtblau, Sobotka). In: Die Form, 5. Jg., Heft 13. Berlin, Juli 1930, S. 335 f.

o. A., o. T. (Augenfeld, Sobotka). In: Die Bau und Werkkunst, 6. Jg., Heft 10. Wien, Juli 1930, S. 231-234

o. A., o. T. (Augenfeld, Sobotka). In: Die Bühne. Wochenschrift für Theater und Gesellschaft. Nr. 461, Wien, Dezember 1937

o. A., Raum und Mode. Ausst.Kat. Österr. Museum für Kunst und Industrie. Wien 1932/33

o. A., Vornehme Wohnungseinrichtungen. Ausst.Kat. Österr. Museum für Kunst und Industrie. Wien 1921

o. A., Wiener Kunstgewerbeverein-Jubiläumsausstellung. 1884-1924. Ausst.Kat. Österr. Museum für Kunst und Industrie. Wien 1924

o. A., Wiener Raumkünstler. Ausst. Kat. Österr. Museum für Kunst und Industrie. Wien 1929/30

o. A., Werkbundausstellung. Ausst. Kat. Österr. Museum für Kunst und Industrie. Wien 1930

o. A., Wien und die Wiener. Ausst.Kat. Österr. Museum. Messepalast. Wien 1927

Österr. Museum für angewandte Kunst (Hg.), Neues Wiener Wohnen. Wiener Innenraumgestaltungen 1918-1938. Wien 1980

Ottillinger Eva, Adolf Loos. Wohnkonzepte und Möbelentwürfe. Salzburg-Wien (Residenz) 1993

Plakolm-Forsthuber Sabine, Künstlerinnen in Österreich 1897-1938. Malerei · Plastik · Architektur. Wien (Picus) 1994

Plischke Ernst, Vom Menschlichen im neuen Bauen. Wien-München (Kurt Wendl) 1969

Plischke Ernst A., Ein Leben mit Architektur. Wien (Löcker) 1989

Posch Wilfried, Die Wiener Gartenstadtbewegung. Reformversuche zwischen erster und zweiter Gründerzeit. Wien (Tusch) 1981

Pozzetto Marco, Die Schule Otto Wagners 1894-1912. Wien-München (Anton Schroll) 1980

Rukschcio Burkhardt / Schachel Roland, Adolf Loos. Salzburg-Wien (Residenz) 1987 (2.A.)

Scheu Robert, Adolf Loos. In: Die Fackel. Wien, 26. Juni 1909, Nr. 283/284

Schrom Georg / Trauttmannsdorff Stefanie, Franz Singer, Friedl Dicker. 2 x Bauhaus in Wien. Ausst.Kat. Hochschule für angewandte Kunst. Wien 1988

Seiger H. / Lundardi M. / Populorum P.J. (Hg.), Im Reich der Kunst. Die Wiener Akademie der bildenden Künste und die faschistische Kunstpolitik. Wien (Verlag für Gesellschaftskritik) 1990

Sekler Eduard F., Josef Hoffmann, Adolf Loos und die Vereinigten Staaten. In: Wien und die Architektur des 20. Jahrhunderts, XV. Internationaler Kongress für Kunstgeschichte 1983. Wien-Köln (Böhlau) 1986

Sekler Eduard F., Adolf Loos, Josef Hoffmann und die Vereinigten Staaten. In: Adolf Loos. Ausst.Kat. Graphische Sammlung Albertina. Wien 1989, S. 251-267

Sekler Eduard F., Josef Hoffmann. Das architektonische Werk. Salzburg-Wien (Residenz) 1986 (2. A.)

Sekler Eduard F., Österreich und die Entwicklung der Architektur unserer Zeit. In: Der Aufbau. Wien, Juli 1950, S. 343-347

Spalt Johannes, Oskar Strnad. Berichte der Hochschule für Angewandte Kunst, Nr. 20. Wien 1979

Spalt Johannes, Oswald Haerdtl 1899-1959. Wien 1978

Tabor Jan (Hg.), Kunst und Diktatur. Architektur, Bildhauerei und Malerei in Österreich, Deutschland, Italien und der Sowjetunion 1922-1956. Ausst.Kat. Künstlerhaus Wien. Baden (Grasl) 1994

Palast der Sowjets

Chan-Magomedow S. O., Pioniere der sowjetischen Architektur. Der Weg zur neuen sowjetischen Architektur in den zwanziger und zu Beginn der dreißiger Jahre. Wien-Berlin

(Löcker) 1983
Cooke Catherine / Kazus Igor, Sowjetische Architekturwettbewerbe 1924-1936. Basel (Wiese) 1991
Cohen Jean-Louis, Le Corbusier et la Mystique de l'URSS. Théories et projets pour Moscou 1928-1936. Bruxelles-Liège 1987
Noever Peter (Hg.), Tyrannei des Schönen. Architektur der Stalin-Zeit. Ausst.Kat. Österr. Museum für angewandte Kunst. München-New York (Prestel) 1994
USSR-Competition: Dvorets Sovetov: Vseoiuznyi konkurs 1932 / Palast der Sowjets. Allunions-Preiserwerbung 1932. Moscow (Vsekokhudoznik) 1933

Völkerbundwettbewerb

Adler Leo, Die Entscheidung über das Gebäude des Völkerbundes in Genf. In: Wasmuths Monatshefte für Baukunst. Berlin 1928, S. 88 f.
Anzivino Ciro Luigi / Godoli Enzio, Ginevra 1937. Il Concorso per il Palazzo della Società delle Nazione e il caso Le Corbusier. Firenze (Modulo) 1979
Beder Julius, Die Entscheidung von Genf. In: Sonderbericht für die Bauwelt, Heft 19. Berlin 1927, S. 487 f.
Gantner J., Völkerbundswettbewerb. In: Österreichs Bau- und Werkkunst. Wien 1926/27, S. 221-224
Hippenmeier Konrad, Wettbewerb des Völkerbundes in Genf. 3. Bericht. In: Wasmuths Monatshefte für Baukunst. Berlin 1927, S. 452-459
Meyer Peter, Wettbewerb für das Völkerbundgebäude Genf. In: Zentralblatt der Bauverwaltung. Berlin, 3. August 1927, S. 383-415
o. A., Le Corbusier à Genève 1922-1932. Projets et Réalisations. Lausanne (Payot) 1987
o. A., Programme et Règlement du Concours d'Architecture pour l'Édification d'un Palais de la Société des Nations à Genève. o. O., o. J.
o. A., Vorbericht zum Wettbewerb des Völkerbundes in Genf. In: Wasmuths Monatshefte für Baukunst. Berlin 1927
o. A., Wettbewerbe. Neubau des Völkerbundhauses in Genf. In: Zentralblatt für Bauverwaltung, 48. Jg. Berlin 1928, S. 47
o. A., Gedächtnis-Ausstellung Friedrich Ohmann. Und: Ausstellung von österreichischen Wettbewerbsarbeiten für den Völkerbundpalast in Genf. Ausst.Kat. Künstlerhaus. Wien (Verlag der Genossenschaft der bildenden Künstler Wiens) 1928
Oechslin Werner (Hg.), Le Corbusier und Pierre Jeanneret. Das Wettbewerbsprojekt für den Völkerbundpalast in Genf 1927. À la recherche d'une unité architecturale. Zürich (Ammann Verlag) 1988
Ritter John, World Parliament, The League of Nations Competition, 1926. In: Architectural Review, 136. London, July 1964, S. 17-23
Rochowanski L. W., Das Ergebnis des Wettbewerbs. Zur Erlangung von Entwürfen zu einem neuen Völkerbundpalast in Genf. In: Deutsche Kunst und Dekoration. Darmstadt, Juni 1927, S. 201 f.
Société des Nations (Hg.), Concours d'Architecture – Architectural Competition. Genève o. J.

Felix Augenfeld

Augenfeld Felix, Der Wohnraum, jenseits von Mode. In: Die Bühne. Wien, März 1936, S. 34 ff.
Augenfeld Felix, Erinnerungen an Adolf Loos. In: Bauwelt 72/2, 6. November 1981, S. 1972
Augenfeld Felix, Meine Freundschaft mit Christiane. In: Blätter für Christiane Zimmer zum 14. Mai 1982. New York, January 1982, S. 24-28
Augenfeld Felix, Modern Austria. Personalities and Style. In: Architectural Review, Vol. 38. London, April 1938, S. 165-174
Augenfeld Felix, Park Avenue Penthouse. Customs Furnishings Promote the Success of a Bachelor. In: Interiors, Vol. 108. New York, June 1949, S. 88-103
Augenfeld Felix, Problems of Style. In: Decoration, Nr. 15, July 1936, S. 24
Augenfeld Felix, Two Identical New York Apartments Have Their Faces Lifted. In: Pencil Points, Vol. 25. New York, December 1944, S. 63-67
Augenfeld Felix, Wahre Modernität. In: Innendekoration. Darmstadt, Mai 1929, S. 216 f.
Augenfeld Felix, Zur Strnad-Gedächtnisausstellung im Hagenbund. In: Die Bühne. Wochenzeitschrift für Theater und Gesellschaft. Wien 1936, S. 8 u. 10
Augenfeld Felix / Hofmann Karl, Lob des Hindernisses. In: Profil, 1. Jg. Wien, Juni 1933, S. 185 f.
Augenfeld Felix / Hofmann Karl / Wenzel Alfred, Umbau einer Wiener Wohnung. In: Innendekoration, Jg. XL. Darmstadt, Juni 1929, S. 237-248
Dubrovic Milan, Veruntreute Geschichte. Wien-Hamburg (Paul Zsolnay) 1985
Eisler Max, Karl Hofmann und Felix Augenfeld: Haus in Döbling bei Wien. In: Moderne Bauformen, Heft 10, Jg. XXX. Stuttgart, Oktober 1931, S. 505-509
Eisler Max, Zwei Wohnungen von Karl Hofmann u. Felix Augenfeld. In: Moderne Bauformen, Heft 9. Stuttgart, September 1932, S. 475-468
Engelmann Edmund / Scholz-Strasser Inge, Sigmund Freud. Wien IX. Berggasse 19. Ausst.Kat. Jüdisches Museum der Stadt Wien. Wien (Brandstätter) 1993
F. de N. S., Interiors to come. Eighth annual presentation. De luxe setting for an outdoor life. In: Interiors, Vol. 107. New York, January 1948, S. 92-95
Geyer-Raach Ruth / Geyer Sibylle, Möbel und Raum. Berlin (Ullstein) 1955
Hofmann Else, Eine neue Wohnung der Architekten Ing. Karl Hofmann und Ing. Felix Augenfeld. In: Österreichische Kunst, Heft 7/8, Jg. VI. Wien, Juli/August 1935, S. 30 f.
Hofmann Else, Neue Architektur. In: Österreichische Kunst, Nr. 1. Wien, Jänner 1932, S. 18 f.
Holme C. G., o. T. In: The Studio. London, February 1931, S. 137 f.
Holzmeister Clemens, Das erreichbare Eigenheim. In: Profil, Nr. 3, Jg. 4. Wien, März 1936, S. 120 ff.
Marbach Franz, Einige neue Wiener Wohnungen. In: Österreichische Kunst, Heft 8. Wien, September 1933, S. 21-24
Marchet Julius, Die Bedeutung des Holzes in der modernen Technik. In: Das Kawafag Eigenheim, Nr. 4. Wien, April 1931, S. 49-52
o. A., Augenfeld confronts: Too much and too little space. In: Interiors, No. 11, Vol. CXI. New York, June 1952, S. 102 ff.
o. A., Building the Cathedral Inside the Lyceum. In: Illustrated Sporting and Dramatic News. London, 19. March 1932, S. 589-599
o. A., Casa sull' isola. In: Domus, Nr. 332. Milano, Luglio 1957, S. 7 ff.
o. A., Como Se Construye En Europa La Cabana De Fin De Semana. In: Casa y Jardines, Marzo 1933, S. 78 f.
o. A., Compression without oppression on Fire Island. In: Interiors, Vol. 113. New York, January 1954, S. 81
o. A., Custom house. New York City. In: House and Home, Vol. 19, June 1961, S. 122
o. A., Decorative Arts. The Modern Home and its Decoration. Interiors and Furniture. In: The Studio Publications. London 1930, S. 79, 108, 132
o. A., Der Traum vom Eigenheim. In: Ullsteins Blatt der Hausfrau, Heft 13, Jg. 46. Wien, März 1931, S. 408
o. A., Die Wohnung einer jungen Dame. In: Profil, Nr. 3, Jg. 1. Wien, März 1933, S. 100 f.
o. A., Eine Kleinwohnung einrichten. In: Der Deutsche Tischlermeister. Berlin, 15. Jänner 1931, S. 17-21
o. A., Felix Augenfeld. In: New York Times, 23. July 1984
o. A., For informal living on an windswept hill. In: Interiors, Vol. 106. New York, January 1947, S. 76 ff.
o. A., Handwerks- und Maschinenerzeugnis. In: Innendekoration, Jg. XXXIV. Darmstadt, August 1923, S. 241-246
o. A., Haus und Garten in Wien-Penzing. In: Profil, Wien, Oktober 1934, S. 360-361
o. A., In so einem Haus läßt's sich gut wohnen. In: Die Bühne. Wochenzeitschrift für Theater und Gesellschaft, Nr. 254. Wien, o. J., S. 31
o. A., Mobili per un soggiorno. In: Domus. Milano, Ottobre 1952, S. 36 f.
o. A., Neue Wiener Wohnungen. In: Innendekoration. Darmstadt, Mai 1933, S. 148-160
o. A., Neu-Wiener Innenraum-Kunst. In: Innendekoration. Darmstadt, Oktober 1922, S. 329-334
o. A., Neuerungen an Tischlereimaschinen. In: Der Deutsche Tischlermeister. Berlin, Jänner 1931, S. 49 f.
o. A., o. T. In: Moderne Bauformen. Stuttgart, November 1926, S. 412-428
o. A., o. T. In: Moderne Bauformen. Stuttgart, Mai 1926, S. 177-185
o. A., o. T. In: Moderne Bauformen. Stuttgart, Oktober 1929, S. 422 u. 427
o. A., o. T. In: Moderne Bauformen. Stuttgart, August 1930, S. 343-346
o. A., o. T. In: Die Bau- und Werkkunst. Wien, Juni 1932, S. 135 f.
o. A., o. T. In: Profil. Wien, Dezember 1933, S. 389
o. A., o. T. In: Nuestra Arquitectura, Julio 1936, S. 279-285
o. A., o. T. In: Profil. Wien, Oktober 1936, S. 472
o. A., o. T. In: Pencil Points. New York, July 1940, S. 451 f.
o. A., One Room Apartment. In: Progressive Architecture. New York, August 1955, S. 132-135
o. A., Park Avenue Penthouse. In: Interiors. New York, June 1949, S. 98-103
o. A., Per la Thonet a New York. In: Domus. Milano, Marzo 1960, S. 37 f.
o. A., Quick Lunch Bar. In: Revista de Arquitectura, November 1933, S. 515 ff.
o. A., Temporary Cocktail Bar: Vienna 1930. In: The Architects Journal. Westminster, 28. January 1931
o. A., Ten Children And Hardly Corridors. In: Interiors, February 1953, S. 78 f.
o. A., The Lyceum transformed into a Cathedral. In: The Illustrated London News. London, 26. March 1932
o. A., The Week-End Cabin as Built in Europe. In: House Beautiful. Boston, July 1932, S. 30 ff.
o. A., Thonet, 100th Anniversary. In: Progressive Architecture. New York, August 1953, S. 112 f.
o. A., Thonet showroom redesigned by Felix Augenfeld. In: Interiors. New York, February 1960, S. 102 f.
o. A., Town House / Research Library. New York. In: Progressive Architecture. New York, March 1959, S. 134-140
o. A., Un alloggio uniambientale a New York. In: Domus. Milano, Gen-

naio 1956, S. 15-18
o. A., Una casa biblioteca a New York. In: Domus. Milano, Marzo 1959, S. 15-18
o. A., Vivienda Para. In: Nuestra Arquitectura, Marzo 1936, S. 108-112
o. A., Weekendhaus der Mrs. Muriel Gardinger in Sulz-Stangau. In: Die Bühne, Wochenschrift für Theater und Gesellschaft, Nr. 327. Wien 1932, S. 17
o. A., Work in Vienna by Karl Hofmann und Felix Augenfeld. In: Architectural Review. Supplement. London, January 1939, S. 46 u. 48
o. A., Schmiderer & Augenfeld, La Reine Candy Shop. In: Pencil Points. New York, May 1946, S. 61 u. 66
R. C., Viennese Bedroom. In: Decoration, June 1936, S. 40
Stein Sepp, Rundfunk und Fernsehen im Heim. In: Der Aufbau. Wien, Oktober 1955, S. 409-413
Vetter Hans A., Vom Interieur. In: Moderne Welt, Heft 8. Wien 1924, S. 17 ff.
W. M., Ein Wochenendhaus an der Donau. In: Deutsche Kunst und Dekoration. Darmstadt, Jänner 1930, S. 271 ff.
Worbs Dietrich, Die Loosschule. Bauwelt 72/2 (Sonderheft), 6. November 1981, S. 1907

Rudolf Baumfeld

Mack Karen, Campus recieves major collection of master works. University of Los Angeles, Los Angeles, June/July 1968, S. 1
Gruen Associates, Press Release: Rudi Baumfeld, Noted Designer Dies. Los Angeles 1988
o. A., Eine Einraumwohnung. In: Profil. Wien, November 1934, S. 400 f.
o. A., House in a Shaded Canyon. In: Arts and Architecture, Vol. 70, May, 1957, S. 16, 34, 23
o. A., Jacques Callot, A Selection of Prints From The Collection of Rudolf L. Baumfeld / Lessing J. Rosenwald. Ausst.Kat. National Gallery of Art. Washington D.C. 1963
o. A., Landscape: The Artist's View. A Loan Exhibition of Drawings and Prints. 16th-20th Century. Los Angeles 1968
o. A. , Plan for a Country House. In: The London Studio, Vol. 16. London, November 1938, S. 258 ff.
o. A., Rudi Baumfeld: Architect of L.A.'s First Skyscraper Obituary. In: The Los Angeles Times, 27. February 1988
o. A., Rudi Baumfeld. The Young Designer. In: Sourcebook for Interior Design. Monrovia, CA., May 1968
o. A., Der Umbau eines Modegeschäftes. In: Profil, Nr. 9. Wien 1935, S. 442 f.

Wilhelm Baumgarten

A. W., Der Neubau des II. Zentralgebäudes der Wiener gewerblichen Fortbildungsschulen / Architekten Josef Hofbauer und Wilhelm Baumgarten. In: Österreichs Bau- und Werkkunst, Heft 12. Wien 1926/27, S. 287-292
Baumgarten Wilhelm, Historic Regional Architecture. In: North Carolina State College. School of Design. Student Publication, Vol. 3, No. 3. Raleigh, Spring 1953, S. 19 ff.
Baumgarten Wilhelm, Otto Wagner. In: North Carolina State College. School of Design. Student Publication, Vol. 7, No. 3. Raleigh, Winter 1957, S. 33-40
o. A., A School in Vienna; Architect: Wilhelm Baumgarten. In: The Architect & Building News, Vol. 153, 4. February 1938, S. 163 ff.
o. A., o. T. In: Österreichs Bau- und Werkkunst. Wien 1926/1927
o. A., o. T. In: Raleigh Times, 31. 1. 1953
o. A., Trade School. Vienna. In: Architectural Record, Vol. 72. New York, August 1932, S. 137-141

Walter Bogner

o. A., Walter Bogner, Architecture Professor, Dies. In: Harvard Gazette, 9. July 1993
o. A., Walter Bogner, retired Professor of Architecture at Harvard; at 93. In: Globe, 20. June 1993
o. A., The Austrian Presence in the United States. A Bicentennial Review, III. Law, Industry and the Media, o. J.

Josef Dex

o. A., Josef Dex. In: Profil, 1. Jg. Wien, Juni 1933, S. 189 f.

Josef Frank

Achleitner Friedrich, Ohne Dogma und Pathos. In: Die Presse. Wien, 24. Dezember 1965
Bergquist Mikael / Michélsen (Hg.), Josef Frank. Arkitektur. Ausst.Kat. Arkitekturmuseet Stockholm 1994
Frank Josef, Akzidentismus. In: Baukunst und Werkform, Nr. 4, 1961, S. 216 ff.
Frank Josef, Architektur als Symbol. Elemente deutschen neuen Bauens. Wien (Schroll) 1931. Nachdruck hgg. mit einem Begriffsregister von Hermann Czech. Wien (Löcker) 1981
Frank Josef, Das neuzeitliche Landhaus. In: Innendekoration. Nr. XXX. Darmstadt, Dezember 1919, S. 410-415
Frank Josef, Die Einrichtung des Wohnzimmers. In: Innendekoration, Nr. XXX. Darmstadt, Dezember 1919, S. 416-421
Frank Josef, Die internationale Werkbundsiedlung Wien 1932. Wien 1932
Frank Josef, Die Rolle der Architektur. Vortrag in Alpbach. In: Europäische Rundschau 1948, S. 777-781
Frank Josef, Ein Wiener Handwerker. In: Austro-American-Tribune. New York, December 1943, S. 3 f.
Frank Josef, Über die Aufstellung des Museums für ostasiatische Kunst in Köln. In: Der Architekt, Nr. XXII, Heft 11. Wien, o. J., S. 169-174
Frank Josef, Über die ursprüngliche Gestalt der kirchlichen Bauten des Leone Battista Alberti, Dissertation an der Technischen Hochschule in Wien 1920
Frank Josef, Über die Zukunft des Wiener Kunstgewerbes. In: Der Architekt, Nr. XXIV, Heft 5-6. Wien 1921, S. 37-44
Frank Josef, Vortrag: Zwischenkriegsarchitektur in Österreich. Vortrag an der Kunstakademie Stockholm, 5. März 1965
Frank Josef, Zur Entstehung der Wiener Werkbundsiedlung. In: Die Bau- und Werkkunst, 8. Jg., Heft 8. Wien 1932
Frank Josef, Zur Neugestaltung des Stephansplatzes. In: Wiener Tageszeitung, 1. Mai 1948
Frank Josef / Fuchs Hugo / Zettnig Franz, Wohnhäuser aus Gußbeton. In: Der Architekt, Heft 1/2, Jg. XXII. Wien 1919, S. 33-37
Hofmann Else, Josef Frank, Wiener Architekt, ist Schöpfer des hier Swedish Modern genannten Möbelstils. In: New Yorker Staatszeitung und Herold. New York, 6. February 1943
Jacobson Rikard, Josef Frank. 1885-1985. Ausst.Kat. Svenskt Tenn. Stockholm 1985
Kapfinger Otto (Hg.), Dokumentation und Nachlese zum Josef-Frank-Symposium 1985, In: Umbau, Heft 10. Wien, August 1986
Kurrent Friedrich, Form und Formgebung. In: Die Furche, Nr. 52-53. Wien 1966
Kurrent Friedrich, Um Fortsetzung bemüht. In: Die Presse. Wien, 10. Jänner 1967
Kurrent Friedrich / Spalt Johannes, Ein Architekt aus Wien. In: Die Furche, Nr. 29. Wien 1965
Kurrent Friedrich / Spalt Johannes, Josef Frank. Text zur Ausstellung der Österreichischen Gesellschaft für Architektur. Wien, 8. Dezember bis 29. Jänner 1966. Wien 1965
Long Christopher A., Josef Frank and the Crisis of Modern Architecture. Phil. Diss., University of Texas at Austin, 1993
o. A., Josef Frank 1885-1967. Ausst. Kat. Nationalmuseet Stockholm. Stockholm 1968
o. A., Möbel nach Maß. Ausst.Kat. Österr. Museum für angewandte Kunst, 24. Oktober bis 30. November 1975. Wien 1975
o. A., o. T., Österreichische Zeitung. Wien, 4. Februar 1948
o. A., Arbeiten der Werkstätten „Haus und Garten". In: Innendekoration XXXVII, Heft 10. Darmstadt-Stuttgart 1926, S. 349 ff.
o. A., Das Haus H. und M. Blitz in Wien (Haus & Garten) In: Innendekoration XXXIX, Heft 12. Darmstadt-Stuttgart 1928, S. 451 ff.
o. A., Werkstätten Haus & Garten in Wien. Neue Arbeiten von Prof. Dr. Josef Frank und Dr. Oskar Wlach. In: Innendekoration XLI, H. 11. Darmstadt-Stuttgart 1930, S. 402 ff.
o. A., Ein Haus in Wien Hietzing. In: Innendekoration XLII, H. 10. Darmstadt-Stuttgart 1931, S. 363 ff.
o. A., Neue Innenräume von „Haus und Garten". In: Innendekoration XLIV, Heft 6. Darmstadt-Stuttgart 1933, S. 184 ff.
o. A., „Haus und Garten". In: Moderne Bauformen XXVIII, Heft 2. Stuttgart 1029, S. 79 ff.
o. A., Neue Bauten und Innenräume von Josef Frank, Oskar Wlach. In: Moderne Bauformen XXIX, Heft 10. Stuttgart 1930, S. 429 ff.
o. A., Ein Wohnhaus von Josef Frank und Oskar Wlach. In: Moderne Bauformen XXXI, Heft 2. Stuttgart 1932, S. 88 ff.
o. A., Räume und Möbel von Josef Frank und Oskar Wlach. In: Moderne Bauformen XXXII. Stuttgart 1933, S. 355 f.
o. A., Speaking Frankly. In: Pittsburgh's Journal of Architecture, April 1949
o. A., Swedish Expert Here Gives Philosophy on Art. In: Pittsburgh Suntelegraph, 1. February 1951
Spalt Johannes (Hg.), Josef Frank 1885-1967. Möbel & Geräte & Theoretisches. Berichte der Hochschule für Angewandte Kunst, Nr. 20, Wien 1979, (Löcker) 1981
Spalt Johannes / Czech Hermann (Hg.), Josef Frank 1885-1967. Ausst.Kat. Hochschule für angewandte Kunst. Wien (Löcker) 1981
Spalt Johannes / Kapfinger Otto (Hg.), Josef Frank. Stoffe, Tapeten, Teppiche. Ausst.Kat. Operngalerie, Hochschule für angewandte Kunst. Wien 1986
versch., Josef Frank zum 100. Geburtstag am 15. Juli 1985. Ausstellung in der Architekturgalerie am Weissenhof. Stuttgart 1985
Wängberg-Eriksson Kristina, Josef Frank. Livsträd i Krigens Skugga. Stockholm (Signum Lund) 1994
Welzig Maria, Die Wiener Internationalität des Josef Frank. Das Werk des Architekten bis 1938. Wien, Diss. phil. 1994

Paul Theodore Frankl

Boeckl Matthias, Paul Theodore Frankl. Wolkenkratzermöbel und Fünfzig-Dollar-Uhren, In: Parnass, Nr. 4. Wien-Linz 1989, S. 36-40
Frankl Paul Th., A genuine aid to medical practice. In: Interiors, Vol. 105. New York, Sept. 1945, S. 76 f.

Frankl Paul Theodore, American Textiles. Survey of World Textiles. Leigh-on-Sea (F. Lewis) 1954

Frankl Paul Th., Autobiographie (unpubliziertes Typoskript). Los Angeles, o. J.

Frankl Paul Th., ...Country house in town. In: California Arts and Architecture, Vol. 58, October 1941, S. 26 f.

Frankl Paul Th., Distinguished Modern Design in California, In: Interior Design and Decoration, Vol. 16, June 1941, S. 12-15

Frankl Paul Th., Form and Re-Form. A Practical Handbook of Modern Interiors. New York (Harper & Brothers) 1930

Frankl Paul Th., House in Beverly Hills. California. In: Architectural Forum, Vol. 73, September 1940, S. 184 f.

Frankl Paul Th., House in the hills. In: California Arts and Architecture, Vol. 60, February 1943, S. 30 f.

Frankl Paul Th., Machine-Made Leisure. New York-London (Harper & Brothers) 1932

Frankl Paul Th.. New Dimensions. The Decorative Arts of Today in Words and Pictures. New York (Payson & Clarke) 1928

Frankl Paul Th., o. T. In: Arts and Decoration, May 1928, S. 56 ff.

Frankl Paul Th., o. T. In: Arts and Decoration, June 1928, S. 58 ff.

Frankl Paul Th., o. T. In: Arts and Decoration, July 1928, S. 54 ff.

Frankl Paul Th., o. T. In: House and Garden, November 1928, S. 98 f.

Frankl Paul Th., Space for Living. Creative Interior Decoration and Design. New York (Doubleday, Doran and Co.) 1938

Frankl Paul Th., What does modern art owe Japan. In: California Arts and Architecture, Vol. 51, March 1937, S. 17 f.

Frankl Paul Th., Wie wohnt man in Amerika? Vortrag am 27. November 1917 im Österreichischen Ingenieur- und Architektenverein Wien. In: Zeitschrift des Österreichischen Ingenieur- und Architektenverein LXX, Heft 35. Wien 1918, S. 387

Frankl Paul Th. u.a., o. T. In: Annual of American Design 1931. New York 1930, S. 25, 27

Frey Dagobert, Arbeiten eines österreichischen Architekten in Amerika. In: Die Bildenden Künste, Jg. 1, Nr. 12. Wien 1916/1918, S. 137-148

Lang H., Luxus-Räume in New York. In: Innendekoration, Jg. XL. Darmstadt, September 1929, S. 358

Migennes Pierre, Un Artiste Décorateur Américain Paul Th. Frankl. In: Art et Décoration, Janvier 1928, S. 49-56

o. A., Designer Strikes Pay Dirt. In: Interiors, Vol. 102. New York, April 1943, S. 34 f.

o. A., Furniture from America's First Modernistic Home. The de Lorenzo Collection. Auktionskatalog Christie's. New York, Saturday, October 4th, 1980

o. A., Interiors-Portofolio. In: Interiors, Vol. 101. New York, August 1949, S. 46

o. A., Paul T. Frankl. In: Interiors, Vol. 107. New York, September 1947, S. 90 f.

o. A., Recent work by Edward D. Stone. In: Architectural Forum, Vol. 76, July 1941, S. 13-30

o. A., Studio and Sanctuary. Los Angeles, Cal. In: Interiors, Vol. 107. New York, September 1947, S. 90 f.

o. A., The New Building of Myron Selznick & Company, Inc. in Beverly Hills in California. In: California Arts and Architecture, Vol. 56, August 1939, S. 22 f.

o. A, The Year's Work. In: Interiors, Vol. 102. New York, August 1942, S. 29-54

o. A., They design tomorrow's traditional furniture. In: House Beautiful. Boston, Vol. 90, October 1948, S. 160-163

Storey Walter, Interior decoration of today: Paul T. Frankl. In: The Studio, Vol. 117. London, April 1939, S. 164 ff.

Victor Gruen

Belcher Jerry, Victor Gruen, Architect and Environmentalist, Dies. In: Los Angeles Times, 15. Februar 1980, S. 1 u. 8

Casper Dale E., Victor Gruen's Architectural Projects 1957-1987. Monticello, IL. (Vance Bibliographies) 1988

Gentili Giorgio, Rivitalizzazione urbana: L'apporto di Victor Gruen e dei suoi partners per la soluzione della crisi urbana emergente. In: Casabella, Vol. 237, 1968, S. 28-35

Gillette Howard Jr., The Evolution of the Planned Shopping Center in Suburb and City. In: The Journal of the American Planning Association 5, Autumn 1985, S. 449-460

Goldberger Paul, The Architect is Dead. In: The New York Times, 16. February 1980

Gruen Associates, Press Release: New Design Firm Formed. Los Angeles, 19. March 1970

Grünbaum Victor, Adolf Loos ist gestorben. In: Arbeiter-Zeitung. Wien, 25. August 1933

Gruen Victor, A Greater Fort Worth Tomorrow. Fort Worth 1956

Gruen Victor, Centers of Urban Environment. Survival of the Cities. New York (Van Nostrand Reinhold) 1973

Gruen Victor, Das Überleben der Städte. Wege aus der Umweltkrise: Zentren als urbane Brennpunkte. Wien-München-Zürich (Molden) 1973

Gruen Victor, Die lebenswerte Stadt. Visionen eines Umweltplaners. München (List) 1975

Gruen Victor, Environmental Architecture. In: Harry S. Ransom (Hg.), The People´s Architects. Houston o. J., S. 55-61

Gruen Victor, How to live with Your Architect. New York (Store Modernization Institute) 1949

Gruen Victor, Ist Fortschritt ein Verbrechen? Umweltplanung statt Weltuntergang. Wien (Europa) 1975

Gruen Victor, Let me make a confession. In: Engineering News-Record, 30. November 1967,

Gruen Victor, Meine alte Schuhschachtel. Schriften aus den Zwanziger Jahren. Wien (Europa) 1973

Gruen Victor, o. T. In: Der Aufbau. Wien 1957, S. 510 ff.

Gruen Victor, Shopping Towns, o. O. 1960

Gruen Victor, The Charta of Vienna. Los Angeles (The Victor Gruen Center for Environmental Planning) 1980

Gruen Victor, The Heart of Our Cities. The Urban Crises. Diagnosis and Cure. New York (Simon and Schuster) 1964

Gruen Victor / Smith Lawrence P., Shopping centers, the new building type. In: Progressive Architecture, Vol. 33, June 1952

Gruen Victor / Smith Larry, Shopping Towns U.S.A., The Planning of Shopping Centers. New York (Reinhold Publishing) 1960

Gruen Victor, Who is to Save Our Cities? In: Harvard Business Review, May-June 1963, S. 107-115

Guzzardi Walter Jr., An Architect of Enviroments. In: Fortune. New York January 1962

Harmon Robert B., Victor Gruen. Architectural Pioneer of Shopping Centers: A Selected Bibliography. Montivello, IL. (Vance Bibliographies) 1980

Haskell Douglas, U.S.A. 67: les villes nouvelles. In: L'Architecture d'Aujourd'hui, Vol. 132, Juin/Juillet 1967, S. 82-85

Hill David R., Sustainability, Victor Gruen and the Cellular Metropolis. In: Journal of the American Planning Association, Vol. 58, Nr. 3, 1992, S. 312-326

Kraft Mike, Eastland ... the multi-million dollar shopping center. In: The Michigan Architect and Engineer, Vol. 32. Michigan, August 1957, S. 10-20

Lottmann Stuart J., Victor Gruen 1903 – 1980. In: Los Angeles Architect, Vol. 6, Nr. 4, Los Angeles, April 1980

McCoy Esther, Vicor Gruen. In: Arts and Architecture, Vol. 81, October 1964, S. 26-30

McDevitt Heller Lorelei, Dialogue, Ki Suh Park. In: Design Journal. The Monthly Journal of Design and Architecture. Los Angeles, March 1991, S. 10-17

Milnes L., A ten-year old California city, formed for five small communities, creates for itself a new downtown. In: American City, Vol. 81, June 1966, S. 86 f.

o. A., 40 Stores. C. H. Baker, San Francisco, Cal. In: Architectural Forum, Vol. 88, May 1948, S. 95-144

o. A., A break-through for two-level shopping centers. In: Architectural Forum, Vol. 105, December 1956, S. 114-126

o. A., A controlled climate for shopping ... Minneapolis' Southdale shopping center by Victor Gruen. In: Architectural Record, Vol. 120. New York, December 1956, S. 193 ff.

o. A., A greater Fort Worth Tomorrow. In: Urbanistica, Vol. 26, Settembre 1956, S. 118-130

o. A., A greater Fort Worth Tomorrow. In: The Architect and Engineer, Vol. 208, January 1957, S. 13 ff.

o. A., A new suburban department store. In: Arts and Architecture, Vol. 66, June, 1949, S. 39 ff.

o. A., Apartmenthaus in Los Angeles. In: Baumeister, Nr. 61, December 1964, S. 1407

o. A., Building Types Study No. 354. In: Architectural Record, Vol. 139. New York, January 1966, S. 155-172

o. A., Approaches to urban revitalisation in the United States. In: Journal of the Architectural Association, Vol. 78, December 1962, S. 178-194

o. A., Architect Gruen states the challenge that graphic design presents. In: Architectural Record, Vol. 120. New York, September 1956, S. 244-247

o. A., Architectural Building Type Study No. 336: Apartments. In: Architectural Record, Vol. 136. New York, August 1964, S. 103-128

o. A., Architecture and Urban Development. In: Zodiac, Vol. 8, 1961, S. 90-95

o. A., Architecture & Sculpture. The Northland Regional Shopping Center. In: Arts and Architecture, Vol. 72, May 1955, S. 21 ff.

o. A., Automobile Sales and Service Buildings. In: Progressive Architecture, Vol. 31, September 1950, S. 75-84

o. A., Bank. In: Arts and Architecture, Vol. 75, September 1958, S. 16 f.

o. A., Barton's Bonbonniere. In: Architectural Forum, Vol. 81, February 1946, S. 119

o. A., Best of Two Worlds: 1. Vienna, 2. Los Angeles. In: Interiors, Vol. 123. New York, July 1964, S. 56-62

o. A., Branch Bank. In: Arts and Architecture, Vol. 76, November 1959, S. 24

o. A., Building for Retailing. In: Architectural Record, Vol. 119. New York, March 1956, S. 205-228

o. A., Building Type Study No. 345: Stores. In: Architectural Record, Vol. 137. New York, May 1965, S. 187-210

o. A., Building Type Study No. 300: Industrial buildings. In: Architectural Record, Vol. 105. New York,

o. A., November 1961, S. 130,169, 188,

o. A., California Department Store for Women. In: Architectural Record, Vol. 101. New York, February 1947, S. 98 ff.

o. A., California to come...pivotal and prototypal projects... illustrating a facet of fairly universal urban design and planning problems. In: Interiors, Vol. 130. New York, July 1971, S. 72-85

o. A., Center for Rochester. In: Architectural Forum, Vol. 116, June 1962, S. 108-113

o. A., Centre Commercial de Valley Fair San José, Cal. In: L'Architecture d'Aujourd'hui, Vol. 30, Avril/Mai 1959, S. 36-39

o. A., Centre Commercial près de San José. In: L'Architecture d'Aujourd'hui, Vol. 27, Nr. 67-68, Octobre 1956, S. 64 f.

o. A., Centre Commercial Waialae a Honolulu. In: L'Architecture d'Aujourd'hui, Vol. 27, Nr. 67/68, Octobre 1956, S. 168 f.

o. A., Chain Apparel shop. In: Architectural Forum, Vol. 81, October 1944, S. 89 ff.

o. A., Champion of Hope for Fallen Cities. In: Engineering News-Record, November 1967

o. A., City Hall. Redondo Beach, Cal. In: Arts and Architecture, Vol. 79, October 1962, S. 12 .

o. A., Cityscape and Landscape. In: Arts and Architecture, Vol. 72, September 1955, S. 18 f. u. 36 f.

o. A., Civic center leads downtown renewal. In: Architectural Record, Vol. 137. New York, May 1965, S. 172 f.

o. A., Colorful high-rise is tallest in L. A.. In: Architectural Record, Vol. 130. New York, October 1961, S. 139

o. A., Commerce de détail par grandes surfaces: CAP 3000. In: La Construction Moderne, Nr. 2, Mai/Juin 1970, S. 8-18

o. A., Department Store. In: Progressive Architecture, Vol. 35, November 1954, S. 122 f.

o. A., Department Store of Tomorrow, Milliron's, Los Angeles, CA., Emporium could be the Model. In: Interiors, Vol. 109. New York, October 1949, S. 112-119

o. A., Designers Make Imaginative Landlords. In: Interiors, Vol. 106. New York, January 1947, S. 91

o. A., Die Stadt im Automobilzeitalter. The Gratiot-Orlean project in Detroit, zusammen mit Oskar Stonorov und Minoru Yamasaki. In: Bauen – Wohnen, Vol. 11, September 1957, S. 303-307

o. A., Downtown Office Building, Riverside, Cal. In: Architect and Engineer, Vol. 208, March 1957, S. 7

o. A., Dress Shop of Philadelphia's Busy Market Street. In: Architectural Forum, Vol. 87, July 1947, S. 111-114

o. A., Eine neue Arbeit von Architekt Victor Grünbaum. In: Österreichische Kunst, Jg. 9, Heft 3. Wien, März 1938, S. 18

o. A., Environmental Architecture. In: Journal of Architectural Education, Vol. 17, November/December 1962, S. 96 f. u. 112 f.

o. A., Facilities for Retailing. In: Architectural Record, Vol. 129. New York, May 1961, S. 165-188

o. A., Fife Small Stores. In: Architectural Forum, Vol. 97, August 1952, S. 100-109

o. A., Financial Plaza of the Pacific: World's Largest Commercial Condominium is the Biggest New Complex between San Francisco and Sydney. In: Progressive Architecture, Vol. 50, July 1969, S. 86-93

o. A., Four Stores. In: Architectural Record, Vol. 117. New York, May 1955, S. 200-210

o. A., Fox Plaza, San Fransisco, CA., In: Lotus, Vol. 5, 1968, S. 126-129

o. A., Fresno Mall. In: Arts and Architecture, Vol. 82, August 1965, S. 12 ff.

o. A., Furniture Store in Los Angeles is Designed for Motorist's Attention and Minimum Cost. In: Architectural Forum, Vol. 86, April 1947, S. 88 f.

o. A., Gallen Kamp's Shoe Store, Los Angeles, CA. In: Pencil Points, Vol. 27. New York, July 1946, S. 48-52

o. A., Genetrix. Personal Contribution to American Architecture. In: Architectural Review, Vol. 121. London, May 1957, S. 336-386

o. A., Good site plan makes parking convenient but not obstrusive. Building Type Study No. 298: Hotel-motels. In: Architectural Record, Vol. 130. New York, September 1961, S. 131-150

o. A., Gruen and Krummeck. Designers. Showroom. In: Architectural Forum, Vol. 83, September 1945, S. 98 ff.

o. A., Gruen and Krummeck. Hollywood. In: Interiors. New York, August 1945, S. 61

o. A., Gruen & Krummeck Associates. Hollywood. In: Interiors. New York, August 1947

o. A., Gruen's Chinese Wall and Columbia's Terraces for Welfare Island. In: Progressive Architecture, Vol. 42, July 1961, S. 46 f.

o. A., Grünbaum and Krummeck, Shopping Center, In. Architectural Forum. New York, May 1943

o. A., Heart of Gruen's Fresno Plan. In: Progressive Architecture, Vol. 46, January 1965, S. 184 ff.

o. A., High-Rise Office Buildings, In: Progressive Architecture, Vol. 38, June 1957, S. 159-191

o. A., Hillside House. In: Arts and Architecture, Vol. 79, March 1962, S. 12 f. u. 28

o. A., Hobby Horse Shop. In: Architectural Forum, Vol. 84, February 1946, S. 118

o. A., House by Victor Gruen, Architect. In: Arts and Architecture, Vol. 68, December 1951, S. 24 f.

o. A., House in a Shaded Canyon. In: Arts and Architecture, Vol. 70, July 1953, S. 16 u. 34

o. A., Houses: Architectural Record's Building Type Study No. 141. In: Architectural Record, Vol. 104. New York, September 1948, S. 82-134

o. A., Housing Project, Pacoima, Los Angeles, CA. In: Progressive Architecture, Vol. 37, April 1956, S. 120-123

o. A., Il palazzo Tishman a Los Angeles. In: L'Architettura; Cronache e Storia, Vol. 2, 18. Aprile 1957, S. 871-875

o. A., Immeuble de bureaux a Beverly Hills. In: L'Architecture d'Aujour'hui, Vol. 27, No. 67-68, Octobre 1956, S. 62-65

o. A., Influence of lighting equipment on design: speciality shop, San Francisco, CA. In: Progressive Architecture, Vol. 30, January 1949, S. 68 f.

o. A., Inland Center, San Bernardino, Cal. An Introverted approach to shopping center design. In: Producers' Council Inc. Technical Bulletin, Vol. 121, May/June 1967, S. 36-39

o. A., Integrated Display Cases. In: Architectural Forum, Vol. 81, October 1944, S. 156

o. A., Interiors to Come: Glimmering Glass Sculpture of a Showroom Structure – Instant Clarity by Gruen Associates for the Pacific Design Center in Los Angeles. In: Interiors, Vol. 131, No. 6. New York, January, 1972, S. 85 ff.

o. A., Law Enforcement Project. In: Arts and Architecture, Vol. 77, October 1960, S. 19

o. A., Less divergence in living standards, Pacoima. In: Progressive Architecture, Vol. 35, February 1954, S. 72-75

o. A., Luxury for small units in high-rise. In: Architectural Record, Vol. 132. New York, September 1962, S. 161 f.

o. A., Medical Buildings, Building Type Study No. 256. In: Architectural Record, Vol. 123. New York 1958, S. 195-215

o. A., Merrywood preserved. In: Fortune, Vol. 71, No. 5, November 1965, S. 190

o. A., Mid-Wilshire Medical Building. In: Arts and Architecture, Vol. 68, September 1951, S. 28-32

o. A., Mid-Wilshire Medical Building, Beverly Hills, Los Angeles. In: Architect and Engineer, Vol. 32, December 1951, S. 16-S. 21

o. A., Mid-Wilshire Medical Building, Los Angeles. In: Progressive Architecture, Vol. 32, December 1951, S. 74-79

o. A., Milliron's Department Store, Westchesterdistrict, Los Angeles. In: Architect and Engineer, Vol. 179, November 1948, S. 20-28

o. A., Modern architectural design for Sacramento. Joseph Maning Store. In: Architect and Engineer, Vol. 167, December 1946, S. 12 f.

o. A., Modern Architecture. In: Michigan Society of Architects. Monthly Bulletin, Vol. 30, December 1956, S. 21 ff.

o. A., Motor Hotels, Building Type Study No. 257. In: Architectural Record, Vol. 123. New York, May 1953, S. 203-230

o. A., Motor Hotels, Building Type Study No. 284. In: Architectural Record, Vol. 128. New York, July 1960, S. 145-168

o. A.. New approach for shopping centers: Building Type Study No. 382. In: Architectural Record, Vol. 143, No. 4. New York, April 1968, S. 167-180

o. A.. New Cities USA. In: Casabella, Nr. 320, Novembre 1967, S. 8-15

o. A.. New Cities USA. In: Casabella, Nr. 321, Dicembre 1967, S. 12-15

o. A.. New Shape on Main Street. Joseph Magnin and Jackman's Las Vegas. In: Architectural Forum, Vol. 107, December 1957, S. 130-133

o. A.. New thinking on Shopping Centers. In: Architectural Forum, Vol. 98, March 1953, S. 122-145

o. A.. New Town for Southern California. In: Urban Land, Vol. 25, 8. November 1966

o. A.. New Towns: Are They Just Oversized Subdivisions – With Oversized Problems?. In: House and Home, Vol. 29, June 1966, S. 92-103

o. A., Northland: A New Yardstick for Shopping Center Planning. In: Architectural Forum, Vol. 100, June 1954, S. 102-123

o. A., Northland, a regional shopping center for Detroit, Mich. In: Michigan Society of Architects. Monthly Bulletin, Vol. 28, March 1954, S. 35-43

o. A., Northland Regional Shopping Center, Detroit, Mich. In: Bauen-Wohnen, Vol. 10, No. 4, April 1956, S. 109-112

o. A., Northland Shopping Center, Detroit, Mich. In: Royal Architectural Institute of Canada, Vol. 35, June 1956, S. 227-231

o. A., o. T. In: Interiors. New York, August 1946, S. 90

o. A., o. T. (Illustrations of work of Victor Gruen, Assoc. Inc.). In: Michigan Society of Architects, Vol. 28, March 1954, S. 47 f.

o. A., o. T. (Joseph Magnin, Oakland, Cal). In: Architectural Record, Vol. 133. New York, June 1963, S. 159-182

o. A., Office Buildings. In: Arts and Architecture, Vol. 74, June 1967, S. 12 f.

o. A., Office Buildings. In: Architectural Record, Vol. 121. New York, March 1957, S. 227-249

o. A., Office Buildings: Building Type Study No. 372. In: Architectural Record, Vol. 141, No. 7. New York, June 1967, S. 171-186

o. A., Organization for efficient practice. In: Architectural Record, Vol. 130. New York, October 1961, S. 133 f.

o. A., Progressive Architecture Fourth Annual Design Awards Program. In: Progressive Architecture, Vol. 38, January 1957, S. 89-135

o. A., Progressive Architecture Sixth Annual Design Awards. In: Progressive Architecture, Vol. 40, January 1959, S. 105-167

o. A., Progressive Architecture Tenth Annual Design Awards. In: Progressive Architecture (Whole Issue), Vol. 44, January 1963

o. A., Philadelphia Department Store: Design that solved a problem. In: Producers' Council, Inc. Technical Bulletin, Vol. 121, May/June 1967, S. 29 ff.

o. A., Pioneer Effort In Tile Panelization Stands Test Of Time On Highrise In Downtown L.A. In: Tile. Industry News, July/August, 1983, S. 18

o. A., Planned Community. In: Arts and Architecture, Vol. 77, January 1960, S. 22 f.

o. A., Policlinique à Los Angeles. In: L'Architecture d'Aujourd'hui, Vol. 30, Juin/Juillet 1959, S. 54 f.

o. A., Preview: Newark's New Gateway. In: Architectural Forum, Vol. 129, No. 1, July/August 1968, S. 116 f.

o. A., Prototype Supermarket. In: Progressive Architecture, Vol. 37, July 1956, S. 100-105

o. A., Réaménagement de Fort-Worth, Texas. In: L'Architecture d'Aujourd'hui, Vol. 28, Février/Mars 1957, S. 34-37

o. A., Recreation Buildings and Facilities: Building Type Study No. 348. In: Architectural Record, Vol. 138, No. 1. New York, July 1965, S. 151-170

o. A., Relocating Small Businesses in Large Shopping Centers: Why isn't it being done? In: The Journal of Housing, Vol. 16, July/August 1959, S. 257 f.

o. A., Retail Stores...(Two-in-one, Salt Lake City). In: Pencil Points, Vol. 28. New York, May 1947, S. 53-83

o. A., Retailing and the automobile. In: Architectural Record, Vol. 127. New York, March 1960, S. 191-210

o. A., Robert Simpson branch stores in Canada (North York, Toronto). In: Interiors. New York, June 1964, S. 79 ff.

o. A., Saint-Laurent-du-Var: Centre commercial Cap 3000, Techniques et Architecture, Vol. 31, No. 5, Février 1970, S. 48-51

o. A., Save urbia for new urbanites. In: Journal of the American Institute of Architects, Vol. 33, February 1960, S. 35-38

o. A., Shoe stores (C. H. Baker, Oakland, Cal.). In: Progressive Architecture, Vol. 31, March 1950, S. 57-69

o. A., Shopping Center. In: Arts and Architecture, Vol. 77, No. 3, March 1960, S. 20 f.

o. A., Shopping Center. In: Arts and Architecture, Vol. 78, June 1961, S. 10 f.

o. A., Shopping Centers: Building Type Study No. 250 (Humbertown Shopping Center, Toronto, Ont., Can). In: Architectural Record, Vol. 122. New York, September 1957, S. 205-232

o. A., Shopping Centers (Cherry Hill Shopping Center, Delaware Township, N. J.). In: Architectural Record, Vol. 131. New York, June 1962, S. 163-182

o. A., Shopping Centers of Tomorrow, From an Exhibition by Victor Gruen, Assoc. In: Arts and Architecture, Vol. 71, January 1954, S. 12-17

o. A., Shopping centers: Architectural Record's Building Type Study No. 152. In: Architectural Record, Vol. 106. New York, August 1949, S. 110-135

o. A., Showrooms (Nat Halpern Wholesale Jewelers). In: Architectural Forum, Vol. 88, March 1948, S. 102-109

o. A., Something New In Stores: Grand Entrance Through The Roof... Milliron's New Department Store. In: Architectural Forum, Vol. 90, June 1949, S. 104-111

o. A., Space, sun and air called to order (house near Beverly Hills, Cal.). In: Interiors, Vol. 111. New York, September 1951, S. 128-133

o. A., Special Edition: A View Of Contemporary World Architecture. In: Japan Architect, Vol. 45, July 1970

o. A., Split in San Francisco. In: Architectural Forum, Vol. 125, October 1966, S. 67

o. A., Store Design; Architectural Record's Building Type Study No. 188. In: Architectural Record, Vol. 111. New York, July 1952, S. 149-178

o. A., Stores: Building Type Study No. 269. In: Architectural Record, Vol. 125. New York, April 1959, S. 191-214

o. A., Stores in urban and suburban shopping centers: Building Type Study No. 399. In: Architectural Record, Vol. 146, No. 1. New York, July 1969, S. 135-150

o. A., Suburban Retail Districts (J. L. Hudson, Detroit, Mich.). In: Architectural Forum, Vol. 93, August 1950, S. 106-122

o. A., Ten minute town designed around pathway system. In: Landscape Architecture, Vol. 57, No. 1, October 1966, S. 40 ff.

o. A., The emerging urban pattern. In: Progressive Architecture (Special Issue), Vol. 40, July 1959

o. A., The Kajima Building, Los Angeles, Cal. In: The Japan Architect, Vol. 155, August 1969, S. 37-44

o. A., The New Eastland Shopping Center, Detroit, Mich. In: Michigan Society of Architects. Monthly Bulletin, Vol. 31, September 1957, S. 40 f.

o. A., The planned shopping centers in America. In: Zodiac, Vol. 1, 1957, S. 159-168

o. A., The shopping center moves back to midtown. In: Fortune, Vol. 71, January 1960, S. 190

o. A., The store that cars built provides central parking lot as solution to the small store owners problem. In: Architectural Forum, Vol. 96, May 1952, S. 132-136

o. A., Transformation of a typical downtown. Fort Worth takes a tip from the nation's most successful shopping centers. In: Architectural Forum, Vol. 104, May 1956, S. 146-155

o. A., Two Gruen shopping centers (Valley Fair, San Jose, Cal.; Bay Fair, San Leandro, Cal.). In: Progressive Architecture, Vol. 39, October 1958, S. 136-145

o. A., Two pocket shopping centers. In: Architectural Forum, Vol. 104, January 1956, S. 140-145

o. A., Two projects: 1. Fort Worth, Texas, 1956. 2. East Island, New York, 1961. In: The Architects' Year Book, Vol. 22, 1965, S. 106 ff.

o. A., Two-level shopping center (Woodlawn shopping center, Wichita, Can.). In: House and Home, Vol. 2, September 1952, S. 140-143

o. A., U.S.A. le Wilshire building à Los-Angeles. In: Techniques et Architecture, Vol. 17, Septembre 1957, S. 68 ff.

o. A., Unit system for schools. In: Arts and Architecture, Vol. 72, February 1955, S. 20 f.

o. A., Upgrading downtown. In: Architectural Record, Vol. 137. New York, June 1965, S. 175-190

o. A., Urban design philosophy urgently needed; cluster pattern proposed. In: The Journal of Housing, Vol. 14, May 1957, S. 156-159

o. A., Urban housing design for new town and old neighborhood: Building Type Study No. 373. In: Architectural Record, Vol. 142, No. 2. New York, July 1967, S. 133-152

o. A., Valencia, a planned new city. In: Arts and Architecture, Vol. 83, No. 10, November 1966, S. 18-23

o. A., Variety with integration in San Francisco. In: Interiors, Vol. 120. New York, June 1961, S. 106 f.

o. A., Victor Gruen Associates; architects-city planners who started out in the interiors field and have never left it. In: Interiors, Vol. 119. New York, July 1960, S. 52-69

o. A., Victor Gruen floats colors in a Statler heberdashery. In: Interiors, Vol. 112. New York, May 1953, S. 100 ff.

o. A., Victor Gruen. Man With A Mission. In: Panorama. Los Angeles, May o. J., S. 24 f.

o. A., Warenhaus und Shopping Center in USA. In: Bauen – Wohnen, Vol. 12, No. 8, August 1958, S. 266-279

o. A., Washington. Exposition internationale: ville nouvelle. In: L'Architecture d'Aujourd'hui, Vol. 83, Février/Mars 1960, S. 86-87

o. A., Where is modern architecture taking us? In: Journal of the American Institute of Architects, Vol. 28, August 1957, S. 239 ff.

o. A., Where one store equals two (C. H. Baker shoe store, Glendale, Cal.). In: Architectural Record, Vol. 104. New York, September 1948, S. 132 ff.

o. A., Wilshire Comstock Apartments, Los Angeles. In: Architectural Record, Vol. 134. New York, September 1963, S. 193-216

o. A.. New Hope for New Towns. In: Design and Environment, Vol. 3, No. 1, Spring 1972, S. 28-37

Ransom Harry S. (Hg.), The Peoples Architects (Gruen). Semicentennial Publications. Rice University, o. J., S. 54-61

Scheu Friedrich, Humor als Waffe, Wien-München-Zürich 1977

Seidenbaum Art, Architect Gruen Reviews in L.A. In: The Washington Post, 26. June 1976, S. 29

Wodehouse Lawrence (Hg.), American Architects From The First World War To The Present. Detroit 1977

Zevi Bruno, Downtown comes San Marco. In: Urbanistica, Vol. 26, No. 20, Settembre 1956, S. 116 f.

Victor Gruen / Kabarett

Atkinson Brooks, Sanctuary for the Free. The Revue. From Vienna Adds to the Resources of Our Theatre. In: New York Times, 2. July 1939

Hotchkiss Barnaby, From Vienna. The Wienerkleinkunstbuehne brings a refugee revue to the Music Box in New York City. In: New Masses, 4. July 1939, S. 28

Kranz H. B., All is not Waltz Time in Vienna. The Political Situation Is the Chief Factor in Austria's Present State of Theatrical Poverty. In: New York Times, 6. February 1938

Manfred Georg, From Vienna erobert den Broadway. Der Erfolg der Wiener Kleinkunstbühne. In: Der Aufbau. New York, 1. Juli 1939

Mantle Burns, Reunion in New York Makes Many Refugees Feel at Home. In: Daily News, 22. February 1940

Maimann Helene (Hg.), Mit uns zieht die neue Zeit. Arbeiterkultur in Österreich 1918 – 1934. Ausst.Kat. Straßenbahn-Remise Meidling. Wien (Habarta & Habarta) 1981

Morris Gilbert, It's Gemuetlich – Like Vienna. In: World Telegram. New York, 1. July 1939

o. A., And now From Vienna. In: New York Times, 18. June 1939

o. A., From Vienna and to a Reunion in New York. Notes on the Refugee Revuers, Who Now Are Settled at the Little Theatre. In: New York Times, 10. March 1940

o. A.. News and Gossip of the Rialto. In: New York Times, 11. February 1940

o. A., Vienna Exiles Find Broadway

More to Liking. It is Understandable That Hitler Should Not Have Countenanced Satire. In: Herald Tribune, 18. February 1940

Ross George, Reunion in New York Has Viennese Flavor. Revue Captures American Humor buth with Foreign Personality. In: World Telegram, 22. February 1940

Steinbach Sophie, From Jobless Refugee to Stage Manager. In: Christian Science Monitor, 10. May 1940

Veigl Hans, Lachen im Keller. Von den Budapestern zum Wiener Werkel. Kabarett und Kleinkunst in Wien. Wien (Löcker) 1986

Waldorf Wilella, The Refugee Artist Group Gives a Revue. From Vienna. Former Members of Vienna's Little Art Theatre Appear at the Music Box. In: New York Post, 21. June 1939, S. 8

Watts Richard Jr., The Theaters. In: Herald Tribune, 22. February 1940

Arthur Grünberger

Eisler Max, Ein moderner Tempel in Amsterdam. In: Menorah. Jüdisches Familienblatt für Wissenschaft/Kunst und Literatur, VII. Jg. Wien-Berlin, November/Dezember 1929, S. 557-567

Churchill Henry S. / Grünberger Arthur (Übers.), Die Neue Architektur. In: Österreichs Bau- und Werkkunst, 1. Jg. Wien 1924/25, S. 383 ff.

Eisler Max, Der Wettbewerb um eine Wiener Synagoge. In: Österreichs Bau- und Werkkunst, 2. Jg. Wien, Oktober 1925, S. 1-7

Eisler Max, Vom Geist der Synagoge. In: Menorah. Jüdisches Familienblatt für Wissenschaft/Kunst und Literatur, 8. Jg. Wien-Berlin 1930, S. 79-86

Gregor Joseph / Fülöp-Miller René, Das amerikanische Theater und Kino. Zürich-Leipzig-Wien (Amalthea) 1931

Grünberger Arthur, Das Lichtspiel als Kunstwerk. In: Profil, Nr. 1. Wien 1936, S.6 f. u. 44

Grünberger Arthur, Über das amerikanische Einfamilienhaus und andere Amerikana. In: Österreichs Bau- und Werkkunst, 2. Jg. Wien 1925/26, S. 109 ff.

Grünberger Arthur, Was ist der Architekt? Eine Aufklärung über den Umfang der Tätigkeit des Architekten von Arthur Grünberger. In: Der Architekt. Wien 1919, S. 179 u. 182

Herselle-Krinsky Carol, Europas Synagogen. Architekturgeschichte und Bedeutung. Stuttgart (DVA) 1988

Künzl Hannelore, Jüdische Kunst von der biblischen Zeit bis in die Gegenwart. München (Beck) 1992

Maryska Christian, Road to Yesterday. Entwürfe Amerikanischer Filmarchitekten 1924-1930. Ausst.Kat. Österreichisches Theatermuseum. Wien-Köln-Weimar (Böhlau) 1992

o. A., Österreichische Kunstausstellung 1900-1924. Ausst.Kat. Künsterhaus. Wien 1924

o. A., Vermischtes. Einen Wettbewerb zur Erlangung von Entwürfen zum Bau eines Tempels. In: Zentralblatt der Bauverwaltung, Nr. 20, 14. Mai 1924, S. 167

o. A., Vermischtes. In dem Wettbewerb für den Bau eines Tempels in Wien. In: Zentralblatt der Bauverwaltung, Nr. 47, 19. November 1924, S. 415

Schwarz Hans-Peter, Die Architektur der Synagoge. Ausst.Kat. Deutsches Architekturmuseum. Frankfurt/M 1988

Viktor Hammer

Eisenhut Sophie, Victor Hammer. Diss. phil. Wien 1992

Hammer Victor, A Theory of Architecture. New York (Eigenverlag) 1952

o. A., Victor Hammer, Rückschau, Gegenwart und Ausblick. In: Österreichische Blätter. Graz 1936

Wolfgang Hoffmann

Emmett Ric / Byars Mel / Flinchum Russell (Hg.), Fifty American Designers. Washington (The Preservation Press) vorauss. Ersch.dat. 1996

Glassgold Adolph, The Modern Note in Decorative Arts. Part II. In: The Arts, Vol. XIII, Nr. 4, April 1928, S. 221 ff.

Arnold Karplus

Karplus Arnold (Hg.), Zivilarchitekt Z. V. Baurat Dr. Ing. Arnold Karplus, Architekt, Ingenieur Gerhard Karplus. Eine Auswahl von Entwürfen und ausgeführten Bauten. Reihe: Wiener Architekten. Wien-Leipzig (Elbemühl) 1935

o. A., Austrian Institute. New York City. In: Interior Design, Vol. 35, October 1964, S. 196 f.

o. A., C. W. Residence – Fox Ridge, Holmes, N. Y. In: Empire State Architect, Vol. 24, March/April 1964, S. 15 f.

o. A., Eastern showroom for California maker of swimming suits. In: Architectural Record, Vol. 114. New York, July 1953, S. 154-157

o. A., Fox Ridge (Holmes, New York). In: Interior Design, Vol. 35, June 1964, S. 88 f.

o. A., Gubelin acquires an architectural gem. In: Interiors, Vol. 131, No. 8. New York, March 1972, S. 102 ff.

o. A., Multi-purpose showrooms and sales office. In: Architectural Record, Vol. 111. New York, June 1962, S. 142

o. A., Office buildings: Architectural Record's Building Type Study No. 187. In: Architectural Record, Vol. 111. New York, June 1952, S. 121-151

o. A., Schöne Raumgestaltungen. In: Profil, Wien 1935, S. 498

o. A., Store Design: Architectural Record's Building Type Study No. 188. In: Architectural Record, Vol. 111. New York, July 1952, S. 149-178

o. A., The Chamber congratulates. In: Austrian Business, Vol. XXVIII, Nr. 2. New York, April/May/June 1976, S. 3

Kiesler Friedrich

Bogner Dieter (Hg.), Friedrich Kiesler 1890-1965. Architekt.Maler.Bildhauer 1890-1965. Wien (Löcker) 1988

Bogner Dieter / Lesák Barbara, Friedrich Kiesler Raumbühne 1924. Wien 1987

Clurman Harold, Eight ideal theaters (Universal Theater). In: Industrial Design, Vol. 9, April 1962, S. 40-47

Creighton Thomas H., Kiesler's Pursuit of an Idea (Interview mit F. Kiesler). In: Progressive Architecture, Vol. 42, July 1961, S. 104-123

Florian Friedrich, Friedrich J. Kiesler, Architekt der Unendlichkeit 1890 – 1965. In: Bau. Schrift für Architektur und Städtebau, Vol. 21, No. 1-2, 1966, S. 3-9

Gubler Jacques / Barbey Gilles, Frederick Kiesler et la problématique du Contemporary art applied to the store and its display. In: Werk, Vol. 59, No.11, November 1972, S. 662-666

Hochschule für angewandte Kunst (Hg.), Frederick Kiesler. Ausst.Kat. Wien 1975

Johnson Philip, Three architects. In: Art in America, Vol. 48, No. 1, Spring 1960, S. 70-75

Kiesler Friedrich, A Reminder to Myself, ohne Angabe einer Zeitschrift. New York 1964, S. 1-4

Kiesler Friedrich, Architecture as Biotechnique. In: Architectural Record. New York, September 1939, S. 67 ff.

Kiesler Friedrich, Arts and Architecture: Notes on the Spiral Theme in Recent Architecture. In: Partisan Review, Winter 1946, S. 98-104

Kiesler Friedrich, Contemporary Art Applied to the Store and Its Display. New York (Brentano's) 1930

Kiesler Friedrich, Design correlation; Animals and architecture. In: Architectural Record, Vol. 81. New York, April 1937, S. 87-92

Kiesler Friedrich, Design correlation: From brush-painted glass picture of the middle ages to the 1920's. In: Architectural Record, Vol. 81. New York, May 1937, S. 53-60

Kiesler Friedrich, Design correlation: Towards prefabrication of folk-spectacles; scientific development of sound reproduction proves an important influence on architectural design of theaters. In: Architectural Record, Vol. 86. New York, June 1937, S. 93-96

Kiesler Friedrich, Design correlation: certain data pertaining to the genesis of design by light. Part I. In: Architectural Record, Vol. 82. New York, July 1937, S. 89-92

Kiesler Friedrich, Design correlation: certain data pertaining to the genesis of design by light. Part II. In: Architectural Record, August 1937, S. 79-84

Kiesler Friedrich, Design correlation as an approach to architectural planning. In: VVV, Vol. 2/3, March 1949, S. 76-79

Kiesler Friedrich, Die Stadt in der Luft. In: G 5, 1926

Kiesler Friedrich, Improving Theatre Design. In: Theatre Monthly, September 1934, S. 726-730

Kiesler Friedrich, Internationale Ausstellung neuer Theatertechnik. Ausst.Kat. Konzerthaus, Wien 1924. Reprint Wien (Löcker & Wögenstein) 1975

Kiesler Friedrich / Heap Jane, International Theatre Exhibition. Ausst.Kat. Steinway Building. New York 1926

Kiesler Friedrich, Kiesler by Kiesler (on his own architecture). In: Architectural Forum, Vol. 123, No. 2, September 1965, S. 64-72

Kiesler Friedrich, Manifest. Vitalbau-Raumstadt-Funktionelle Architektur. In: De Stijl, 10/11, 1924-1925

Kiesler Friedrich, Notes on Architecture. The Space House. Annotations at Random. In: Hound and Horn, January-March 1934, S. 292-297

Kiesler Friedrich, On correlation and biotechnique. A definition and test of a new approach to building design. In: Architectural Record, Vol. 86. New York, September 1939, S. 60-75

Kiesler Friedrich, On correlation and biotechnique. In: Pencil Points, Vol. 20. New York, December 1939, S. 791 f.

Kiesler Friedrich, One Living Space Convertible into Many Rooms. In: Home Beautiful, January 1934, S.

Kiesler Friedrich, Project for a »Space Theatre« Seating 100 000 people. In: Shelter, May 1932

Kiesler Friedrich, Pseudo-Functionalism in Modern Architecture. In: Partisan Review, July 1949, S. 733-742

Kiesler Friedrich, Space House. In: Architectural Record. New York, January 1934, S. 44-61

Kiesler Friedrich, The Endless House and its Psychological Lighting. In: Interiors, Vol. 110. New York, November 1950, S. 123-129

Kiesler Friedrich, The future: notes on architecture as sculpture. In: Art in America, Vol. 54, May/June 1966, S. 57-68

Kiesler Friedrich, The Grotto for Meditation. In: Craft Horizons, Vol. 26, No. 4, July/August 1966, S. 22-27

Kiesler Friedrich, The Mobile Home

Library, In: Architectural Record. New York, September 1939, S. 71
Kiesler Friedrich, The Modern Shop Window and Store Front. New York 1929
Kiesler Friedrich, The Theatre is Dead. In: Little Review, Special Theatre Issue (Hg. Jane Heap und Frederick Kiesler), Winter 1926
Kiesler Friedrich, The Universal. In: Architectural Forum, December 1932, S. 536-542
Kiesler Friedrich, o. T. (Universial Theater). In: The Ideal Theatre: Eight Concepts, An Exhibition of Designs and Models Resulting from the Ford Foundation Program for Theatre Design. New York 1962, S. 93 f.
Larson Kay, Design Of The Times. In: Art. New York, 14. October 1985, S. 103 f.
Lesák Barbara, Die Kulisse explodiert. Friedrich Kieslers Theaterexperimente und Architekturprojekte 1923-1925. Wien (Löcker) 1988
o. A., American opera designs. Exhibition at the New York public library of works of F. J. Kiesler and his students at the Juilliard school of music. In: Architectural Forum, Vol. 76, January 1942, S. 14 ff.
o. A., Dedication of Lotus 3 to the memory of Frederick J. Kiesler. In: Lotus: an international review of contemporary architecture. Vol. 3, 1966-1967, S. 9
o. A., Design's bad boy. a pint-sized scrapper who, after thirty years, still challenges all comers. In: Architectural Forum, Vol. 86, February 1947, S. 88-91
o. A., Frederick J. Kiesler. In: Architectural and Engineering News, Vol. 3, February 1961, S. 48 f.
o. A., Frederick Kiesler. In: Zodiac, Vol. 19, 1969, S. 6-49
o. A., Frederick Kiesler: sculpture and a grotto. In: Interiors, Vol. 125, No. 11. New York, June 1966, S. 14
o. A., Frederick Kiesler: un modo lieto di morire. In: L'Architettura; Cronache e Storia, Vol. 12, No. 127, Maggio 1966, S. 5
o. A., Shrine of the book, Jerusalem. In: Progressive Architecture, Vol. 56, September 1965, S. 126-133
o. A., Some entries from the Architectural League's 63rd Gold Medal Exhibition. In: Interiors, Vol. 125. New York, December 1965, S. 102-105
o. A., Ten Miles High. In: Architectural Record, Vol. 124, No. 1. New York, January/February 1966, S. 30 f.
o. A., The 1966 A.I.A. Honor Awards (Shrine of the book). In: The Journal of the American Institute of Architects, Vol. 46, No. 1, July 1966, S. 25-56
o. A., The Endless House. In: Architectural Forum, Vol. 93, November 1950, S. 124 ff.
o. A., Una leggenda moderna: Frederick Kiesler, dal neoplasticismo alla continuità. In: L'Architettura: Cronache e Storia, Vol. 13, No. 5, Settembre 1967, S. 298-318
o. A., World house galleries. New York. In: Werk, Vol. 46, February, 1959, S. 70 ff.
Phillips Lisa, Frederick Kiesler. Ausst. Kat. Whitney Museum of Art. New York 1989
Raskin Eugene, Cerebrationism & Vacuotechnique; The Great Architect Evolves a New Theory. In: Pencil Points, Vol. 20. New York, December 1939, S. 791 f.
Sandberg Willem, The Israel Museum in Jerusalem. In: Museum; A Quarterly Review, Vol. 19, No.1, 1966, S. 15-30
Slesin Suzanne, Fitting Together 30's Design, The New York Times, 20. December 1990

Leopold Kleiner

Kleiner Leopold, Ein Wohnbuch. Wien-Leipzig (Thyrsos Verlag) 1924
Kleiner Leopold, Im Brennpunkt der Nostalgiewelle. In: Der Aufbau. New York, 4. Juni 1976
Kleiner Leopold, Josef Hoffmann. Berlin-Leipzig-Wien (Ernst Hübsch) 1927
Kleiner Leopold, Josef Hoffmann. In: Der Aufbau. New York, 8. März 1970
Kleiner Leopold, Joseph Hoffmann et l'Atelier Viennois. In: Art et Décoration, XLVI, Julliet-Décembre 1924, S. 55-64
Kleiner Leopold, o.T. In: Deutsche Kunst und Dekoration, Nr. LIV. Darmstadt 1924, S. 161 ff.
Kleiner Leopold, Wien. In: Wasmuths Monatshefte für Baukunst, Nr. 6. Berlin 1921/22, S. 165-175
o. A., Curved house for curved Kenntucky river front. In: Interiors, Vol. 105. New York, January 1947, S. 104 f.
o. A., Headquater of a colorful product. In: Interiors, Vol. 106. New York, September 1945, S. 70 f.
Shop Sharlene, He Psychoanalyzes Couches. In: New York Journal, 18. October 1964
o. A., Paul Laszlo, Beverly Hills, Cal. In: Interiors. New York, August 1947, S. 100

Ernst Lichtblau

Born Wolfgang, Ausstellung des Österreichischen Werkbundes in Wien, In: Deutsche Kunst und Dekoration. Darmstadt, August 1930, S. 305-320
Eisler Max, Eine Wiener Wohnung von Ernst Lichtblau. In: Moderne Bauformen, XII. Jg., Nr. 1. Stuttgart 1931, S. 585-590
Eisler Max, Ladenbauten von Ernst Lichtblau. In: Moderne Bauformen, XXIV. Jahrgang, Stuttgart 1930, S. 224
Frischauer A.S., Architekt Lichtblau. In: Das schöne Heim, 2. Jg., Heft 5, Februar 1931, S. 152-156
Hoffmann Herbert, Die neue Baukunst in Europa und Amerika. Stuttgart 1930, S. 144
Hofmann Else, Architekt Prof. Ernst Lichtblau. In: Österreichische Kunst, 4. Jg. Wien, Oktober 1933, S. 7-12
Hofmann Else, Ein neues Kaffeehaus des Architekten Prof. Ernst Lichtblau. In: Österreichische Kunst, 5. Jg., Heft 11. Wien, November 1934, S. 18 f.
Lichtblau Ernst, Ästhetik aus dem Geist der Wirtschaft. In: Die Ware, Heft 3/4, Wien 1923, S. 70
Morgenstern Soma, Die Ausstellung des Österreichischen Werkbundes. In: Die Form, Heft 13, 5. Jg., Juli 1930, S. 329-336
o. A., Der gute billige Gegenstand. In: Deutsche Kunst und Dekoration, November. Darmstadt 1931, S. 304-310
o. A., Die Eröffnung der BEST. In: Die Wohnungsreform, Band 1, Heft 12. Wien 1930
o. A., Die Wagnerschule 1902/03 und 1903/04. Leipzig 1905, S. 9 f.
o. A., Die Wagnerschule. Arbeiten aus den Jahren 1905/06 und 1906/07. Leipzig 1910
o. A., Ernst Lichtblau-eine Wiener Mietwohnung. In: Moderne Bauformen, XXXIII. Stuttgart 1934, S. 42 ff.
o. A., Good Design, 5th Anniversary. Ausst.Kat. Museum of Modern Art. New York 1954
o. A., Mitteilungen der Beratungsstelle für Inneneinrichtung und Wohnungshygiene des Österreichischen Verbandes für Wohnungsreform. In: Die Wohnungsreform, Band 1, Heft 12. Wien 1930
o. A., o. T. In: Profil. Wien 1935, S. 150
o. A., o. T. In: Providence Journal. Providence, 22. February 1955
o. A., o. T. In: Providence Journal. Providence, 4. March 1956
o. A., o. T. In: Schulen der Stadt Wien, Teil 2, Heft 34, 1957, S. 87 f.
o. A., Volkswohnhäuser-Wettbewerb Sandleitengasse. In: Österreichs Bau- und Werkkunst, Heft 2, Wien 1924/25, S. 48-51
Platz Gustav Adolf, Wohnräume der Gegenwart. Berlin 1933, S. 391
Pulos Artur J., The American Design Adventure 1940-1975. Cambridge, Mass. (M.I.T Press) 1988
S.F.R., Eine neue Wiener Stadtwohnung von Ernst Lichtblau. In: Profil. Wien, Jänner 1933, S. 335-339
Sarnitz August, Ernst Lichtblau. Architekt 1883-1963. Gestell und Gestalt im Raum. Reflexionen über ein Paradigma der modernen Architektur. Wien-Köln-Weimar (Böhlau) 1994
Tabor Jan, Die Suche nach exakter Bestimmbarkeit. In: Wien aktuell, Magazin, Nr. 3. Wien 1985, S. 29 ff.
Van Siclen Bill, A Case Study in Modern Art in America. In: The Providence Journal-Bulletin, 25. March 1994
Von Filek Egid, Architekt Ernst Lichtblau-Wien. In: Deutsche Kunst und Dekoration, Band XXXV. Darmstadt, Okt./März 1914/15, S. 297-302

Walter Loos

Hofmann Else, Der Architekt Walter Loos. In: Österreichische Kunst, Jg. 5. Wien 1934, S. 10-15

Fritz Malcher

Ascher Charles S., Remarks on the Designation of Radburn as a Historic Landmark, 4. Oktober 1975, unpubliziertes Manuskript
Malcher Fritz, Die Neugestaltung des Zentralplatzes in Havana. In: Baupolitik, Heft 11, 1927/28
Malcher Fritz, The Steadyflow Traffic System. In: Harvard City Planning Studies, Nr. IX. Cambridge (Harvard University Press) 1935
Malcher Fritz, Abolishing Street Traffic Intersections Without Grade Separation: A Study of Highway Planning and Traffic Control to Meet the Needs of the Motor Age. In: American City, Vol. 41/3 and 4, September/October 1929, S. 89-92, 101-107
Malcher Fritz, Planning Arterial Highways to Meet Modern Needs. In: American City, Vol. 42/1, January 1930, S. 158
Malcher Fritz, The Economic Value of Laying out Roadways for „Steadyflow" Traffic. In: American City, Vol. 43/2, August 1930, S. 107-112
Malcher Fritz, Express Highways Combined with the „Steadyflow" System. In: American City, Vol. 44/1, January 1931, S. 152-155
Malcher Fritz, A Traffic Planner Imagines a city. In: American City, Vol. 44/3, S. 134 f., March 1931
Malcher Fritz, Verkehrs – Reform. Das Sytem Straßenkreuzung ohne Fahrkreuzung als Grundlage des neuen Verkehrsprojektes für Havana, die Hauptstadt von Cuba. In: Städtebau, XXIV Jg., Heft 4. Berlin (Ernst Wasmuth) 1929, S. 97-108
Napravnik Josef, Das Siedeln in der Zukunft – Zu der Internationalen Städtebauausstellung in Wien. In: Österreichische Illustrierte Zeitung, 36. Jg., Heft 41, 10. Oktober 1926, S. 1086 f.
Schwan Bruno, Städtebau und Wohnungswesen der Welt. Berlin (Ernst Wasmuth) 1935, S. 11
Zehrer Peter, Straßenverkehr ohne Konflikt. In: Die Presse, Magazin. Wien, 24. März 1988, S. 10 f.

Richard Neutra

Boesiger Willy, Richard Neutra. Bauten und Projekte 1923-1950, Vorwort von Sigfried Giedion, (dt./engl./fr.). Zürich 1950, 1959, 1966
Drexler Arthur / Hines Thomas S., The Architecture of Richard Neutra.

From International Style to California Modern. Ausst.Kat. Museum of Modern Art. New York 1982

Eisler Max, Der Wettbewerb um eine Wiener Synagoge. In: Österreichs Bau- und Werkkunst, 2. Jg. Wien 1925, S. 1-7

Gatto Alfonso, Discorso su Neutra. In: Casabella, Vol. 16, Dicembre 1937, S. 9-27

Günter Roland, Architektur als Therapie: Dargestellt am Lebenswerk von Richard Neutra. Mit Beiträgen von Günter Roland, Erich Schneider-Wessling und Egon Tempel. In: Bauwelt, Vol. 61, Nr. 23, 8. Juni 1970, S. 905-909

Harris Hawell H., Ein amerikanischer Flughafen. In: Die Form, Vol. 5, Nr. 7, 1. April 1930, S. 184 f.

Harrison Henry Robert, Richard J. Neutra, a center of architectural stimulation. In: Pencil Points, Vol. 18. New York, July 1937, S. 410-438

Hines Thomas S., Richard Neutra and the Search for Modern Architecture. A Biography and History. New York-Oxford (Oxford University Press) 1982

Hines Thomas S., The Drawings of Richard Neutra. A Centennial Exhibition. Los Angeles 1992

Lamprecht Barbara, What's the Buzz. The Woman Who Built Richard Neutra. In: Buzz. Los Angeles, May/June 1992, S. 21 ff.

Levinson Maxwell, The Architecture of Richard Neutra. In: Shelter, Vol.3, March 1938, S. 22-43

McCoy Esther, Case Study Houses, 1945-1962. Los Angeles (Hennessey & Ingalls) 1977 (2. A.)

McCoy Esther, Masters of World Architecture. Richard Neutra. New York (Georg Braziller Inc.) 1960

McCoy Esther, Neutra in California. In: Zodiac, Vol. 8, 1961, S. 58-63

McCoy Esther, Roots of California Contemporary Architecture. In: Arts and Architecture, Vol. 73, October 1956, S. 14 ff. u. 36-39

Neutra Dione, How a wife can help her husband become a good architect. In: Journal of the American Institute of Architects, Vol. 28, September 1957, S. 286 ff.

Neutra Richard, A revisison of the concept of the school building; a new plan for California schools. In: The Architect and Engineer, Vol. 123, December 1935, S. 28-31

Neutra Richard, Adolf Loos: Pioneer of Modern Architecture, by Ludwig Münz and Gustav Künstler. In: Architectural Forum, Vol. 125, Nr. 1, July/August 1966, S. 88 f., 116

Neutra Richard, Amerika. Die Stilbildung des Neuen Bauens in den Vereinigten Staaten. Neues Bauen in der Welt Nr. 2. Wien (Anton Schroll) 1930

Neutra Richard, Amerikanische Architektur während eines Lebensalters. In: Der Aufbau, Vol. 10, Nr. 2/3. Wien, Februar/März 1955, S. 72 ff.

Neutra Richard, Amerikanischer Einfluß auf australische Bauarbeit. In: Österreichs Bau- und Werkkunst, Heft 7. Wien 1926/27, S. 174-180

Neutra Richard, Architekten und Bauwesen in Chicago. In: Das Werk. Bern 1925, S. 143 ff.

Neutra Richard, Architektur als angewandte Physiologie. In: Baukunst und Werkform, Vol. 8, Nr. 1, 1955, S. 9-21

Neutra Richard, Aspects non visuels de la planification urbaine. In: Architecture: Formes and Functions, Vol. 7, 1960/61, S. 77 f.

Neutra Richard, Auftrag für morgen. Hamburg (Claassen) 1962

Neutra Richard, Die industriell hergestellte Wohnung in U.S.A. – Typisierungsschwierigkeiten. In: Die Form, Vol. 7, Nr. 11, 15. November 1932, S. 349-356

Neutra Richard, Eine Bauweise in bewehrtem Beton an Neubauten von Frank Lloyd Wright. In: Die Baugilde. Berlin 1925, S. 180 f.

Neutra Richard, Entwicklungsmöglichkeiten der fabriksmäßigen Erzeugung von Häusern. In: Der Aufbau, Nr. 3. Wien, März 1948, S. 55 ff.

Neutra Richard, Entwicklungsmöglichkeiten der fabriksmäßigen Erzeugung von Häusern. In: Der Aufbau. Wien, Jänner/Februar 1949

Neutra Richard, Europe rebuilds. In: Progressive Architecture, Vol. 30, June 1949, S. 20-26

Neutra Richard, Exhibition of the New Architecture. In: Arts and Architecture, Vo. 41, July/August 1932, S. 31

Neutra Richard, Gegenwärtige Bauarbeit in Japan. In: Die Form, Vol. 6, Nr. 1, Jänner 1931, S. 22-28

Neutra Richard, Gestaltete Umwelt. Hamburg 1956

Neutra Richard, House for John Nesbitt, Brentwood, California. In: Architect and Engineer, Vol. 168, March 1947, S. 20-23

Neutra Richard, Japanische Wohnung. Ableitung. Schwierigkeiten. In: Die Form, Vol. 6, Nr. 3, 15. März 1931, S. 92-97

Neutra Richard, Le Corbusier. In: Canadian Architect, Vol.10, September 1965, S. 23-26

Neutra Richard, Le Corbusier-Three quarters of a century. In: Design, Vol. 9, November 1965, S. 21-24

Neutra Richard, Le régionalisme en architecture. In: L'Architecture, Avril 1939, S. 109-116

Neutra Richard, Life and Shape. New York (Appleton-Century-Croft) 1962

Neutra Richard, Mechanisation takes command, by Sigfried Giedion. In: Arts and Architecture, Vol. 65, July 1948, S. 38

Neutra Richard, Meine Erinnerung an Otto Wagner. In: Baukunst und Werkform, Vol. 12, Heft 9, 1959, S. 476

Neutra Richard, Neue Architektur in Japan. In: Die Form, Vol. 6, Nr. 9, 15. September 1931, S. 333-340

Neutra Richard, Observations on Latin America. In: Pencil Points, Vol. 27. New York, May 1946, S. 67-72

Neutra Richard, Prefabrication; Les chances de la préfabrication. In: L' Architecture d'Aujourd'hui, Vol. 18, Nr. 13-14, Septembre 1947, o. S.

Neutra Richard, Problems of prefabrication. In: Architect and Engineer, Vol. 123, December 1935, S. 32 f.

Neutra Richard, Räumliche Entwicklung amerikanischer Städte. In: Österreichs Bau- und Werkkunst, 1. Jg. Wien 1924/25, S. 201 ff.

Neutra Richard, Richard Neutra Philosophizes; Remarks before the Association of Federal Architects. In: The Federal Architect, Vol. 9, July 1938, S. 22-36

Neutra Richard, Ringplanschool for the Project Rush City Reformed. In: Die Form, Vol. 7, Nr. 4, 15. April 1932, S. 126-130

Neutra Richard, Survival through Design. New York (Oxford University Press) 1954

Neutra Richard, Team Work. In: Kontakte, I/1, Jänner/Februar 1963, S. 3-9

Neutra Richard, The new building art in California. In: California Arts and Architecture, Vol. 47, January 1935, S. 13-16

Neutra Richard, Umbildung chinesischer Städte. In: Die Form, Vol. 7, Nr. 5, Mai 1932, S. 142-149

Neutra Richard, Wenn wir weiterleben wollen. Erfahrungen und Forderungen eines Architekten. Hamburg (Claassen) 1956

Neutra Richard, Wie baut Amerika? Stuttgart (Julius Hoffmann) 1927

Neutra Richard, Wie baut Amerika? Mit einem Nachwort zur Reprintausgabe von Hans M. Wingler. München (Kraus Reprint) München 1980

o. A., A Modern Theatre by Richard Neutra, Architect; a project to be undertaken in Düsseldorf, Germany. In: Arts and Architecture, Vol. 77, Nr. 5, May 1960, S. 15 ff.

o. A., A Residence in the Colorado Desert, California, for Mr. and Mrs. Edgar Kaufmann. In: South African Architectural Record, Vol. 33, July 1948, S. 202-209

o. A., Apartment in Westwood, California. In: Arts and Architecture, Vol. 66, June 1949, S. 28 f.

o. A., Architects' Bibliography, Image, Nr. 3, 1965, S. 28 f.

o. A., Architecture of ideas. In: House and Home, Vol. 21, March 1962, S. 116-127

o. A., Atlantic Island House, Mr. & Mrs. John Nicholas Brown, Fishers Island, USA, In: Kokusai-Kentiku, Vol. 15, Nr. 11, November 1939, S. 298-304

o. A., Bauen und Wohnen. Professor Neutras Gartenhäuser. In: Die Welt, Nr. 261, Sonderbeilage, 8. November 1963, S. 8

o. A:, Bauten von Richard Neutra. Ein Querschnitt durch sein Schaffen der letzten Jahre. In: Baukunst und Werkform, Vol. 8, Nr. 6, 1955

o. A., Buidling for defense. Federal housing for North American workers. In: Architectural Forum, Vol. 75, July 1941, S. 5

o. A., Building for youth. Projekt for National youth administration, San Luis Obispo, Cal., Richard Neutra consulting architect. In: Architectural Review, Vol. 58, London, April 1941, S. 28 f. u. 46

o. A., Case Study House No. 13. In: Arts and Architecture, Vol. 63, March 1946, S. 31-37

o. A., Case Study House No. 20. House in Santa Monica Canyon, Los Angeles. In: Arts and Architecture, Vol. 65, December 1948, S. 32-42 u. 56 f.

o. A., Case Study House, no. 20, Richard Neutra Architect, Arts and Architecture, Vol. 64, November 1947, S. 39-42

o. A., Case Study House No. 21. In: Arts and Architecture, Vol. 64, May 1947, S. 30 ff.

o. A., Case Study House No. 6. In: Arts and Architecture, Vol. 62, October 1945, S. 33-39

o. A., Client interrogation – an art and a science. In: Journal of the American Institute of Architects, Vol. 29, June 1958, S. 285 f.

o. A., Experimental elementary school, Bell, California. In: Architectural Record, Vol. 79, Nr. 6. New York, June 1936, S. 453-456

o. A., Four homes of tomorrow. In: House and Garden, Vol. 74, Section II, November 1938, S. 22-27, 38, 43

o. A., Gesundheitshaus in Kalifornien. In: Die Form, Vol. 5. Nr. 13, 1., Juli 1930, S. 350-354

o. A., Hillside Houses by Richard J. Neutra. In: Interiors, Vol. 105. New York, February 1946, S. 64-71

o. A., Home for a small but growing family. In: Interiors, Vol. 107. New York, January 1948, S. 96 f.

o. A., House at Brentwood, California, Richard J. Neutra, Arch. In: Architectural Review, Vol. 103. London, February 1948, S. 60 ff.

o. A., House for Mme. Galka Scheyer, Santa Monica Mountains, Cal., Richard J. Neutra, Architect. In: Architecture, Vol. 72, August 1935, S. 95 f.

o. A., House for two expands for guests, Residence for Mr. and Mrs. Maurice L. Heller, Beverly Hills, California. In: Architectural Record, Vol. 114. New York, July 1953, S. 144-150

o. A., House in Havana, Cuba. In: Arts and Architecture, Vol. 76, February 1959, S. 28 f.

o. A., Housing on Channel Heights (Neutra). In: Interiors, Vol. 102. New York, March 1943, S. 22-25

o. A., Instituto Richard J. Neutra, Los Angeles, California. In: Binario, Vol. 62, Novembro 1963, S. 625-628

o. A., La villa del regista von Sternberg di Richard J. Neutra. In: Casabella, Vol. 14, Settembre 1936, S. 6-17

o. A., Modern school... (Junior High School in West Los Angeles). In: California Arts and Architecture, Vol. 58, November 1941, S. 28 f.

o. A., Neuere Arbeiten von Richard J. Neutra. In: Werk, Vol. 34, Oktober 1947, S. 313-322

o. A., Neutra e il paesaggio. In: Domus, Nr. 271. Milano, Juni 1952

o. A., Neutra Looks at Wood and Steel. In: Interiors, Vol. 102. New York, July 1943, S. 18-23

o. A.. New York is headquaters for distinguished American architects' group to help rebuild European cities. In: Weekly Bulletin of the Michigan Society of Architects, Vol. 18,14. November 1944, S. 14

o. A., o. T. In: Interiors, Vol. 102. New York, January 1943, S. 24-27

o. A., o. T. In: Interiors, Vol. 106. New York, January 1947, S. 84-87

o. A., Peace can gain from war's forced changes. In: New Pencil Points, Vol. 23. New York, November 1942, S. 28-41

o. A., Playroom, Richard J. Neutra, Los Angeles. In: Interiors, Vol. 101. New York, August 1941, S. 43

o. A., Residence by Richard Neutra, arch. In: Arts and Architecture, Vol. 72, September 1955, S. 22-25 u. 35

o. A., Residence of Dr. and Mrs. Fred Adler, Los Angeles, Cal. In: Kokusai-Kentiku, Vol. 27, December 1960, S. 37-42

o. A., Richard J. Neutra. In: Interiors, Vol. 102. New York, August 1942, S. 36

o. A., Richard J. Neutra, Los Angeles. In: Interiors, Vol. 102. New York, August 1942, S. 30 f.

o. A., Richard J. Neutra, Los Angeles. In: Interiors, Vol. 102. New York, August 1942, S. 36

o. A., Richard J. Neutra, Los Angeles. In: Interiors, Vol. 108. New York, August 1948, S. 108

o. A., Richard Neutra. In: Der Aufbau, Vol. 12, Nr. 8. Wien, August 1957, S. 334 ff.

o. A., Richard Neutra, Architect. In: Housing, Vol. 4, September 1941, S. 8-25

o. A., Richard Neutra retraces his steps from Vienna to Halsted Street. In: Inland Architect, Vol. 13, November 1969, S. 16 f.

o. A., The Demonstration Health-House, Los Angeles. In: Architectural Record, Vol. 67. New York, April 1930, S. 433-439

o. A., The Four Courter Home, Richard J. Neutra, Los Angeles. In: Interiors, Vol. 103. New York, January 1944, S. 36 f.

o. A., The Josef von Sternber House, San Fernando Valley, Cal.; Richard Neutra, Architect. In: Architectural Forum, Vol. 65, October 1936, S. 274 f.

o. A., The Josef von Sternberg House, San Fernando Valley, Cal.; Richard J. Neutra, Architect. In: The Architect and Building News, Vol. 147, 18. September 1936, S. 346 ff.

o. A., The Modern Health Center Designed for Regions of Mild Climate. In: Modern Hospital, Vol. 66, February 1946, S. 46-54

o. A., The V.D.L. Research House. In: California Arts and Architecture, Vol. 47, January 1935, S. 27

o. A., Three Caribbean Houses. In: Architectural Record, Vol. 124. New York, October 1958, S. 187-192

o. A., Vermischtes. Einen Wettbewerb zur Erlangung von Entwürfen zum Bau eines Tempels. In: Zentralblatt der Bauverwaltung, Nr. 20, 14. Mai 1924, S. 167

o. A., Villa Adler a Bel Air, California. In: L'Architettura. Cronache e Storia, Vol. 3, Nr. 21, Luglio 1957, S. 164-171

o. A., Wettbewerb Business Center, Haifa. Erster Preis. Mitarbeiter Architekt Richard Neutra. In: Wasmuths Monatshefte für Baukunst, Vol. 8. Berlin 1924, S. 58

o. A., Wohnhaus „Casa Tuja" am Waldhang des Monte Verità in Ascona. In: Bauen und Wohnen, Vol. 20, Dezember 1966, S. 489-496

o. A., Ambassade des Etats-Unis à Karachi. In: L'Architecture d'Aujourd'hui, Vol. 27, Nr. 67-68, Octobre 1956, S. 198 f.

o. A., Kelton Apartments, Westwood, California. In: Architect and Engineer, Vol. 168, March 1947, S. 17 ff.

o. A., National Defense Issue. In: Housing, Vol. 4, 1941, S. 1-95

Sack Manfred, Richard Neutra. Zürich (Studio Paperback, Verlag für Architektur) 1992

Sack Manfred, Richard Neutra. Zürich-München-London (Artemis) 1992

Winter Ernst Florian, Was wollen wir? In: Kontakte, I/1, Jänner-Februar 1963, S. 1

Lorenz Karl Raimund, Ein europäischer Architekt sieht Amerikas Bauschaffen. In: Der Aufbau. Wien, Oktober 1950

Rainer Roland, Das erreichbare Wohnideal (Neutra, Gruen). In: Der Aufbau. Wien, Jänner 1949

o. A., o. T. In: Österreichs Bau- und Werkkunst. Wien 1925/26, S. 363-367

Fritz Reichl

Reichl Fritz, Fritz Reichl. Eine Auswahl von ausgeführten Arbeiten und Entwürfen. Mit einem Vorwort von Max Eisler. Reihe Wiener Architekten. Wien-Leipzig (Elbemühl) 1932

Reichl Fritz, Ferienhaus. In: Wochenend- und Ferienhäuser. 60 Entwürfe namhafter Architekten. Leipzig und Wien (Schroll) 1930, S. 96 f.

Bernard Rudofsky

Bocco Andrea, Design anonimo e design spontaneo. In: Abitare, Nr. 317, 1993

o. A., An Outdoor House in Long Island. In: Architectural Review, Vol. 111, London, April 1952, S. 268 ff.

o. A., Constantino Nivola. Ausst.Kat. Dia Art Foundation. New York. Bridgehampton. New York 1988

o. A., Fashion's Brodovitch and Architecture's Rudofsky Exchange Places With The Greatest of Ease. In: Interiors, Vol. 106. New York, August 1946, S. 102 f.

o. A., Gespräch Bernard Rudofsky. In: Umriss, Nr. 1, Wien 1986, S. 21 ff.

o. A., How they sell watches in Brazil. In: Interiors, Vol. 105. New York, September 1945, S. 60 f. u. 102

o. A., Organic Design at the Museum of Modern Art. In: Interiors. New York, October 1941, S. 38 f.

o. A., Outdoor Living Rooms. In: Interiors, Vol. 102. New York, May 1943, S. 19-23

o. A., Panned for business and pleasure. Bernard Rudofsky designs an office-retreat for John B. Salterini. In: Interiors, Vol. 104. New York, June 1945, S. 52-57

o. A., Patio at São Paulo, Brazil. In: The Architects-Journal, Vol. 106, 17. Juli 1947, S. 59 ff.

o. A., Some recent Italian buildings. In: Architectural Review, Vol. 87. London, June 1940, S. 193-206

Rudofsky Bernard, A designers profession is to design anything. In: Interiors, Vol. 106. New York, August 1946, S. 102 f.

Rudofsky Bernard, Albergo di San Michele o Nel Bosco all'Isola di Capri. In: L'Architettura, Annata 19, Giugno 1974, S. 273-286

Rudofsky Bernard, Architecture without Architects. In: Domus, Nr. 431. Milano, Ottobre 1965, S. 58-62

Rudofsky Bernard, Architecture without Architects. A Short Introduction to Non-Pedigreed Architecture. Ausst.Kat. Museum of Modern Art. New York (Doubleday) 1964

Rudofsky Bernard, Architektur ohne Architekten. Eine Einführung in die anonyme Architektur. Salzburg-Wien (Residenz) 19..

Rudofsky Bernard, Are Clothes Modern? Chicago (Paul Theobald) 1947

Rudofsky Bernard, Behind the Picture Window. New York (Oxford University Press) 1955

Rudofsky Bernard, Decadenza del bagno. In: Domus, Vol. 288. Milano, Novembre 1953, S. 37-40

Rudofsky Bernard, Der wohltemperierte Wohnhof. In: Umriss, Nr. 10/1. Wien 1986, S. 5 ff.

Rudofsky Bernard, Eine frühe Betonbauweise auf den Kykladen. Wien, Diss.techn., Technische Hochschule 1931

Rudofsky Bernard, Giardino stanza all'aperto, a proposito della casa giardino a Long Island, N.Y. In: Domus, Vol. 272. Milano, Luglio-Agosto 1952, S. 1-5

Rudofsky Bernard, Give us our dining room. In: Interiors, Vol. 101. New York, February 1942, S. 32-35 u. 70 f.

Rudofsky Bernard, House at São Paulo. In: Architecural Review, Vol. 96, November 1944, S. 135-138

Rudofsky Bernard, House at São Paulo. In: Architecural Review, Vol. 95, June 1944, S. 157-162

Rudofsky Bernard, Introduzione al Giappone I-III. In: Domus, Vol. 319-330. Milano, Giugno 1956-Maggio 1957

Rudofsky Bernard, Le piu desiderabili ville del monde. In: Domus, Vol. 3, Nr. 234. Milano 1949, S. 1-9

Rudofsky Bernard, Non ci vuole un nuovo modo di costruire, ci vuole un nuovo modo di vivere. In: Domus, Vol. 123. Milano, Marzo 1938

Rudofsky Bernard, Notes on Patio. In: Pencil Points, Vol. 24, June 1943

Rudofsky Bernard, Now I Lay Me Down To Eat. New York 1980

Rudofsky Bernard, Office hours; two architects' designs. In: House and Garden, Vol. 87, June 1945, S. 58-62

Rudofsky Bernard, On architecture and architects. In: Pencil Points, Vol. 24, New York, April 1943, S. 63 ff.

Rudofsky Bernard, Outdoor Living Rooms. In: Interiors, Vol. 52. New York, May 1943, S. 19-23

Rudofsky Bernard, Problema. In: Domus, Vol. 123. Milano, Marzo 1938

Rudofsky Bernard, Problems of Design, The Human Body, Remodelled. In: Interiors, Vol. 107. New York, November 1947, S. 122-129

Rudofsky Bernard, Scoperta di un isola. In: Domus, Vol. 123. Milano, Marzo 1938

Rudofsky Bernard, Sparta/Sybaris. Keine neue Bauweise, eine neue Lebensweise tut not. Ausst.Kat. Österr. Museum für angewandte Kunst. Salzburg-Wien (Residenz) 1987

Rudofsky Bernard, Streets for People. New York (Doubleday) 1969

Rudofsky Bernard, Straßen für Menschen. Salzburg-Wien (Residenz) 1995

Rudofsky Bernard, The Bread of Architecture. In: Arts and Architecture, Vol. 69, October 1952, S. 27 ff.

Rudofsky Bernard, The Kimono Mind. Garden City, N.Y. (Doubleday) 1965

Rudofsky Bernard, The Prodigious Builders. New York-London (Harcourt, Brace, Jovanovich) 1977

Rudofsky Bernard, The third Rome. In: Architectural Review, Vol. 110, July, London 1951, S. 31-37

Rudofsky Bernard, The Unfashionable Human Body. Garden City, N.Y. (Doubleday) 1971

Rudofsky Bernard, Three Patio Houses. In: Pencil Points, Vol. 24. New York, June 1943, S. 48-65

Rudofsky Bernard, Villa di Targara. In: Interiors. New York, November 1948, S. 88-95

Rudofsky Bernard, Behind the Picture Window. o. O. 1955

Rudolph M. Schindler

Bakema Jacob B, Schindler's spel met de riumte. In: Forum, Vol. 16, Nr. 8, August 1961, S. 253-263

Banham Reyner, Rudolph Schindler. Pioneering without Tears. In: Architectural Design, Vol. 37, December 1967, S. 578 f.

Binney Marcus, A Viennese in California. In: Country Life, Vol. 145, 20. February 1969, S. 397

Gebhard David, Ambiguity in the Work of R. M. Schindler. In: Lotus, Vol. 5, 1968, S. 106-121

Gebhard David (Hg.), R. M. Schindler. Architect. Ausst.Kat. Los Angeles County Museum of Art. Los Angeles 1967

Gebhard David, Schindler. New York (Viking) 1971. Reprint: Santa Barbara (Peregrine Smith) 1980

Gebhard David (Hg.), The Architectural Drawings of R. M. Schindler in Four Volumes. In: Alexander Tzonis (General Editor), Garland Architectural Archives. New York-London (Garland-Publishing) 1993

Hertzberger Herman, Dedicato a Schindler: Some Notes on two Works by Schindler. In: Domus, Nr. 454. Milano, Settembre 1967, S. 2-7

Hollein Hans, Rudolph M. Schindler. Ein weiterer Beitrag zur Berichtigung der Architekturgeschichte. In: Bau: Schrift für Architektur und Städtebau, Vol. 21, Nr. 4, 1966, S. 67-82

Hollein Hans, Rudolph M. Schindler – ein Wiener Architekt in Kalifornien. In: Der Aufbau, Nr. 3. Wien 1961, S. 102 ff.

Koenig Giovanni Klaus, Dal Danubio blu al viale del tramonto: Rudolf Michael Schindler e Richard Josef Neutra. In: Casabella, Vol. 34, Novembre 1970, S. 29-36

Koenig Giovanni Klaus, Dal Danubio blu al viale del tramonto: Rudolf Michael Schindler e Richard Josef Neutra. In: Casabella, Vol. 35, Nr. 356, 1971, S. 36-42

Kovatsch Manfred, Rudolph M. Schindler. Ausst.Kat. Villa Stuck, München 1985

March Lionel / Sheine Judith (Hg.), R. M. Schindler. Composition and Construction. London-Berlin (Academy Editions / Ernst & Sohn) 1993

McCoy Esther, Four Schindler Houses of the 1920's. In: Arts and Architecture, Vol. 70, September 1953, S. 12-15 u. 31

McCoy Esther, R. M. Schindler. In: Lotus, Vol. 5, 1968, S. 92-105

McCoy Esther, Roots of California Contemporary Architecture. In: Arts and Architecture, Vol. 73, October 1956, S. 14-17 u. 36-39

McCoy Esther (Hg.), Letters from Louis H. Sullivan to R. M. Schindler, Journal of the Society of Architectural Historians, Vol. 20, Nr. 4, December, 1961, S. 179-184

McCoy Esther, Vienna to Los Angeles. Two Journeys. Santa Monica 1978

o. A., 25 Houses. In: Architectural Forum, Vol. 69, November 1938, S. 349-392

o. A., A beach house for Dr. and Mrs. Alexander Kaun, Richmond, Calif. In: California Arts and Architecture, Vol. 51, May 1937, S. 26

o. A., A Beach House for Dr. Ph. Lovell at Newport Beach, Cal. In: Architectural Record, Vol. 66. New York, September 1929, S. 257-261

o. A., A summer house at Catalina for Mr. and Mrs. E. Wolfe, California. In: Arts and Architecture, Vol. 47, January 1935, S. 18 f.

o. A., Angles and rectangles characterize plan of small studio-home. In: Architectural Forum, Vol. 86, February 1947, S. 102

o. A., Cabin for Gisela Bennati. In: California Arts and Architecture, Vol. 61, February 1944, S. 21 ff.

o. A., Design for Sunlight, House for Mr. Rodakiewicz, Los Angeles. Architect, R. M. Schindler. In: California Arts and Architecture, Vol. 57, November 1940, S. 26

o. A., Dos casas en Los Angeles, arq. R. M. Schindler. In: Nuestra Arquitectura, Dicembre 1938, S. 440-444

o. A., Furniture and the modern house. In. The Architect and Egineer, Vol. 123, December 1935, S. 22-25

o. A., Furniture and the modern house, The Architect and Engineer, Vol. 124, March 1936, S. 24-28

o. A., Hillside House in a dramatic complex of varied levels and roofs. In: Architectural Forum, Vol. 86, February 1949, S. 100 f.

o. A., House for J. DeKeyser, Hollywood, Cal.; R. M. Schindler, arch. In: Architectural Forum, Vol. 64, March 1936, S. 190 f.

o. A., House for J. J. Buck, Los Angeles, California. In: Architectural Forum, Vol. 65, October 1936, S. 264 f.

o. A., House for V. McAlmon, Los Angeles, Calif.: R. M. Schindler, Architect. In: Architectural Forum, Vol. 66, April 1937, S. 340 f.

o. A., House for W. E. Oliver, Los Angeles, Calif.: R. M. Schindler, Architect. In: American Architect, Vol. 146, May 1935, S. 23-26

o. A., Houses for Outdoor Life. A Vacation settlement on the Pueblo Ribera, La Jolla, Calif. In: Architectural Record, Vol. 68. New York, July 1930, S. 17-21

o. A., R. M. Schindler, Los Angeles. In: Interiors, Vol. 107. New York, August 1947, S. 84

o. A., R. M. Schindler. In: Bowkundig Weekblad (Whole Issue), Vol. 87, Nr. 8, 29. April 1969

o. A., Residence of Mr. and Mrs. E. Howe, Los Angeles, Calif.; R. M. Schindler, Arch. In: Architectural Record, Vol. 65. New York, January 1929, S. 5-9

o. A., Residence of Mr. and Mrs. W. Oliver, Los Angeles, Calif.; R. M. Schindler, arch. In: California Arts and Architecture, Vol. 47, January 1935, S. 8

o. A., Residences in California. Architect R. M. Schindler. In: The Architect and Engineer, Vol. 123, December 1935, S. 16-27

o. A., Schindler-Shelters. In: American Architect, Vol. 146, May 1935, S. 70 ff.

o. A., Sixteen Southern California Architects Exhibit Contemporary Trends in a Group Showing at Scrippe College. In: Arts and Architecture, Vol. 67, April 1950, S. 22 f.

o. A., Small Desert House. In: Arts and Architecture, Vol. 68, November 1951, S. 38

o. A., Summer house of C. H. Wolfe, Catalina Island. In: Architectural Record, Vol. 70. New York, September 1931, S. 157-161

o. A., The architect – post war – post-everybody. In: Pencil Points, Vol. 25. New York, October 1944, S. 22-25

o. A., The Schindler Frame. In: Architectural Record, Vol. 101. New York, May 1947, S. 143-146

o. A., The Years Work. In: Interiors, Vol. 106. New York, August 1946, S. 76-100

o. A., The Years Work, Interiors, Vol. 107. New York, August 1947, S. 84

o. A., Weekend House in California. In: The Architects' Journal, Vol. 104, 25., July 1946, S. 65 f.

o. A., White Collar Apartments For A Steep Lakeside Lot. In: Interiors, Vol. 103. New York, January 1944, S. 41

o. A., Work of R. M. Schindler. In: Arts and Architecture, Vol. 71, May 1954, S. 12-15

Sarnitz August, R. M. Schindler. Architekt 1887 – 1953. Ein Wagner-Schüler zwischen Internationalem Stil und Raum-Architektur. Wiener Akademiereihe Band 20, Wien (Edition Brandstätter) 1986

Shand P. Morton, A cantilevered summer-house in California. In: Architectural Review, Vol. 73. London, March 1933, S. 117

Schindler Rudolph M., Space Architecture. In: Dune Forum, February 1934, S. 44 ff.

Smith Kathryn (Hg.), R. M. Schindler House 1921-22. Mit einem Vorwort von Robert L. Sweeney. Los Angeles 1987

Smith Kathryn, Frank Lloyd Wright, Hollyhock House and Olive Hill. New York (Rizzoli) 1992

Simon Schmiderer

o. A., A House for Cheerful Living. In: Pencil Points. New York 1947, S. 33

o. A., Junta de Planificación. Reglamento de Planificación, Num. 8, Santurce. Puerto Rico 1955

o. A., o. T. In: Profil, 3. Jg. , Nr. 3, Wien, März 1935, S. 130 f.

o. A., Plan regional, Area Metropolitana de San Juan. Regional Plan, San Juan Metropolitan Area. Puerto Rico (Libreria Cultural) 1954

Ernst Schwadron

Deci S., Una Villa. In: Casabella, Vol. 136, Anno 11, Aprile 1939, S. 26 f.

Holme C. G. (Hg.), The Bureau and its Neatness. Side Board and Radio, Ernst Schwadron. In: Decorative Art 1940, S. 97-100

Hughes Agnes, Today's Woman. Display Designers Receive Prizes for Making Fifth Avenue an Art Gallery. In: New York Post, 19. Dezember 1940

o. A., Eigenheim eines europäischen Architekten in USA. In: Innendekoration, 59. Jg., Darmstadt 1951, S. 59-71

o. A., Ernst Schwadron. New York. In: Interiors. New York, August 1942, S. 44

o. A., Headquaters of a colorful product. In: Interiors, Vol. 105. New York, September. New York 1945, S. 70 f.

o. A., o. T. L'Architecture d'Aujourd'hui, Nr. 7, Sept./Oct. 1933, S. 90 f.

o. A., o. T. In: Innendekoration, Nr. 3. Darmstadt 1937, S. 102 ff.

o. A., o. T. In: Domus, Vol. XVI, Nr. 129. Milano 1938, S. 16 f.

o. A., o. T. In: Retailing. Home Furnishings, Vol. 11, Nr. 25, 19. June 1939

o. A., o. T. In: Town and Country, February 1959

o. A., Park Avenue Modernism. In: Interiors, Vol. 101. New York, May 1942, S. 20-23

o. A., Postwar conversion for wartime materials. In: Interiors, Vol. 102. New York, January 1943, S. 40 f.

o. A., The years' work. These fine interiors, for work, for living and for play, have been competed by America's leading disigners and architects. In: Interiors, Vol. 102. New York, August 1942, S. 29-54

o. A., Third annual collection of interiors to come. In: Interiors, Vol. 102. New York, January 1943, S. 21-47

Patterson Augusta Owen, Decoration and the Fine Arts. In. Town and Country, November 1939, S. 94 f.

Patterson Augusta Owen, The Art of Expansion by Contraction. In: Town and Country, November 1939, S. 74 f.

Roche Mary, Display Features. Tiny Easy Chair. Schwadron Offers Hollywood Bed with Tailor Spread Hand-Woven in Blue. In. New York

Times, 3. March 1948
Wattjes J.J., Moderne Villas in Landhuizen in Europa en Amerika. Amsterdam 1930, S. 94 f.

Walter Sobotka

Augenfeld Felix, Walter Sobotka. In: Die Presse. Wien, Mai 1970
Hofmann Else, Architekt Walter Sobotka. In: Österreichische Kunst, Jg. IV. Wien 1933, S. 17-21
o. A.. New Trends in Bank Architecture. In: The Charette, Vol. 44, March 1946, S. 8 f.
Schürer Oskar, Der Zustand des Gleichgewichts. In: Innendekoration, Darmstadt, Oktober 1929, S. 381
Sobotka Walter, Einrichten. Publikum und Architekten. In: Innendekoration, Nr. XXXIX. Darmstadt 1928, S. 176-191
Sobotka Walter, Mein bestes Haus? In: Profil, Nr. 6, Jg. 1. Wien, Juni 1933, S. 210 ff.
Sobotka Walter, On Redecoration of Obsolete Theatre Auditorium. Pittsburgh 1949
Sobotka Walter, Report on Japan. In Connection With an International Cooperation Administration Program. In: Pitt, Nr. 62. Pittsburgh, Winter 1957/58, S. 38 f.
Sobotka Walter, Residential Furniture. Leading Ideas in its Development. Pittsburgh (University of Pittsburgh Press) 1950
Sobotka Walter, Theoretical Aspects on the Prefabricated House. In: The Charette, XXVII, Nr. 1. Pittsburgh, January 1947, S. 1 ff.
Sobotka Walter, Description of the Prefabricated House. In: The Charette, XXVII, Nr. 4. Pittsburgh, April/May 1947, S. 2 ff.
Sobotka Walter, Development and Assembly of the Prefabricated House. In: The Charette, XXVII, Nr. 5. Pittsburgh, June/July 1947, S. 3 ff.
Sobotka Walter u. a., Der Verstand und die Kunst. In: Innendekoration, Jg. XL, Darmstadt, Oktober 1929, S. 364-380

Anton Tedesko

Misch P., Arthur J. Boase-Preis für Anton Tedesko. In: Beton- und Stahlbau, Nr. 2, 1978, S. 51
o. A., International Award of Merit in Structural Engineering to Mr. A. Tedesko. In: Bulletin of the International Association for Shell and Spatial Structures. Madrid, August 1979, S. 5
o. A., Persönliches. Anton Tedesko – Ehrendoktor. In: Öterreichische Ingenieur Zeitschrift, Jg. 21. Wien, 12. Dezember 1978
o. A., Top foreign-born civil engineers speak their minds. In: Civil Engineering-ASCE, October 1980
o. A., Anton Tedesko. In: Beton und Stahlbetonbau, Nr. 88, Heft 5, 1933, S. 137-146
Paul Andrea, A Civilized Engineer. In: Austria Kultur, Vol. 4, No. 1. New York, January/February 1994, S. 10 f.
Tedesko Anton, Barrel Shell Roof for an Ice Arena. In: Engineering News-Record, 22. May 1941, S. 1-4
Tedesko Anton, Base for U.S.A. Manned Space Rockets. Structures for Assembly and Launching. International Association for Bridge and Structural Engineering. Reprint from Volume XXVI of the Publications. Zürich 1966, S. 529-553
Tedesko Anton, Cast-in Place Concrete Shell Structure. Bid Below Price of Precast Structure. In: Civil Engeneering, September 1957
Tedesko Anton, Concrete Shell Structure. Practice and Commentary. Report of ACI Committee 334. In: Journal of the American Concrete Institute. Proceedings V. 61, September 1964, S. 1091-1108
Tedesko Anton, Considerations in the Design of Concrete Shells. Subject to Large Loads From Falling Objects. Sonderdruck aus Stahlbetonbau. Bericht aus Forschung und Praxis. Berlin-München (Wilhelm Ernst & Sohn) 1969, S. 213-216
Tedesko Anton, Construction Aspects of Thin-Shell Sturctures. In: Journal of the American Concrete Institute, Vol. 24, Nr. 6, February 1953, S. 505-520
Tedesko Anton, Construction of Wide-Span Concrete Hangars. Paper presented at a meeting arranged by the Bridge and Structural Engineering Section. Presented October 20, 1944. In: Journal of the Western Society of Engineers, Vol. 51, No. 4, December 1946, S. 155-161
Tedesko Anton, Construction plant for shell sturctures should be carefully coordinated. In: Civil Engineering, February 1953, S. 96-101
Tedesko Anton, Elektrische Spannungsmessungen an Bauwerken. In: Österreichische Bauzeitschrift, Heft 7, 7. Jg. Wien 1952, S. 113-116
Tedesko Anton, Experts slam, the Olympic structures of Montreal. In: Civil Engineering, December 1976
Tedesko Anton, Great Market Hall at Basel. Zeiss-Dywidag. Concrete Shell Domes and Barrel Shell Roofs for Permanent-Large Building Construction. Roberts and Schaefer Co. Bulletin, Nr. 138, January 1932
Tedesko Anton, Intersecting ribs carry concrete roof shell. In: Civil Engineering, July 1955, S. 430-433
Tedesko Anton, Large Concrete Shell Roof Covers Ice Arena. In: Engineering News-Record, 8. April 1937
Tedesko Anton, Large Concrete Warehouse Built with Moving Falsework. In: Engineering News-Record, 24. April 1941
Tedesko Anton, Line Load Action on Thin Cylindrical Shells. With discussion by I. K. Silvermann, W. Flügge, Anton Tedesko, U. Finsterwalder, F. W. Seidensticker and Herman Schorer. In: American Society of Civil Engineers, Paper No. 1938, Reprinted from Transaction, Vol. 101 (1936), p. 767, 1938, S. 767-810
Tedesko Anton, Low-Cost Repairs Restore Concrete Hanger To Design Strength. In: Civil Engineering, January 1947
Tedesko Anton, Monolithic Concrete Barrel-Roof Design for U.S. Navy Supply Depot. In: Concrete, May 1942
Tedesko Anton, Montagehalle für große Weltraumreketen mit bemannten Raumfahrzeugen. In: Österreichische Ingenieur-Zeitschrift, 9. Jg., Heft 9. Wien-New York 1966
Tedesko Anton, Multiple Ribless Shells. In: Journal of the Structural Devision, October 1961, S. 107-124
Tedesko Anton, Principles of Concrete Shell Dome Design. In: Journal of the American Concrete Institute, May-June 1938, S. 649-707
Tedesko Anton, Proceedings of a Conference on Thin Concrete Shells. Massachusetts Institute of Technology, Cambridge, Mass., June 21 to 23, 1954. In: A Shell Review, o. J., S. 99-110
Tedesko Anton, Space Truss Braces Huge Building for Moon Rocket. In: Engineering News-Record, 6. February 1964, S. 24-48
Tedesko Anton, Structures. Forecasting of Developments between 1970 and 2000. Discussion of a Paper by Thomas C.Kavanagh. Reprinted from: Engineering for the Benefit of Mankind. Washington D.C. 1970, S. 73-92
Tedesko Anton, The Engineer's Personality and the Influence It Has on His Work. An Historical Perspective. In: Concrete International. Design & Construction, Vol. 4, No. 12, December 1982, S. 20-26
Tedesko Anton, The Gap Between Intend and Performance – Why Shortchange the Client? In: American Society of Civil Engineers National Structural Meeting, April 24 – 28, Meeting Preprint 1723, o. J.
Tedesko Anton, The Olympic Structures of Montreal. Introductory Remarks. World Congress on Space Enclosures – Montreal, July 1976. Typoscript, Montreal, July 1976
Tedesko Anton, The St. Louis Air Terminals Shells. Discussion Paper. Proceedings of the World Conference on Shell Structures. o. O. (National Academy of Sciences) 1964, S. 469-474
Tedesko Anton, Thin Concrete Arch Roof Provides 340-Ft. Clear Span for Bamber Hangar. In: Civil Engineering, February 1949, S. 86-90
Tedesko Anton, Thin Concrete Roof Withstands Fire Test. In: Engineering News-Record, 3. June 1943
Tedesko Anton, Thin Concrete Shell Roof for Ice Skating Arena. In: Engineering News-Record, 16. February 1939
Tedesko Anton, Tire Factory at Natchez. In: Engineering News-Record, 26. October 1939

Joseph Urban

Albrecht Donald, Architektur im Film. Die Moderne als große Illusion. Basel-Boston-Berlin (Birkhäuser) 1989 (deutsche Ausgabe)
Barwig Walter, Zum 125. Geburtstag. Franz Barwig 1868 -1931 (unpublizierte Gedenkschrift). Altmünster, Februar 1975
Boeckl Matthias, „Die Mode-Moderne mit dem fabricierten Stimmungs-Dusel". Josef Urban und die Folgen für die Architektur in und um den Hagenbund. In: Die verlorene Moderne. Der Künstlerbund Hagen 1900-1938. Ausst.Kat. Österreichische Galerie. Wien 1993
Carter Randolph / Cole Robert Reed, Joseph Urban. Architecture-Theatre-Opera-Film. New York-London-Paris (Abbeville Press) 1992
Davison Robert L., Procedure in Designing a Theatre. In: Architectural Record. New York, May 1930, S. 458-465
Dunlop Beth, Interview: Timothy F. Rub on the Work of Joseph Urban. In: Journal of Decorative an Propaganda Arts, Nr. 8, 1988, S. 118 f.
Farrier Clarence W., Shelter, Flags, Decoration. In: Architectural Record. New York, Mai 1933, S. 362
Flint Ralph, Modernity Rules New School of Social Research. In: Art News, Vol. 29, 17. January 1931, S. 3 f.
Grossegger Elisabeth, Der Kaiser-Huldigungsfestzug. Wien 1908. In: Philosophisch-Historische Sitzungsberichte, 585. Bd. Wien (Verlag der Österreichischen Akademie der Wissenschaften) 1992
Hoffmann Josef, Der Wiener Amerikaner Josef Urban. In: Die Stunde. Wien, 12. Juli 1933
Krinsky Carol Herselle, Urban, Joseph. In: Adolf K. Placzek (Hg.), Macmillan Encyclopedia of Architects, Vol. 4. New York (The Free Press) 1982, S. 245
Kristan Markus, Ein bekanntes Haus und ein unbekannter Architekt. Die Villa Redlich in Wien XIX., Kreindlgasse 11. In: Wettbewerbe, Nr. 117/118. Wien 1992, S. 26-29
Kurrent Friedrich, Joseph Urban – Vom Baumeister zum Bühnenbildner. In: Bauwelt, Nr. 48, 1987, S.1831 f.
Lefler Heinrich (Hg.), Wiener Rathauskeller. Wien (Gerlach) o. J.
Murchison Kenneth M., Joseph Urban, 1872-1933. In: Architectural Forum, Vol. 59, August 1933, S. 4
Muschenheim Wilhelm, Joseph

Urban, 1872 – 1933. In: Architectural Record, Vol. 74. New York, August 1933, S. 148

Muschenheim William, Color of the Exposition; J. Urban, Director of Color. In: Architectural Forum, Vol. 59, July 1933, S. 2-5

o. A., A Small Suburban House. In: Architectural Record, Vol. 70. New York, November 1931, S. 363 f.

o. A., American Industrial Arts Exhibited at the Metropolitan Museum of Art. In: American Architect, Vol. 135, 5. March 1929, S. 315-322

o. A., Apartment of Katharine Brush. New York City. In: Architectural Record, Vol. 73. New York, March 1933, S. 174 f.

o. A., Austrian Architecture and Decoration. In: The Studio Yearbook, London 1911, S. 228

o. A., Central Park Casino. In: Architectural Record, Vol. 66. New York, August 1929, S. 97-108

o. A., Chair. In: Burlinghton Magazine, 122, September 1980, S. 30

o. A., Das historische Erbe der Architektur und die Moderne. In. Innendekoration, XXIV/5. Darmstadt, Mai 1899, S. 72-84

o. A., Exhibition. In: Architectural League, Art News, Vol. 30, February 1932, S. 21

o. A., International Magazine Building. New York. Josef Urban, Architect, George B. Post & Sons, Architects, Henry Kreis, Sculptor. In: Architectural Record, Vol. 64. New York, August 1928, S. 97-108

o. A., Joseph Urban: Architect – Theatre Designer – Industrial Designer. In: The London Studio, Vol. 7. London, January 1934, S. 34-37

o. A., Le Theatre Reinhart (1928). In: L'Architecture d'Aujourd'hui, Nr. 191, June 1977, S. 36

o. A., Mans's Den, Pencil Points, Vol. 10 (Supplement). New York, March 1929, S. 108

o. A., o. T. In: Das Interieur, Nr. III, Wien 1902, S. 86 ff.

o. A., Östara. Austellung österreichischer Arbeit im Auslande. Ausst.Kat. Künstlerhaus. Wien, o. J., S. 47

o. A., Prize-winning Designs for the Palace of the Soviets in Moskow. In: Architectural Record, Vol. 71. New York, April 1932, S. 278

o. A., Reception Room. Office of Joseph Urban, Architect. In: Architectural Record, Vol. 69. New York, January 1931, S. 37 ff.

o. A., Table. In: Connoisseur, 20, January 1979, S. 53

o. A., The Bedell Company's Store. New York City. Joseph Urban, Architect of the Shop Front, George A. Schonewald, Architect of Building Alterations. In: Architecture and Building, Vol. 61, July 1929, S. 200 ff.

o. A., The New School for Social Research. New York City. In: Architectural Record, Vol. 67. New York, April 1930, S. 305-309

o. A., Urban Josef. In: Die Wage, Jg. 1, Nr. 14, Wien, 2. April 1898

o. A., Wedding Theatre Beauty to Ballyhoo. In: The American Architect, Vol. 134, Nr. 2553, 20. September 1928, S. 361

o. A., Ziegfeld Theatre. New York. In: The American Architect, Vol. 131, 5. March 1927, S. 295

Oenslager Donald, Stage Design. London 1975, S. 228 f.

Roberts Fanton Mary. Timeless Modernism. Kathrine Brush New York Apartment, decorated by Joseph Urban. In: Arts and Decoration, Vol. 44, August 1936, S. 10-13 u. 47

Robin André, École Supérieure à New-York. In: L'Architecture d'Aujourd'hui, 1935, S. 65 ff.

Rutkoff Peter / Scott William B.. New School. A History Of The New School For Social Research. New York (The Free Press) 1986

Stern Robert A.M. (introd.) / Schezen Robert (photos) / Johnston Shirley (text), Palm Beach Houses. New York (Rizzoli) 1991

Scott Irvin L., Mar-a-Lago. Estate of Edward F. Hutton, Palm Beach, Fla. In: The American Architect, Vol. 133, 20. June 1928, S. 795-811

Skidmore Louis, Planning the Exposition Displays. In: Architectural Record. New York, May 1933, S. 345

Šlapeta Lubomír, Nová skola pro sociální v'zkum od Josefa Urbana. New York. In: STAVBA, Jg. X. Praha 1932, S. 8-11

Solon Leon V., The Viennese Method for Artistic Display. New York Galleries of the Wiener-Werkstätte of America. In: Architectural Record. New York, March 1923

Susswein Rita. New School for Social Research. In: Parnassus, Vol. 3, January 1931, S. 11

Taylor Deems, The Scenic Art of Joseph Urban. In: Architecture, Vol. LXIX, No. 5, May 1934, S. 275-290

Teegen Otto, Joseph Urban. In: Architecture, Vol. LXIX, Nr. 5, May 1934, S. 251-256

Teegen Otto, Joseph Urban's Philosophy of Color. In: Architecture, Vol. LXIX, Nr. 5, May 1934, S. 257-274

Teegen Otto J., Painting the Exposition Buildings. In: Architectural Review, London, May 1933, S. 366-369

The New School for Social Research (Hg.), New York. New School for Social Research. New York 1930

Urban Gretl, My Father, Joseph Urban. In: Columbia Library Columns, Vol. XXXVII, Nr. 3. New York, May 1988, S. 3-12

Urban Josef, Theatres. New York (Theatre Arts Inc.) 1929

Vetter Hans Adolf, Architekt Joseph Urban. In: Profil, 2. Jg., Heft 1, Wien 1934, S. 16 ff.

Vogelsgang Shepard, Color Treatment of Interior Space. In: Architectural Record. New York, May 1933, S. 370-374

Vogelsgang, Shepard, The Reinhardt Theatre. New York. Joseph Urban, Architect. In: Architectural Record, Vol. 64. New York, December 1928, S. 461-465

Walker Ralph, Joseph Urban, The Man. In: Architecture, Vol. 69, May 1934, S. 271 ff.

Hans Adolf Vetter

Vetter Hans Adolf, Architecture's Prehistoric Heritage. Very great to modernize an Old Apartment. In: Architectural Record. New York, November 1955

Vetter Hans Adolf, Bann der Landschaft. In: Profil, Nr. 1, Jg. 1. Wien, Jänner 1933, S. 29-34

Vetter Hans Adolf, Die Kreuzblockverbauung. Berlin (Verlag des Patentamtes) 1939

Vetter Hans Adolf, English History at a Glance. London (The Architectural Press) 1949

Vetter Hans Adolf, Kleine Einfamilienhäuser. Wien (Anton Schroll) 1932

Vetter Hans Adolf, Lilli (Gedichte). Wien (Verlag Wiener Werkstätte) 1920

Vetter Hans Adolf, Meinem besten Haus. In: Profil, Nr. 1, Jg. 1. Wien, Jänner 1933, S. 181

Vetter Hans Adolf, Oskar Strnad. In: Profil. Wien 1935, S. 468 f.

Vetter Hans Adolf, Paraphrase über die Wollzeile. In: Profil, Nr. 1, Jg. 1. Wien, Jänner 1933, S. 32

Vetter Hans Adolf, The Painter Gustav Klimt. In: Carnegie Magazine, Vol. 34. Pittsburgh, April 1960, S. 115-119

Vetter Hans Adolf, Vom Interieur. In: Moderne Welt, H. 8, 1924, S. 17 ff.

Oskar Wlach

o. A., Einküchenhaus-Projekt von Oskar Wlach. In: Der Architekt. Wien 1919, S. 120-123

Wlach Oskar, Zu den Arbeiten Josef Franks. In: Das Interieur XIII, Heft 7. Wien 1912, S: 41 ff.

Wlach Oskar, Zentralwirtschaftshäuser. In: Die neue Wirtschaft I. Wien 17.1.1924, S. 11

Wlach Oskar, Kleinwohnungsbau. In: Das Kunstblatt, Sonderheft: Das Neue Wien (Hg. Paul Westheim), Heft 4. Potsdam 1924, S. 109 f.

Wlach Oskar, Einheit und Lebendigkeit. In: Innendekoration XXXIII, Heft 1/2. Darmstadt-Stuttgart 1922, S. 59 ff.

Liane Zimbler

Graves Pauline, Gain storage with a kitchen re-do. In: Better Homes & Gardens, September 1953, S. 98 f.

Graves Pauline, How to make a room behave (J. Brody Home). In: Household, March 1956, S. 60 f.

Graves Pauline, Space Saver Desk. In: Newark Sunday News, Spring 1955

o. A., Austrian Architect to Speak, Los Angeles Times, 16. March 1939

o. A., Austrian Architect to Speak at Luncheon. In: Saturday Morning, 28. January 1939

o. A., Decoraciones de Liane Zimbler. In: Nuestra Arquitectura, Nr. 4, April 1952, S. 114 f.

o. A., Decorator is Speaker for Encino Women. In: Van Nuys California News, 6. March 1956, S. 8

o. A., L. A. Is Home for Europe's First Woman Architect. In: The California Jewish Voice, 25. November 1949

o. A., o. T. (7th Decorators Show). In: Interior Design, January 1957, S. 72

o. A., o. T. (Albert G. Ruben Office). In: Interior Design, October 1954, S. 81

o. A., o. T. (Crinklaw Living Room). In: Interior Design, December 1953, S. 30

o. A., o. T. (Elliot Evans Company). In: The Architectural Digest, Vol. XIII, Nr. 4, 1958, S. 157

o. A., o. T. (Freemann House). In: Interior Design, September 1955, S. 106

o. A., o. T. (Metropolitan Living Show). In: Interiors. New York, June 1954, S. 14

o. A., o. T. (Modern Porclain Stove) In: Interior Design and Decoration, November 1940, S. 43

o. A., o. T. (Mr. and Mrs. J.S. Weil Residenz). In: The Architectural Digest, 1953, S. 67

o. A., o. T. (Office). In: Interior Design, October 1958, S. 165

o. A., o. T. (Savin House). In: California Design, October 1947, S. 16 f.

o. A., o. T. (Weil Residence). In: Interior Design, December 1957

o. A., Suburban House, Santa Monica, Calif. (House Toch), Architectural Forum, May 1946, S. 85

o. A. , Talk on Austrian Architecture. In: Los Angeles Times, 31. August 1939

o. A., Viennese Architect Is Visitor. In: Press Telegram, 19. March 1939

Plakolm-Forsthuber, Klappbett, Wintergarten und eine Villa für Ernst Toch. Sabine Plakolm-Forsthuber über Liane Zimbler. Österreichs erste befugte Architektin. In: Die Presse, 6. November. Wien 1993, S. 11

Tanner Laura, Where should wallpaper stop? In: House Beautiful. Boston, April 1949, S. 140 f.

BILDNACHWEIS

Die Seitenangaben in römischen Zahlen beziehen sich auf den Farbteil

Archiv Friedrich Achleitner, Wien 293, 318 (u.)
Architectural Record 140 (r.), 145 (u.l.)
Architectural Review 177 (l.o.)
L'Architecture d'Aujourd'hui 141 (o.)
Der Aufbau, Nr. 5, Wien 1956 278
Bildarchiv der Österreichischen Nationalbibliothek, Wien 252, 253 (l.)
Matthias Boeckl, Wien 66, 310, 318 (r.), 324, XXX
Boston Museum of Fine Arts IV
Cincinnati Art Museum V
Cathy Carver, Providence, Rhode Island School of Design XXIX
Columbia University, Avery Library 41, 204, 205, 206, 210, 239, XX, XXI, XXII, XXIII, XXIV
Columbia University, New York, Rare Books and Manuscripts Library 62, 68, 75, 76, 77, 78, 79, 81, II
Archiv Hermann Czech, Wien 214
Edwards Press, Rochester, N.Y. XXVII
Ric Emmett, Modernism Gallery, Coral Gables 93
Paul Theodore Frankl, New Dimensions, New York 1928 86, 88, 89, 90, 91
Paul Theodore Frankl, Form and Re-Form, New York 1930 92
Archiv Gerlach, Historisches Museum der Stadt Wien 130 (l.), 253 (r.)
Gesellschaft zur Förderung moderner Kunst, Wien 227-234, 236-238, 240, 242-246, 312-317, 318 (l.), 321, 323, 327, 329, 331, 333 (r.), 337, 339, 340, 343, 345, 346, 348, XXV, XXVI, XXXI
The Getty Center for The History of Art and The Humanities, Santa Monica 21, 22, 172, 177 (außer l.o.), 178 (außer r.o.), 182, 183, XIII, XIV
Graphische Sammlung Albertina, Wien 218 (o., u.), 219, 220 (u.), 221, XVIII, XIX
Gruen Associates, Los Angeles, Archiv 263, 264, 266, 267, 268, 269, 271, 272, 276, 332
Victor Gruen, The Heart of Our Cities, New York (Simon & Schuster) 1964 273, 274
Historic Association of Southern Florida 63, 64 (l.)
Historical Society of Palm Beach County, Frank Turgeon 67
Hochschule für angewandte Kunst, Wien, Archiv 200, 217
Home Beautiful 150
Interiors 41, 184, 241, XXVIII
International Magazine Service AB, Stockholm 190 (M.l.)
Jahrbuch des Deutschen Werkbundes, Jena 1913 29 (l.)
Archiv Gerhard Karplus, New York 319
Friedrich Kiesler, Contemporary Art, New York 1930 140 (l.)
Archiv Friedrich Kiesler, New York Umschlag, 27 (l.), 138, 139, 142, 143, 144, 145 (o.), 151, 152, 335
Le Corbusier, Œuvre Complète 1910-1929, Zürich (Artemis) 1964 80, 82, 127
The Library of Congress, Washington, D.C. 256, 261
LIFE Magazine, New York 24
The Metropolitan Museum of Art, New York 74 (r.), 87
Fred J. Mimkes 96
Mit uns zieht die neue Zeit, Ausstellungskatalog, Wien 1981 254
Museum moderner Kunst Stiftung Ludwig, Wien 27
Museum für angewandte Kunst, Wien 72, 74 (l.), 226
The Museum of Modern Art, New York 141 (u.l.)
Richard Neutra, Wie baut Amerika?, Stuttgart 1927 118 (r.), 157
Peter Noever, Tyrannei des Schönen, München (Prestel) 1994 83
Hans Nevídal, Wien 20
Atelier Rolf Ohlhausen, New York III
Stephan Plischke, Wien 208
Princeton University, Maillart Archive 154, 163 (o.), 165 (r.), 166 (r.), 167, 168 (o.), 169, XV
Rhode Island School of Design, Museum of Art 289, 291, 292
Peter C. Scheier 178 (r.o.)
Peter Semrad, Wien 125, 334
Pauline Schindler Collection, Los Angeles 342
Julius Shulman, Los Angeles 23, 94, 95, 101, 104 (l.), 105, 106, 107, 108 (l.), 109, 110, 116, 121, 123 (r.), 129, 132, 133, 134, 135, 136, 265, 275, 279, VII
Spence Air Photos, Courtesy Farmers Market, Olde Tyme Photo Cards, Los Angeles 99
Stadt- und Landesbibliothek, Wien 212
Robert Stern u.a., New York 1900, New York (Rizzoli) 1983 16/17, 28, 29 (r.)
Archiv Svenskt Tenn, Stockholm 188, 190 (u.), 192, 194, 195, 196, 198, 199, XVI, XVII
TIME Magazine, New York 137
Turner Entertainment Corp. 333 (l.)
UMRISS, Nr. 1, Wien 1986 170, 176
Università di Parma 180
University of California, Los Angeles, Special Collections 120, 125 (u.), 128, 130 (r.), 248, 250, 251, 257, 258, 259, 260, 262, 280, 282, 328, IX, X, XI
University of California, Santa Barbara, University Art Museum 33, 100, 103 (r.), 104 (r., u.), 112, 123 (l.), 302, VI, VIII
University of Pittsburgh, Pennsylvania 209, 211, 344
University of Southern California, Dione Neutra Collection 122
Joseph Urban, Theatres, New York 1929 65
Virginia Polytechnic Institute, Blacksburg, International Archive for Women in Architecture 294-301, 303-308, XXXII
Bruce White, New York 84
Winter Works on Paper, New York 70, I
Frank Lloyd Wright, Ausgeführte Bauten und Entwürfe, Berlin (Wasmuth) 1910 118 (l., M.)

Alle übrigen Reproduktionsvorlagen wurden von den Besitzern der abgebildeten Werke zur Verfügung gestellt oder stammen aus den Archiven der Autoren. Sollten, ohne unsere Absicht, etwaige Rechte nicht eingeholt worden sein, bitten wir um Mitteilung.

NAMENREGISTER

Abraham Raimund 12, 336
Achleitner Friedrich 14, 19, 47, 137, 164, 167, 208, 335, 344
Adler Alfred 339
Adler Friedrich 294
Adnet 89
Adorno Theodor W. 106, 137, 277
Ahrens Egmond 88
Aiken Robert H. 157
Ain Gregory 136
Alberti Leone Battista 330
Albini Franco 173
Albrecht Donald 132
Alesch Marianne von 89
Alexander Christopher 274
Alexander Robert 275, 339
Allvine Glendon 33
Altmann & Kühne 264, 332
Ammann Gustav 339
Anderson Knut 89
Anderson Margaret 335
Anderson Maxwell 341
Anderson Stanford 97
Ankwicz von Kleehoven Hans 215, 348f.
Antheil Georges 144
Archipenko Alexander 220
Arden Elizabeth 331
Argan G.J. 338
Arnovici Carol 124
Arnstein 178f., 341
Arp Hans 144, 220
Aschenbrenner Rudolf 169
Ashbee C.R. 117
Ashbrook Frank G. 194
Askonas Carl 213
Ast Eduard 159
Astor (Fam.) 34
Auböck Carl 320, 334
Auden W.H. 191
Auersperg 329
Augenfeld Alois 228
Augenfeld (-Epstein-Gutmann) Anna 14
Augenfeld Felix 12, 14, 19, 37ff., 41, 48, 124, 215f., 226-247, 260, 301, 327f., 331, 336, 339f., 342, 343, 344, XX, XXI, XXIII
Axelrod John 12

Bach Julius Max 339
Bachelard Gaston 175
Bacher Rudolf
Backström Sven 173
Bacon Francis 173
Baeck Leo 276f., 328
Baer David 339
Bakema Jacob B. 137, 270, 277
Bamberger 296
Banham Reyner 111, 119, 123, 137, 275
Baravalle Friedrich 155f., 159
Barnes 34
Barnsdall Aline 31, 34f., 91, 99, 109, 124, 126, 342

Bartos Armand 20, 335f.
Barwig Franz 32, 68ff., 333f., 346
Barwig Walter 70, 333f., 346
Baudrillard Jean 182
Bauer Helene 332
Bauer Leopold 57, 285, 338
Bauer Otto 332
Bauersfeld Walter 160
Baum Vicky 304
Baumann Ludwig 30, 52, 57, 345
Baumer Wolf 240
Baumfeld Alice 328
Baumfeld Gustav 328
Baumfeld Regine 328
Baumfeld Rudolf 12, 40, 255-262, 264-279, 280-283, 311f., 313, 318, 328f., 332, 337, 343, XXVII
Baumgarten Alphonse 331
Baumgarten Fritz 329
Baumgarten Marianne 329
Baumgarten Otto 331
Baumgarten Viktor 329
Baumgarten Wilhelm 39, 325, 329, 344
Bayer Herbert 26
Beck Fred 330
Becker & Kutzner 89
Beegle Mary Porter (vereh. Urban) 346
Beer Julius u. Margarete 253, 330, 348
Beer-Hoffmann Richard 338
Beerens Ann Marie (vereh. Hoffmann) 334
Behrens Peter 47, 66, 256, 329, 330, 332, 344
Bel Geddes Norman 35, 66, 93, 143, 332
Belgioioso Ludovico Barbiano di 173
Belluschi Pietro 341
Benevolo Leonardo 132, 272
Benton Thomas Hart 80
Berg Alban 43
Berg Max 159f.
Berger & Fischer 328
Berghof Herbert 261, 332
Berlage Hendrik P. 97f., 124, 347
Berlin Irving 263
Bernhard Lucian 88f.
Bernini Gian 66
Bernt Rudolf 57
Bertoia Harry 269f.
Bertsch Karl 89
Bianca Pamela 67
Bibbiena Galli da 66
Biddle A.J. Drexel 65f., 69, 346
Billington David P. 14, 162
Birney Alice L. 14
Björkman-Goldschmidt Elsa 169
Blank Inge 43
Blow Richard 341
Blum-Haas 213, 348
Bluntschli F. 97
Bocco-Guarneri Andrea 21
Bodenwieser Gertrude 301
Boeckl Brigitte 301

Boeckl Matthias 51f., 228, 239, 247, 328, 334, 340, 343, 344f., 346, 349
Boesiger Willy 117, 171
Bogner Dieter 11, 139, 144f., 334, 336
Bogner Karl 343
Böhm Käthe 302
Boltenstern Erich 208, 296
Borsi Franco 57
Bosch Robert 159
Boswell 304f.
Bourgeois Victor 220
Bouvier Gabriel 89
Brahm Hans (John) 213
Brancusi Konstantin 192
Brandon Ernest 339
Brasini Armando 82
Brausewetter Benno 159
Brausewetter Viktor 159
Brecht Bertolt 106, 189
Breitner Hugo 202, 348f.
Breton Harriette v. 136
Breuer Marcel 26, 173, 222
Briggs-Baumfeld Ella 297, 300
Brinkmann Johannes Andreas 106
Brody, Dr. 304
Broek Johannes Hendrik van den 270
Brown Marshall Marian 69f.
Bruehl Anton 89
Bruzzichelli Aldo 183, 341
Bubeshko Al 108, 342
Bucher Herta 349
Buchler Lotte (vereh. Malcher) 338
Buck J.J. 109, 136, 342
Bühler Charlotte 301
Buñuel Luis 335
Bunzl Hugo 330
Bunzl Olga 330
Burckhardt Lucius 137, 277
Burlingham (-Tiffany) Dorothy 40, 238, 240, 320, 327, 343, 347
Burlingham Mary 40, 238, 320, 322, 343
Burlingham Michael 238, 327, 343
Burlingham Robert 40
Burnham & Root 119
Burnham Daniel H. (s. B. & Root)
Buttinger Josef 39, 41, 239, 242-245, 327, XX
Byars Mel 334, 346

Caiger Anne 14
Calder Alexander 144, 335, 341
Callot Jacques 283, 328
Campanella 179
Candela Felix 139
Candianides 294, 306f
Čapek Karel 335
Carmel James 341
Carnegie (Fam.) 34
Carnegie Andrew 63
Carrère & Hastings 64f.
Carruthers-Wlach Eva 14
Carter Randolph 52, 57, 346

Casals Pablo 88
Cassandre A.M. 89
Castelli Leo 71
Cat Smith Laura 14
Ceas G.B. 341
Cerio Edwin 179
Cézanne Paul 334
Chace Clyde 101, 121
Chace Marian 121
Charters Mary Evelyn Hamilton (vereh. Esterházy) 54
Chassaing E. 89
Chateaubriand François René 63
Chermayeff Serge 105, 341
Chidekel Lasar M. 141
Chladek Johann 53
Christian Max 54
Churchill Winston 337
Chusid Jeffrey M. 156
Cleary Richard 202
Cole Robert Reed 52, 57, 346
Contini Edgardo 332
Cook 111
Coolidge Calvin 46
Corbett Harvey Wiley (s. Helmle, C., Harrison)
Cosenza Luigi 21, 173, 177, 180, 341
Coudenhove-Kalergi Roilard H. 337
Craig James u. Mary 67
Crane Laura Dent 64
Crane Walter 54
Crinklaw 304
Cross & Cross 343
Crystal Bernhard 14
Curl Donald 65, 67, 69
Curtis Glenn 70
Czaplicka John 14
Czech Hermann 12, 172f., 214f., 331

Dal Co Francesco 119, 173
Dalí Salvadore 335
Damaz Ala 247, 327
Danesi Silvia 179
Daniel G. 185
Darnaut Hugo 54
Davidson J.R. 106, 126, 342
Davies Karen 94
Dayton 281
Debenedictis Sara 198
Debussy Claude 60, 346
De Carlo Giancarlo 175
Deering Charles 65
Deininger Julius 249
Deininger Theodor 337
Deininger Wunibald 118
Dekker van 108
Demarest 346
Deskey Donald 88, 93, 331, 334, 335
Deutike-Szabo Christine 302
Deutsch 260, 332
Deutsch Julius 332
Dex Fanni 329
Dex Josef F. 329f.

Dex Josef sen. 329
Diamond Edwin 169
Dicker Friedl 300, 340
Dischinger Franz 155, 160f., 345
Djo-Bourgeois 89
Döblin Alfred 106
Doctor Berta (vereh. Rudofsky) 341
Doesburg Theo van 111, 144, 220, 335
Dollfuß Engelbert 47
Dorfmeister Karl 53
Dos Santos 234f., 327
Draper Dorothy 88
Drasche Richard v. 60
Dreier Katherine 34, 335
Drexler Arthur 131, 252, 335, 340
Droste 103, 108
Dubrovic Milan 201, 210, 222, 232, 247, 347f.
Duchamp Marcel 146
Dufy Raoul 202
Dumba, Graf 331
Dunand J. 89
Duncan Alastair 94, 331, 334
Duncan Elizabeth 88
Duncan Isadora 88, 346
Dunlop Beth 69
Dyckerhoff & Widmann 35, 159f., 345
Dyckerhoff Eugen (s. D & Widmann)

Eading-Hammer Carolyn 14
Eberson 67
Ebner Hugo 261
Eggert Martha 336
Ehn Karl 285
Eidlitz Walter 302, 349
Eiffel Gustave 159
Einstein Albert 193, 263, 332
Eisenstein Victor M. 60
Eisler Max 215, 229, 235, 249, 252f., 337
Eliot T.S. 191
Elliot 103
Emerson Ralph Waldo 99
Emmett Ric 334, 346
Emmons Zette 183
Emperger Fritz v. 155ff.
Engelman Edmund 238
Engelmann Paul 228, 327
Entenza John 137
Eppel Peter 48, 277
Epstein-Gutmann Anna (vereh. Augenfeld) 216, 247, 327, 330
Ericson Estrid 193, 197f., 330
Ermers Max 330
Erskine John 144
Esterházy Karl, Graf 54f., 346
Esterházy Karoly Antal 54
Evans Eliot 304f.
Exenberger Herbert 253

Faber Erich 348
Fabiani Max 227, 249
Fahrenkamp Emil 89
Fairbanks Douglas 69
Faisal, König 347
Falk S.T. 108
Farnsworth Edith 108
Faruk, König 53
Fatio 69
Feininger Lyonel 26
Feldman Joe 298f.
Fellerer Max 201, 210, 222, 347
Fenyö-McVitty Maria 14
Ferriss Hugh 220
Ferstel Heinrich v. 227, 296, 340

Feuchtwanger Lion 106
Fiedler Leonhard M. 327f.
Figini Luigi 173
Fillìa L.C. 172
Finetti Giuseppe de 228
Finsterwalder Ulrich 345
Fiori Ernesto de 341
Firestone Harvey 64
Fischer Theodor 158
Fish David u. Vera 292, 337, XXIX
Fisher Avery 319f., 334
Fisher Carl 64f.
Fisher John 339
Fitzhugh Armistead 74
Fitzpatrick C.C. 105
Flagler Henry Morrison 63, 69
Flegenheimer Julien 125
Fleischer Herbert 162
Fleishman Maurice 307, 349
Flinchum Russell 334, 346
Flöge Emilie 295
Flügge Wilhelm 161
Foerster M. 160
Folnesics Joseph 54
Fonda Henry 334
Föppl August 161
Ford Edward R. 133
Ford Henry 21, 44f., 119, 266
Frank Anna 189f., 193, 197, 202, 213
Frank Josef 12, 19f., 21, 34ff., 38f., 47, 82, 87, 161f., 173f., 179, 182, 188-199, 200-204, 207f., 211, 214, 215-223, 253, 256, 261, 275, 285, 288, 300f., 311f., 320, 327, 328, 330f., 333f., 344, 348, XVI, XVII, XVIII, XIX
Frank Lisa 14
Frank Philipp 191, 215f., 330
Frank Samuel 290
Franken Joseph 292
Frankl Paul Theodore 11f., 25, 31, 34, 44, 86-95, 106, 327, 331f., 334, 445, 342, IV, V
Frankl (-Koenig) Paulette 14, 331
Franz Joseph I. 58, 346
Freeman (Fam.) 307, VII
Freeman Harriet 342
Freeman Samuel 99
Freud Anna 39f., 190, 238, 240, 320, 327
Freud Ernst 48, 228f., 238, 240, 242, 327, 339, 342
Freud Mathilde 227
Freud Sigmund 38f., 119, 213, 227f., 238, 320, 327, 339, 343
Freysinnet Eugène 159
Freytag Conrad (s. Wayß & F.)
Frick (Fam.) 34
Frischer Stefanie (vereh. Kiesler) 335
Fritz Hans 117
Frontini Dr. Vigilio 170, 178f., 341
Fulkerson J.C. 292, 337
Fuller Richard Buckminster 26, 207

Gabetti R. 172
Gabo Naum 220
Gábór László 191, 198, 200ff., 213, 215, 312, 330, 341, 347, 348f.
Gardella Ignazio 173
Gardiner (-Buttinger) Muriel 39, 238f., 242, 327f.
Gartner Jakob 249
Gauguin Paul 34
Gaulle Charles de 277

Gebhard & Füssel 297
Gebhard David 14, 26, 97, 111, 133, 136f., 304
Gehlen Arnold 137, 277
Genée Pierre 247, 333
Gessner Franz 285
Gibbs Hugh 328
Gibling Pauline (vereh. Schindler) 121, 342
Giedion Sigfried 117, 171, 182
Giella Barbara 100
Gilbert Cass 29
Gill Irving 102, 121, 158
Gillette Howard Jr. 266
Gilmen S. 227, 327
Glaser Hans 285, 337
Glückselig Leo 14
Goddi Enzio 57
Goethe 172
Goff Bruce 173
Gogh Vincent van 34
Goldman & Salatsch 118
Goldman Leopold 302
Goldschmidt Waldemar 189
Goltz Alexander Demetrius 56f., 346
Gomperz Ada 297, 300, 303
Gomperz Heinrich 303f.
Goodwin Philip L. 179
Goodwin Sam 106
Gordon Witold 331
Gorge Hugo 249, 253, 339
Gorky Arshile 144
Gotthilf Ernst v. 249
Graf Otto A. 97, 118
Gräff W. 344
Graham Martha 191
Gravagnuolo Benedetto 117
Graves Michael 71
Graves Pauline 298
Grayson Co. 264, 332
Gregor Josef 333
Greitmann Nikolaus 347
Gresleri Giuliano 172
Griesser Paul 89
Grimme Karl Maria 235
Gropius Walter 7, 26, 33, 82, 85, 91, 105, 119, 146, 148, 172f., 220, 222, 285
Grossegger Elisabeth 52
Grot Anton 333
Gruen (-Krummeck) Elsie 328
Gruen Kemija 333
Gruen Victor (eig. Viktor Grünbaum) 12, 19f., 23f., 26, 37, 40, 48f., 67, 137, 173, 219, 254ff., 263-279, 281, 283, 318, 320, 325, 328f., 332f., 337, 340, XXV, XXVI, XXVII
Gruenwald Ernst 162
Gruenwald Otto 162, 169
Grünbaum Adolf 332
Grünbaum Elisabeth 332
Grünbaum Marie Luise 333
Grünberger Arthur 100, 249, 252f., 333, 337
Gsur Karl 54
Guarnati Daria 172
Guevrekian Gabriel 220, 328, 347
Guevrekian Lyda (vereh. Vetter) 34
Guggenheim Peggy 34, 144, 148, 335
Guggenheim Solomon R. 34
Guidoni Enrico 172
Guilbault Serge 49
Guillemard Marcel 89
Guny Ida 291
Guttman Herman 283

Guzzardi Walter Jr. 256

Haas Robert 14, 239
Haas-Hirschfeld Dolly 216
Haberfeld 332
Hackelsberger Christoph 155
Haefeli Max Ernst 106
Haerdtl Oswald 179, 204, 220, 260, 275
Hahn 343
Hahn Lilli 300
Hammer Viktor 34, 203, 215
Hammerschlag Ernst 246, 327
Hanak Anton 347
Hancock John 64
Hanisch Ernst 277
Harding Warren C. 46
Häring Hugo 330, 337
Harlfinger Richard 54
Harpner Gustav 294
Harris George 107
Harris Harwell Hamilton 136
Harrison & Abramovits 322, 343
Harrison Wallace Kirkman (s.auch H.& Abramovits sowie Helmle, Corbett, H.) 40, 322
Harrison Willis S. 335
Hartmann Friedrich 156, 345
Hasenauer Carl v. 31, 51f., 54, 61, 345
Haßmann Carl 54
Hausegger Gudrun 14
Hawking Stephen 9
Hayatt Thaddaeus 157
Heap Jane 335
Hearst William Randolph 32, 34f., 69, 77, 85, 346
Heise Ernst A. 249
Heiss Gerlinde 335
Hejda Wilhelm 57
Helbig Arthur 89
Heller Friedrich 344
Heller Hans 240, 327, 343
Heller Peter 14
Hellmann Paul 296
Hellmuth George (s. H., Yamasaki & Leinweber)
Hellmuth, Yamasaki & Leinweber 164, 345
Helmle, Corbett, Harrison 335
Hennebique François 156
Herbst René 89
Heriot, Graf 313, 340
Herrnheiser Annie 296, 349
Hershey 163f.
Hertzka 52f.
Herzberg Theo 161
Herzmansky 313, 329
Hetmanek Alfons 99, 285
Hevesi Ludwig 51, 53ff., 57, 59
Hilberseimer Ludwig 158, 160, 222
Hildebrandt Hans 158, 297
Hill David R. 273
Hillerbrandt Joseph 89
Hindels Georg 247, 327
Hindenburg Paul 46
Hines Thomas S. 114, 43ff., 126, 131f., 252, 340, 343, 346
Hinkeldeyn 29
Hirschfeld Al 216
Hitchcock Henry-Russell 32, 35, 73, 105, 111, 124, 127, 130ff., 146f., 339
Hitler Adolf 26, 189, 255, 261
Hochegger Peter u.Paul 12, 14
Hochman Elaine 48
Hoerder Dirk 42f.

Hofbauer & Baumgarten 312f., 329
Hofbauer Josef
Hoffman M. XXIII
Hoffmann (-Beerens) Anne Marie 14, 334
Hoffmann (-Weinbach) Pola 35, 93, 333f., 335, 346
Hoffmann Anna 333
Hoffmann Josef 19, 26, 30, 32, 34, 40, 47, 51, 57ff., 60, 73, 87, 91, 93, 117, 124, 148, 153, 179, 220, 229, 249, 253, 260, 275, 301, 311, 315, 320, 333f., 335, 336, 343, 346, 347
Hoffmann Pamela 334
Hoffmann Wolfgang 12, 32, 35, 38, 74, 87, 92, 93f., 162, 333f., 335, 346
Hoffmann, Dr. 337
Hofmann Alfred 216
Hofmann Hans 300
Hofmann Karl 226-239, 301, 327f.
Hofmann Werner 137, 277
Hofmannsthal Hugo v. 87, 246, 327
Höger Fritz 89
Holabird & Roche 119, 339
Holabird William (s. H. & Roche)
Hollein Hans 12, 23, 97, 100, 137, 169, 341
Holzbauer Wilhelm 19
Holzmeister Clemens 19, 47, 124, 311, 315, 328, 330, 335, 338, 339, 340, 343, 347
Hood Raymond 74, 88, 220
Hoover Herbert C. 46f.
Hoppe Emil 118, 249
Horowith Rosemarie 238
Horowitz Armin 238
Horta Victor 124
Howard Ebenezer 69, 274
Howe George 88
Howe James E. 102f., 124
Howell Co. 334
Hudson J.L. 266, 332
Huebscher (-Zimbler) Eva 14, 40, 295, 300, 307f., 349
Hunt Myron 67
Hunt Richard Morris 28, 69
Hurwitz 216
Hutchinson Edward 44
Hutton Edward J. 65ff., 69
Hutton Edward J. Mrs. (s. auch M.M. Post) 346

Immendorf 259, 261
Inger Manfred 332
Inngraf Alexander 347
Iofan B.M. 83
Irving J.G. 99
Irving Washington 65
Ivel & Co. 332

Jacobs Herbert 203
Jacobs Jane 272, 274
Jacobs William 103
Jacobsen Arne 173
Jacobsson Emma 197
Jaksch Hans (s. Theiß & Jaksch)
James Kathleen 85
Jarka Horst 261
Jeanneret Charles-Edouard (s. Le Corbusier)
Jeanneret Pierre 84, 125, 127
Jelletz Adolf 253, 333
Jenney William Le Baron 119
Jeremias Trudy 14, 247, 327f.
Jeter F.H. 329

Jiresch Erich 227, 327, 331, 344, 349
Joedicke Jürgen 160f., 164
John Michael 43
Johnson Alvin 76, 346
Johnson Ladybird 274
Johnson Philip 32f., 35, 73f., 80, 105, 130ff., 136, 146f., 171, 173, 332, 335, 339, 342, 346
Johnston Shirley 65
Jones Robert Edmond 88f.
Joubert et Petit 89
Jungk Robert 137, 277

Kachinsky Alexander 335
Kadrnoska Franz 43, 237
Kafka Franz 97
Kahn & Stonorov 322, 343
Kahn Ely Jacques 74, 88f., 173, 315, 334, 344
Kahn Louis (s. auch Kahn & Stonorov) 273
Kalinka John E. 162
Kallis 108
Kalmár Julius Theodor 213, 348
Kammerer Marcel 51
Kampffmeyer Hans 330
Kandinsky Wassily 26, 34, 192
Kaneko Masanori 341
Kapfinger Otto 331
Kappel van106
Karasz Ilonka 88f.
Kardos Alice (Lizzy) (vereh. Gruen) 332
Karl V., Kaiser 69
Karplus Arnold 40, 249, 318f., 334f.
Karplus Elsa 334f.
Karplus Gerhard 14, 40, 311f., 318ff., 325, 334f., 338
Karplus Gertrude 334
Karplus Hanna 335
Karplus Hans 335
Karplus Ruth 335
Karrassowitsch Michael 125
Kast & Ehinger 328
Kaufman George S. 263, 332
Kaufmann Edgar J. jun. 34, 202f., 292
Kaufmann Edgar J. sen. 134, 199, 201-204, 219, 330, 339
Kaus Gina 231f., 237, 327
Kavanaugh Gere 329
Kaym Franz 31, 99f., 117, 342f.
Keiderling Thomas 335
Kennedy Paul 43
Kentgens-Craig Margaret 44
Kerndle Karl Maria 118
Ketchum Morris 263f., 332
Keynes J.M. 191
Kiepura John 336
Kiesler Friedrich (Frederick) 8, 11, 12, 19f., 22f., 25ff., 34ff., 71, 74, 82, 88, 92f., 138-153, 185, 216, 315, 333f., 335f., XII
Kiesler Julius 335
Kiesler Maria 335
Kiesler (-Frischer) Stefi 144, 335f.
Killy Walther 302
Kipp Maria 106
Kirsch K. 336
Klang Marcell 296
Klee Paul 26
Klein Stephan 332
Kleiner (-Charlé) Josephine 336
Kleiner Anna 336
Kleiner Arthur 336

Kleiner Caroline 336
Kleiner Leopold 39, 311f., 315, 325, 336, 344
Kleiner Moritz 336
Klimt Gustav 346, 347
Klinger Margarete (vereh. Kleiner) 336
Klotz C. L. 89
Knabe 88, 331
Knepler Paul 295
Knoll Hans 241, 341
Knott James R. 65, 69
Koenen Mathias 155, 159
Koenig Paula (vereh. Frankl) 31
Kohlmann Etienne 89
Kohorn Claire 296
Kokoschka Oskar 48, 347
Koller Gabriele 13, 19, 328f., 329, 330, 340
Konegen Carl 295
König Karl 227, 340, 344
Korn Karl 161
Kornhäusel Josef 253
Kos Wolfgang 57
Kosak Ceno 336
Kotéra Jan 57
Kramer Ferdinand 76, 80
Kranz Josef 319, 334
Kraus Karl 171
Krauß (Krauss) Franz Freiherr v. 156, 329, 334, 340
Kreisler Fritz 88, 331
Krenberger S. 249
Křenek Ernst 47, 10, 190, 201, 213
Krischanitz Adolf 331
Kristan Markus 58, 346
Krummeck Elsie (vereh.Gruen) 263ff., 275, 332
Künstler Gustav 44
Kurrent Friedrich 12

Lachaise Gaston 89
Lalique René 89
Lamb William F. 82
Lamoussu Georges 89
Lampl Fritz 347
Lampugnani Vittorio Magnano 91
Landau Max 57
Landauer Fritz 249
Langseth-Christensen Lillian 334
Lanz 328
Lapidus Morris 71
Lapish Joe H. XV
Laroche-Garrus André 89
Laske Oskar 51
Laszlo Paul 106, 108, 307, 349
Laufer Valerie 213
Läuger M. 89
Lautner John 108
Lawson and Hubbard 344
Lazarsfeld Paul 332
Le Corbusier (eig. Charles-Edouard Jeanneret) 8, 26, 33, 80, 82ff., 105, 111, 119, 123f., 125ff., 130, 140, 144, 146, 148, 150, 153, 158, 171ff., 182, 222, 322, 346
Lechner Christoph 348
Lederer 316, 332, 343
Lederer Ludwig 263
Leer Blake van 329
Leeuw C.H. van der 339
Lefler Heinrich 51-54, 56, 58, 346
Lefler Mizzi (vereh. Urban) 345
Léger Fernand 144, 191f., 300
Lehne Andreas 235
Leitner Bernhard 14, 344

Leon Ponce de 63
Leonardo da Vinci 338
Lesák Barbara 141
Lescaze William 88, 106
Leschka P.C. 259328
Leuven Karl van 256, 332
Levy 307f., XXXII
Levy Julien 144
Lévy-Strauss Claude 187
Libera Adalberto 173
Lichtblau Albert 43
Lichtblau Anna 337
Lichtblau Ernst 13, 19, 39, 200, 215, 249, 257, 284-293, 301, 328, 329, 333, 337, 344, XXIX
Lichtblau Johann 337
Lind Marianne (vereh. Baumfeld) 328
Lind Richard 108
Lindmann Carl 199
Lindner Ernst 249
Lingenbrink 108
Lipschitz Jacques 220
Lissitzky El 26, 91, 141, 335
Ljungberg Erik 197
Lobmeyr 261, 277
Loewy Raymond 88
Löffler Bertold 340
Loos Adolf 7, 19, 21, 25f., 30f., 38, 43ff., 51, 53, 58, 97, 109, 117f., 122, 124, 148, 150, 153, 164, 171ff., 182f., 185, 227ff., 238, 253, 260f., 285, 288, 302, 311, 327, 328, 339, 342f., 349
Loos Walter 19
Lorch Tilli 106
Loti Pierre (eig. Julien Viaud) 172
Lotspeich-Phillips Irene 14
Lottman Stuart J. 333
Lovell Leah 12f., 342
Lovell Philip 23, 35, 104f., 109, 111, 122ff., 127ff., 131, 133, 242, 339, 342, VIII, XI
Löw-Beer Dr. Ernst 261f., 277, 328
Löw-Beer Fritz 260f., 277, 328
Lowes C.P. 99, 342
Lukens Glen 106
Lurçat André 89, 106, 204, 213, 220, 222f., 330
Lustig Alvin 268

Maass John 187
Mach Ernst 330
Machuca Pedro 69
Macintosh Duncan 175
Mack-Brunswick Ruth 238, 327
Mackey Perle 135, 137
Mackintosh Charles Rennie 27
Macy R.H. & Co. 285, 337
Madden M. 207
Maekawa Kunio 173
Magnin Cyril 281, 328
Magnin Joseph 275, 277, 281, 332
Magris Claudio 171
Maillart Robert 157
Mair Bartl 60
Majakowsky Vladimir 66
Major Nettie Leitch 65
Makart Hans 59
Malcher Adolfine 337
Malcher Fritz 35, 38, 333, 337f.
Malcher (-Buchler) Lieselotte 338
Malcher Rudolf 337
Malewitsch Kasimir S. 91
Mallet-Stevens Robert 89, 220, 347
Malmsten Carl 89
Malpi Maria 347

Mang Karl 137
Mankiewicz Joseph L. 336
Mann Golo 137, 277
Mann Thomas 106, 213
March Lionel 97, 124
Marcuse Herbert 106
Margold 106
Marinetti Filippo Tommaso 36
Markelius Sven 322
Marmorek Erich 338
Marmorek Oskar 338
Martin 118
Martin Leonhard 314
Marx Brothers 263, 332
Matejka Viktor 49
Matta Roberto 335
Maugham Syrie 199
Maurois André 191
Mautner 307
May Karl 44
Maybeck Bernhard 65
Mayer & Whittelsey 320, 334, 338
Mayer Herbert 335
Mayer Theodor 31, 45, 99f., 342
Mayr Hans 99, 342
Mayr Norbert 328, 338, 344
Mayreder Karl 331
Mazanek Claudia 337
McAlmon Victoria 105, 303, 342
McCabe Cynthia Jaffee 49
McCarthy Joseph Raymond 340
McCoy Esther 26, 44f., 97, 117, 121, 126, 128, 136f.173f.
McKim, Mead & White 28, 31, 77
McLaren John 344
Mecenseffy Emil v. 158
Medgyaszay István Benkó 53
Meinl Julius 328, 329
Melan Ernst 156, 161, 345
Melan Joseph 156f.
Melcher & Steiner 253
Melcher Edmund 332
Melnikow Konstantin 220
Mendelsohn Erich 26, 35, 82, 85, 89, 105, 119, 126, 220, 339
Mensch Carl 339
Mergentine Charles 335
Merrick George 65
Meyer Hannes 26, 125, 127f.
Michelis Marco de 182
Michie Thomas 14
Mies van der Rohe Ludwig 7f., 26, 33, 48, 105f., 108, 123f., 133, 136, 140, 146, 172, 222, 261, 285, 318, 346
Miller I. 202
Milliron 264f., 279, 332
Miró Joan 192
Mitchell Gary David 46, 48
Mitterauer Michael 235
Mizner Addison Cairn 64ff., 69, 71
Moholy-Nagy László 26, 335
Möhring Bruno 330
Molke E. 169
Molla Inc. 204
Mollino Carlo 173
Molnar Michael 227, 327
Mondrian Piet 144
Monier Joseph 155f., 159
Moretti 173
Morgan (Fam.) 34
Morgan Julia 69
Morgan Thomas E. 345
Morgenstern Soma 202
Morgenthau-Wertheim Alma 334
Morris Williams 191, 193, 197
Mörsch Emil 157f.

Moser Karl 124, 127, 339
Moser Koloman 57, 87, 91, 346
Mueller Munk Peter 88
Muller Bernhardt Emil 70
Mumford Lewis 191, 207, 274
Münz Ludwig 44
Murray Sally (vereh. Tedesko) 162, 345
Musaeus Karl August 50, 56
Muschenheim William 19
Musil Robert 164
Mussolini Benito 46
Muther Richard 59
Muthesius Hermann 155, 158, 169
Muthesius Stefan 27

Nadelman Ely 25, 88, 331
Napravnik Josef 338
Natzler Gertrude 106
Natzler Otto 14, 106
Neff Wallace 108
Nelson Paul 132
Nénot Paul 125
Nervi Pier Luigi 1519
Nesnera E. v. 296
Neubacher Hermann 200
Neuber Valerie (vereh. Baumgarten) 329
Neubrunn (-Schwarz) Anna 14, 338f., 340, 349
Neubrunn Emanuel 213, 338f., 340, 348f.
Neubrunn Josef 338
Neubrunn Victor 338
Neugebauer Wolfgang 277
Neumann Alexander 249
Neumann Elisabeth 332
Neumann Marianne v. 240, 327
Neurath Otto 312, 330
Neutra Dion 14, 122, 339
Neutra (-Niedermann) Dione 121f., 137, 339, 342
Neutra Elisabeth 339
Neutra Frank 121, 339
Neutra Josephine 339
Neutra Richard J. 8f., 12, 15, 19f., 21ff., 25f., 32, 34f., 37, 46, 48, 80, 92, 99, 116-137, 146, 156f., 171, 174, 201, 203, 215, 228, 242, 248-253, 277, 315, 325, 327, 330, 332, 333, 335, 337, 338, 339f., 342f., 346, IX, X, XI
Neutra Samuel 339
Ng Stuart 14
Nicholas Raymond 67, 89
Niedermann Dione (vereh. Neutra) 339
Niemeyer Oscar 173, 322, 336
Niese Hansi 301
Nijs Jenny de 336
Nivola Costantino 180f., 341
Noever Peter 12, 22, 84, 137, 341
Nolen John 63f.
Norberg-Schulz Christian 174, 183
Nussbaum Seymour 334

Oberhuber Oswald 12, 23
Oechslin Werner 125
Oerley Robert 301
Ohlhausen Rolf 80
Ohmann Friedrich 333, 348
Olbrich Joseph Maria 30, 51, 53f., 57, 60, 70, 91, 229
Olinsey Lillian (vereh. Kiesler) 336
Oliver 103, 342
Opel Adolf 182

Örley Leopold 345
Oro, Dr. 21, 176f., 341
Orozco José Clemente 80
Orzul Jadwiga Elisabeth (vereh. Vetter) 347
Östberg Ragnar 82
Österreicher Max 328
Osthaus Karl Ernst 158
Ottenheimer Henry A., Stern & Reichert 31, 98, 119, 342
Oud J.J.P. 89, 146f.
Ozenfant Amédée 191

Paalen Wolfgang 335
Pace Eric 345
Packard John 342
Pagano Giuseppe 185
Pahlewi Reza 277
Palladio Andrea 66
Parks Janet 14
Pascin Jules 88
Patri Angelo 342
Patten Elisabeth van 103, 135, 342
Paul Andrea 345
Paul Bruno 89
Peche Dagobert 73, 346
Pei I.M. 167, 169, 345
Peichl Gustav 19
Perco Rudolf 249, 285
Peressutti Enrico 172f.
Perret Auguste 82
Peters Detlef 106
Peters Jock D. 126, 342
Petit Pierre (s. Joubert et P.)
Petschek-Newman 247, 327
Pfabigan Alfred 229
Pfeifer M. 89
Phillips Lisa 71
Picasso Pablo 91
Pichler Walter 23, 168f.
Pilewski Leonie 302
Pilgrim Dianne H. 94
Pilsudski Jósef Klemens 46
Pirhofer Gottfried 235, 337
Plaček Robert 296, 302f
Placzek Adolf K. 7, 14, 215
Plakolm-Forsthuber Sabine 52, 54, 57, 59, 233, 302349.
Plečnik Josef 159
Plischke Ernst A. 19, 74, 173, 204, 256, 2260f., 275, 302, 312
Plischke Stephan 236
Plischke-Lang Anna 302
Podestà Attilio 175f.
Poelzig Hans 82
Poiret Paul 331
Pokorny Jan 41, 242-245, 327
Pollini Gino 173
Ponti Gio 172, 174, 179f., 187, 341
Ponti Lisa 174
Posch Wilfried 331
Post (-Hutton) Marjorie Merriweather 32, 35, 65, 70, 77, 85, 333, 346
Post C.W. 65
Post George P. 28
Pott Gertrud 43, 46
Powolny Michael 340, 343
Prampolini Enrico 220
Presburger 108
Primavesi 253
Prince Sally 187
Pringsheim 229
Prohaska Auguste 213
Pulos J. 292

Radakiewicz 103
Raeithel Gert 43f.
Rafalski 344
Raffael 69
Rainer Roland 19, 137, 277
Ransom Harry S. 274
Ransome Ernest 157
Ranzoni Hans 54, 56f., 346
Rathausky Hans 53
Rathenau Walther 159
Ratliff, Dr. 336
Rattner Abraham 300
Rauschenberg Robert 336
Ray Man 220
Raymond 106
Redlich Carl 51, 58, 61, 346
Reeves Ruth 89
Reich Otto 343
Reichl Ella 340
Reichl Erich (Eric) 14, 340
Reichl Ernst 340
Reichl Fritz 89, 311-315, 325, 336, 338, 339, 340, 347
Reiffenstuhl H. 345
Reinhardt Max 327, 346
Reinhart Karl 53, 118
Reiss Winold 89
Rembrandt Harmesz van Rijn 191, 283
Remotti Francesco 187
Renner Karl 49
Replogle 346
Richardson Henry Hobson 29, 97, 119
Richter Hans 335
Ridolfi Mario 173
Rietveld Gerrit 111, 123, 330
Riha 106
Riley Terrence 130
Rilke Rainer Maria 7
Roberts & Schaefer 35, 162, 345, XV
Roche Martin (s. Holabird & R.)
Rockefeller (Fam.) 34, 40, 315, 322, 343, XXVIII
Rockefeller John D. 63, 322
Rockefeller Nelson 322
Rodakiewicz 103, 342
Röder Werner 333
Rodgers Richard 263
Rodier P. 89
Rodtschenko Alexander 141
Roessler Arthur 33
Rogers Ernesto N. 173
Rogers Will 63
Rohde Gilbert 88
Roller Alfred 347
Roosevelt Franklin D. 47f., 222
Root John Wellborn (s. Burnham & R.)
Rosenberger 296
Rosenstiel A. 328
Rosenthal Rena 315, 344
Rossi Aldo 66
Rössler Horst 43
Roth Helene 302
Roth P. 207
Rothschild 193
Rotter F.C. 336
Rousseau Jean-Jacques 99
Rowan Jan C. 172
Ruben Albert G. 304
Rubinstein Helena (alias Mme Titus) 25, 31, 88, 331, 342
Rudofsky Bernard 12, 19ff., 23, 26, 34ff., 156, 170-187, 201f., 242, 335, 339, 340f.
Rudofsky Bernhard (sen.) 340

Rudofsky (-Doctor) Berta 14, 202, 242, 341
Rudofsky Elisabeth 340
Ruge Klara 57
Rukschcio Burkhardt 238, 342
Rüsch Hubert 161, 345
Ruskin John 347
Russel Henry 60
Russell Bertrand 191
Rutkoff Peter 76
Rykwert Joseph 173

Saarinen Eliel 74
Saarinen Lily 267
Sabl 302
Sachs Hans 285
Sachs Herman 108
Sack Manfred 174f.
Sadie Stanley 304
Saliger Rudolf 156, 159, 161, 345
Salterini John 341
Salvisberg Otto Rudolf 341
Salzer Liesl 14
Sarnitz August 31, 97, 100, 249, 333, 337, 342f.
Sartoris Alberto 173
Saunders Lucien 192, 329
Savin 304
Sawyer Sean 14
Scamozzi Vincenzo 66
Scarpa Carlo 173
Schachel Roland 238, 342
Schalek Alice 301
Schantroch Anny 300
Schapiro Meyer 191, 216
Scharoun Hans 106
Schawinsky Xanti 341
Scheffel Karl 285, 337
Schenk 298
Scheu Friedrich 260
Scheu Gustav 330
Scheu Herta 260
Scheu Robert 117
Schey Robert 88
Scheyer Galka 339
Schezen Robert 65
Schiefer Johannes 300
Schiele Egon 346, 347
Schindel Jenny 336
Schindler (-Gibling) Pauline 121, 123, 342
Schindler Franziska 342
Schindler Marc 97
Schindler Rudolf sen. 342
Schindler Rudolph Michael 8, 12f., 15, 19, 22f., 25f., 30f., 33ff., 44., 97-111, 112-115, 117-137, 156ff., 173, 228, 242, 281, 85, 302, 304, 327, 333, 339, 342f., 346, VI, VII, VIII, IX, X,
Schinkel Karl Friedrich 66
Schlaich Jörg 164, 345
Schlemmer Oskar 26
Schlesinger Norbert 256, 258-262, 293, 328, 337
Schmiderer Simon 14, 26, 40, 248, 240, 327, 343, 347, XXX, XXXI
Schmiderer Timothy 14, 343
Schmidt Robert 349
Schmutzer Ferdinand 335
Schnabel Artur 201
Schnabel Gottlieb 327
Schnabl F. 344
Schnitzler Arthur 43, 47, 339
Schöbl Wilhelm 340
Schoen Eugene 35, 74, 88f.
Schölermann Wilhelm 54

Schöllhammer Georg 193, 331
Scholz-Strasser Inge 238
Schön Friedrich 249
Schönberg Arnold 43, 106
Schönthal Otto 53
Schönthaler F. 53
Schorske Carl 229
Schott & Gen. 159
Schreyer-Löbl Grete 14
Schrom Georg 14, 340
Schumacher 197, 216
Schuschnigg Kurt 336
Schuster Rudolf 155
Schütte-Lihotzky Margarete 294, 297, 300, 304
Schuyler Montgomery 98
Schwadron Ernst 12, 302, 311f., 325-318, 325, 336, 338, 343f., XXVIII
Schwadron Viktor 39, 41, 343
Schwarz Anna (vereh. Neubrunn) 338
Schwarz Carl 294, 306f.
Schwarz Hans Peter 253
Schwedler W. 160
Science Wonder Productions 15
Scott Irving L. 67, 346
Scott William B. 76
Sears & Roebuck 148, 335
Seidler Harry 340
Seitz Karl 38
Sekler Eduard F. 14, 23, 74, 117, 137, 249, 277, 293, 320, 334, 347
Seligmann Arthur F. 335
Semper Gottfried 124
Senft J. 343
Serkin Rudolf 320
Sert José Luis 172f., 341
Seuphor Michel 144
Sheine Judith 320
Sheps Milton 103
Shulman Julius 329
Sica Paolo 64
Siclen Bill van 337
Sieder Reinhardt 235
Silberer Rose 301
Simonson Lee 88f.
Simony 340
Sinclair Upton 105
Sinell John 89
Singer Franz 300, 302, 340
Singer Paris 64f.
Singleton 134
Sisler Mary 71
Sitte Camillo 8, 229
Sitwell Sacheverell 179
Škoda Hermann 295
Šlapeta Vladimir 261
Sloane W. & J. XXI
Small Kay 126
Smith Kathryn 97, 99, 121, 158
Sobotka Hedwig 344
Sobotka Ignaz 344
Sobotka Ruth 344
Sobotka Walter 12, 38f., 201-210, 219, 222, 312, 327, 331, 343, 344f., 347, XXII, XXIV
Soffer Arthur 236, 327
Soffer Ernst 327
Sognot Louis 89
Solon Leon V. 74
Soriano Raphael 108, 13f.
Sorkin Michael 71
Sougez Madeleine 89
Soulek Alfred 275
Southland Ben 332

Soyfer Jura 332
Spalt Johannes 12 23 173, 216, 331
Spaulding Wilder E. 19
Spitzer Hugo 213
St. Florian Friedrich 12, 336
Stadler Friedrich 48
Stalin Josef 222
Stam Mart 111
Starkman Maxwell 315, 340
Stauber Paula (vereh. Esterházy) 54
Steichen Edward 89
Stein (Geschwister) 238
Stein Clarence S. 338
Stein Gertrude 34
Stein Wilhelm 213
Steinberg Saul 186, 341
Steiner Ralph 89
Steinhof Eugen 202
Stelzmüller 213
Stephenson Bruce 63
Stern Robert 65f., 70.
Stern Walter P. 207, 344
Sternberg Josef v. 133, 339
Stiebitz 52
Stiller Adolph 125
Stöger Carl 52
Stone Edward Durell 263f.
Stonorov Oscar (s. auch Kahn & S.) 322, 343
Stout Rex 334
Straus Oscar 331
Strauss Herbert A. 333
Strauß-Likarz Maria 89, 233, 298, 302, 349
Strindberg August 189
Strnad Oskar 38, 51, 87, 93, 179, 228f., 241, 249, 275, 311, 319, 327, 330, 333, 338, 339, 347, 348
Šuchov Vladimir Grigorevič 159
Sullivan Louis H. 43ff., 97ff., 119, 339, 342
Suppantschitsch Max 54
Sustermans Justus 300
Swanson Gloria 132
Sweeney Robert L. 97, 121
Swetina Annelott 14
Syrus S. 220

Tabor Jan 47, 236
Tafuri Manfredo 119, 173
Tandler Julius 38, 332
Tange Kenzo 341
Tanner Ogden 67, 272
Tashijan Dickran 94
Taufik, Khedive 52
Taussig Fred 327
Taussig Theodore 246
Taussig, Dr. 333
Taut Bruno 173, 342
Tedesko Anton 12ff., 24, 26, 35, 154-169, 345, XV
Teegen Otto 57, 73, 346
Teegen Walton Carola 346
Teller Oswald 339
Teltscher Poldo 347
Tengbom Ivar 124
Terragni Giuseppe 173
Tessenow Heinrich 89
Tetef Norman 304
Texidor 341
Teyssot Georges 182
Thacher Edwin 157
Theiß & Jaksch 156, 171, 329, 341
Theiß Siegfried (s. T. & Jaksch)
Thonet Bros. (NY) 39, 204, 247, 344

Thöny Wilhelm 215
Thoreau Henry David 99
Tietze Hans 335
Tiffany Louis Comfort 32, 343
Tischler Adolphe 108f., 342
Titel Volker 335
Tizian 191
Toch Ernst 304, 349
Toor Anita 303f., 349
Torroja Eduardo 159
Trauttmansdorff Stefanie 340
Tremaine 134
Troost Paul Ludwig 337
Trotzki Leo 193
Trump Donald 70
Trumpf Karl 89
Tugendhat 26, 261
Tugendhat Grete 261
Twain Mark 44
Tzara Tristan 144

Urbahn-Roberts-Seelye and Moran 169, 345
Urban Gretl 67
Urban Helena 345
Urban Joseph 11f., 14, 19, 25, 30f., 33ff., 44, 50-61, 62-71, 72-85, 88, 93f., 126, 201, 203, 334, 335, 339, 342, 345f., I, II, III
Urban Joseph sen. 52, 345

Valentino Rudolph 69
Vantongerloo George 144
Varèse Edgar 144
Varnum Poor Henry 88f., 93
Veit(h) Eduard 331
Velde Henry van de 57, 347
Venturi Robert 7
Verne Jules 44
Vesnin Alexander 147
Vetter Adolf sen. 347
Vetter Elis 347
Vetter Hans Adolf 20, 38f., 61, 201, 210, 222, 233, 235, 253, 320, 327, 329, 333, 336, 343, 344, 346ff.
Vignola 69
Vischer Julius 158
Vivoni Armando 14, 322
Vivoni Farage Enrique 14
Vogelsang Shepard 162
Volk John 69, 71
Voysey Charles F. Annesly 191

Wachberger Eugen 337
Waehner Gustav 202
Waehner Trude 201-204, 208, 211, 215f., 219, 222f.
Wagner Ludwig 332
Wagner Otto 7f., 26, 30ff., 39, 44, 53, 58, 60, 97, 109, 117f., 227, 229, 249, 285, 327, 329, 337, 338, 339, 342
Wähner Theodor 56, 346
Walker Ralph 74, 103, 135, 342
Walton Guy 346
Wandruska-Steindl Ninetta 300
Wängberg-Eriksson Kristina 14, 202, 215, 331
Warton Edith 63
Wassermann 308
Wassermann Jakob 87, 330, 348
Wayß & Freytag 155, 158f.
Wayß Gustav Adolf (s. W. & Freytag)
Webber Oskar 281
Weber Fritz 46, 237
Weber John 126, 342

371

Weber Kem 88, 106, 126, 342
Webern Anton v. 43
Weigel Hans 237, 327
Weil J.S. 307
Weil-Kuhn Anna 300
Weinbach Pola (vereh. Hoffmann)
Weiner A. 207, 344
Weiss Rudolf 117
Weixelgärtner Arpad 339
Welzenbacher Lois 106
Welzig Maria 222, 331, 333
Wetzler B. 296
Weyand Timothy 340
White Norman 77, 320
Whitney Harry Payne, Mrs. 88
Wiener Paul Lester 334, 336
Wieselthier Vally 89, 162, 344
Wilda Carl 54
Wilder Billy 26
Willensky Elliot 77, 320
Williams C.B. 307
Williams Paul 208, 349
Wilson Charles 14
Wilson Richard Guy 94
Wilson Woodrow 44
Winter Hugo 339
Winter Robert 304
Winterstein J.E. 54
Wittwer Hans 12, 127f.
Witzmann Carl 320, 343
Wlach Albert 348
Wlach Armin (Hermann) 211ff., 348f.
Wlach Eugen 213, 215, 348
Wlach Klara 211, 213, 348
Wlach Oskar 12, 58f., 87, 124, 179, 201f., 211ff., 215, 220, 261, 300, 302, 320, 327, 330, 334, 338, 348f.
Wlach Tobias 202, 213
Wolfe C.H. 103, 342
Wolff Uwe 285
Wondracek Rudolf 31, 45, 99f., 117
Wood Beatrice 106
Worbs Dietrich 340
Wörle Eugen 137, 348
Wright Frank Lloyd 21, 30ff., 35, 43ff., 76, 87ff., 90ff., 97ff., 108f., 117-120, 122, 124, 127, 132f., 147, 150, 156, 158, 171, 174, 201f., 222, 252, 330, 335, 339, 341, 342, 346, VII
Wright Henry 338
Wright Lloyd 158
Wright Russell 88, 204
Wyeth Marion Sims 67, 69

Yamasaki Minuro (s. auch Hellmuth, Y. & Leinweber) 24, 164f., 345
York Ruth 332

Zak Margarete 297, 300
Zehrer Peter 338
Zeidling David 14
Zeiller Gina 339
Zeiss Carl 159
Zemlinsky Alexander v. 43
Zevi Bruno 341
Ziegfeld Florenz 63-66, 88, 346
Ziegler Martin 338
Ziesel Wolfdietrich 167
Zietz Steven J. 14
Zimbler (-Fischer) Liane 12, 19, 40, 294-309, 342f., 349, XXXII
Zimbler Otto 296, 302, 349
Zimmer Christiane 246, 327
Zirner Max 249

Zoelly Pierre 345, 347f.
Zöllner Erich 46
Zucker Paul 216
Zweybrück Emmy 315, 336, 344

DANK

Folgenden Personen, die zur Ermöglichung des Gesamtprojektes »Visionäre & Vertriebene« beigetragen haben, ist besonderer Dank auszusprechen:

Rebecca Abromitis, Pittsburgh, Prof. Dr. Friedrich Achleitner, Wien, Mag. Ernst Aichinger, New York, Dir. Dr. Jean Ashton, New York, Anna Augenfeld (†), New York, Martin Aurand, Pittsburgh, John Axelrod, Boston, Dr. Gloria Bianchino, Parma, Prof. David Billington, Princeton, Carla Binder, New York, Dr. Alice L. Birney, Washington, D.C., Arch. Andrea Bocco-Guarneri, Turin, Doz. Dr. Richard Bösel, Wien, Dr. Dieter Bogner, Wien, Anne Caiger, Los Angeles, Dir. Riva Castleman, New York, Caroline Carlton, Raleigh, Christina Carbone, Washington, D.C., Dr. Susan Cernyak-Spatz, Charlotte, Peter Chrastek, Wien, Christina Corsiglia, Cambridge, Ing. Giancarlo Cosenza, Neapel, Prof. Dr. John Czaplicka, Cambridge, Arch. Hermann Czech, Wien, Ala Damaz, New York, Jenny De Nijs, Balwyn, Direktor Wim De Wit, Santa Monica, Arch. Prof. George Dodley, New York, Dr. Joachim Driller, Bornheim, Prof. Milan Dubrovic (†), Wien, Alastair Duncan, New York, Dr. Sabine Eckmann, Los Angeles, Mag. Sophie Eisenhut, Wien, Simon Elliott, Los Angeles, Anita Ellis, Cincinnati, Ric Emmett, Coral Gables, Edmund Engelman, New York, Dir. Jonathan Fairbanks, Boston, Arch. Maria Fenyö-McVitty, Stonington, Lisa Frank, New York, Paulette Frankl, Corralitos, Dir. Dr. James Fraser, Madison, Min.Rat Dr. Freund, Wien, Claudia Funke, New York, Dr. Siegwald Ganglmair, Wien, Prof. Dr. David Gebhard, Santa Barbara, Dir. Dr. Angela Giral, New York, Leo Glückselig, New York, Dick und Jodi Goisman, Milwaukee, Mag. Joachim Goppelt, Wien, Dr. Michael Gruen, New York, Dolly Haas-Hirschfeld, New York, Prof. Robert Haas, Valhalla, New York, Kirsten Hammer, Santa Monica, Mag. Gudrun Hausegger, Wien, Prof. Klaus und Gerlinde Heiss, Wien, Dr. Marc Heller, Cooperstown, Dr. Peter Heller, Williamsville, Dir. Fritz Heller, Wien, Prof. Dr. Friedrich Heller, Wien, Barbara Higgs, Frankfurt, Prof. Dr. Thomas S. Hines, Los Angeles, Agentur Dr. Hochegger, Wien, Anne M. Hoffmann, Geneva, Eva Huebscher, Los Angeles, Dir. Dr. Georg Jankovic, Paris, Senatsrat Dr. Jawecki, Wien, Trudy Jeremias, New York, Dr. Gabriele Jurjevec-Koller, Wien, Arch. Prof. Gerhard und Gertrude Karplus, New York, Norman Katkov, Los Angeles, Arch. Gere Kavanaugh, Los Angeles, Prof. Dr. Margret Kentgens-Craig, Raleigh, Lillian Kiesler, New York, Jennifer King, Laramie, Dr. Elisabeth Klamper, Wien, Christian Knöbel, Wien, Arch. Prof. Manfred Kowatsch, München, Arch. Prof. Friedrich Kurrent, München, Samuel Kwofie, New York, Arch. Mag. Christoph Lechner, Cambridge, Arch. Prof. Bernhard Leitner, Wien, Prof. Jean-François Lejeune, Miami, Dr. Ernst Löw-Beer, Tenafly, Marianne Lorenz, Mailand, Peter Lysy, Notre Dame, Frantisek Machek, Olomouc, Arch. Prof. Mark Mack, Los Angeles, Arch. Prof. Karl Mang, Wien, Sekt.-Leiter Dr. Peter Marboe, Wien, Mag. Lydia Marinelli, Wien, Dr. Siegfried Mattl, Wien, Mag. Norbert Mayr, Salzburg, Jason McCoy, New York, Gabrielle Michalek, Pittsburgh, Thomas Michie, Providence, Direktor Dr. Michael Molnar, London, Dir. Christopher Monkhouse, Pittsburgh, Otto Natzler, Los Angeles, Anna Neubrunn, New York, Dr. Wolfgang Neugebauer, Wien, Arch. Dion Neutra, Los Angeles, Dir. Stuart Ng, Los Angeles, Katharina Noever, Wien, Dir. Peter Noever, Wien, Arch. Rolf Ohlhausen, New York, Octavio Olvera, Los Angeles, Janet Parks, New York, Prof. Adolf Placzek, New York, Barbara Pollack, Chicago, Arch. Jan Pokorny, New York, Lisa Licitra Ponti, Mailand, DDr. Hugo Portisch, Wien, Gen.-Konsul Dr. Christian Prosl, Los Angeles, Lars Rachen, New York, Doris Rauch, Washington, D.C., Carolyn Reading-Hammer, Lexington, Dr. Eric Reichl, Princeton, Oberstadtbaurat Dipl.Ing. Ressel, Wien, Direktor Terence Riley, New York, Richard L. Rogers, New York, Berta Rudofsky, New York, Sean Sawyer, New York, Liesl Salzer, Seattle, Arch. Timothy Schmiderer, New York, Mag. Ingrid Scholz-Strasser, Wien, Arch. Simon Schmiderer, Highland Beach, Ministerialrat i.R. Dr. Schöbel, Wien, Greta Schreyer-Loebl, New York, Arch. Mag. Georg Schrom, Los Angeles, Prof. Dr. Eduard Sekler, Cambridge, Dr. Gertrude Shiner, Los Angeles, Julius Shulman, Los Angeles, Laura Cat Smith, Blacksburg, Arch. Prof. Johannes Spalt, Wien, Dr. Diane Spielman, New York, Dr. Friedrich Stadler, Wien, Paul Steiner, New York, Marianne Stolp, New York, Dr. Leonore Stur-Simon, Wien, Robert Sweeney, Los Angeles, Prof. Dr. Anton Tedesko (†), Seattle, Prof. Edwin G. Thurlow, Raleigh, Prof. Dr. Andreas Tietze, Wien, Arch. Kenneth Treister, Coconut Grove, Prof. Mag. Karin Troschke, Wien, John Vinci, Chicago, Ing. Armando Vivoni, San Juan, Dr. Enrique Vivoni, San Juan, Liesbeth Waechter-Böhm, Wien, Dr. Kristina Wängberg-Eriksson, Stockholm, Grete Wagner-Barwig (†), Wien, Dir. Dr. Wolfgang Waldner, New York, Ann Wall, Stockholm, George Waterman III, New York, Prof. Guy and Carola Walton, New York, Timothy Weyand, Cambridge, Mrs. Paul Lester Wiener, New York, Charles Wilson, Los Angeles, Dr. Christian Witt-Dörring, Wien, Sekt.-Leiter Dr. Rudolf Wran, Wien, Prof. Dr. David Zeidberg, Los Angeles, Dr. Clementine Zernik, New York, Dir. Stephen Zietz, Blacksburg, Arch. Mag. Engelbert Zobl, Perchtoldsdorf, Arch. Prof. Pierre Zoelly, Zürich